王树明考古文集

（上）

王树明　著

文物出版社

图书在版编目(CIP)数据

王树明考古文集 / 王树明著. –– 北京：文物出版
社, 2023.11

ISBN 978-7-5010-8065-6

Ⅰ.①王… Ⅱ.①王… Ⅲ.①考古工作－中国－文集
Ⅳ.①K87-53

中国国家版本馆CIP数据核字（2023）第095956号

王 树 明 考 古 文 集

著　　者：王树明

封面设计：秦　彧
责任编辑：秦　彧
责任印制：王　芳
出版发行：文物出版社
社　　址：北京市东城区东直门内北小街 2 号楼
邮　　编：100007
网　　址：http://www.wenwu.com
经　　销：新华书店
印　　刷：北京荣宝艺品印刷有限公司
开　　本：787mm×1092mm　1/16
印　　张：35.5
版　　次：2023 年 11 月第 1 版
印　　次：2023 年 11 月第 1 次印刷
书　　号：ISBN 978-7-5010-8065-6
定　　价：360.00 元（全二册）

作者

1963年摄于北京大学　　　　　　　　　　1964年摄于北京大学西校门拱桥

1965年9月19日，山东省文化局临淄文物工作队与北京大学实习队在临淄齐国故城阚家寨工地考古发掘开工纪念合影（前排左二）

1975年临淄河崖头5号大墓发掘工作照

1973年文物普查期间摄于泰安岱庙

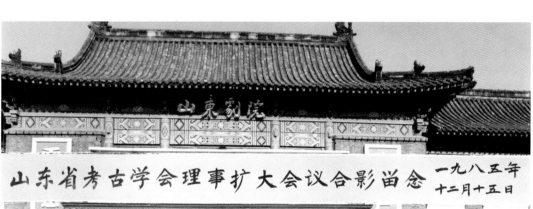

1985年12月15日济南山东省考古学会理事扩大会议合影（后排左七）

1986年5月山东古国史研究会成立暨第三次学术讨论会代表合影（二排左三）

1987年9月20日济南山东省古文字研究会成立大会合影（中排右五）

1987年山东省古文字研究会成立大会合影（二排右五）

1988年5月临淄辛店天齐宾馆环渤海第二次学术讨论会合影（右二）

1991年纪念发掘城子崖遗址六十周年国际学术讨论会合影（三排中）

1992年讲解笛柄杯（右一）

2011年工作照

1995年在日本山口市学术交流会议上发言

1995年在日本左贺考古工地参观

1996年3月在中国社会科学院历史研究所与李学勤先生交谈关于桓台史家遗址发现甲骨文情况

1996年踏查桓台史家文化遗址（左）

1996年在北京与高明先生合影

1996年在北京与俞伟超先生合影

1996年在北京与张政烺先生合影

2000年莒县先秦史年会于陵阳河遗址刘章墓前合影（左起中国社会科学院考古研究所曹定云、河南社会科学院考古所郑杰祥、作者）

全国首届禹城大禹文化学术研讨会合影

2002.4.25 于山东.禹城

2002年全国首届禹城大禹文化学术研讨会合影（二排右七）

与妻子在山东博物馆
新馆合影

2003年11月在山东大学古代文明进程学术讨论会上发言

2014年全家福

编　委　会

主　　任：孙　波

副 主 任：高明奎　孔胜利　徐　波

编　　委：（以姓氏笔画为序）

王子孟　吕　凯　朱　超　李　罡　李宝军
吴志刚　张　溯　赵益超　郝导华　党　浩
徐倩倩　董文斌　韩　辉

本集主编：王子孟

序

　　王树明先生是我十分敬重的长者、老师和学功深厚的学者。与先生相熟相知是 1987 年我调到《海岱考古》编辑部做编辑之后，经常随王老师到山东各地组稿，慢慢了解和认识了王老师。由于先生偏重于山东古代历史考证和相关历史文物的研究，组稿期间碰到一些器物、遗址、山川地理风貌，先生常常随口说出非常新颖的论点和知识，令我十分崇拜和折服。另外，王先生好酒，随身的茶杯里经常装着白酒；吃饭时也不时让我陪着边喝边聊。晚饭后，我们在简陋的板床上盘膝而坐，一杯浓茶聊到天亮。就这样，我慢慢加入到王先生的研究范围和模式中来。

　　2001 年之后，我工作变动较大，从山东省文物考古研究所调到省博物馆，再调到北京。参加援藏之后，我主要从事文物保护方案审核，事务较多且杂。基本上无暇顾及学术研究，也就不能再经常和王先生切磋。但是，帮王先生出版他的学术文集以飨学界却一直是我的心愿。

　　今逢山东省文物考古研究院决定出版《海岱考古人文集》系列丛书，王先生文集得以付梓，令我倍感欣慰和兴奋。王先生嘱我为文集作序，自当不辞。然又深感自己学力不足，文望不够而心怀惶恐。现不揣谫陋，将自己对王先生学术思想的理解和体会整理如下，供大家批评。

　　通览相关著述，王先生的学术研究主要集中在三个方面。

　　第一，关于山东古代传说历史的研究，兼及与中原地区相关文化之间关系的研判

　　这方面代表性文章有《齐地得名推阐》《亚醜推论》《聂祖夷羿新解》《帝舜传说与考古发现诠释》，前三篇文章可以说属于系列文章。在《齐地得名推阐》一文指出：鲁北齐地，原为一崇武尚箭之地。齐国的齐字，其原形本为三枚箭头的摹画；族籍齐地的夷羿传说即与弓矢有着不解之缘；齐地土著纪国及其属邑之名，均与箭矢有着密切的联系；鲁北地区史前文化特别是龙山文化中大量的箭镞，说明齐地尚箭有着深刻的历史渊源。《亚醜推论》着重论述了青州苏埠屯商代大墓出土铜器铭文中的"亚醜"徽号的形、音、义及隶定过程，此徽号实际为历史上夏后氏遗族斟鄩、斟灌等部落的徽号，是斟氏族团在夷夏交争过程中，随有鬲氏、有穷氏征战寒浞，在鲁北定居的物质文化反映。在《聂祖夷羿新解》中，则根据金文中常见的数

十种"亞其"形态，详细分析了"亞其"徽号的来源和发展变化，隶定"亞其"中的侧首、短肢、持杆或镞、类人似燕的图形就是后羿遗裔崇拜的祖神形象。除了认识和隶定相关氏族徽号的形态、意义，文章还深入论证了龙山文化西渐、夷羿代夏、少康中兴、二斟东迁的历史过程。此为破解鲁北地区众多古代文化之谜提供了一把钥匙，对于理解龙山文化和后羿传说之间的关系极有帮助。结合考古工作中发现的一个较为普遍的现象：鲁东南和胶东地区发现的龙山文化遗存，以早期为多，晚期极少；鲁西和鲁北地区的龙山文化遗存则以中晚期为主；可促使我们重新认识山东龙山文化的分布背景和形成原因。对有关夷夏关系解读、华夏文明建构等问题有重要推动作用。

在《帝舜传说与考古发现诠释》一文中详细考证了古史记载中的帝舜、虞舜、太昊、伏羲、庖羲氏即商的远祖帝喾、帝俊。换言之，古史中的帝舜、太昊氏本是商人之祖，是发迹于山东诸城、莒县一带的东方夷人。史载帝舜"生于诸冯，迁于负夏，卒于鸣条，东夷之人也"（《孟子·离娄下》）。在发展过程中有耕、陶、渔、作等重要传说，此与山东大汶口文化晚期西渐逐鹿中原的考古学现象十分契合。是族在发展过程中有许多发明、创造，曾沿泰沂山系南侧西渐中土，在豫东建立过城邦国家。根据诸城、莒县一带发现大汶口晚期墓葬资料，图像文字反映的客观事物，与商祖帝舜太昊氏诸多发明、创造的传说相合，出土与"风"字相通的"凡"字之图像，与帝舜太昊"风"姓的记载一致。因而提出山东诸城、莒县一带是帝舜太昊氏的发迹之地，这里发现的大汶口晚期遗存亦属太昊族遗存。又根据近年来河南境内发现大汶口人西渐的文化遗存，并在淮阳平粮台发现龙山时代城墙，叠压大汶口晚期遗存之上。豫东一带古属陈地，我国自古有太昊都陈之说。因又提出，河南淮阳平粮台发现龙山时代城堡乃是帝舜太昊部族西渐所建立的一个城邦国家。从而论及，商人之祖（主要指商王宗室及宗族统治集团）缘起于豫东，其远祖是居住在泰沂山系南侧又西徙中原的大汶口人。王先生的分析论证已随着近几年的考古发现和研究，大致形成学界通识。这为夏、商文化的探源研究又切入了一个重要视角。

第二，关于史前陶文的研究

这方面的文章有八九篇。王先生较为系统地搜集、整理了目前双墩文化、大汶口文化在长江流域、黄淮流域出土的各种图形符号，对各类符号进行了比较分析和隶定、释义。他将史前时期陶器发现文字类刻划符号分为三个不同发展时期：早期阶段距今 7000 年前后，属新石器时代中期或中期偏晚，典型遗存以安徽双墩文化中双墩遗址发现碗底刻文为代表。中期阶段距今 5000 年左右，属新石器时代晚期，以大汶口文化山东莒县陵阳河、安徽蒙城尉迟寺等遗址发现陶尊文字为典型。晚期阶段定在龙山文化时期（龙山时代），以山东邹平丁公遗址与江苏高邮龙虬庄南荡遗存为代表，丁公遗址出土文字资料表明，龙山文化（龙山时代）先民的文字已摆脱图画记事或实物摹画阶段，有连成一片之势，属汉字的形成期，并指出双墩遗址凡是发现碗底圈足内有刻文者，其陶碗外壁都有四道明显的刻划线。这一现象告诉我们，这类碗底刻文的陶碗可能有某种特殊的用途，这种刻文原是为某种特殊之需而摹刻的。双墩刻文内容及其刻划形制，可区分为动植物类和一些单体或组合体刻划符号。在动植物类刻文中有较多是与渔猎活动有关的写实类刻文，分析此类刻文是双墩人生活时代存在的一些具体的、与渔猎活动或其他一些生产活动相关的一些具体事物或实际存在事物的摹刻，这些实物或实际存在事物类摹刻，是我国现行文字的滥觞，也或说是我国汉字在其初造时期的一些原始文字。而大汶口文化发现的图像文字，则比双墩刻符前进了一大步。迄今山东地区发现陶尊文字类刻划凡20文："炟"字刻划2，"炅"字刻划5，"南"字刻划1，"凡"字刻划3，"享"字刻划3，"斤"字刻划2，"戉"字刻划1；刻划图像发现两种，酒神图像1、滤酒图像2。蒙城尉迟寺发现陶尊文字或刻划图像6枚，发现"炟"字1文，"炅"字2文，其中1文与下部酒神图像刻文同体，"旦"字1文，"享"字1文，刻写形制与陵阳河、大朱村发现同类刻划相同。发现酒神图像1件，属大朱村发现同类刻划的变相形态。这一时期发现的陶尊文字，均刻划于被用作酿酒、或用为祭祀器皿的陶尊颈部。陶尊文字也不是图画记事类刻划，而是刻写了当时与意识形态相关的一些事物，诸如祭天、祭社、祭祀酒神，或与兵事有关的一些拜物教类祭祀符号。这些图像刻符具体的隶定、读音和释义，可能还存在异议或争论。但王先生是综合了古文字学中形、音、义的归纳和类比，结合了古文献学的佐引和旁证，以及民俗、民族学中的观察和比较，更有考古学基本方法的排比和论析。论证逻辑严谨缜密，所得结论则更有说服力。通检刻符大口尊的出土情况，可知一般有大口尊的墓葬通常随葬品较为丰富，墓主人较为富有。而随葬大口尊一般只有一件，刻符上往往涂朱，显得较为神秘。大口尊本体厚重，体型硕大，制作和烧造均需要较高的技术和工艺，所以就显得极为珍贵。出土大口尊外壁常见有烟炱，可能经过烧烤；同时还见有土浸和培埋的痕迹，可能平时是半埋于地下的。内壁多见有水渍，可知是实用的盛储器皿。根据这些现象王先生推测这是用于发酵的酿造器物，也就是酿造酒缸。用酒缸制酒，祭祀先民崇拜的对象和事物，这是十分合乎历史逻辑的。拥有珍贵的大口尊并具有祭祀神圣对象资格的墓主人，必定是部落中具有较高社会地位的人物，推测应是部落首领或者有祭祀权利的巫祝、祭司等人。而大口尊上面的图像刻画，应该就是部落中极为崇拜和敬仰的事和物。这种崇拜具有一定的文化惯性，可能慢慢成为部族的习俗和规制，传播久远。因此王先生认为：大汶口文化陶尊文字中的"炟、炅"之类，可能是春夏之际祭祀太阳的"日祭"或"燎祭"符号。由莒县陵阳河遗址地理形势观察，刻文"炟"字，原是春季日出东方，太阳高悬于遗址正东五峰并联的寺崮山主峰之上这一景象的摹刻，是一个用以代表春季、迎接春季到来而祭祝春天或太阳而摹写的一个图像文字。发现的"旻"字下面没有山峰了，是由"炟"字省变而来的；是为太阳高照于南天，代表炽热季节或夏季到来之意，应为祭祀夏天或曰夏祭的一种摹画。"南"字是一隆起的仓形物，上面插一树枝，可能是祈祷大地丰收，崇拜社神地母的，亦即"封土成阜，阜顶植树为社"的摹写。酒神图像出土时图像的范围之内皆涂朱，该图像是耒、耜两形合为一器而成。莒县一带的大汶口人，或许认为酿酒是需要粮食的，而粮食的获得又是因为农具耒、耜显灵所致，故其所崇祀的酒神便以耒耜两器形合而为之。"斤"字刻画与"戉"字刻画属兵器类物，是谓对兵器的祭祀或曰祭兵之属，属拜物教类祭祀刻划。"享"字刻文出土时亦皆涂有朱彩，它是由酒神图像及滤酒图像顶端所刻的图形演变而来，其原始用意也与酒事、崇拜酒神相关。后来它演变为现在汉字中的"享"字，本义为把酒献给鬼神，是鬼神接受美酒或祭品的"享"字之祖。滤酒图像出土时亦通体涂朱，图像是陵阳河先民为达到多产酒、产好酒的目的，在酿酒过程中把所用漏缸、茅草叶、接酒盆一类用具的配置组合关系摹画下来，对其进行祈祷、祭祀的一个意像符号。特别是关于"凡"字的隶定和推论，认为该字出土于莒县陵阳河、大朱村遗址似为军事领袖墓葬之中的陶尊上，原是一竹制或陶制的口哨类器物摹刻，当为军械用品，归于号令之属，与牛角号等属同类器物；实际上也是居住在莒县陵阳河一带大汶口文化先民氏族徽号的刻划。"凡"字在我国古代文字中，又衍为"风"，"风""凡"二字古本一字，可以互通。"凡"字徽文，本原是我国古代东夷部族中，风姓太昊一族的徽文标记。蒙城尉迟寺、天门石家河等地发现的与大汶口文化相同或相似的图像和刻符，均应与帝舜太昊的历史事迹相关联。这又再一次证明了王先生关于帝舜、太昊本为一体，生成于山东大汶口文化的推论；其或耕、或陶、或渔、或作，一年成聚、二年成邑、三年成都等等传说，都有真实的历史背影，绝非向壁虚造。

第三，考古学研究的范围

王先生在这方面涉猎较广，包括莱夷祭山遗址、牛河梁祭山遗址、凌家滩祭山遗址分析、泰山崇拜研究、鲁北龙山文化古城推论、陵阳河墓地研讨、凤凰岭东周墓墓主推定等，及至大汶口遗址出土骨、牙雕筒的用途、陵阳河出土大口尊（陶缸）的功能、大汶口墓葬出土龟甲的作用等等。在这方面更凸显了王先生深厚的古文献功底和丰富的历史文化知识。其中《东岳泰山新诠》根据文献资料、古文字资料、考古调查资料及诸民族志方面有关资料，论证被我国人民推崇为五岳之首的东岳泰山，原是我国原始社会居住在今山东泰沂山系及其周围的古代东夷部族有崇拜山神的习惯，是对泰沂山系诸山举行祈祷祭祀习惯的流传、演变和升华。东岳泰山一名原本并无确指，仅是大山一名的泛称。又根据 20 世纪 50 年代以来泰沂山系及其周围发现商周迄至春秋战国时期铜器资料、夯土建筑台基遗迹等并实地踏查有关资料，与文献记载我国历代帝王祭祀泰山及其有关节仪印证、推定，商或西周迄于春秋初年所谓泰山，本指今泰沂山系中部，高度仅次于今泰山的蒙山或曰龟蒙。战国秦汉以来的泰山乃是今泰安境内的泰山。又再而根据近几十年来山东境内泰沂山系及其周围的一些重大考古发现，进一步论证了山东泰沂山系及其周围是我国人类的发源地之一，是我国古代文明的摇篮。创造东夷文明的古代东夷部族即帝舜太昊一族，本发迹于山东泰沂山系南侧，而后是族又沿着泰沂山系南侧入主中原。缘于这一历史，古代东方夷人崇拜山神、崇拜山东泰沂山系诸山的习惯、意识，又渐次演变升华为对泰山的崇拜和封禅，泰山成为五岳之首、五岳独尊，泰山之所在也就成为天下的中心等观念。对这些论述有关学者也曾提出不同的看法和解释 [1]。但王先生关于东夷民族崇拜大山，对很多东夷民族祭拜大山资料和传说的考证；论析这种崇拜大山的意识，可能形成了后世对泰山的封禅，并对周围其他民族有所传播和影响的研判，还是具有较强的客观性和说服力的。其对莱夷祭山遗迹、牛河梁祭山遗址、凌家滩祭山遗址的分析，实际也是立足于相关认识的基础上，推广为对其他考古学文化相似习俗的认知和论定。

  1981 年 3 月，山东省文物考古研究所兖石铁路文物考古工作队在山东临沂凤凰岭发掘了一座大墓。该墓由车马坑、器物坑、墓室组成，墓室内殉人多达 14 具，此墓早年被盗，但出土青铜礼器、兵器、玉石器、骨器等仍有 300 余件，出土的 1 套编钟、2 套编镈、10 件铜鼎以及成组青铜礼器、兵器等，说明可能为封君或诸侯国君之墓。王先生在《山东临沂凤凰岭东周墓墓主身份的推定》中，根据遗物特征和埋葬习俗推断有可能是当地诸侯的陵墓，特别是相关铜器铭文被人为锉毁，可能与《左传·昭公十八年》记载"邾人入鄅"的事件有关，因此墓葬为春秋晚期鄅国国君墓葬的可能性较大。文章分析依据充分、论证翔实，相关结论基本为学界所认可。另外，王先生对考古中发现的许多奇异现象，依据自己丰富的古代文化知识和深厚古文献功底，都能给出较为合理的解释。如在大汶口文化墓葬中常出现龟甲随葬，有的还伴出骨针、骨锥、小石子。王先生推论大汶口人佩戴龟甲，是为攘除疾病、消灾厌胜；部分龟甲内所盛骨针、骨锥，可能是巫医所用的医具；龟甲内所盛小石子，则大概是用于卜筮决疑的。这些推论基本上得到学界认可。另外，大汶口文化墓葬中还经常出土一种骨、牙雕筒，大部分墓葬只出土 1 件，有的出土 2 件或多件。该类器物大小、形态、雕刻、装饰都不一致，个别镶嵌绿松石，十分精美。对于这些骨、牙雕筒的用途众说纷纭。有将其视为人体的装饰品的 [2]；有认为是"斧柄之尾饰"

　[1] 王恩田：《东岳泰山考辨》，《济南教育学院学报》2002年第3期。
　[2] 李永宪、霍魏：《大汶口文化的骨牙雕筒不是斧柄尾饰》，《中国文物报》1988年10月14日第三版。

的[1]；有解释为"一种宗教礼器"[2]或者"巫觋手中的法器"[3]；有认为是"与神柱、图腾柱崇拜或藉以通天地鬼神信仰有关"[4]。更有甚者，认为其是"用于殮罩男性生殖器的葬具，是男性生殖崇拜的物化形式等"[5]。而王先生认为这类骨牙雕筒，是身份、地位和权力的象征；是《牧誓》中"王左杖黄钺右把白旄以麾"的旌旗之类的柄饰物；是古代东夷人有虞氏（太昊）部族使用"旌旄"号令军队的权杖。甲骨、金文中的"中"字，就是旌旄之类的摹写，具有中军号令之意。先生的推论给了我们重要的启发和思考。综合大汶口文化骨、牙雕筒的出土状况和形态分析，该类雕筒的功能可能存在多种，但至少有一类如口径较大、雕饰精美的雕筒，很有可能就是用作于军事首领权杖、旌旄的组成部分，是号令军兵的重要器械和标识。

王树明先生在治学之中较多地使用文献资料、古文字资料、考古和调查资料及民族志方面有关资料，且运用自如，言简意赅，其研究方法和学术思想影响和培养了众多后辈学者。可谓在山东古史、古国和文物考古研究领域开创了一个新的研究模式，对古代东夷文化的研究有重要推动作用。客观地说，他所涉及的三个方面，并没有明确的界线，基本上是融会贯通，相互渗透，并前后呼应，自成体系。同时也应指出，王先生晚年仍然孜孜不倦，笔耕不辍。但由于不会使用电脑，加上身体多病等原因，对材料的搜集较为困难，影响了他对学术前沿问题的敏感度。有些问题的推论如楚祖颛顼和东夷太昊（有虞氏）是否可以视同一体；帝舜有虞氏是否可以视为商人的直系祖先；肖家屋脊发现的大汶口文化刻符，是否就是舜征三苗的直接物证；凌家滩遗址面对的太湖山是否就是脩蛇神山等等；可能存在不少可以商榷的地方。然而这也正好是后辈学人需要思考和继续努力的目标和空间。

值此先生文集出版之际，将我不成熟的学习心得写在这里，以示祝贺！也为山东古代历史研究和文物考古事业光大略尽一点心意。

是为序。

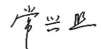

2021 年 3 月 31 日于京东燕郊

[1] 于中航：《新石器时代有孔石斧的柄尾装饰物》，《中国文物报》1988年8月26日第三版。

[2] 栾丰实：《花厅墓地初论》，《东南文化》1991年第1期。

[3] 杜金鹏：《关于大汶口文化和良渚文化的几个问题》，《考古》1992年第10期。

[4] 牟永抗：《试论良渚文化和大汶口文化的关系》，《中国考古学会第七次年会论文集》，文物出版社，1992年。

[5] 刘爱君：《论大汶口文化骨牙雕筒与良渚玉琮的原初共性》，《山东师范大学学报（人文社会科学版）》2011年第56卷第3期。

目　录

（上）

（下）

鲁北地区发现龙山文化古城与
古史传说中的夷夏交争

　　近年来，在我国黄河下游地区及其相近地带，相继发现龙山文化时代城址九座。在河南一带发现的有登封王城岗[1]、安阳后冈[2]、淮阳平粮台[3]、郾城郝家台[4]、辉县孟庄（图一）[5]；山东地区发现多集中在鲁北地区，有章丘龙山镇城子崖[6]、邹平丁公[7]、

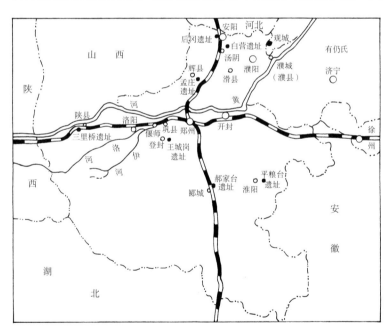

图一　河南省龙山文化古城位置示意图

[1]　河南省文物研究所等：《登封王城岗与阳城》，文物出版社，1992年。
[2]　胡厚宣：《殷墟发掘》，学习生活出版社，1955年，第77页。
[3]　河南省文物研究所等：《河南淮阳平粮台龙山文化城址试掘简报》，《文物》1983年第3期。
[4]　河南省文物研究所等：《郾城郝家台遗址发掘》，《华夏考古》1992年第3期。
[5]　《辉县孟庄发现龙山文化城址》，《中国文物报》1992年12月6日第一版。
[6]　《泰沂山北侧的龙山文化城址》，《中国文物报》1993年5月23日第三版。
[7]　《邹平丁公龙山文化城址》，《中国文物报》1992年1月12日第一版。

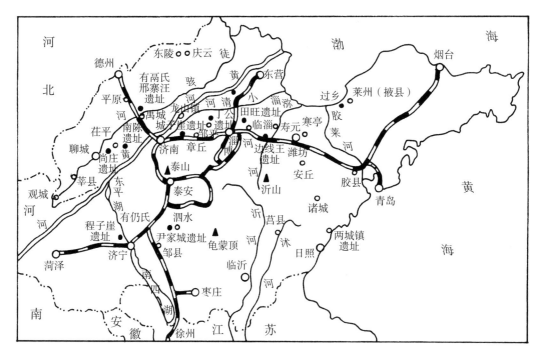

图二　山东省龙山文化古城位置示意图

临淄田旺[1]、寿光边线王[2]四座（图二）。河南发现五座城址，除淮阳平粮台、郾城
郝家台两座在豫东和豫东偏南地带外，其他三座，像登封王城岗、辉县孟庄、安
阳后冈诸城址，皆在豫中、豫北一带，当夏民族的发迹之地或其活动地区，与今
黄河河道的走向相近。山东地区发现的四座，潍坊地区一座，齐都临淄一座，章
丘谭国故墟附近一座，邹平一座。这四座龙山文化城址，适当我国古史中夏代初
年，东土后羿诸部的祖居地。从河南豫中、豫北及山东地区发现龙山文化城址的
分布地望、构筑年代及其考古文化诸端观察，上述七座龙山文化城址，与古史传
说中，有夏初年夷夏交争这一史实密切相关。本文就山东地区发现龙山文化城址
及其所属文化，与夏代初年夷夏交争一类问题，谈一点粗浅看法，以祈教于考古
学界，史学界诸方家。

一　关于近年来鲁北地区发现四座龙山文化古城址

　　20世纪80年代以来，山东鲁北地区发现四座龙山文化古城址。其一，山东章

---

[1]　《泰沂山北侧的龙山文化城址》，《中国文物报》1993年5月23日第三版。
[2]　《泰沂山北侧的龙山文化城址》，《中国文物报》1993年5月23日第三版。

丘龙山镇城子崖城址，是 70 余年前，中央研究院在山东章丘城子崖遗址进行考古发掘发现的。当时称之为黑陶文化时期的城墙遗迹。1990 ～ 1993 年，山东省文物考古研究所，对该遗址进行了多次考古发掘，确证，以往常常被学术界怀疑的章丘龙山文化城子崖"黑陶文化"时期城址，是的确存在的。该"黑陶文化"或曰龙山文化时期城址，城墙东、南、西三面平直，北面弯曲北凸，拐角处略呈弧形，东西宽 430 米，南北最长处 540 米，面积 20 余万平方米。有关这座龙山文化城址的构筑年代，或认为始建于山东龙山文化早期偏晚；也或认为，当龙山文化中期偏早，其后，经龙山文化晚期而进入岳石文化时期[1]。城墙夯层清晰，有比较平整的层面，层面上可见稀疏的圆形凹底小棍夯痕，无板筑痕迹发现。还发现，城子崖龙山人建筑此城后，曾不断进行修复。其修筑活动都是依于原墙的内壁或外壁而进行的，且往往采用半沟式基槽，有时也直接在地面上进行修筑，迄至目前，尚未发现有城墙缺口或有城门建筑遗迹者。《城子崖》报告介绍[2]，龙山文化时期的出土遗物有陶鬶、陶鼎、鸟首形鼎足，筒形杯、平底盆、陶豆、碗、方格纹陶尊、瓦足皿、泥质黑陶双耳瓮；岳石文化时期出土遗物有陶豆、筒形杯、半月形双孔石镰类物。20 世纪 90 年代以来发掘，在龙山文化地层中，常常见到夹细砂素面黑陶筒形鬲类残片，出土遗物以鬲、甗、鬶等为主，方格纹、绳纹是龙山文化地层中比较容易见到的一种花纹装饰。

其二，邹平县苑城乡丁公城址。丁公龙山文化城址，是 1991 年冬，山东大学历史系考古实习队发现的。该城址位于山东省邹平苑城乡丁公村东，地处泰沂山脉与鲁北平原的过渡地带。经勘探和发掘查明，丁公龙山文化城址，略呈方形，四周城垣比较规整，城内南北长约 350 米，东西宽 310 米，总面积 10 万平方米。墙宽约 20 米，现存高度（从建筑时地面算起）1.5 ～ 2 米，墙壁外坡陡直，内坡较平缓。夯层厚 5 厘米，夯打坚实，墙外有 20 余米宽的壕沟。城墙可分早晚两期，早期城墙被龙山文化中期灰坑打破，晚期城墙叠压或打破早期城墙的灰坑之上，又被龙山文化晚期灰坑和房基打破、叠压[3]。依其叠压和打破关系，丁公龙山文化城址的始建年代，与章丘城子崖龙山文化城址的始建年代相近，也或建于山东龙山文化中期或中期偏早这一历史时期。丁公龙山文化城址内，龙山文化堆积厚达 1.5 ～ 2 米，遗物、遗迹丰富，遗迹间的叠压、打破关系复杂。发现的遗迹、遗物数量众多，在已发掘的 1500 余平方米内，出土可以复原的陶器近千件，石、骨、蚌器类 1500 余件。

———————————

[1]　《泰沂山北侧的龙山文化城址》，《中国文物报》1993年5月23日第三版。

[2]　傅斯年、李济、董作宾、梁思永等：《城子崖——山东历城县龙山镇之黑陶文化遗址》，中研院历史语言研究所，1934年。

[3]　《邹平丁公龙山文化城址》，《中国文物报》1992年1月12日第一版。

其中不乏精品，如薄如蛋壳的黑陶高柄杯，光洁的白陶鬶类遗物，还发现有大量筒腹、乳状袋足深腹陶鬲[1]。1992年，山东大学历史系考古实习队，在整理丁公遗址发掘材料时，在一件龙山文化灰陶平底盆残片上，发现山东地区龙山文化中最早的文字资料[2]。刻文陶片长4.6～7.7、宽3.2、厚0.35厘米，刻字11，竖五行。文字排列有序，手法熟练，笔划流畅，行间、字间距离固定。经省内、国内专家鉴定，多数学者认为，文字的提法是可以肯定的。刻画文字的陶片发现于H1235，出土遗物单纯，全属山东龙山文化晚期的遗物，其年代约当公元前2200年，即距今4200年左右。

山东大学发掘简报报道及山东大学于海广教授和参加发掘的方辉教授见告，邹平丁公龙山文化古城，其早晚两期间有缺环，始建年代至修复阶段间，不见炊具陶鬲，也不见绳纹、方格纹一类装饰。城址修复后的晚期阶段，除发现文字外，在遗迹或地层堆积中突然出现陶鬲，且数量很多。可不勉强地说，此城址晚期阶段人们所用炊具类遗物中，那是陶鬲的世界。与此俱来的是在山东龙山文化中未曾有过的方格纹、绳纹的大量出现。可以这样说，丁公城址晚期人们所用炊具中，主要为陶鬲，其他类炊事用具，如鼎类器物虽也仍然存在，但为数少，且与过去龙山文化中常可见到的鼎类器，在形制、特征诸方面，也发生了很大的变化。与鼎类炊器的变化相同，在陶鬲盛行时期，山东龙山文化的传统器类变化，亦相当突出。就陶色而言，也由过去乌黑、光亮的黑色陶，骤变为以灰中泛黑，或者以灰色为主要特色。

其三，淄博市临淄区田旺城址，是1965年秋季发现的。城址位于临淄区田旺村东北，未经正式发掘。从地表、断崖及勘探情况分析，古城呈圆角长方形，面积约15万平方米，其始建年代虽未查明，由地表、断崖暴露和试掘采集的遗迹、遗物判断，其建成年代不会晚于龙山文化中期，或者也在龙山文化中期偏早这一历史时期。城内堆积厚约2米，最厚处达3米之多。最下为大汶口文化层，在龙山文化层及其城址之上，是岳石文化堆积，又上为周城。岳石城面积有17万平方米之多，其是否是承接当地龙山城址而来，因尚未作大面积揭露，情况不明[3]。

临淄田旺作为一处龙山文化遗址，发现于20世纪60年代初，曾被公布为第一批省级文物保护单位。向以文化堆积厚、遗物丰富，受到考古学界的重视。该遗址出土陶器制作精良、气势宏伟。历年来，多次出土网坠、石斧、石镰、石锛等遗物。1982年，曾作过局部发掘清理，其主要出土文物有鬶、鼎、盆、碗、杯、豆、鬻、

[1]　《邹平丁公龙山文化城址》，《中国文物报》1992年1月12日第一版。
[2]　蔡凤书：《龙山文化陶文的发现与鉴定》，《光明日报》1993年4月26日。
[3]　《泰沂山北侧的龙山文化城址》，《中国文物报》1993年5月23日第三版。

罐诸类。鼎、甗之足，取鸟喙形[1]。此外，田旺遗址出土遗物，还有其本身的一些特点。这里曾出土高 38.5、口径 30.3 厘米的夹砂红陶鬲[2]，陶器以夹砂灰陶为最多，泥质黑陶次之，夹砂黑陶、泥质灰陶又次之，陶器纹饰中，除传统龙山文化中的装饰纹样外，又出现了少量的方格纹，间或有绳纹的出现。常见的器物组合，基本与丁公城址出土遗物近似，只是素面陶鬲及绳纹、方格纹装饰，目前在这里尚属偶见之物[3]。

其四，寿光边线王城址。边线王城址，位于潍坊市寿光县孙家集镇边线王村北高埠，地处淄河古河道之间，遗址面积 10 万平方米，1984～1986 年，配合益羊铁路工程，在密集的生活区内发现龙山文化城堡。城堡分内外两层或两座，结构相似，同属龙山文化时期遗存。因外面大城堡出土有大鸟首形、外侧鸟首粗锥形、侧三角形鼎足，出土鬶类器之流一般较直、较长，证明外侧大城堡为晚，属龙山文化晚期遗存。内部小城出土遗物，明显早于晚期，属龙山文化中期遗存。由此说明，内部小城的构筑年代，在龙山文化中期这一历史时期[4]。地层堆积还表明，外侧大城是在内侧小城破坏的基础上建立起来的。

边线王外侧大城，方形，北偏东 10 度，边长 240 余米，城内面积 57000 平方米，四边城墙各开门道一。已发掘北、西面 2 个城门空缺，宽度基本相同，约 10 米。城墙基槽构筑工程浩大，槽内结构作斜坡沟状，尖底。开口处均不见原来地面，一般宽 7～8 米，最宽处达 10 余米，槽深 6～7 米。在基槽的坡形斜面上，筑有许多不同高度的台面。城堡北部地势偏低，基槽底部还发现有顺槽走向的浅沟，浅沟每隔一定距离，又挖有不甚规则的小坑，显然是为施工时汇集下层渗水所用。槽内填土呈灰色，土质坚硬，都经夯筑，夯层厚约 5 厘米。夯窝为椭圆形、长条形两种，疑或为河卵石或以木棍为夯具。在不同深度的夯层中，还发现完整的人、狗、猪类完整的骨架或陶器，此当是龙山人出于某种信仰而特意安排的。小城堡在大城堡之内，位置大致居中而略偏东南，城墙基破坏严重。基槽构筑、门道布局、夯筑形式诸端，与大城堡基本相同。城堡亦作圆角方形，边长约 100 余米，总面积 10000 余平方米。

寿光边线王龙山文化城址，位于淄河以东的淄河西岸附近，属淄河下游地带龙

[1] 临淄文物志编辑组：《临淄文物志》，中国友谊出版公司，1990年。
[2] 《淄博市文物志（内刊）》，1984年，第14页附图。
[3] 魏成敏：《谈谈淄河流域的龙山文化》，《纪念城子崖遗址发掘60周年国际学术讨论会文集》，齐鲁书社，1993年。
[4] 杜在忠：《边线王城堡的发现及其意义》，《中国文物报》1988年7月15日。

山文化遗存[1]。这一地带，像寿光边线王、火山埠及益都桃园、赵铺诸龙山文化遗存，陶器均以泥质陶为主，夹砂黑陶、褐陶次之，间或有红、白诸色陶器。发现的主要器类有鬶、甗、罐、碗、杯、器盖、鼎、三足盘、平底盆、双耳瓮诸种。陶器的花纹装饰，以附加堆纹、弦纹、乳丁纹为最多。在边线王遗址及淄河下游龙山文化遗存中，出土陶器类遗物，从未发现有陶鬲、陶斝类器物者，在陶器花纹装饰纹样中，也从未发现与淄河西侧以远，像章丘城子崖、邹平丁公、临淄田旺三座城址中，出土陶器有以绳纹、方格纹为装饰纹样的习惯。

　　以上举凡四处龙山文化古城址，发现于山东泰沂山系北侧小清河主河道以南，在春秋五霸强齐的腹心区域内，当半岛地区与中原地区的交通要道地带。临淄以西发现城子崖、邹平丁公、临淄田旺三座，临淄以东淄、淠河流域，发现边线王城址一座。邹平丁公、寿光边线王城址的地层资料显示，这四座龙山文化城址的建成年代，当山东龙山文化中期，或者在中期偏早这一历史时期。此四座山东龙山文化城址，分布在东西仅100余千米的范围内，可谓地域集中。最西发现的城子崖城址，东北距邹平丁公城址50余千米，邹平丁公城址与东部临淄西北发现的田旺古城址，相距不足40千米，临淄田旺古城与东侧寿光边线王发现城址，虽有淄河相隔，两地相距也仅有40余千米。由其彼此的间距来看，此四城址可谓彼此毗邻。这四座地域集中、彼此毗邻的龙山文化城址中，目前唯邹平丁公及寿光边线王城址，已有较为详细的报道材料。就目前已公布的资料观察，边线王与以邹平丁公为代表的西部三座龙山文化城址中，中期以前的地层堆积，出土陶器种类、花纹装饰及其他类遗物、遗迹基本相同，这或反映，这四座龙山文化古城，都是使用山东龙山文化的人们所构筑，原来使用这四座城址的人们，族系相同。但是，进入山东龙山文化晚期之后，寿光边线王城址与其中期出土遗物虽有早、晚之别，就文化面貌而言，仍然是早期、中期山东龙山文化传统的延续和发展。从而表明，寿光边线王龙山文化城址，从其构筑至其晚期阶段，一直为使用山东龙山文化的人们居有和使用着。淄、淠河以西，以邹平丁公城址为代表的三座龙山文化城址，至龙山文化晚期阶段，突然发生变化。出现了早、中期山东龙山文化中从未一见的陶鬲、陶斝类物，伴随而来的是绳纹，方格纹的出现。这一勃然而来的变化，或反映，至山东龙山文化晚期，以邹平丁公城址为代表的西部三座城址，受到外来文化的"侵入"，有的像邹平丁公城址或曾经易主。

---

　　[1] 魏成敏：《谈谈淄河流域的龙山文化》，《纪念城子崖遗址发掘60周年国际学术讨论会文集》，齐鲁书社，1993年。

二　山东龙山文化发现素面陶鬲与鲁北发现龙山文化古城

要梳理山东龙山文化中出现素面陶鬲与鲁北发现龙山文化城址的关系，首先需从山东龙山文化的两个不同地方文化类型谈起。

为我国考古学界所公认，分布在山东鲁北地区的龙山文化，以今淄、渑河为界，东西分属两个不同的区域类型，两城类型和城子崖类型。淄、渑以东的两城类型[1]，发现于1936年的日照两城镇遗址，20世纪50年代以来，又做了大量的工作。已经报道的主要材料有：潍坊姚官庄、日照东海峪、胶县三里河、临沂大范庄、诸城呈子（见图二），还有潍县鲁家口、潍县狮子行诸遗址。就目前报道材料所见，域内古城址仅寿光边线王一座。这一类型的分布地域，主要在山东东部，鲁北淄、渑河以东潍坊地区，东至海。南托沂蒙山区或至临沂这一广大地域之中。潍坊地区，是这一类型的中心区。两城类型发现陶器，黑色者居多，质细腻，磨光而黝黑发亮者突出；素面为主，常见纹饰有弦纹、压印纹、附加堆纹、刻划纹、篮纹等等。上述各遗址出土资料分析，两城类型龙山文化的发展序列大致分四期，即四个不同发展阶段。第一期主要器物组合有鼎、鬶、豆、薄胎高柄杯、深腹罐、壶、鬹形壶，还有常见的碗、盆、器盖等器形；第二期主要器物组合有鼎、鬶、豆、薄胎高柄杯、深腹罐、壶、鬹形壶、瓮、环足盘、单耳杯、碗、盆、器盖等类，新出现环足盘；第三期主要器物组合有鼎、鬶、豆、薄胎高柄杯、罐、单耳杯、甗、罍、盂、盆、碗和各种器盖等类，新出现了罍、盂诸器；第四期主要器物组合有鼎、鬶、豆、薄胎高柄杯、甗、盂、罍、盒、单耳杯、盆、碗、器盖等类，新出现盒，其他类器物与三期基本相同[2]。两城类型陶器，以鼎、鬶、豆、薄胎高柄杯为最具代表性，甚至是强烈影响周边其他文化类型的重要因素。鲁北淄、渑河以西城子崖类型，首先发现于1928年山东章丘龙山镇城子崖遗址。这一文化类型，西至鲁西平原与河南豫东北平原交界处，北及乐陵、庆云，南以泰山或泰山北侧为界。茌平尚庄、南陈、禹城邢寨汪及乐陵、庆云一带发现此类龙山文化遗址，都发现在鲁西北大平原；此类型发现城子崖、邹平丁公、临淄田旺三城址，都在鲁北山前平原地带（见图二）。这一地带属山东半岛与中原地区的交通要道，为山东鲁北与河南豫北、豫东北文化交流的咽喉要冲。城子崖类型发现房屋独具特色，像茌平南陈庄[3]、尚庄发现房屋建筑[4]，居住面均经特殊加工，表面坚硬，并普遍流行居住面和墙面加抹一层白灰

[1]　吴汝祚、杜在忠：《两城类型分期问题初探》，《考古学报》1984年第1期。
[2]　吴汝祚、杜在忠：《两城类型分期问题初探》，《考古学报》1984年第1期。
[3]　山东大学历史系考古专业等：《山东省茌平县南陈遗址发掘简报》，《考古》1985年第4期，图七，14。
[4]　山东省文物考古研究所：《茌平尚庄新石器时代遗址》，《考古学报》1985年第4期。

面的习惯；陶器以灰色、黑色居多，器表多素面，装饰纹样有附加堆纹、篮纹、镂孔、弦纹、凸棱、方格纹、绳纹等等；主要器形有鼎、鬲、甗、罐、杯、瓮、盒、盘等类，其中鬲作为一种主要炊具，是城子崖类型陶器的一个主要特征。根据对主要文化遗存陶器类遗物的分析，与两城类型一样，城子崖类型也分为四个发展阶段[1]。第一期出土器物，炊具以陶鼎为主，罐、甗较少，鬶数量更少，盛器有大平底盆、三环足盆、豆、单耳小杯、斝形壶、器盖；第二期出土器物，炊具以鼎、甗为主，其次为鬶、罐，盛器有大平底盆、单耳杯、盘、豆、泥质盆形鼎、高圈足盘、单耳筒形杯，各种形制的器盖；第三期，装饰纹样出现了少量的方格纹，主要器物组合有变化，炊具以鼎、甗为主，鬶的数量减少，作为炊具的夹砂罐已很少见到，盛器除有盆、杯、盘、豆、瓮外，新增加小口罐等类器，单耳杯成为杯类器物的主体，还有碗一类器物；第四期的陶器装饰纹样中，绳纹、方格纹、篮纹较为常见，陶器组合发生了变化，炊具中除陶鼎以外，新增加素面陶鬲，其数量之多，形体之大，足以表明它在炊具中的重要地位，陶罐数量减少，其他类盛器与前段基本相同，仅形式有所变化而已。另外，在淄、淠河以西城子崖类型文化遗存中，迄至目前，薄胎高柄杯类遗物，虽有发现，但为数较少[2]。

上文列举两城、城子崖类型不同时期的文化遗存，在一至三期中，两不同类型陶器在纹饰、陶质、陶色诸端，基本一致。主要器物组合、文化面貌虽有不同，但仍属同一文化传统体系内的差别或差异。如果我们将这两个不同类型，分别区分为早晚两个不同发展阶段，其晚期阶段两者的差别，则泾渭分明[3]。其表现在陶质、陶色方面，城子崖类型灰陶多，泥黑黝光亮陶少；表现在器类方面，城子崖类型发现陶鬲，还发现陶斝。发现陶鬲数量之多令人瞠目，在城子崖类型中，几乎无处不见此物，其在炊具中，基本取代了鼎、甗类器。表现在建筑遗迹方面，城子崖类型晚期，房屋建筑出现用白灰涂抹墙壁、居住面的现象[4]。在这几个方面中，城子崖类型晚期，表现最突出、最普遍、又最易于为人们所见到和掌握的是陶鬲的出现而不是其他。因为有无陶鬲，长期以来，人们对城子崖、两城两个地域类型的关系，产生了这样那样一些不同看法。或认为，这两个类型是地域不同造成的，也或认为，

[1] 靳桂云：《关于龙山文化城子崖类型的几个问题》，《纪念城子崖遗址发掘60周年国际学术讨论会文集》，齐鲁书社，1993年。

[2] 靳桂云：《关于龙山文化城子崖类型的几个问题》，《纪念城子崖遗址发掘60周年国际学术讨论会文集》，齐鲁书社，1993年。

[3] 靳桂云：《关于龙山文化城子崖类型的几个问题》，《纪念城子崖遗址发掘60周年国际学术讨论会文集》，齐鲁书社，1993年。

[4] 靳桂云：《关于龙山文化城子崖类型的几个问题》，《纪念城子崖遗址发掘60周年国际学术讨论会文集》，齐鲁书社，1993年。

两者有早晚之别[1]。还有的学者根据山东东部地区较少发现陶鬲，因而提出，这两个类型既不能排除地域上的差异，也不能排除城子崖类型晚于两城类型的可能性。造成这种局面的原因是，典型山东龙山文化晚期，因鲁西平原与另一属系的文化接壤而传入鬲、斝类物，从而造成了城子崖类型的这一复杂局面。也就是说，城子崖类型实际是典型龙山文化晚期，与西部另一文化交流或为其"侵入"而产生的一个变体[2]。在上文陈说诸学者区分典型龙山文化两个不同区域类型的根据中，可不勉强地说，城子崖类型晚期出现陶鬲，是根据中的根据，是重中之重。所以，要更深入进行探索，走出类型学，"透物见人"[3]，弄清"侵入"或使用丁公、城子崖、临淄田旺三座城址人们的族系所属，就必须进一步从城子崖类型龙山文化晚期中发现陶鬲谈起。

20世纪晚期，典型龙山文化晚期遗存中，素面陶鬲类遗物在泰山南北都有发现。1986年，济宁程子崖遗址发掘[4]（见图二），发现龙山文化晚期陶鬲2件，袋足均残。C3：42，夹砂灰陶，侈口，折沿，方唇，沿面微凹，深腹近直，下部内收，上腹饰三周凹弦纹。口径21.6、残高14.4厘米（图三，1）。1973年，泗水尹家城遗址发掘，龙山文化晚期地层、灰坑中，发现陶鬲5件，完整的1件[5]，方唇、粗颈、颈腹交界不明，分裆，乳状袋足。T1⑧：10，夹砂灰陶，侈口，腹稍长，腹部有一对小横耳，三足残失，颈部饰弦纹一周，器表有刮抹痕迹。口径21.6、残高17.4厘米（图三，4）。H728：1，夹砂黑陶，腹较短，口沿内侧下凹，器表粗糙，腹部饰盲鼻对，表面有刮抹痕迹。口径22.8、高26.8厘米（图三，3）。20世纪70年代末，临沂地区文管会在文物普查期间，在日照两城镇采集陶鬲1件[6]（见图二），粗砂质黑灰陶，壁较厚，子母口，口沿下有两把手，高裆，附三大袋足。口径17.5、腹径26.5厘米（图三，2）。就目前所见材料看，泰山以南，素面陶鬲类遗物虽有发现，但为数较少。

泰山北侧龙山文化遗存中，素面陶鬲类遗物发现较多，只见于城子崖类型晚期遗存。见于报道的有：茌平尚庄、茌平南陈、禹城邢寨汪、章丘城子崖、章丘亭山、邹平丁公、临淄田旺等遗址。茌平尚庄发现陶鬲25件，细砂灰陶质，分二式[7]：I式1件，近方唇或方唇，侈口，直腹或微鼓，圆锥形袋足。H108：61，平

[1] 尹达：《新石器时代》，生活·读书·新知三联书店，1949年，第49页。
[2] 黎家芳、高广仁：《典型龙山文化的来源发展及其社会性质初探》，《文物》1979年第11期。
[3] 陈淳：《检视器物类型学》，《中国文物报》2002年1月2日。
[4] 国家文物局考古领队培训班：《山东济宁程子崖遗址发掘简报》，《文物》1991年第7期，图七，4。
[5] 山东大学历史系考古教研室：《泗水尹家城》，文物出版社，1990年，第97页，图六八，9、12。
[6] 日照市图书馆等：《山东日照龙山文化遗址调查》，《考古》1986年第8期，图一〇，4。
[7] 山东省文物考古研究所：《茌平尚庄新石器时代遗址》，《考古学报》1985年第4期，图二〇，11；图版五，6。

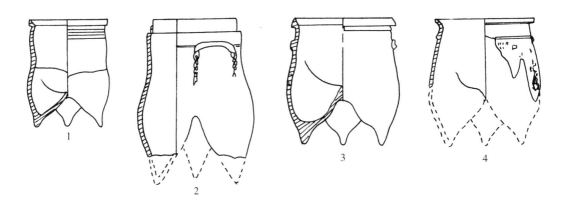

图三　龙山文化陶鬲

1.济宁程子崖（C3：42）　　2.日照两城镇采集品　　3.泗水尹家城（H728：1）　　4.泗水尹家城（T1⑧：10）

沿折上一周凹槽，腹饰凹弦纹。残高 23.5、口径 24.5 厘米（图四，3）。Ⅱ式 18 件，口微侈，近直腹，乳状袋足。H120：1，沿边三周凸棱，腹部两凸棱，沿下有对称盲鼻。高 29、口径 21.5 厘米（图四，2）[1]。茌平南陈庄发现陶鬲系一残口，圆唇，折沿束颈，颈下一对称盲鼻，夹砂灰陶，素面（图四，4）[2]。禹城邢寨汪发现陶鬲 6 件，夹砂灰陶质，壁下微斜，袋足肥大，上、下部轮制痕迹明显，腹外壁有刮制痕。分二式[3]：Ⅰ式 T43A：84，折沿方唇，沿外有两圈凹弦纹，颈部饰两道凹弦纹，并嵌有对称乳丁两枚，颈下有宽带状横扁耳一对。口径 27.5、高 36 厘米。Ⅱ式 T43A：83，折沿方唇，略外斜，颈部有简陋弦纹数道，嵌对称乳丁一对，口径 21.5、通高 30 厘米。邹平丁公出土龙山文化陶鬲，除丁公城址外[4]，邹平杨寨、大河崖、礼参、五里、房家、庄郭顶子、鲍家、大闫、后鲍等龙山文化遗存，陶鬲类遗物时有所见[5]。礼参发现陶鬲，夹砂黑陶质，方唇，沿面有凹槽，颈部饰一周凸弦纹和一对称盲鼻，颈腹间有一周凹弦纹。口径 19 厘米（图四，1）。邹平丁公遗址第二、第三次发掘，第 6 层各小层出土陶片数量最多。可辨器物有：鸟头足罐形鼎、鬶、甗、素面陶鬲等器物[6]。陶鬲均夹砂灰陶质，素面。H1142：19，侈口，方唇，唇面起棱，沿面微凹，束颈，筒形腹，腹与袋足相接处内凹，分档较高，足尖下垂，颈下有凹弦纹数周，其上饰两两相对的小鼻和泥饰，腹与袋足上有明显的篦

[1]　山东省博物馆等：《山东茌平县尚庄遗址第一次发掘简报》，《文物》1978年第4期，图八，3。

[2]　山东大学历史系考古专业等：《山东省茌平县南陈遗址发掘简报》，《考古》1985年第4期，图七，14。

[3]　德州地区文物工作队：《山东禹城县邢寨汪遗址的调查与试掘》，《考古》1983年第11期，图版1、2。

[4]　山东大学历史系考古专业：《山东邹平丁公遗址试掘简报》，《考古》1989年第5期。

[5]　山东大学历史系考古专业：《山东邹平县古文化遗址调查》，《考古》1989年第6期。

[6]　山东大学历史系考古专业：《山东邹平丁公遗址第二、三次发掘简报》，《考古》1992年第6期。

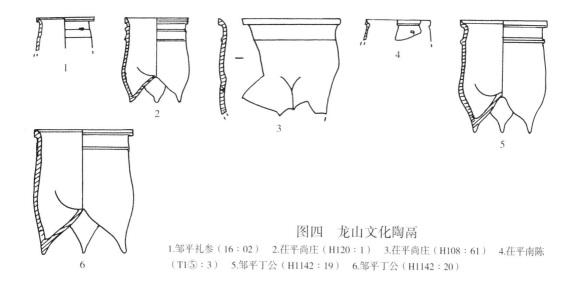

图四 龙山文化陶鬲

1.邹平礼参（16：02） 2.茌平尚庄（H120：1） 3.茌平尚庄（H108：61） 4.茌平南陈（T1⑤：3） 5.邹平丁公（H1142：19） 6.邹平丁公（H1142：20）

状刮痕。口径 20.6、高 24.2 厘米（图四，5）。H1142：20 与 H1142：19 略同，唯颈部不显，三足稍外撇，篦状刮痕亦不甚明显。口径 23.6、高 26.3 厘米（图四，6）。临淄田旺发现素面陶鬲，系采集品，现存淄博市博物馆。为夹砂红陶质，筒状深腹，器表有制作时留下的刮磨痕，颈部饰有宽带式横扁耳一对[1]。1985 年以来，章丘亭山、城子崖遗址发掘，发现素面陶鬲，陶质、陶色、装饰形式等方面，与茌平尚庄、禹城邢寨汪、邹平丁公一带发现陶鬲，基本一致[2]。

已于前文述及，素面陶鬲类遗物在泰山南侧虽有发现，但数量极少。其主要发现，乃见于鲁北淄、淯河以西城子崖类型龙山文化晚期遗存。泰山以北发现此类遗物，陶质、陶色相似，除极个别为红砂陶质者外，其余均呈灰砂或黑砂质。器形特征、造型作风，可谓所在一律，基本为筒形、深腹状，颈部间或饰一对称环耳，或饰一对称泥饼，亦或饰一对称乳丁状饰物者。在如此广大地域之中，发现素面陶鬲类遗物，既无地域之差，也无早晚之别。又因为这类物在典型龙山文化诸类型之中，绝不见于早期或中期阶段，其目前材料所见，又与后来的岳石文化遗存找不到直接的传承关系。人们对这类遗物的由来，从不同侧面、不同角度，提出了诸多不同的看法。综而言之，其说凡三：一为素面陶鬲本土说。持这一说法的认为，山东龙山文化晚期发现陶鬲，是山东龙山人，根据自身文化传统创造出来的一种器物，是山东龙山文化发展到一定阶段的产物。根据是，山东龙山文化晚期所见陶鬲的陶质、陶色、造型作风，与其同期发现陶鬶相较，仅较陶鬶少一鬶流而已，且谓，山东龙山文化

---

[1] 《淄博市文物志（内刊）》1984年，第14页附图。

[2] 王树明：《"亚醜"推论》，《华夏考古》1989年第1期。

的制陶技术，在其同期诸文化中，是水平最高的。所以，它完全有能力创造出这样一种三足器，与外来文化因素影响、冲击无涉。二为素面陶鬲来源北方说。持这一观点的同志，根据山东聊城、德州地区与北方夏家店文化南缘相近，其发现陶鬲又多筒状深腹、三乳状袋足，其形制特征与辽宁北票丰下夏家店下层文化中期遗存陶鬲略似，因又提出，德州、聊城发现素面陶鬲，是由夏家店下层文化发展、传承而来，是夏家店人南渐的物质证据。三为素面陶鬲来源河南说。这一说法认为，素面陶鬲主要发现于山东龙山文化城子崖类型，而城子崖类型的分布地域之西，又恰好与中原文化区相接，因于地区位置和文化传统多方面的原因，山东城子崖类型龙山文化新出现的素面陶鬲类遗物，祖籍来自河南，受后冈二期文化影响而来 [1]，可以这样说，这是山东龙山文化晚期，城子崖类型"山东龙山文化受河南龙山文化影响的结果" [2]。

　　城子崖类型发现素面陶鬲，来源于本土的说法似或欠妥。素面陶鬲作为山东龙山文化中的一种器类，主要在城子崖类型晚期阶段这一短暂时间出现、存在，其在城子崖类型或至两城类型山东龙山文化的早期、中期阶段，绝然不见。诚可谓从天而降、倏然而逝。此其诚可疑者一也。考古资料显示，分布在山东境内的大汶口文化、山东龙山文化，是属古代东夷部族早、晚两个不同发展阶段的物质文化。东夷部族在这两个不同发展阶段中，历经约凡两千余年的时间。在这漫长的两千余年时间内，东方夷人所用主要炊煮用具中，始终以鼎为主，而不是其他。虽然鼎类遗物在其漫长的不同发展时期，造型作风、器物形态，也曾不断地发生变化；在大汶口文化晚期至龙山文化时期，也曾出现用甗为蒸煮用器的现象，但其作为一种主要炊事用具，始终是鼎而不是其他。然而，在山东龙山文化晚期的城子崖类型中，大汶口人、山东龙山人数千年来，赖以生存的炊煮用具陶鼎类物，突然为素面陶鬲所取代。这一现象在我国诸考古文化中，是罕见的。此又诚可疑者二也。翻检中外各民族的发展史，不难看出，人类文化的发展，有其相当顽固、保守的一面，有它的延续性和继承性，不同群体的相互取代，一般都会从其文化传统上表现出来。如果没有外来"异族"文化的"渗透"或"入侵"，一个民族的固有文化习惯，总是在其自身的文化传统内，演进着、发展着。总以上文所述，说山东龙山文化晚期城子崖类型突然出现素面陶鬲类物，无任何历史背景可言，与外来文化影响、冲击无涉，与事理不通。城子崖类型发现素面陶鬲，来源于北方，或者径直说，是由夏家店下层中期文化传播而来这一说法，也是不能成立的。众所周知，夏家店下层文化是分布在我国北方，东到辽河，南到京津唐，北到西拉木伦河这一广大地域内的一支物

　　[1]　靳桂云：《关于龙山文化城子崖类型的几个问题》，《纪念城子崖遗址发掘60周年国际学术讨论会文集》，齐鲁书社，1993年。

　　[2]　山东省博物馆等：《山东荏平县尚庄遗址第一次发掘简报》，《文物》1978年第4期，图八，3。

质文化。它跨越了自龙山文化晚期迄至西周晚期，这一漫长的历史时期。在夏家店下层早、中、晚三期文化中，与山东龙山文化晚期阶段相当的早期阶段，陶鬲类遗物绝无所见，陶鬲在夏家店下层文化的出现，是在晚于山东龙山文化晚期阶段的中期文化遗存中[1]。可见，如果说山东城子崖类型晚期发现陶鬲，与夏家店下层文化发现陶鬲有传承关系的话，那也只能是前者传播于后者，不可能是后者传播于前者。

城子崖类型晚期发现素面陶鬲，祖籍河南龙山文化这一说法，切中肯綮。早在20世纪50年代初期，今河南豫西一带的陕县三里桥类型遗址，即有陶鬲发现，其主要器形为侈沿、束颈、绳纹的单耳鬲和少量的双錾鬲[2]。陕西客省庄类型龙山文化中，也有陶鬲发现，且数量较多。如其西部的双庵遗址，多见有罐形鬲；中部的客省庄遗址，罐形鬲与侈沿、束颈、单耳鬲共存；东部的如康家遗址，主要为侈沿单耳鬲、双錾鬲，与三里桥发现陶鬲诸多相近。晋西南陶寺类型早期，直接承袭于庙底沟二期文化，遗物中不见陶鬲，殆及中期之后始见陶鬲，迄至晚期阶段，陶鬲数量猛增，最多者为直口肥足鬲，另有侈沿、束颈、单耳鬲、双錾鬲等等，其与河南陕县三里桥、陕西客省庄类型康家遗址所出器类相同[3]。碳-14测定数据或上述诸地发现陶鬲的比较研究都表明，陕西客省庄、豫西陕县三里桥、晋西南陶寺类型龙山文化晚期，乃处于同一文化发展阶段，而最早发现陶鬲的陶寺类型龙山文化中期，要略偏早[4]。今河南境内龙山文化后冈类型发现陶鬲，如涧沟、后冈诸遗址发现，与晋南陶寺类型中晚期出现单耳鬲相似，而或更接近于其中期。白营后冈类型遗址分早、中、晚三期遗存，晚期出尖裆无耳鬲，器体与陶寺晚期发现双錾鬲接近。中期不见鬲而出斝，与陶寺中期所出十分接近，说明两者时代相去不远。由此可见，白营遗址的早期要早于陶寺中期。白营早期F59出有陶鬲，为矮肥足型，当为目前所见最早、最具原始形态的陶鬲[5]。但是，到陶寺中期，陶鬲则大为发展了，这或因为，其鬲的出现是受后冈类型河南龙山文化的影响，也或因为，陶寺的鬲是早已流行的盆形斝的衍生或创造，以后又引进了后冈类型中的双錾鬲和单耳鬲。总40余年来的田野考古资料显示，陶鬲类遗物乃发祥于中原地区，最早出现在夏人的发祥地或其活动的中心区域，即当豫西、晋南搭界处，或豫北、豫东北河南后冈类型龙山文化分布的地域之中。陶鬲类遗物出现之后，曾分别向陕西、晋北、河北，乃至河南东部地区进行传播。在一段时间内，豫西、晋南或豫北、豫东北一带地方，

[1] 李经汉：《试论夏家店下层文化的分期和类型》，《中国考古学会第一次年会论文集》，文物出版社，1980年。

[2] 中国科学院考古研究所：《庙底沟与三里桥》，科学出版社，1959年，第94页，图六二，A4b、A4a。

[3] 何介钧：《中国古代陶鬲研究》，《中国考古学会第七次年会论文集》，文物出版社，1992年。

[4] 何介钧：《中国古代陶鬲研究》，《中国考古学会第七次年会论文集》，文物出版社，1992年。

[5] 何介钧：《中国古代陶鬲研究》，《中国考古学会第七次年会论文集》，文物出版社，1992年。

是陶鬲向四面八方传播的中心。考古资料还显示，中原地区龙山文化发现陶鬲的形态与殷商以来各地发现陶鬲的造型不同，其颈部有的有耳或有双鋬，也间或有用一对泥饼装饰于颈部者。田野考古资料还告诉我们，陶鬲作为一种炊具，在其发祥地带陶寺类型的中晚期，一经出现即取代了釜、灶类炊具，且排除了斝，成为人们在日常生活中的一种主要的炊事用具[1]。可以这样说，以陶鬲作为一种主要炊餐之具，原是有夏部族的一种古老习惯。山东龙山文化城子崖类型发现陶鬲，有的颈部有附耳间或有泥饼、乳丁类装饰，此与中原地区龙山文化发现陶鬲有鋬、耳、泥饼类装饰风习相似；城子崖类型晚期，素面陶鬲广为流行，"并取鼎类器而代之，成为最主要的炊具"[2]，此又与中原地区夏族先民以陶鬲为主要炊具的风习一致；山东鲁北、鲁西北流行陶鬲，其地与河南龙山文化，又西以远，又与豫西及晋南陶寺类型陶鬲诸流行地相接；在山东龙山文化城子崖类型中，陶鬲的出现明显晚于河南龙山文化中期，甚至较河南龙山文化中后冈类型晚期亦略偏晚。准上述种种诸端，又考虑到山东龙山文化城子崖类型晚期中，比如陶器的装饰纹样中的绳纹、方格纹，以及白灰面房屋建筑遗迹等诸多受河南后冈二期文化影响的因素，我们认为，山东龙山文化晚期城子崖类型以陶鬲为主要炊具的习惯，是受河南龙山文化后冈类型影响的结果，也就是说，山东龙山文化城子崖类型晚期大量出现的素面陶鬲，原是居住于豫西、晋南或豫东北一带以陶鬲为炊具的人们，沿黄河故道渐次东徙，在山东龙山文化晚期，进入鲁西、鲁北一带，其按自身的生活习惯，文化传统，并吸取了当地先进的生产技术而制造出来的一种器物。因为这类遗物，是外来文化传统与本地先进制器工艺或其文化习惯影响、结合的产物，不是直接"移植""泊来"的，是故与河南境内龙山文化中出现的同类遗物，诸如造型、陶色、作风等方面，存在着这样、那样一些差异的现象，即不难理解了。如果上文分析、解释可为一说，那么，山东龙山文化城子崖类型晚期，使用或者占有淄、渑河以西，以邹平丁公遗址为代表的三座龙山文化城址晚期阶段族系所属，原应是居息于豫西、晋南、豫东北一带，以陶鬲为主要炊事用具的有夏族团，或曰"鬲族"[3]，沿黄河走向东渐至豫北、豫东北，又进而徙入山东，当山东龙山文化城子崖类型晚期阶段，占领了或者入侵过鲁北淄、渑河以西，以邹平丁公城址为代表的三座龙山文化城址。

[1]　严文明：《龙山文化和龙山时代》，《文物》1981年第6期。

[2]　山东大学历史系考古专业：《山东邹平丁公遗址第二、三次发掘简报》，《考古》1992年第6期。

[3]　翦伯赞：《诸夏的分布与鼎鬲文化》，《夏文化论文选集》，中州古籍出版社，1985年；李白凤：《东夷杂考》，齐鲁书社，1981年，第21页。

三　古史传说中的夷夏交争与鲁北发现山东龙山文化古城

山东龙山文化鲁北、鲁西北城子崖类型晚期，素面陶鬲类遗物的大量出现，以丁公为代表三座龙山文化城址中，有的或曾易主，有的也或曾经被"入侵"，与我国古史载记夷夏交争过程中，少康复国，率有夏同盟诸部，东进击溃东夷诸部一段历史有关。

在我国古史传说、记载中，有夏一代夷夏交争一事，20 世纪 30 年代，中央研究院傅斯年先生，在其宏文《夷夏东西说》一文中，又称之为"夷夏交胜"[1]，认为，这是夏代初年建国后不久，发生的一件大事。有关有夏一代夷夏交争或曰"夷夏交胜"故事，散见于诸多先秦经籍，其道之较为详备者，莫过于《左传》一书。

根据《左传·襄公四年》《左传·昭公二十八年》《左传·哀公元年》等有关记载，可以看出，发生在夏代早期阶段的夷夏交争一事，可概而区分为两个不同阶段。第一阶段是东夷诸部西进。夏代初年，东夷诸部西渐，与有夏之间进行了激烈的斗争，夷羿或有穷后羿，是东夷一方的宗主。之初，有穷后羿由鉏地徙于穷石，乘夏王朝衰微之机，后羿便伙同其同盟寒国诸部，依靠了有夏人民对夏王朝的不满，藉其力而取代了夏王朝的统治。后来，后羿有穷集团内部又发生了内讧。夷羿又依恃其射艺高超，不修民事，而信用寒浞，将政事悉委之于浞。寒浞伺机灭羿，取而代之。并因羿之家室，生浇、豷二子。将浇封之于过地，封豷于戈。浇又自过而灭夏后相，由是有夏遂亡。有关夷夏交争的第二个阶段，是夏少康复国，即所谓少康中兴。在这一时期，有夏诸邦，合力东进，击溃或消灭了有穷后羿诸部。大致经过是：当帝相灭亡之时，其后妃缗氏正有孕在身，逃于有仍，生少康，又奔于有虞氏，其后，少康帝依靠了同盟或同族诸部，诸如有鬲氏、斟灌氏、斟鄩氏而东进，翦除了夷羿余烬过、戈两国，恢复了夏王朝的统治。

关于西进乱夏，后羿或有穷后羿及其同族、同盟诸部所在地望，《左传》一书记载，后羿氏乃原本居鉏，之后又徙于穷石。唐人张守节认为，鉏、穷石本在今河南省。《史记·夏本纪》张守节正义引《括地志》曰：

"故鉏城在滑州韦城县东十里。《晋地记》云'河南有穷谷，盖本有穷氏所迁也。'"

杨伯峻先生认为，鉏地在今河南滑县东十五里。穷石即穷谷，在洛阳市南[2]。《春秋左传注·襄公四年》注曰：

"鉏，今河南滑县东十五里。穷石，即穷谷，在洛阳市南。"

也有认为，后羿或有穷后羿一族，原居于今德州东南者。《水经·河水注·卷五》

[1]　傅斯年：《夷夏东西说》，《庆祝蔡元培先生六十五岁论文集》下册，中央研究院，1934年。
[2]　杨伯峻：《春秋左传注·襄公四年》，中华书局，1981年。

曰 [1]：

"大河故渎，又东径平原县故城西，而北绝屯氏三渎，北径绎幕县故城东北，西流径平原鬲县故城西。"注曰："《地理志》曰：'鬲津也，王莽名之曰河平亭，故有穷后国也。'"

鬲县乃有夏同族有鬲国故墟所在，详下文。《地理志》以鬲县为有穷后羿故国者，此或反映，历史上有穷后羿在西渐中土过程中，曾占有过有鬲故墟，之后又徙入今河南钳地滑县一带。《左传》一书还记载，在夷夏交争过程中，寒国是有穷后羿的与国、同盟。《太平御览》八十二引《帝王世纪》曰：

"寒浞有穷氏，既篡羿位，复袭有穷之号。"

很清楚，寒不仅是有穷后羿的与国、同盟，并且与有穷后羿为同姓、同族。所谓寒国者，原应是东方夷人的宗主有穷后羿所属诸部中的一员。查其故地，晋代杜预认为，地当山东潍县治，即潍之旧地寒亭一带（见图二）。《左传·襄公四年》杜注曰：

"寒国，北海平寿县东有寒亭，伯明其君名。"

自杜氏首倡是说之后，历代学者多因袭这一说法。杨伯峻先生认为，寒故墟在今潍坊市。他说：

"寒，部落名，今山东潍县治，即旧寒亭。" [2]

《左传·襄公四年》还记载，寒浞灭羿后，封其子浇于过，封豷于戈。据于此，过、戈两国与有穷后羿，亦乃同姓、同族之邦，也是有穷后羿所属诸部中的一员。《左传·襄公四年》杜注认为，戈故墟在今河南省，地当宋、郑之间。过故墟，唐魏王李泰撰《括地志》认为，地在莱州掖县一带，当今烟台市西北莱州市辖域内。《括地志辑校》：

"故过乡亭，在莱州掖县西北三十里，本过国（地）也。" [3]

据徐中舒先生考证，我国古史传说中的"过""戈"一类古国之名，古音可以互通，为一名之分化 [4]。准徐氏所论，过、戈两国故地，有河南、山东两种说法。

《左传》一书所记夷夏交争过程中，东夷一方，夷羿或有穷后羿、过、戈、寒诸部，除寒而外，后羿有穷氏、过、戈诸部所在地望，都有两种或两种以上不同说法。我们认为，这是有历史背景的。在我国历史上，有穷后羿诸邦，所以出现一国两地或三地的现象，殆因在上古社会中，或因部族，部落间争夺生存空间，也或因为物

[1]　王国维：《水经注校》，上海人民出版社，1984年，卷五167。

[2]　杨伯峻：《春秋左传注·襄公四年》，中华书局，1981年。

[3]　（唐）李泰等著，贺次君辑校：《括地志辑校》，中华书局，1980年。

[4]　徐中舒：《再论小屯与仰韶》，《夏文化论文选集》，中州古籍出版社，1985年。

质利益驱使而相互争夺等种种不同原因，氏族、部落间的迁徙、移动，是经常发生的。笔者在《齐地得名推阐》一文中[1]，根据后羿诸部所在地望及文献记载，后羿史迹和其有关尚箭、善射一类神话传说，并稽诸 20 世纪 50 年代以来，鲁北潍淄流域史前遗存中的考古发现资料，辨析、论证，推定我国神话传说与古史记载中的夷羿或有穷后羿氏，其缘起和发迹之地望，为古齐地之腹心区域，约当今山东鲁北潍坊、淄博两地市间，时代约当山东龙山文化时期。沿此以推，20 世纪 80 年代以来，鲁北齐地内发现四座龙山文化古城所筑，其族系所属，原本当是古史记载中，与夏王朝在中原激烈争夺霸主的后羿氏，或有穷后羿同族诸部所为。后来，当龙山文化晚期，即夏王朝建国不久，东夷有穷后羿诸部为入主中原，沿泰沂山系北侧，东起莱州、潍坊，西徙德州，又折而西南进至豫东北滑县，居有河南龙山文化晚期、后冈二期文化类型的分布地带。因有夏太康无道，后羿联络同族诸部而问鼎有夏，又继而由钮地直抵夏族发祥地穷石，即今洛阳一带[2]。发生在夏代初年第一阶段的夷夏交争史事，应是有穷后羿诸部徽号向西移动，其所在地望出现山东、河南一国两地或三地诸不同说法的历史根蒂。考古资料显示，河南龙山文化晚期后冈二期文化类型中，山东龙山文化城子崖类型的典型器，在后冈二期文化中晚期以后出土陶器中，诸如陶鼎、陶鬶、直口瓮、子母口瓮、大口缸、子母口罐、子母口瓮、圈足盆、豆、盒、杯、器盖等类陶器大量出现[3]，这一考古现象清楚地告诉我们，城子崖类型晚期给予河南龙山文化后冈类型以强烈影响，与夏代建国不久，发生在我国历史上的后羿诸部西进代夏事件，是密切相关的。也可以这样说，河南龙山文化晚期后冈二期文化类型中，典型龙山文化遗物的涌现，是夷夏交争第一个阶段，发迹于鲁北潍、淄流域一带使用山东龙山文化的诸有穷后羿各部，西渐中原逐鹿，曾据有夏人领地而留下的物质文化遗存。

前文言及，夷夏交争的第二个阶段，是少康中兴，夏人东进。在这一阶段，夏少康帝依靠了其同族、同盟，有鬲氏、斟灌氏、斟鄩氏诸部，剪除了后羿一伙的余烬而恢复了夏王朝的统治地位。关于夏人东进复国的具体路线，古史载记亦无明征，我们也只能根据古史中，有鬲氏、斟姓二部所在地望的有关记载中，探索、寻绎。

先秦经籍记述多所反映，古史中的有鬲氏，即鬲族，其与有融氏或曰祝融者，皆有夏集团同族诸部中的一员。20 世纪 40 年代末，翦伯赞先生根据河南豫西一带的考古发现与有关文献记载论及，夏族祝融氏及有融氏诸部得名，与其先民制造和

[1]　王树明：《齐地得名推阐》，《东夷古国史研究（第一辑）》，三秦出版社，1988年；又收入《刘敦愿先生纪念文集》，山东大学出版社，1998年。

[2]　王树明：《齐地得名推阐》，《东夷古国史研究（第一辑）》，三秦出版社，1988年；又收入《刘敦愿先生纪念文集》，山东大学出版社，1998年。

[3]　栾丰实：《海岱考古研究》，山东大学出版社，1997年，第301～309页，图二。

使用陶鬲为炊具类遗物相关。他说：

"余以为祝融得名与鬲有关。因为融字从鬲从虫，故融族者，即鬲族之一。《国语·周语》云：'昔夏之兴也，融降于崇山。'是夏亦与融有关，而所谓融者，实为一切具有鼎鬲文化的氏族之原始的图腾。"[1]

翦氏所谓鬲族者，就是《左传·襄公四年》提及的有鬲氏。有鬲一族的所在地望，《史记·夏本纪》张守节正义引《括地志》谓："故鬲城，在洛州密县界。"地当今河南洛阳一带。《水经·河水注》卷五引《汉书·地理志》云，有鬲氏故虚在鬲津。杨伯峻先生认为，有鬲氏，为部落名。他根据叶青绥《续山东考古录》考证，认为有鬲氏故国，在今山东德州市东南二十五里许[2]。依上文举证可以看出，在夷夏交争第二个阶段，鼎力襄助夏室复国中兴的有鬲氏一部之故地，有河南洛阳与山东鲁西北德州两种不同说法。

载籍所见，祝融一族诸多别名。《左传·昭公二十九年》称祝融氏为"犂"，《史记·楚世家》称祝融氏为"重黎"，《大戴礼记》又称祝融氏为陆终氏，称其后裔斟姓所立邦国为参胡者。

清儒王聘珍在《大戴礼记》注文中，引《史记·楚世家》索引曰：

"宋衷曰：'昆吾，国名，己姓所出。参胡，国名，斟姓，无后。'"

钩沉《国语》《大戴礼记》有关融族史迹记述，从中又进而得知，斟姓诸部也是融族或曰鬲族中的一员。因于此，斟族先民与融族或曰鬲族一样，原来也是制造和使用以陶鬲为炊具的部落或部族。

有关斟姓二部所在地望，典籍中有各种不同的记述和说法。分而论之，斟族中斟灌一姓所在地望，其说凡三。

其一，斟灌山东寿光说。《左传·襄公四年》曰：

"灭斟灌。"杜注曰："乐安寿光县东南有灌亭。"

《水经·巨洋水注》[3]曰：

"尧水又东北径东西寿光二城间，应劭曰：'寿光县有灌亭，'杜预曰：'在县东南，斟灌国也。'"

《史记·夏本纪·正义》引《括地志》云：

"斟灌故城，在青州寿光县东五十四里。"

其二，斟灌山东安丘说。《水经·汶水注》：

---

[1]　翦伯赞：《诸夏的分布与鼎鬲文化》，《夏文化论文选集》，中州古籍出版社，1985年。李白凤：《东夷杂考》，齐鲁书社，1981年，第21页。

[2]　杨伯峻：《春秋左传注·襄公四年》，中华书局，1981年。

[3]　王国维：《水经注校》，上海人民出版社，1984年，卷二十六845。

"又北过淳于县西，又东北入于潍。"注曰："故夏后氏之斟灌国也。"[1]

《读史方舆纪要》卷三十五青州府安邱县条：

"淳于城，县东北三十里，古淳于国也。"

据此，古淳于国所在，为斟灌旧地。地当今潍坊市安邱县东北一带。

其三，斟灌河南濮阳说。《水经·巨洋水注》引薛瓒《汉书集注》云：

"相居斟灌，东郡灌是也。"

《汉书·地理志》东郡畔观条应劭注曰："'夏有观扈'，世祖更名卫国。"

《左传·昭公元年》杜注曰："观国，今顿丘卫县。"

《水经·河水五注》曰：

"又东径卫国县故城南。……《郡国志》曰：'卫故观国，姚姓。'"[2]

《读史方舆纪要》卷三十四濮州观城县条：

"古观城，在县西，古国也。"

丁山先生认为，"观、灌同谐藋声，字可通用。……观扈之观，亦即后相所居之斟灌。""是今观城，即有夏观国之虚也。"[3]古观城或曰斟灌故虚，地近河南濮阳，当今山东西部、豫东北一带地方。

稽诸载籍，斟鄩一族故国所在，也有三种不同说法。

其一，斟鄩山东潍坊说。《汉书·地理志》北海郡平寿县条引应劭曰："'古斟寻，禹后，今斟城是也，……斟，斟音斟。"

《左传·襄公四年》曰：

"灭斟灌及斟鄩氏。"杜注曰"乐安寿光县东南有灌亭，北海平寿县东南有斟亭。"

《后汉书·郡国志》云：

"平寿有斟城。"注曰："杜预曰：'有斟亭，古斟（鄩）国故县，后省。'"

其二，河南巩县、偃师说。

《史记·夏本纪》张守节正义引"臣瓒云：'斟鄩在河南，盖后迁北海也。'《汲冢古文》云：'太康居斟鄩，羿亦居之，桀又居之。'《尚书》云：'太康失邦，兄弟五人须于洛汭。'此即太康居之，为近洛也。……《括地志》云：'故鄩城，在洛州巩县西南五十八里，盖桀所居也。'"

杨伯峻先生认为，斟鄩也是部落之名。他推断，斟鄩故地，在河南偃师东北

[1] 王国维：《水经注校》，上海人民出版社，1984年，卷二十六865。
[2] 王国维：《水经注校》，上海人民出版社，1984年，卷五177～178。
[3] 丁山：《由三代都邑论其民族文化》，《夏文化论文选集》，中州古籍出版社，1985年。

十三里 [1]。

河南偃师在河南巩县西南，巩县在偃师东北。故斟寻故虚在河南巩县西南，也或在偃师东北两说者，实指一地，为一说尔。

其三，斟鄩濮阳说（见图一）。《水经·河水注》卷五云：

"浮水故渎，又东南径国邑。又东径卫国县故城南，古斟灌。" [2]

《水经·巨洋水注》引：

"……余考瓒所据，今河南有郾也……皇甫谧曰：'卫也。'又云：'夏相徙南丘，依同姓之诸侯于斟灌。'斟寻氏即《汲冢书》云：'相居斟灌也，既依斟鄩，明斟鄩非一居矣。'" [3]

《史记·夏本纪》张守节正义引《帝王世纪》又云：

"帝相徙于商丘，依同姓诸侯斟鄩。"

王玉哲先生认为，这里所说的商丘，应即宋代王应麟氏所谓帝丘之讹 [4]。查以今地，古卫县、帝丘者，皆当今河南豫东北之濮阳一带。由是，斟鄩一族之故都，又有河南濮阳一说。

总括上文推考，有夏同族斟姓二部故都所在，有河南巩县、偃师说，豫东北濮阳说，山东潍坊说，凡三种说法。其同族有鬲氏故地，有河南洛阳说、山东德州两说。综而论之，夏少康与有鬲氏、斟灌氏、斟鄩氏同族各部，复国中兴，与有穷后羿诸部交争东渐的大致路线是：由河南洛阳巩县、偃师一带夏人发迹之地而东，进入豫东北濮阳，又东北而至今鲁西北德州地，再而又沿泰山北侧而东，至淄博以东潍坊一带地方。很清楚，少康复国东渐中兴，与东土后羿有穷诸部，西徙中土乱夏的路线，恰相吻合。这一现象，为我们揭示鲁北淄、淊河以西，山东龙山文化城子崖类型产生的历史背景，以及该类型所属邹平丁公、临淄田旺、章丘城子崖三座龙山文化城址，其晚期阶段被"入侵"，有的或者易主及其族系所属，给以非常重要的启迪。

我们在前文第二章中已经论及，淄、淊河以西城子崖类型文化中，有流行居住面、墙壁加抹白灰面的习惯，装饰纹样中，出现了两城类型文化中少见的方格纹、绳纹类装饰纹样，陶器中还出现了后冈二期文化中习见的陶斝、陶罐一类器物。这一类型的晚期阶段，即城子崖类型四期后，陶器组合中发现的另一重要变化是，出现了该类型一至三期中，从未一见的陶鬲类遗物，成为城子崖类型区别于两城类型的一个重要文化因素。尤其在第四期晚期阶段，陶鬲类器物出土数量之多，令人惊

[1]　杨伯峻：《春秋左传注·襄公四年》，中华书局，1981年。
[2]　王国维：《水经注校》，上海人民出版社，1984年，卷五177。
[3]　王国维：《水经注校》，上海人民出版社，1984年，卷二十六846。
[4]　王玉哲：《夏文化研究中的几个问题》，《夏史论丛》，齐鲁书社，1985年。

讶。我们根据城子崖类型文化因素分析，及该类型分布区域西部偏南侧，又与后冈二期文化分布区，地域相接等原因，从而推定，城子崖类型龙山文化诸上述现象的出现，是受后冈二期文化影响的结果，是以陶鬲为炊具的有夏族团，或曰"鬲族"，东徙山东泰山以北、鲁北、鲁西北地区在物质文化上的反映。前文考证，夷夏交争的第二阶段，少康与鬲、斟诸使用陶鬲为炊具各部，东进山东后，再而东进的路线大致在城子崖类型龙山文化的辖地内。这对上述结论的推定，无疑是一有力的反证。又，后冈二期文化是河南龙山文化晚期的一个地方类型。碳–14年代测定表明，河南龙山文化晚期的相对年代，已进入公元前20世纪或稍后，早已进入夏代肇始于公元前20世纪70年代的范围之内[1]。从河南龙山文化晚期，或曰后冈二期文化与有夏肇始年代出现交叉这一现象考虑，我们在上文中所作推论，似中也是合乎情理的。另又，后冈类型与城子崖类型出土遗物比较研究，后冈类型中出现城子崖类型龙山文化因素的时间，较城子崖类型中出现后冈二期文化类型因素的时间，略偏早[2]。这一现象，又与这两个地域类型产生的历史背景，发生在夏代初年，夷夏交争的历史进程有关。夷夏交争的第一个阶段，是东土有穷后羿西进中土乱夏，时间在先；夷夏交争的第二个阶段，是有夏少康率同族有鬲氏、斟姓各部东进复国，时间在后。夷夏交争的这一历史过程，与因这一历史过程为背景而产生的后冈二期文化、城子崖类型龙山文化，其中某些文化因素在对方的出现有早晚之差，亦正相对应。上述情况种种，可以论定，山东龙山文化中的城子崖类型，这里主要指这一文化类型中的晚期遗存，是发生在夏代初年或曰早期，即夷夏交争的第二个阶段，少康率同族诸部东进复国，在物质文化上的反映。在文献资料记载中，依夷夏交争的第二个阶段，与少康东进同族各部故都所在地望判断，淄、淅河以西城子崖类型中，以丁公城址为代表的三座古城址，有外来文化"入侵"，有的或曾经易主者，应是东进斟灌、斟鄩二部所为。城子崖类型以东，两城类型及其所属边线王城址的考古资料反映，发生在夏代初年的夷夏交争，在山东龙山文化城子崖类型时期，有夏少康同族、同盟各部，始终没有越过淄、淅河以东。说者或诘之曰，如果是这样，那么东进斟姓二部故址在今潍坊一带的有关记载，又当作何解释。翻检古史载记，发生在夏代初年的夷夏之争，中经太康、仲康、相、少康凡四代，有七八十年或近百年的时间。文籍中，有关斟姓诸部在潍地与东夷所部交争激烈[3]，以及斟姓各部故墟在潍坊一带有关说法的反映，或夷夏交争第二个阶段之末，在龙山文化晚期进入岳石文化之时，斟姓诸部继续东进潍地，与后羿族团残余势力斗争而终得拥有此地

[1] 《夏商周年表》，《中国文物报》2000年11月12日第一版。

[2] 栾丰实：《海岱考古研究》，山东大学出版社，1997年，第301～309页，图二。

[3] 《竹书纪年统笺》卷三，见《二十二子》，上海古籍出版社，1986年，第105页。

这一史实的写照。考古资料显示，淄、淠河以西诸古城址，像邹平县丁公城址，曾或为有夏同姓斟姓各部所占有，但于文献记载无征。此或因为后世人们，记于近而不记于远，因而造成了这一史实失载的千古阙如。我们深信，随着时间的推移，田野考古工作的进一步展开，上述一系列问题，将会逐步有一个合乎历史实际的解答。

四　结语

缘于上文所论，有几个尚需进一步交待的问题，试作如下补说。

1. 有关有穷后羿与有夏集团斟姓诸部故都问题

其故都所在，于河南、山东两省分别出现一国两地或三地诸不同说法，一向是人们争论的一个热门话题，学术界在过去的一些争论文章中，往往采用有利于自己立论所需的文献资料，进行论证，因而得出一些相互排斥的结论。随着田野考古工作的深入和发展，在我国古史中，东土后羿西渐乱夏及有夏诸部东渐复国路线被揭示，其在物质文化方面的反映被认识，后羿与有夏诸部，在河南、山东鲁北两省地，自古以来，有一国两地或三地诸不同说法，就比较容易理解了。长期以来，考古学界还有这样一种观点，认为斟姓、嬴族各部是有夏族团中的一员，有夏集团又发迹于今河南省，其物质文化所系，又是因在河南偃师二里头最早发现而定名的二里头文化。因为山东鲁北一带，至今没有二里头文化的发现，因而否定了有夏集团斟姓各部，在夷夏交争过程中，曾移徙鲁北潍坊一带这一古老说法。甚至认为，这一看法是可以拍死的。现在看来，这种说法也是欠妥的。因为有夏集团斟姓各部东渐，发生在夏代早期，属河南龙山文化晚期这一历史时期。而河南偃师发现的二里头文化，是有夏集团二斟诸部东进山东后，其故地在河南龙山文化的基础上，又发展起来而晚于河南龙山文化的一种物质文化，或曰"夏文化"。因此，用原驻地后来出现的二里头文化在山东的有无，来否定早已移徙、东进山东斟姓诸部在山东的存在，显然是不合情理的。随着青州苏埠屯墓地"斟灌""亚丑"徽文的被破译[1]，该墓地融族徽文及潍坊地区辖域内两周斟鄩铜器的被发现[2]，实实在在地向人们昭示，斟姓二部远在有夏初年，夷夏交争的第二个阶段，东渐山东鲁北、居有今潍坊一带这一古老说法[3]，是确乎可以肯定的。

2. 关于山东龙山文化中，发现素面陶鬲问题

---

[1]　王树明：《"亚醜"推论》，《华夏考古》1989年第1期。

[2]　山东省文物考古研究所：《青州市苏埠屯商代墓地发掘报告》，《海岱考古（第一辑）》，山东大学出版社，1989年。

[3]　杜在忠：《论潍淄流域的原始文化》，《山东史前文化论文集》，齐鲁书社，1986年。

从前文举例中可以看出，素面陶鬲类遗物，在泰沂山系南侧山东龙山文化中，也有所见。其总体特征，诸如陶质、陶色、造型特征、装饰形式等方面，与泰沂山系北侧发现此类遗物，基本相同。出土层位也相一致，也都是出土于山东龙山文化晚期的遗存中。这反映，在山东龙山文化时期，泰山南北出土素面陶鬲类遗物的时间，是相同的。所不同的是，在泰山以北，素面陶鬲类遗物在龙山文化时期，仅见于鲁北淄、淄河以西，淄、淄河东侧以远，在山东龙山文化的遗存中，素面陶鬲类遗物，绝无所见。此类遗物在泰沂山系南侧的发现，则有所不同。南侧出土此物较少，较多的是见于今济宁地区程子崖、泗水一带。其东以远，乃至东部滨海日照两城镇遗址，此类遗物也有所见。我们根据文献记载与考古发现证明，鲁北龙山文化中发现素面陶鬲，是夷夏交争的第二个阶段，夏族集团东进山东在物质文化上的反映。与此说相关，夷夏交争过程中，有夏集团东进，其得力友邦或其与国有仍氏，原籍恰当在今济宁一带。也就是说，夏族东进中的与国有仍氏所在，在今泰沂山系南侧，是素面陶鬲类遗物出土较为集中的地方。《国语·郑语》有关记载[1]，以炊具陶鬲形文字为徽文有夏融族诸部中，曹姓邹、莒之邹，即小邾，地当今济宁邹县东南；莒或在今莒地一带。所谓邳姓偪阳者，其地也在今济宁东南一隅之枣庄市。相关文献记载，商周以来，夏裔或有夏相关诸小国在济宁一带者，可堪称夥。种种迹象表明，夷夏交争的第二个阶段，缘起于豫西一带有夏集团融族诸部，随夏王室东渐濮阳后，有东南渐徙于今济宁一带，或又继续东渐者。在山东龙山文化中，泰沂山系南侧素面陶鬲类遗物的出现，应当就是这一历史史实的表露。因为这一论题，已经超出了本文立论的范围，故不赘述。

3. 关于岳石文化与夏王朝、商王朝的年代关系问题

岳石文化遗物，发现于 20 世纪二三十年代。这一文化的被命名，则是 20 世纪 70 年代末、80 年代初的事情。长期以来，学者们每每提及岳石文化时，往往认为，它是"山东的夏代"，或者说，它是夏代山东地区的一种物质文化。还有一看法，将山东地区的岳石文化，笼统的认为，它们都是有夏初年夷夏交争、夏人东渐山东地区，在物质文化上的反映。以上两种意见，都或有失偏颇。夏王朝积年，为公元前 2070～前 1600 年。岳石文化的碳-14 测定数据为，公元前 1950～前 1500 年。岳石文化与夏王朝的肇始年代之间，相差凡 120 余年的时间，而其下限公元前 1500 年，又早已进入商王朝前期 100 余年，即其始于公元前 1600 年的范围之内[2]。由历史年代学印证。山东的岳石文化，乃开始于夏代早期之末，亦即夷夏交争的第二个阶段的末期，当斟姓二部等有夏集团东渐至山东潍坊，与后羿余部最后一战这

[1]　《国语·郑语》，《国语（全二册）》，上海古籍出版社，1978年。
[2]　《夏商周年表》，《中国文物报》2000年11月12日第一版。

一时期；而岳石文化的晚期阶段之末，则已经进入商代 100 余年。鲁北桓台史家遗址的考古发现已有力地证明，这一时期的岳石文化，已经具有高度的物质文明，已经开始使用甲骨文字 [1]。可见，岳石文化作为主要分布在山东地区的一种物质文化，并不与中原地区夏王朝的起讫年代整齐，而是首尾跨有夏商两个王朝年代间。

（1994 年 8 月第一稿，2002 年 4 月第二稿）

---

[1] 于海广：《桓台史家岳石文化的发现及其意义》，《夏商周文明研究》，中国文联出版社，1999 年；张光明等：《山东桓台县史家遗址岳石文化木构架祭祀器物坑的发掘》，《考古》1997 年第11期。

"亚醜" 推论

一 引言

1931 年，山东青州苏埠屯村民在村东发现两组殷周之际的青铜礼器：其一组出土于村东洼地；另一组出土于村东土岭断崖上。出土于断崖的有鼎、爵、觚、觯和斗共五件容器。在觯的圈足内有一"亚"形，并画一"𩵋"形徽识的图文（以下简称"亚醜"）[1]。1965 年至 1966 年，山东省博物馆在这一带，又发现四座殷代的墓葬和一座车马坑[2]。在一号墓葬中出土两件大铜钺，其中一件，正、背两面人面形口部两侧，各有一"亚醜"徽文。在同出的锛、爵一类残破的青铜器上，也发现有"亚醜"徽文标记。

自宋代以来，以"亚醜"为徽文的青铜礼器屡有著录，但从未标明出土地点。近人罗振玉《贞松堂集古遗文》、于省吾《双剑誃吉金图录》等书在著录"亚醜"徽文时，始谓是类器物乃出自今山东青州一带。从 1931 年到目前为止的考古发现证明，殷周之际以"亚醜"为徽号的一族曾居住在今山东青州一带的说法是可信的。王献唐据 1931 年青州苏埠屯的发现，以及罗振玉、于省吾关于"亚醜"铜器出土于青州的有关记载，同时，据传世杞妇卣也铸有"亚醜"徽文（杞又为禹后姒姓集团一支）推论以"亚醜"徽文为代表的一类青铜礼器的部族及夏遗的物质文化遗存，"历夏、商至周，散居益都一带，其族即夏禹之王室后裔也。"[3]并进一步推论，在夏商时代，今山东境内泰沂山系北侧古齐地领域偏东一侧，居住有斟灌、斟鄩等夏族姒姓国家。杜在忠同志在前人研究的基础上，提出所谓"亚醜"徽文，是古史中有夏与国斟灌、斟鄩二国中斟灌一国的徽号。从而论及，青州苏埠屯"亚醜"墓地为斟灌氏的墓地[4]。殷之彝在《山东益都苏埠屯墓地和"亚醜"铜器》一文中[5]，

[1] 祁延霈：《山东益都苏埠屯出土铜器调查记》，《中国考古学报》第二册，1947年，第167～177页（图版一、二）。

[2] 齐文涛：《概述近年来山东出土的商周青铜器》，《文物》1972年第5期。

[3] 王献唐：《山东古国考》，齐鲁书社，1983年，第228页。

[4] 杜在忠：《关于夏代早期活动的初步探索》，《夏史论丛》，齐鲁书社，1985年，第245～265页。

[5] 殷之彝：《山东益都苏埠屯墓地和"亚醜"铜器》，《考古学报》1977年第2期。

根据《左传·昭公二十年》晏子谈齐地沿革的一段话"昔爽鸠氏始居此地，季荝因之，有逢伯陵因之，蒲姑氏因之，而后太公因之"，以及《汉书·地理志》齐地在"少昊之世有爽鸠氏，虞、夏时有季荝，汤时有逢公柏陵，殷末有薄姑氏，皆为诸侯，国此地"的记载，推度今山东青州一带发现的"亚醜"徽文是商末诸侯薄姑氏的徽号。今山东青州一带乃殷周之际薄姑国的旧地所在。

　　殷文中的这一提法不妥。薄姑旧地当今鲁北博兴、桓台一带，与苏埠屯"亚醜"墓地相距有数百里之遥，且"亚醜"徽文乃"甚""醴"二字的原始形象（详下文），与"薄""姑"二字音义、形体殊不相类。即此两端足以说明，说青州一带及"亚醜"徽文是古史中薄姑氏的封地及其徽号的有关说法，令人难以置信。王献唐及杜在忠对"亚醜"徽文的研究，确乎较前人进了一大步，认为"亚醜"铜器是夏遗的物质文化遗存，"亚醜"徽文是斟灌氏徽号的说法无疑是颇有灼见的，但对这一徽文的隶定和解释，仍有许多可商之处。笔者不揣谫陋，对"亚醜"徽文的原始摹写、隶释，兼其族属等相关问题，谈一点不成熟的意见，以就正于方家。

二　"亚醜"简体"甚"字说

　　在商周之际的青铜礼器中，"亚醜"徽文比较多见。自清代以后，诸如《积古斋钟鼎彝器款识》《愙斋集古录》等书，对它皆有著录，其中，以罗振玉《三代吉金文存》收录为夥。粗略统计，凡七十余文。嗣后，容庚先生对已著录的"亚醜"徽文进行了筛选，取其典型的三十一个"亚醜"徽文及三个不带"亚"形的"醜"文，收入《金文编》[1]。就其总体之形观之，"亚醜"徽文本由四个图形组成。其中，图形"𠀎"与人形相类，作侧立状。头形作"𢒉"，顶端有三出之象；上肢侧前伸，作搂抱状；下肢末端倒上卷，有如长尾。该图形虽然奇诡，因其一侧上肢作向前伸之形状，且搂抱一"酉"，故可认定其所画的还是人的形象。这一图形之所以诡异，或反映所画其人经过特殊装束，或曾进行过"化装"。图形"酉"似大口尊，底尖圜，上端向外倾斜，并为人形所搂抱。在甲骨文与全文中，它是"酉"字之祖形，隶定为"酉"。"酉"与"酒"古代互通。《说文》："酉，就也，八月黍成，可为酎酒。"由"酉"字形体及其本义求之，"酉"原是一种酿酒或盛酒用具的形象。或为我国新石器时代乃至殷商文化中所见用以盛酒的陶尊之形。"酉"形顶端所画为一勺柄之形[2]，表示有勺以司出纳"酉"内或由"酉"内向外倾泻"液体"之象。图形"𐤎"在"亚醜"

　　[1]　容庚：《金文编》，中华书局，1985年，第1053～1055页：者婣罍、簋文、盉文；罍文、文丁盉、盉文、父丁簋、盉文；者婣罍、鼎文、季鼎。

　　[2]　周法高主编：《金文诂林·附录》，香港中文大学出版，1975年，第297（2111）页。

徽文中，皆画于"酉"形之下，由"酉"形顶端所画图形指示，"酉"内所贮乃挹于或倾泻其中，此"酉"下所画乃是一种"承接"酒液的盛具。在甲骨文与金文中，"酉"下所画为"其"字之祖形。东汉学者许慎认为"其"乃"箕"本字，其原始摹画乃为簸扬谷米的簸箕之形。《说文》："箕，簸也。从竹、廾，象形。……凡箕之属皆从箕。廿，古文箕。""亚醜"徽文所画"其"形，多尖圜底，上口内敛，与簸箕之形不类。其形体实与现代农村所用平口筐相似。文献记载与考古发现证明，我国古代的酒乃米酒，其酿造过程是：先将谷米煮熟，冷却，再拌以酒麴，密封，恒温贮藏之，以发酵酿酒。当谷米、酒麴发酵妥当后，进行过滤以除其糟粕，即所谓缩（茜）酒[1]。秦汉以后，缩酒又叫沛酒，也叫沥酒，也就是我们通常所说的酒之取清去滓，或曰滤除其糟粕的工艺过程。文献记载，我国古代酿酒用茅草过滤取清。《周礼·天官冢宰·甸师》："祭祀，共萧茅。"注："茅，……亦以缩酒。""缩酒，沛酒也。"也有用竹或荆条编成的筐形器沥酒。《诗·小雅·伐木》："有酒湑我。"毛传："湑，茜之也。"陆德明《释文》云："与《左传》缩酒同意，谓以茅沛之而去其糟也。"朱熹《诗集传》曰："湑，亦醁也。""醁酒者，或以筐，或以草，涑之而去其糟也。"中华人民共和国建立前，胶东农村酿制米酒，仍用一种以荆条或竹类编制的名为酒篘子的筐类器滤酒。就文献记载与民俗志资料推索，"亚醜"徽文"酉"下所画"其"形即一筐形器，原是"亚醜"族先民用以茜酒、沛酒，藉以滤除其糟粕的一种沥酒或醁酒工具。

寻绎上文，"亚醜"徽文是一人操作"酉"、挹勺，"其"四个不同器物之形，以表示"滤酒"或"醁酒"场面的图像文字。组成这一图像文字的人、"酉""其"三个不同图像，或因时代早晚之别，或因徽文所在器物或所在器物部位不同，因而其形体也有繁简不同的写法。其中"酉"形的写法有"𢍯""𤰔""凵"诸形[2]；"其"形的写法有"𠱾""𠮟""⌣"及"◡""◡"诸形[3]；人形的写法除"𠮟"而外，有"𠨧""𠨧""火"诸形[4]。不仅组成"亚醜"徽文的人、"酉""其"三个不同图形有所简化，有的"亚醜"徽文还省"其"形，仅由人、"酉"二形组成。比如：者女甗之"亚醜"徽文省"其"形作"𦥑"[5]；亚

[1] 王树明：《谈陵阳河与大朱村出土的陶尊"文字"》，《山东史前文化论文集》，齐鲁书社，1986年，第249～308页。

[2] 容庚：《金文编》，中华书局，1985年，第1053～1055页：者姛罍、簠、盉；罍文、文丁盉、盉文、父丁簠、盉文；者姛罍、鼎文、季鼎。

[3] 容庚：《金文编》，中华书局，1985年，第1053～1055页：者姛罍、簠、盉；罍文、文丁盉、盉文、父丁簠、盉文；者姛罍、鼎文、季鼎。

[4] 容庚：《金文编》，中华书局，1985年，第1053～1055页：者姛罍、簠、盉；罍文、文丁盉、盉文、父丁簠、盉文；者姛罍、鼎文、季鼎。

[5] 周法高主编：《金文诂林·附录》，香港中文大学出版，1975年，第264（2109）页。

卣之"亚醜"徽文省"其"形作"🔣"[1]；酐父乙尊之"亚醜"徽文省"其"形作"🔣"[2]，等等。另外，罗振玉《三代吉金文存》著录"亚醜"铜爵，其中有两件爵尾铸有"亚醜"徽文，其鋬内也铸有徽文标记[3]。一件鋬内所铸徽文为"🔣"，另一件鋬内所铸徽文为"🔣"。这两件铜爵鋬内发现徽文亦皆铸于"亚"形之内，且与"亚醜"徽文铸于同一器物之上。从"亚醜"徽文及其诸形的简化、演变过程看，此类徽文无疑也是"醜"文的省减或简化。至此，由人、"酉"、挹勺、"其"四个繁复的图形组成的"亚醜"徽文又可变作"🔣"，或仅作一侧立的人形。

由此可见，"亚醜"徽文在简化、演变过程中曾有三种不同写法。即由人、"酉"、挹勺、"其"四个图形组成的"醜"文；由人、"酉"（兼或有挹勺）两个图形组成的"醜"文；或由人、"口"组成的"醜"文；或仅为一侧立人形的"醜"文。如果用一图例表示，"亚醜"徽文的简化、演变顺序为：

🔣 → 🔣 → 🔣

上述三种不同写法的"亚醜"徽文，只要破释了人、"口"二形或一侧立人形的简体"亚醜"，那么，对于繁体"亚醜"的隶释也就会迎刃而解了。

清代末年，山东潍县东乡西周斟鼎铭文"🔣"的发现，对于释读人、"口"二形组成的"亚醜"及其繁体形象以很大的启迪。《潍县志稿》卷三十八著录潍县东乡发现西周斟鼎，铭文十字，第一行五字，第二行四字，后加一"羊"字。作：

"🔣谋减聿作

父丁尊彝羊"

清末金石学家陈介祺隶定此鼎铭文首字"🔣"为"甚"。认为，"甚"，即"斟"，即有夏与国斟灌、斟寻之"斟"本字。陈氏此论颇得"甚"字造字之本义。余按，"甚"，《说文》："尤安乐也。从甘、匹。匹，耦也。🔣，古文甚。""甚"字古文，从"🔣""匹"。顶端"🔣"为"口"，与"甘"字通。《说文》"甚"下段注曰："从口，犹从甘也。""甚"下之"匹"，或"人"字之讹变。我国古代男、女相互谓为"匹"，可证"匹"字乃一夫（妇）之谓。朱骏声《说文通训定声》"甚"字注："匹者，男女人之大欲存焉。"斟鼎首铭"🔣"，上为"口"、其下为"🔣"，与骨文"人"字"🔣"（燕四）、"🔣"（甲七九二）之形雷同，也是一侧立的人形。据其形体，陈介祺将"🔣"隶定为一从"口"、从"匹"，或曰从"口"、从"人"之"甚"字是可信的。又，"甚"字"🔣"与"亚醜"徽文简体"🔣"形体一致，为"醜"文"🔣"的反写。由此，将"🔣"以及"🔣"隶定为"斟"本字"甚"，也是可以容许的。沿此推演，由人、"酉"二形组成的"醜"文应隶定为"醮"字之祖形。由四个图形组成的"亚醜"徽文与人、

[1]　（清）阮元：《积古斋钟鼎彝器款识》卷一，上海北市棋盘街扫叶山房，1919年。

[2]　（清）阮元：《积古斋钟鼎彝器款识》卷一，上海北市棋盘街扫叶山房，1919年。

[3]　罗振玉：《三代吉金文存》卷十五，中华书局，1983年，第40页。

"酉"两形组成的"亚醜"徽文相较，虽多"其"、挹勺二形，然就其总体之形而论，仍可与人、"酉"二形组成的"亚醜"徽文归于一类，可通释为"醮"。

"甚"衍字"斟"，与酌酒之"酌"字同义。《说文》："斟，勺也。"段注曰："勺，《玉篇》《广韵》作酌。按，许以盛酒行觞为酌。……勺，酌古通也。"酌"又"沛"也，"滤"也。《周礼·春官宗伯·司尊彝》曰："诏其酌。"郑注曰："酌，沛之使可酌也。"《礼记·郊特牲》曰："缩酌用茅，明酌也。"郑注曰："谓沛醴齐，以明酌也。《周礼》曰：'醴齐缩酌。'五齐醴尤浊和之以明酌，沛之以茅缩去滓也。……酌犹斟也，酒已沛之则斟之以实尊彝。""醮"本"孰籁"类物[1]，"籁"即"麴"，原用以发酵酿酒。《说文》"酘"字段注曰："麴，所以为酒也。"《广雅·释器》曰："寝、醮、郁、庳、幽也。"王念孙疏证："此通藏食物也。"[2]朱骏声云："醮，幽也，谓醖酿郁藏。"[3]

一般说来，汉字的本义及其引申意义与其原始摹写事物总是有些联系的。"甚"衍字"斟"有"盛酒行觞""酌酒"，或曰"沛酒""缩酒"后而酌酒、斟酒之义；"醮"为酿制酒液的熟麴类物，并有"醖酿郁藏"发酵之义。此与"亚醜"徽文为"滤酒"或"醮酒"场面的原始摹写多所相合。这从反面证明，我们将"亚醜"徽文简体及其繁体分别隶定为"甚""醮"二字，这一说法，也是合乎情理的。

三 "亚醜"斟灌徽文说

从上文对"亚醜"徽文的推演中，可以看出，组成"亚醜"徽文的四个图形，有两个是先民酿酒过程中两种必备的工具的摹写。由此揭示，"亚醜"徽文所画"滤酒""醮酒"图像的缘起，与我国古代酿酒工艺有着密切的亲缘关系[4]。在"亚醜"徽文中，"其"亦即筐类滤酒器的图形下，从未发现有盆、瓮、罐一类承接、贮藏酒液类器物之形。又揭示，这一与酿酒工艺有亲缘关系的"亚醜"徽文，由尊内挹出或倾泻出的酒液经"其"（即筐）类工具过滤后未曾收贮，乃径直浇、灌于地面上。此又进一步揭示，这一与酿酒工艺有亲缘关系的"亚醜"徽文，并不是先民酿酒过程中滤酒或沥酒工艺阶段所用全部器具及实际操作情景的原始摹写。由"亚醜"徽文"滤酒"灌地，人形经"化装"、有诡异、神秘之状分析，所谓"亚醜"徽文，

---

[1] （清）段玉裁：《说文解字注》，上海古籍出版社，1981年，第747页。

[2] 王念孙：《广雅疏证》，中华书局，1983年，第249页。

[3] 朱骏声：《说文通训定声》，武汉古籍书店影印，1983年，第87页。

[4] 据先秦礼制推演，"亚醜"徽文所画"滤酒""醮酒"场面图像文字，是先民举行祭典实行裸礼场面的摹画（详正文下文）。《说文》"茜"下曰："礼，祭束茅加于裸圭，而灌鬯酒，是为茜，象神歆之也。"此说明，许慎乃以裸、茜本为一事之别名。我国古代所行茜礼或"亚醜"徽文所画裸礼场面，乃以酿酒用具为礼器。可见，所谓茜礼或曰裸礼，原是从我国古代酿酒工艺演变升华而来的一种礼制（详见《谈陵阳河与大朱村出土的陶尊"文字"》一文）。

很可能是有夏与国斟灌之祖，用酿酒过程中沥酒工艺阶段所用部分器具，对酿造好的酒液进行过滤，滤酒灌地，藉以祈祷神灵庇祐而举行宗教祭祀活动场面的摹写。《论语·八佾》曰："子曰：'禘自既灌而往者，吾不欲观之矣。'"注曰："灌者，酌郁鬯灌于太祖以降神也。"正义曰："《尔雅·释天》云：'禘，大祭也。'……马融注，盥者，进爵灌地以降神也。……乃祭酒以灌地也。"故《礼》书中，"灌""祼"二字互通，"灌"字多作"祼"。"灌"或曰"祼"是一种祭礼，也叫祼礼。在我国古代诸礼仪中，是先民至为重视的一种。《书·洛诰》曰："王入太室祼。"注曰："太室，清庙；祼鬯，告神。"疏曰："祼者，灌也，……尸受祭而灌于地，因奠不饮谓之祼。"又云"周人尚臭，祭礼以祼为重。"《礼记·祭统》曰："凡治人之道，莫急于礼。礼有五经，莫重于祭。……夫祭有三重焉，献之属莫重于祼，声莫重于升歌，舞莫重于武宿夜，此周道也。"稽诸载籍，知我国古代所重祼礼，以酌郁鬯酒献尸，不饮而灌于地为节仪。以此推之，"亚醜"徽文的原始摹写应是"亚醜"族先民用一"化装"的巫祝一类人物，或如后世举行祭祀、典礼时司仪唱读仪式的赞礼者，手捧盛贮酒液的尊类器具，其上画一勺柄，以表示将器内所贮用勺挹于或倾泻于"其"（即筐）中，滤酒灌地降神的情景。或者说，"亚醜"徽文本是"亚醜"族先民摹写有如周代以来举行祼礼场面的一个图像文字。

有关我国古代举行祼礼时所用器具及其使用方法，《周礼·春官宗伯·司尊彝》一节，有过这样一段记述："司尊彝，掌六尊六彝之位。诏其酌，辨其用与其实。春祠、夏禴，祼用鸡彝、鸟彝，皆有舟。其朝践用两献尊，其再献用两象尊，皆有罍。诸臣之所昨也，秋尝、冬烝，祼用斝彝、黄彝，皆有舟。其朝献用两著尊，其馈献用两壶尊，皆有罍。诸臣之所昨也，凡四时之间祀、追享、朝享、祼用虎彝、蜼彝，皆有舟。其朝践用两大尊，其再献用两山尊，皆有罍。诸臣之所昨也，凡六彝六尊之酌，郁齐献酌，醴齐缩酌，盎齐涚酌。凡酒脩酌，大丧，存尊彝。大旅，亦如之。"这里一再提到的所谓尊，乃是周人举行祼礼时用以盛酒之具。所谓彝，也是周人举行祼礼时用以盛贮酒液的尊一类器物。林尹先生曰："彝，酒尊之上者，祼时用以盛郁鬯。"[1]如果我们将《周礼·司尊彝》这段文字译为白话，其大意是："司尊彝掌管六尊六彝所陈的位置，诏告滤酒可酌的方法，辨明各种尊彝的用处与里面所应装的酒类。春天祠祭和夏天禴祭，行祼用鸡彝鸟彝，下面都有承盘，朝践用两牺尊，再献用两象尊，还设有罍，供诸臣酌酢用。秋天的尝祭，冬天的烝祭，行祼用斝彝黄彝，下面都有承盘，朝献用两著尊，馈献用两壶尊，也设有罍，供诸臣酌酢用。四时不常奉行的祭祀如大禘祭、大祫祭等，行祼用虎彝蜼彝，下面都有承盘，朝践

---

[1]　林尹：《周礼今注今译》，书目文献出版社，1985年，第214页。

用两大尊，再献用两山尊，也设有罍，供诸臣酌酢用。凡盛在六彝六尊里的酒的过滤方法是：郁齐用郁金和入鬯酒，用手搓拌后以竹筐过滤。醴齐以澄清事酒羃入用茅草过滤，盎齐以清酒羃入用竹筐过滤。三酒以水羃入用竹筐过滤，王、后及世子丧，大遣奠时省视所陈设的尊彝，旅祭上帝也是一样。"[1]《周礼》一书还记载，周人举行裸礼时，尊或彝内所盛贮的酒液乃用裸勺挹出舀入筐中，以过滤灌地。《周礼·春官·典瑞》："裸圭有瓒，以肆先王，以裸宾客。"郑注曰："郑司农云：'于圭头为器，可以挹鬯，裸祭谓之瓒。'……灌，先王祭也。"依《周礼》记载，有周一代实行裸礼，用尊盛贮酒液，用裸勺从尊内挹鬯裸祭，因所祀主或因祭祀时间不同，所用的酒也可能有所不同，因之，在施行裸礼时，用竹筐还是用茅草过滤尊内所盛酒液，也有所不同。《周礼》记述周人举行裸礼时，所用器具及其使用方法，与"亚醜"徽文所画的图形表示从尊类器物中挹取或倾其所贮酒液，并由"其"或筐过滤而灌地之图形，有诸多相似。依此推论，"亚醜"徽文原是"亚醜"族先民摹写有如后世举行祭典时，实行裸礼场面的一个图像文字。或诘之，《周礼·司尊彝》记载周人在实行裸礼过程中，由筐或茅草过滤后的酒液其下放有承盘一类器物承接，末即径直浇、灌于地面之上。而"亚醜"徽文中在"其"形之下并无摹写承盘一类器物，说"亚醜"徽文是"亚醜"族先民摹写其实行裸礼场面的一个图像文字，与《周礼》记载不符。《论语·为政》曰："子曰：'殷因于夏礼，所损益，可知也；周因于殷礼，所损益，可知也。'"裸礼作为一种祭祀仪式，属上层建筑的范畴，随着社会的发展，文化的演进，先民举行裸礼时所用各种礼文、节仪必然不断地发生变化，或有所"简省"或"增繁"。因此，周代以来实行裸礼与"亚醜"族先民举行裸礼所用器具及其处置方法有所差异，这也就不足为疑了。

根据前文考证可以推知，商周时代青铜礼器铸铭中发现"亚醜"徽文，是甚（亦即斟族）的徽文标记。因"斟"本字"甚"是"亚醜"族先民实行裸礼场面的摹写，所以，所谓"亚醜"徽文又可称之为"裸礼"徽文，或可简称之为"灌"。因此，所谓斟族也可称之为灌族。或者说我国古史记载中的斟族，也就是灌族。大概因姬周以来不能记远，又不了解"亚醜"徽文缘起的历史根蒂，遂将斟、灌两名连称。如此，继斟或灌两名之后，又敷衍出斟灌氏一名。《通志·氏族略》曰："'斟氏。'注曰：'亦作斟灌氏。……并夏诸族，以国为氏。''灌氏。'注曰：'亦作斟灌氏。《风俗通》，斟灌氏，夏诸侯也。'""斟""灌"二氏皆有夏一代诸侯，且皆为斟灌氏后裔的有关记载为上述说法又添一证据。上文提及，载籍中所记二斟中尚有斟寻氏一族，斟寻之名在"寻"字之前也冠以"斟"字为名，这或反映斟寻一族原与斟灌氏为同一胞族，或者说古史记载中的斟寻氏本是从斟族或曰灌族，亦即周代以

---

[1] 林尹：《周礼今注今译》，书目文献出版社，1985年，第214页。

来的所谓斟灌族中分化出来的一个支派。

四　斟族史迹寻踪

古史记载，斟姓二族即斟灌、斟寻二部，乃禹后，与夏王室为同宗同族。《史记·夏本纪》太史公论云："禹为姒姓，其后分封，用国为姓，故有夏后氏、有扈氏、有男氏、斟寻氏、彤城氏、褒氏、费氏、杞氏、缯氏、辛氏、冥氏、斟（氏）戈氏。""斟氏"，集解曰："徐广曰：'一作斟氏、寻氏。'"索隐曰："斟戈氏，按《左传》《系本》皆云斟灌氏。"不惟如此，斟姓二部也是夏代初年夷夏交争过程中，卓著勋劳于夏代王室的两个强大的同盟邦国。朱右曾、王国维《校辑古本竹书纪年》曰："太康居斟寻，后相居商丘，又居斟灌。"《左传·襄公四年》记曰："昔有夏之方衰也，后羿自鉏迁于穷石，因夏民以代夏政。恃其射也，不修民事，而淫于原兽。弃武罗、伯因、熊髡、龙圉，而用寒浞。寒浞，伯明氏之谗子弟也。伯明后寒弃之，夷羿收之，信而使之，以为己相。浞行媚于内，而施赂于外。愚弄其民，而虞羿于田。树之诈慝以取其国家，外内咸服。羿犹不悛，将归自田，家众杀而烹之，以食其子。其子不忍食诸，死于穷门。靡奔有鬲氏，浞因羿室，生浇及豷，恃其谗慝诈伪，而不德于民。使浇用师，灭斟灌及斟寻氏。处浇于过，处豷于戈。靡自有鬲氏，收二国之烬，以灭浞而立少康。少康灭浇于过，后杼灭豷于戈，有穷由是遂亡。"《左传·哀公元年》记曰："昔有过浇，杀斟灌以伐斟寻，灭夏后相。后缗方娠，逃出自窦，归于有仍，生少康焉，为仍牧正。惎浇能戒之。浇使椒求之，逃奔有虞，为之庖正，以除其害。虞思于是妻之以二姚，而邑诸纶。有田一成，有众一旅，能布其德，而兆其谋，以收夏众，抚其官职。使女艾谍浇，使季杼诱豷，遂灭过戈，复禹之绩。祀夏配天，不失旧物。"《竹书纪年》《左传》诸书关于夏代初年夷夏交争事迹记述，斟灌、斟寻二族在太康失国、少康中兴过程中，与夏王室休戚与共，自始至终与夏王室及有鬲诸部为一方，同有穷后羿为代表的东夷诸部，进行着激烈的殊死的争夺。之初，东夷一方曾一度取得过胜利，也曾取代过夏王室姒姓统治集团的统治地位。后来，夏王室依靠其同盟诸邦，诸如有鬲氏、斟灌氏、斟寻氏各部，又击溃了东夷一方，恢复了夏王朝的统治地位，可以说，斟姓二族在夏代初年夷夏交争过程中，对姒姓统治集团中兴夏室，具有举足轻重的作用。

有关斟灌、斟寻二族的所在地望，载籍中曾有各种不同的记载和说法。分而论之，斟族中斟灌一族所在地望，凡三说：

其一，斟灌山东寿光说。《左传·襄公四年》："灭斟灌。"杜注曰："乐安寿光县东南有灌亭。"《水经·巨洋水注》："尧水又东北径东西寿光二城间，应劭曰：'寿光县有灌亭，'杜预曰：'在县东南，斟灌国也。'"《史记·夏本纪》张守节正义引《括地志》："斟灌故城在青州寿光县东五十四里。"

其二，斟灌山东安丘说。《水经·汶水》："又北过淳于县西，又东北入于潍。"注曰："故夏后氏之斟灌国也。"《读史方舆纪要》卷三十五青州府安邱县条："淳于城，县东北三十里，古淳于国也。"若此，古淳于国所在为斟灌旧地，地当今山东潍坊市安丘县东北一带。

其三，斟灌河南濮阳说。《水经·巨洋水注》引薛瓒《汉书集注》云："按《汲郡古文》：'相居斟灌'，东郡灌是也。"《汉书·地理志》东郡畔观条应劭注曰："'夏有观扈'，世祖更名卫国。"《左传·昭公元年》杜注曰："观国，今顿丘卫县。"《水经·河水五注》："又东径卫国县故城南，古斟观。……《郡国志》曰：'卫本观故国。'"《读史方舆纪要》卷三十四濮州观城县条："古观城，在县西，古国也。"丁山先生认为，"观、灌同谐雚声，字可通用。……观扈之观，亦即后相所居之斟灌。""是今观城，即有夏观国之虚也。"[1]古观城地近河南濮阳县，当今山东西南、豫东北一带。

关于斟寻一族故都所在，也有三种不同说法：

其一，斟寻山东潍坊说。《汉书·地理志》北海郡平寿县条引应劭曰："'古斟寻，禹后，今斟城是也。'……斟音斟。"《左传·襄公四年》："灭斟灌及斟寻氏。"杜注曰："乐安寿光县东南有灌亭，北海平寿县东南有斟亭。"《后汉书·郡国志》："平寿有斟城。"注曰："杜预曰：'古斟（寻）国故县，后省。'"

其二，斟寻河南巩县说。《史记·夏本纪》张守节正义引："臣瓒云：'斟寻在河南，盖后迁北海也。'《汲冢古文》云：'太康居斟寻，羿亦居之，桀又居之。'《尚书》云：'太康失邦，兄弟五人须于洛汭。'此即太康居之，为近洛也。……《括地志》云：'故寻城在洛州巩县西南五十八里，盖桀所居也。'"

其三，斟寻河南濮阳说。《水经卷五·河水篇》云："浮水故渎，又东南径国邑。又东径卫国县故城南，古斟灌。"《水经·巨洋水注》引："皇甫谧曰：'夏相徙南丘，依同姓之诸侯于斟灌。'斟寻氏即《汲冢书》云：'相居斟灌也，既依斟寻。'明斟寻非一居矣。"《史记·夏本纪》张守节正义引《帝王世纪》又云："帝相徙于商丘，依同姓诸侯斟寻。"王玉哲先生认为，这里所说的商丘，应即宋代王应麟氏所谓帝丘之讹[2]。查以今地，古卫国县、帝丘皆当今河南东北部之濮阳一带。是斟寻一族之故都又有河南濮阳一说。

混而言之，夏代斟姓二族之故都所在分别有：河南巩县说、河南濮阳说、山东潍坊说等三种不同说法。

---

[1] 丁山：《由三代都邑论其民族文化》，《夏文化论文选集》，中州古籍出版社，1985年，第35～97页。

[2] 王玉哲：《夏文化研究中的几个问题》，《夏史论丛》，齐鲁书社，1985年，第1～18页。

中华人民共和国成立后，尤其是 20 世纪 70 年代以来，随着田野考古工作的全面展开，我国学者对夏遗斟姓二族在我国历史上出现一国三都的不同说法，曾进行过热烈的讨论。诸家各据自己的研究所得提出了一些新的看法。概括起来说，无非是两种意见：一种认为，斟姓二部故都在河南。斟姓二部与有夏王室为同宗同族，夏人的发迹之地当今河南伊、洛河流域，所以，其同族斟姓二国的故都所在，也只能在河南一带，或者在距伊、洛河流域不远的地方。持这一说者根据山东古属东夷之邦，为东夷之族聚居之地。于是，将载籍中斟姓二族故都在山东一带的有关记载，一律斥为谬悠之词。另一种意见认为，因为山东省潍坊市青州苏埠屯商代晚期墓地迭次发现夏遗斟灌族徽文；1981 年，潍坊市临朐县嵩山一带又发现两组西周铜器，其中，铸有铭文的铜器有郭中匜、郭中盘两件[1]。随着斟灌徽文及"郭"字铭文的破释，遂认为我国历史上关于二斟在今山东潍坊一带的有关记载，确不可移。持这一看法的一些同志根据古籍记载斟姓二族所在河南巩县、濮阳旧地，尚未发现斟姓二族的微文标记。因又提出，载籍中所谓斟姓二族曾都河南巩县、濮阳的记载，缺乏物证，因此，此说不足征信。

上述两种相互排斥的意见，都有片面之处。《左传·襄公四年》《左传·哀公元年》记述后羿乱夏事迹，十分清楚地告诉我们，发生在夏代初年的夷夏之争，并非突然发生、瞬息结束的历史事件。而是经历了太康、仲康、相、少康凡四世约近百年的历史过程。笔者在《齐地得名推阐》一文中论及，在这一历史过程中，过、戈、寒等以后羿为代表的东夷诸部，原居东土，其本土所在当今山东潍坊、淄博两市之地。在夷夏之争的第一阶段，后羿诸部曾渐次西徙，其西徙路线沿今山东境内泰沂山系北侧往西，至聊城东南又折而至河南濮阳，从而进入河南境内[2]。如果将文献记载斟族二部故都的地望，豫西巩县、豫东北濮阳及山东潍坊连成一线，令人惊讶的是，这一路线适与夷夏交争第一阶段，以后羿为代表的东夷诸部西徙路线重合。这一现象显示，在我国历史上斟姓二族所以出现一国三都，原因斟姓二部在夷夏交争的第二阶段，与夏王室为一方进逼东夷诸部，曾渐次向东方移动所致；文献记载中，斟姓二部分别出现一国三都的有关说法，不能一概视为向壁虚造，而是有其历史原因的。也显示，夏遗斟灌族遗物之所以一再在山东潍坊市青州苏埠屯一带发现，原因斟姓诸部远在夏代初年随夏王室及其同盟诸部"进逼""围歼"后羿诸部本土后，遂定居于此。

---

[1]　临朐县文化馆、潍坊地区文物管理委员会：《山东临朐发现齐、郭、曾诸国铜器》，《文物》1983 年第 12 期。

[2]　王树明：《齐地得名推阐》，《山东古国史研究》（论文集）第一集，陕西三秦出版社，1988 年。

五　斟族的先祖及斟族东渐的肇始年代

已知山东青州一带发现"亚醜"铜器，是夏初迁居此地斟族后裔的物质遗存。或问，如果是这样，那么斟族东渐的肇始年代属考古文化中的哪一个时期？其东渐的物质文化根据又是什么？1986年青州苏埠屯墓地发掘，在商末周初时期的一座墓葬（八号墓）随葬铜簋上铸有徽文"🜚"这一发现，为揭开斟姓二族先祖之谜底提供了实物证据，也为回答上述问题提供了信息。

上述徽文，分别由两鬲形与两个虫、蛇类动物之形象组成。两鬲形画于"文字"中间，鬲口相对，作扣盖状；虫、蛇类动物之形，画于鬲形两侧，头上、尾下。就"文字"形体而论，这一从"鬲"从"虫"的图像文字，是"融"字的祖型。换而言之，上述徽文，乃融族的图腾标记。

在我国古史传说中，"融"字为族名，也叫祝融氏。在夏代初年，曾辅佐夏人建国，其发迹之地距夏都阳城不远，约当河南崇高（嵩山），或古郑地一带地方。《国语·周语上》："昔夏之兴也，融降于崇山；其亡也，回禄信于聆隧。"韦昭注曰："融，祝融也。崇，崇高山也。夏居阳城，崇高所近。"《左传·昭公十七年》梓慎曰："郑，祝融之虚也。"杜注曰："祝融，高辛氏之火正，居郑。"《国语·郑语》记载，融或曰祝融氏，也是我国古代颇为昌盛、强大的一个部族集团。《郑语》云："祝融亦能昭显天地之光明，以生柔嘉材者也，其后八姓于周末有侯伯。佐制物于前代者，昆吾为夏伯矣，大彭、豕韦为商伯矣。当周末有（侯伯）。己姓昆吾、苏、顾、温、董，董姓鬷夷、豢龙，则夏灭之矣。彭姓彭祖、豕韦、诸稽，则商灭之矣。秃姓舟人，则周灭之矣。妘姓邬、郐、路、偪阳，曹姓邹、莒，皆为采卫，或在王室，或在夷、狄，莫之数也。……斟姓无后。"韦昭注："八姓，祝融之后。八姓：己、董、彭、秃、妘、曹、斟、芈也。"见于载籍，祝融一族诸多别名。《左传·昭公二十九年》称祝融氏为"犁"，《史记·楚世家》称祝融氏为"重犁"，《大戴礼记》又称祝融氏为陆终氏，称其后裔斟姓所立邦国为参胡者。《大戴礼记·帝系》曰："吴回氏产陆终。陆终氏娶于鬼方氏。鬼方氏之妹，谓之女隤氏，产六子，孕而不粥，三年，启其左胁，六人出焉，其一曰樊，是为昆吾；其二曰惠连，是为参胡；其三曰篯，是为彭祖；其四曰莱言，是为云郐人；其五曰安，是为曹姓；共六曰季连，是为芈姓。"清儒王聘珍引《史记·楚世家》索隐曰："宋衷曰：'昆吾，国名，己姓所出。参胡，国名，斟姓，无后。'"[1] 钩沉《国语》《大戴礼记》有关祝融族史迹可以知之，我国古史传说中的祝融氏历夏至商及于有周，乃连绵不断、累世不衰，其后裔中得姓立国者有

---

[1]　王聘珍：《大戴礼记解诂》，中华书局，1983年，第127、128页。

八姓或六姓之多，偏居于山东境内泰沂山系北侧一带的斟姓诸部，也是融族的后裔之一。长期以来，史学界学者对文献记载"斟姓无后"的说法迷信不疑，又因无实物资料为据，因而对斟祖祝融的有关记载多持怀疑态度。有的甚至认为，是说本属攀缘附会之语。1986 年青州苏埠屯商代墓融族徽文的发现，向人们展示古籍中斟祖祝融、斟姓诸部是祝融族的一个分族的记载，不是古人凭空杜撰，而是具有历史根据的。

考古发现证实，古史传说中的祝融氏以"融"字为名。有关祝融得名及其徽号的含义，《史记·楚世家》谓系祝融氏"能光融天下"之义；《国语·郑语》谓系祝融氏"能昭显天地之光明"者也。无庸置疑，此类说法均系祝融氏曾司"火正"一说的附会。四十年代末，翦伯赞先生根据豫西一带的考古发现提出，祝融族得名与先民所用炊具陶制鼎鬲密迩相关。他说："余以为祝融得名与鬲有关。因为融字从鬲从虫，故融族者，即鬲族之一。《国语·周语》云：'昔夏之兴也，融降于崇山。'是夏亦与融有关，而所谓融者，实为一切具有鼎鬲文化的氏族之原始的图腾。"[1] 他还根据融族后裔昆吾一支，故虚在河南濮阳，有鬲氏故虚在山东德州一带的有关记载，提出以炊具陶鬲为主要特征的夏文化，曾缓缓地向东方传播，渐渐地徙入河南东部及山东半岛一带[2]。

准翦氏所论，祝融之后或其分族斟姓诸部，也应是古鬲族中的一员。所谓融族、鬲族及至斟姓诸部的物质文化，是一种以炊具陶鬲为典型代表器物的物质文化。或可这样说，今河南以东迄至山东半岛地区，早期考古文化中出现的陶鬲一类生活用具，本是古史记载中的祝融氏、有鬲氏以至斟姓诸部，在夷夏交争的第二个阶段，由河南西部本土渐次东徙河南以东迄至山东半岛一带的物质见证。

近年来，陶鬲一类生活用具在山东龙山文化晚期遗存中常有发现。1973 年，泰沂山系以南泗水尹家城遗址第四文化层发现陶鬲一件。是器残，素面、夹砂灰陶质，筒状深腹；有三个肥大的袋足，表面有制作时留下的细线刮磨痕；方唇、卷沿，颈下有弦纹及小盲鼻[3]。见于报道，泰沂山系以南发现的另一件陶鬲出自日照两城镇龙山文化遗址，系采集品。是器亦残，素面，夹砂黑灰陶质，子母口，沿下有两鋬手，筒状深腹，袋足肥大[4]。与泰沂山系南侧相较，北侧龙山文化遗存发现陶鬲的地点明显增多，数量剧增，大有连成一片之势。1975 年聊城地区茌平尚庄遗址发掘，第四层发现陶鬲达 25 件之多。均夹砂灰陶质，分两式：Ⅰ式 7 件，方

[1]　翦伯赞：《诸夏的分布与鼎鬲文化》，《夏文化论文选集》，中州古籍出版社，1985年，第111页。
[2]　翦伯赞：《诸夏的分布与鼎鬲文化》，《夏文化论文选集》，中州古籍出版社，1985年，第111页。
[3]　山东大学历史系考古专业：《山东泗水尹家城第一次试掘》，《考古》1980年第1期，图五，2。
[4]　日照市图书馆、临沂地区文管会：《山东日照龙山文化遗址调查》，《考古》1986年第8期，图一〇，4。

唇、侈口、直腹微鼓，圆锥形袋足；Ⅱ式 18 件，口微侈，近直腹，乳状袋足，沿下有对称盲鼻一对[1]。1978 年，茌平以东德州市禹城邢寨汪龙山文化遗址试掘，发现陶鬲六件，亦皆夹砂灰陶质。陶鬲下壁微鼓，袋足肥大，外壁有制作时留下的刮磨纹。也分两式。Ⅰ式陶鬲，颈部嵌有对称的乳丁纹两枚，颈下有宽带式横扁耳一对。Ⅱ式与Ⅰ式陶质作风近同，惟颈部仅嵌饰一对乳丁纹，无横扁耳装饰[2]。济南以东陶鬲一类遗物也有发现。1985 年章丘亭山遗址发据，发现陶鬲造型特征、陶质、陶色与茌平尚庄遗址发现Ⅰ式陶鬲相似。临淄桐林田旺遗址发现陶鬲，为采集品，现存淄博市博物馆。为夹砂红陶质，表面有制作时留下的刮磨线纹，颈部有对称宽带式横扁耳。其造型特征与禹城邢寨汪发现Ⅰ式陶鬲作风一致。

　　陶鬲作为一种炊具，最早出现于夏人活动的中心区的豫西涧河流域的河南龙山文化三里桥遗址。这处遗址早期地层中发现的陶鬲，三袋足，皆有耳，或颈部饰一对称泥饼[3]。之后，此类文化逐渐由豫西一带传播于陕西、晋南、河北、豫东与鲁西等地龙山文化之中。山东北辛文化、大汶口文化中无陶鬲，在山东龙山文化早、中期阶段亦未发现陶鬲。这说明，山东龙山文化晚期遗存发现素面、双耳（或附两乳丁）、乳状袋足一类陶鬲，不是东夷文化的固有物，而是一种外来的文化影响。由豫西一带发现陶鬲的形制特征及其向西、北和东方传播的次第看，山东龙山文化晚期遗存发现陶鬲的远祖，应与陕西、晋南、豫东一带龙山文化发现的陶鬲祖型一致，也在豫西龙山文化之中。有趣的是，若将鲁北、鲁西北龙山文化晚期发现陶鬲的地点连成一线，却与河南最早出现陶鬲的地点及其向东方传播的路线相接。这一路线与融族、鬲族及斟姓二部东渐的路线重合。这种现象有力地证明，今山东泰沂山系北侧龙山文化晚期遗存发现陶鬲，乃是融族、鬲族或其后裔斟姓诸部东渐的物质文化遗存。夏初夷夏之争，有夏同盟斟姓诸部东渐的肇始年代，应在山东龙山文化晚期阶段，碳－14 测定山东龙山文化晚期的绝对年代，距今 4100 ～ 3900 年，恰当夏代初年后羿乱夏纪年范围之内[4]。就泰沂山系北侧发现陶鬲的时代看，亦与上述年代大致相符。

---

　　[1]　山东省文物考古研究所：《茌平尚庄新石器时代遗址》，《考古学报》1985年第4期，图二〇，11；图版伍，6。

　　[2]　德州地区文物工作队：《山东禹城县邢寨汪遗址的调查与试掘》，《考古》1983年第11期，图版壹，1、2。

　　[3]　中国社会科学院考古研究所：《庙底沟与三里桥》，科学出版社，1959年，第94页，图六二，A4b、A4a。

　　[4]　翦伯赞主编：《中外历史年表》，中华书局，1961年，第6页。

六　余语

本文在推论"亚醜"徽文过程中，论及"亚醜"徽文是"亚醜"族先民摹写其举行裸礼场面的一个图像文字，兼而论及夷夏之争及泰沂山系北侧龙山文化晚期发现陶鬲，是融族、鬲族或其后裔斟姓诸部，在夷夏交争过程中随夏王室东渐夷人本土的物质文化见证。对泰沂山系北侧一带龙山文化晚期发现陶鬲的看法，有的同志根据德州地区禹城邢寨汪遗址出土陶鬲，颈部两侧皆有附耳，造型特征与商周金文"鬲"字之形颇为相似；因而认为，泰沂山系北侧西部地区龙山文化发现陶鬲，乃是鬲族在商周时代东迁的物质文化孑遗。还有同志根据山东聊城、德州地区地与夏家店下层文化南缘相近，其发现陶鬲又多筒状深腹、三乳状袋足，其形制特征与辽宁北票丰下夏家店下层中期文化的陶鬲相似；因之又认为，德州、聊城发现的陶鬲仍属泰沂山系北侧龙山文化晚期，它是由夏家店下层文化传承而来，是夏家店人南渐的实物例证。

以上两种说法，我们是不能同意的。茌平尚庄、禹城邢寨汪遗址发掘证明，山东境内泰沂山系北侧发现的陶鬲是龙山文化晚期的物质遗存，不可能是商周时代鬲族的遗物。说它是由夏家店下层文化传承而来，也与事理不通。众所周知，夏家店下层文化是分布在我国北方，东到辽河，南到京津唐，北到西拉木伦河这一广阔地域内的一支物质文化。跨越了自龙山文化晚期迄至西周这一漫长的历史时期。在夏家店下层早、中、晚三期文化中，与山东龙山文化晚期阶段相当的早期阶段，陶鬲一类遗物绝无所见。陶鬲在夏家店下层文化的出现，是在晚于山东龙山文化晚期阶段后的中期文化遗存之中[1]。可见，如果说山东龙山文化与夏家店下层文化发现陶鬲有传承关系的话，也只能是前者传播于后者，不可能是后者传承于前者。总而言之，在山东境内泰沂山系以北龙山文化晚期遗存发现陶鬲，无论从其出现的年代或从其分布的空间看，其远源还是在豫西一带的龙山文化之中，而不会是其他。

（原载《华夏考古》1989年第1期）

---

[1]　李经汉：《试论夏家店下层文化的分期和类型》，《中国考古学会第一次年会论文集》，文物出版社，1980年，第163~170页。

齐地得名推阐

一 引言

西周初年，周人在今山东曲阜、临淄一带，先后建立了两个奴隶制国家，鲁国、齐国。关于这两个国家的得名，学者多所提及。因为鲁国之"鲁"字从"鱼"，或认为曲阜一带原始社会曾有以鱼为图腾的部族，为古鱼族所居之地，之后，周公旦之子伯禽就封于此，乃因袭旧地之名以为号。今泰沂山系北侧临淄一带周人所立齐国之名，也是因袭此地本有齐地之旧称而得名，至于此地为什么以"齐"字为名，汉世以来，学者多认为是因姜齐都城临淄东南 15 里处，有一名为天齐的泉池而得名[1]。这一说法当属附会之词，因为"齐"字作为地名在甲骨文中已有明确记载，而齐国或曰齐地得名于天齐池（渊）的说法，乃出于秦汉以来传说。汉代硕儒许慎解释"齐"字古文之形，像"禾麦吐穗上平"之貌[2]。自许氏首倡是说之后，两千年来，历代古文字学者一直沿袭其说，据此，又认为齐地以"齐"字为名，原因齐地土质肥沃，地势平坦，宜于种植小麦，由是齐地便以"齐"字为名，姜尚就封齐地营国，乃因其旧名以为号。

由经籍记载推索，有周一代封国，多袭其封地之旧名以为国号，由此，说姜尚立国之地本由其旧称而得名，无疑是正确的。但是，如果说齐地之本名因齐地宜于种植小麦，小麦吐穗上平之状像"齐"字之形，为齐地以"齐"字命名之本，则不能令人信服，因为"齐"字古文之形与小麦吐穗上平之状无关。拙文拟就"齐"字及齐地乃至齐国得名诸问题，谈一点不成熟的意见，以就正于史学界。

二 "齐"字与齐地得名

齐地或曰齐国用以命名的"齐"字，《甲骨文编》共收集十三个，有三种写法。"⁂"（明一七九四）、"◊◊◊"（前七·一四·一）、"◦◊"（乙四二二七）3 字，约占

---

[1] （汉）司马迁：《史记·齐太公世家》，《史记·封禅书》，中华书局，1959年。
[2] （东汉）许慎：《说文解字》，中华书局，1963年。

总数的 15%；"⚹"（乙八二六七），仅 1 字；"⚹"（前二·一五·三）、"⚹"（前二·一五·五），计 9 字，约占总数的 75%（以上均见《甲骨文编》卷七·一〇、一一）。《甲骨文编》收集"齐"字有 12 字是由 3 个"◇"或"⚹"组成，除乙四二二七之"齐"字写作"⚹"为一例外，余 11 字均上端一"◇"或"⚹"，其下为两个"◇""⚹"，写法比较固定。西周金文中出现的"齐"字与《甲骨文编》收集第三种写法的"齐"字基本相同。如"⚹"（西周早，且辛爵）、"⚹"（西周晚，师衰簋）。东周之后，殷商至西周写法的"齐"字，仍继续流行使用。如："⚹"（春秋，齐侯匜），"⚹"（战国，陶𢽾录七·二）等。与此同时，又出现了一种增繁的"齐"字，如："⚹"（春秋，陈曼匜），"⚹"（战国，陈侯午敦），"⚹"（战国，陶𢽾录七·二）及"⚹"（战国·𪊨羌钟），"⚹"（战国，有什），等等，在"齐"字的下部加写两横"="或加写一"∩"（均见高明《古文字类编》）。此外，金文中"齐"字还发现一异体，写作"⚹"（《金文诂林》，齐卣）。《说文解字》中"齐"字写如"齊"，基本上是承袭了春秋、战国时期增繁类"齐"字的写法，稍微有所变化而已。

由上文列举可以看出，殷周以降迄至东汉，随着时代的演进、文化的发展，"齐"字的写法曾不断地发生变化，但构成"齐"字的基本形体，仍承袭商制，由三个竖写菱形"◇"组成，晚出"齐"字在竖写"◇"之下部多画一"丨"。由三个竖写"◇""⚹"组成的"齐"字，其下部加写两笔"="，乃东周以后的事，与原始"齐"字"⚹"及其后出之"⚹"所画实物无关。

前已提及，"齐"字的摹画物及其寓义，许慎以为"齐"字所画为"禾麦吐穗上平"状，本义为平。许氏的这一说法是难以成立的。因为甲骨文、金文中"齐"字中的"◇""⚹"，其形象与麦穗之形毫无相似之处。后世文字学者不细审"齐"字之形而盲从许说，根据许氏"齐"字之形为"禾麦吐穗上平"之说，又进一步为"齐"字下部增繁的两笔"="演绎、附会。段玉裁为"齐"字作注曰："（齐）从二者，象地有高下也。禾麦随地之高下为高下，似不齐而实齐。参差其上者，盖明其不齐而实齐也。"[1]"齐"字在甲骨文、金文中衍变发展的历史，已清楚表明，"齐"字"齊"之下增繁的两笔，始于东周之后，可见"="与所谓"齐"有"平"的含义并没有什么关系，至于段氏所谓"参差其上者，盖明其不齐而实齐"的说法，就更为牵强了。汉字本起源于图画，象形象意为造字之本。汉字是以其所画事物的具体形象表示一个含义，汉字的具体形象是了解所画事物及其寓义的根据。先民造"齐"字之初，如确如许氏所言，是以所画"禾麦吐穗"之状表示"上平"的含义，那么，麦穗应画成上端带有芒刺的长条形，由 3 个"麦穗"之形组成的"齐"字，上端应该平，

---

[1]　（清）段玉裁：《说文解字注》，学海出版社，1983年。

不会将麦穗画成一菱形"◊""♦"或一三角形"△""▲"，更不会将"齐"字上端画成参差状，因为这样写法的"齐"字上端的形象，恰恰给人以不平的感觉。由"◊""♦""▲""△"及其组成的"齐"字的形象观察，"齐"字的初义与"平"的含义本不相干。

近年来，有人对许氏"齐"字所画为"禾麦吐穗"状的说法，已有所疑。康殷曾提出，"齐"字"⚶"像几块切割得方正整齐的肉块形，用以表示整齐、划一之意[1]。他断言，《说文》释"齐"字为"禾麦吐穗上平"之说，纯属悠谬之词。

康氏所指许慎讹谬之处，是完全正确的，但其所作假设则不能自圆其说。因为组成"齐"字的图形并不方正，多为菱形间或有三角形，有的下端留有一"丨"。"齐"字的本义有"翦除""切割"之义暗示"齐"字的原始摹画物与兵器或刀具有关，与被切割物"方正整齐的肉块"，无任何联系。

由古文字资料观察，"齐"字中的"◊""♦""△""▲"与甲骨文"矢"字的写法"↑"（掇一·二〇四）、"♙"（京津二一四五）（《甲骨文编》卷五·一九、"♙"（铁二三一·二）及金文"躲"字中的"←"（商躲爵）、"奴"字中的"↑"（商戊瓿奴父）即"矢"字之形（见高明《古文字类编》），多所近似；齐卣"齐"字中的"↑"除无尾饰外，与甲骨文及金文中"矢"字上部的形象完全相同。综合分析，甲骨文、金文"齐"字中三个竖写"◊"及"△""♦"或"♙♙"，应是无笴或有笴的镞头之形，为远射兵器的摹画。由考古资料观察，山东龙山文化及商文化中发现无笴、无尾饰镞头，如："♘""◊""♦"[2]及"♙""♦""↑"[3]之形，与"齐"字中的竖写"◊"及"♦""△""↑"十分相像。此又一旁证。因此可推定甲骨文、金文"齐"字中竖写"◊"及"♦""△""↑"是镞头之形，"齐"字原是三枚无笴或有笴无尾的镞头的摹画。

"齐"字之形原是三枚箭头的摹画，查"齐"字之本义，也多与其所画箭镞一类远射兵器有关。《仪礼·既夕礼》：

"马不齐髦。"（注："齐，翦也。"）

"齐""剂"二字叠韵，为同源字，古可互通，"剂"即"齐"。《尔雅·释言》：

"剂，翦齐也。"（注："南方人呼翦刀为剂（齐）刀。"）

《后汉书·刘梁传》：

"《春秋传》曰：'和如羹焉，酸苦以剂其味。'"（注：《左传》剂作齐。《尔雅》

[1] 康殷：《文字源流浅说》，荣宝斋，1979年，第495页。

[2] 山东省文物考古研究所等：《山东姚官庄遗址发掘报告》，图十二，1、3，《文物资料丛刊·5》，文物出版社，1981年；山东省文物管理处：《山东日照两城镇遗址勘探纪要》，《考古》1960年第9期，图二，16。

[3] 北京大学历史系考古教研室编：《商周考古》，文物出版社，1979年，图四，1、2，图二十三，6。

曰：'剂，翦齐也。'"）

又，《尔雅·释诂》：

"肃、齐、遄、速、亟、屡、数、迅，疾也。"（注曰："《诗》曰：'仲山甫徂齐，'"疏曰："肃齐，至疾也。《释》曰：'皆谓急疾也。'"）

《史记·五帝本纪》：

"黄帝者……弱而能言，幼而徇齐。"（裴骃《集解》："骃案：齐，速也。言圣德幼而疾速也。"）

再，《易·旅》：

"得其资斧。"（"资"本作"齐"。陆德明《经典释文》："众家并作齐斧。"张轨云："齐斧，盖黄钺斧也。"张晏云："整齐也。"应劭云："齐，利也。"）

证以典籍，"齐"字寓有"翦""杀""疾""速""锋利"的含义。另外，"齐"字还有"多""皆""中正""正中"之义。《周礼·天官·亨人》："掌共鼎镬，以给水火之齐。"（注："齐，多少之量。"）

《汉书·食货志》：

"陛下损膳省用，出禁钱以振元元，宽贷，而民不齐出南亩，商贾滋众。"（师古曰："言农人尚少，不皆务耕种也。"）

《尔雅·释言》：

殷、齐，中也。（疏："《释》曰：'殷、齐皆谓正中也。'"）

《诗·小雅·小宛》：

"人之齐圣。"（注："齐，正克胜也。"）

与甲骨文中发现"齐"字的用法一致，在古代典籍中，"齐"也被作为一种地名使用。

《尔雅·释地》：

"齐曰营州。"

营州即青州，其中心区域当齐国封域之内，即今潍坊、淄博两市之地。

一般说来，汉字的本义及其引申意义，与其原始所画事物及其用途，总是有某些联系的。"齐"字本义为"翦杀""锋利""疾速"之义，从反面证明，推定"齐"字为远射兵器三枚箭头的原始摹画，是可以成立的。"齐"有"中正""正中"之义，可能也因"齐"字所画为箭镞，本由中的之"中"的寓义衍变而来。至于"齐"有"多""皆"的含义，乃因"齐"字由三枚箭头形组成的缘故。我国先民的数字观念，以三为多，三为最神秘，三为最好。《史记·周本纪》：

"夫兽三为群，人三为众，女三为粲。"（"粲"，美貌，本指精米，后引申为美的意思。）

凡事物冠以"三"的字眼，一般都具有多、好的意思。如："三光""三才""三纲""三元""三品""三身""三世""三位一体"，等等。这种观念表现在造字方面，即用三个相同的汉字构成一字，这类文字也往往寓有被写事物"多""大""好"的含义。如："森""淼""麤""蟲""磊""晶"等字。齐"字由三个箭镞之形组成一字，原表示有很多箭镞之义，因于此，而引申出"多""皆"的含义就不难理解了。推究"齐"字的摹画物及其本义，"齐"字作为地名，或暗示齐地先民有尚箭、崇武之风。

江苏北部至山东临淄、潍坊一带，古属青、徐二州，这一地带，殷代称"尸方"或"人方"，甲骨文中无"夷"字，借用"尸"字、"人"字为"夷"，故，所谓"尸方""人方"亦即"夷方"，原本指古代东夷诸族所居之地。《说文》"夷"：

"东方之人也，从大，从弓。"

研读"夷"字的结构、古义，在古人的心目中，东夷之人盖为一弯弓、尚箭民族，以善射为特长。因为这一尚箭民族在虞夏、商周时期，主要蓄息于青、徐二州境内，故居于今河南安阳一带的殷人、陕西丰镐一带的周人，又称其为东夷、东方之人。齐地临淄一带在古青州域内，约当古代东方夷人所居之中心地，这一带地方，可能适为虞夏至有商时期尚箭、崇武的东夷诸部，或东夷诸部所立各邦国最为密集的地区，该地以寓有尚箭含义的"齐"字为名，应即由此而缘起。

三　神话传说、古史记载中的夷羿、有穷后羿与齐地得名

上文仅就古文字的角度推演，齐地之所以以"齐"字为名，因齐地原为一尚箭或尚武民族聚居之地，或为尚武东夷诸部及其所立东夷诸邦国最为密集的地区而缘起。此说可能会使读者产生疑窦，或诘之，这一推测的历史背景是什么？

神话传说中，今山东境内古代东夷诸部视若神明的宗神为夷羿、后羿，又或径直称为羿。《楚辞·天问》有：

帝降夷羿，革孽夏民。

《山海经·海内经》有：

帝俊赐羿彤弓、素矰，以扶下国，羿是始去恤下地之百艰。

由《楚辞·天问》《山海经·海内经》记载看，东夷诸族所尊敬的宗神为夷羿。他是上帝从天上派下来的"天使"，是"绝地天通者"，是用上帝赐予他的弓矢一类射兵，为人间铲除邪恶、排忧解患的"救世主"。《吕氏春秋·勿躬篇》有：

夷羿作弓。

《淮南子·修务训》有：

羿左臂脩而善射。

扬雄《上林苑令箴》记述：

昔在帝羿……孤矢是尚。

《荀子·解蔽篇》有：

羿善射。

《效儒篇》有：

羿者，天下之善射者也。

由以上诸篇记载看，夷羿并不是什么天使、天神，而是人间普通一员，一个尚箭、善射的能手。《淮南子·本经训》记载：

逮至尧之时，十日并出，焦禾稼，杀草木，而民无所食；猰貐、凿齿、九婴、大风、封豨、修蛇，皆为民害。尧乃使羿诛凿齿于畴华之野，杀九婴于凶水之上，缴大风于青丘之泽，上射十日，而下杀猰貐，断修蛇于洞庭，禽封豨于桑林，万民皆喜，置尧以为天子。于是天下广狭、险易、远近，始有道里。

依《本经训》所载后羿事迹又知，后羿乃是我国古代东夷诸部中一位政绩显赫的君长，他凭借其高超、精湛的射艺整齐天下，平定并统一了东夷诸部。

从夷羿、后羿诸传说中可以看出，后羿作为"绝地天通者"是用上帝赐予他的弓矢一类射兵来惩处人间邪恶的"天使"；他作为人间普通一员，是一尚箭、嗜射的崇武者，为天下射者之冠；他作为东夷诸部中的一位君长，又是以其高超、精湛的射艺霸除了与其敌对的东夷诸部而为霸主。总括一句话：夷羿神话传说产生的历史背影与弓矢有不解之缘。从而揭示了夷羿神话的缘起之地，必与尚箭或曰崇武风习相关。另外，《淮南子·本经训》记载，夷羿在惩处猰貐、九婴、大风（凤）、修蛇、封豨诸部过程中，足迹所至曾抵青丘一带，为历代学者所公认。青丘即青邱，或在齐地广饶县内[1]。此又暗示，夷羿族籍与齐地有关。一言以蔽之，后羿神话传说种种，有力地支持了齐地之所以以"齐"字为名，原因齐地先民有尚箭、崇武风习这一判断。

夷羿、后羿，又或称为有穷后羿。关于夷羿或有穷后羿的事迹，在我国古代的有关载籍中，有全属神话的记载，诸如上文征引；也不乏纯属人事、史实的记载。《左传》襄公四年记录有：

昔有夏之方衰也，后羿自鉏迁于穷石，因夏民以代夏政，恃其射也，不修民事而淫于原兽。弃武罗、伯因、熊髡、龙圉而用寒浞。寒浞，伯明氏之谗子弟也。伯明后寒弃之，夷羿收之，信而使之，以为己相。浞行媚于内而施赂于外，愚弄其民而虞羿于田，树之诈慝以取其国家，外内咸服。羿犹不悛，将归自田，家众杀而亨之，

---

[1]　（清）顾祖禹：《读史方舆纪要·青州府·乐安县》，中华书局，1955年。

以食其子。其子不忍食诸，死于穷门。靡奔有鬲氏，浞因羿室，生浇及豷，恃其谗慝诈伪而不德于民。使浇用师，灭斟灌及斟寻氏，处浇于过，处豷于戈。靡自有鬲氏，收二国之烬，以灭浞而立少康。少康灭浇于过，后杼灭豷于戈。有穷由是遂亡。

《左传》昭公二十八年记载：

昔有仍氏生女黰黑而甚美，光可以鉴，名曰玄妻。乐正后夔取之，生伯封，实有豕心，贪惏无餍，忿类无期，谓之封豕。有穷后羿灭之，夔是以不祀。

《左传》哀公元年记录：

昔有过浇，杀斟灌以伐斟鄩，灭夏后相。后缗方娠，逃出自窦，归于有仍，生少康焉，为仍牧正。惎浇，能戒之。浇使椒求之，逃奔有虞，为之庖正，以除其害。虞思于是妻之以二姚，而邑诸纶。有田一成，有众一旅，能布其德，而兆其谋，以收夏众，抚其官职。使女艾谍浇，使季杼诱豷，遂灭过、戈，复禹之绩。祀夏配天，不失旧物。

据《左传》一书记载略知，在夏代初年，东夷诸部与有夏之间曾进行了激烈的斗争，夷羿在这场斗争中，为东夷诸国之宗主。起先，有穷后羿由钼地迁至穷石，之后，乘夏王朝衰微之机，有穷后羿便伙同其同盟寒国诸邦，依靠夏王朝的老百姓取代了夏王朝的政权，成为偏安之局，后来，东夷诸部间发生内讧。夷羿恃其长于射艺，不修民事，而信用寒浞，将政事悉委之于浞。寒浞候机灭羿，并因羿之家室，生浇、豷二子，将浇封于过地，封豷于戈地。浇又自过灭相，夏朝由是遂亡。当其帝相灭亡之时，其妃后缗有孕在身，逃于有仍，生少康，又奔于虞，其后少康纠集夏朝余烬灭过、戈两国，恢复了夏王朝的统治。从这段史迹的记述中得知，夏代初年，在夷夏交争过程中，东夷一方除有穷后羿、寒国而外，过、戈等东夷小国也参加了倾覆夏王朝的斗争。

关于有穷后羿诸东夷古国所在地望，《左传》载原本居钼，后徙于穷石，唐人张守节认为，钼、穷石本在今河南省。《史记·夏本纪》正义引《括地志》中：

故钼城在滑州韦城县东十里。《晋地记》云："河南有穷谷，盖本有穷氏所迁也。"

北魏郦道元认为，山东平原鬲县故城为有穷后羿故国所在，其地当今山东德州市东南 25 里。《水经·河水注》记载：

径平原鬲县故城西……故有穷后羿国也。

《左传》载，夏代初年夷夏交争中，寒国是有穷后羿的与国、同盟。《太平御览》八十二引《帝王世纪》记载：

寒浞有穷氏，既篡羿位，复袭有穷之号。

据此可知，寒国不仅是有穷后羿的与国、同盟，且与有穷后羿为同姓、同族。所谓寒国，原应是东夷宗主有穷后羿所属诸部中的一员。其故都所在，杜预认为，地当今山东潍县治，即旧寒亭一带。《左传》襄公四年注：

　　寒国，北海平寿县东有寒亭，伯明其君名。

　　自杜预提出寒国故墟在山东潍县地之后，历代学者一般因袭杜氏的这一说法，无大争议。《左传》襄公四年记载，寒浞灭羿之后，封其子浇于过，封豷于戈。依此，过国、戈国与有穷后羿氏也是同姓、同族之邦，亦为有穷后羿所属诸部中的一员。《左传》襄公四年杜注认为，戈国故墟在河南省，地当宋郑之间。过国故墟，唐魏王李泰所撰《括地志》认为，在莱州掖县，地当今烟台市掖县西北。《括地志辑校》：

　　故过乡亭，在莱州掖县西北三十里，本过国（地）（也）。

　　据徐中舒先生考证，古史传说中的"鬲""过""戈"诸国之名，古音可以互通，为一名之分化。准徐氏所论，过、戈两国故址所在尚各有河南、山东一说[1]。至于《左传》襄公四年所提斟灌、斟鄩两国，《帝王世纪》以为本有夏同姓诸国[2]。也有认为，此二国与夏人不是同族，乃与东夷诸国宗主有穷后羿为同族、同姓之邦。这两个古国的所在地望，也有山东、河南两种不同说法。《史记·夏本纪》正义引《括地志》记有：

　　斟灌故城在青州寿光县东五十四里。斟寻故城，今青州北海县是也。臣瓒云斟寻在河南，盖后迁北海也。

　　《左传》一书记载夏代初年夷夏斗争事迹所提诸国，除斟灌、斟鄩两国族别所属、所在地望争议较大外，其他如有穷后羿、过、戈、寒等国族属及其所在地望，学术界多所认为该四国族属东夷，祖居东土。此同族东夷四国，寒之故墟在山东潍坊，另三国所在地望，历来有山东、河南两种不同说法。我们认为这两种不同说法都是有历史根据的。在我国历史上，有穷后羿三国所以出现一国两地的现象是有历史原因的。上古社会中，在种种历史条件下，氏族部落的迁徙移动时有发生。有穷后羿、过、戈、寒一类古国名称，可能原是今山东境内泰沂山系北侧虞夏时期东夷诸部的徽号，因其渐次西徙，故其徽号之名亦随着向西移动，因此河南一带也有穷谷、过、戈等有穷后羿同族诸国之名。由后羿族属东夷、祖居东土及文献记载其同族诸邦国所在地望推索，有穷后羿同族诸国的发迹之地及其向西迁徙的路线，大致在今山东泰沂山系之北，东起掖县，西徙德州东南，又折而西南至豫东北滑县一带地方，括有鲁北潍坊、淄博、聊城、豫东北安阳两省四地（市）之地，以及山东烟台，德州以西、以南部分地区。有穷后羿诸部迁徙的路线反映，后羿同族诸国活动的中心地带，当今潍坊、淄博两市之地，即齐国或曰古齐地的中心区。经籍记载中，我国古代尚箭、嗜射的有穷后羿诸部故国皆在齐地，其中，寒、过诸国之祖籍又恰当齐地之中心区，本此，说齐地之所以以"齐"字为名，原因齐地先民有尚箭之风，或为尚箭、崇武东夷诸部所立邦国最为密集的地区而缘起，也是可以成立的。

　　[1]　徐中舒：《再论小屯与仰韶》，《夏文化论文集》，中州古籍出版社，1985年。
　　[2]　徐宗元：《帝王世纪辑存》，中华书局，1981年，第55页。

四　齐地土著纪国及其所属诸邑之名与齐地得名

文献记载与考古发现证明，周代初年，即姜尚于齐地营国之前，至迟在商代晚期，临淄东侧寿光一带，齐地土著东夷诸族后裔，已经在这里建立了自己的国家，纪国[1][2]。此纪国得名之"纪"，甲骨文金文并作"己"、或"5"，无糸旁。罗振玉、郭沫若先生推证，"己"字的原始摹画物为雉之缴。郭沫若在《释干支》一文中说过：

己者雉之缴也，此由第字作▦，雉字作▦，叔字作▦若▦，可以知之。甲骨文叔字罗释云"字从⌇象弓形，◤象矢形，己象雉射之缴，其本谊全为雉射之雉，或即雉之本字而借为叔伯"。余按罗说是也。此与己可为互证[3]。

叶玉森先生认为：

按罗说己象缴似矣。……其物当如纶索类，利约束耳，……[4]。

由罗振玉、郭沫若、叶玉森诸先生考证，齐地土著纪国用以名国之"纪"字，其本字"己"的原始摹画，殆为捆绑箭镞的纶索或曰绳索类物。

"纪"之本字"己"为捆绑箭镞的纶索之形，纪国所属诸邑封君的爵名或邑名，抑或径直以"矢"字为名，或其本谊与箭镞相关。《春秋》庄公元年：

齐师迁纪郱、鄑、郚。

"郱""鄑""郚"皆纪国属邑之名。纪郱故邑当今山东临朐县东南柳山寨一带，纪属郱邑封爵以"矢伯"为名，清乾隆五十六年，临朐柳山寨出土周代矢伯爵一件可以为证。柳山寨出土矢伯爵铭文为：

矢伯隻作父乙癸彝[5]。

甲骨文、金文无"鄑"字，假"晋"为"鄑"。在周代典籍中，"晋""箭"互通。《说文》：

晋，进也。（段注："《礼》古文、《周礼》故书皆假晋为箭。"）

《周礼·夏官·职方氏》：

东南曰扬州……其利金锡竹箭。（郑注："故书箭为晋。杜子春曰：'晋当为箭，书抑或为箭。'"）

甲骨文、金文中的"晋"字作两矢射日之形。如：骨文"▦"（拾一三·一）、周代金文"▦"（周中姬簋格伯作晋）、"▦"（《战国盟书》一八五·七）（以上均

[1] 杨伯峻：《春秋左传注·隐公元年》，中华书局，1981年；（清）姚彦渠：《春秋会要·小国》，中华书局，1955年。

[2] 寿光县博物馆：《山东寿光县新发现一批纪国铜器》，《文物》1985年第3期。

[3] 郭沫若：《郭沫若全集》考古编（1）《释干支》，科学出版社，1982年，第172页。

[4] 李孝定：《甲骨文字集释》十四卷，中央研究院历史语言研究所，1970年，第4262页。

[5] （清）阮元：《积古斋钟鼎彝器款识》卷五，伯爵彝，商务印书馆，1937年。

见高明《古文字类编》）。"晋""箭"二字古代互通，甲骨文、金文中的"晋"字为两矢射日之形，与"晋"有"箭"的含义相合，说明"晋"即"箭"之本字。由此，所谓纪之鄑邑也就是纪之箭邑。纪属郱邑得名之"郱"字，亦为甲骨文、金文所无，"郱"字本作"牾"亦即"午"。"午"与"矢"字形相近，意义相通。《说文》：

午、牾也，五月阴气牾逆阳，冒地而出也。象形，此与矢同意。（段注："矢之首与午相似，皆象贯之而出也。"）

综括上文，齐地土著纪国用以名国之"纪"字本作"己"，原为捆绑箭镞的绳索类物的摹画；所属"邢""鄑""郱"诸邑之名，"郱"之本字"午"与"矢"字同义，"鄑"即"晋"，原为"箭"之本字，邢邑封君又径直以"矢"字为名。这对我们推定齐地之所以以齐字为名，原因齐地先民有尚箭、崇武之风，无疑是一强证。

五　齐地一名缘起的历史时代

齐地以"齐"字为名，缘起于齐地先民有尚箭、崇武之风。考古发现证实，弓箭一类远射兵器，在山东境内细石器文化时期就已经出现，但数量很少。就细石器文化所处社会发展阶段看，这一时期，弓箭作为一种射兵，或为渔猎间或用为狩猎之器，还不是战争中用为远射的翦杀之具。之后，在大汶口文化时期，箭镞一类射具有所增加，石质一类箭镞也有发现，但最常见的仍以骨质箭镞为多。1959 年大汶口墓葬发掘，出土骨镞 50 件，《大汶口》报告将其分为四式[1]。除四式镞横断面呈长扁圆形外，其余各式一律与骨锥之形相似，呈一细长的圆锥形，且尖端圆钝、无锋、无翼。这说明，在大汶口文化时期，弓矢一类射具可能主要的也还是作为一种渔猎间或狩猎用具。山东龙山文化时期，箭镞一类遗物数量剧增，质料多样。比如：1975 年聊城茌平尚庄遗址发掘，大汶口文化层发现骨镞 3 件，石镞一例未见；上层龙山文化地层中，发现石镞 25 件，骨镞 39 件，牙镞 2 件，蚌镞 7 件，累计各种质料的箭镞 73 件[2]。又比如：潍坊市潍县鲁家口遗址发掘，大汶口文化层发现石镞 2 件，骨镞 4 件，总计 6 件；龙山文化层发现石镞 28 件，骨镞 17 件，蚌镞 8 件，总计 53 件[3]。再比如，1976 年潍坊市诸城呈子遗址发掘，大汶口文化层，只发现两件石镞；龙山文化地层，发现石镞 28 件，骨镞 29 件，总计 57 件之多[4]。山东龙山文化时期箭镞数量猛增，反映出弓箭一类射具在龙山文化时期的社会生活中有着重

[1]　山东省文物管理处、济南市博物馆：《大汶口——新石器时代墓葬发掘报告》，文物出版社，1974年，第46页，图三十八，7。

[2]　山东省文物考古研究所：《茌平尚庄新石器时代遗址》，《考古学报》1985年第4期。

[3]　中国社会科学院考古所山东工作队等：《潍县鲁家口新石器时代遗址》，《考古学报》1985年第3期。

[4]　昌潍地区文物管理组等：《山东诸城呈子遗址发掘报告》，《考古学报》1980年第3期。

要的地位；箭镞质料多样，或反映弓矢一类射具的用途较细石器文化乃至大汶口文化时期，发生了分化。其中，骨质、蚌质、牙质一类箭镞，可能仍然是一种渔猎抑或狩猎用具，至于石质的一类箭头，因其质量重、硬度高，故杀伤力也大，此类石镞，应是山东龙山文化时期人们在战争中用以斩杀的兵器。

山东龙山文化时期发现箭镞不仅数量甚多，质料多样，其造型之工整、磨制之精致，也使细石器文化乃至大汶口文化中发现的箭镞，无法与之媲美。以潍坊市姚官庄龙山文化中发现石镞为例[1]，该遗址发现石镞64件，由千枚岩、石灰岩制成，硬度多在4～5度之间，一般通体磨光。镞身横断面，呈三角形、菱形者居多；多数箭镞，锋、翼、铤分化明显。数量最多的是三型镞，计34枚。此类箭镞，镞身中部起脊，翼刃锋利。六型镞，镞身呈三角形，体扁，双翼后伸，有锋、有翼、有铤，有的有关、有本，与后世殷商文化中发现同类铜镞，略无二致。很明显，姚官庄龙山文化地层中发现石镞，就其质料、硬度、造型特征看，必将极大地提高其杀伤力。以此推论，山东龙山文化中发现石镞一类遗物，主要的用途已不是作为渔猎或狩猎之具，而是山东龙山文化时期人们在战争中所用斩杀的一类兵器，可无疑义。

我国考古学界多认为，山东龙山文化时期所处社会发展阶段，为军事民主制时期，某些先进的地区或已经步入文明的大门。这一历史时期，氏族制度在崩溃，国家正在形成之中，各部落或部族间，掠夺性战争之多是今人无法想象的，在山东一带，弓箭作为一种兵器正肇始于这一历史时期。因为弓箭是一种远射武器，速度急疾，杀伤力大，可能在龙山文化时期齐地先民在摆脱野蛮、步入文明大门的进程中，具有头等重要的作用，因而受到人们的特别尊尚与推崇。基于这一分析，齐地以具有尚箭或曰尚武含义的"齐"字为名，应即导源于山东龙山文化时期。碳–14测定，山东龙山文化时期的绝对年代为距今4400～3900年，中华文明史上的第一个王朝夏代的纪年，其起迄年代为距今4200～3800年，两者所处时代大致相当。传说齐地先民所尊崇的尚箭、崇武，天下第一射箭能手夷羿，其颠覆夏王朝的时间约在公元前2000年左右，恰当山东龙山文化的测定年代范围之内。这从侧面证明，齐之得名，源于山东龙山文化时期。

如所周知，山东龙山文化是分布在黄河下游，今江苏北部至山东全省发展水平很高的一支古代文化。1928年山东龙山文化发现以来，今山东境内泰沂山系北侧，先后发掘的龙山文化遗址有：章丘龙山，荏平尚庄，潍坊姚官庄、鲁家口，诸城呈子，胶县三里河，等等。在泰沂山系北侧已发掘的山东龙山文化遗址中，遗址面积大、发展水平高、文化内涵丰富、最能反映山东龙山文化物质文化面貌的遗址，皆在齐地领

---

[1]　山东省文物考古研究所等：《山东姚官庄遗址发掘报告》图十二，1、3，《文物资料丛刊·5》文物出版社，1981年。山东省文物管理处：《山东日照两城镇遗址勘探纪要》，《考古》1960年第9期，图二，16。

域之内。截至目前，我国龙山文化时代仅发现的四座古城址中山东发现了两座，即章丘龙山城子崖[1]、寿光边线王龙山文化古城，也皆发现于古齐地领域之中。近年来文物普查，泰沂山系北侧并胶东半岛九地市，共发现龙山文化遗址三百余处，仅淄博、潍坊两市即达二百五十余处之多。以潍淄流域为中心，山东龙山文化遗址发现数量之多、分布之密集、面积之大、文化堆积之厚，达到令人惊讶的地步。种种迹象表明，山东龙山文化发展时期，泰沂山系北侧的文化中心区，就在地处古齐地之腹地的淄博、潍坊两市。新中国成立三十余年来，泰沂山系北侧山东龙山文化的诸多发现，为齐地一名缘起于今淄博、潍坊两市山东龙山文化这一历史时期，提供了考古方面的证据。

六　余语

本文在推阐齐地得名过程中，曾较多地引用后羿神话及其史迹的传说。对有关后羿神话及其史迹传说的看法，傅斯年先生在《夷夏东西说》一文中[2]，对少康中兴、后羿代夏一事考之甚详，确信不疑。他认为后羿为有夏一代之敌国，是东夷一方之宗主、东方主；郭沫若、范文澜先生认为，后羿及其代夏传说，是夏代初年夷夏斗争中有踪迹可寻的史影[3]；童书业先生认为，有关后羿或曰有穷后羿代夏传说，纯属荒诞不经之词，他遽断，所谓夷羿代夏、少康中兴，夏代本无此事，这完全是东汉光武帝以后的人，为影射刘秀中兴汉室所杜撰[4]。

童书业先生的这一看法是我们不能同意的。经籍记载有关后羿的传说，确系有诸多不经之词，因为它是神话、传说，所以，将其完全据为信史，当然为史学家所不取，但是，我国古代流传下来的神话、史话，往往暗示了一些非常重要的、在我国历史上确乎存在的史实。从齐地一名的推考中，我们认为，后羿或有穷后羿尚箭、崇武传说的缘起之地及有穷后羿同族诸国，如过、戈、寒一类东夷古国的祖籍，本在今山东鲁北齐地一带的说法，是有历史根据的。

1986 年 8 月第一稿

1989 年 9 月第二稿

1997 年 8 月第三稿

---

[1]　傅斯年、李济、董作宾、梁思永等：《城子崖——山东历城县龙山镇之黑陶文化遗址》，中研院历史语言研究所，1934年。

[2]　傅斯年：《夷夏东西说》，《庆祝蔡元培先生六十五岁论文集》下册，中央研究院，1925年。

[3]　郭沫若：《中国史稿》第1册，人民出版社，1976年，第138页；范文澜：《中国通史简编》第1册，人民出版社，1965年，第103页。

[4]　顾颉刚、童书业：《夏史三论》，《古史辨》第7册下，上海古籍出版社，1982年，第220页。

　　附记：本文曾刊发于山东古国史研究会编辑《东夷古国史研究》(第一辑)(三秦出版社，1988年)一书中，当时因受经费与印刷条件限制，编者将文中引征古文字资料全部删除，文章篇幅、有关文献资料亦多所斫削、压缩，这次将原文征引有关资料全部收入，并多所修改、订补，恢复了原文的全貌，为纪念刘敦愿先生而发。刘敦愿先生是我的师辈、忘年交，其为人淳朴、笃厚，有长者之风，是海内外知名的美术考古学者；他学识渊博、学风严谨，其宏文巨著可以为碑；先生乐于助人，诲人不倦，我与刘先生相交二十余年来，每有求教，先生无不尽言，受先生之益可多。今先生已驾鹤西去，值此为纪念刘先生再刊拙文之际，撰此数语，藉以寄托对刘先生的怀念之情。

　　　　　　　　　　　　　　　　1997年10月22日于历下

（原载《刘敦愿先生纪念文集》，山东大学出版社，1998年）

冀祖夷羿新解

    1951年，山东黄县归城发现8件春秋时代的青铜礼器，为冀伯嫁女的媵器[1]。已故王献唐先生根据这8件冀器，证以有关典籍，推定冀是我国古代一不见经传记载的国家，原籍在今山东莒县北部潍水之源，即《汉书·地理志》所载箕县旧地[2]。冀器在历代全文著作中多有著录，相传大多出土于河南安阳、浚县、上蔡、洛阳一带，因之，有的学者认为，冀本商代畿内封国，故地在河南安阳西北今山西榆社一带[3]，或者认为，冀之本土在今河北沙河县境内[4]。中华人民共和国建立以来，冀器在辽宁喀左县北洞村[5]、北京房山琉璃河[6]、河北邢台[7]、陕西扶风、宝鸡一带[8]，也有零星发现。于是，有人又提出，冀之祖籍本河北北部、北京迄至辽宁喀左一带。在已经发现的商代及周代初年的冀器中，其铭文中往往有"亚"字图形，由此，此类铜器又多称其为亚其器。在"亚"字图形之内或在"亚"字图形之外，又往往有"𩙿"、"𩙿"为徽识的图像文字。清代学者吴大澂曾提及，这一徽识的形体与"燕"字之形相似，其原始摹画乃家燕之形[9]。近年来，有人根据吴氏的这一说法，大加敷衍，将吴氏所谓亚其徽文所画似家燕之形一说拍死，从而肯定，亚其徽识就是"燕"字的初文，进而推度，此徽识所画即《诗·商颂·玄鸟》所谓"天命玄鸟降而生商"的玄鸟，是商人的族徽。基于这一判断和亚其器或冀器在河北、北京乃至辽西一带的发现，又认为，这是商民族起源于我国北方的一个物证。商民族到底起源在哪里、它是否起源于我国北方暂可勿论，但是，说冀器徽文所画是商民族所尊奉之祖，即

[1] 王献唐：《山东古国考》，齐鲁书社，1983年，第1～58页。

[2] 王献唐：《山东古国考》，齐鲁书社，1983年，第148～153页。

[3] 晏琬：《北京、辽宁出土青铜器与周初的燕》，《考古》1975年第5期，第274～279页。

[4] 晏琬：《北京、辽宁出土青铜器与周初的燕》，《考古》1975年第5期，第274～279页。

[5] 喀左县文化馆、朝阳地区博物馆、辽宁省博物馆：《辽宁喀左县北洞村出土的殷周青铜器》，《考古》1974年第6期，第364～372页。

[6] 中国科学院考古研究所琉璃河考古队：《北京附近发现的西周奴隶殉葬墓》，《考古》1974年第5期，第309～321页。

[7] 河北省博物馆、河北省文物管理处：《河北出土文物选集》，文物出版社，1980年，第29页。

[8] 陕西省考古研究所、陕西省文物管理委员会、陕西省博物馆：《陕西出土商周青铜器（三）》，文物出版社，1980年，第65页。

[9] （清）吴大澂：《悫斋集古录》七，第14页。

燕子或即载籍中所谓玄鸟之形，是商民族的族徽，则是我们不能苟同的。拙文就亚其徽识的原始摹画，释字及其他相关的问题，试作新解。

一　亚其徽识箭神说

　　亚其徽识在商末周初的晶器中，有的画于亚形之内（图一，1、2），有的画于亚形之外，而画于亚形之外者多于前者。粗略统计，罗振玉《三代吉金文存》、周法高《金文诂林》著录此类徽识计凡四十余文，一般将徽识画于亚形之下。约凡两种画法：第一种画法，徽识上端头形横写的一笔与亚形下边的一笔合而为一（图一，11～13），徽识与亚形浑然一体，不可分割地联结在一起；第二种画法，徽识上端头形与亚形分离，与亚形为不相连接的两个个体（图一，8～10）。亚其徽识皆画有两臂，有相当一部分徽识左、右两臂长短不一，有的徽识之一臂明显长于另一臂（图一，1、3、4、7、9～13）。在长短不一的两臂中，略短的一臂不画手形，稍长的一臂则一般画有手的形象，手中还握有杆形"T""Y""｜"（图一，1、2，5，6，10～13），还发现有将杆形"｜"斜插于腰间者（图一，7），另有部分徽识一手持有镞头之形（图一，3、4、9）。徽识两下肢形似双尾，"双尾"呈斜叉状或内弧状。截至目前，尚未发现一例在徽识下肢末端画有足形者，这是耐人寻味的。

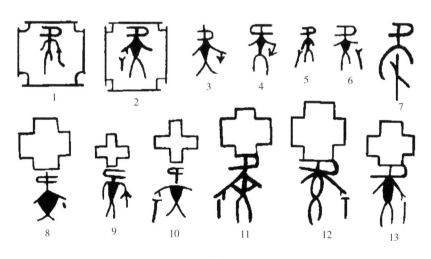

图一

1.《美帝》A147、B147亚天鼎　2.《考古》1974年第5期，314页，图十一
3～7.《金文诂林·附录》321页　8～12.《金文诂林·附录》298页　13.《三代》卷17，1745页

　　尽人皆知，历代发现殷周时代青铜礼器铸铭中，凡图画图腾、徽识一类标识之形，一般与摹画事物十分相像，观其形则知其物，只要对图形稍加研读，大致都能领悟到古人的意指。然而，亚其器徽文所画为何物使人颇费心思，令人难以辨识。从形象看，这一徽文画有手形，手中又握有杆形或镞头一类物，故可断言，此徽识的原始摹画与走兽一类动物之形无关；亚其徽识无飞禽一类翅、羽之形，且头形作"凸""凹"，此形与金文中发现摹写飞禽一类鸟首之形，无一相类，因此，也不能说这一徽识的原始摹画是家燕一类飞禽之形。亚其徽识与人形有所近似，但仔细推敲，它又与商周时代青铜礼器铸铭中所画人形有很大差异。殷周时代青铜礼器中发现人形徽识铸文，无论是正视或侧视的人形，头部多画成圆形，其下肢的末端皆画有足形，其正面站立的人形，手足之形兼具。如：

　　"𤔲"（《三代》一二·四五，父辛卣）

　　"𤔲"（《录遗》三六〇，反觯）

　　"𣥐"（《三代》二·三〇，父癸鼎）

　　"𣥐"（《三代》一二·四六，且乙卣）

等等。一望即知，上述一类图像的原始摹画是人的形象，是侧视蹲踞状或者正视双足叉开站立着的人的形象。此正视站立着的人形，不仅手足之形具备，其身躯各部如平肩、上宽、束腰也与人体身躯各部的形象、比例一致。亚其器徽识的头形作"凹""凸"，此形如不与甲骨文"既"字"𣪘"，（前七·一八·一）、"𣪘"（燕二）中的"𣪘""𣪘"的头形比较，就很难使人理解它是人头的形象。亚其徽识仅一臂有手，身躯之形也与正视站立的人形不类，多尖肩、斜肩，平肩者仅属个别特例（见图一，9）。已著录的亚其徽识的躯体之形，百分之九十以上呈菱形，与山东龙山文化、商周时代石镞、铜镞的镞体之形，颇相近似（见图一，3、4、8）。另外一种，躯体的两端有钝尖儿，呈橄榄状（见图一，12、13），躯体呈铲形者（见图一，9），较为少见。

　　可见，亚其徽识畸形，仅一臂有手，两臂长短不一，较长的一臂手中握有杠杆或镞头；躯体多呈菱形，与镞头形、枣核之形相似；下肢斜叉或内弧，形似双尾，无足。综而言之，亚其徽识似人非人，有诸多诡异、神秘之处，与人的形象有所差异。尽管如此，我们仍然认为，亚其徽识所画还是人的形象，因为徽识的头形与甲骨文中的"既"字一侧蹲踞人形的头形完全相同。还有，徽识的一臂有手，且握有杠杆及矢镞一类物，此即有力地证明了亚其徽识是人，不是飞禽一类或走兽一类动物之形。窃疑这一图像所以有诸多诡异、神秘之处，殆因其原始所画是神化了的某一事物的形象，或者说，该图像的形象有长期演变、积久发展的历史，即在历史演变的长河中，随着社会的发展、文化的进步，这一神化了的"事物"之形，又逐渐地被赋予了"神"即人的形象。

亚其徽识的躯体之形与镞头之形相似。如果将徽识上端头形去掉即为："□""□""□""□""□"等等。由形体观之，其字形与甲骨文、金文中笴、尾兼具的"矢"字之形酷似。如：甲骨文中独体的"矢"字写作"□"（甲三一一七）、"□"（掇一·二〇四）、"□"（河三三六）；"医"字中的"矢"字写作"□"（河九）、"□"（天九六）；"侯"字中的"矢"字写作"□"（铁四六·三）、"□"（前五·三六·七）。金文"侯"字中的"矢"字写作"□"（周早簋，聶父戊）；"至"字中的"矢"字写作"□"（周晚克鼎）；"疑"字中"矢"字写作"□"（周早疑觯），等等。就形体而论，亚其徽识的躯体、四肢的总体之形与前文征引甲骨文及骨文、金文诸文中的"矢"字之形，其基本特征、笔顺的走向大体是一致的。古文字资料判断，亚其徽文的躯体之形，应是骨文、金文中"矢"字形体的变异。与亚其徽识相同的文字，甲骨文中也有发现[1]，是商代祖甲时期一贞人之名，写作"□"（戬四五·八）、"□"（京都二五四〇），陈梦家先生将是字隶定为"□"[2]。是字与金文中发现的亚其徽文所不同的，只是笔画纤细，其他特征相同。

依于上文分析、判断，亚其徽文的演变、增繁的顺序应为：

□（甲三一一七）
□（掇一·二〇四）
□（河三三六）

□（天九六"医"中"矢"）
□（铁四六·三"侯"中"矢"）
□（河九"医"中"矢"）、□（前五·三六·三"侯"中"矢"）

□（周早簋聶侯父戊"矢"）
□（周早克鼎"至"中"矢"）
□（周早疑觯"疑"中"矢"）
□（《金文诂林附录》321页）
□（《金文诂林附录》298页）
□（《美铜器集》A523、B142a）

[1] 中国科学院考古研究所：《甲骨文编》卷八·五，中华书局，1965年，第348、349页。
[2] 陈梦家：《殷墟卜辞综述》，科学出版社，1956年，第205页。

　　从这一演变图示可以看出，亚其徽识原是一镞矢的象形，后来由矢镞形增繁成人形，演变成手中握有"丁""丫""↓"形的亚其徽文。换言之，亚其徽文原本是一人化了的镞矢之形。如果这一推演可以成立，那么，亚其族徽识原是神化了的一种远射兵具，即箭的化身，它应是由亚其族先民崇拜弓箭、尊奉弓箭为神灵习尚渐次神化、衍变而来的箭神或射神的形象。在已发现的亚其族徽识中，有的徽识手中握有箭头，这从侧面支持了我们的这一判断。

　　民族志资料观察，原始社会时期，世界各民族的原始宗教一般都有拜物的习惯，或称拜物教。由于这一历史时期生产力低下，科学极不发达，人们对各种自然现象很不理解，因之，认为任何自然现象，任何事物，甚至包括任何具体物体、工具，比如石头、树木、弓箭、农具，等等，都具有灵性，将其赋以神秘的、超自然的性质。中华人民共和国建立前胶东一带农村，逢年过节，几乎家家都有祭井、祭灶、祭牛槽、猪槽的习惯，为求得农业丰收，甚至还有祭祀锨、镢一类农业生产工具的习尚。传统是一种巨大的阻力，它是一种历史的惰性力。中华人民共和国建立前，胶东地区这一古老习尚，无疑有着悠久的发展历史，大概也是从我国原始社会先民习尚拜物教这一古老习俗演变、因袭而来的。殷周去古未远，民风少文、尚质，是故，出现在这一历史时期的亚其族徽识，其所崇拜的箭神、射神之属，基本形体是一神化了的矢镞一类射兵的形象，就不难索解了。

　　在已发现的亚其族徽识中，有部分徽识手中持有箭头，绝大多数徽识手中握有杠、杆类器，有的象杆有柄饰或杆有分枝可刺入之形。《吕氏春秋·荡兵篇》："兵所自来者上矣，……人曰，'蚩尤作兵。'蚩尤非作兵也，利其械矣。未有蚩尤之时，民固剥林木以战矣，……"《史记·陈涉世家》："始皇既殁……（陈涉）率罢散之率，……斩木为兵，揭竿为旗，天下云会响应，赢粮而景从，山东豪俊遂并起而亡秦族矣。"由文献记载推索，箭神或射神亚其族徽识手中所持杆形器，就是木质棍棒类物，其与箭头一样，也是作为一种兵具而执于手中的。

　　亚其族徽识手中所执为矢镞、棍棒类兵具之形，这对我们推定其原始摹画为我国古代人民尊敬、崇拜的箭神、射神的形象，无疑是一力证。因为箭神、射神为兵神、战神之属，在金属兵器未发明之前，我国古代有以木为兵之俗，木质的棍棒乃是基本的兵具之一。所以，先民在图画箭神一类战神之形，为标明其身份，乃着意将其一臂手中画一箭头或一木质棍棒一类兵具之形为标识。

二　亚其徽识夷羿说

古史传说、神话载记中的夷羿，或简称羿。其本字为"羿"或"羿"，"羿"乃"羿""羿"二字之俗体或讹变。"羿"，《说文》曰："羽之羿风，亦古诸侯也，一曰射师。"段注曰："此谓有穷后羿，……夷羿国也，……俗作羿。"

"羿"，《说文》曰："帝喾射官，夏少康灭之……《论语》曰：'羿，善射，'"。段注曰："羿与羿，古盖同字……羿之讹也。"

殷商甲骨文字中无"羿""羿"二字，更无俗体"羿"字者。"羿"与"羿"及其俗体"羿"字，见于周代以来诸文籍或金文中。我在《齐地得名推阐》一文中，根据杨雄的《上林苑令箴》《荀子·解蔽篇》《荀子·效儒篇》诸篇等有关记载推论，神话传说、古史载记中的羿或曰夷羿、有穷后羿，癖性尚箭，嗜射，他长于射艺，是我国古代人民尊敬、崇拜的射者之冠，天下第一射箭能手[1]。更有甚者，有的古籍在记述夷羿事绩中，甚至推尊夷羿是我国古代弓、矢一类远射兵具的发明者、创造者。《吕氏春秋·勿躬篇》记载："……夷羿作弓……"。《墨子·非儒篇》曰："古者夷作弓……"。

《山海经》一书记载，我国古代人民尊敬的这位射者之冠，天下第一射箭能手，有超绝常人的本领，他混迹于诸神之中，能"绝地天通"，他与上帝的下都，会集百神的昆仑神虚关系密切。《山海经·海内西经》记曰："海内昆仑之虚在西北，帝之下都。昆仑之虚，方八百里，高万仞……百神之所在，在八隅之岩，赤水之际，非仁羿莫能上冈之岩。"《山海经·海外南经》曰："昆仑虚在其东，虚四方。一曰在歧舌东，为虚四方。羿与凿齿战于寿华之野，羿射杀之，在昆仑虚东。"

《山海经·海内经》《楚辞·天问》诸篇又径直说，夷羿乃是上帝亲自赐以弓、矢，是从天上派往人间、为人们排忧、解患的天使、天神。《海内经》曰："帝俊赐羿彤弓素矰，以扶下国，羿是始去恤下地之百艰。"《楚辞·天问》曰"帝降夷羿，革孽夏民。"

揆以古籍中有关夷羿事迹的记述中，可以发现，神话传说中所谓夷羿，并非实有其人。这一传说的历史真相应该是，所谓夷羿，原是我国古代人民崇拜的一种神灵，其职主与弓矢一类射兵密迩相关。换言之，我国古代神话与古史传说中的夷羿，实际上是先民尊敬、崇拜的弓箭之神，或可径直称其为箭神或射神。

古籍还记载，射神夷羿畸形，其臂长，或者记载，其上臂两肢长短不一，其左臂长于右臂。《史记·夏本纪》正义引《帝王世纪》曰："羿学射于吉甫，其臂长，

---

[1]　王树明：《齐地得名推阐》，《东夷古国史研究（第一辑）》，三秦出版社，1988年，第133～153页。

故以善射闻。"《淮南子·修务训》曰"羿左臂修而善射。"徐宗元辑《帝王世纪辑存》曰："羿学射于吉甫，辞佐长，故以善射闻。"（引自《太平御览·八十二》；本句"辞佐"乃"臂左"之误）他兵具不离于手，或"持弓矢"或"执靫持扞"。《山海经·海外南经》曰"羿持弓矢，凿齿持盾，一曰戈。"陈其猷校注《韩非子集解·说林下》曰："惠子曰：羿执靫持扞，操弓关机，越人争为持的……故曰，'可必，则越人不疑羿；不可必，则慈母逃弱子。'"

　　夷羿所执弓矢，为弓箭一类射兵；所"持扞"，当作"杆"字之误也，谓持有木杆、木棍类物。因为清代学者王引之提及，"杆，谓韝也"，认为所谓"扞"者，原是缚箸于左臂的，用为扞弦的一种射具，属韦类皮质物。把一个很简单的问题，反而弄得复杂了。他说："扞谓韝也，或谓之拾，或谓之遂，箸于左臂所以扞弦也……《乡射礼》'袒决遂'，郑注：'遂，射韝也，以韦为之，著左臂所以遂弦也。'"

　　王氏此论不妥。在《韩非子·说林下》一文中，"扞"之为物，乃是持于或曰握于手中的，此与王氏所谓其为"遂"、是"箸于左臂"一说不合。《说文》一书中，"扞""干"二字互训，意义相通。"扞"又由"干"字取声，说明"扞"乃"干"字之孳乳，"干"为"扞"之本字。《说文》段注根据《说文》"扞""干"二字训"忮"，因又提出，"忮"即"枝"字，就是我们平素说的树枝的"枝"字。《说文》："扞，从手毄声。扞，忮也。从手，干声。"段注曰："忮当作枝，枝持字，古书用枝亦用支。"

　　推研上文征引，"扞"与木杆的"杆"字，也是可以相通的。又羿本字为"羿""弭"，是二字皆从"开"，"弭"又由"开""弓"二字会意，或可这样说，夷羿的主要特点、特征，乃由"开""弓"二字反映的事物为标识。"开""干"音同义通。由《说文》段注推究，是"开"字的原始摹画，乃木杆、木棍类。羿本字"弭"，由"开""弓"二字会意、标形，对我们研订《韩非子·说林下》"羿执靫持扞，操弓关机"一语中的"持扞"为"持杆"即手中握有木杆、木棍类物一说，应当说也是一个很好的证明。综前文可知，王氏所谓"羿执靫持扞"的扞，是什么韦类"可以束物"的皮质物类一说，本不相关。

　　总前文所论，亚其徽识的基本形体是由"矢"字之形演变而来，它是我国古代人们崇拜、尊奉的弓箭之神、箭神、射神的形象。此与神话传说、古史载记中的夷羿尚箭、善射、发明弓矢、是上帝派往人间的天使、天神的身份相合；亚其徽识两臂长短往往不一，其中，手中握有器物的一臂一般又略长于另一臂，此又与夷羿左臂修长的记载相符；亚其徽识略长的一臂手中所执器物，或为镞头或为木杆、木棍类兵具，也与古籍载记中夷羿尚箭，嗜射，手中"持弓矢"，"弧矢是尚"及"执靫持扞"的记载一致。依于上文分析，推定亚其徽识的原始摹画，是我国古代人们推尊、崇拜的箭神、射神夷羿的形象，应当是可以容许的，此其一也。李学勤先生在《北京、辽宁出土青铜器与周初的燕》一文中指出，亚其器、聂器，就是文献记载中的箕子的物质遗存。他说：我们认为，商末的聂就是文献记载中微、箕的箕。铜器铭文中的"聂侯，亚夘"每每省作"団，亚夘"。《说文》："箕，所以簸者也。从竹；団，象形；丌，其下也。"他又说，"団，古文箕。"箕踞的箕，《说文》作"聂"，因此，铭文中的"団"就是"箕"子，有时则借用相通的"聂"字[1]。李氏此论确不可移。《史记·宋微子世家》："箕子者，纣亲戚也……"索隐云：司马彪曰"箕子名胥馀。"后世学者，如王先谦、郭庆藩诸儒在《庄子·大宗师》集解、《庄子·大宗师》集释诸文提及箕子本名时，皆从汉代硕儒司马氏的箕子胥馀说。此或说明，汉儒司马彪的箕子胥馀一说可以信从。我们在上文推定，聂或亚其即箕子的徽识，是我国古代人们推尊的箭神、射神夷羿的形象。聂或亚其即箕子，其名又曰胥馀，箭神、射神夷羿二字与胥馀二字今音颇相近似，缓读之，"胥馀"即亦"夷羿"矣。由此以推，史籍载记中箕子胥馀一名，很有可能就是神话传说中箭神、射神夷羿一名的混同或传写之讹谬。如果这一推测不致太错，此又为我们推定亚其徽识所画为古史传说中箭神、射神夷羿神像一说，再添一证据。综以前文，由文献中箕子的有关记载分析，推定亚其徽识"？""？"，原是我国古代箭神、射神夷羿神像摹画一说，也是可以成立的。此其二也。民族志资料反映，处在原始社会发展阶段的民族，其部族之名、图腾之名、主要领袖人物之名，往往是一致的。上文提及，甲骨文发现，在商代祖甲时期的贞人之名与亚其徽识的写法是一致的，也是以"？""？"为名，此或说明，在商王祖甲时期，其贞人为亚其族主要领袖人物所担任，因于此，亚其族先民崇拜的射神、箭神夷羿之名，是又成了商王祖甲时期一贞人或一卜筮者之名。

三 亚其徽识"夘"字说

由于亚其徽识畸形，似人非人，有诸多诡异神秘之处，是故，历来对它的隶定与解释，产生诸多分歧。清代金石学者吴荣光先生认为，亚其徽识释庙形"斻"。他在《筠清馆金石录》一书中，考订斻甊一器时说："《说文》斻在丨部，旌旗杠儿，从丨从斻，斻亦声。《周礼·司常》祭祀各建其旗。《诗》龙旗十乘，大糦是承是也。故祭器多为旌旗形，或为庙形。"[2]

观诸"斻"，乃"斻"字之衍生和孳乳，其本字为"斻"。"斻"，甲骨文字之形作："？"（甲九四四）、"？"（存一六四四）、"？"（后一·二二·一）其总体之形，很像旌旗杆（竿）顶端缚结的游幛类物随风飘动之形。亚其徽识，除徽识手中

[1] 晏琬：《北京、辽宁出土青铜器与周初的燕》，《考古》1975年第5期，第274～279页。
[2] 李孝定、周法高、张日昇编著：《金文诂林·附录》，香港中文大学出版社，1977年，299（2112）。

握有杠杆一类棍棒之形，与吴氏所谓旌旗杠儿一说可牵强附会者外，其他人形部分与甲骨文字中"扵"之形，无一相似之处，说明，将亚其徽识隶定为"扵"字一说，是不能成立的。前文提及，清代末年吴大澂曾提出，亚其徽识像"燕"字的形象，其原始摹画乃家燕之形也。他在《愙斋集古录》一书中论及亚其徽识时说"亚形下当即燕字之上半截，象燕之形；下作⏝，象燕在巢形。"[1]

燕子或玄鸟类图形文字，甲骨文字中多有发现。其正视如展翅飞翔之形，作："𣱓"（前六·四三·六）、"𣱓"（前六·四四·五）、"𣱓"（燕七四八）；侧视展翅飞翔之形，甲骨文字尚未发现，在周代金文中其形作："𠃌"（春秋，齐铸）、"𠃌"（西周，克鼎）；息于巢中之形，甲骨文亦未所见，在周代金文中，作："𠃌"（西周，匽侯盂）、"𠃌"（西周，克鼎），等等。就已发现亚其徽识诸形，与前所例举甲骨文、殷周金文中发现燕子正视、侧视飞翔之形、息于巢中诸形相较，无一相似之处，仅就文字形体一端亦足以说明，将亚其徽识隶定为"燕"字一说，也是不能成立的。以上举凡两种说法，皆因失于对亚其徽识总体形象的考察、研析，又失于对这一徽文演变的历史不甚了了，所以，在隶释这一徽识时，对其形体、隶定文字寓义的解释上，就不可能切中亚其族先民摹画这一徽文的历史真相。

20世纪50年代末，山左名贤王献唐先生，从字形、字义、音读三个方面着手，广征博引，对亚其徽识的形体特征作了精辟的分析，考订甲骨文、金文中发现未持杆形、矢镞形与亚其器图像文字人形相近的一类释"矣"，持有木杆、矢镞头形的一类，即与亚其徽识完全相同的一类，释"𢓜"。要之，亚其徽文"𢓜"字是由"矣"字演变而来。王先生在《黄县𣱓器》一文中，隶定亚其徽识时说："卜辞金文矣字，在人形的大字手中，有一种写法象似拿着一物，其形为丨，变化不一。这是一根棍。《玉篇》《广韵》以来古本切读棍的丨，正象其形。古文字有些书体从丨，或只作丨，音训与此不同，一般是从旁一形体省变出来的。现在定此为棍，因有许多变体与它字不符，同时又提在人的手中，手或有指，也合于持棍的姿势。不过棍有各式各样，所提除了直棍以外，还有丫式，似是将就树枝桠形作的。也还有丁式，似是上有小横木可以扶手。无论何式，它既和丨同用，证知通为一事。在矣字各种书体中，有持棍的，有不持的，亦有只作手形的，又知持棍与否，无甚关系。如有先后或特殊意义，则卡辞矣为一个人名，就署了两体，前引亚矣合文各器也是一人所作，仍然包括两体，可见持棍与否是随便的。……但由持与不持，矣字遂分两形。持棍的有时把棍写在一旁，如父乙簋的𣱓，父己簋的𣱓，传到后代，又演变为小篆的𢓜形。"[2]

---

[1]　李孝定、周法高、张日昇编著：《金文诂林·附录》，香港中文大学出版社，1977年，299（2112）。

[2]　王献唐：《山东古国考》，齐鲁书社，1983年，第86~90页。

　　王献唐先生上述一类说法，诚可谓准确、精当，甚得"毕"字造字之本。就目前已发现的亚其徽识中，有百分之九十以上是由人形、手中持杆、棍类及矢镞类物之形组成。人形部分头形作"乚""凵"，躯体部分之形作"大"，可见人形一侧当隶定为"夨"；手中所执木棍之形、矢镞形各体，形虽各异，实属一类物，都是作为兵具执于手中的。其中，棍形或杆形"丫"，与甲骨文"匕"字"ㄥ"（后二·三六·六）、金文中的"匕"字"ƒ"（周早佣万毁中"妣"字一侧之匕形）之形近似。"匕"是兵具物类的别名，矢镞类远射兵具的通称[1]，由此可知，亚其徽文手中所持杆形、矢镞丨、丫、丁及↙诸形，可通视为"匕"字形体的原始或曰滥觞。依此分析，将亚其徽识诸形隶定为"毕"字，是无可非疑的。

　　经传类典籍中，无"毕"字。朱骏声《说文通训定声》"毕"下曰："未定也。从匕，夨声。夨，古文矢字。经传皆以疑为之，而本字废置不用。"由朱氏所论，"毕"乃"疑"之本字。可见，研究"毕"字本义，只能从"毕"字借字或其"衍"字"疑"字诸义中辨析、推究。

　　《说文》"毕"下曰："毕，未定也。从匕，夨声。夨，古文矢字。"段注曰："按未衍字也。《大雅》靡所止疑。传云，疑，定也。笺云，止、息。……疑，止也，有矜庄之色……按巳上疑字，即《说文》之毕字，非《说文》训惑之疑也。疑、毕字相似，学者识疑不识毕，于是经典无毕字。"

　　"毕"借字"疑"，《尔雅·释言》曰："疑、休，戾也。"注曰"戾，止也。疑者，止也。"人所共知，汉字由图画发展而来，所谓汉字的本义及其引申意义，其与所画事物及其所画事物的形象密切相关。亚其徽识所画乃是人们崇拜的箭神、射神夷羿的神象，属兵神、战神类神灵之像；这一神像两臂外张，一手执兵，作横首伫立状。缘此而来，"毕"有"定""止息""矜庄之色"，或曰有"停止""平息""平定""庄重威严"一类含义，等等，即不难理解。由"毕"字本义反证，推定亚其徽识"毕"字，是箭神、射神夷羿图像文字演变而来，无疑是可以信从的。"毕"又"疑"本字，"疑"乃"毕"之借字或异构。查"毕"之借字"疑"，为疑纽之韵；"羿"与"弯"之俗字"羿"，为疑纽之韵。是说明，"疑""羿"二字双声，按我国古代文字双声、叠韵可以互通的习惯，"疑""羿"二字可以通假。由此以推，"疑"本字"毕"与"羿"及"羿""弯"诸文，也是相通的。由"毕""羿"二字音读相同，可为互通一端，又再而说明，推定"毕"是由我国古代摹画夷羿神象的亚其徽文演变而来，也是可以成立的。看来，在我国商代甲骨文字中，所以无夷羿类"羿""弯"及"羿"诸字发现，原因当时夷羿类射神、箭神文字，就是被后世隶定为

　　[1]　杨伯峻：《春秋左传注·昭公二十六年》注，中华书局，1981年，第1472页。

“𠤕”字的亚其徽文“”“”诸文,后来,“𠤕”被借用或“衍”为训“惑”之“疑”字，因久借不归，于是人们又根据夷羿习尚弓矢或“执鞅持杆”传说，为射神夷羿造出从“弓”、从“干”之“𢏚”或从“羽”、从“幵”之“羿”字一类新字。这样以来，人们对“𠤕”字由来的历史根蒂，就更加无从所知，使“𠤕”字渐次变成了一死亡的文字了。

四　余论

总前文考证、研订，所见所得凡以下四点认识。

1. 亚其徽文由镞矢之形演变而来，它是亚其族先民对矢镞射兵的神化、人化；由镞矢人化、神化了的亚其徽文，原是我国古代东方夷人崇拜的弓箭之神、射神夷羿神像的摹画，其与燕子或曰玄鸟之形，本不相干。在商代甲骨文或商末周初金文中，发现的“”“”即“𠤕”，与后世周代以来出现的“羿”“𢏚”本为一类字，它原是我国商代亦或西周时期“羿”的本字。

2. 亚其器或㠱器徽文，就是上古三代以来我国赫赫有名的箕子一族的徽文，它是商末至西周时期“羿”的本字。由亚其徽文的发现与研究，得知武王翦商之后，与周武王阐说鸿范八政及如何平衡天下、治理国家的大政治家、大学问家箕子者，其本族远祖原族属东夷。箕子视夷羿为祖、以夷羿为宗神，据于此或可这样说，所谓箕子者，原是我国古代东方夷人崇拜箭神、射神夷羿诸部的后裔。至于中华人民共和国建立以来，在我国北方北京、辽宁诸地发现标有亚其徽文诸㠱器，那当是商王朝灭亡后，箕子一族东北迁徙朝鲜后的物质文化孑遗，其与商民族起源在什么地方，或无何相干。

3. 古史载记中的夷羿，族籍于齐[1]，其同族诸邦国，如过、戈、寒、有穷后羿所立各国，多在今山东境内泰沂山系以北，约当今掖县、潍坊、德州诸地，即齐地之腹心区域。亚其一族尊奉夷羿为祖神，说明亚其一族的发迹之地也在山东境内泰沂山系以北，即古齐地领域之中。中华人民共和国建立以来，亚其器不仅在山东黄县有所发现，近年来考古调查资料反映，其在山东临朐、山东桓台史家鲁北古齐地领域内，也时有所见。这对我们推定亚其族宗祖于夷羿、原发迹于鲁北齐地一说，无疑是一侧证。至于商代晚期，亚其器在河南安阳、上蔡等地乃之商王室大墓中不断发现，可能说明，亚其族先民与过、戈、寒诸有穷后羿各部一样，在虞夏时期也曾沿泰沂山系北侧西徙中土，后来在有殷代夏过程中，或逐渐与商人建立同盟，也

[1] 王树明：《齐地得名推阐》，《东夷古国史研究（第一辑）》，三秦出版社，1988年，第133～153页。

或者与商人建立了姻亲关系，故而在河南安阳、上蔡及商王室大墓中，亚其器也时有所见。

4.夷羿是我国古代人民崇拜的箭神、射神。由文献记载与考古资料观察，夷羿尚箭、嗜射传说，缘起于泰沂系北侧古齐地，即潍淄流域诸地山东龙山文化时期[1]。在我国先秦经籍中，这位箭神、射神能混迹于诸神之中，"绝地天通"，是上帝或商人的老祖宗帝俊派往人间，为人们排忧解患的天使、天神，等等。由祖甲时期贞人"耑"字"耑""耑"及《史记·宋微子世家》箕子回答武王问政，关于卜筮、决疑诸事的问答中，可以看出，亚耑或曰殷时夷羿，地位显赫，其在商王朝中或世守神职，专司商代王室或人们卜问、决疑诸事，是一与鬼神打交道、权可媾通人神者。亚耑或夷羿在商时的任职及其在商时的显赫地位诸端，又应是后世典籍中夷羿各种半神、半人类神话传说的历史根据。可见，在我国历史上，夷羿或有关夷羿神话传说，是一个历史发展的产物，有着久远的历史背景和积久发展的历史"根蒂"。换而言之，夷羿传说产生的历史"根据""根蒂"，在我国历史发展长的河中，是有踪迹可寻的，而其神话或传说，则是对其历史"根据""根蒂"的扭曲或演绎。

（原载《华夏考古》2004年第2期）

[1] 王树明：《齐地得名推阐》，《东夷古国史研究（第一辑）》，三秦出版社，1988年，第133～153页。

山东省高青县陈庄西周城址周人设防薄姑说
——也谈齐都营丘的地望与姜姓丰国

2008～2010年间，山东省文物考古研究所配合南水北调工程，在山东省高青县东南花沟镇的陈庄与唐口村间，发现一西周时代古城址。考古钻探资料显示，这一西周古城址，原建于一四周低洼中间稍高起的高地上，总面积约为9万平方米。遗址以西周时期的遗物遗迹最为丰富，也有隋唐、宋时期的物质文化发现。高青陈庄城址及遗物、遗迹的发现，为研究我国西周时期，封建于鲁北营丘姜姓齐国的早期历史，提供了十分珍贵的物质文化依据。本文拟就这批考古资料结合文献资料进行研究，就高青陈庄西周城址的性质，与文献记载中齐胡公迁都于薄姑一地的关系，以及周公东征和齐国初都营丘的所在地望，兼及姜姓丰国一类问题，谈一点粗浅的想法。

高青陈庄西周遗址发现遗迹可概而区分为三类：西周古城址、夯土建筑及墓葬、殉马坑、车马坑。

经山东省文物考古研究所高青考古队钻探发掘，在陈庄遗址发现城墙、壕沟，发现西周时期的文化遗迹、遗物，十分丰富。确认高青陈庄遗址，是一处西周时期的古城址。是城址近于方形，城内南北、东西各约180米，面积不足4万平方米。东北城墙保存稍好，西部城墙大部分较好，南部有城门，唯其城墙基本为水所冲毁[1]。地层资料、城内遗迹资料比较研究，高青县陈庄古城遗址的始建年代，不会早于西周早期晚段，其废弃年代或在西周中期偏晚这一历史时期。概而言之，高青陈庄发现西周城址，是西周早期至中期偏晚阶段，今临淄西北部一带地方的一个区域中心。

高青陈庄周代城址内，发现了不少夯土建筑台基，残存面积大小不等。小者不足5平方米，中等者约有20平方米，其最大者面积或达200平方米。发现个别夯土建筑台基表面有柱洞、墙基或活动面，是可认定，这类夯土台基原是一些建筑基

---

[1] 山东省文物考古研究所：《山东高青陈庄西周遗址》，《考古》2010年第8期，图二。

址。编号 TJ2 的夯土台基，所在位置特殊，在城址中部偏南稍东一侧。中心部位近圆台形，北部略凸，面积接近 20 平方米。圆台的中心点距东城墙 96.7 米，距西城墙 90.1 米，距南城墙 21.5 米。平面从内而外，依次为圆圈、方形、长方形及圆圈、椭圆形相套叠的夯土堆积，土色深浅有别。解剖过程中发现，中心圆圈正下方又挖一方形坑，内埋一小动物骨架。外围堆积大致为长方形，周缘为大量灰坑破坏。《高青陈庄西周遗址》的作者，根据此夯土台基的构筑形状与所在位置推断，认为这一夯土台基的构建，可能与祭祀有关。这是可信的。作者还根据台基及其周边道路的保存状况推断，此 TJ2 夯土建筑台基，可能一直使用到春秋或至战国时期[1]。

西周墓葬材料，是高青陈庄遗址考古发掘中的又一重要发现。陈庄遗址共清理西周墓葬 14 座，有 6 座墓葬出土青铜礼具，是为贵族墓葬。还发现儿童瓮棺葬三座。M27，在 TJ2 夯土建筑基址东侧，出土青铜器 10 余件，有鼎、簋、壶、盘、爵、卣、盉诸器，另有陶鬲、陶罐及少量玉制器类；M26，位于 T5921 北部，陪葬陶器 9 件，玉制器物 2 件，无青铜礼具类器物发现；M35，在 TJ2 夯土台基之北，为一"甲"字形大墓。出土青铜礼器有鼎、簋、盘、匜、戈、矛及车具构件、殉狗、铃，还发现两殉车。在"甲"字形大墓与夯土台基 TJ2 之间，发现 5 座殉马坑、1 座车马坑。易于发现，高青陈庄西周城址发现贵族墓葬、车马坑、殉马坑，多与 TJ2 祭祀遗址相对或绕基两侧。由 TJ2 与诸贵族墓葬、殉马坑、车马坑的相对位置看，此 TJ2 与祭祀有关夯土台基遗迹，很有可能是西周时期使用这座古城的人们，为祀祭先祖而用以实行墓祭所构筑[2]。

高青陈庄西周遗址出土遗物，以陶器类与青铜礼具类为大宗，也有玉制品，骨角质器类及卜骨发现。

陶器资料主要出土于灰坑和窖穴，贵族墓葬也有少量出土。可辨器形有：陶鬲，陶豆，陶罐，陶瓮，陶甑，瓿及盉形器一类。陶器中发现联裆鬲，实足分裆鬲的造型特点，与西安张家坡 1 期晚段及 2、3 期西周墓葬出土同类陶鬲形制相近。有的或接近西周晚期[3]。青铜礼器主要出土于贵族墓葬，计凡 50 余件，有鼎、簋、觚、爵、甗、尊、卣、盉、觥、壶、盘诸器，有少量戈、矛一类兵具及銮铃、车辖、軎一类器物[4]。依器物造型、花纹装饰特征，一般认为，陈庄贵族墓葬发现这批青铜礼器的铸作年代，当在西周成康年间，即晚也不会晚于周穆王。不少青铜礼器有铭文。M18 发现青铜礼器 5 件有铭文。鼎一件，铭文"丰作厥祖齐公尊彝"；簋一件，

[1] 山东省文物考古研究所：《山东高青陈庄西周遗址》，《考古》2010 年第 8 期，图版捌 1、图二。
[2] 山东省文物考古研究所：《山东高青陈庄西周遗址》，《考古》2010 年第 8 期，图二、图版捌 3、4。
[3] 中国科学院考古研究所：《沣西发掘报告》，文物出版社，1963 年，图 86。
[4] 山东省文物考古研究所：《山东高青陈庄西周遗址》，《考古》2010 年第 8 期，图六 1、2、3 及图七、1。

底铭"丰般作厥祖甲宝尊彝",盖铭"丰般作厥祖宝尊彝";提梁卣一件,底铭"丰般作文祖齐公尊彝",盖铭"齐公文祖尊彝";甗一件,颈内铭文"丰般作祖甲尊彝",等等。M35发现铜簋,盖铭70余文。铭文记述周天子任命一叫引的人,令其承继先祖职守,统帅齐师,对其进行了赏赐及引因此而作器,用以祭祀乃祖幽公事宜[1]。高青陈庄西周城址的陶器资料、铜器资料的形制特征也反映,使用这一西周城址的人们,大致在西周早期至西周中期晚期,也或接近于西周晚期这一历史时期。发现铭文资料还告诉我们,使用或驻守这一西周城址的显贵或齐师最高统帅,与姜齐宗室有着极为亲密的血缘关系,是姜齐宗室的遗裔、宗亲。

综上文可知,考古发现中的高青陈庄西周城址,面积小,不足4万平方米,只有一个城门。古城的大小、构建形制,与周代诸方国都址的构筑形制、规模,大异其趣。M35发现金文资料还告诉我们:这座古城遗址,曾经是驻有名为齐师的兵冲要地,镇守在这里的军事统帅,是为西周天子所任命。研读武王翦商与西周早期成王东征的历史,颇疑高青陈庄西周城址,是西周早年周公成王东征,在平定商奄、薄姑之后,仿效武王翦商后,封建管叔、蔡叔于殷地,以监理殷遗民的作法,在东夷旧国"薄姑"属地域内,即今高青陈庄一带建立为后世称之为薄姑的一个军事重镇,以防止东夷旧部再行不轨,而继续对其震慑、监理。《史记·周本纪》记载,周代初年,周人东征践奄之后,曾将奄君迁于薄姑,徙于殷商与国"薄姑"旧地。常兴照、张光明二位先生根据发掘资料、文献资料、古文字资料论定,周人迁奄君于薄姑的具体所在,就是今高青陈庄东南约或30余里今桓台旬召一带地方[2]。不难索解,周公践奄之后,所以将奄君又迁于薄姑旧地,无疑是将其与商代与国"薄姑"旧属集中,藉以方便"管理"、监督而为。今桓台旬召一带,为周人迁奄君于薄姑旧地的被认定,为我们推定桓台旬召西北不远处高青陈庄发现西周城址,是周人东征后,为"管理"、监督东夷旧部所属而建立的一个军事重镇这一说法,无疑是一个非常有力的证明。

考古资料、文献资料反映,鲁北齐地的腹心区域,在进入龙山文化时代之后,崇武、尚箭[3],人们在拜物教观念的支配之下,有视弓、矢簇、箭箙,即箭筒或箭袋一类射具为神灵的习惯。我国古代射神后羿神话传说发端于齐地,殆因这一风习

[1] 王树明:《谈高青县陈庄城址的考古发现及其相关问题》,《海岱考古(第四辑)》,科学出版社,2011年,第395~398页。
[2] 常兴照、张光明:《商奄、薄姑钩沉》,《管子学刊》1989年第2期。
[3] 王树明:《齐地得名推阐》,收入刘敦愿,适振镐主编《东夷古国史研究(第一辑)》,三秦出版社,1998年;又收入山东大学考古学系编:《刘敦愿先生纪念文集》,山东大学出版社,2000年。

而缘起[1]。历史进入商周时期，鲁北齐地土著纪国及所属诸邑之名，往往以矢镞或与矢镞有关图形组成的文字为名。翻检三代金文资料，齐地发现以弓、矢镞、箭箙一类图像文字为族姓徽识者，其数量之多，令人惊讶。查以字书，“齐”有“砍杀”之义，有“鬻、速”之义，还有“多”的含义，齐地由三枚箭头形图像组成的“齐”字为名，应就是这一历史现象的反映[2]。我国夏、商、周三代国名及先秦诸多方国之名，多是一字为名。古史传说中的东夷旧国“薄姑”，乃以两字为名，这是先秦经籍中唯一仅见的一例。自宋代以来，在已发现的商周时代的青铜礼器中，从未发现作器者有以“薄姑”二文之形为族姓徽识的例证。建国60余年来，在山东地区的考古发现中，也未发现一处商周时代遗址或其出土遗物，可被确认是属我国古史中的所谓“薄姑”一国的物质文化遗存者。从多方面、多角度分析考虑，可以论定，我国古代历史记载中的东夷古国“薄姑”一名，原来并不是一个具体的国家名称。常兴照、张光明二位先生考证，“薄姑”是“箙”“弓”二字传写之误，“薄姑”即“箙弓”氏，是齐地尚箭诸部中以“箙”“弓”图像文字为徽文所部的一个族名、族称[3]。他们的这一发现，揭开了“薄姑”一名的千古谜底。由前文所论可以看出，“薄姑”或“箙弓”氏所部，商代晚期周代初年的活动中心，就在今高青、桓台及其周边地带。考古发现证明，高青县以北今惠民一带，是殷商戎族的势力所在地[4]。1996年淄博市博物馆在高青县东南桓台县史家一岳石文化至商代晚期大型古文化遗址，进行了清理、试掘。在一岳石文化祭坑中，发现刻文甲骨、发现祭祀类物质文化遗存。考古发现与文献记载互证，“薄姑”或曰“箙、弓”族团的这一活动中心地带，地处古济水下游，是殷商政治势力的后院。上世纪三四十年代，老一代史学家或者认为，古济水下游至渤海湾南岸，是商人的龙兴之地。有鉴于商末周初这一地带的历史状况，周代早期在周公东征大获全胜之后，又在其敌对势力的核心地段，今高青陈庄一带设防建设军事重镇，也就不难理解了。

前所提及，高青陈庄发现周人所建军事重镇故址内，在城内南偏东一侧，即城址南北中轴线的左侧，发现夯土建筑基址TJ2。台基正北及其左右两侧，为大型贵族墓葬、殉马坑、车马坑。根据台基或祭坛的建筑形制、所在位置，我们推定这是一对先祖实行墓祭有关的一个建筑遗迹。考虑到所以建这座古城的军事用意，使用高青陈庄西周城址的人们，其实行墓祭或祭祖，很有可能又与战争、征伐有关。

[1] 王树明：《敻祖夷羿疏证》，《管子与齐文化》，北京经济学院出版社，1990年。又见王树明：《敻祖夷羿新解》，《华夏考古》2004年第2期。
[2] 王树明：《齐地得名推阐》，《东夷古国史研究（第一辑）》，三秦出版社，1988年；又收入山东大学考古学系编：《刘敦愿先生纪念文集》，山东大学出版社，2000年。
[3] 常兴照、张光明：《商奄、薄姑钩沉续》，《管子学刊》1989年第3期。
[4] 滨州地区文物志编委会：《滨州地区文物志》，山东友谊出版社，1992年，第6页。

《考工记・匠人》曰：

"匠人营国……左祖右社。"

《周礼・春官・小宗伯》曰：

"若大师，则帅有司而立军社。"注下曰："《书》曰：'用命赏于祖，不用命戮于社。'"

《小宗伯》曰：

"若军将有事，则与祭有司将事于四望。"注曰："军将有事，将与敌合战也。郑司农云，'则与祭，谓军祭表祃军社之属。'"

《诗集传・大雅・皇矣》：

"是类是祃。"朱熹曰："类将出师祭上帝也；祃至所征之地而祭始造军法者，谓黄帝及蚩尤也。"

索以文籍，由高青陈庄城址内发现 TJ2 祭坛位置及其周边分布遗存情况看，陈庄城址先民构建这一祭坛实行墓祭，应是用于战争征伐中的取胜者，为其实行奖赏、赏有功，即所谓"用命赏于祖"的一个地方。或者也有可能，是陈庄先民在战争、征伐前祭祖，继而又或面对南天实行类祭，举行战前誓师的一个地方。

上文所论古齐地西北今高青陈庄一带发现西周城址，在周代的具体称谓，在我国的先秦经籍中尚未发现明确记载。要回答这一疑诘，只能从史书中关于齐国早期历史的有关记说中，探索、寻绎。

《史记・齐世家》记载，姜姓齐国的始封君太公望姜尚，初都营丘。之后，其子丁吕伋继位，至第五代国君齐哀公不辰之时，为其近邻纪侯所谮谤，周天子相信了纪侯的谮言鼎烹了齐君哀公不辰，又另立其弟静为齐君，这就是齐国历史上的齐胡公。齐胡公为齐君之后，将齐都由营丘迁于薄姑一地。齐哀公不辰的同母弟山，出于对胡公代哀公为齐君的愤懑、憎恨，乃伙同其同党旧部，又率领原齐都营丘人偷袭了薄姑，杀死了齐胡公而自立为齐君，即史书记载中的齐献公。齐献公夺得齐国君位之后，又再而将齐都从薄姑徙于今淄博市的临淄一带地方。

《古本竹书纪年》一书记载，周天子鼎烹哀公不辰的历史年代为周夷王 3 年[1]，时已进入西周中期晚段[2]。关于齐胡公徙都于薄姑的所在地望，一般认为，地当今临淄北偏西方向博兴县的贤城一带地方。1987 年山东省考古研究所对该遗址进行了钻探，发现这里确实是一处古城址[3]，但钻探领队魏成敏先生见告，这是一处春秋战国时代的古城址。这与齐胡公徙都于薄姑的历史年代不合。高青县陈庄发现西

---

[1] 范祥雍：《古本竹书纪年辑校订》，上海人民出版社，1962年。

[2] 夏商周断代工程专家组：《夏商周断代工程1996～2000年阶段成果报告》，世界图书出版公司，2010年。

[3] 滨州地区文物志编委会：《滨州地区文物志》，山东友谊出版社，1992年，第6页。

周城址在今临淄西北方向，与一般认为齐胡公迁都于薄姑的所在方向一致；高青陈庄西周城址使用的最后年代至西周中期晚段，与史书中胡公代哀公为齐君徙都于薄姑的年代相合；高青陈庄西周城址在西周中期晚段之后的西周晚期阶段，已渐次衰微、废弃，又恰与齐胡公迁都于薄姑不久，君位又为哀公同母少弟山所夺，山即齐献公夺得君位后，又将齐都由薄姑迁于临淄的记载相符。高青陈庄周人设防的镇守者，是齐裔或齐室宗亲。凡上种种可以论定，齐胡公为齐君之后，或因于近邻纪国之逼而徙都于薄姑，即考古发现中的高青陈庄西周城址这一说法，于情于理都是说得通的。可以这样说，今高青陈庄发现周人设防西周城址的本名，就是史籍记载中，齐胡公所徙新都的薄姑一名。

山东高青陈庄西周城址，祭坛及贵族墓葬、金文资料发现以来，引起了我国考古学界的极大关注，纷纷发表文章进行探讨。可谓观点迭出，众说纷纭。观点新颖又或独特者，凡两种说法：高青县陈庄西周城址营丘说；因为陈庄 M18 发现青铜器有丰般祭祀齐祖的铭文，是或认为，高青陈庄西周城址，是周公东征之后，在所践东夷丰国或丰般旧地，又建立起来的一个姜姓丰国。对上述两种不同意见，我们也有一点不同的想法。

一　关于齐国初都营丘问题

太公望姜尚于齐地建国，初都营丘。有关齐国初都营丘的所在地望，《史记·齐世家》谓："营丘边莱。"关于营丘的地理形势特点，《尔雅·释丘》"营丘"注下曰，"水出其南及东"，即人们常说的"水出前左"之谓。按我国古代所谓"丘"，汉代硕儒许慎在《说文》一书中，有明确的说明。认为"丘"字凡两义：一曰"土之高也，非人所为也"为丘；又曰"四方高，中央下为丘"。依许慎对"丘"字本义的这一界定，齐国初都营丘与莱相近，地当一自然隆起或高而凸起的高地，也或者是一个周边高起中央低平的一个地方。自汉代以来，对齐都营丘的所在地望，有两种不同的说法。一种说法认为，今临淄齐国故城即营丘。其根据是《齐世家》，《正义》引《括地志》"营丘在青州临淄北百步外城中"这一说法，指说至今犹存名为桓公台的台基为营丘，从而论定齐都临淄即太公立国初都营丘的齐都所在。考古钻探与考古发掘已经证明，这是一个人工建筑的夯土台基遗迹，并不是一个自然隆起的高地。《齐世家》记述，齐祖初都营丘，至齐胡公代哀公为齐君后又徙都薄姑，至齐献公时，又再而将齐都从薄姑迁至今临淄齐国故城一地。考古发现与文献记载都明白无误地告诉我们，齐国初都营丘，与今淄博市临淄齐国故城，毫不相干。第二种说法认为，今潍坊市昌乐县汉代营陵故城址，即或古代齐都营丘故址。这一说法，或与历史真相接近。《汉书·地理志》"营陵"条下注曰，是"或曰营丘"。又曰，"营陵，春秋谓之缘陵""皆旧营丘地"也。清代学者顾炎武认为，"营丘在今昌乐、潍二县界"（《日知录·卷七·象封有庳》）。大致因袭了这一古老说法。文物普查发现，营陵或缘陵故址，在今昌乐县的马宋镇一带，是一个正方形的古城遗址。地面暴露遗物属东周至汉代时期的物质文化遗存，其与姜齐初都营丘的历史年代不符。汉代营陵又或缘陵。查以字书，缘陵之"缘"字，有"顺着""沿着""围绕"一类含义。"缘"字的这一寓义或暗示，齐国初都营丘的所在，很有可能就在与汉代营陵也或缘陵相距不远的地方。20世纪70年代末80年代初文物普查期间，潍坊市昌乐县文管所所长李学训先生，在营陵故城址西南10里马宋镇河西村西南，发现了一个大型的商周文化遗址，遗址现存面积15万平方米左右。遗址周边二三里处为低丘陵，中间地势平坦，呈盆地状。南依百浪河，向东又折而北流。发现商周时代地层叠压在龙山文化之上，厚达2～4米。采集陶器70余件，有鬲、簋、豆一类器物，其造型特征与西安张家坡发现西周早期文化遗物特征，略无二致[1]。王献唐先生考证，载记中齐人所灭莱夷故都，就在今昌乐县马宋镇西南不远处的临朐一带[2]。依河西遗址的所在位置、地理形势特点、出土遗物的时代特征诸端判断，所谓昌乐县马宋镇的河西村遗址，应就是周代早期太公望姜尚所立齐国初都，营丘故址的所在地。当然，这一看法的最后定谳，尚需考古钻探、考古发掘来验证。我们盼望着这一天的到来。

二　关于姜姓丰国问题

高青陈庄西周城址M18发现青铜器，铸有祭祀乃祖姜太公的一些铜器铭文。根据这一现象，有的学者认为，这批铜器资料是姜姓丰国的文化遗物。这一看法无或可疑。因为这批资料发现在高青陈庄西周城址，又进而推论，此西周城址或其附近一带，原是东夷所部丰国的所在地。又依文献资料记载，或认为周公东征迁奄君于薄姑的一地，在今高青陈庄西周城址迄东的博兴一地，遂又进一步肯定，其有关高青陈庄西周城址一带或其附近，原为东夷旧部丰国所在一说，与我国古籍载记中，周人东征的路线自西而东的走向相合。我们认为，这一看法似中欠妥。前曾论及，今高青、桓台或其迄东不远博兴一地，是商代末年至西周早期，鲁北齐地崇武尚箭诸部，以箭箙、弓矢一类射具为族姓徽文，或被周民族误以"博姑"二字相称诸箙氏、弓氏尚箭诸部，在今鲁北偏西北一带地方的一个活动中心区域。如周人东征在

[1]　张学海：《海岱考古（第一辑）》，山东大学出版社，1989年，第292～298页。
[2]　王献唐：《山东古国考》，齐鲁书社，1983年，第162～175页。

这一地带确曾封邦建国，一般来说，所立新邦国应当以是地原有"薄姑"之名而为名。在这一地带不可能有以东夷旧部丰国的"丰"字为名，为周人建立什么姜姓封国的可能。周人东征，在这一地带平定了籋氏、弓氏即周人所谓"薄姑"之后，又在这一敌对势力的中心区域，即今高青陈庄设防建设一军事重镇，仍以"薄姑"而名之的现象，就是对上述说法的一个非常有力的证明。姜姓丰国是周人封建，是周公东征时期的产物。按常理推索，要找姜姓丰国的始封地，要找到东夷旧部丰国的所在地望，只能沿着周公成王东征的路线，觅迹、寻踪。

关于周公东征的路线。1924年发现于陕西凤翔的塱方鼎铭文曰：

佳周公于征伐东尸、丰白、尃古，咸戈。公归萭于周庙。戊辰，酓秦酓，公賞塱贝百朋，用作"尊彝"[1]。

《史记·周本纪》曰：

成王既迁殷遗民，周公以王命告……召公为保，周公为师，东伐淮夷，残奄，迁其君薄姑。

从塱方鼎铭文及《周本纪》记述周公成王东征所灭诸方国的次第、东征的过程中不难发现，周公东征的方向是自西而东又折而向北，进入山东鲁北齐地的西北一带。矛头首先指向苏北、山东交接地带的淮夷所部，所灭掉的东方反周国家中，第一个就是淮夷中的丰白。之后又北上残奄，残奄后又挟其君继续北上于鲁北偏西北一带翦灭薄姑，并迁奄君于此。从周公东征的进攻路线，伐灭诸东夷、淮夷旧国的过程分析，所谓丰国旧部所在，不可能在鲁北齐地西北方向今高青、博兴、桓台一带地方。有关东夷或属淮夷中的丰白旧部所在，已故唐兰先生认为，或在今曲阜县南，约当今苏北地区的丰县一带地方[2]。《山东金文集成》载，相传发现于山东济宁一带的车父簋[3]，铭文"丰白车父尊簋"，其时代或与高青陈庄发现西周城址晚期年代接近，其族姓很有可能与陈庄M18作器者的族姓是一致的，或也是姜姓遗裔。陈梦家先生根据车父簋的出土地点推测，这一周末丰白的故地，或在今曲阜西南方向[4]。金文资料、文献资料索隐，又依唐兰先生、陈梦家先生有关考证，说东夷或淮夷旧部丰国所在约当今曲阜县迄南，也或稍偏西方向，姜姓丰国是周人灭掉东夷或淮夷丰国之后，继而又在这一带建立的一个姜姓丰国，应当是可以容许的。丰或丰般也或丰启，姜姓，其所作祭祀礼器是祀祭乃祖姜太公的。此姜姓丰国与高青陈庄城址驻守统帅同姓、同祖、同宗。又齐祖太公立国初都营丘，至齐胡公为西周天

[1]　陈梦家：《西周铜器断代（一）》，《考古学报》总第九册。
[2]　唐兰：《西周青铜器铭文分代史微》，中华书局，1986年，第42页。
[3]　山东省博物馆：《山东金文集成》，齐鲁书社，2007年，第425页。
[4]　山东省博物馆：《山东金文集成》，齐鲁书社，2007年，第425页。

子于夷王三年立为齐君后，又由营丘徙都于薄姑，其薄姑都址所在，恰是刚被发现的高青陈庄西周古城址。依于上文，周人封建姜姓丰国其所作祭祀乃祖太公望姜尚的礼器，在高青陈庄西周城址发现，本不足为疑。

商代末年武王翦商，周人分封管叔、蔡叔或霍叔为监，以威慑、监理殷遗民。发生在西周早年的周公东征，进入苏北山东后，灭丰白、翦薄姑、立姜姓丰国、迁奄君于薄姑，并在薄姑设防建设军事重镇以驻扎齐师，等等。其所作所为，概与武王翦商后设立三监的举动如出一辙，也都是为了镇压威慑西周初年参与反周诸东夷、淮夷旧属遗民，以防其再生不轨的行为。发生在西周早年的周公东征，太公望姜尚是否也参加了这次军事行动，文献记载无征。高青陈庄西周城址的考古发现反映，周公东征后，所建姜姓丰国与薄姑设防驻扎军队的首领，与姜姓有齐宗室有不解之缘。齐地建国的第一代国君，又是赫赫有名的姜太公。种种迹象表明，太公望姜尚很有可能参加了，也参与指挥了发生在西周早期的周公东征。这应是高青陈庄西周城址考古发现的又一个重大考古收获之一。

三　总结全文

高青陈庄发现西周城址，是西周初年周公东征后，在其敌对势力的中心区域设防驻军、建设的一个在我国历史上被称之为薄姑的军事重镇；高青陈庄城址发现TJ2夯土祭祀台基，是用于墓祭，或者对战争、征伐中的有功者，实行奖赏，即所谓"用命赏于祖"的一个地方；城址M18发现铭文有"丰般"或"丰启"字样的青铜礼器，是周人在东征过程中，或在曲阜南或稍偏西的一带地方，封立姜姓丰国的物质文化遗物；关于齐都营丘的所在地望，很有可能是今潍坊市与昌乐县东南搭界地带的马宋镇河西村一商周文化遗址。

有周一代，我国有三个被称为薄姑的地方。本文所论高青陈庄西周城址，是为监理东夷旧部周人在此设防、建立的一个军事重镇，亦即齐胡公由营丘徙都于薄姑的所在，周公东征周人翦灭奄国后又迁其君于薄姑的一地，常兴照、张光明二位先生依文献记载与考古发现论定，地当今桓台县田庄镇句召村东北不远处一商周时代古遗址；关于周代早期参与叛周作乱东夷旧部"薄姑国"的具体所指或其所在，笔者将另有专文予以论证。

这篇文字，是应《管子学刊》于孔宝先生相约而急就，不妥或有荒谬之处，请学林同好不吝赐教。

（原载《管子学刊》2010 年第 4 期）

山东省桓台县史家商代箕（㠱）国都址
东夷旧部薄姑说

前不久，我们在《管子学刊》2010 年第 4 期发表的《山东省高青县陈庄西周城址周人设防薄姑说——也谈齐都营丘的地望与姜姓丰国》[1]一文中，根据最新发现的考古材料并征以文献资料，证明高青县花沟镇唐口与陈庄村间发现西周城址，是发生在西周早期成王与周公东征大获全胜后，在其敌对势力的中心区域设防、驻军，建设威慑、监理以"薄姑"为代表东夷旧部的一个军事重镇，就是史书记载中提到的齐胡公代齐哀公为齐君，由齐都营丘徙都于薄姑的所在。陈庄西周城址以南城门所在位置为基点，中轴线左侧偏南处，发现 TJ2 祭祀台基，是周代使用这座古城的人们，实行墓祭，也或为战争中的取胜者实行奖赏、赏有功，即所谓"用命赏于祖"的一个地方，也有可能是西周陈庄人战前实行墓祭、誓师、祭天即实行类祭的一个地方。M18 发现"丰般"或"丰啓"类遗物，应是姜姓"丰国"的物质文化遗物。所谓姜姓丰国的所在，很有可能原建于山东南部、江苏北部搭界地带，也或建于其稍偏西一侧淮夷所部的丰白旧地。或问，如果是这样，那么在高青陈庄设防、所建军事重镇威慑、监理的主要敌人，或其敌对势力的总代表所谓"薄姑"国，到底在哪里？有如前文所论，在我国历史上并没有一个自以"薄姑"二字为名的国家，那么周人的所谓"薄姑"一国又到底缘何而为名？拙文拟就上述一类问题，再谈一点想法。

高青县在淄博市最西北，除花沟镇陈庄与唐口村最新发现周公成王东征设防建设的薄姑重镇外，见于报道，商周时期的古遗址在今高青县境内，尚未所见[2]。高青县西北与北侧、东侧三面，与滨州市惠民县、滨城区、博兴县相接。高青县西北惠民县发现商周时代古遗址，主要集中在县北部一带地方，有 16 处之多。比较有名的商周文化遗址，是出土戎族徽文的大郭商代文化故址。惠民县发现商周时代

---

[1] 王树明：《山东省高青县陈庄西周城址周人设防薄姑说——也谈齐都营丘的地望与姜姓丰国》，《管子学刊》2010年第4期。

[2] 国家文物局主编：《中国文物地图集（山东分册）》，中国地图出版社，2007年，上册第166～167页、下册第158～159页。

文化遗址与高青县陈庄西周城址的距离，都在百里之外 [1]。高青县北滨州市滨城区
发现比较有名的商周时代古遗址，计凡 3 处。其南距高青陈庄西周城址的距离都在
140 ～ 150 里之外 [2]。高青县东侧是滨州市博兴县，发现商周时代古遗址比较密集，
计有 29 处之多。主要集中在今博兴县驻地以东的东北至东南方向，以店子镇、湖
滨镇为最集中。博兴县发现商周时代古遗址，西距高青县陈庄西周城址的距离，其
最近者也在 60 里之外 [3]。高青县的西南、南面与东南方向，与滨州市的邹平县、淄
博市的桓台县为邻。应当说，高青县南部与西南部邹平的一侧，是商周时代文化遗
址比较集中的一个地方。近年来经过文物普查与考古发掘，发现这一地带商周遗址
共有 40 余处之多，其与高青陈庄周人设防城址最近者，只有 30 余里 [4]。高青县东
南一侧桓台县，是又一商周时代遗址比较集中的地方。其西愈与邹平县接近的地方，
商周时代遗址愈密集。桓台发现比较有名的商周古文化遗址 5 处，面积最大的桓台
县田庄史家遗址有 20 余万平方米。田庄旬昭遗址，计有 9 万平方米许。桓台县发
现商周时代文化遗址中，田庄史家遗址与高青陈庄西周城址间距为最近，也只 30
里左右。[5] 仅就高青县陈庄西周城址与周边惠民、滨城、博兴、邹平、桓台诸县区
发现商周时代遗址的数量及其与陈庄西周城址的间距或其相对位置看，周公东征后
在鲁北敌对势力中心区域设防，其位于所建军事重镇偏南的一侧，即今邹平、桓台
一带地方，当属防范的重点区域。桓台史家遗址在陈庄西周城址南偏东一侧，在周
人防范的重点区域之内。面积大，凡 20 余万平方米。西北与高青陈庄西周城址距
离近，也只 30 里许。考古资料证明，周公东征践奄之后，为集中"管理"、监督之
便，将奄君迁于薄姑的地方，就在史家村东南 8、9 里的旬昭村东北一带 [6]。此"奄君"
徙居于薄姑之地与西北不远处的桓台史家遗址，与又再西北高青陈庄周人设防的西
周城址，几成一线之势。以高青陈庄西周城址为基点，以陈庄与旬昭间距为半径，
桓台史家殷商文化遗址正当其内侧，与旬昭相较距高青陈庄周人设防重镇更近。种
种迹象表明，周代初年周公成王东征取得绝对胜利之后，在高青陈庄所建军事重镇，
威慑、监理的重中之重，矛头所向的主要对象，正是陈庄南偏东一侧的桓台县史家

---

[1] 国家文物局主编：《中国文物地图集（山东分册）》，中国地图出版社，2007年，上册第340、341页、下册第861～867页。

[2] 国家文物局主编：《中国文物地图集（山东分册）》，中国地图出版社，2007年，上册第339页、下册第861。

[3] 国家文物局主编：《中国文物地图集（山东分册）》，中国地图出版社，2007年，上册第344、345页、下册第868～870页。

[4] 国家文物局主编：《中国文物地图集（山东分册）》，中国地图出版社，2007年，上册第346、347页、下册第877～870页。

[5] 国家文物局主编：《中国文物地图集（山东分册）》，中国地图出版社，2007年，上册第166、167页、下册第153～158页。

[6] 常兴照、张光明：《商奄、薄姑钩沉》，《管子学刊》1989年第2期。

殷商旧址。换而言之，文献记载中东夷旧部为乱叛周的核心力量，即周人所谓"薄姑"一国的具体所在，就是今淄博市桓台县田庄镇史家村西的岳石殷商文化遗址。

面积 20 余万平方米的桓台史家殷商文化遗址，在田庄镇史家村西南 20 余米处。遗址原是高出地面 6～7 米许的一个高埠。南北长 500、东西宽 400 米。1964～1977 年，遗址西北部因取土烧窑，曾出土过大量青铜器、玉器、陶器物类，惜其多已被毁或下落不明。之后，在村民取土过程中，仍有零星铜器类遗物出土，济南市博物馆收集铸有铭文的铜爵、铜觚，即出土于桓台史家遗址原高埠中部的一带地方[1]。至 1988 年文物普查期间，确认了桓台史家是一处龙山文化至殷商时代古文化遗址。1995 年史家村民在该遗址之北挖下水管道时，又挖出了一批铜器、玉器及陶器一类遗物。淄博市文物局根据桓台史家遗址历年来的重要发现，报请上级文物主管部门批准，由淄博市文物局、淄博市博物馆、桓台县文管所组成考古工作队，对桓台史家遗址进行了抢救性清理发掘。1996～1997 年，考古队对田庄史家遗址进行了三次发掘，揭露面积 1300 余平方米。又发现了一批弥足珍贵的遗迹、遗物资料。发现一岳石文化时期木构架祭祀坑，2 座墓葬；6 个商代灰坑，包括一用人作牺牲的 9 个商代祭祀坑，4 个商代墓葬。另有春秋至汉代一些遗物、遗迹发现。探明龙山文化至商代壕沟 160 余米，并作了局部解剖。出土龙山文化、岳石文化、商代遗物 500 余件。桓台县田庄史家遗址发掘，在已发现诸遗迹资料中，以岳石文化木构架祭祀遗迹及其出土遗物的发现，为近年来考古发现所罕见[2]。

桓台县史家遗址岳石文化木构架祭祀坑，在遗址中部偏北，属原遗址最高地带。根据村民反映，在取土时发现是坑外围有夯土围墙，坑口呈不规则椭圆形，东西长 9.05、南北宽 7 米。坑口东北、西南稍或外凸，估计原为进出口。坑内木构架由 27 层长条木板交叉叠架而成，交叉处有榫卯结构。器物分 7 层放置，层与层间清晰可见木头的痕迹。第一层出土器物 23 件：陶罐 18 件，半月形双孔石镰 1 件，鬲足 1 件，豆把 1 件，平底尊 1 件，螺饰 1 件；第二层、第三层出土遗物 49 件：陶罐 43 件，陶壶 2 件，骨器 2 件，半月形双孔蚌镰 1 件，石铲 1 件；第四层出土器物 36 件：陶罐 28 件，陶豆 3 件，陶壶 1 件，鬲足 1 件，骨器 1 件，半月形双孔石镰 1 件，蚌器 1 件；第五层出土器物 63 件：陶罐 47 件，陶豆 7 件，平底尊 2 件，陶壶 1 件，角器 1 件，骨器 1 件，石器 4 件；第六层、第七层是最底层，是这一木构架祭祀物坑的最早期。出土器物 78 件：陶罐 50 件，陶豆 4 件，陶壶 2 件，陶鼎 1 件，陶瓷 1 件，三角形陶器 1 件，陶碗 6 件，陶簋 1 件，骨器 4 件，石铲 1 件，石镰 1 件，

[1] 韩明祥：《山东长清、桓台发现商代青铜器》，《文物》1982 年第 1 期，第 87 页。

[2] 淄博市文物局、淄博市博物馆、桓台县文物管理所：《山东桓台县史家遗址岳石文化木构架祭祀器物坑的发掘》，《考古》1997 年第 11 期。

图一　桓台史家遗址发现岳石文化甲骨文拓本

半月形双孔石镰 2 件，蘑菇形纽器盖 2 件，刻字卜骨 2 片[1]。桓台史家遗址岳石文化遗存中发现甲骨文，在山东地区是首见，也是目前为止在中国所见最早的甲骨文字。这是一个令人振奋的考古发现。

　　桓台县史家遗址岳石文化祭祀坑出土遗物，有陶、石、骨、蚌及卜骨一类器物。以陶质器类为大宗。坑中出土完整器物、可复原或可辨别器形的器物共计 355 件，其中陶器 334 件，占出土器物总数的 94%。器物坑出土石器 11 件。有镢、铲、镰、钺、双孔石刀一类。器物坑出土骨、角、蚌器 12 件，以骨器为最多。发现卜骨两件，均羊肩胛骨，无任何修整，明显具有早期卜骨的特征。发现的两件卜骨皆残，大部分兆文已失，所剩余部分有人工刻划的文字或符号。残断处有烤灼的痕迹。刻划文字"Λ""Y"，可隶释为"六""卜"二字。另有"ワ""甬""仌""メ"诸文，未隶释。还有一字为"𡘂"，似可释为"㚔"，或"幸"字（图一，1～3）[2]。

　　经比较研究桓台县史家遗址大型木构架祭祀坑出土陶器资料，是属岳石文化晚期的物质文化遗存。坑内出土遗物与地层中出土岳石文化器物的时代相当。遗址中岳石文化地层之下，是山东龙山文化晚期遗存。岳石文化之上，是商代文化地层，出土遗物有安阳殷墟一期文化常见的陶鬲、盉形器一类。地层资料、出土器物类型学比较研究证明，桓台史家木构架祭祀坑的相对年代，处于山东龙山文化晚期与安阳殷墟一期文化之间。由器物坑所出遗物属岳石文化晚期阶段而论，说明这一岳石文化祭祀坑大致与郑州二里岗下层文化时代接近[3]。由此可见，桓台史家殷商先民，

---

[1]　淄博市文物局、淄博市博物馆、桓台县文物管理所：《山东桓台县史家遗址岳石文化木构架祭祀器物坑的发掘》，《考古》1997年第11期。

[2]　淄博市文物局、淄博市博物馆、桓台县文物管理所：《山东桓台县史家遗址岳石文化木构架祭祀器物坑的发掘》，《考古》1997年第11期。

[3]　淄博市文物局、淄博市博物馆、桓台县文物管理所：《山东桓台县史家遗址岳石文化木构架祭祀器物坑的发掘》，《考古》1997年第11期。

在盘庚迁殷之前的商代早期阶段，老早就使用甲骨文了，它已经是一个有很高的文化发展水平的方国。缘此，不惟桓台史家殷商遗址北距高青县陈庄周人设防薄姑城址较近，就桓台县史家殷商遗址历年来发现铜器资料、考古发掘中发现遗迹、遗物，诸如商代壕沟、大型木构架祭祀坑、殷商早期出土有甲骨文字的卜骨等等，都非常有力地证明，今桓台县史家殷商遗址，是西周时期周人在高青陈庄设防、矛头指向的主要对象，是载记中东夷所部"薄姑"旧国的具体所在这一说法，是当之无愧的。

　　由前文所论可以得知，鲁北稍西一侧桓台县田庄镇史家殷商文化遗址，就是我国历史上周公成王东征过程中，翦除、残灭的所谓"薄姑"一国的一个都址。桓台县田庄镇史家村殷商文化遗址，历年来出土青铜礼器资料及1996～1997年的考古发掘资料昭示，周代早期周公东征翦灭东夷旧部中的"薄姑"一国，是一个文化发展水平相当高的殷商旧国。它们早在盘庚迁殷之前的殷商王朝的早期阶段，就已经使用了甲骨文字。它们铸作青铜礼器的技艺，也已经达到相当高的水平。像这样一个有很高文化与技术发展水平的国家，在我国的历史典籍中，能一点记载都没有吗？我国历代出土青铜礼器资料多以千万计，也能一点这方面的反映没有吗？要解答这一系列疑诘，尚需从桓台史家遗址出土青铜礼器及其相关铭文资料中，检索寻绎。

　　前所提及，桓台史家1964～1967年村民烧砖取土发现的一批青铜礼器，已多被毁坏，或早已不知所踪。后来又陆续出土的一批青铜礼器，济南市博物馆收藏两件，都有铭文，是商代晚期的物质文化遗存。铜爵一件，鋬内有"且戊"二字，通高21厘米。腰部饰饕餮纹，有云雷纹衬地。瓿一件，圈足内有铭文"戌🐦无寿作且戊彝"八字，或被称为"八字"瓿，腰部饰饕餮纹，也有云雷纹衬地[1]。《桓台文物》著录商代铜瓿4件，两件有铭文[2]。桓台县博物馆收藏的一件，有铭文"父癸"二字（图二、三），另外的一件是济南市博物馆借展的"八字"瓿。商代铜鼎三件，一件沿下饰饕餮纹，无衬地纹，腹内有"爻"字一文，另外的两件，因图版不清楚、有无纹饰不明。商代铜爵5件，鋬内有铭文"父辛""且戊"的各一件。鋬内有徽文"人"的两件（图四、五）。

　　鋬内"亚"形内有"🐛父丁"三字的一件铜爵（图六、七），是桓台县企业家、收藏家高奎萱先生的收藏品。

　　《桓台文物》还著录史家遗址出土商代铜觯2件，一件铭文为"父丁"二字，另一件为"父辛鱼"三文。铭文"父辛鱼"的一件铜觯，是淄博市博物馆的藏品。淄博市博物馆收藏桓台史家1975年出土青铜礼器铜鼎一件，腹内有铭文"🏃父戊"

　　[1] 韩明祥：《山东长清、桓台发现商代青铜器》，《文物》1982年第1期，第87页。

　　[2] 马荣庆、张连利等：《桓台文物》，山东画报社出版，1998年，第24、25、26、28、30页。

图三　桓台县博物
馆"父癸"瓠铭文
拓本

图二　桓台县博物馆
"父癸"瓠

图四　桓台县博物
馆"入"爵

图五　桓台县博物馆
"入"爵铭文拓本

图六　桓台县高奎
萱收藏"亚其父丁"爵

图七　桓台县高奎
萱收藏"亚其父
丁"爵铭文拓本

三字（图八、九）。

《山东淄博文物精粹》著录桓台史家出土青铜礼器有商代铜瓠三件，一件是桓台
县博物馆收藏的"父癸"瓠，另一件是借展济南市博物馆的"八字"瓠；商代铜爵4件，
其中有铭文"且戊"的一件，亦为济南市博物馆收藏桓台史家出土的商代物；商代
铜觯一件，颈内有"父辛鱼"三字，此觯是淄博市博物馆收藏桓台史家的藏品[1]。

除去各家著录互有重复的几件外，目前我们所能见到的桓台史家殷商文化遗址

[1]　张连利等：《山东淄博文物精粹》，山东画报社出版，2002年，第61页。

图八　淄博市博物馆收藏桓台　　　　　　图九　淄博市博物馆收藏桓台史
史家出土"🐦父戊"鼎　　　　　　　　家出土"🐦父戊"鼎铭文拓本

出土青铜礼器：铜鼎 4 件，觯 2 件，瓿 5 件，爵 7 件，计有 18 件之多。在所能见
到的这批青铜礼器中，对推定这批资料年代的上限以及论定桓台史家殷商遗址的国
别或其族属有重要意义的，是桓台博物馆的"父癸"瓿，淄博馆收藏的"🐦父戊"
鼎及桓台县博物馆与高奎萱先生收藏的"入"爵、"亚其父丁"爵为最重要。

　　桓台县收藏的"父癸"瓿，通高 14.1、口径 11.3、底径 8.2 厘米。体粗短、颈
部饰三道弦纹，腰部、圈足饰饕餮纹，无衬地纹。圈足内有"父癸"二字，腰部有
"✚"形十字孔装饰（图二、三）。"父癸"二字中的"癸"字写作"✗"，中间相交
的两笔不露头，是武丁时期的写法。由花纹装饰、造型特征、"癸"字的书写特点分析，
这一商代铜瓿大致应属商代武丁时期的文化遗物。淄博市博物馆收藏的"🐦父戊"
鼎，通高 19.60、口径 16.10 厘米。直耳、方折沿、深腹，三足略呈柱形。口沿下
饰云雷纹衬地饕餮纹，尾上卷，鼻作扉棱状。腹内有"🐦父戊"三字。以造型与
花纹装饰判断，这一铜鼎的年代大致或属商代晚期物质文化遗存（图八、九）。桓
台博物馆收藏的徽文"入"爵，通高 21 厘米，宽流上扬，短尾，深腹，菌形柱，
长三足外撇，腹部饰云雷纹衬地饕餮纹，鋬内有徽文"入"。时代应与"🐦父戊"
鼎的年代接近[1]（图四、五）。高奎萱先生收藏的"亚🐦父丁"爵一件，通高 22 厘米，

---

[1]　张连利等：《山东淄博文物精粹》，山东画报社出版，2002年，第61页。

图一〇　"举"与其他族复合族徽

口沿立两柱，柱头也呈菌状，饰涡纹，腰部有饕餮纹一周，也有云雷纹衬地，三棱椎状三足。鋬内"亚"形内有"其父丁"三字。这件铜爵的器物造型、花纹装饰，与"入"爵的时代相似，也属殷商晚期遗物当可无疑。前所举例桓台县史家出土四件青铜礼器的铸作年代看，桓台史家发现这批青铜礼器资料的历史年代，大致在商王武丁至商代晚期这一历史时期。

　　迄于目前，桓台史家出土青铜礼器铸铭中，所见族姓徽文5种："爻"字，"鱼"字，"入"字，"🜨（举）"字，"🜨（其）"字徽文。金文资料检索，在《续殷文存》一书中收录"举"字徽文，有与"亚""🜨"徽文共为复合徽文者（图一〇，1）[1]。关于复合徽文，李伯谦先生认为，这是氏族繁衍分化的结果。启用新族徽的子氏族为了表示其血缘上的渊源关系，在铸作青铜礼器时，常将自己新启用的族徽与其所出的母氏族的族徽合署"。"举"与"亚""🜨"复合徽识中的"🜨"，即"📷""📷"一类图像文字，原是亚眔一族摹刻其崇拜的箭神、射神夷羿的神象（详下文）。依李伯谦先生的这一说法，"举"与"亚""🜨"复合徽文的发现表明，"举"族是从亚眔一族分化出来的一个支氏族，"举"族原属亚眔的一族。在《三代吉金文存》一书中，还收录一"举"族徽文与两个"入"徽文共为复合徽文者[2]（图一〇，2）我们已知"举"族原为亚眔一族，"举"族徽文又与"入"为复合徽文，此再而告诉我们，桓台史家发现徽文"入"与"举"族为同族，原也属亚眔的一族。就目前所见桓台史家5种族姓徽文，其中"🜨"即"其"与"举""入"之祖亚眔之"眔"字，在古代字书中读音相同，这一现象似告诉我们，这不是一种偶然或巧合。这三个族姓徽文在史家遗址的发现，当与殷商时期使用史家遗址的族属相关联。它们直

[1]　李伯谦：《🜨族族系考》，《考古与文物》1987年第1期。

[2]　李伯谦：《🜨族族系考》，《考古与文物》1987年第1期。

接告诉我们，也或从侧面"暗示"，殷商时期居住在桓台史家一带的人们，是属亚"□"或亚畀的一族。如果这一推断可为一说，那么三千多年前居住在今桓台史家一带殷商旧国"□"即"其"或亚畀的一名，就是周人东征过程中称其为"薄姑"国的一个真实的族姓之名。

西周早期周公东征消灭的所谓"薄姑"国，其族姓徽文为"□"，即其也或亚畀的一族。这两个族姓徽文，在殷代的金文资料中都有著录。徽文"□"，最早著录见于《三代吉金文存》[1]，之后，《金文编》《金文诂林·附录》《古文字类编》[2][3][4]诸文籍，也有收集。为我国古文字学界学者所认同，此"□"与金文徽识中亚畀的"畀"字，不仅读音相同，而且意义也是相通的。李学勤先生在《北京、辽宁出土青铜器与周初的燕》一文中推定："商末的畀就是文献中微、箕的箕。铜器铭文中'畀侯，亚龵'每每省作'𠀠，亚龵'。《说文》：'箕，所以簸者也。从竹；𠀠，象形；兀，其下也。'又说：'𠀠，古文箕。'箕踞的箕，《说文》作'畀'，因此，铭文中的'𠀠'就是'箕'字，有时则借用相通的'畀'字"。[5] 由李学勤先生的这一论证又知，此"□"与"畀"字金文"□"原是"箕"字一文的古体。又是，今桓台史家殷商文化遗址，乃是我国历史上颇具美名的箕子一族的族居之地，是殷商旧部中的箕（畀）一国的物质文化遗存。也进而得知，周公东征大获全胜之后，在今高青陈庄设防、矛头指向的"薄姑"一国，原是我国殷商时期东夷旧部中的箕（畀）一国。周代早期，在为乱、叛周诸东夷旧部中，此箕（畀）一国与殷商王室集团，是有婚姻关系的一个方国。《史记·宋微子世家》曰：

箕子者，纣亲戚也。

索隐曰："箕，国；子，爵也。"甲骨文资料、金文资料、考古资料都告诉我们，箕（畀）一国在有商一代诸东夷旧部中，是一个文化发展水平相当高的方国。商代晚期箕（畀）一族，有一名"龵"的曾经在河南安阳为殷商王朝服务，为其最高统治者卜问决疑。在同期为商代王室的卜问决疑者中，此"龵"是卜问次数最多的一位。据王献唐先生统计，在殷墟卜辞二期中"《殷墟书契前编》二见，《后编》三见，《续编》十一见，《殷墟卜辞》五见，《殷契佚存》一见，《库方二氏藏甲骨卜辞》三见，《邺中片羽》三见，《殷契粹编》二见，《甲骨文录》三见，《殷墟文字甲编》一见，《战后所见南北甲骨文字》二见"[6]，当然还有很多没有统计的。仅此一端，就足以说明

---

[1] 罗振玉：《三代吉金文存》，1937年珂罗版影印本。

[2] 容庚著，张振林、马国权摹本：《金文编》，中华书局，2009年，第1058页。

[3] 李孝定、周法高、张日昇：《金文诂林·附录》，香港中文大学出版，350（2118）～357（2118）。

[4] 高明：《古文字类编》，中华书局，1980年，第583页。

[5] 李学勤：《北京、辽宁出土青铜器与周初的燕》，《考古》1975年第5期。

[6] 王献唐：《山东古国考》，齐鲁书社，1983年，第90页。

商代的箕（亝）一族，与殷墟王朝的关系非同寻常。《尚书大传》有这样一段有趣的记载曰：

> 武王死，成王幼，管蔡疑周公而流言，奄君、薄姑谓录父曰：武王既死矣，成王尚幼矣，周公见疑矣，此百世之时也，请举事[1]。

这段文字也或有某些演义与敷衍之处，但它有真实的历史背景为根据。说明"薄姑"即箕（亝）国，不仅是纣子武庚录父作乱、叛周的参与者，也是预谋者之一。有周之初，武王姬发灭商，封建纣子武庚录父以守殷祀，却又再而设管叔、蔡叔为监，以防其不轨。周人的这一举措，将其对殷商王室裔胄存有戒备的心态，表露无遗。周公成王东征，灭丰白、翦商奄等等，所灭东夷旧部不只一国，但周人并未在所灭与殷商王室并无血缘关系诸国附近设监，或建立什么军事重镇为防地，而是偏偏在最后所灭东夷旧部"薄姑"——与殷商王室通婚、有血缘关系的箕（亝）国都址附近设置、建设军事重镇驻防。其所作所为，殆与周初武王姬发灭商后设置三监，以威慑、监督殷商王室裔胄的心态与作法，完全一致。有鉴于上述种种，说桓台史家殷商旧部箕（亝）国故址，就是周人东征过程中，翦除、残灭的所谓"薄姑"国旧址这一说法，也是合情理的。

综前文所论得知，在我国历史上周公成王东征过程中所提到的"薄姑"一国，就是周人平定东夷为乱诸国后，在今高青县陈庄与唐口村间设防、建设的军事重镇，以监督其东南一侧不远处的箕（亝）国。此箕（亝）国或曰"薄姑"国，在商代东夷诸部中是一个大名鼎鼎，有名有姓的方国。前所论及，考古发掘与古文字资料已经证明，它是一个文化发展水平很高的国家。它在商代的早期阶段就已经使用了甲骨文字，其"领主"或其住在河南安阳的一部，为商代王室服务，卜问决疑[2]。他们与商代王室通婚，是一个与商代王室集团有血缘关系、在东夷旧部中是一个势力强大的方国。就是这样一个在我国历史上声威远播、有着如此重要影响的一个商代与国，在周代早期周公东征或者涉乎此事的一些相关记载中，从来未用过它的本名，总是用一"薄姑"或"尃古"之名来指称[3]。文献资料观察，我国春秋时期矢族一类远射兵具，以"僕姑"为名。《左传·庄公十一年》曰：

> 乘丘之役，公以金僕姑射南宫长万，公右歂孙生搏之。

杨伯峻先生注曰："僕姑，矢名。"[4]"僕""薄"二字为一音之转，"僕姑"即"薄姑"。依此，东夷旧部中的"薄姑"或"尃古"一名，原本是一矢镞之名。从"薄姑"或"尃

[1] 转引陈梦家：《西周铜器断代》（一）引《诗谱》正义，《考古学报》第九册。
[2] 王献唐：《山东古国考》，齐鲁书社，1983年，第25页。
[3] 陈梦家：《西周铜器断代（上）》，中华书局，2004年，第17页。
[4] 杨伯峻：《春秋左传注》，中华书局，1990年，第189页。

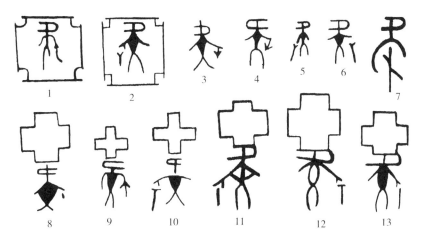

图一一　亚曩徽文图像

古"国名的含义中，可以看出，此"薄姑"即东夷旧部中的箕（曩）国，必与弓矢一类远射兵具有不解之缘。易于理解，要想揭开周人所以对箕（曩）国用矢镞"僕姑"即"薄姑"之名而名之这一千古谜底，还须再而从"薄姑"即箕（曩）一国的族姓徽文说起。

金文资料发现东夷旧国中的箕（曩）器，一般又称之为亚箕器。其在"亚"形之内或"亚"形之外，往往有"{徽文}""{徽文}"为徽文类图像文字，学术界一般将其隶定为"髭"[1]。《三代吉金文字》《金文诂林·附录》，共收集这类徽文40余文。徽文都有两臂，有相当多的一部分，两臂长短不一，一臂明显长于另一臂（图一一，1、3、5～13）。在长短不一的两臂中，短的一臂无手，长的一臂有手形，手中还有杠、杆形（图一一，1、2、5～8、10～13），极个别有将杠、杆类物斜插于腰间者（图一一，7），也有的徽文手中握有镞头形（图一一，3、4、9）。躯体之形与金文资料中发现描摹人体躯干的形状，殊不相类[2]。百分之九十以上呈菱形，与考古发现中的山东龙山文化，商周时代的石镞、铜镞的镞体的形状，十分相似[3]。下肢内弧，似双尾、无足。一言一蔽之，亚其徽文畸形：仅一臂有手，两臂长短不一，较长的一臂手握杠、杆或镞头类物；躯体呈菱形，与镞头之形相似；下肢内弧形似双尾，无足。我们根据亚其徽识形体的诸多诡异与荒谬之处，依文献资料、民族志资料及

[1]　王树明：《曩祖夷羿疏证》，《管子与齐文化》，北京经济学院出版社，1990年；王树明：《曩祖夷羿新解》，《华夏考古》2004年第2期。

[2]　王树明：《曩祖夷羿疏证》，《管子与齐文化》，北京经济学院出版社，1990年；王树明：《曩祖夷羿新解》，《华夏考古》2004年第2期。

[3]　王树明：《齐地得名推阐》，《东夷古国史研究（第一辑）》，三秦出版社，1988年；山东大学考古学系编：《刘敦愿先生纪念文集》，山东大学出版社，2000年。

民俗志方面相关资料推定，亚其徽识是人类历史积久发展的长河中被神化了的某一具体事物的形象。再根据徽文的"躯体"之形与甲骨文、金文中的"矢"字之形相似，徽文手中又持握矢镞形状诸端（图一一，3、4、9），又再而推定，此亚其微识所摹，是亚其一族在万物有灵观念的支配下，崇拜的箭神、射神之属，是亚其族先民将射兵矢镞"人化""神化"为箭神、射神的原始形象[1]。文献记载，我国古代人们尊敬、崇拜的箭神、射神夷羿，"祖籍于齐"。他两臂畸形，长短不一，左臂长于右臂。他兵不离手，或"持弓、矢"，或"执鞅持杆"即手握杠、杆或棍棒一类兵具[2]。载籍中对夷羿神象的描述，与亚其一族族姓徽文的形象，殊无二致。亚其徽文"𢐕""𢎿"释"𢎮"，其衍字"疑"与"羿"字双声，古可互通。由徽文的形象及其音读求之，我国殷商时期亚其徽文所摹箭神、射神之象，实属我国古代神话传说中射神夷羿的具体形象。亚其或箕（𢼸）徽文，是我国古代人民备受敬崇的箭神、射神的摹刻。史籍记载中的箕子，是箕（𢼸）一族的遗裔。《史记·宋微子世家》索隐引司马彪语曰：

箕子，名胥余。

箕子"胥余"一名的读音，无疑是我国古代射神"夷羿"一名的缓读或变读。《史记》索隐引用司马彪对箕子本名为"胥余"一名的这一说法，对我们证明亚其即箕（𢼸）一族徽文所摹，是我国古代传说中的箭神、射神夷羿一说的推定，无疑又是一个非常有力的证明。

商末周初，居住在齐地腹心区域的亚其或箕（𢼸）一族，由矢镞形演变而来的箭神、射神为徽文，反映亚其或箕（𢼸）一族尚武，弓、矢一类远射兵具可能在箕（𢼸）一族摆脱野蛮步入文明的进程中，起到了极为重要的作用，因而受到了他们的特别尊尚与推崇，被其视为神物、神灵[3]。图一一所例亚其徽文所摹，有手的一臂往往持有杠、杆或镞头类物。此或反映，在临战交锋中箕（𢼸）一族的勇士或参战者与敌对势力一方的装备不同，弓、矢镞或箭袋子一类射具，很有可能是他们每一个参战者不可或缺的披挂。或有缘于此，周公成王东征过程中，对东夷旧国箕（𢼸）部这一与自己所部或信仰不同、披挂有别的敌对者，以矢镞也或弓、箙一类射具"僕姑"即"薄姑"之名而相称，就不足为怪了。可见，我国古代文籍关于周公成王东征过程中，一再出现的"薄姑"国名，原本并不是所指国族的一个真实的称谓，而

[1] 王树明：《𢼸祖夷羿疏证》，《管子与齐文化》，北京经济学院出版社，1990年；王树明：《𢼸祖夷羿新解》，《华夏考古》2004年第2期。

[2] 王树明：《𢼸祖夷羿疏证》，《管子与齐文化》，北京经济学院出版社，1990年；王树明：《𢼸祖夷羿新解》，《华夏考古》2004年第2期。

[3] 王树明：《齐地得名推阐》，《东夷古国史研究（第一辑）》，三秦出版社，1988年；山东大学考古学系编：《刘敦愿先生纪念文集》，山东大学出版社，2000年。

是周人东征进入山东后，对所灭东夷旧国箕（冀）一族使用的一个别名、混称。

总结全文，今山东桓台县田庄镇史家殷商文化遗址，是殷商与国、是与殷商王室有婚姻关系的箕（冀）族的祖居地，它就是史书与金文资料中记载的，周代早期成王东征翦灭东夷旧部中的"薄姑"国的一个都址。至于箕（冀）国所以又有"薄姑"一名，因其有尚武风习，以箭神、射神为宗神，可能在交战中他们有披挂矢镞、弓韣类射具的习惯有关，是故周人便以矢镞也或弓韣类射具之名，诸如"僕姑"或"薄姑"一类名称来指称。

附后记：本文在形成文字过程中，先后得到了淄博市博物馆安立华先生，桓台县文博系统张连利、孔令涛、许志光几位老朋友以及乾元亨红木家具厂厂长、文物收藏家高奎萱先生的鼎力相助。值此文发表之际，对上述诸位表示衷心的感谢。

2010 年 12 月 5 日

（原载《管子学刊》2011 年第 2 期；与张光明合作）

莱夷索隐

二十世纪四五十年代以来，对山东地区先秦古国历史的研究，首推山左名儒王献唐先生。王先生在这方面的代表性著作，主要收集于《山东古国考》一书中[1]。之后，李白凤先生在《东夷杂考》一书中，也对山东地区的古史、古国，作了一些有益的探索[2]。1983年，山东社科院历史所与驻省高校有关单位，发起对山东东部古国历史研究的学术讨论会议。会后，选取了部分研究文章，分别发表在《东岳论丛》《齐鲁学刊》（1984年第1期）[3]。自此之后，山东地区先秦古国历史的研究，进入了一个新的历史阶段。从上述诸有关学者探讨研究的有关论说，以及近二十余年来有关著述，山东先秦古国历史论说的重点，始终在鲁北、胶东一带。在这一地带，莱夷或莱国的讨论，也始终是人们谈说的一个热门话题。其讨论涉及的主要范围，大致包括以下几个方面：莱夷的活动地望、莱夷的都址所在、莱夷的得名或莱夷的图腾徽文诸端。一言以蔽之，众说纷纭，观点迭起。但是，诸学者对莱或莱夷是一个国家，莱国或莱夷本名为"莱"字这一传统说法，则是一致的。我们根据文献资料，古文字资料、田野考古资料及有关民俗资料，就莱夷或莱国得名，莱或莱夷到底是一个国家，还是原本一族而居住在不同地方的几个国家等问题，谈一点不同的想法，以就正于史学界、考古学界诸方家。

一　莱夷得名索隐

莱夷或莱国一名，最早见于《尚书·禹贡》一文。《书·禹贡》曰：

"海岱惟青州，嵎夷既略，潍、淄其道，……莱夷作牧，厥篚檿丝。"注曰："莱夷，地名，可以放牧……檿，桑蚕丝。"释文曰："檿……山桑也。"

又，《禹贡椎指》引师古注曰：

---

[1]　王献唐：《山东古国考》，齐鲁书社，1983年。

[2]　李白凤：《东夷杂考》，齐鲁书社，1981年。

[3]　《东岳论丛》1984年第1期，山东社科院主办。《齐鲁学刊》1984年第1期，曲阜师范大学《齐鲁学刊》编辑部。

"莱夷，莱山之夷也。今莱州、登州二府，三面濒海。"[1]

"枲"或"山桑"者，即今所谓柞树、柞蚕丝之谓。由《禹贡》《禹贡椎指》诸书记载，"莱夷"一语，原本是一地名或族名。莱夷或莱族所居，是一宜于牧放鸟兽之地，以盛产柞蚕丝而闻名于世。其辖域大致在潍、淄以东，约当古登、莱二州。换言之，莱夷一族聚居的地方，西及今潍河、淄河流域，东括整个胶东半岛。《春秋左传·宣公七年经》又记曰：

"……夏，公会齐侯伐莱。"注曰："莱国，今东莱黄县。"

《宣公九年经》曰：

"齐侯伐莱。"注："无传。"

《史记·齐太公世家》曰：

"……于是武王已平商而王天下，封师尚父于营丘，东就国……莱侯来伐，与之争营丘。营丘边莱。莱人，夷也，会纣之乱而周初定，未能集远方，是以与太公争国。"

由《春秋左传》、司马迁《齐太公世家》诸文，又可得知，莱或莱夷，是有君长、侯伯的，原是一个实实在在的国家名称。莱或莱夷一名，为族名、为地名，也或者为一国家的具体名称，最早大致见于上述诸文籍。《春秋左传》一书的作者，一般认为是鲁国人；《史记》一书的作者司马迁是陕西韩城人；《禹贡》一书的成书年代为先秦，作者不详，但可断言的是，他不是出自齐国或潍、淄以东登、莱两州人的手笔。缘此，似可以论定，莱或莱夷一名，原不是齐地或莱地先民所书之名，而是鲁地或其西以远人们对他的一种称谓，可以径直这样说，莱或莱夷一名，原是外籍或"外族"人们对它的一种称谓，是一种他称。《诗·小雅·南山有台》曰：

"北山有莱。"注曰："莱，草也……山之有草木以自覆，盖成其高大……"

《诗·小雅·十月之交》：

"田卒汙莱。"注曰："下则汙高则莱。笺云……令我不得趋农田，卒为汙莱乎……"

《诗·小雅·楚茨序》云：

"田莱多荒，饥馑降丧。"注曰："田莱多荒茨棘不除也。饥馑仓庾不盈也。"疏云："……田废生草谓之莱，自然多荒而并言之者……多荒也。"

《周礼·地官·遂人》曰：

"莱五十晦……莱百晦……莱二百亩。"注曰："莱，谓休不耕者……虽上地犹有莱，皆所以饶远也。"疏云："……《诗》云：'田卒污莱。'注：'高者莱，下者污。'

---

[1] 李白凤：《东夷杂考》，齐鲁书社，1981年，第47页。

是莱谓休不耕者也'。"

上文征引，"莱"即草或草木。有田地荒秽、自然多草之意，还可引申为饥馑、仓庾不盈或贫困之意。概而言之，在周代典籍中，莱国或莱夷之地，那是一田野荒芜草木丛生、荒凉、贫瘠饥馑的一个地方。易于理解，任何一个古老民族或古代国家，不可能为自己找这么一个令人闻之却步、望而生畏的恶名为族称为国名。"莱"在我国先秦经籍中的本义也反证，莱夷或莱国之所以以"莱"字为名，那是外籍人对他的一种称呼。已故唐兰先生对西周昭王时代青铜器铭文进行过综合研究，他在文中列举旅鼎一篇铭文时，将篇末铸的徽文"𡗗"隶定为"来"，认为是文为来国族徽，遂将是器定为来器[1]。说是器为莱国器，是文为史籍中所说的莱国徽文，应当说这是可以的（详下文）。但将"𡗗"隶定为"莱"字，则容有未当。我们在前文中已经论及，莱人不可能用"莱"字这么一个污秽之名，为自己作国号或族称，就在唐先生考释例举旅鼎的篇铭中，第五字也有一"来"字，写作"𣏟"（图一）。在同一篇铭中，"莱"字有"𡗗""𣏟"二种写法，且二文形体、写法差别又如此之大，将此二形视为一字，皆释为"莱"字，这是很难令人接受的。李白凤先生在对莱夷进行研究的过程中，将《寒斋藏拓》无夐卣铭"亚"形中的"𣏟"、[2]《愙斋集古录》祖乙觯侯彝中的"𤫩"[3]。均推说为莱国族徽（图二）。研读审视这两个文字的笔顺或写画特征，我们认为，李氏的这一看法也或欠妥。前一文字"𣏟"，清代学者孙诒让及香港学者李孝定先生认为，是文以释"束"为是[4]，后来又或衍作"刺"字者；后者"𤫩"，或可释为"𪛊"，是字虽或与"莱"字音读相同，也不能将其视为莱夷或莱国的徽文。因为这篇铭文拓本之下，署有"告田"二字为徽记，明白无误的告诉我们，是文"𪛊"也是一种他称，不能将其视为莱人自书徽文之本字、本名。综而言之，在周代金文著录中，到目前为止，我们也还找不到一例为多数学者能够接受或认可的，莱国或莱夷以是"莱"为徽文标记的例证。文献资料、金文资料证明，莱国或莱夷以"莱"字为名，是外地人对他称谓的这一说法，是可以成立的。

在鲁北或胶东地区，不惟莱夷一国以"莱"字为名，其与"莱"字在先秦典籍中的本义不妥，金文资料无征。类似的情况在胶东、齐地一带的古地名或古国名称中，也不乏这方面的例证。《史记·封禅书》曰：

"于是始皇遂东游海上，行礼祠名山大川及八神，求仙人羡门之属。八神将自古而有之……八神：一曰天主，祠天齐……二曰地主，祠泰山梁父……三曰兵主，

---

[1] 唐兰：《论周昭王时代的青铜器铭刻》，《古文字研究》第二辑，中华书局，1981年。

[2] 李白凤：《东夷杂考》，齐鲁书社，1981年，第62页。

[3] 李白凤：《东夷杂考》，齐鲁书社，1981年，第63页。

[4] 李孝定等：《金文诂林·附录》，香港中文大学出版社，1977年，第431页。

图一 旅鼎铭文

图二 祖乙𣪘侯彝铭文

（吴大澂《愙斋集古录》七册）

祠蚩尤……四曰阴主，祠三山……五曰阳主，祠之罘……六曰月主，祠之莱山……
七曰日主，祠成山。成山斗入海，最居东北隅，以迎日出云。"

在这段文字中，"成山斗入海"一语，南宋裴骃《史记集解》引韦昭曰：

"成山在东莱不夜，斗入海。不夜，古县名。"

韦氏对"斗入海"一语，无说。唐人司马贞为之索隐，释云：

"不夜，县名，属东莱。案：解道彪《齐记》云，'不夜城盖有日夜出见于境，
故莱子立城以不夜为名。'斗入海，谓斗绝曲入海也。"

依唐代学者引证"斗入海"为"斗绝曲入海"一说，《史记》此语所用"斗"字，
似应为"陡峭"之意，由是而推之，秦始皇所祠成山，原为一山势陡峭、弯曲逶迤
而入于大海之一山。这与今荣成成山的地理形势情况不合，似也与《史记》"七曰
日主，祠成山，成山斗入海"中所用"斗"字原始含义不符。笔者祖籍荣成，故里
与今成山仅二十余里之遥。1973年冬与1993年秋，曾先后两次踏察荣成成山及有
关遗迹。是山为位于今荣成市北部滨海一山，其山西起成山卫镇、东端入于大海。
东西长约30余里，山势并不陡峭，中间仅有六、七个高度不大，略呈圆顶状的小

山头。由成山的地理形势观察,司马迁笔下此语的原始含义,所谓"成山斗入海"者,应是"成山头入海"一语之谬。今威海所辖三市一区,"头"字俗读作"dou","成山头(tóu)",当地人们直到现在,仍然名之为"成山头(dou)"。《史记》一书的作者司马迁,很有可能到过荣成。成山头走向由西向东入海。他在对成山东头入海的有关记述中,找不到、字书中也没有当地人们读为"dou"的文字,因而借用了读音与之相近,用一谐声的"斗"字代用为"dou",即其本字应书为"头"的文字,将"成山头入海"讹为"成山斗入海"。后世学子,未对实地进行踏察、不了解当地人们的土语方言,望文生义,作了诸多莫名其妙的解说。文献记载,商末周初鲁北齐地腹心区域土著先民,在姜齐到此之前,即建有一非常有名的古国,薄姑。姬周初年,薄姑一国曾与纣子武庚禄父、管、蔡、奄国诸国为同盟,与宗周为敌、作乱叛上。《左传》一书,对薄姑或作蒲姑一国所在齐国一地有明确记载。《左传·昭公二十年》曰:

"(晏子曰)昔爽鸠氏始居此地,季则因之,有逢伯陵因之,蒲姑氏因之,而后大公因之。"

其有关事迹,还见于西周金文。西周塱鼎铸铭曰:

"隹(唯)圕(周)公歽(于)征伐东尸(夷),豐白(伯)專古戌(咸)戈(斩)。公歸,鼎(獲)歽(于)圕(周)甿(庙)。戊辰,酓(饮)秦酓(饮)。公賨(赏)塱贝百朋,用乍(作)障(尊)鼎。"[1]

此器1922年出土于宝鸡,铭文记载周公东征歼灭东夷诸国取得胜利后,归返宗周进行赏赐一类有关事宜。铸文内容反映,是器为周公时代周人作器无疑。是器铭文中"專古"一名,唐兰先生认为,此即文献记载中齐地商代与国薄姑也或写作蒲姑者一国之名,此说至确。但令人生疑的是,自宋代以来出土商周青铜礼器铸铭中,从未发现一例篇末署有"薄姑"或"專古"二文为徽记或自名"薄姑"或"蒲姑"的器物。常兴照、张光明二先生,根据齐地先民有崇拜弓箭为神灵及尚箭崇武风习[2],从古文字资料、文献资料、民俗资料及齐地桓台一带的考古发现,论证文献记载中的"薄姑"或"蒲姑"及金文中的"專古",就是殷周金文著录中习见的"箙弓"一族徽文标记的误写。易言之,文籍中的"薄姑""蒲姑"与金文中的"專古"之名,原是金文中习见的"箙弓"一名音读的谐声、误称[3]。他们的这一发现,揭开了薄姑一国得名的千古谜底,可不勉强地说,这是近百年来对薄姑一国研究文

[1] 唐兰:《西周青铜器铭文分代史征》,中华书局,1986年,第41～44页。

[2] 王树明:《齐地得名推阐》,《东夷古国史研究(第一辑)》,三秦出版社,1988年;又收录于《刘敦愿先生纪念文集》,山东大学出版社,2000年。

[3] 常兴照、张光明:《商奄、蒲姑钩沉》,《东夷古国史研究(第二辑)》,三秦出版社,1990年。

图三　鳌鼎铭文

（山东省博物馆《金石拓本》第791页）

章中的一个突破。从揭示"成山斗""薄姑"二名原始的论说中，不难看出，这两个地名或国名的讹谬，对我们论证莱夷或莱国以"莱"字为名是外地或外籍人对他的一种称呼，是先儒传写讹误这一说法，无疑是一有力的侧证。从中还可看出，"成山斗""薄姑"二名，虽然与其地先民对此二地名的称谓用字不合，但音读则是相近或相通的。缘此，我们要揭示莱夷或莱国本土先民所用徽文的原始真谛，还是要从"莱"字的读音，或者从"莱"字的衍义中寻迹、探绎。

"莱"字在周代典籍中，为田园荒芜、杂草丛生貌，依此又引申为荒凉、饥馑或仓廪不实之义。《尔雅·释草》无"莱"字。东汉以后，诸字书、文籍中，"莱"字字义发生演变。《说文》曰：

"莱，蔓华也。"段注曰："今〈释草〉作釐，蔓华……经典多用为艸莱字。"

《尔雅·释草》曰：

"釐，蔓华。"注曰："一名蒙华。"

"莱"字衍义与"釐"字意义相同，二文古代同声，可以相通。依此，莱夷或莱国之名，原来似应以"釐"字为本字，所谓"莱夷"或"莱国"者，应当正名为釐夷或釐国也。周代青铜礼器诸铭中，以"釐"字署名之莱器多有所见。如："釐作宝鬻鼎"（图三）、釐伯钟（图四）、"釐伯女子乍宝鬲……"（图五）[1]，等等。查

---

[1]　杨深富：《山东日照崮河崖出土一批青铜器》，《考古》1984年第7期，第596页，图6。

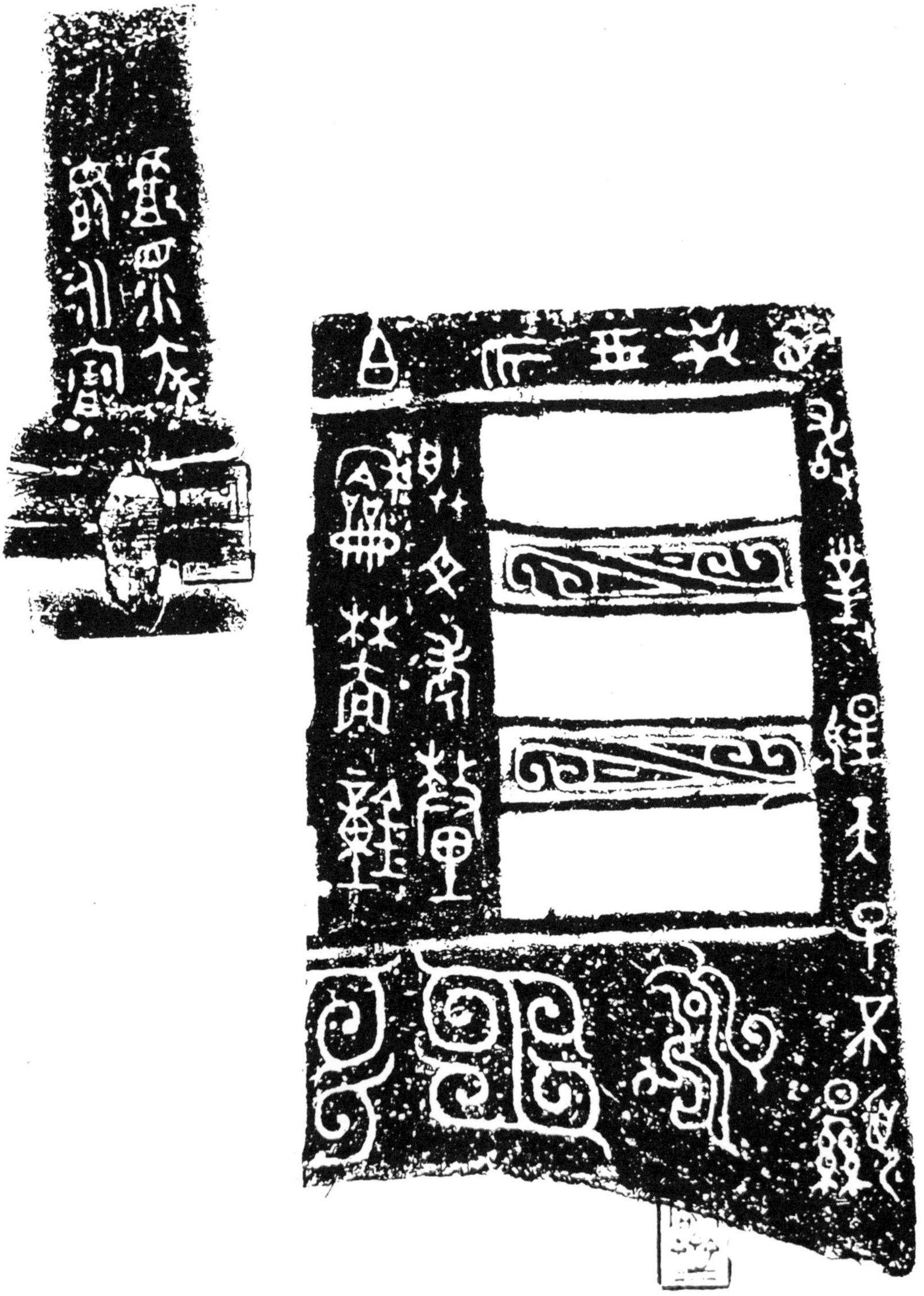

图四 鳌伯钟铭文

厘伯女子乍宝盂子：孙：永宝用

图五　釐伯女子乍宝鬲

以今地，周代以"釐"字为国名或族名诸器，多出自山东，或今潍、淄流域以东诸地[1]。据上述两端可以断定，莱夷或莱国自名为"釐"，典籍中书其为"莱"字者，为别名、他称一说，确不可移。需要追本的是，莱人缘何自名为"釐"，其以"釐"字为徽文标记的历史根蒂又是什么？

《尔雅》一书谓，"釐"本蔓华名。清代学者郝懿行认为，"釐"与"藜"字通，二字原为一物之名[2]。现代植物分类学者认为，釐或藜者，属藜科[3]。《尔雅·释草》还记有与釐或藜为同类的蔏藋或拜蔏藋，也或简称之为藋者的一物种名。今注、今译本《本草纲目》将釐或藜、藋，分别以藜或灰涤两物名进行解说[4]。在北魏贾思勰的著述中，仅解说藜者一类，因为"莱"为"釐"字所借用，字义发生衍变，或认为"莱"与"釐"字相同，又是贾氏在行文中，将"莱""藜"二物种混称。他在《齐民要术》一书中释藜曰：

"莱，藜也……今兖州人蒸以为茹，谓之'莱蒸'……"[5]

"釐""藜"二字同音，今读作"lí"；"藋"近或写作"涤"者，二字音同，读作"dí"。依清代经学大师栖霞郝懿行先生对"釐""藜""藋"三字解说、疏证，认为此三字书文虽然不同，实则一事之别名[6]。就是我们今天俗语中所说的灰菜类野菜的书名（图六）[7]。野生今名为灰菜者，在田间、路旁、村边荒地，到处可见，它分布于全国各地。全"草"入药，有泻痢、止痒作用，可以食用，且口感滑腻、味道亦美。因有的嫩叶上、下有灰状粉末而得名。不惟在野菜之中，即使现在，用其幼龄嫩苗为食，其味道、口感，也并不比现在人们种植的蔬菜为差。莱地先民对诸野菜中，对釐即灰菜或情有独钟，也或因为其地贫瘠、或迫于生计，对釐属灰菜有所依重，由是便依釐，即今所谓灰菜一名为族称或国名。

潍、淄两河其东以远，当今烟台、威海两市地，是一丘陵起伏的山区，三面濒海，土地贫瘠，几无平原可言。在生产力极为低下的古代，那是一个不宜于农业生产发展的地方。考古资料观察，古莱夷居地，自白石村文化迄至后来的岳石文化、珍珠门文化这一漫长的历史发展时期，其不同发展阶段发现与其时代相当的古文化遗址很少，地层堆积薄，遗址面积也小，文化内涵极为贫乏。陶质器皿火候低，制陶技术低下，迄于春秋，这一地带的土著居民，所用陶制器皿仍然有用手制的落后现象。

[1]　曾毅公：《山东金文辑存》，齐鲁大学国学研究所，1940年。

[2]　（清）郝懿行：《尔雅·义疏·释草》，四部备要经部，中华书局据家刻足本校刊。

[3]　陈汉斌：《山东植物志》，青岛出版社，1990年，第1076页。

[4]　（明）李时珍：《本草纲目》，时代文艺出版社，2001年，第229页。

[5]　缪启愉：《齐民要术校释》，农业出版社，1982年，第677页。

[6]　（清）郝懿行：《尔雅·义疏·释草》，四部备要经部，中华书局据家刻足本校刊。

[7]　陈汉斌：《山东植物志》，青岛出版社，1990年，第1079页，图714。

图六　鳌或藋，即藜亦即灰菜
1.植株上部　2.花被和胞果　3.种子

是地农业经济的发展，与鲁南、鲁北时代相当各文化时期，其差别之大不可同日而语。在鲁南、鲁北大汶口文化及后来各文化时期，酿酒、储酒用具，几乎到处可见，至于饮酒所用杯类器皿，发现之多可堪称夥，几乎无一处遗址不见此物，也几乎没有一座完整的墓葬，没有用杯类饮酒用具随葬者。与此相反，潍、淄以东今烟台、威海两市地，与其相当各文化时期，酿酒、储酒类用具极无所见，至于饮酒所用杯类用具,也是极为个别、极为少见的稀有之物[1]。酿酒业发展是农业生产发达的产物,没有高度发展的农业生产,没有剩余农产品粮食的获得与储积,就谈不上酿酒。综上述种种,是也说明,我国古代莱夷所居今胶东一带地方,是一物质文化落后,人们生活艰难和极为贫困的地方。颇疑这一地带,迄于周代、甚或春秋时期,人们生活的主要来源,似也并不完全依赖于农业生产所获取,采集经济或曰采集野菜、野果,以填补生活不足,恐怕仍然是人们用以果腹充饥的重要手段之一。藋即灰菜,在诸野菜中,味道鲜美,随处可见,又极易采撷到,可能是类野菜是当地先民度日艰难、填补食用的重要来源。由依赖而产生感激之情,又是莱即藋人便以"藋"字为徽文标记。应该说,我们所作这样推测,是合情入理的。"藋"本灰菜类野菜名。东汉字书《说文》则谓:

　　"藋,家福也。"段注曰:"家福者,家居获祐也。"

　　段玉裁对"藋"字所作解说,清楚表明,许氏"藋,家福"一说,与我国先民或古代莱人曾以此藋即灰菜为食相关。贾思勰谓,兖州人用藜即灰菜"蒸以为茹",称之为"莱蒸"[2]。"莱"字在我国古代典籍中,长期被借用为莱夷、莱国之名。兖州人以藜为食谓之"莱蒸","莱"字在此应即莱夷、莱人之义。如是,"莱蒸"这一称谓也或反映,用藋即藜或灰菜为食,是古代东方莱地人们的风习。上引诸记说,似也从侧面证明,莱夷也即藋夷或藋人,之所以以"藋"字为徽文标记,原因莱人生计依重于藋,有以灰菜或藋类野菜为食之习。

二　莱夷原或三国说

　　学术界对莱夷或对莱国的讨论中,莱国都址所在,始终是人们研究论说的主要议题。二十余年来,山东籍学者对莱国都址所在大致有三种不同看法。一种意见认为,莱国都址在黄县,其在黄县的具体地望无说。其对莱国所以用"莱"字为国名或徽识标记,则认为,"莱"字原是小麦类作物摹写,因今黄县土地肥沃、宜于种植小麦而为名[3]。持莱国在黄县这一观点的,也有认为,莱国在黄县的都址,就是今黄县归城遗址,俗呼为灰城者[4]。第二种意见认为,莱夷或莱国都址,在今山东临朐东部或昌乐一带地方。认为,莱夷疆域大致在白浪河、胶莱河至大沽河流域诸地。括有今潍坊、昌邑、安丘、平度、高密、胶县等县市。此说排斥莱都黄县一说,

---

[1]　北京大学考古系、烟台市博物馆:《胶东考古》,文物出版社,2000年。
[2]　缪启愉:《齐民要术校释》,农业出版社,1982年,第677页。
[3]　王锡平、孙敬明:《莱国彝铭试释及论有关问题》,《东岳论丛》,1984年第1期。
[4]　王恩田:《纪、𬀩、莱一国说》,《齐鲁学刊》1984年第1期。

认为黄县或黄县归城，也或曰黄县灰城，乃姜密齐灭亡莱国后，迁莱于兒地者[1]。杜在忠先生的看法与这一观点相近，他认为，莱国的都址在安丘、高密、诸城搭界处，属潍水中游冲积地带的斗鸡台遗址，胶莱平原是莱夷一族活动的中心区域，他还认为，黄县归城或灰城，是莱为齐国灭亡后，东迁莱地或曰兒地之所在[2]。这类说法与王献唐先生莱都在"临朐的东境"以东，即古东阳城以东这一说法，若合符节[3]。第三种意见认为，莱国在齐地东境，说者或谓"似以昌乐西北域为宜"，又说"至于……在昌乐境内的具体地点，因目前证据不足"，姑且存疑。还认为，黄县乃东莱一国旧地，其与齐灵公所灭莱国无关[4]。上述有关莱国都址所在诸说，概言之，可为黄县灰城说，临朐东境迄东说，昌乐西北隅或齐国东境说。在这三种说法中，后两说有一共同点，都认为黄县一地不是莱国本都所在，或认为，黄县是齐君灭莱后迁莱君于是地，也或认为，那是载籍中的"东莱国"，与其以西的莱国无涉。

从文献资料观察，自汉代至于清代末年，有关莱国地望或其都址所在，也能找到与上述三说相类似的不同说法。其一，莱国都址黄县说。《汉书·地理志》曰：

"东莱郡。"注曰："师古曰，'故莱子国也。'""黄"下注曰："有莱山、松林、莱君祠。"

《左传·宣公七年》杜注曰：

"莱国，今东莱黄县。"

《元和郡县图志·卷十一·河南道七》曰：

"黄县……属东莱郡……莱山，在东南二十五里……故黄城，在县东南二十五里。古莱子之国，《春秋传》曰：'齐侯灭莱'，杜注曰：'今莱黄县是也。'"[5]

《通志·氏族略》曰：

"莱氏。"注曰："子爵，其俗夷，故亦谓之莱夷，今登州黄县东南二十五里，有故黄城，是莱子国也。"[6]

有关著述，如《太平寰宇记》《路史》及《读史方舆纪要》诸书，皆因袭上述说法。清代黄县人士认为，莱都在黄县灰城，不在旧黄城。《康熙黄县志》曰：

"……其后齐复入于莱，迁莱子于兒……地今去县城十里，基址犹存，一名归城……讹名灰城。"

清季《同治黄县志》又云：

[1] 迟克俭：《古莱国初探》，《齐鲁学刊》1984年第1期。
[2] 杜在忠：《莱国与莱夷文化探略》，《东岳论丛》1984年第1期。
[3] 王献唐：《山东古国考》，齐鲁书社，1983年，第167页。
[4] 周昌富：《莱国姓氏与地望考》《齐鲁学刊》1984年第1期。
[5] （唐）李吉甫：《元和郡县图志》，中华书局，1983年，第313页。
[6] （南宋）郑樵：《通志·卷二十六·氏族二》，中华书局，1987年，第452页。

"今黄县人士疑灰城即莱之故都，龙门或为莱之故关，亦颇近理。"[1]

莱国故都在黄县故黄城或灰城一地，虽然有不同看法，但古今论说研究莱夷学者中，就总体而言，仍以接受莱都在今黄县域内者为夥。其二，莱夷故都古即墨说。叶圭绶《读山东考古录》曰：

"平度州"，"周，齐即墨邑，疑本莱国也。"注曰："周、齐即墨邑：遗址在今平度县东南二十五里，古岘镇朱毛村南一公里处。"[2]

叶氏又谓，莱国或曰莱国都址所在：

"断不出古即墨、夷安数县境。"[3]

杨伯峻先生认为，莱国都址"当在今山东省昌邑县东南。"度其所指，似也在今平度县或古即墨城内[4]。其三，莱都临朐东境说。清代末年《黄县志稿》（未刊稿），根据姜齐初封莱夷与之争营丘，以及《春秋襄公二年传》《襄公六年传》载记，齐于东阳筑城"偪莱""伐莱""灭莱"相关记述推定：

"考东阳在临朐东境，莱都当与相近。"王献唐先生肯定，《黄县志稿》考证莱国故都在临朐附近，大体正确；认为有关古即墨为莱国旧都一说，则不能成立[5]。

"莱"或"莱夷"一语在古代典籍中，原本族名、族称，并非一国专名。近年来山东籍学者对莱或莱夷进行探讨研究，以及清代末年以前诸文籍，对莱国都址所在诸文记说，皆各有所本，道其所以产生诸多分歧或牴牾，以至"一国"而有三处都址争议者，殆因古今学者，或囿于莱或莱夷一族为一国这一成见而来。考古资料、文献资料反映，莱或莱夷一族，或因时间先后有别，也或因为同族各部中，有的或因移徙而处居地点不同，其在历史上曾先后在不同居地建立有三个国家。20世纪以来，黄县灰城一带的出土资料、考古资料证明，我国历史上的莱夷一族，很有可能原发迹于今胶东半岛的黄县一地，查其都址，就是至今仍然有部分遗迹尚裸露于地表的黄县灰城遗址。

黄县归城或曰灰城，位于黄县城东南6.5公里处，坐落于该县最高峰莱山之阴，莱阴河自南穿过城区而北，汇入黄水河向西北注入渤海[6]（图七）。故城址范围内有八个自然村，历年来发现有很多古代遗物、遗迹。调查、探测发现，灰城城址分内外两重（图八）。内城在盆地中部河旁台地上，东临莱阴河，呈刀把形。南北长780、抵东西宽约450米。大部分地段夯层被埋于地下，今地面上可见夯土墙仅一

[1] 王献唐：《山东古国考》，齐鲁书社，1983年，第12页。
[2] 叶圭绶：《续山东考古录》，王汝涛等点注，山东文艺出版社，1997年，第350、353、317页。
[3] 叶圭绶：《续山东考古录》，王汝涛等点注，山东文艺出版社，1997年，第350、353、317页。
[4] 杨伯峻：《春秋左传注·宣公七年》，中华书局，1981年。
[5] 王献唐：《山东古国考》，齐鲁书社，1983年，第13页。
[6] 李步青、林仙庭：《山东黄县归城遗址的调查和发掘》，《考古》1991年第10期。

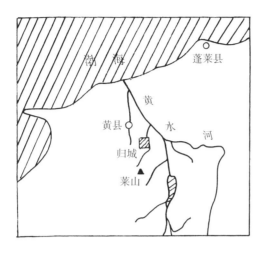

图七　归（灰）城城址位置示意图

两处。外城位于盆地四周，沿山岭走向而建。北城墙建于凤凰山腰南坡，南城墙建于莱山北坡山腰及其西侧马岭山顶。东西城墙皆构筑于低矮的山冈顶部；绕周总长凡十余公里。大部分城墙已毁损。灰城外墙夯土较为纯净，极少遗物发现，唯北山村一段，村民从中采拾到铜镞类物；内城墙上层夯土中，也曾出土过镞矢及陶罐、陶豆类残片，时代均属西周至春秋时期遗存。《简报》作者根据内城西南角上、下夯层不同，认为是灰城遗存或可分为早晚两期，即下层为西周晚期，其他遗存应属春秋[1]。

　　烟台市文管会，在调查灰城遗迹过程中，曾先后清理两座周代墓葬[2]。M1出土铜器较多，有鼎、甗、壶、尊、卣、爵诸器，计凡八件。另有玉戈一件、陶罐一件（图九）。M2出土陶器较多，有素面陶鬲二件，绳纹鬲二件，还发现有簋、罐、盆类陶质器皿计四件（图一〇）。M1出土铜器组合、造型特征，与陕西一带出土同时期遗物多所相似，时代当属西周中期左右。根据灰城外城的构筑特征及城内发现墓葬材料判断，黄县灰城构筑的肇始年代，似当在西周中期，也或略早于西周中期。迄于目前，在烟、威两市古莱夷居域内，自潍、淄流域以东或至整个滨海诸地，就已发现古代城址中，这是最早的一例。依文献有关莱夷相关记载推演，说黄县灰城是莱夷最早在黄县建立的一个国家都址，似或可以信从。《黄县志稿·金石目》记述[3]。光绪二十二年城东南鲁家沟田中，出土铜器凡十：钟三、鼎二，一鼎破碎，钟无款识。尚有一壶、一盘，盘无款识，壶亦破碎。余有甗、盂、觯，皆有铭。其中，发现铜

[1] 李步青、林仙庭：《山东黄县归城遗址的调查和发掘》，《考古》1991年第10期。
[2] 李步青、林仙庭：《山东黄县归城遗址的调查和发掘》，《考古》1991年第10期。
[3] 王献唐：《山东古国考》，齐鲁书社，1983年，第135～145页。

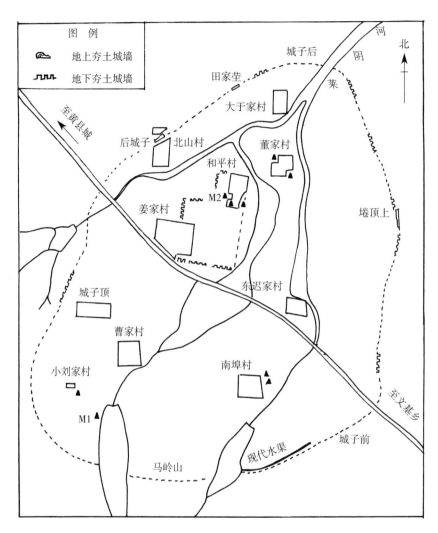

图八　归（灰）城遗址平面示意图

器中有两例徽文标记作"$\mathbf{\Psi}$"[1]（图一一）。这一发现，为我们确定灰城遗迹的国属，具有特殊重要的意义。王献唐先生，为是城俗名呼灰城一名所困惑，因将是徽文标记隶定为"华"字。认为灰城原为华国都址，因"华""灰"二字可以通转，遂论定后世灰城俗名，原因此地原是一不见经传的"华国"而得名。又进而拍死，黄县灰城与史书载记中的莱夷、莱国无涉。甲骨文中无"华"字。金文中的"华"字写作"$\mathbf{\Psi}$"（周中命簋）、"$\mathbf{\Psi}$"（周晚克鼎）、"$\mathbf{\Psi}$"（春秋邾公华钟）诸形[2]。截至目前，

[1]　中国社会科学院考古研究所：《殷周金文集成》第三册，中华书局，1986年，第148页。

[2]　高明：《古文字类编》，中华书局，1980年，第302页。

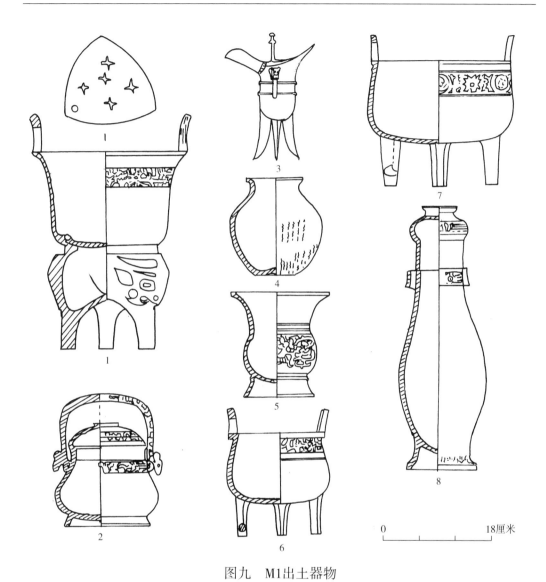

图九　M1出土器物

1.铜甗（M1：3）　2.铜卣（M1：6）　3.铜爵（M1：8）　4.陶罐（M1：9）　5.铜尊（M1：5）　6、7.铜鼎（M1：2、1）　8.铜壶（M1：4）

金文中发现"华"字，尚无一例右侧有写作一"
形者。金文中"华"字左侧之形，也与灰城鲁家沟发现"
字左侧"
，殊不像类。仅就字形结构、形体一端，也足以证明，将黄县灰城东南鲁家沟发现徽记释为"华"字，不妥。《金文编》收集了这类徽文两枚，容庚先生未作解释[1]。陈梦家先生在《西周铜器断代》一文中，认为黄县灰城鲁家沟发现铜器徽文"
"，即"……釐字之省……乃是莱国之名"。他根据"克鼎之 假作釐或賚，和师 簋之 所以从之 "，都和鼎文相近而从来

[1]　容庚：《金文编》，科学出版社，1959年，第95页。

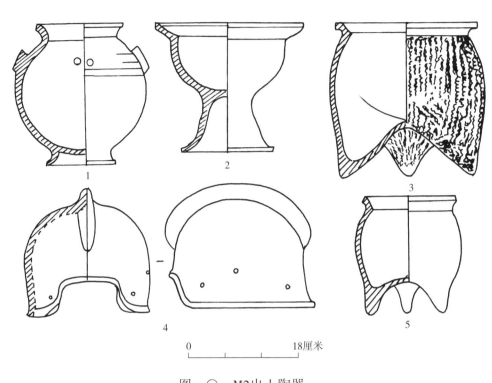

0   18厘米

图一〇　M2出土陶器

1.罐（M2：1）　2.簋（M2：2）　3、5.鬲（M2：6、5）　4.盉（M2：7）

图一一　"鼄"伯作旅鼎

得声，莱与釐、賚与釐是相通假的。《说文》："莱，蔓华。"《尔雅·释草》："釐，蔓华……此釐自应是莱伯。"从而又引证《左传》杜注谓："莱国今东莱黄县，是也。"[1]陈梦家先生将"𤣥"隶释为"釐"，认为是即莱夷之"莱"本字，可谓一语中的、切中肯綮。陈氏所作这一隶定，对我们推定灰城本莱国都址这一说法，无疑是一力证。釐又藜也、蘲也，即今所谓灰菜者。看来，黄县人之所以将灰城以"灰"字为名，乃因是地先民原以野生灰菜形徽文为名而由来。黄县灰城发现"釐"字作"𤣥"（参见图一一），而釐伯钟中的"釐"字写作"釐"（参见图四）、釐伯鼎中的"釐"字又写作"𤣥"或"釐"（参见图三）诸形。此"釐"字四文，有三"釐"字多写一"里"字。易于理解，这是"釐"字在演进过程中，人们为标明"釐"字的读声，加写一"里"字而增繁的结果。其与无"里"字的"𤣥""𤣥""𤣥""釐"诸文的本义、声读应该是一致的。在此无声符"里"字四文中，前两例又有多写一"𠃌"形者，从汉字的发展过程来看，"𤣥""𤣥"，也不是釐即野生灰菜类物的初文，此形"𠃌"，也是人们为表示某种寓意而增繁所致。汉字以象形、象意为造字之本，尤其早期的汉字，没有象形文字为基础，是造不出来的。由上分析判断，"釐"本字初文的象形，应为"𤣥""𤣥""𤣥""釐"诸形。"釐"字的原始含义，是野生灰菜类物。由"釐"字初文形象与图六釐，即灰菜形象比较，诸"釐"字初文的原始摹写，应是野生灰菜壮龄形体之象。看来，图一旅鼎铭文篇末所署徽文"𤐩"，应与"釐"字初文归为一类，其繁简与"釐"字初文所摹不同，或因"𤐩"所摹乃釐即灰菜类物幼龄之象，也是"釐"字的初文或滥觞。西周旅鼎铭文记载，昭王时周人征伐东夷，旅或协助周人作战，因或有大功于有周，故周人赏赐"旅贝十朋作彝"[2]。"𤐩"，即"釐"字初文破译揭示，今黄县灰城莱夷一国也或釐夷者，原与宗周关系密尔，很有可能是周人在胶东半岛一带的一个与国。缘此，黄县灰城遗址发现铜质、陶质器皿中，与陕西宗周一带同期考古发现器类所以多所相似，应是受周人直接影响的结果。

　　莱夷或釐夷一族，除在黄县灰城建有一国外，还曾建立有两个国家。《左传·昭公二十年》晏子回答齐景公问，说到齐国东西疆界时言及，"聊、摄以东，姑尤以西"时，杜注曰："姑、尤，齐东界也。"《晏子春秋内篇》也有相同说法。杨伯峻先生认为，"姑尤"即今平度市东境大姑河、小姑河二水名[3]。鲁昭公二十年约当齐景公五十一年，此时《经传》中记说的莱国，早已为齐灵公所灭亡。上述记载说明，直到齐景公晚年，姑、尤二水以东半岛诸地，也始终未归入姜齐版图。可见，史籍中记述齐灵公所灭莱国者，必在今潍、淄以东至姑、尤二水间。因此，要找到莱夷在

[1]　李孝定等：《金文诂林·附录》，香港中文大学出版，第1611页。

[2]　唐兰：《论周昭王时代的青铜器铭刻》，《古文字研究》第二辑，中华书局，1981年。

[3]　杨伯峻：《春秋左传注·昭公二十年》，中华书局，1981年。

这一地带所立两国，还得从《经传》中有关莱国兴亡的记载中，觅迹、寻踪。

齐、莱积怨，由来久远。齐自鲁宣公七年、九年开始伐莱，但其下决心要灭掉"莱国"，乃始自襄公二年之后。杨伯峻《春秋左传注·襄公二年》曰：

"二年春……齐侯伐莱，莱人使正舆子赂夙沙卫以索马牛，皆百匹，齐师乃还……夏，齐姜薨……齐侯使诸姜、宗妇来送葬，召莱子，莱子不会，故晏弱城东阳以偪之。"注曰："东阳，杜注谓：'齐境上邑。'疑在今临朐县东。"[1]

"东阳"一地在临朐东境，古今学者无异辞。《襄公六年》又曰：

"十一月，齐侯灭莱，莱恃谋也。于郑子国之来聘也，四月，晏弱城东阳（按：郑子国来聘在襄公五年，故此"四月"为襄公五年四月），而遂围莱。甲寅，堙之环城，傅于堞。及杞桓公卒之月（按此即襄公六年三月，围莱几达一年之久），乙未，王湫帅师及正舆子、棠人军齐师，齐师大败之。丁未，入莱。莱共公浮柔奔棠（据杨注，齐师入莱，莱共公逃亡在丁未，是时为襄公六年三月二十七日）。正舆子、王湫奔莒，莒人杀之。四月，陈无宇献莱宗器于襄宫。晏弱围棠，十一月丙辰（又按：依是年《经》文记述，"十一月"作"十二月"），而灭之。迁莱于郳。"杨伯峻先生认为，"棠"也者，乃"莱国之邑，疑在今山东平度县东南"。

查以今地，棠地所在，大致在今平度东南[2]，或即今平度市古岘镇附近。

《左传·襄公六年》这段文字，比较详细地记述了有关齐国灭亡"莱国"的全过程。玩味这段记说，齐之灭莱，大致可分为前后两个阶段。第一阶段，始自襄公二年"晏弱城东阳"逼莱开始，至襄公五年四月，晏弱又城东阳而围莱，齐国灭莱进入实质性阶段。"乙未"，齐师大败莱与棠人联军，至"丁未"，即襄公六年三月二十七日，齐师入莱、莱共公出亡。其年四月，陈无宇将俘获莱之宗器，尽献齐宗庙，诚可谓尽取以归。齐师两次城东阳逼莱、围莱说明，东阳即今临朐东境不远处，有莱都。齐师入莱、莱君出亡，莱之宗庙重器又尽被劫夺，此又清楚表明，临朐东境一莱，已被姜齐灭国迁社，此为姜齐所灭者，为又一莱国无疑。此其一也。临朐东境这一莱国，自名为何？因无文献资料、实物资料为征，目前还无从说起。齐灭莱夷的第二阶段，应从齐师"入莱""莱共公浮柔奔棠"以后开始。齐国灭掉临朐东境一莱后，又乘胜追剿，《襄公六年》："四月……晏弱围棠，"十二月丙辰而灭，迁莱于郳地。第二阶段历时八个月，为齐所灭者为莱之同盟也或为又一莱国，即或名之为棠者也。此又二也。杨伯峻先生因袭旧闻，认为棠者，乃"莱国"一属邑之名。我们认为，此说不妥。如果说，棠为莱一邑落名或曰是棠为"莱国"的一部分，那么《左传》作者，在《襄公六年》齐侯灭莱这段记说文字中，其遣词、用字诸端，就有颇

[1] 杨伯峻：《春秋左传注·襄公二年》，中华书局，1981年。

[2] 谭其骧：《中国历史地图集》第一册，中国地图出版社，1982年，第26～27页。

多不当之处。在《春秋左传》《史记》诸史籍中，列国君主或诸公子，因国破战败或荒淫无道为国人所逐，也或因为争夺君位失势畏诛而逃亡他国者，多用一"奔"字，或用"奔于某"字诸文，凡在自家领地或属邑内避祸患者，多用一"保"字或"保于某"类词语。如《春秋·庄公十年》曰：

"冬十月，齐师灭谭。谭子奔莒。"

谭国故墟在今山东章丘龙山镇，莒国故址与今莒县驻地相连。《左传·庄公十年》曰："谭子奔莒，同盟故也。"

是莒国，与谭为同盟异国，故谭子逃亡之此，用"奔"。《史记·乐毅列传》曰：

"乐毅贤，好兵……燕昭王悉起兵，使毅为上将军……伐齐，破之济西……齐湣王之败济西，亡走……保于莒。"

迄于战国，莒已早为田齐所并，齐湣王避燕患于莒，莒为自家领地，故不言"奔莒"，而用"保于莒。"《史记·田单列传》又曰：

"田单者，齐诸田疏属也……及燕使乐毅伐破齐，齐湣王出奔，已而保莒城……而田单走安平，令其宗人尽断其车轴末而傅铁笼。已而燕军攻安平……唯田单宗人以铁笼故得脱，东保即墨"。

古即墨为今平度市，战国时为田齐属邑。此又再而证明，在汉代以前《春秋左传》《史记》诸史籍中，所谓"奔某""奔于某"，是逃亡或避祸患于他国时所用词语。"保某"或"保于某"，是指其原本在自家属邑、领地之谓。依是而推之，襄公六年传文所记"莱共公浮柔奔棠"一语中的棠地，当属他国或曰棠国者。在是年传文中，莱共公奔棠与"正舆子、王湫奔莒"并举，也说明，棠之与莒各属独立一国。襄公六年齐师"围莱"，棠人是参加过抗齐的，莱、棠军队失败后，齐师"入莱"或进驻莱都后，又再而遣"晏弱围棠"，至十一月（《经》作十二月）而灭之。"《左传》记叙这一事件的次第，明明白白的告诉我们，齐晏弱于襄公六年十二月帅师所灭者，为棠国。书所谓棠也者，原是一个实实在在的国家名称，不可能是临朐东境一带，在此前不久为齐国所灭"莱国"的一个邑落名。设若棠为莱之一邑，按春秋笔法惯例，应用"取棠"一语，以示其易。说者或又诘之，是处所以用"灭之"者，原因莱共公逃亡于此地之缘。此说也难与事理相通。如果所指仅因莱君所在而言，按汉代以前史者书记习惯，是处当用"俘"也、"获"也者。由上推证，所谓棠，原或莱夷一族所建又一国家之名，当可无疑。或因棠国与临朐一莱，为本族同盟，是故《左传》作者在"灭棠"后，或迁两国君于兒地而不作任何说明，径直书其为"迁莱于兒"。

总上文蠡测，"莱"或釐夷一族，很有可能在有周一代，在今大沽河、小沽河以西及临朐东境一带，也各建有一国，棠国、或也他称为"莱"者两国，并黄县灰城有釐一国，"莱夷"或釐夷一族，立国凡三。因文献资料不足，中华人民共和国建立以来，在姑、尤以西及临朐东境两地，从未进行过正式探查与发掘，所以"莱族"或曰釐夷一族，在这一地带所建棠国和临朐东境所建"莱国"有关情况，尚难以述说。但我们相信，随着时间的推移、田野考古工作的展开，"莱"或釐夷一族在这一地带所建两国的有关情况，是终将会揭开的。

三　结语

有关黄县灰城的国属问题。不少学者，在讨论莱夷有关著述中，认为，今黄县灰城是文献记载中的东莱，或径直称其为东莱国。还有的学者认为，黄县灰城是齐灵公灭莱后，迁莱于兒地的物质文化孑遗。查东莱一名，最早见于《国语》《管子》诸书。《国语·齐语》曰："通齐国之鱼盐于东莱，使关市几而不征，以为诸侯利，诸侯称广焉。"韦昭注曰："东莱，齐东莱夷也。"《管子·小匡》曰："通齐国之鱼盐东莱，使市几而不正，壃而不税，以为诸侯之利，诸侯称广焉。"以今黄县的地理位置、城垣遗迹规模当之，说它是载籍中所指东莱或东莱一国，应当说这是无可厚非的。需要说明的是，这个"东莱"或"东莱国"名，也是一个外籍人对它的称谓。黄县灰城出土金文资料已自报家门，他们自称为"釐"或曰釐国者。所谓"东莱"一名，那是其居地西侧以远，齐地先民对它的一种称谓。有趣的是，今烟台以东，如乳山、文登、荣成，威海诸县市人们，对烟台以西蓬莱、黄县、掖县一带地方或人们，称之为"西莱"或"西莱子"。这一民俗称谓不仅反证，齐地先民的"东莱"一名，是对其东侧以黄县釐国为中心地带的别名、他称，或也揭示，古代蓬、黄、掖一带地方，曾是莱夷或"莱国"发迹的一个中心地。今所谓"东莱新说"者，实属老调重弹，并未跳出二千多年前，齐地先民对黄县灰城釐国误称的窠臼。至于黄县灰城为春秋晚期齐灵公灭莱后，"迁莱于兒"地这一说法，就更难使人信服。齐国灭莱，迁其君于黄县一带地方，这是有可能的。但绝不可能是釐都黄县灰城。黄县灰城有内外两城，方圆以十数里计，遗迹遗物十分丰富，今潍、淄以东发现周代城址中，堪称"泱泱大国"，齐灵公所灭"莱"、棠乃亡国之余，即或将其所俘迁此，他们有能力构筑这样一座雄伟、壮观的都城吗？齐国能够容许吗？黄县灰城遗址的发掘资料、城垣遗迹资料表明，城垣主体建筑或其外城的建筑年代，当在西周中期前后，此也有力地否定了，黄县灰城为兒地这一说法。黄县灰城兒地说，乃属附会、臆说之辞。

莱夷腹地的族属与莱夷的物质文化问题。莱夷一族居有今整个胶东半岛，其发迹的腹心地带，应在今蓬莱、黄县、掖县一带，因受地理条件所限，是族在发展壮大过程中，为拓展生存空间，莱夷一族只能西进，其在西进逐鹿争锋过程中，在今平度东南古岘一带棠地和临朐东境以东，又分别建立了两个国家，从而使莱夷一族的活动地望，西境触及潍、淄流域。有关文献记载，在莱夷发展的中心地带，不唯黄县灰城有釐夷一国，今掖县还有一名为"过"者一国。《左传·襄公四年》杜注："东莱掖县北有过乡是。"《续汉书·郡国志》掖县："有过乡，古过国。"唐兰先生认为，过在"春秋时当属于莱夷。"[1] 李白凤先生又根据黄县一带曾出过曩器推演，曩族即莱族，他是今山东半岛登州，即蓬、黄、掖一带古莱族中最为强大的一支[2]。这两种说法，多有不妥。古过国有自己独特的徽文标记"得"[3]，其与所谓莱族中的釐国，分属不同族系。在有夏一代，过与鲁北齐地有穷后羿一族，或属同盟与国，不能因为过后来居有莱地，就说他是莱夷或莱族。曩即文籍记载中的箕子，他尊祖于羿夷或有穷后羿。原发迹于今鲁北齐地一带[4]。王献唐先生考证，黄县发现曩器是一批媵器，换言之，那是曩伯嫁女的一批妆奁或曰陪嫁品[5]。依王氏所论，依一批曩伯嫁女的媵器于是地发现，而武断的认定，曩就是是地的莱族，实属悠谬。就目前所见金文资料、考古资料而言，古代半岛海角蓬、黄、掖一带的主人，是居有今黄县灰城一带的釐人或釐族，他就是千百年来讹名为莱夷族团中最为强大的一支。有关莱夷或釐夷的物质文化，我在《山东乳山县刁虎山莱夷祭山遗迹的推定》一文中，曾经提及，今胶东乳山县发现南黄庄类型物质文化，是周代莱夷的物质文化[6]。近年来，我所刘延常先生在《珍珠门文化初探》一文中，对这类发现作了系统的梳理，对莱夷文化的分布、分期、器物特征等有关方面，进行了详细的研究、考订[7]。因本文篇幅所限，这里不拟赘说。

谨以此文献给恩师高明先生八十华诞！

附记：本文在形成文字过程中，所用藜类植物方面有关资料，由山东省博物馆自然部钟蓓女士、山东师范大学生物系教授樊守金先生提供，值此文发表之际，谨致谢忱。

（原载《考古学研究（六）：庆祝高明先生八十寿辰暨从事考古研究五十年论文集》，科学出版社，2006年）

[1] 唐兰：《西周青铜器铭文分代史征》，中华书局，1986年，第271页。
[2] 李白凤：《东夷杂考》，齐鲁书社，1981年，第45～64页。
[3] 郭沫若：《两周金文辞大系图录考释》第二册，科学出版社，1958年，第26页。
[4] 王树明：《齐地得名推阐》，《东夷古国史研究（第一辑）》，三秦出版社，1988年；王树明：《曩祖夷羿疏证》，《管子与齐文化》，北京经济学院出版社，1990年；王树明：《曩祖夷羿新解》，《华夏考古》2004年第2期。
[5] 王献唐：《山东古国考》，齐鲁书社，1983年，第17～130页。
[6] 王树明：《山东乳山县刁虎山莱夷祭山遗迹的推定》，《北方文物》1988年第2期。
[7] 刘延常：《珍珠门文化初探》，《华夏考古》2001年第4期。

山东乳山县刁虎山莱夷祭山遗迹的推定

1976年，山东省乳山县文管所的同志，在乳山县南黄镇南斜山村正北、北斜山略偏东北方向的刁虎山前坡，接近于山顶端南侧山腰处，发现五六处半地穴式，用自然石块、石片砌筑的正方形小坑。各坑大小、构筑方式大体一致，坑间距离不等，略呈东西向排列，正北与刁虎山主峰相对。坑内无人骨架等其他遗物发现，仅发现陶鼎、鼎式鬲一类陶器残片。近几年来，刁虎山发现的此类方坑遗迹，在乳山县孤山乡俞介庄、徐家乡大浩口、白沙滩乡稗子刘家等地也有零星发现。从地域上看，上述诸地点与刁虎山是连成一片的。俞介庄、大浩口、稗子刘家发现的遗迹，与刁虎山发现的遗迹形制相同，也是半地穴式石砌方坑，坑内除放置几件陶质器皿外，亦无人骨架等其他遗物发现。其发现地点也多在山腰处或在山脚下，坑向亦皆与所在山的主峰相对。这是一个非常重要的发现。这一发现，对认识和探讨有周一代，居住在胶东半岛一带的夷人，或即莱夷部族的宗教信仰，具有很重要的意义。以下就刁虎山一带的地理环境，方坑遗迹的构筑方式，出土遗物的年代，以及此类遗迹的原始意义、族别所属等问题，谈一点粗浅的意见。

刁虎山，是南斜山村北一带诸山中海拔高度约一千余米的一座小山，该山山顶呈馒头状。山南麓、南斜山村北小水库东侧一带，发现一很大的古遗址、古墓葬区，其东与南黄庄古遗址、古墓葬连成一片。南斜山村南、东，为较开阔的山间峡谷平地（图一）。

在刁虎山发现的石砌方坑只清理1座。坑底面积45厘米×45厘米，坑深约35厘米。坑底铺以未经修理、加工的自然石板；坑四壁竖立砌筑石块，坑顶盖比较大的石板，也未经修理、加工。坑内发现夹砂红褐色鼎式鬲残片一宗，凡4个个体；陶片质地松软，火候很低，均手制，无轮制、轮修痕迹；复原2件，其中1件颈下部刻划两个陶文。未刻文字的1件，宽沿、侈口、方唇，唇沿面饰6组、每组3个扁平式样的乳丁纹装饰，束颈，颈部饰一周乳丁纹，联裆，通高29.70、口径19.60厘米（图二，1）。刻划文字的1件，造型与未刻划文字的1件相似，亦宽沿、侈口、方唇，唇外沿饰一周压印纹，束颈上饰一周扁平式样的乳丁纹装饰，颈下饰6周锥刺纹，肩部阴刻两个不规则的长圆形陶文，在长圆形之内，又刻有长圆形、半长圆

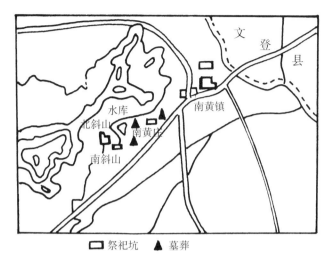

图一　刁虎山祭祀坑南斜山古墓葬分布示意图

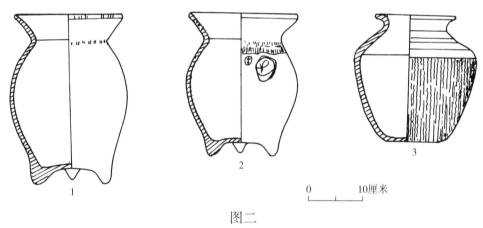

图二
1.鼎式鬲（刁虎山）　2.刻纹鼎式鬲（刁虎山）　3.陶罍（南斜山）

形间有"草枝"或"树枝"刻划纹样。这件鼎式鬲，通高25、口径20厘米，亦联裆（图二，2;图三，1、2）。该器身刻划陶文，图形古拙，因无实物、文献资料为证，到目前为止，尚无法蠡测其原始摹画为何事、何物，也无法释诂这两个刻文为何字。

　　南斜山村北古遗址、古墓葬区，地面断崖上暴露有不少古代灰坑、墓葬、陶片等文化遗迹、遗物，在采集的遗物中，有陶鼎、陶盆、陶瓮类遗物残片发现，其陶质、陶色、制法、纹饰等风格，与刁虎山方坑内发现的陶片风格相同。刁虎山坑内鼎式鬲残片，在遗址与墓葬区内，也有所见。从遗址位置及其出土遗物的特征分析，刁虎山方坑遗迹与其山脚下古遗址、古墓葬的时代，应是一致的。1977年，在南斜山村北小水库东侧，清理两座古墓葬。M1已破坏殆尽，仅存残长40厘米一段墓

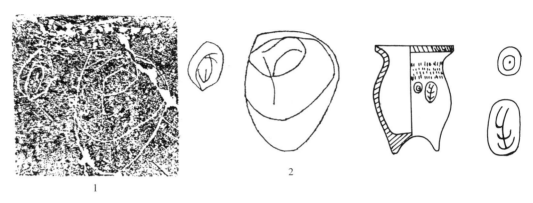

图三   图四   《嵎夷考略》一文中的附图
1、2.鼎式鬲上刻纹的拓本、摹本

室，墓室内空无一物；M2亦残，仅在墓室内的两头发现绳纹陶罍1件（图二，3）。
陶罍为夹砂红褐色陶质，方唇、束颈、折肩。肩部饰三道凹弦纹，肩部以下至器底
饰细绳纹，大圜底。南斜山发现的墓葬与南黄庄出土铜镞一类兵具的墓葬，形制、
结构相同，出土陶器特征相似，这说明，南斜山墓葬的年代就是刁虎山石砌方坑遗
迹的时代，已经进入青铜时代。南斜山M2发现的陶罍与南黄庄一带发现的陶鼎等
类陶器又与1966年栖霞县大北庄村周代墓葬中发现的陶鼎、陶罍，在陶质、陶色、
造型风格等方面均一致[1]，这说明，南斜山、南黄庄古墓葬及刁虎山发现的方坑遗
迹的时代，应在西周时期，或晚亦不会超过东周初年。

乳山县刁虎山方坑遗迹及其鼎式鬲刻划陶文发现以来，曾引起考古学界、史学
界不少同志的关注，纷纷发表文章进行探讨。有的同志根据陶文外边刻划为一不规
则的圆图形，遂认为，这两个刻文的原始摹画为太阳之形，因而推测，刁虎山的石
砌方坑是我国古代东夷部族祭祀太阳的遗存。刘玉明同志根据别人的回忆、传写，
对刁虎山发现的方坑的性质、陶文的原始摹画，也进行过论说，他在《嵎夷考略》
一文中说："近几年在乳山县南、北斜山一带发现小型积石祭祀坑，里面出土的罐
式鼎上，有陶文二，即'◎、卐'，是在制器未干时刻划在陶器腹部的（笔者按：
刘文所附陶文插图有误，如图四）；两字并列，各围以圆圈。圆圈是装饰或表示祭
祀之义，不属字的部分；右边一字'生'，似草木状。《说文》：'出，进也。象草木
益滋上出达也，'可释为'出'；左边一字作'⊙'，显然是日字。两字合读为'出日'。"
他进一步推测，认为南斜山发现的小型积石方坑是："先民祭日之坑；坑中之器乃
祭日所用。陶文'出日'正与《尧典》中'寅宾出日'吻合。此地应是旸谷范围。"[2]

[1]   栖霞县文化馆:《山东栖霞县大北庄发现东周墓葬》,《文物》1979年第5期。
[2]   刘玉明:《嵎夷考略》,《东岳论丛》1986年第2期。

因为《尚书·尧典》一书记载,羲仲祭日于旸谷之地在嵎夷封内。嵎夷又族名,于是,刘玉明同志又认为,乳山县南斜山"祭日"遗迹的发现证明,我国古史传说中所说的嵎夷族就居住在今山东半岛东端乳山、文登一带,从而还肯定,所谓嵎夷族就是《后汉书·东夷列传》中所说的"阳夷"。与刘玉明看法相同的同志还提出,这两个陶文的发现,为解决我国上古传说中的所谓"日出于旸谷""日出于扶桑"之说找到了一把钥匙。

以刘玉明同志为代表的上述一类说法,很难自圆其说。不单刁虎山发现的陶文的外形及陶文内部的刻划与太阳、"日出"二字之形酷不相类,就刁虎山发现的方坑遗迹的构筑方式、坑向以及将遗物埋置穴内的处置方法等等,也与我国古代传统的祭天,即对太阳举行祭典的礼文、节仪不合。另外,见于较早期的古代文献记载,古史传说中的所谓嵎夷族所居之地,主要散居于山东的内陆地带,也并不在今山东半岛东端的烟台地区。今胶东半岛为嵎夷族居的说法,多见于晚期文献,或明、清以来方志家们的附会,很难作为立论的根据。

人所共知,我国古代为历代帝王所推崇的隆礼,即郊天之礼,原是一种对太阳神举行祭祀典礼的一种仪式。《礼记·祭仪》"郊之祭也,……大报天而主日"。按:"主"即祀主,所谓"主日",即祭祀太阳之谓。

古籍还记载,我国古代郊天,面向东方,朝着太阳升起的东方建一坛台,举行祭典时,在坛台上举行火祭,即燔柴燃烧。《礼记·祭义》曰:"……祭日于坛,祭月于坎,……祭日于东,祭月于西。……疏曰:'日为阳,……祭日于东用朝旦之时……'"《礼记·祭法》曰:"燔柴于泰坛,祭天也。"《尔雅·释天》曰:"祭天曰燔柴。"注:"即祭,积薪烧之。"《论衡·祭意》曰:"燔柴于大坛,祭天也。"山东乳山县刁虎山一带发现方坑遗迹,乃呈东西向排列,坑向朝北,为埋入地下的地穴式建筑,此与"祭日于东""燔柴于泰坛"的郊天之礼,亦即祭日之仪,毫无相近之处。因此推定刁虎山石砌方坑建筑遗迹及坑内所埋的鼎式鬲一类遗物,为我国古代东夷部族对太阳神举行祭典仪式的物质遗存的说法,是不能成立的;进而也说明,推演乳山县发现石砌方坑遗迹的刁虎山、俞介庄、大浩口、稗子刘家一带,是我国古史传说中的"日出于阳谷"或"日出于扶桑"之地,也是不能成立的。因为,"日出于阳谷"与"日出于扶桑"的神话,乃是我国上古历史时期尧舜传说时代的一种传说。这一传说缘起的时代与地望,大致属于我国考古学文化中的新石器时代,当在今山东泰沂山系以南曲阜县以东的鲁中南、鲁东南地区,迄至今江苏北部一带[1]。故就时代、地望而言,"日出于阳谷"与"日出于扶桑"的神话传说,与地

---

[1]　刘夫德:《扶桑考》,《社会科学战线》1985年第3期。

处胶东半岛东端的乳山一带发现的有周时期遗迹，也无法联系在一起。

刁虎山发现的方坑遗迹究竟是作什么用的？从方坑遗迹的处置形式看，这一遗存，很有可能是有周时期，居住在胶东半岛一带的夷人，认为山有神灵、崇拜山神，对山神举行祭祀典礼的物质遗存。

民族志资料反映，世界各民族的原始宗教，一般都有崇拜山神的习俗，认为山有神灵。比如，居住在我国内蒙古、黑龙江一带的鄂温克人，在民主改革前夕，对山神的崇拜就十分突出，尽管多少年来，他们的狩猎技术已达到相当高的水平，但他们自己并未意识到这一点，相反，他们仍然认为，山中的一切野兽都是山神饲养的，猎手们所获得的野兽只不过是山神显灵、恩赐的结果；又比如，居住在我国云南省永宁一带的纳西族人民，不仅认为山有神灵，而且认为山神是神中最大者，山神是神中之神，直到 20 世纪 50 年代，无论在纳西族的中心区，还是在边缘地区，每年、每月，甚至每天，都有频繁的祭祀活动，有一套繁缛的礼文、节仪。纳西族人认为，通过这些虔诚的祭祀活动，可以求得山神庇佑，使他们人口兴旺、牲畜发展、庄稼丰收，无灾无病 [1]。逮至中华人民共和国建立初期，我国北方农村，仍认为山有神灵，几乎到处都可看到崇拜山神的遗俗。又根据文献资料的记载，我国人民认为山有神灵，崇拜山神的习惯，有着十分久远的历史。相传，自中华民族推崇的始祖黄帝以来即已有之；与对太阳神的崇拜一样，对山神崇拜，也举行祭典，并有一套特殊规定的礼文、节仪。《通典·礼六·吉五》曰："黄帝祭于山川与为多焉，虞氏秩于山川遍于群神，周制四坎坛祭四方，以血祭祭五岳，以埋沉祭山林川泽。"注曰："祭山林曰埋，川泽曰沉，各以其牲之含藏。"《尔雅·释天》曰："祭山曰庪县。"注曰："或庪或县，置之于山，《山海经》曰：'县以吉玉是也。'"疏曰："祭山曰庪县者，庪县，祭山之名也。庪谓埋藏之。《大宗伯》云，'以埋沉祭山川林泽。'郑注云：'祭山林曰埋是也。'县谓县牲币于山林中，因名祭山曰庪县。"按此，我国古代祭山，设祭时所用祭品有两种不同的处置方式：吉玉、牲币一类祭品，乃悬之，即悬挂于林木之上；可能还有一类祭品，是埋藏于地下的。寻绎、研求民族志有关材料及经籍记载我国古代祭山节仪的有关规定，不难看出，推定乳山县刁虎山发现的方坑遗迹及其出土的遗物，乃至俞介庄、大浩口、稗子刘家的同类发现，是有周一代居住在这一地带的夷人先民，崇拜山神，对山神祈祷、祭祀时埋藏于地下的物质遗存的观点，应当是成立的。

上文提及，刁虎山祭山遗迹内发现鼎式鬲与南斜山村古代墓葬中出土的陶鼎、

---

[1]　秋浦等：《鄂温克人的原始社会形态》，中华书局，1962年，第90页；詹承绪等：《永宁纳西族的阿注婚和母系家庭》，上海人民出版社，1980年，第275页。

陶瓮、陶罐一类陶质遗物作风一致，属南黄庄类型的物质文化[1]。这一物质文化，自 1965 年以来，先后在黄县归城、石良乡周家、栖霞县大北庄发现于有周时期的墓葬中。1986 年春节前夕，笔者去益都、寿光、昌乐、安丘、诸城、五莲诸县（市），参观了上述诸县（市）的文物陈列、文物藏品，并对部分县（市）的有关遗址，作了初步调查，发现昌乐县西部、西南部廊部一带临朐搭界的丘陵山区及安丘北部田家泮林，临朐县沂山乡下龙湾诸地，南黄庄类型文化遗物，也时有发现。这一现象很可能暗示，周代或者在周代之前，南黄庄类型的物质文化曾经西徙，其足迹所至或抵潍河上游一带山区。假如这一看法不错，那么，南黄庄类型的物质文化的分布区域，当在今泰沂山系北侧潍河流域以东，包括整个胶东半岛。在我国古代，这一地带恰为《禹贡》一书所载之古青州之地。《禹贡》一书对古青州域内古代诸部，曾作过这样的记述："海岱惟青州，……嵎夷既略，潍淄其道，……莱夷作牧……"从《禹贡》一书记载嵎夷、莱夷的次序看，古青州域内的中心区域即潍河、淄河流域，是古代嵎夷部族藩息的地方，其东以远，乃是莱夷诸部的繁衍、生息之地。《史记·齐世家》记载，西周初年，莱夷与齐国曾就齐国初都今昌乐营丘一地，进行过激烈的争夺。自此以后，莱夷诸部便一直与强齐为敌，至鲁襄公六年，为齐灵公所灭。晋代硕儒杜预认为，所谓莱夷，其本土原在今山东黄县一带。《左传·定公六年》："莱人以兵劫鲁侯。"杜注云："莱，今东莱黄县是也。"《汉书·地理志》："东莱郡，"注曰："高帝置，属青州。师古曰，'故莱子国也。'"现代学者王献堂先生考证，莱国旧都在今临朐附近[2]。杨伯峻先生认为，莱国故都"当在今山东昌邑县东南"[3]。据上述有关文献记载及近代学者的考证，周代莱夷部族的活动地望，也当在今潍河流域以东至胶东半岛地区。可以看出，莱夷部族活动的空间、时间与南黄庄类型周代夷人文化的分布地域及其所处时代，大致是一致的。由此看来，乳山县刁虎山发现的祭山遗迹，应是周代莱夷诸部之遗留。

（原载《北方文物》1988 年第 2 期；与刘玙兴合作）

---

[1] 严文明：《胶东原始文化初探》，《山东史前文化论文集》，齐鲁书社，1986 年。

[2] 王献堂：《山东古国考》，齐鲁书社，1983 年，第 13 页。

[3] 杨伯峻：《春秋左传注·宣公七年注》，中华书局，1981 年。

东岳泰山新诠

一　引言

如所周知，位于今山东境内的泰山，古时也称东岳，是我国一座风格独特，有诸多人文景观的名山，也是誉满中外，令人向往的旅游胜地。故老相传与有关文献记载[1]，早在我国原始社会时期，即传说中的无怀氏、宓羲氏、神农氏"诸帝"，就曾经到过东岳泰山举行告祭上苍的封禅大典，还记载，殷商、姬周两代易姓称制，诸王中也曾有举行过封禅大典者，据说其山也是现在山东境内的泰山。秦汉以降，历代皇帝为粉饰太平、为证明其称孤、道寡乃受命于天，也往往因循上述传说到今山东境内泰山举行隆重的封禅典礼，藉以祈祷长治久安。

毋庸置疑，古史传说中的无怀氏、宓羲氏、神农氏"诸帝"曾于东岳泰山举行封禅典礼之说，自属无稽之谈，但是，这一古老传说的历史背景到底是什么？古史载记中商、周二代有关诸王曾封禅泰山，其山是不是也是现在山东泰安境内的泰山？东岳泰山为我国五岳之首，其在我国五岳及诸多名山大川中声名如此显赫，其缘起的历史根蒂到底是什么？笔者就上述一类问题谈一点不成熟的看法，以就正于海峡两岸及海内外诸方家。

二　泰山一名的原始含义原本是大山的泛称

文献记载，中华民族祭祀或曰封禅泰山的习惯由来久远。相传，被尊为我国人民始祖的轩辕皇帝，就曾集合鬼神于泰山之巅，举行祭祀活动，作清角之音。《韩非子·十过》曰："昔者，黄帝合鬼神于泰山之上，……大合鬼神，作为清角。"《史记·封禅书》记载，春秋初年齐桓公称霸诸侯之后，欲行封禅，问管仲自古以来封禅泰山的故事。管仲对曰："古者封泰山禅梁父者七十二家，而夷吾所记者十有二焉。昔无怀氏封泰山，禅云云；宓羲封泰山，禅云云；神农封泰山，禅云云；炎帝封

---

[1]　（汉）司马迁：《史记·封禅书》，中华书局，1959年。

泰山，禅云云；黄帝封泰山，禅亭亭；颛顼封泰山，禅云云；帝喾封泰山，禅云云；尧封泰山；禅云云；舜封泰山；禅云云；禹封泰山，禅会稽；汤封泰山，禅云云；周成王封泰山，禅社首：皆受命然后得封禅。"[1] 又曰："其后百有余年，而孔子论述六艺，传略言易姓而王，封泰山禅乎梁父者七十余王矣，其俎豆之礼不章，盖难言之。"正义引《韩诗外传》云："孔子升泰山，观易姓而王可得而数者七十余人，不得而数者万数也。"案："管仲所记自无怀以下十二家；其六十家无纪录也。"《论衡·书虚篇》曰："百王太平，升封太山。太山之上，封可见者七十有二，纷沦湮灭者，不可胜数。"《淮南子·齐俗训》曰："尚古之王，封于泰山，禅于梁父，七十余圣。"历代诸儒，对传说中的无怀氏迄至周代封禅泰山的有关传说，从未有过怀疑者，且异口同声，认为所封泰山，就是今山东泰安境内的泰山。

人所共知，《史记·封禅书》记载管子所述十二家封祀泰山之君，除商汤、周成王之外，其余所谓"诸王"皆属我国原始社会神话传说中的半神、半人；由此说，今山东泰安境内的泰山，就是上述传说时代"诸王"所封祀的泰山，当然是荒诞不经之词。但是这一记载却反映了这样一个史实：今山东境内泰山，在我国古代文明的产生、形成及其发展过程中，具有积久发展的历史；后世祭祀、封禅泰山的习惯，由来久远。

民族志资料观察，原始社会时期，世界各民族的原始宗教，一般都有崇拜山神的习俗，认为山有神灵。比如，居住在我国内蒙古、黑龙江一带的鄂温克人[2]，在民族改革的前夕，对山神的崇拜就非常突出。尽管多少年来，他们的狩猎技术已经达到相当高的程度，但他们自己并未意识到这一点，与此相反，他们认为，一切野兽都是山神所饲养，猎手之所获只不过是山神显灵、山神恩赐的结果。又比如，居住在我国云南永宁一带的纳西族人民[3]，不仅认为山有神灵，并且认为，山神是神中之神。直到 20 世纪 50 年代，无论是其中心居住区，还是其边缘区，每年、每月，甚至每天，都有频繁的祭祀活动，有一套繁缛的礼文、节仪。纳西族人们认为，通过这些祭祀活动，可以求得山神的保佑，使他们人口兴旺，牲畜发展，庄稼丰收，无灾无病。迄至 50 年代初，在我国北方农村，仍有以为山有神灵之俗，几乎到处都可以看到这一古老习俗的孑遗。

无独有偶，我国古代人们祭祀或封禅泰山，也是认为，泰山有神灵，奉泰山为神，甚或认为，封禅泰山，可以升天为神、成仙。《风俗通义·正失第二·封泰山禅梁父》曰："俗说岱宗（即泰山）上有金箧玉策，能知人命修短。武帝探策得十八，因

---

[1] （汉）司马迁：《史记·封禅书》，中华书局，1959年。

[2] 秋浦等：《鄂温克人的原始社会形态》，中华书局，1962年，第90页。

[3] 詹承绪等：《永宁纳西族的阿注婚姻和母系家庭》，上海人民出版社，1980年，第275页。

读曰八十，其后果用耆长。"《封禅书》说："黄帝升封泰山，于是有龙垂胡髯下迎黄帝。黄帝上骑，群臣后宫从者七十余人……"孝武皇帝时，齐人公孙卿言："汉之圣者在高祖之孙，今历正值黄帝之日，圣主亦当上封，则能神仙矣。"《博物志·地》曰："泰山一曰天孙，言为天地孙也。主召人魂魄。东方万物始成，知人命之长短。"

揆以古籍及有关民族志材料记载，《史记·封禅书》所载历代"诸王"封禅、祭祀泰山相关说法，反映了我国原始社会时期开始即有崇拜山神的习惯、奉山为神灵之俗；殷周以来封禅泰山的习惯，是我国原始社会时期崇拜山神，对其进行祈祷、祭祀习俗的流传、演变与升华。

大家知道，自周代以来，祭祀泰山之权为周天子所专擅，其所属各诸侯国或其他各方国之君，仅能祭祀其封土以内之山，不得擅自祭祀泰山。《左传·僖公二十一年》："夏四月，四卜郊，不从，乃免牲，非神也。犹三望，亦非礼也。"《公羊传》曰："夏四月，四卜郊，不从，乃免牲，犹三望。曷为或言三卜，或言四卜。三卜礼也，四卜非礼也。三卜何以礼？四卜何以非礼？求吉之道三，禘尝不卜，郊何以卜。卜郊非礼也，卜郊何以非礼？鲁郊非礼也。鲁郊何以非礼？天子祭天，诸侯祭土，天子有方望之事，无所不通，诸侯山川有不在其封内者，则不祭也。曷为或言免牲，或言免牛？免牲，礼也，免牛非礼也。免牛何以非礼？伤者曰牛。三望者何？望祭也。然则曷祭？祭泰山、河、海。"《春秋啖赵集传纂例·望》："赵子曰：'三望之名。'《公羊》云，泰山、河、海。……据《礼经》云，诸侯祭名山大川在其封内者，……《公羊》云，山川不在其封内则不祭也。"由上文征引，"郊"为古帝王、天子祭祀上帝之名；"望"为古帝王、天子祭祀山川之名。其所望祭之山即泰山，河者即今黄河也。可见"郊""望"之祭乃皆为天子专擅之礼，鲁国为姬周所属诸侯之邦，其行望祭泰山之礼当然与礼不符，故为《左传》《公羊》所讥讽。又《礼记·檀弓上》曰："孔子蚤作，负手曳杖；消遥于门，歌曰：'泰山其颓乎？梁木其坏乎？哲人其萎乎？'"注曰："泰山众山所仰。"愚案，"仰"即"瞻仰"。"泰山众山所仰"，说明，泰山是我国诸山之总领，诸山之首。

上述记载说明，有周一代，泰山是我国诸山神之长，是我国众山神的总山神。不难理解，这是统一国家出现之后，人间有了主宰一切的帝王、至高无上的天子，所以，众山神也有了统领、总理全国诸山的总山神。原始社会，中华大地诸氏族、部落诚可谓多如牛毛，尽管处在这一历史时期诸氏族、部落都有崇拜山神的风习，但大都当在其毗邻于本氏族、本部落之山而祀祭之。在未出现统一国家之前，人间没有至高无上的帝王、天子，山神也不可能有什么统领、总理全国众山神之总长。由此看来，管子所说诸家（除殷汤、周成王外）封禅泰山的传说，仅能说明，我国自原始社会以来即有崇拜山神之俗。沿此推演，传说时代"诸王"封禅的所谓泰山，不可能是今山东泰安境内泰山的特有名称。所谓"泰山"，其原始含义应是大山的泛称。

"泰山"一名原是大山的泛称，从古文字中也能找到这方面的证据。

甲骨文中无"泰"字，甲骨文中的"汏"字与"泰"字互通，段玉裁以为，"汏"为"泰"字之假借。《说文》："泰，滑也……大声。""汏，淅、涧也。从水，大声。"段注曰："……引伸之或写作汏。多点者误也。若《左传》汏侈、汏辀字皆即泰字之假借，写作汏者亦误。""泰"又与"大"字互通。《庄子·大宗师》曰："夫道……冯夷得之。以游大川；肩吾得之，以处大山。"《释文》曰："大川，河也，崔本作泰川……。大山，音泰又如字。"

"泰"亦与"太"字通。《列子集释·天瑞篇》曰："孔子游于太山。"陆德明释文谓："'太'作'大'，云：'大音泰。'"《韩诗外传集释·卷九·第五章》："伯牙鼓琴，钟子期听之。方鼓琴，志在太山。"集释："陶鸿庆云：'太山本作大山，大山与流水对文，乃泛言山之大者，非指东岳泰山也。'《列子·汤问篇》作志在登高山，高山即大山也。"

东岳泰山又名曰岱。"岱"字之本义亦为大山。《说文》曰："岱，大山也。"段注曰："大作太者，俗改也。域中最大之山，故曰大山。作太，作泰皆俗。"从"泰""汏""太""大""岱"诸字之本义看，泰山的原始意义亦为大山，也是大山的泛称，并非特指某山的一个专名。今山东以及我国北方一带农村，其相邻于村庄诸山，虽皆各有具体名称，但其通常的称乎，皆呼为大山，可资此说一证。

前文提及，泰山有岱之别称，还有岱宗之称。《书·舜典》曰："岁二月，东巡守，至于岱宗，柴。"《释文》："岱，音代，泰山也。"《尔雅·释山》曰："河东，岱。"注曰："岱宗，泰山。"疏曰："……云河东岱，注，岱宗泰山者，在东河之东，一名岱宗，一名泰山也。"《史记·封禅书》曰："岱宗，泰山也。"正义引《括地志》云："泰山，一曰岱宗，东岳也……《周礼》云：'兖州镇曰岱宗。'"《汉书·郊祀志》云："……岱宗，泰山也。"

春秋之后，泰山之名及其被祭祀，见于经传《诗·鲁颂·閟宫》曰："泰山岩岩，鲁邦所詹。"孔颖达认为《鲁颂·閟宫》作于鲁僖公之后，他说："作閟宫诗者，颂美僖公能复周公之宇，谓复周公之时土地居处也……言其所以有鲁之由与僖公之事……"《论语·八佾》曰："季氏旅于泰山。"注："马曰，旅，祭名也。礼，诸侯祭山川在其封内者，今陪臣祭泰山，非礼也。"《左传·隐公八年》曰："郑伯请释泰山之祀……"（愚案：这里所说的泰山。即今山东蒙山，或曰龟蒙，详下文。）关于泰山或岱山、岱宗的地望，《周礼·夏官司马·职方氏》曰："河东曰兖州，其山镇曰岱山。"注曰："岱山在博。"博，即汉代博县，属泰山郡。故址在今山东泰安县旧县村。秦汉以来，典籍所载略无异词，以为自古以来，所谓泰山即岱、岱山、岱宗，也就是今山东境内所属泰安的泰山。

有关典籍记载，泰安境内泰山，秦汉时代不仅有泰山之称，还有求山之名。《汉书·地理志》曰："博。"注曰："有泰山庙，岱山，在西北求山上。"或称为东陵。《庄子·骈拇》曰：

"伯夷死名于首阳之下，盗跖死利于东陵之上。"疏云："东陵者，山名，又云即太山也，在齐州界。"《释文》云："'东陵'，李云，谓泰山也。"《庄子译注》曰："东陵，山名，一说即泰山。"[1] 有西泰山之称。《韩非子·十过》曰："昔者黄帝合鬼神于泰山之上。"集释："王先慎泰上补西字曰：'旧本无西字，《论衡》《艺文类聚》《御览》七十九、又九百一十五、又九百三十引泰山上有西字，今据补。'又《御览》五百七十九及《事类赋》引作西山，无泰字，脱也。"又，今山东境内泰沂山系，以泰山命名之山，凡四处之多：

1. 泰安境内泰山。

2. 新泰县小泰山。《诗·鲁颂·閟宫》曰："徂来之松，新甫之柏。"注曰："徂来，山也；新甫，山也。"

新甫山，在今新泰市翟镇北。1983 年 3 月，笔者对新泰市西北一带诸山，作了实地调查。据清代雍正、乾隆年间碑铭记载，今新泰市翟镇北，地当新泰、莱芜间莲花山，即《诗·鲁颂·閟宫》提及的新甫山。《新泰县志》记载，是山又名小泰山。

3. 肥城县湖屯镇之北，有山，亦名小泰山。

4. 临朐县沂山，或名东泰山，小泰山。《史记·封禅书》："公玉带曰：'黄帝时虽封泰山，然风后、封巨、岐伯令黄帝封东泰山，禅凡山，……，天子既令设祠具，至东泰山，……"《汉书·地理志》曰："朱虚。"注："凡山，丹水所出，东北至寿光入海；东泰山，汶水所出，东至安邱入维，有三山五帝祠。"《后汉书·郡国志》曰："朱虚侯国，故属琅琊。"注曰："郑志曰：'有小泰山，公玉带曰，岐伯令黄帝封泰山，即此山地。'"东泰山，也或曰小泰山，即山东临朐县沂山，其地在县南九十里许，与今沂水县毗邻。

泰山这一山名，春秋时期已见于经传，今山东泰安境内泰山，迄至两汉时期，尚有求山、东陵、西泰山之称，这说明，泰山一名，在我国历史上作为一个特定的山名，或因历史时期不同，或者因为在历史发展的长河中，文化中心转移，曾经有过移动；今山东泰沂山系诸山之中，以泰山命名之山计凡四处之多，此又说明，泰山作为一个特定山名的移动范围，就在泰沂山系之中。

追本溯源，泰山一名的原始意义，为大山的泛称，原本指横贯山东鲁中南地区泰沂山系诸山。史传所谓无怀氏、宓羲氏、神农氏等原始社会"诸王"封禅泰山的传说，只是暗示了这样一个历史事实，即居住、藩息在今山东境内泰沂山系及其周围的古代东夷部族，有崇拜山神的习俗。后世所以封禅泰山，是我国古代东夷部族，对泰沂山系诸山举行祈祷、祭祀习俗的流传。东周以来不能记远，将管子所记十二家封禅泰山的传说，据为信史，以为其所封泰山，就是战国、秦汉以来，历代帝王所封今泰安境内的泰山，这实在是一千古之误。

---

[1]　聊城师范学院中文系编译：《庄子译注》（未刊稿），第117页。

三　商、西周迄至春秋初年及至战国秦汉以来的泰山

　　居住、藩息在泰沂山系及其周围的古代东夷部族崇拜的诸山神，其演变的情况如何？随着东夷文明的产生与形成，诸山神又是怎样的由分散逐渐走向统一，因为历史久远，文献不足，已无法稽考、论定。然而，《史记·封禅书》记载，到泰山举行封禅之君，除无怀氏、伏羲氏等传说中的人物外，还有商汤、周成王二君。在殷商、姬周的历史上，殷汤、周成王两人是确有其人的，他们两人是否躬亲泰山举行过封禅典礼，暂可无论，但有商一代亦或商代晚期及西周一代的泰山有否确指？如果有，那又在哪里？下文根据近年来的考古发现、有关典籍记载及民俗资料，对商、西周、春秋，乃至战国秦汉以来泰山这一山的特定地望，拟作以大致推测。

　　1965 年，在费县上冶镇台子沟出土两件铜鼎。其一，直耳，直立于口沿上，耳外侧饰虎纹；颈、腹饰变形夔纹；盆形腹，深 11 厘米；蹄足，内侧平。通高 22 厘米，无铭文。此器未经著录，现存费县图书馆。其二，绳索形双耳，直立于口沿上；盆形腹，饰变形蝉纹一周，深 10 厘米。铭文："余子余之鼎，百岁用之。"[1] 这一重要发现，为确定春秋初期亦或西周时代泰山的地望，具有十分重要的意义。

　　"余""徐"二字，韵母相同，古可相通。余子，就是徐子。从鼎铭及其器形、花纹特征分析，这两件铜鼎，当属春秋初年的徐国遗物。

　　据临沂地区文管会李玉亭先生提供实地勘察资料，费县台子沟以北，为蒙山东段诸山。其中一峰——玉皇顶，南坡下有一山峪，峪间有一长、宽各数米，厚约三四米的台基，当地群众呼为炮台，或曰点将台。台基为纯净黄土夯筑而成，无他陶片、杂质。该台基正北与玉皇顶主峰相对。上述两件徐国铜鼎，即发现于该台基之中。

　　徐，《春秋会要·世系·诸小国》载记："徐，嬴姓，子爵，伯益后。庄二十年见。昭三十年灭于吴。徐子章禹奔楚，楚城夷以处之，仍为楚所灭。"故徐国都城，在今江苏泗洪一带，其地距今山东费县约凡数百里之遥。徐子鼎在费县发现，必事出有因。这两件徐国铜鼎，既非出于墓葬，也非出于窖藏，而是出土于蒙山脚下一夯土台基之中，根据铜器的出土地点，铭文含义推断：在这里发现的徐国之器，很有可能是徐子来此祭祀蒙山的礼器 [2]。

　　上文论及，周代以来，封禅泰山的习惯是我国古代东夷部族对泰沂山系诸山，祈祷祭祀、崇拜山神习惯的流传、演变、升华。随着时间的推移、社会的发展、文化的进步、上升，周代以来，对地祇，土地神、山神举行祈祀活动，有一套繁褥的、特定的礼文、节仪。《尔雅·释天》记述古代祭祀地祇活动有关节仪曰："祭地曰瘗埋，

　　[1]　心健、家骥：《山东费县发现东周铜器》，《考古》1983年第2期。
　　[2]　心健、家骥：《山东费县发现东周铜器》，《考古》1983年第2期。

祭山曰庪县。"注曰："既祭，埋藏之。"又注曰："或庪或县，置之于山。"《山海经》曰："县以吉玉是也。"疏云："祭地曰瘗埋者；祭地名瘗埋。"《祭法》云："瘗埋于泰折，祭地也。然则，祭神州地祇于北郊，瘗缯埋牲，因名祭地曰瘗埋。李巡曰：'祭地以玉埋地中、曰瘗埋。'孙炎曰：'瘗者，翳也。既祭，翳藏地中。'祭山日庪县者，庪县，祭山之名也，庪谓埋藏之。"《周礼·春官·大宗伯》曰："大宗伯之职……以埋、沈祭山林、川泽。"注曰："不言祭地，此皆地祇，祭地可知也。……祭山林曰埋，川泽曰沈。"《礼记·祭法》曰："瘗埋泰折；祭地也。"注曰："泰折，封土为祭处也。"《论衡·祭意》曰："瘗埋于大折，祭地也。"

所谓泰折、大折，就是人工建筑的坛台，或可径直称之为祭坛或祭台。

证以上文征引，我国古代对山举行祭祀典礼，是将祭品或礼仪用品，埋藏于人工建筑的泰折或曰大折，即祭坛或祭台之中。根据典籍记载古代祭山的有关节仪推测，费县台子沟台基内发现的两件徐国铜鼎，为当年徐子北上祈祷蒙山的遗物，是可以成立的。

蒙山，《费县县志》记载，费县之山，大致分南北两条，北条之山蒙其总名。自西端而东分段：最西一段为蒙山来处，发脉自泰山，至莱芜为原山，至新泰为螯山，入费县境则起聪山，为西条总脉。北条自聪山而东为武山，又东为天台等山，抵九女关之东起龟蒙顶，即蒙山主峰。在泰沂山系诸山中，蒙山主峰的海拔高度仅次于今泰安境内泰山（1524 米），为 1156 米。《诗·鲁颂·閟宫》曰："奄有龟蒙。"注曰："龟山也，蒙山也。"疏云："鲁境又同有龟山、蒙山。"自汉代以来，历代注释者多因循旧说，皆以为龟蒙为鲁东境之二山名。并清刊《蒙阴县志》亦因袭其讹。1992 年 9 月，笔者赴费县、平邑实地踏查，由蒙山南侧登至蒙山极顶，由是得知，蒙山乃横贯今平邑、费县、蒙阴三县间诸山的总名，其主峰在今平邑县境内，龟蒙乃为蒙山诸峰的最高峰、主峰，其得名因其山巅有巨石，远眺其状如龟而得名。

刘心健先生在《山东费县发现东周铜器》一文中推测 [1]。铸有铭文的徐子鼎，是春秋时代的徐国铜器，并进而推测，徐器在费县发现，可能是当年徐国祭祀泰山的遗物。此说虽然有所切中，但刘文未能诠释，既然是器是祭祀泰山的礼器，为什么徐子不将其埋于今泰山附近，而是将其埋于蒙山脚下。

经籍记载，郑祀泰山之邑，在今费县境内。此可昭见，春秋初年或西周时期祭祀泰山的实地所在，距今费县不远。《左传·隐公八年》曰："郑伯请释泰山之祀，而祀周公。以泰山之祊易许田。三月郑伯使宛来归祊，不祀泰山也。"《公羊传》曰："三月，郑伯使宛来归邴，宛者何？郑之微者也。邴者何？郑汤沐之邑也。天子有

[1] 心健、家骥：《山东费县发现东周铜器》，《考古》1983 年第 2 期。

事于泰山，诸侯皆从泰山之下，诸侯皆有汤沐之邑焉。"《谷梁传》曰："三月，郑伯使宛来归邴。……邴者，郑伯所受命于天子，而祭祀泰山之邑也。"注曰："……诸侯有大功盛德于王室者，京师有朝宿之邑，泰山有汤沐之邑，所以供祭祀也。鲁，周公后；郑，宣王母弟。若此有赐邑，其余则否。"周成王营都王城（今河南洛阳市），有迁都之意，故赐周公许田（其地在今河南许昌之南），以为鲁公朝见周天子时朝宿之邑，后鲁国于许田立周公别庙；"祊"或作"邴"，周天子赐于郑国祀祭泰山的汤沐之邑。郑国都城距许田不远；鲁都曲阜距祊亦较近。东周之后礼坏乐崩，郑伯见周天子对泰山的祭祀废弃已久，助祭之邑无用，祊又远隔，因与鲁公互易祊、许之地以各就其便。关于祊或邴之地望，《春秋左传注·隐公八年》杨伯峻按[1]："'祊'，《公羊》《谷梁》及《汉书·五行志》引具作'邴'。"方与丙，古音同属邦母，阳韵。故从方之祊与从丙之邴，可得通假。宛，郑大夫。祊，郑祀泰山之邑，当今山东费县东约三十七里处，即今费县祊城一带。

　　所谓祀泰山的汤沐邑，是周天子于泰山周围赐于各诸侯的一小块封地，以为各诸侯国随从周天子祭祀泰山的临时歇脚的地方。今泰安境内泰山西去费县数百里之遥，郑国都城又在今泰山以西千余里的河南新郑一带。假如春秋初年或西周时代所祭祀的泰山，就是现在泰安境内的泰山，那么，郑伯由河南新郑来祭祀泰山，其汤沐之邑，就断不能设于泰山以东数百里许的费县境内。又史籍记载，龟蒙或曰蒙山，周天子曾立东夷旧国颛臾于是山脚下，以专司主祭蒙山。《论语·季氏》曰："季氏将伐颛臾，冉有、季路见于孔子，曰：'季氏将有事于颛臾。'孔子曰：'求，无乃尔是过与与？夫颛臾，昔者先王以为东蒙主，且在邦域之中矣，是社稷之臣也，何以伐为。'"注曰："孔曰，使主祭蒙山。"疏云："颛臾，伏羲之后，风姓之国，本鲁之附庸。……昔者，先王以为东蒙主者，言昔者先王始封颛臾，为附庸之君，使主祭蒙山。"

　　颛臾故虚，在蒙山之阳，今平邑县柏林镇一带。翻检古籍，有周一代，周天子立国祀祭之山，仅此一例。这一现象充分说，在周人的心目中，我国诸山神的总长、统领，是在我国东方，是在今山东境内东夷部族聚居地中心所在的蒙山，而不是偏居山东西侧今泰安境内的泰山。《左传·僖公廿一年》记载："任、宿、须句、颛臾，风姓也，实司大皞与有济之祀，以服事诸夏。"杜注曰："颛臾，在泰山南武阳县东北。"非常清楚，杜预所说的泰山，就是蒙山。由考古发现、文献记载推索，春秋初年、西周时代所谓泰山，即东蒙或曰龟蒙，也就是蒙山。

　　蒙山脚下有郑国祭祀泰山的汤沐邑，徐国的汤沐邑，很有可能也设于蒙山脚下。

---

[1]　杨伯峻：《春秋左传注》（全四册），中华书局，1981年。

费县城东 35 里,探沂乡驻地东北 6 里许,祊河南岸有一古城,俗呼"许由"城。古城西南 30 里为旗山,西北 50 里为发现余子鼎的台子沟。古城残垣,南北宽约 320、东西长约 400 米许。古城东北角,残垣高约 7 米。城内暴露遗物有:东周陶片、瓦片等。1982 年,群众取土,发现楚国金币陈爰一枚。

今费县境内古城遗址较多,且多由文献记载可征。比如,季氏邑、祊城等。唯此"许由"故城,无文献资料可稽。

许由是我国古史传说中一很有名的人物。《史记·伯夷列传》曰:"夫学者载籍极博,犹考信于六艺。《诗》《书》虽缺,然虞夏之文可知也。尧将逊位,让于虞舜,……而说者曰,尧让天下于许由,许由不受,耻之逃隐。"正义曰:"皇甫谧《高士传》云,'许由字武仲。尧闻致天下而让焉,乃退而遁于中岳颖水之阳,箕山下隐。尧又召为九州长,由不欲闻之,洗耳于颖水滨。……许由殁,葬此山,亦名许由山。'在洛州阳城县南十三里。"

许由事迹,另见于《庄子·让王篇》等典籍。所记许由其人及诸载籍所记其活动地望,与上文揭引大体一致。由前述传说,"许由故虚"应在河南一带。费县探沂乡东北六里古城,为"许由城"之说,与文献记载不符。

"许""徐"二字今音相近,极易混同。所谓许由城,殆或徐子城的讹传。《公羊传》记载,周天子有事(即祭祀)于泰山,各诸侯国从行,并皆于泰山下设汤沐邑。缘此,所谓许由城,很可能是当年周天子封禅泰山时,赐于从驾徐子来此祭祀泰山,即今蒙山的汤沐之邑。

近年来考古调查,在蒙山南麓,除出土徐子鼎的台子沟台基遗迹外,另有三处台基遗迹,其中两处台基遗迹内,也曾出土过周代的青铜礼器。其一,在费县祊城乡西北二十里蒙山脚下。20 世纪 50 年代初,群众取土,发现周代铜器数件。其二,在费县武圣乡黄崖村。1965 年,出土鼎、盒、匜等春秋时代的遗物。其三,在平邑颛臾故虚北,万寿宫遗迹之前。

上述遗迹,与费县上冶台子沟台基遗迹近似,均为纯净黄土筑成,或正北、或西北,与蒙山主峰相对,出土遗物的时代也大体一致。由徐子鼎的出土可知,这些遗迹,也应是周天子或其各诸侯国来此祭祀泰山——蒙山,而留下的物质遗存。

《史记·封禅书》记载十二家封泰山之君,所禅地祇,黄帝为亭亭;禹为会稽,成王为社首。除此三家外,其余九家皆禅云云。有关云云山的所在地望,《史记·封禅书》集解云:"李奇曰:'云云山在梁父东。'"索隐:"晋灼云:'山在蒙阴县故城东北,下有云云亭也。'"《汉书·郊祀志》曰:"昔无怀氏封泰山,禅云云。"注曰:"郑氏曰:'无怀氏,古之王者。在伏羲前,见《庄子》。'服虔曰:'云云,在梁父东,山名也。'晋灼曰:'云云山,在蒙阴县故城东北,下有云云亭。'"

史学泰斗顾颉刚先生考证，史传九家"帝王"所禅云云，就是今山东蒙阴境内云云山[1]。据《史记·封禅书》正义："（封）此泰山上筑土为坛以祭天，报天之功，故曰封。"又曰："（禅）此泰山下小山上除地，报地之功，故曰禅。言禅者，神之也。"按《史记·封禅书》正义对我国古代帝王举行"封""禅"典礼的具体地点的说法，所禅地祇必在所封山之下。管子所记十二家封泰山之君，其中有九家所禅地祇为云云山，而云云山在今蒙山北麓的蒙阴境内，这从侧面证明，传说十二家古"帝王"所封泰山，指的也是蒙山。

综括前文，西周、春秋初年所谓泰山，是位于今平邑、蒙阴、费县三县交界处的蒙山。周鉴于商代，袭于殷礼。依此，商汤所封之山，即商代亦或商代晚期所谓泰山，其所指可能也是此山。

春秋晚期、战国秦汉以来的泰山，文献已有详细记载，也早已为考古发现所证明[2]，即今山东泰安境内泰山。因限于篇幅，姑且不赘。

四　余语

东岳泰山在我国五岳之中，并不是最高的一座山。它没有西岳华山高（海拔2200米），也没有北岳恒山高（海拔2012米）。其风景之美，无法与庐山、黄山媲美，在我国五岳之中，它也并不是最美的一座山。然而，自周秦以来，它却被推尊为我国诸山之最尊者，称为五岳之首，或曰："五岳独宗。"更有甚者，竟认为泰山之所在是天下的中心。《淮南子·地形训》曰："东方之美者，有医毋闾之珣玗琪焉；东南方之美者，有会稽之竹箭焉；南方之美者，有梁山之犀象焉；西南方之美者，有华山之金石焉；西方之美者，有霍山之珠玉焉；西北方之美者，有昆仑之球琳琅玕焉；北方之美者，有幽都之筋角焉；东北方之美者，有斥山之文皮焉；中央之美者，有岱岳以生五谷桑麻，鱼盐出焉。"注曰："岱岳，泰山也。"《尔雅·释地》曰："中有岱岳。"注曰："言泰山。"古之所谓岱岳，就是泰山。"中有岱岳"，即泰山居于中央之意。换而言之，也就是泰山之所在是天下的中心。

我国名山多以千计，泰山何以独得其尊？泰山——蒙山偏居于我国东部山东省的鲁中南地区，古人为什么说它的所在是我国的中心？这一与实际相悖的说法，其历史根底究竟是什么？

早在1965年，在山东沂源县土门乡千人洞，发现了旧石器时代人类活动的遗迹。

---

[1]　顾颉刚：《讨论古史答刘胡二先生》，《古史辨》第一册，上海古籍出版社，1982年，第122页。
[2]　杨子范：《山东泰安发现的战国铜器》，《文物参考资料》1956年第6期。

出土有石核、刮削器、石片等遗物[1]。1972 年，又在千人洞附近发现旧石器时代遗物。1981 年 9 月 18 日，沂源县土门乡芝芳村骑子鞍山东麓，发现距今 40 ～ 50 万年前的猿人头骨化石、两块眉骨。1981 ～ 1982 年春，两次试掘，又再次发现两颗牙齿、一块肱骨、一块股骨。1966 年，在今泰山东部新泰县乌珠台，发现一颗少年女性牙齿，经鉴定，距今也有 5 万多年的历史[2]。可以看出，在泰沂山系、蒙山周围，远在40 ～ 50 万年之前，就已经有人类在此繁衍生息。

　　泰沂山系及其周围的古代东夷部族，对我国古代文明的产生、形成有过杰出的贡献；东夷文化对我国古代文化、历史，产生过极为深远的影响。

　　1928 年，中央研究院在今山东章丘龙山镇发现龙山文化遗址并发现龙山文化古城址[3]，之后，又在东部滨海日照两城镇发现了这类文化遗址。20 世纪 50 年代以来，在山东泰沂山系及其周围，发现大汶口文化、山东龙山文化遗址，数以千百计。摘其荦荦大者，有：泰安大汶口[4]、兖州王因[5]、邹县野店[6]、曲阜西夏侯[7]、泗水尹家城[8]、临沂大范庄[9]、莒县陵阳河[10]、日照东海峪[11]、日照尧王城、诸城前寨、诸城呈子[12]、胶县三里河[13]、安邱景芝镇[14] 等等。宛如群星闪耀，熠熠生辉。其文明发展水平之高，为我国其他省份与其时代相当的诸石器时代遗址，无法与之媲偶。文字是文明伊始的标志。我国最早的文字，朱绘文字、陶尊文字，就发现在泰沂山系南侧，泰安大汶口[15]、诸城前寨[16]、莒县陵阳河遗址[17]。

　　为我国考古学界所公认，古史传说中的太昊氏、少昊氏，分别代表我国古代东

[1]　戴尔俭、白云哲：《山东一旧石器时代洞穴遗址》，《古脊椎动物与古人类》第10卷，第1期，1966年。

[2]　戴尔俭、白云哲：《山东一旧石器时代洞穴遗址》，《古脊椎动物与古人类》第10卷，第1期，1966年；《我国古人类考古又一重大发现》，《人民日报》1982年5月7日。

[3]　傅斯年、李济、董作宾、梁思永等：《城子崖——山东历城县龙山镇之黑陶文化遗址》，中研院历史语言研究所，1934年。

[4]　山东省文物管理处、济南市博物馆：《大汶口——新石器时代墓葬发掘报告》，文物出版社，1974年。

[5]　中国社会科学院考古研究所：《山东兖州王因新石器时代遗址发掘简报》，《考古》1979年第1期。

[6]　山东省博物馆：《山东野店新石器时代墓葬遗址试掘简报》，《文物》1972年第2期。

[7]　中国科学院考古研究所山东队：《山东曲阜西夏侯遗址第一次发掘报告》，《考古》1964年第2期。

[8]　山东大学历史系考古专业：《山东泗水尹家城第一次试掘》，《考古》1980年第1期。

[9]　临沂文物组：《山东临沂大范庄新石器时代墓葬的发掘》，《考古》1975年第1期。

[10]　王树明：《谈陵阳河与大朱村出土的陶尊"文字"》，《山东史前文化论文集》，齐鲁书社，1986年。

[11]　山东省博物馆东海峪发掘小组、日照县文化馆东海峪发掘小组：《一九七五年东海峪遗址的发掘》，《考古》1976年第9期。

[12]　昌潍地区文物管理组、诸城县博物馆：《山东诸城呈子遗址发掘》，《考古学报》1980年第3期。

[13]　昌潍地区艺术馆、中国社会科学院考古研究所山东队：《山东胶县三里河遗址发掘简报》，《考古》1976年第6期。

[14]　山东省文物管理处：《山东安邱景芝镇新石器时代墓葬发掘》，《考古学报》1959年第4期。

[15]　山东省文物管理处、济南市博物馆：《大汶口——新石器时代墓葬发掘报告》，文物出版社，1974年。

[16]　任日新：《山东诸城前寨遗址调查》，《文物》1974年第1期。

[17]　王树明：《谈陵阳河与大朱村出土的陶尊"文字"》，《山东史前文化论文集》，齐鲁书社，1986年。

夷部族的两个不同的发展阶段；大汶口文化、山东龙山文化，或者就是这两个不同发展阶段在物质文化上的反映。已故童书业先生考证，传说中的太昊氏即商的远祖帝喾[1]。郭沫若先生认为，帝喾就是传说中的帝舜[2]。《史记·五帝本纪》正义引周处《风土记》云：“舜，东夷之人。”《孟子·离娄下》曰：“舜生于诸冯，迁于负夏，卒于鸣条，东夷之人也。”诸冯、负夏、鸣条，皆古地名。文献记载，考古发现证明，诸、冯在今山东诸城、莒县一带[3]；负夏在今山东曲阜县西；鸣条在今山东定陶县西。如果上述说法大致不错，那么，商民族远祖的发迹之地及其向西迁徙的路线，在今山东鲁中南地区泰沂山系的南侧；商民族与我国古代东夷部族是有血缘关系的[4]。

20世纪50年代以来的考古发现，若明若暗的表明，商代的鼎、豆、壶、盉、觚、爵一类青铜礼仪用品，是由山东泰沂山系南侧大汶口文化中的同类器物演变、升华而来；商民族在宗教信仰、意识形态方面的一些特有习惯，比如，墓葬殉狗、崇拜乌龟等风习[5]，也皆滥觞于山东泰沂山系南侧或至今江苏北部一带的大汶口文化之中；泰安大汶口[6]、诸城前寨、莒县陵阳河发现朱绘文字[7]、陶尊文字[8]，尽管尚存在缺环，不难看出，也为商代甲骨文字所承袭，是我国最早的文字，是现行汉字的远祖。准此种种，商文化在上层建筑诸方面，也与山东泰沂山系南侧的大汶口文化，有着极为密切的血缘关系。

泰沂山系是我国人类的发祥地之一，泰沂山系及其周围，也是我国古代文明的摇篮；商民族祖属东夷，因于夷礼[9]，姬周翦商建国，又袭于殷礼，东方夷人商远祖崇祀“泰山”的古老习惯。易言之，东岳泰山被推尊为五岳之首、五岳独宗，大概即因这一历史根蒂而缘起。

一九八四年一月第一稿
一九八五年一月第二稿
一九九五年一月第三稿

（原载《故宫学术季刊》第十五卷第三期）

[1] 童书业：《春秋左传研究》，上海人民出版社，1980年。
[2] 郭沫若：《中国古代社会研究》，科学出版社，1960年，第249页。
[3] 王树明：《帝舜传说与考古发现诠释》，《故宫学术季刊》第九卷第4期，1992年。
[4] 王树明：《帝舜传说与考古发现诠释》，《故宫学术季刊》第九卷第4期，1992年。
[5] 王树明：《大汶口文化墓葬龟甲用途的推测》，《中原文物》1991年第2期。
[6] 山东省文物管理处、济南市博物馆：《大汶口——新石器时代墓葬发掘报告》，文物出版社，1974年。
[7] 任日新：《山东诸城前寨遗址调查》，《文物》1974年第1期。
[8] 王树明：《谈陵阳河与大朱村出土的陶尊“文字”》，《山东史前文化论文集》，齐鲁书社，1986年。
[9] 王树明：《考古发现中的陶缸与我国古代的酿酒》，《海岱考古（第一辑）》，山东大学出版社，1989年。

陵阳河墓地刍议

一　引言

　　20世纪60年代初，在山东鲁东南莒县陵阳河大汶口文化遗址采集了三个图像文字。1963年，山东省博物馆派员对该遗址进行了调查性试掘，清理了十座大汶口文化墓葬。1979年春秋两季，山东省博物馆又对陵阳河遗址进行两次抢救性发掘，清理墓葬42座。除M31时代不明外，M33、M34、M35、M36、M37、M39时代在周至战国时期，余35座皆为大汶口文化墓葬。莒县陵阳河遗址前后三次发掘，总计清理大汶口文化墓葬45座，共发现图像文字十二个，取得一批相当珍贵的资料[1]。

　　陵阳河遗址的考古发现，是大汶口文化考古的重大突破；也是建国三十年来，我国史前考古工作的突破性发现之一。丰富的墓葬资料，对探索大汶口文化时期，氏族制度解体，向英雄时代迈进的历史，提供了实物证据；发现的文字资料，对探索大汶口人的宗教信仰、意识形态及我国古代文明、文字的起源诸问题，具有十分重要的意义。

二　陵阳河墓地刍议

　　1. 陵阳河遗址在今莒县城东12.5千米陵阳乡驻地大河北村之南。遗址东西向，呈一梯形台地，东南与东大寺相接，西北与陵阳街毗邻，正南距西大寺、厉家寨约百米许，面积两万平方米。遗址中部、北部边缘文化堆积较厚，多在1米左右，东部、北部边缘至陵阳河河滩南岸一带为墓葬区。陵阳河总计发现45座大汶口文化墓葬。打破关系的墓葬发现一例，M11打破M12。根据打破关系并参照其他大汶口文化遗址、墓葬的出土遗物，发现的45座墓葬，大致可分为早、中、晚三期。早期墓4座：M8、M12、M24、M32，与大汶口墓地早期墓的时代约略相当；中期14座，

---

[1]　山东省文物考古研究所：《山东莒县陵阳河大汶口文化墓葬发掘简报》，《史前研究》1987年第3期。

1979 年发掘 11 座：M9、M14、M18、M19、M20、M25、M26、M27、M29、M30、M40，1963 年发掘 3 座：M1、M4、M7，时代与曲阜西夏侯上层墓接近；晚期墓27 座，1979 年发掘 20 座：M1、M2、M3、M4、M5、M6、M7、M10、M11、M13、M15、M16、M17、M21、M22、M23、M28、M38、M41、M42，1963 年发掘 7 座：M2、M3、M5、M6、M8、M9、M10，时代与日照东海峪中层相当，个别墓葬已出现大圈足浅盘豆、圈足盘、平底盆、薄胎高柄杯等遗物，与典型龙山文化中的同类器物十分相近。

陵阳河发现的 45 座大汶口文化墓葬，均土圹、竖穴；二次迁葬墓发现 1 座，M17，其余皆头东脚西单人仰身直肢葬。大汶口人所盛行拔掉侧门齿的习惯，该墓地发现 1 例，未发现有手握獐牙的习俗。

在陵阳河大汶口墓葬中，发现一特殊习俗，随葬残鬶足，早期墓发现 1 例，中期发现 7 例，晚期发现 10 例。所葬鬶足均为后面的袋足，在墓葬中，多置于人骨架腹部、裆部附近。这一习俗是过去在大汶口文化墓葬中，从未发现的，因是首次发现，又无其他旁证，其原始含义如何，尚难于蠡测。

陵阳河大汶口文化墓葬，墓圹形制结构、墓主头向等方面，与过去山东境内迄至苏北一带大汶口文化墓葬埋葬习惯一致，但习俗方面略有差异，比如：大汶口人非常盛行的手握獐牙、拔掉侧门齿的习惯，在陵阳河 45 座大汶口文化墓葬中，有的仅发现一例，有的一例未见。

莒县陵阳河大汶口文化墓地发现酒具之多，令人叹为观止。在发现的诸酒具中，有用于盛储酒曲发酵的陶尊，有用于沥酒（滤酒）的漏缸，还有接酒、盛酒用具陶盆、陶瓮等。此类酒具，一般放于椁外墓室西北角。发现的饮酒用具有厚胎高柄杯、薄胎镂孔高柄杯、单耳杯、单耳壶等等。这类酒具的放置部位，以厚胎、薄胎镂孔高柄杯为固定、特殊，一般排列成两行，杯口相对，叠压于人骨架之上。在发现的诸饮酒用具中，厚胎、薄胎镂孔高柄杯数量最多，总计 663 件，占陵阳河大汶口墓葬出土器物总数的 45%，即此，已足以看出陵阳河大汶口人尚酒风习的一斑。

2. 陵阳河大汶口文化墓葬，贫富分化的情况十分明显。

陵阳河墓地发现早期墓葬四座，墓坑长度在 4 米以上的大型墓葬 1 座（M24）。早期 4 座墓葬随葬猪下颌骨 35 件，陶器 109 件，人均猪下颌骨 8.75 件，陶器27.25 件。M24 一座墓葬随葬猪下颌骨达 29 件之多，出土陶器、小件器物 44 件，约占 4 座墓葬出土遗物总数的一半；与其同时期的小墓 M32，墓圹短窄（2.1×0.6平方米），仅能容身，随葬陶器仅 9 件，不随葬猪下颌骨，也未发现随葬任何其他小件器物（表一）。

表一　陵阳河早期墓葬简表

墓号	方向	墓坑 (长、宽、深)/米	葬式	性别	随葬 猪下颌骨	随葬 陶器	随葬 残足	其他
79M8	108°	3.1×1.4−0.35	仰直	男	2	28		
79M12	108°	3×1.85−0.35	仰直	男	4	37	1	铲1、梳1，玉、石坠各1
79▲M24	118°	4.3×2.1−0.32	仰直		29	35		、 、石璧环、 石饰共9件
79M32	105°	2.1×0.6−0.32	仰直	男		9		
合计4					35	109	1	13

说明：带▲号的是残墓

陵阳河中期无 4 米以上的大型墓葬，多中型、小型墓葬。长度在 3 米以上完整中型墓葬 5 座（M14、M18、M19、M25、M29），余 8 座为 1 至 2 米多长的小型墓葬。完整的 13 座中期墓，随葬猪下颌骨 38 件，陶器 435 件，小件器物 29 件。人均猪下颌骨 29 件，陶器 33.5 件，小件器物 2.2 件。5 座完整的中型墓葬，人均猪下颌骨 3.8 件，陶器 50.02 件，小件器物 2.8 件。小型墓葬长度多在 2 米左右，较窄，有的仅能容身，比如 M30，宽仅 0.5 米。随葬遗物明显的少于中型墓葬，1963 年发掘的一座小型墓 M1，仅随葬 9 件器物（表二）。

陵阳河晚期 27 座墓葬。残墓 6 座，随葬猪下颌骨 10 件，陶器 106 件，其他类遗物 3 件。完整墓葬 21 座，随葬猪下颌骨 91 件，陶器 841 件，其他类遗物 32 件。人均猪下颌骨 4.3 件，陶器 40 件，其他类遗物 1.5 件。在 21 座完整的墓葬中，长度在 4 米以上的大型墓葬两座，M6、M17。这两座墓葬都随葬猪下颌骨 54 件，陶器 317 件，其他类遗物 9 件。此二墓出土猪下颌骨，约占 27 座晚期墓葬随葬猪下颌骨总数的 54%，约占陶器总数的 33%，约占其他类遗物总数的 26%。5 座完整的中型墓葬（M5、M11、M16、M21、M42），人均猪下颌骨 3.8 件，陶器 59.4 件，其他类遗物 1.6 件。与其同时期的小型墓，多不随葬猪下颌骨，随葬陶质器皿数量也极少，有的仅五、六件或七、八件，其他类器物也多为斧、铲一类石质生产工具而已（表三）。

不难看出陵阳河墓地早期阶段，财产分配上的不平等已经很明显；中期虽然未发现四米以上大型墓，其中型墓与小型墓随葬遗物多寡之差，亦甚于早期墓；晚期墓大、中、小型三类墓葬兼而有之，墓室大小、随葬遗物差别之悬殊，又大大超过中期墓。早、中、晚三期墓人均随葬猪下颌骨、陶器及其他类遗物，时代愈晚、数

表二　陵阳河中期墓葬简表

墓号	方向	墓坑 (长、宽、深)/米	葬式	性别	随葬 猪下颌骨	随葬 陶器	随葬 残足	其他
79▲M9	118°	3×1.20−0.15				6		
79M14	110°	3.2×1.40−0.45		女?	6	49		石璧、坠饰各1
79M18	108°	3×1.18−0.35	仰直	男	1	25	1	坠饰1
79M19	110°	3.3×1.76−0.62	仰直	男	4	66		陶牛角号、雕筒、等 计6件
79M20	110°	2.78×1.1−0.3	仰直	男		31	1	石环1
79M25	110°	3.4×1.45−0.9	仰直	男	7	73		石环、石管等计4件
79M26	105°	2.7×1.2−0.35	仰直	男	8	31	1	石斧、角饰各1
79M27	108°	2.95×1.55−0.22	仰直	男	3	48	1	束发器1
79M29	110°	3.1×1.10−0.25	仰直	男	1	38	1	纺轮1
79M30	120°	1.83×0.50−0.40	仰直	女		14		玉珠、纺轮计3件
79M40	110°	2.35×1.07−0.36	仰直		2	12	1	坠饰3件
63M1	108°	2.1×0.7−?	仰直			9		
63M4	110°	2.4×0.9−0.42	仰直		2	17		坠饰计6件
63M7	120°		仰直		4	22	1	石斧1
合计14					38	441	7	29

说明：带▲号的是残墓

量愈多，反映随着生产力的发展，社会财富与日俱增；早、中、晚大、中型墓葬与其同期一般小墓，随葬遗物在数量上、类别上之差，随着时代的演进，距离越来越大，尤其在晚期墓葬中，表现得更为突出。可以看出，至陵阳河墓葬中、晚期，中型以上大墓与一般小型墓葬随葬遗物多寡、类别之差，已远远超出氏族社会内部一般财产分配上的不平等。

　　3. 陵阳河大汶口文化墓葬的分布情况反映，氏族内部出现了对立的两个阶层，阶级已经出现。

　　陵阳河墓葬分四区即四组。

　　第一组墓葬二十五座，葬于遗址之北，今陵阳河河道南岸，或称河滩墓地。

表三　陵阳河晚期墓葬简表

墓号	方向	墓坑(长、宽、深)/米	葬式	性别	随葬猪下骨	随葬陶器	随葬残足	其他
79M1	105°	2.4×0.85—0.28	仰直	男?	1	10		
79M2	100°	1.77×0.43—0.2	仰直	男?		6		
79▲M3	110°	2.3×0.6—0.25	仰直	男?		7	1	铲、　各1件
79M4	120°	2.8×0.8—0.44	仰直	男?	3	18	1	
79M5	110°	3.1×1.55—0.28	仰直		9	62	1	骨　1、石管1、玉石1件
79M6	110°	4.55×3.8—0.23	仰直	男	21	160	1	、凿、　雕筒各1件，坠饰4件
79▲M7	110°	3.9×2—0.2	仰直	男	5	43		陶羊角形号角1件
79▲M10	118°	2.55×1.05—0.2	仰直			27		1件
79M11	105°	3.4×1.8—0.3	仰直	男	2	21		坠饰1件
79M13	105°	2.85×1.25—0.33	仰直	男	5	60		
79▲M15	118°	3.3×1.6—0.1			4	6		
79M16	120°	3.05×1.25—0.45	仰直	女		32	1	坠饰1件
79M17	105°	4.6×3.23—0.19	仰直		33	157		石凿2件
79M21	115°	3.2×1.75—0.3	仰直		4	101		
79▲M22	110°	3.3×1.52—0.15	仰直			16		
79▲M23	110°	2.9×1.6—0.35	仰直		1	12		1件
79M28	110°	2.67×0.87—0.27	仰直	男	4	24	1	铲1件
79▲M38	100°	1.17×0.85—0.20	仰直	男		2		
79M41	118°	2.08×0.78—0.26	仰直	男	1	13	1	锯1件
79M42	110°	3.3×1.3—0.63	仰直	男	4	81	1	石　、坠饰、纺轮各1件
63M2	103°		仰直			8		
63M3	110°	2.6×1.04—0.15	仰直		2	17		斧1件
63M5	110°	2.24×0.6—0.12	仰直			9	1	
63M6	110°	2×0.5—0.1	仰直			5		石饰6件
63M8	110°	2.6×0.84—0.30	仰直		2	27		
63M9	110°	1.2×0.74—0.20	仰直			7		石饰2件
63M10	110°	2.5×0.92—0.40	仰直			16	1	
合计27					101	947	10	35

说明：带▲号的是残墓

这组墓葬，早期墓 3 座（79M8、79M12、79M24）；中期墓 9 座（79M9、79M14、79M18、79M19、79M20、79M25、79M26、79M27、79M29）；晚期墓 13 座（79M5、79M6、79M7、79M10、79M11、79M13、79M15、79M16、79M17、79M21、79M22、79M23、79M42）。早期墓，中期墓葬于偏西、偏南一侧，晚期墓葬于偏北、偏东一侧。这一组墓葬的埋葬顺序大致是，由西南而东北方向依次埋葬。

陵阳河墓地发现长 4、宽 2 米以上的大型墓葬，早期 1 座、晚期 2 座；发现长 3、宽 1～2 米的中型大墓，早期 2 座、中期 6 座、晚期 8 座，计 16 座。总计 19 座中型以上大墓，全部发现于一组河滩墓地。此类大型墓葬，除河滩墓地之外，其他组墓葬绝无所见。可以看出，自早期阶段开始，陵阳河墓地中型以上的大墓即与小型墓葬异域而葬。由此说明，这组墓葬在氏族内部的身份、地位特殊。19 座中等以上大墓，墓室构筑巨大，随葬遗物丰富、酒器多，各类随葬器物，少者四五十件，多者或至五六十件，甚至或七八十件，个别特大型墓葬随葬遗物接近 200 件。此又说明，这组身份、地位特殊的墓葬，生前是氏族中的富有者。陵阳河墓地出土一千余件器物，其中，制作精致的石钺、骨雕筒、陶质牛角形号角、石璧、石环及刻划图像文字及未刻划图像文字的陶尊等具有身份、权力标识意义的遗物，也皆发现于该组墓葬之中，无一例外。此又进一步说明，这一类富有者，生前乃是这一氏族中的权力集团。

其余三组墓葬，墓坑短、窄，随葬遗物少，均属小型墓葬。

第二组墓葬在第一组墓葬之西偏北，东南距河滩一组墓葬 50 米许，为 1963 年调查时所清理，计 10 座，编号 63M1 至 63M10。这组墓葬发掘时未测坑位图，据发掘同志回忆，墓葬坑位密集、排列有序。墓室多在 1.2×0.74～2.6×1.04 平方米，多数墓坑仅可容身，随葬遗物少，仅七八件器物，多者亦未足三十件。遗物中，以陶质器皿为大宗，酒器数量很少，无骨、角、牙器，无陶尊，极少装饰品。出土生产工具石斧，体态厚重、粗糙。

第三组墓葬在遗址东北角，灌溉沟渠北端附近，西北距河滩一组墓葬 60 米许。此组墓葬 6 座（79M1、79M2、79M3、79M4、79M28、79M40）。79M28、79M40，在灌渠东侧，79M1 至 79M4 排列有序地在灌渠之西。79M40 属中期墓，余 5 座皆属晚期墓。这组墓葬，墓坑多在 1.77×0.43～2.8×1 平方米之间，与第二组墓葬形制、结构、大小近同。每墓人均随葬猪下颌骨 1.6 件，陶器 12 件，小件器物不足 1 件。与第二组墓葬一样，出土遗物中亦无骨、角、牙器，陶尊一类物，酒器少，发现石铲、石锛一类生产工具，亦皆笨拙、厚重。

第四组墓葬在遗址东南角，灌渠南端东西两侧，北距第三组墓葬约百米，西北距第一组墓葬 150 米。1979 年发掘，遗址东南角一带属探查性试掘，未作大面积揭露，仅发现大汶口文化墓葬 3 座（79M32、79M38、79M41），79M32 属早期墓，79M38、79M41 为晚期墓。这 3 座墓葬的形制、结构、墓室大小、出土遗物多寡、类别等等，与第二组、第三组墓葬雷同。

1979 年秋季发掘，在遗址北部断崖处开 2×5 平方米探沟一条，发现大汶口小型墓葬 1 座，79M30。墓室 1.83×0.5 平方米，出土遗物 17 件，经鉴定，墓主为一成年女姓。因只作一条探沟，只发现墓葬一座，所以，这里是否也有一组墓葬，尚难定论。

陵阳河发现四组 45 座大汶口文化墓葬，主要分布在遗址北部、东部一带，每组墓葬及各墓间排列有序，各组墓葬间有一定间距，少者五六十米，多者近百米。根据各组墓葬的布局及其排列，这四组墓葬无疑乃分属四个不同家庭或家族，不同家族分别葬于不同兆域。由墓葬材料观察，第一组墓葬为富有家族，特权阶层，有的属氏族上层统治集团一类人物；其余二、三、四组墓葬，墓圹短窄，随葬遗物少，其拥有财富与第一组墓葬相较，有天壤之别，他们在氏族内部的身份、地位低下，属贫者、下层，为一般贫穷氏族成员或家庭的墓葬。

总前文分析，大汶口文化晚期，莒县陵阳河一带，氏族社会内部贫富分化加剧，差别悬殊，业已出现了以富有家族为代表的特权阶层与一般贫穷氏族成员为代表的对立阶层，阶级已经出现了。

4. 到目前为止，我国原始社会晚期氏族特权阶层内部，权力集团的结构、权力的分配及有关原始社会时期意识形态诸方面的历史概况，只能依民族志与文献记载，拟作大致推测。陵阳河一组中型以上大墓的发现，为了解这一阶段的历史面貌，提供了实物证据。

河滩一组中型以上有代表性的大墓，共六座。

早期一座（79M24），残。墓坑 4.3×2.1 平方米，"井"字形木椁。出土遗物，除 29 件猪下颌骨外，另有：鼎 6 件、鬶 3 件、罐 12 件、背壶 2 件、瓶形尊 2 件、豆 2 件、盂 2 件、器盖 1 件、瓠形杯 1 件、高柄杯 2 件、无刻文陶尊 2 件，小件器物有：石钺、臂环、玉笄、石镞、骨饰各 1 件，骨矛、石坠各 2 件，总计随葬器物 83 件。

中期两座，79M19、79M25。

79M19，墓坑 3.3×1.76 平方米，长方形木椁。男性。随葬猪下颌骨 4 件，陶器 66 件：鼎 3 件、鬶 2 件、罐 4 件、壶 6 件、豆 2 件、盆 1 件、瓮 1 件、单耳杯 5 件、厚胎及薄胎镂孔高柄杯 41 件、刻文陶尊 1 件，小件器物：石钺 1 件、骨雕筒 1 件、陶质牛角形号 1 件，另有骨梳、骨瓶、玉器各 1 件，总计随葬器物 76 件。

79M25，墓坑 3.4×1.45 平方米，"井"字形木椁。男性，随葬猪下颌骨 7 件，陶器 73 件：鼎 4 件、罐 7 件、鬶 2 件、背壶 3 件、豆 3 件、盆 2 件、瓶形尊 2 件、盉 1 件、单耳壶 4 件、瓮 1 件、单耳杯 6 件、厚胎及薄胎镂孔高柄杯 37 件、刻文陶尊 1 件，小件器物 4 件：石环、石饰各 1 件、石管 2 件，总计随葬器物 84 件。

晚期 3 座，完整的两座（79M6、79M17，79M7），残。

79M6，墓坑 4.55×3.8 平方米，"井"字形木椁。男性。随葬猪下颌骨 21 件，陶器 161 件：鼎 5 件、鬶 6 件、罐 8 件、单耳罐 9 件、双耳壶 9 件、单耳壶 4 件、长颈壶 1 件、豆 4 件、盆 2 件、瓶形尊 2 件、盉 3 件、器盖 2 件、厚胎及薄胎镂孔高柄杯 93 件、单耳杯 7 件、瓮 2 件、残陶尊 2 件、沥酒漏缸 1 件、残鬶足 1 件、其他类遗物 8 件：石璧 1 件、石钺 1 件、雕筒、石凿各 1 件，石坠 4 件，总计随葬器物 190 件。

79M7，墓坑 3.9×2 平方米，残甚。男性。残存遗物有，猪下颌骨 5 件，陶器 43 件：鬶 7 件、罐 3 件、盆 1 件、壶 1 件、盉 1 件、单耳杯 2 件、豆 1 件、匜 1 件、厚胎镂孔高柄杯 24 件、陶尊 2 件（刻文陶尊 1 件），另有残陶质号角形器 1 件，总计随葬器物 49 件。

79M17，墓坑 4.6×3.23 平方米，"井"字形木椁，二次迁葬墓。随葬猪下颌骨 33 件，陶器 157 件：鼎 5 件、鬶 15 件、罐 9 件、壶 2 件、豆 4 件。双耳壶 2 件、盆 3 件、瓮 3 件、瓶形尊 1 件、盉 6 件、单耳杯 18 件、单耳壶 4 件、厚胎及薄胎镂孔高柄杯 83 件、沥酒漏缸 1 件、刻文陶尊 1 件，另有石凿 2 件，总计随葬器物 192 件。

河滩一组墓地发现上述 6 座中型以上大墓，已鉴定的 4 座皆为男性，墓室构筑巨大，79M7 因残情况不明，其余 5 座墓葬都有木椁。此 5 座完整的墓葬随葬遗物，少者七十余件，多者近二百件，79M7 虽然残重，尚存有 49 件随葬品。清楚表明，这 6 座中型以上大墓的身份、地位，非同凡响。它们应是富有家族中的富有者，就其占有财富的多寡、类别而言，它们不仅高踞于二、三、四组一般氏族成员之上，即使在 25 座河滩一组富有家族的墓葬中，也是佼佼显赫者。

在大汶口文化中，自其早期阶段以来发现一种胎壁厚重的夹砂粗陶缸，或称大口尊、陶尊。至大汶口文化晚期，即陵阳河中期墓之后，陶尊颈部往往刻有图像文字或图像，有的图像文字在其刻画范围之内，尚涂有朱彩。这类刻文陶尊，除诸城前寨[1]、南京北阴阳营各发现一件外[2]，其余一律发现于莒县陵阳河及大朱村，尤以陵阳河发现为最多。20 世纪 60 年代以来，陵阳河发现刻文陶尊均出土于河滩一组墓地，共十二件。采品 6 件、完整器 5 件。刻文分别为 "🔆" "🥄" "𝚪" "⊓" "🗲"

[1]　任日新：《山东诸城前寨遗址调查》，《文物》1974 年第 1 期。

[2]　南京博物院：《南京市北阴阳营第一、第二次发掘》，《考古学报》1958 年第 1 期。

"🏺""🏺"，另一件为七九年发掘采集的陶尊残片，刻文为"🏺"。发掘品 4 件，79M7 的一件刻文为"🏺"、79M19 的一件刻文为"🏺"、79M17 的一件刻文为"🏺"、79M25 的一件刻文为"🏺"。陵阳河发现陶尊刻文，总计 12 个个体，如将刻文归类统计，得图像一，图像文字凡七。

"🏺""🏺"，于省吾、唐兰先生释为一字，于省吾先生释"旦"[1]，唐先生释"炅"[2]。我以释"炟""炅"二字为是[3]。邵望平同志认为，"🏺""🏺"，是大汶口人祈祷农业丰收，用于祭天的一种仪式[4]，此说甚是。"🏺""🏺"释"斤""戊"，是兵具的摹画，与兵事有关[5]，也有认为是二字乃锄斧一类工具的象形字，与农事有关[6]。"🏺""🏺"之形与甲骨文、金文中"凡"字之形颇相近似，很有可能是"凡"字的祖型、远祖[7]。"🏺""🏺"，以经籍记载证之，它的原始摹画，可能是古先民为多产酒、产好酒把沥酒过程中所用器物摹画下来，对其进行祈祷祭祀的图像[8]，还不能称其为文字。"🏺""🏺"与沥酒图像顶端的"🏺""🏺"之形雷同，当为一类物，很可能是沥酒图像的简化，也是大汶口人在酿酒时进行祈祷的图像[9]。陶尊刻文"🏺"的形象与先秦典籍记载中，我国古代人民对地母的崇拜社坛植树的记载相符，此文所画似应是陵阳河人社坛植树的图像文字，或称社祭图像[10]。总之，20 世纪 60 年代以来，陵阳河大汶口文化墓地所发现的图像、图像文字的原始寓义，多与宗教信仰、自然崇拜有关。

根据陵阳河一带发现的陶尊刻文，每件陶尊只刻一个文字，刻文多有特定的部位，有的刻文在出土时尚塑有朱彩，因而已故唐兰先生推定，陶尊刻文原是"用于某种祭祀仪式的"符号[11]，换言之，陶尊刻文所反映的客观事物，就是先民祭祀、崇拜的对象。由陵阳河发现的陶尊图像、陶尊刻文的寓义分析，唐先生的这一推测，无疑是可以成立的。人所共知，自我国原始社会以来，对一个氏族、部落或国家来说，祭祀从来就是一种权力，是氏族或部落首领亦或国家统治阶级最高代表人物独占的特权。莒县陵阳河墓地，刻文陶尊在中型以上大墓墓中的发现披露，其墓主生前原是氏族首领人物中的一员。祭天文字"炟"与"炅"、社祭图像文字以及沥酒图像的发现，又进一步披露，大汶口文化晚期，陵阳河一带氏族首领人物中，有专司祭天、祭社及专司酿酒并在酿酒过程中进行祭祀的人，等等。

[1]　于省吾：《关于古文字研究的若干问题》，《文物》1973年第2期。

[2]　唐兰：《关于江西吴城文化遗址与文字的初步探索》，《文物》1975年第7期。

[3]　王树明：《谈陶尊文字"炟"与"炅"》，《古文字论集（一）》，《考古与文物》编辑部，1983年。

[4]　邵望平：《远古文明的火花——陶尊上的文字》，《文物》1983年第9期。

[5]　王树明：《谈陵阳河与大朱村出土的陶尊文字》，《山东史前文化论文集》，齐鲁书社，1986年。

[6]　邵望平：《远古文明的火花——陶尊上的文字》，《文物》1983年第9期。

[7]　王树明：《谈陵阳河与大朱村出土的陶尊文字》，《山东史前文化论文集》，齐鲁书社，1986年。

[8]　王树明：《谈陵阳河与大朱村出土的陶尊文字》，《山东史前文化论文集》，齐鲁书社，1986年。

[9]　王树明：《谈陵阳河与大朱村出土的陶尊文字》，《山东史前文化论文集》，齐鲁书社，1986年。

[10]　王树明：《谈陵阳河与大朱村出土的陶尊文字》，《山东史前文化论文集》，齐鲁书社，1986年。

[11]　唐兰：《中国奴隶制社会的上限远在五、六千年前》，《大汶口文化论文集》，齐鲁书社，1981年。

　　《大汶口》报告曾介绍一种称为骨、牙雕筒的遗物[1]，此类遗物陵阳河墓地发现两件，79M19 出土一件。雕筒呈筒状，外壁刻四周凸弦纹，内壁有钻凿、修理、磨损和使用的痕迹，出土时筒内有朽木残迹。大汶口文化中，这类遗物一般发现于人骨架腰际、手臂附近，学者多认为它是系挂于腰际的装饰品。这是不能成立的。设若真的是这样的话，那么，雕筒内壁无需钻凿、修理，也不会留有使用痕迹，更不会有朽木残迹。依雕筒在墓葬中的放置部位、制作特征、筒内有朽木等现象，证以有关典籍、古文字，所谓骨、牙雕筒，实际是旌旗类器物的柄饰，或称旄柄[2]。旌旗一类器物与军事有关，在我国古代战争中，迄至周初，旌旗之属为军事统帅所掌握，武王伐商《书·牧誓》所谓"王左杖黄钺右秉白旄"即其证明。旄柄在79M19的发现标志，墓主人的身份，地位是很高的。

　　陵阳河 79M19 除随葬旄柄之外，在人骨架腰际还随葬一暗褐色、夹砂质陶牛角形号角，号角器身饰瓦纹、兼饰篮纹，吹之呜呜有声；颧骨右侧置一石钺，石钺体胎扁薄、磨制极精，刃部锋利，无使用痕迹。石钺属砍杀一类兵具，陶质牛角形号角是发布命令之具，很明显，这两件器物也与战争、征伐有关。79M19 人骨架骨骼粗壮、个体高大，为一三十岁左右中年男性，随葬典型器物中可辨明用途的，多与战争、征伐有关。据上述情况判断，79M19 墓主生前的身份很可能属专职军事领袖一类人物。

　　79M6、79M7 皆属晚期墓，从坑位分布、出土器物特征观察，79M6 与 79M17 相较，时代稍显偏早。这是河滩一组墓地发现最大的两座墓葬，其墓室规模之大、出土器之多，令人瞠目结舌，迄今在大汶口文化中仅见的两件沥酒缸，即发现于这两座墓葬之中。中华人民共和国成立三十余年来，在所有已发现的大汶口文化墓葬中，尚无一座与其相当的墓葬，种种迹象表明，这两座墓葬的墓主，生前在陵阳河氏族首领中的身份、地位最高，或者与酋长的身份有关。沥酒缸、沥酒图像在 79M17 的发现显示，这一地位很高、与酋长身份有关的领袖人物，尚职司酿酒。79M6 为一成年男性，人架胸前置一石璧、枕骨之下置一石钺，墓室西北角放沥酒缸 1 件、陶尊 2 件，陵阳河发现另一件与王权、军权身份有关的器物旄柄，亦发现于此墓之中。M6 发现陶尊因残缺失刻文，沥酒缸的发现却暗示了，这一地位显要、与酋长身份相关的首领，也职司酿酒。这是耐人寻味的。

　　民族志记载，至今仍处在原始社会发展阶段的后进民族，酿酒业为氏族中的主要首领所掌握，氏族首领中职主酿酒的，就是其氏族诸首领中的最高首脑、酋长。寻译"酋长"一名之古义，我国原始社会时期，氏族中的酋长同时也是职主酿酒者。《说文》："酋，绎酒也。"酋长之"酋"字从"酉"，"酋"与"酉"古代互通。在古

[1]　山东省文物管理处、济南市博物馆：《大汶口——新石器时代墓葬发掘报告》，文物出版社，1974年。
[2]　王树明：《大汶口文化中发现骨、牙雕筒用途的推测》，待刊。

文字中，"酉"字又与"酒"字之本义相通，为"酒"字之本字。"酉"与"酒"《说文》皆曰"就也"可证。由此可见，"酋""酒"二字皆由"酉"字衍变而来。据此，所谓酋长，亦即"酉长""酒长"之谓，原本指主管酿酒的氏族首领。征以民族志、古文字方面的有关资料，推定，陵阳河墓地发现 79M6、79M17 两位职主酿酒的氏族显贵为酋长一类人物，也是可以成立的。

由陵阳河墓地一组中型以上典型墓葬材料剖析，大汶口文化晚期，陵阳河一带的统治权力，完全集中在富有家族中的富有者手中，权力集团内部已有所分工，有酋长、专职军事领袖以及分司祭天、祭社的人。人们在意识形态领域内，是自然崇拜、泛神论。

陵阳河人在自然崇拜中，有太阳崇拜、大地（地母又曰社神）崇拜、酿酒过程中的祭祀崇拜活动等等。对太阳、大地的崇拜表现为祭"🐘""☺""🪶"，即祭天、祭社。在我国古代，祭天、祭社（地）是诸礼之最大者，是诸礼之主干、大宗。《礼记·礼运》：

"是故夫礼，必本于天，殽于地，列于鬼神。郑注：'圣人则天地之明，因地之利，取法度于鬼神以制礼，下教令也，既又祀之，尽其敬也。'"

《礼记·哀公问》：

"大礼何如？君子之言礼何其尊也？孔子曰：'丘闻之，民之所由生，礼为大，非礼无以节事天地之神也。'"

《史记·礼书》：

"天地者，生之本也；先祖者，类之本也；君师者，治之本也。无天地恶生？无先祖恶出？无君师恶治？……故礼，上事天，下事地，尊先祖而隆军师，是礼之三本也。"

陵阳河大汶口文化墓地祭天、祭社图像文字的发现揭示，自有周以降，为我国历代帝王所重节事天地之大礼，乃滥觞于四千余年前陵阳河带大汶口文化晚期。

三　结语

陵阳河墓地属大汶口文化晚期的物质遗存。关于大汶口文化的社会性质，已故唐兰先生根据莒县陵阳河、诸城前寨、泰安大汶口发现图像文字、朱绘文字，提出"大汶口文化已经是有文字可考的文明时代"[1]，已经进入了奴隶制社会，但唐兰先生的这一提法是不能成立的。陵阳河的考古发现反映，至大汶口文化晚期，即使在莒县

---

[1]　唐兰：《从大汶口文化的陶器文字看我国最早文化的年代》，《光明日报》1977年7月14日。

陵阳河一带，也未迈入英雄时代的大门。

文字的发明和使用，是衡量一个民族是否已进入文明时代的重要标志。可以这样说，没有用文字记载的时代，还不能称其为文明时代。陵阳河发现图像文字，已有了固定的字形，每个字也都能表示一特定的含义，因日转星移，历史久远，今天我们已无从知道它的读音，可以推想，这些已有固定形体、特定含义的图像文字，原来也一定有特定的读音。目前，我国诸史前文化中发现的各种刻画符号，尚可称其为文字的仅此一类。然而，陵阳河发现的这类型图像文字，尚属文字的肇造时期，为数极少，总计才七字，还无法连缀成文，更谈不上用于交际。所以，陵阳河遗址虽已出现了文字，还不能说，陵阳河一带乃至大汶口文化晚期，已有了有文字可考的历史，已进入了文明时代。陵阳河图像文字的发现只是告诉人们，大汶口文化晚期，今黄河下游河、淮之间，陵阳河先民开始向文明的门槛逼近。

城市的出现、宫殿建筑址的出现，是人类行将步入文明时代的另一个重要标志。恩格斯指出："以石墙、炮楼、雉堞围绕的石造或砖造房屋的城市，已经成为部落联盟和部落的中心——这是建筑艺术上的一个巨大进步，同时也是危险与防御需要增加的征候。"[1] 他还指出："新的稳固的城市周围以高峻的墙壁，它们的广阔的壕沟成为氏族制度的坟墓，而它们的尖塔已耸入文明了。"[2] 在野蛮的高级阶段，文明时代到来之前，国家出现的前夜，城市就已经出现了。这一历史阶段，我国已发现古城址四座，山东、河南各两座。山东发现的两座，一座是中华人民共和国成立前，发现于谭国故墟山东章丘龙山镇龙山文化遗址；另一座是，1984年发现于寿光边线王龙山文化遗址。河南的两座，分别发现于淮阳平粮台、登封王城岗，时代也都在河南龙山文化晚期。至于陵阳河以及大汶口文化晚期诸遗址，迄今尚未发现古城建筑，也未发现可称之为宫殿建筑的遗迹。这说明，以陵阳河遗存为代表的大汶口文化晚期，与文明时代之间，还有一段间距。

金属的冶炼、金属工具的使用，在野蛮的高级阶段已开始出现，一般认为，这一技术方面的重要成就，也是文明时代即将来临的标志之一。中华人民共和国成立以来，我国史前时期金属冶炼方面的遗迹及金属工具一类遗物，在河南龙山文化、齐家文化、火烧沟类型文化中，曾迭次发现[3]，山东一带最早金属工具乃发现于胶

[1] 恩格斯：《家庭、私有制和国家的起源》，人民出版社，1954年，第156~157页。

[2] 恩格斯：《家庭、私有制和国家的起源》，人民出版社，1954年，第158页。

[3] 李仰松：《试论中国古代的军事民主制》，《考古》1984年第5期；任日新：《山东诸城前寨遗址调查》，《文物》1974年第1期；于省吾：《关于古文字研究的若干问题》，《文物》1973年第2期；唐兰：《关于江西吴城文化遗址与文字的初步探索》，《文物》1975年第7期。

县三里河典型龙山文化遗址之中 [1]。陵阳河遗址，从未发现金属冶炼方面的物质遗存，在中型以上大型墓葬中，也未发现一件青铜或黄铜一类工具、装饰品。建国三十余年来，已发掘的大汶口文化墓葬数以千计，也未有过这方面的发现。据此一端，说陵阳河一带以及大汶口文化晚期已进入了文明时代，也嫌根据不足 [2]。

诚然，陵阳河墓地的墓葬材料确已向人们展示，氏族内部已出现了贫富尖锐对立的两大阶层，出现了阶级；人类社会的第二次大分工也已经开始。这两点也确实是国家出现、文明时代到来的先决条件之一，然而，与人类社会进入文明时代的诸标志衡量，大汶口文化晚期，莒县陵阳河一带所处社会发展阶段，当仍属原始社会晚期，即军事民主主义时期 [3]。陵阳河专职军事领袖墓葬的发现说明，这一时期，侵犯、掠夺性战争，已成为经常的职业；祭天、祭社图像文字及沥酒图像的发现又说明，这一时期，氏族上层领导集团所重，是与其本部族生存息息相关的天（太阳）、地等各种自然现象、事物的祈祷、祭祀。《左传·成公十三年》刘子所言，"国之大事在祀与戎"，应即这一历史写照。

（原载《史前研究》1987 年第 3 期）

---

[1] 昌潍地区艺术馆、社科院考古研究所山东队：《山东胶县三里河遗址发掘简报》，《考古》1977年第4期。

[2] 夏鼐：《中国文明的起源》，《文物》1985年第8期。

[3] 夏鼐：《中国文明的起源》，《文物》1985年第8期。

山东莒县陵阳河大汶口文化墓葬发掘简报

　　山东莒县，位于山东鲁东南，属沂蒙山区东部边缘地区。沭河由县东北流入境内，向南流经莒县、临沭、郯城入江苏省新沂县与沂河汇合。

　　陵阳河大汶口文化遗址在沭河流域东侧，今莒县县城东南25里，陵阳乡驻地大河北村南、陵阳街村之东。遗址东西向，呈一梯形台地，总面积2万平方米。已发掘的大汶口文化墓葬，主要分布在遗址北陵阳河主河道南岸河滩以及遗址东南、东北部边缘地带。在遗址东南侧，发现有西周至战国时期的小型墓葬（图一）。

　　陵阳河大汶口文化遗址发现于20世纪60年代初，1963年，山东省博物馆曾派人进行了调查性试掘，清理大汶口文化墓葬10座（编号莒陵63M1至M10）；1979年，山东省博物馆会同莒县文物管理所，又对该遗址进行两次抢救性发掘，此次发掘共清理古墓葬42座（编号莒陵79M1至M42）。1979年清理的42座墓葬，大汶口文化墓葬35座，周至战国时期的小型墓葬6座（莒陵79M33～M37、M39），不明时代的墓葬1座（莒陵79M31）。陵阳河大汶口文化墓葬属大汶口文化期晚的物质遗存，前后三次发掘，获得一批十分珍贵的实物资料、图像文字资料，这一发现，为研究大汶口文化晚期的物质文化、社会性质以及我国古代文明、文字的起源，增添了新的内容。

　　现将一至三次发掘的主要收获，大汶口文化的墓葬材料，作一简括报道。

一

　　陵阳河发现大汶口文化墓葬，就其分布情况看，大致分为四组。第一组墓葬葬于陵阳河河道南岸河滩，数量最多，计25座。早期墓3座，中期墓9座，晚期墓13座。第二组墓葬葬于第一组墓葬西北50米许，为1963年发掘的一组，计10座。中期墓3座，晚期墓7座，无早期墓。第三组墓葬葬于遗址东北角，西北距第一组墓葬60米许，墓葬六座。中期墓1座，晚期墓5座，亦无早期墓。第四组墓葬葬于遗址东南角，西北距第一组墓葬150余米，发现大汶口文化墓葬3座。早期墓葬1座，晚期墓葬2座。另有周至战国时期小型墓葬6座，时代不明的墓葬1座。在

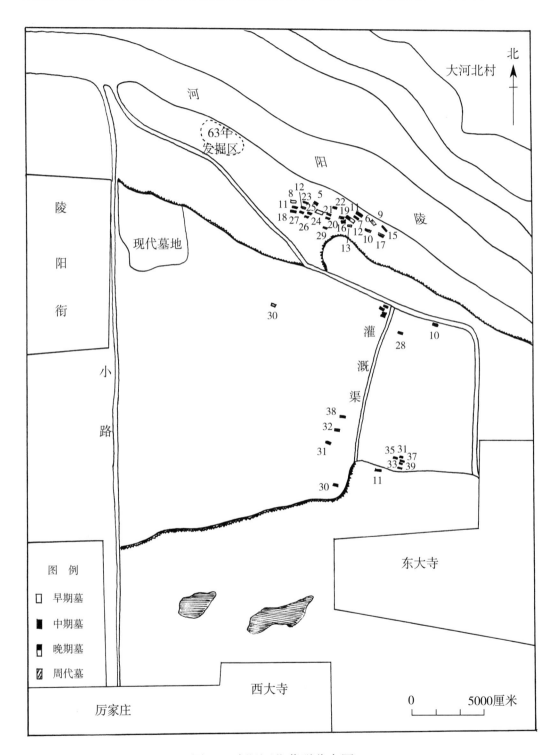

图一　陵阳河墓葬群分布图

遗址北部断崖处，发现大汶口文化墓葬 1 座，时代属大汶口文化中期。

陵阳河大汶口文化墓葬，均土圹、竖穴，单人仰身直肢葬，无合葬墓，二次迁葬墓发现一例，为 79M17，俯身葬、屈肢葬、侧身葬，一例未见。打破关系的墓葬发现一例，79M11 打破 79M12。

陵阳河大汶口文化墓葬，墓坑边缘清楚，呈长方形，长度 1.17～4.6、宽度 0.43～3.8 米。第一组、第二组墓葬全在河滩，残破者较多，墓坑之上即为流沙，往往扒掉流沙即见器物；第三组、第四组墓葬，墓口深度多为 0.2～0.4 米，墓室大小、随葬遗物多寡及其精致程度与河滩一组墓葬相较，差别十分悬殊。如河滩一组晚期墓 79M6，墓室巨大，为 4.55×3.8 平方米，随葬器物 160 余件；第三组墓葬 79M2 与 79M6 时代相同，墓室短窄，仅可容身，为 1.77×0.43 平方米，随葬器物仅 6 件。

过去在大汶口文化中，曾发现这一考古学文化有盛行拔掉侧门齿、手握獐牙、头骨人工变形的习俗。陵阳河大汶口文化墓地发掘，此俗前者仅发现一例，79M6 拔掉两颗侧门齿；后两者，手握獐牙、头骨人工变形的习俗不见。1979 年陵阳河大汶口文化墓葬发掘，发现一过去在大汶口文化中从未见过的特殊习俗，随葬残蠲足。各墓葬酒器甚多，是陵阳河大汶口文化墓葬的又一个特点。陵阳河 3 次发掘的 45 座大汶口文化墓葬，随葬高柄杯一类饮酒用具竟达 663 件之多，约占整个墓地出土遗物总数的 45%，由此可见陵阳河大汶口人尚酒风习之一斑。

二

根据打破关系及随葬遗物的特点，陵阳河遗址发现的 45 座大汶口文化墓葬，大致可分为早、中、晚三期。下文就各期墓葬，挑选部分较为完整、典型的墓葬，并从所选各墓葬兼及其所属同期墓葬出土的每种器物中，精选一、二件典型的、时代差别明显的代表性器物，并就各墓葬的形制、结构、遗物在墓葬中的放置部位、各类遗物的特征，分别予以介绍。

（一）早期墓

陵阳河墓地发现早期墓数量最少，计 4 座：79M8、M12、M24、M32。第一组墓发现 3 座，第四组墓葬发现 1 座。皆土圹竖穴，单人仰身直肢葬，都有随葬品；随葬遗物最少者 79M32，仅 9 件器物；79M24 随葬遗物最多，总计 40 余件。随葬遗物有猪下颌骨、陶、石、玉、骨诸类。

轮制制陶技术早期阶段即亦盛行，个别类陶器，比如薄胎镂孔高柄杯、单耳杯采用快轮制法，但有些陶器仍然采用手制的方法。陶器的颜色以泥质灰陶、夹砂褐陶为大宗，兼有泥质红陶、夹砂红陶、泥质黑陶、夹砂白陶，朱绘陶器发现一件。

最常见的器物有:鼎、鬹、豆、罐、盉、单耳杯、背壶、盆、筒形罐、高柄杯、觚、大口尊等。早期墓出土酒具数量少,出土大口尊无陶文。陶器的装饰纹样,以篮纹、镂孔装饰居多,镂孔装饰布局呈编织物状。

发现的石器有石铲、石镞、石臂环;骨器有骨梳、骨矛,另有石坠、玉坠一类装饰品。

79M12 为 79M11 打破,属中型墓葬。墓室 3×1.85 平方米,墓口距地表 0.35 米,人骨架为一成年男性,仰身直肢,头向 108°。随葬器物有:鼎、豆、罐、背壶、盆、瓶形尊、盉、单耳杯,高柄杯、异形杯,残鬹足诸类,另有石铲、石坠、玉笄、骨梳等,总计随葬器物 41 件。骨梳、玉笄、石坠,放于头顶、头右侧;石铲放于腰际右侧,薄胎镂孔高柄杯放于右侧上肢骨处,是部放陶盉 1、背壶 2,其他类器物被放于人骨架左右侧近墓壁处。从随葬遗物的分布情况看,M12 原来应有木椁之类葬具(图二)。

79M24,属大型墓葬,残一角,"井"字形木椁,墓室 4.3×2.1 平方米,墓口距地表 0.32 米。人骨架仰身直肢,性别不明,头向 118°。随葬猪下颌骨 29 件,陶器 35 件。陶质器皿有鼎、鬹、罐、背壶、瓶形尊、豆、盉、觚、高柄杯、大口尊,另有石铲、石臂环、骨矛、石镞一类杂器及玉坠、玉笄等装饰品。头上方放玉笄 1,玉坠、骨饰放于右肩侧,左下肢骨外放石镞 1,右下肢骨外放骨矛、骨笄各 1,胸部放 1 石铲,右上臂套石环 1。足下部放背壶 2,椁外放尊形器 2,大口尊与猪下颌骨另置一处,多放于北侧椁室外及东壁处。其他类陶质器皿,一律放置于人骨架右侧椁室之内(图三)。

早期墓葬出土代表性器物:

折腹鼎(79M12:33)

夹砂褐陶,圆唇微外卷,颈内收;腹下部圆折,饰一周压印凹点纹,对侧各饰一泥突;小平底,凿形足。口径 10.30、通高 14.50 厘米(图四,2)。

盆形鼎 1(79M24:29)

夹砂褐陶,圆唇、敞口、浅腹,腹中部饰一周锯齿状附加堆纹;扁凿形足,饰四道刻划纹。口径 22、通高 20 厘米(图四,1)。

盆形鼎 2(79M12:34)

夹砂褐陶,圆唇、侈口,颈内收、内侧成棱;浅腹、平底、扁凿形足,足面有一道刻划纹,鼎腹饰篮纹。口径 19、通高 16.8 厘米(图四,7)。

鬹 1(79M24:36)

夹细砂、云母片,深褐色;绳索形双鋬,高裆、无腹、三袋足;短颈、敞口,流斜上仰半卷呈管状。通高 39 厘米(图版一,3)。

图二 79M12平面图

1.豆 2.豆 3.罐 4.鼎 5.单耳罐 6.罐 7.罐 8、9.杯 10.猪下颌骨3件 11.镂孔高柄杯 12.梳 13.玉铲 14.石坠 15.石斧 16.豆 17.盆 18.盉 19.背壶 20.背壶 21.背壶 22.单耳罐 23.高柄杯 24.高柄杯 25.高柄杯 26.异形杯 27、28.高柄杯 29.杯 30.残鬶足 31.尊 32.罐 33.鼎 34.鼎 35.背壶 36.鼎 37.罐 38.鼎 39.猪下颌骨1 40.单耳罐 41.罐 42.壶 43.罐 44.豆

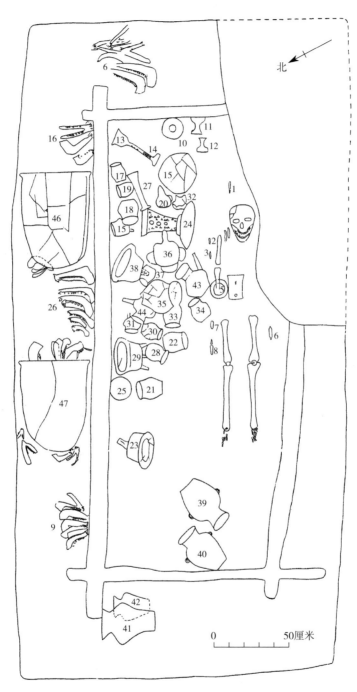

北

0　　　　　50厘米

图三　79M24平面图

1.玉笄　2.玉坠　3.骨饰　4.石铲　5.臂环　6.石镞　7.残骨矛　8.骨矛　9.猪下颌骨　10.带盖罐　11.实柄小豆
12.实柄小豆　13.高柄杯　14.石坠　15.豆　16.猪下颌骨　17～19.红陶罐　20.红陶鬶　21.红陶罐　22.黑陶罐
23.黑陶鼎　24.黑陶豆　25.红陶罐　26.猪下颌骨　27.瓠形杯　28.黑陶豆　29.红陶鼎　30.黑陶罐　31.红陶鼎
32.白陶鬶　33、34.黑陶罐　35.红陶罐　36.红陶鬶　37.红陶罐　38.红陶鼎　39.背壶　40.背壶　41.黑陶尊　42.红
陶尊　43.盉　44.黑陶盉　45.红陶鼎　46、47.大口尊　48.猪下颌骨

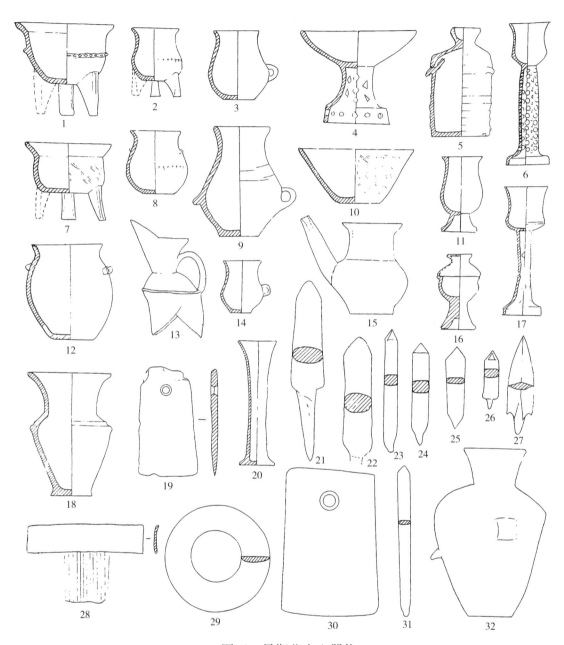

图四 早期墓出土器物

1、7.盆形鼎（79M24：29、79M12：34） 2.折腹鼎（79M12：33） 3、9.单耳罐（79M24：22、79M12：40）
4.圈足豆（79M12：16） 5.筒形罐（79M24：10） 6、17.镂孔高柄杯（79M24：11、79M12：13） 8.折
腹罐（79M24：18） 10.平底盆（79M12：17） 11.灰陶杯（79M12：26） 12.陶罐（79M24：25）
13.鬶（79M24：32） 14.单耳杯（79M32：2） 15.陶盉（79M24：44） 16.高柄杯（79M12：25） 18.瓶
形尊（79M12：31） 19、30.石铲（79M12：15、79M24：4） 20.觚形杯（79M24：27） 21、22.骨矛
（79M24：8、79M24：7） 23、31.玉笄（79M12：13、79M24：1） 24、26.石坠（79M24：14、79M12：14）
25.玉坠（79M24：2） 27.石镞（79M24：6） 28.骨梳（79M12：12） 29.石环（79M24：5） 32.陶背壶
（79M12：21） （11、19、27～30为1/4、21～26、31为1/2、余皆1/8）

鬶2（79M24：32）

夹细砂白陶，短颈，半球形腹，饰一周附加堆纹；分档、三袋足，泥条式錾手，圆。通高25厘米（图四，13）。

折腹罐（79M24：18）

夹砂红陶，圆唇微外卷、颈内收较细，颈对侧各饰一泥突；圆折腹，饰一周压印凹点，小平底。口径12、底径7.2、通高14厘米（图四，8）。

罐（79M24：25）

夹砂褐陶，圆唇、沿斜上侈，颈内收，对侧各饰一鸡冠耳，深腹，小平底。口径16、底径10、通高21厘米（图四，12）。

单耳罐1（79M12：40）

泥质灰陶，圆唇、沿微外侈，细颈、圆腹，腹最大径近底部，下腹内弧，一侧有一环耳，环耳对侧有一鸟喙式泥突，肩部饰两道弦纹，小平底。口径13.4、底径9、通高24厘米（图四，9）。

单耳罐2（79M24：22）

泥质灰陶，圆唇、沿微外侈；细颈，圆腹，扁环单耳，小平底。口径10、底径7、通高15.5厘米（图四，3）。

筒形罐（79M24：10）

泥质黑陶，筒形、直壁、平底；通体饰"瓦纹"，敛口，颈外侧饰三个鸟喙式泥突；覆盘式盖，半球形纽。口径9、底径13、通高24厘米（图四，5）。

双腹浅盘豆（79M24：24）

泥质黑陶，圆唇，窄沿上折，双腹、浅盘；粗柄，饰圆形、菱形、三角形大镂孔，矮圈足。口径29、通高28厘米（图版一，2）。

圈足豆（79M12：16）

泥质灰陶，尖唇、平沿、浅盘，粗柄、圈足；柄部饰菱形、三角形镂孔各三行、总计六行镂孔装饰，圈足饰圆形、三角形镂孔。盘径26、通高20厘米（图四，4）。

背壶（79M12：21）

泥质灰陶，圆唇、喇叭状口；圆肩，肩对侧各饰一对称环耳；另一侧面平，其下饰一鸟喙式泥突，小平底。口径14、底径10、通高37厘米（图四，32）。

平底盆（79M12：17）

夹粗砂褐陶，圆唇、敞口，腹壁斜直，平底，通体饰篮纹。口径26、腹深11、底径9厘米（图四，10）。

盉1（79M24：44）

泥质黑陶，圆唇、沿微上翘，管状流；颈腹分界明显，小平底。口径14、底径 10、通高 20 厘米（图四，15）。

盉 2（79M24：43）

夹砂灰陶，方唇，沿微上翘，管状流；粗颈、扁腹、下腹内弧，小平底；流、颈、肩、腹饰朱绘涡纹、曲线纹。口径 15、底径 10、通高 22 厘米（图版一，1）。

瓶形尊（79M12：31）

夹砂褐陶，尖唇、窄平沿、喇叭状口；折肩、小平底；肩部有凸棱，底沿外凸。口径 19.5、底径 10、通高 28 厘米（图四，18）。

灰陶杯（79M12：26）

泥质乳白色灰陶质，平沿、领略直，腹最大径靠下部，喇叭状圈足。口径 4.3、底径 4、通高 8.4 厘米（图四，11）。

单耳杯（79M32：2）

泥质黑陶、圆唇、口微外侈；颈壁内弧，腹最大径偏下；环状单耳，小平底。口径 9、底径 5、通高 12 厘米（图四，14）。

厚胎高柄杯（79M12：25）

夹砂褐陶，尖唇、平沿、弧腹，粗柄喇叭状圈足，钵形盖纽。口径 10、通高 12.5 厘米（图四，16）。

薄胎镂孔高柄杯 1（79M12：11）

泥质黑陶，口微侈、束腰、箍腹，柄部饰编织物状镂孔，小圈足。口径 9、通高 31 厘米（图四，6）。

薄胎镂孔高柄杯 2（79M24：13）

泥质黑陶，口微侈、束腰、箍腹，箍腹上饰二道凹弦纹；细柄饰三角形、圆形镂孔，小圈足。口径 9.5、通高 28 厘米（图四，17）。

瓠形杯（79M24：27）

泥质灰陶，圆唇喇叭状口，细柄，平底，底沿外凸。口径 9、底径 8、通高 28 厘米（图四，20）。

大口尊 1（79M24：46）

夹粗砂黑陶，圆唇、窄平沿、大口、筒状深腹，通体饰砍砸条纹，圜底。口径 36、通高 60 厘米。

大口尊 2（79M24：47）

夹粗砂红陶，圆唇、窄平沿、大口、筒状深腹，通体饰砍砸条纹，圜底。口径 36、通高 65 厘米。

石铲 1（79M12：15）

乳白色石质。一端有穿孔，体修长，残；刃部锋利，有使用痕迹。长 12、宽 7

厘米（图四，19）。

石铲 2（79M24：4）

青灰色石质。一端有穿孔，刃部锋利，无使用痕迹。长 16.5、宽 11 厘米（图四，30）。

石镞（79M24：6）

青灰色石质。扁铤，有锋、有翼，铤断面略呈菱形。长 11.5、铤长 2.5 厘米（图四，27）。

石环（79M24：5）

乳白色石质。残，外径 12、内径 6 厘米（图四，29）。

石坠 1（79M12：14）

乳白色石质。形如镞。长 3.5 厘米（图四，26）。

石坠 2（79M24：14）

乳白色石质，形为镞。长 3.5 厘米（图四，24）。

玉坠（79M24：2）

青绿色玉质。长 4.5 厘米（图四，25）。

玉笄 1（79M12：13）

绿色玉质。长 7 厘米（图四，23）。

玉笄 2（79M24：1）

淡绿色玉质，长 8.5 厘米（图四，31）。

骨梳（79M12：12）

骨质，残，中间有 12 齿。梳背长 13.4、宽 3 厘米（图四，28）。

骨矛 1（79M24：8）

骨质。横断面呈椭圆形。通长 10 厘米（图四，21）。

骨矛 2（79M24：7）

骨质。残。横断面呈椭圆形。残长 6.8 厘米（图四，22）。

（二）中期墓

陵阳河大汶口墓地发现属中期的墓葬较早期墓葬为多，计 14 座。1963 年 3 座：M1、M4、M7；1979 年 11 座：M9、M14、M18、M19、M20、M25、M26、M27、M29、M30、M40。其中，第一组墓葬 9 座，第二组墓葬 3 座，第三组墓葬 1 座，遗址北部断崖处 1 座。皆土圹、竖穴、单人仰身直肢葬，皆有随葬品；随葬遗物最少者 63M1 有 9 件器物，多者如 79M19、79M25 随葬遗物 70 ~ 80 余件。无长度 4 米以上大型墓葬。随葬器物有猪下颌骨、陶、石、玉诸类。出土酒器数量，比如高柄杯，较早期墓明显增多。中期墓出土大口尊饰篮纹，颈部刻有图像文字。

中期墓出土陶器除个别器类，如大口尊、鬶等类为手制或模制外，其他诸类陶器多轮制，或经轮修，采用快轮制法的陶器较早期墓增多。泥质黑陶、夹砂白陶，多于早期墓，未发现泥质红陶、朱绘陶器。花纹装饰纹样单调，仍以篮纹、镂孔装饰为主。豆、薄胎高柄杯柄部镂孔装饰技法，较早期有所变化，镂孔变小、数量较少，但仍有粗犷之感。最常见的陶质器皿有：鼎、鬶、罐、尊形罐、豆、背壶、双耳壶、盆、盉、瓶形尊、单耳杯、单耳壶、厚胎及薄胎高柄杯、盆、大口尊；玉、石、骨质一类器皿有：石锥、骨雕筒、石环、玉坠、骨饰、骨梳等。

63M1，属中期小型墓葬，墓室 2.1×0.7 平方米，人骨架 1，仰身直肢葬，未经性别鉴定，头向 108°。无椁。随葬器物 9 件，有鼎、豆、单耳杯，盆、罐等。随葬遗物除高足杯放于足下外，其余遗物一律放于墓壁处（图五）。

79M19，中型墓葬，墓室 3.3×1.76 平方米，长方形木椁，人骨架 1，仰身直肢，男性，头向 110°。随葬猪下颌骨 4 件，陶器 66 件，石铲、骨雕筒等杂器 5 件。陶质器皿有：鼎、鬶、罐、双耳壶、单耳壶、豆、盆、瓮、单耳杯、陶质牛角形号角、厚胎及薄胎镂孔高柄杯、大口尊；石骨一类杂器有：石铲、小型玉器、骨雕筒、骨梳、骨瓶等。厚胎及薄胎镂孔高柄杯，皆放于椁室内人骨架腰部以上左右两侧或压于骨架之上，下肢左右两侧、足部放置鼎、豆、双耳壶、杯类器；头顶放 1 骨梳，颧骨右侧置 1 石铲，右上肢骨外侧放骨雕筒 1，陶质牛角形号角放于右侧椁内。足下部椁外放置大型陶质器皿，罐、大口尊、瓮及猪下颌骨。大口尊竖立，颈部刻有图像文字，文字与人架相对。墓室北侧椁外放陶鬶 1，东南角放陶豆 1，南壁放陶盆 1（图六）。

79M25，中型墓葬，墓室 3.4×1.45 平方米，"井"字木椁，人架 1，仰身直肢葬，男性，头向 108°。随葬猪下颌骨 7 件，陶器 73 件，石质一类杂器 4 件。陶质器皿有：鼎、鬶、罐、背壶、豆、盆、瓶形尊、盉、单耳壶、单耳杯、厚胎及薄胎镂孔高柄杯，瓮、大口尊；石质一类杂器有：石环、石管、石饰等。厚胎及薄胎镂孔高柄杯交互叠压于墓主骨骼之上；左上肢骨套 1 石环，石管、石饰放于头部；下肢骨、足

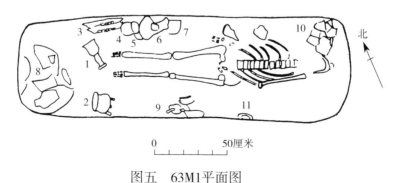

0　　　　　50厘米

图五　63M1平面图

1.高足杯　2.鼎　3.猪下颌骨　4.单耳罐　5.单耳杯　6、7.豆　8.瓮　9.鼎　10、11.罐

0 ——— 40厘米

图六　79M19平面图

1.骨梳　2.石铲　3.玉玦　4.骨瓶　5.豆　6～16.高柄杯　17.镂孔高柄杯　18.高柄杯　19～22.镂孔高柄杯　23.骨雕筒　24.鬶　25.陶质牛角形号角　26.高柄杯　27.鼎　28.镂孔高柄杯　29.鬶　30.高柄杯　31、32.高柄杯　33.罐　34、35.高柄杯　36.双耳壶　37、38.高柄杯　39.罐　40.大口尊　41.壶　42.高柄杯　43、45、46.杯　44.壶　47.镂孔高柄杯　48～50.杯　51、52.高柄杯　53.杯　54.瓮　55～57.杯　58.壶　59.高柄杯　60.豆　61.高柄杯　62.鼎　63.瓮　65.高柄杯　66.盆　67.罐　68.鼎　69.高柄杯　70.罐　71、72.高柄杯　73.猪下颌骨（4件）

部椁内置背壶、豆、罐、盉一类器皿；椁外左右两侧分别放置豆、单耳壶、罐、鼎等器及猪下颌骨；足下部椁外放置大型器皿：大口尊、瓮、带盖罐等，大口尊竖立，颈部刻有图像文字，文字与人骨架相对（图七）。

中期墓葬出土的代表性器物：

罐形鼎（79M25：44）

夹砂褐陶，圆唇，窄沿微上侈，沿内饰凹弦纹，颈内侧有突棱；罐形、深腹、小平底，凿形扁足、足根部饰按压窝纹。口径20、通高25厘米（图八，10）。

带盖盆形鼎（79M25：59）

泥质黑陶。浅盘式盖，扁桥形纽；鼎沿宽、微上卷，浅腹；扁凿形足，足根部饰一按压泥突。口径22、通高20厘米（图八，8）。

鬶（79M25：17）

夹砂白陶质。细颈较长，流上仰；鋬扁，肩部饰一周附加堆纹，三袋足。通高30厘米（图八，19）。

罐（79M19：67）

夹砂灰褐色陶质。圆唇，唇内侧饰凹弦纹，沿上卷，颈内侧有突棱，通体饰篮纹，肩对侧各饰一鸡冠耳，圆腹，小平底。口径18.5、底径9、通高29厘米（图八，9）。

鼓腹带盖罐（79M19：39）

泥质黑陶质。覆盘式盖，盖纽如小圈足。圆唇，沿内凹，沿外侧饰三个鸟喙式泥突，鼓腹，小平底。口径6.5、底径6、通高11厘米（图九，5）。

尊形罐1（79M25：63）

泥质黑陶质。圆唇，沿微上卷；颈部饰五道凹弦纹；圆腹，小平底。口径16、底径10、通高24厘米（图八，4）。

尊形罐2（79M27：24）

泥质黑陶质。圆唇，宽沿，沿缘饰三个喙形泥饰；下腹折收，小平底。口径14、底径8、通高20厘米（图八，7）。

豆1（79M14：25）

泥质黑陶质。圆唇，盘较深；柄较细，饰四行其中各两行三角形、圆形镂孔，圈足。盘口径24、通高20厘米（图八，12）。

豆2（79M14：13）

泥质黑陶质。圆唇，盘较深；柄较细，柄饰三角形、圆形镂孔，圈足。盘口径23、通高19厘米（图八，13）。

豆3（79M25：4）

泥质黑陶质。圆唇，盘较深；柄略细，饰三个三角形镂孔，喇叭口状圈足。盘

北

0　　　　　　50厘米

图七　79M25平面图

1.大口尊　2.瓮　3.大背壶　4.泥质黑陶豆
5.夹砂灰陶罐　6.泥质黑陶带盖罐　7.大背
壶　8.泥质黑陶罐　9.泥质黑陶盉　10.陶片
（器形不明）　11.泥质黑陶单耳杯　12.黑
陶带盖高柄杯　13.罐形鼎　14、15.带盖高
柄杯　16.尊　17.鬶　18、19.带盖高柄杯
20.大型背壶　21～25.带盖高柄杯　26.白陶
鬶　27～31.带盖高柄杯　32.陶尊33～42.带
盖高柄杯43.异形杯　44.褐陶鼎　45～48.
带盖高柄杯　49.薄胎镂孔高柄杯　50～55.
带盖高柄杯　56.石环　57.石管　58.鼎
59.罐　60.豆　61.黑陶豆　62.尊形罐
63.双耳盆　64.单耳杯　65.石管　66.石饰
67.单耳壶　68～70.单耳壶　71.陶片（器形
不明）　72.陶盆　73.单耳杯　74.单耳杯
75.单耳杯　76.尊形罐　77.猪下颌骨（7
块）　78.带盖黑陶罐

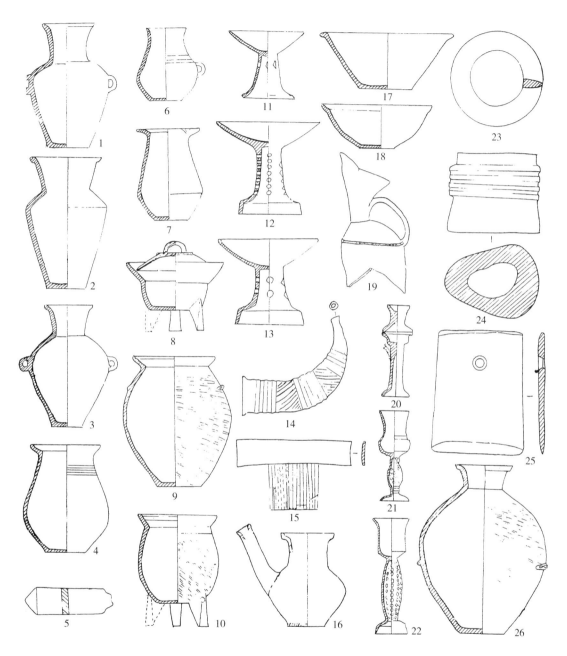

图八　中期墓出土器物（一）

1.背壶（79M14：31）　2.瓶形尊（79M25：16）　3.双耳壶（79M27：25）　4、7.尊形罐（79M25：63、79M27：24）　5.玉坠（79M19：3）　6.单耳壶（79M14：20）　8.带盖盆形鼎（79M25：59）　9.陶罐（79M19：67）　10.罐形鼎（79M25：44）　11～13.陶豆（79M25：4、79M14：25、79M14：13）　14.陶牛角形号角（79M19：25）　15.骨梳（79M19：1）　16.陶盉（79M29：9）　17.深腹盆（79M19：66）　18.曲腹盆（79M25：73）　19.陶鬶（79M25：17）　20.厚胎高柄杯（79M25：29）　21、22.镂孔高柄杯（79M25：49、79M19：19）　23.石环（79M25：56）　24.骨雕筒（79M19：23）　25.石铲（79M19：2）　26.陶瓮（79M40：1）　（5、24为1/2，15、23、25为1/4，余皆为1/8）

口径 17 厘米（图八，11）。

背壶（79M14：31）

泥质黑陶质。圆唇，喇叭口；圆肩，肩对侧各饰一对称扁环耳；腹壁一侧饰一鸟喙形泥突，小平底。口径 12、底径 9、通高 28 厘米（图八，1）。

双耳壶（79M27：25）

泥质黑陶质。圆唇，喇叭口；圆肩，小平底。肩对侧各饰一环耳。形制与同期背壶略同，唯其一侧背无泥突装饰。口径 11、底径 8、通高 27 厘米（图八，3）。

曲腹盆（79M25：73）

泥质黑陶质。圆唇，沿内凹，微上卷；曲腹，小平底。口径 26、底径 8、通高 10 厘米（图八，18）。

深腹平底盆（79M19：66）

泥质黑陶质。尖唇，窄平沿；深腹，平底。口径 31、底径 12、通高 12 厘米（图八，17）。

盉（79M29：9）

泥质黑陶质。圆唇，窄沿上折；细颈，颈部饰凹弦纹；扁圆腹，小平底；管状流，流口微侈。口径 12、底径 8、通高 21 厘米（图八，16）。

瓶形尊（79M25：16）

夹砂灰陶质。方唇，喇叭状口；圆折肩，饰三个对称的鸟喙式泥突，小平底。口径 17、底径 9、通高 29 厘米（图八，2）。

单耳杯（79M25：11）

泥质黑陶质。圆唇，沿微外侈；扁圆腹，一侧有一环耳，小平底。口径 7、底径 4、通高 10 厘米（图九，4）。

单耳壶（79M14：20）

泥质黑陶质。圆唇，口微外侈，细颈，颈下饰三道凹弦纹；圆腹，一侧有环耳，小平底。口径 9、底径 6.5、通高 16 厘米（图八，6）。

厚胎高柄杯 1（79M25：51）

泥质黑陶质。覆豆式盖，盖柄较长；杯口圆唇，窄平沿；腹壁直，浅腹；空柄，喇叭口状圈足。口径 7、通高 21 厘米（图九，1）

厚胎高柄杯 2（79M25：29）

夹砂灰陶质。覆豆式盖，盖柄较短；杯口圆唇，窄沿，浅腹；空柄，喇叭口状圈足。口径 5、通高 20 厘米（图八，20）。

薄胎镂孔高柄杯 1（79M19：19）

泥质黑陶质。圆唇，沿微外侈；腹壁较直，下腹折内收；橄榄形高柄，装饰圆形、菱形镂孔各三行。口径 8.5、通高 26 厘米（图八，22）。

薄胎镂孔高柄杯 2（79M25：49）

泥质黑陶质。圆唇，筒腰内弧，箍腹；柄中部较粗，饰圆形、三角形镂孔各三行，覆盘式座。口径 7、通高 20 厘米（图八，21）。

异型杯（79M25：43）

夹细砂白陶质。覆盘式盖，鞍形纽；圆唇，窄平沿，筒形腹；柄部饰四个长条形镂孔。口径 7、通高 16 厘米（图九，2）。

瓮（79M40：1）

夹砂红陶质。方唇，沿微侈，小口；溜肩，圆腹，对侧各饰一鸡冠耳，小平底。通体饰篮纹。口径 13、底径 10、通高 38 厘米（图八，26）。

大口尊 1（79M19：40）

夹粗砂灰褐陶质。方唇，窄平沿，沿外侧饰一周凹弦纹；敞口，筒形深腹，圜底；通体饰篮纹，颈部刻有陶文"⚒"。实物观察，陶文左上角缺口间及右下角夹角间的一笔，为陶尊上的篮纹遗迹。口径 41、通高 64 厘米（图版二，1；图十，3）。

大口尊 2（79M25：1）

夹粗砂黑陶质。圆唇，窄平沿，沿外侧饰一周凹弦纹，沿下饰三个泥突；敞口，筒状深腹，腹部饰一周附加堆纹；通体饰篮纹，颈部刻一陶文"⚒"，小圈足。口

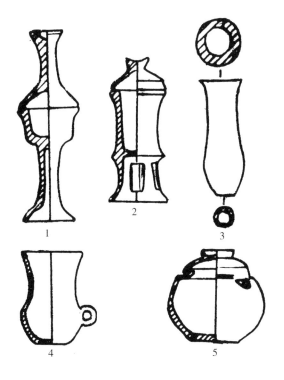

图九　中期墓出土器物（二）

1.厚胎高柄杯（79M25：51）　2.异形杯（79M25：43）　3.骨瓶（79M19：4）
4.单耳杯（79M25：11）　5.鼓腹带盖罐（79M19：39）　（3为原大，余皆为1/4）

径 40、通高 59 厘米（图一〇，1）。

　　陶质牛角形号角（79M19：25）

　　夹砂褐色陶质。圆唇，窄平沿，喇叭口；饰瓦纹，中间兼饰篮纹。口径 8.5、通长 39 厘米（图八，14）。

　　石铲（79M19：2）

　　青灰色石质。扁体，较薄；刃部锋利，无使用痕迹：一端有圆形穿孔。宽 10、长 14 厘米（图八，25）。

　　骨雕筒（79M19：23）

　　骨质，中空，孔呈不规则三角形，有四道凸弦纹。高 4.5 厘米（图八，24）。

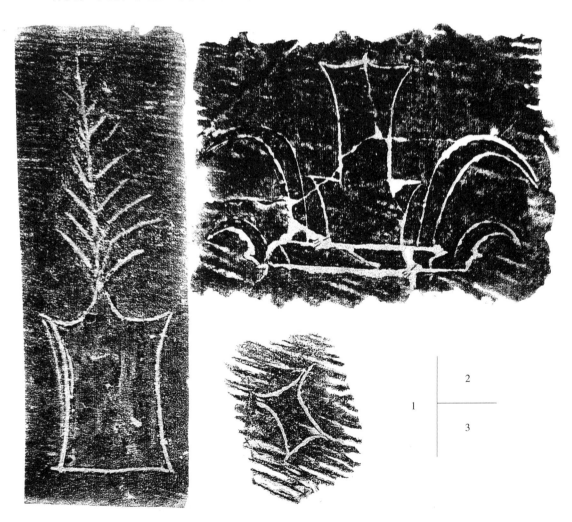

图一〇　器物上刻画的图像文字拓本（1/2）

1.大口尊（79M25：1）颈部陶文　2.大口尊（79M17：1）颈部的朱彩图像　3.大口尊（79M19：40）颈部陶文

石环（79M25：56）

石质，色绿中泛白。外径10.5、内径6.5厘米（图八，23）。

玉坠（79M19：3）

玉质，呈绿色。扁长体，剡上。长5厘米（图八，5）。

骨瓶（79M19：4）

骨质，中空，瓶形。长3.1厘米（图九，3）。

骨梳（79M19：1）

骨质，残，中间有15齿。梳背长13、宽2.8厘米（图八，15）。

（三）晚期墓

陵阳河大汶口墓地发现晚期的墓葬数量最多，计27座。1963年发掘7座：M2、M3、M5、M6、M8、M9、M10；1979年发掘20座：M1、M2、M3、M4、M5、M6、M7、M10、M11、M13、M15、M16、M17、M21、M22、M23、M28、M38、M41、M42。1979年发掘的晚期墓，一组河滩墓葬13座，二组墓葬5座，四组墓葬2座。晚期墓亦皆土圹竖穴墓，单人仰身直肢葬发现26座，二次迁葬墓发现1例，79M17。随葬遗物多寡差别悬殊，最少者63M6仅随葬5件陶器；最多者79M6、79M17随葬器物近200件。中型以上大型墓葬发现多，陵阳河墓地发现两座特大型墓葬，即79M6、79M17，皆发现于晚期河滩一组墓葬之中。

这一时期的陶制器皿以黑、灰二色为大宗，白色陶器主要见于陶鬶，砂褐、泥褐色陶器减少。随葬器物有猪下颌骨、陶、石、骨质诸类。发现高柄杯一类酒具数量多于中期墓，还发现两件硕大无比的漏缸，出土完整的大口尊有刻文。

晚期墓出土陶器的制法与中期墓有所近似。除漏缸、大口尊一类大型器及陶鬶等类器皿仍采用手制或模制外，其他类器皿一般为轮制或经轮修，快轮制陶技术较中期盛行。最常见的具有代表性的器类与中期墓基本相同，发现中期墓所未见的器物有：盘、圈足盘、漏缸等。诸类陶质器皿的装饰纹样与中期墓出土遗物相较，变化不大，唯这一时期的镂孔装饰技法较中期墓有所变化，镂孔明显变小，有的几与麻点大小相近。

63M6属晚期墓葬中的小型墓葬，土圹竖穴，无椁，墓室2×0.5平方米，人骨架1，仰身直肢，头向110°。随葬陶器5件，有鼎、豆、壶、瓮诸类及管状石饰一类装饰品。鼎、豆置于头部左右上方，另一陶豆置于胸部右侧，人骨架左侧置1陶壶，右膝外侧置1陶瓮（图一一）。

79M13属晚期中型墓葬，土圹竖穴，2.85×1.25平方米，有椁痕，人骨架1，成年男性，头向105°。随葬猪下颌骨5件，陶器60件。有鼎、鬶、罐、背壶、豆、盉、瓮、单耳杯，厚胎及薄胎镂孔高柄杯等，带盖高柄杯一类小型器物，叠压在人

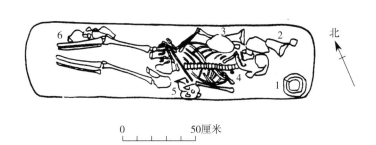

图一一　63M6平面图

1.鼎　2、3.豆　4.管状装饰品（六种）　5.壶　6.瓮

骨架之上，薄胎镂孔高柄杯一类器物，除胸部放 1 件外，其余皆置于人骨架左外侧近墓壁处，鼎、罐、盆、瓮一类大型器皿置于人骨架足下（图一二）。

79M6，土圹竖穴，"井"字形木椁，墓室 4.55×38 平方米，方向 110°。墓主为一成年男性，拔掉两颗上侧门齿。随葬器物 180 余件，其中，猪下颌骨 21 件，陶质器皿中鼎、鬶、罐、双耳壶、豆、盆、盉、厚胎及薄胎镂孔高柄杯、瓮、大口尊、漏缸等，凡 160 余件；石铲、石璧、骨雕筒、石凿各 1 件，石坠饰 4 件。猪下颌骨放于北侧椁外，椁外墓室西北角放 2 件陶鼎。其他类器物一律放于椁室内。大型器物如大口尊、陶瓮、漏缸、陶盆等，放置于人骨架右侧，厚胎及薄胎镂孔高柄杯交互叠压于人骨架之上，另外一些器皿包括部分高柄杯，放于人骨架左侧近椁壁处、足下部一带。头部放石坠饰，枕骨下置 1 石铲、胸部骨骼之上放 1 石璧，骨雕筒（图版三）。

79M17，土圹竖穴，二次迁葬，"井"字形木椁，墓室 4.6×3.23 平方米，方向 105°。人骨架朽残、散乱，未发现头骨，放置于南椁壁内，未作性别鉴定。出土器物 192 件。其中，猪下颌骨 33 件；陶质器皿 157 件，器类有鼎、鬶、罐、尊形罐、豆、双耳壶、单耳杯、单耳罐，盆、盉、瓮、厚胎及薄胎镂孔高柄杯、刻文大口尊、漏缸、笛柄杯等；石质类工具石凿，发现 2 件。椁外西壁内放陶盆 1 件，猪下颌骨一律放于北椁壁之外，其余器物皆放于椁室之内。厚胎及薄胎镂孔高柄杯交互叠压于人骨架北侧，与人骨架相近，其他类大型器物，如刻文大口尊、漏缸、鼎、大型双耳壶、陶瓮、陶盆等等，大都放置于北侧椁内（图一三）。

晚期墓出土代表性器物：

罐形鼎（79M17：25）

夹砂灰陶质。圆唇，口微侈；深腹，腹壁饰篮纹，下腹壁饰一周附加堆纹；扁凿形足，足面有一道刻划纹。口径 21.5、通高 22 厘米（图一四，20）。

带盖盆形鼎（79M6：28）

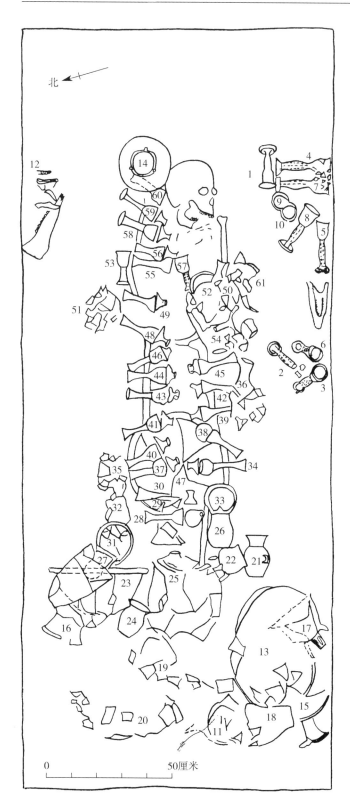

图一二　79M13平面图

1～9.镂孔高柄杯　10.高柄杯　11.陶片
12.猪下颌骨（5件）　13.瓮　14.罐
15.豆　16.壶　17.鼎　18、19.罐　20.鼎
21.杯22.鼎　23.盆　24.罐　25.壶　26.罐
27.杯　28.高柄杯　29.豆　30.高柄杯
31.豆　32.杯　33.器盖　34.高柄杯
35.杯　36.鬶　37.高柄杯　38～46.高
柄杯　47.盆　48、49.高柄杯　50.盉
51.高柄杯（5只）　52.鬶　53.高柄杯
54.盉　55、56.高柄杯　57.镂孔高柄杯
58、59.高柄杯　60.高柄杯　61.双耳壶

1

2

3

4

图版一　山东陵阳河墓地出土陶器
1.盉（79M24∶43）　2.豆（79M24∶24）　3.鬶（79M24∶36）　4.尊（79M17∶1）

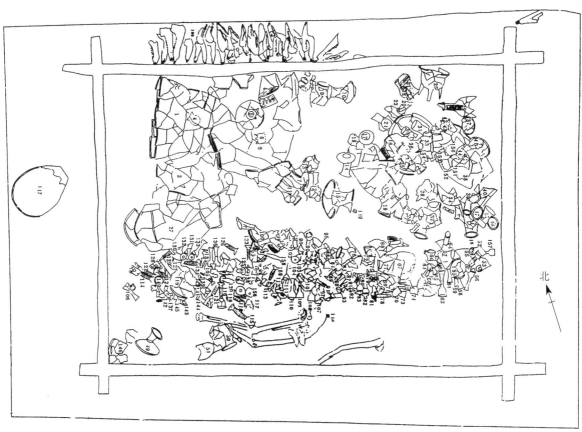

图一三　79M17平面图

1.大口尊　2.大型双耳壶　3.漏缸　4.红砂罐　5.瓮　6.鼎　7.单耳杯　8、9.单耳罐　10.杯　11～14.单耳杯　15、16.豆　17.杯　18.单耳杯　19.尊形罐　20～22.单耳杯　23.盆　24.罐　25.鼎　26.盉　27.瓮　28、29.鬶　30、31.单耳杯　32.盉　33.鼎　34.鬶　35.罐　36.盆　37.鼎　38.盆　39.鬶　40.盆　41.豆　42.罐　43.鼎　44.杯　45～48.单耳杯　49.豆　50.盉　51.鬶　52、53.镂孔高柄杯　54.鬶　55.瓮　56.高柄杯　57.鬶　58、59.高柄杯　60.盉　61～65.高柄杯　66.鬶　67.尊　68、69.鬶　70、71.镂孔高柄杯　72.双耳壶　73～75.镂孔高柄杯　76.盉　77～80.镂孔高柄杯　81～83.高柄杯　84～87.镂孔高柄杯　88.鬶　89.镂孔高柄杯　90.鬶　91～93.高柄杯　94、95.镂孔高柄杯　96.鬶　97.高柄杯　98.鬶　99.镂孔高柄杯　100.鬶　101～103.镂孔高柄杯　104.高柄杯　105.高柄杯　106～113.高柄杯　114～118.镂孔高柄杯　119.盉　120～128.镂孔高柄杯　129～136.高柄杯　137～139.镂孔高柄杯　140.高柄杯　141.镂孔高柄杯　142～145.高柄杯　146.盆　147.罐　148、149.石凿　150.单耳杯　151～153.壶　154.折腹壶　155、156、158、159.镂孔高柄杯　157.笛柄杯　160.猪下颌骨

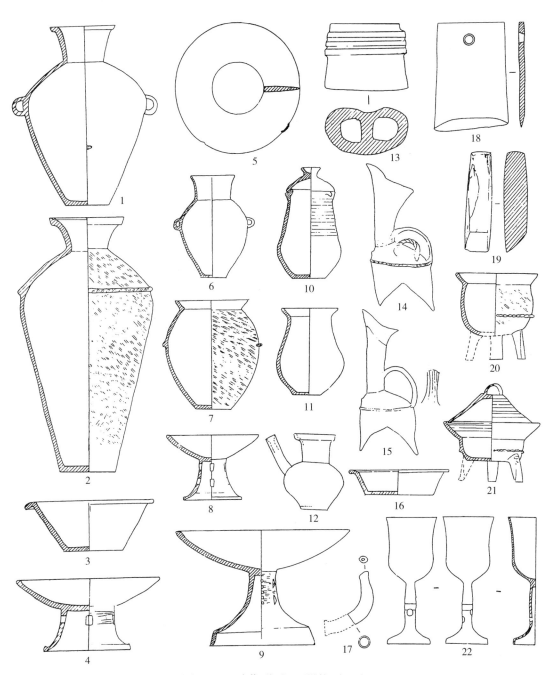

图一四　晚期墓出土器物（一）

1.背壶（79M42：54）　2.陶瓮（79M17：27）　3.陶盆（79M11：5）　4.圈足盘（79M6：62）　5.石璧
（79M6：141）6.双耳壶（79M6：81）7.陶罐（79M5：26）8.喇叭状圈足豆（79M17：15）9.圈足浅
盘豆（79M17：16）　10.筒形罐（79M42：2）　11.尊形罐（79M17：19）　12.盉（79M6：30）　13.骨雕筒
（79M6：138）　14、15.陶鬶（79M6：69、79M7：37）　16.浅腹盘（79M21：9）　17.陶号角（79M7：15）
18.石铲（79M6：149）　19.石凿（79M10：5）　20.罐形鼎（79M17：25）　21.带盖盆形鼎（79M6：28）　22.笛
柄杯（79M17：157）　（5、12为1/5，13、19为2/5，余皆为1/10）

夹砂红陶质。覆盘式盖，扁桥形纽；圆唇、宽沿、浅腹、平底，腹部饰一周附加堆纹；扁凿足，外撇，足根部饰一捺压凹点纹。口径 25.5、通高 25 厘米（图一四，21）。

袋足鬶 1（79M7：37）

夹细砂褐陶质。口呈喇叭状，流上仰，高直细颈；扁条式鋬，鋬面饰四道刻划纹；三袋足，胸部饰一圆形泥饼，肩部饰一周附加堆纹。通高 36 厘米（图一四，15）。

鬶 2（79M6：69）

夹砂白陶质。口呈喇叭状，流上仰，高颈，下饰三道凹弦纹；三袋足，胸部饰一圆形泥饼，肩部饰附加堆纹；绳索形、扁式鋬手各一。通高 36 厘米（图十四，14）。

罐（79M5：26）

夹砂褐陶质。圆唇，口微侈，窄沿，折颈；深圆腹，腹中部对侧各饰一鸡冠耳，小平底。通体饰篮纹。口径 20、底径 12、通高 28 厘米（图一四，7）。

单耳罐（79M6：164）

泥质黑陶质。圆唇，沿微外侈；圆腹，一侧有一环耳。小平底。口径 10、底径 5、高 13 厘米（图一五，3）。

单耳壶（79M6：52）

泥质黑陶质。圆唇，口微侈，颈内收；腹最大径偏下部，一侧有环耳。小平底。口径 9.5、底径 5、通高 16.5 厘米（图一五，5）。

单耳箍腹杯（79M17：21）

泥质黑陶质。圆唇，口微侈，细长颈；箍腹，一侧附有环耳。小平底。口径 8、底径 5、高 13 厘米（图一五，4）。

筒形罐（79M42：2）

泥质黑陶质。覆盘式盖，喇叭状"圈足"式盖纽；尖唇，沿内折较直，沿外侧饰三个鸟喙式泥突；呈筒状深腹，下腹壁外弧，小平底，颈部饰多道凹弦纹。口径 10.5、底径 8、通高 29 厘米（图一四，10）。

尊形罐（79M17：19）

泥质黑陶质。圆唇，沿上翘，颈内收，圆腹，体粗矮，小平底。口径 15、底径 8、通高 22 厘米（图一四，11）。

喇叭状圈足豆（79M17：15）

泥质黑陶质。圆唇，浅盘；柄部饰四行长条形镂孔；喇叭状圈足，足沿上卷成棱。盘径 25、足径 16、通高 17 厘米（图一四，8）。

圈足浅盘豆（79M17：16）

泥质黑陶质。尖唇，窄沿内斜，大浅盘；细柄，饰交叉篮纹兼饰圆形、三角形镂孔各两行；圈足，足沿外撇。盘径 47、足径 28、通高 29 厘米（图一四，9）。

圈足盘（79M6：62）

泥质黑陶质。圆唇，窄平沿，浅盘；粗柄喇叭状圈足，饰四个长方形镂孔兼饰刻划纹，足沿上卷成棱。盘径 38、足径 24、通高 18 厘米（图一四，4）。

小型双耳壶（79M6：81）

泥质黑陶质。圆唇，口微侈，直领；圆肩，肩对侧各饰一环耳。小平底。口径 12、底径 7、通高 26 厘米（图一四，6）。

大型背壶（79M42：54）

泥质灰陶质。唇外卷，喇叭状口；圆肩，肩对侧各饰一环耳，下腹一侧饰一鸭嘴形泥突。小平底。口径 18、底径 12、通高 47 厘米（图一四，1）。

盆（79M11：5）

泥质黑陶质。方唇，宽平沿，深腹，平底。口径 34、底径 16、高 13 厘米（图一四，3）。

浅腹平底盘（79M21：9）

泥质黑陶质。方唇，沿斜外折，浅盘，大平底。口径 26、底径 18、高 6.5 厘米（图一四，16）。

盉（79M6：30）

泥质黑陶质。圆唇，宽沿上折，直颈，管状流，扁圆腹。口径 11.5、底径 7、通高 20 厘米（图一四，12）。

厚胎高柄杯（79M6：147）

泥质灰陶质。覆豆式盖，盖柄较高；圆唇，窄平沿；空柄喇叭口状圈足。口径 6、足径 6、通高 20 厘米（图一五，2）。

薄胎镂孔高柄杯（79M17：80）

泥质黑陶质。圆唇，口微侈，杯壁略直；橄榄形空柄，各饰四行圆形、三角形镂孔。小圈足。口径 6、足径 6、高 20 厘米（图一五，7）。

高领壶（79M6：104）

泥质黑陶质。圆唇，侈口；颈部饰五道压印弦纹；扁圆腹，小平底。口径 7.5、底径 4、高 15 厘米（图一五，6）。

漏缸（79M17：3）

夹粗砂褐陶质。圆唇内凸，唇沿饰一周凹弦纹，外侧饰粗绳纹；直壁，饰篮纹；平底，底中部有圆形漏孔，孔径 10 厘米。口径 57、底径 51、高 42 厘米。

大口尊（79M17：1）

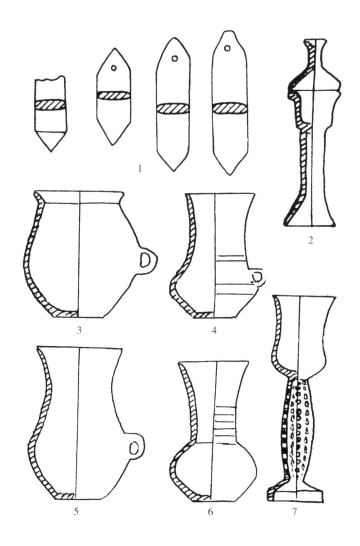

图一五　晚期墓出土物（二）

1.坠饰（79M6：151）　2.厚胎高柄杯（79M6：147）　3.单耳罐（79M6：164）　4.单耳箍腹杯（79M17：21）
5.单耳壶（79M6：52）　6.高领壶（79M6：104）　7.镂孔高柄杯（79M17：80）　（1约4/5，余皆约1/5）

夹粗砂黑陶质。方唇，折平沿，上壁略直；颈部刻绘一涂有朱彩的图像，下腹饰两道凸弦纹；小圈足，通体饰篮纹。口径43、足径5.5、通高50厘米（图版一，4；图一〇，2）。

瓮（79M17：27）

夹粗砂灰褐色陶质。方唇，喇叭状口；圆肩，饰一周附加堆纹；形体修长，小平底。口径20、底径16、通高66厘米（图一四，2）。

笛柄杯（79M17：157）

泥质黑陶质。杯部涂朱，圆唇，口微侈，杯腰略直；细直柄，中空，柄对侧各饰一不对称圆形镂孔，中部饰二道竹节纹。可吹奏出四个不同音质的乐音，音响与竹笛音质相似，故名笛柄杯[1]。口径 16.5、足径 6、高 6.5 厘米（图一四，22）。

陶号角（79M7：15）

泥质黑陶质。残。残长 16.5 厘米（图一四，17）。

石铲（79M6：149）

灰绿色石质。一端有穿孔，刃部锋利，无使用痕迹。长 14、宽 9.5 厘米（图一四，18）。

石凿（79M10：5）

石灰岩质，有使用痕迹。长 13、宽 3.5、厚 3 厘米（图一四，19）。

石璧（79M6：141）

乳白色石质。残。外径 16.5、内径 7 厘米（图一四，5）。

坠饰（79M6：151）

乳白色石质。4 件，残 1 件。圭头，一端有穿孔（图一五，1）。

骨雕筒（79M6：138）

骨质。筒腰饰三道凸弦纹，双孔，孔内有朽木残迹。高 4.5 厘米（图一四，13）。

三

我们从初步的、粗略的整理中，可以提出以下一些值得注意的问题。

从出土遗物的特征及其组合分析，陵阳河墓地前后三次发掘 45 座大汶口文化墓葬，就时代而言皆属大汶口文化晚期。早期墓出土遗物的组合、特征反映，其相对年代与大汶口墓地早期墓相近；中期墓出土遗物特征与早期墓相较，差别明显，其基本特征与曲阜西夏侯上层出土物甚似，反映两者所处时代大致相当；从陵阳河晚期墓资料观察，所处时代与日照东海峪中层一致，出现了大型圈足浅盘豆、圈足盘、平底盆、平底盘、薄胎镂孔高柄杯等遗物，与典型龙山文化同类器物接近，说明这一时期，正处在向典型龙山文化过渡这一历史时期。

这里出土的陶器，以轮制为主，模制、手制次之，中、晚期快轮制陶技术比较盛行。陶器颜色以灰陶、黑陶为主，中期之后黑陶的数量有所增加；泥质红陶、朱绘陶质器皿仅见于早期，中期不见，夹砂罐、鼎多呈暗红色、褐色，陶鬶除早期墓

---

[1] 王树明：《山东莒县陵阳河大汶口文化墓葬中发现笛柄杯简说》，《齐鲁艺苑》（5），1986年6月。曲庞义：《笛柄杯音阶价值初谈》，《齐鲁艺苑》（5），1986年6月。

出土有褐色高裆鬶之外，余皆白砂质。陶器造型规整，胎壁厚薄匀称，表明陵阳河大汶口人的制陶技术已发展到新的阶段。陶器装饰纹样以篮纹、镂孔装饰技法为主兼饰弦纹、附加堆纹、捺压窝纹等。其中，篮纹多施于鼎、罐类器皿，镂孔装饰主要施于豆、薄胎镂孔高柄杯类器皿。镂孔装饰技法在陵阳河三期墓出土遗物中变化最为明显，早期孔径较大，繁复，呈编织物状；中期孔径变小呈编织物状；晚期镂孔细小，有的几与麻点相无似。

从出土遗物的组合关系，总体特征看，陵阳河早期墓与中、晚期墓时代差别明显。早期墓出土的圆折腹罐、圆折腹罐形鼎、双腹浅盘豆、高裆鬶、半球腹鬶、觚形杯、直壁筒形罐、一侧面平直的背壶、饰砍砸条纹无陶文大口尊等类器皿，均为中、晚期墓葬所不见；中期墓出土遗物种类与晚期墓基本一致，其中有些器物比如鼎、豆、鬶、盆、大口尊等类器皿，与晚期墓出土同类器皿形制相似，具有明显的过渡性，反映中、晚期墓葬的时代衔接紧密；晚期墓出土遗物的某些器类，如高颈鬶、浅盘豆、圈足盘、平底盆、平底盘等，具有向龙山文化过渡的因素。

背壶是大汶口文化中极富代表的器物。陵阳河中期墓之后，背壶的形制发生了变化，肩、腹浑圆，未发现有一侧平直的现象，至陵阳河晚期，背壶濒于绝迹，渐次为双耳壶所代替。20世纪60年代以来，莒县陵阳河墓地发现大口尊颈部往往刻有图像文字，此次发掘，获图像文字4枚，墓葬材料确证，图像文字出现的时代当陵阳河中期墓葬这一时期。

陵阳河大汶口文化墓葬反映，大汶口文化晚期贫富分化的迹象十分明显，有如前文例举，河滩一组墓葬79M6，墓室构筑巨大，随葬器物180余件，与其同时期的小型墓葬63M6，墓坑短窄，仅随葬5件器物，其差别之大已远远超出氏族社会内部一般财产分配上的不平等。另一值得注意的现象是，陵阳河墓地自早期阶段开始，中型以上大墓皆发现于河滩一组墓地，贫墓、小型墓葬一律葬于2、3、4组墓葬中，这种贫富异域而葬的现象反映，富有家族在这一历史时期已经出现了。陵阳河墓葬中发现图像文字、陶质号角、石璧、骨雕筒等具有标志身份权力意义的一类物品，无一例外，也皆发现于河滩一组中型以上大墓之中，此又清楚反映，此河滩一组墓葬为代表的富有家族，就是当时陵阳河大汶口人的权力集团。种种迹象表明，莒县陵阳河大汶口人很可能已进入军事民主主义这一历史时期。

（原载《史前研究》1987年第3期）

大汶口文化发现陶尊与陶尊文字综述

陶尊又名"陶缸"或"大口尊"。大汶口文化时期遗存，均夹砂粗陶质，胎壁厚重，体形硕大，主要发现于山东境内泰沂山系以南至江苏北部一带，泰沂山系以北及胶东半岛一带极少发现。大汶口文化早期的陶尊多红色，筒状深腹，大圜底或小尖底；中期之后多灰陶、黑陶兼以暗褐色陶，亦多筒状深腹，圜底或小尖底；晚期则以黑色为主，灰色次之，器形有逐渐增大的趋势，与早期相较，形制有较大变化。可大致分为两类：一类为粗筒状深腹，盛行小平底或尖底，有的在尖底之上附有直径 5～8 厘米的小圈足；另一类为细筒状深腹、尖底，体修长。诸城前寨、莒县陵阳河及大朱村、杭头遗址出土大汶口文化晚期的陶尊，陶尊颈部（极个别在近底部）刻有图像文字。自 1957 年以来，这一带发现此类刻文陶尊或刻文陶尊残片十八件，将刻文进行分类，得图像文字七，图像符号二。多为一件上刻有一字或一图像符号，在一件陶尊上刻画两字或两个图像符号者仅两例。有的在其刻画范围之内还涂有朱彩。陶尊文字的发现是我国田野考古工作的重大发现之一，为研究我国古代文明、文字的起源，以及居住在今山东诸城、莒县一带大汶口人的族属、宗教信仰、意识形态等问题，提供了实实在在的物质证据。于省吾、唐兰、李学勤、笔者及邵望平、曲广义等先生对图像文字都作过考证，对图像文字的识读、含义提出了不同的看法。

刻有 字的陶尊 2 件。一件为残片，长 50、厚约 3 厘米，上段灰黑，下段灰中泛白，饰篮纹，残字为 ，涂朱（图一），20 世纪 70 年代初诸城前寨遗址出土，藏诸城县博物管。另一件，灰陶，口径 30、高 52 厘米，尖底，腹中部以下呈灰白色，通体饰篮纹，颈部刻 ，不涂朱（图二），1957 年莒县陵阳河遗址出土，藏莒县博物管。

，由 ○、 、 三部分组成。对此图像文字的释读有三种意见：一种意见认为，字顶端 ○ 为日字之象形，释"日"，其下 为"云气"之摹画， 为山形，将 释识为"旦"；另一种意见认为， 字中 ○ 为"日"形，释"日"，其下 为"火焰"之形，释"火"，隶定 为"炅"，乃"热"本字；笔者认为 字顶端 ○ 为"日"字之象形，中间的 下部是弧形，其总体之形为火焰升腾之像，释"火"，其下 ，平底，为五峰并联的山形，应释"山"，是将 隶定为"嵒"，即现行汉字中"炟"字之祖型。陵阳河遗址正东 2.5 公里，有山五峰并联，中间一峰突起，名

图一　诸城前寨采集刻文陶尊残片及拓本

图二　莒县陵阳河采集刻画昃字图像文字的陶尊

图三　莒县陵阳河寺崮山全景

曰寺崮山，春秋两季早晨八九点钟，太阳从正东升起，高悬于主峰之上。通过地理
环境的考察，陶尊文字 🌄 ，原应是先民长期观察到春季到来时，太阳在寺崮山升
起这一景象的摹画（图三）。诸城前寨遗址出土的"炟"乃由陵阳河的"炟"字摹
写或传承而来。钩稽故《尚书》中有关记载，推测 🌄 的原始含义，是远在 4800 余
年前，居住在今山东诸城、莒县一带的古代东夷部族，为祈祷农业丰收，庆祝春季
到来，摹画对太阳神举行祭祀场面的一个图像文字。证明我国古代劳动人民已经有
了初步的季节概念。

　　 ⛅ 字陶尊共 5 件，其中残 2 件。

　　1. 灰陶，口径 36.4、高 53.5 厘米，尖底附一假圈足，直径 6 厘米，通体饰篮纹，
颈部刻画 ⛅ 。20 世纪 60 年代初莒县陵阳河出土，藏莒县博物馆（图四）。

　　2. 陶尊残片，素面，褐色陶，刻画 ⛅ ，莒县陵阳河遗址出土，后残损，仅剩
下一极小的残片，文字亦残（图五），藏山东省临沂地区展览馆。

　　3. 陶尊残片，灰陶，颈部刻 ⛅ 字已残，1979 年春莒县陵阳河墓地 M7 出土，
藏山东省文物考古研究所（图六）。

　　4. 黑陶，口径 33、高 63.5 厘米，筒状深腹、尖底，通体饰篮纹，颈部刻画 🌄 （图
七），1979 年秋莒县店子乡大朱村遗址发掘 H1 出土，藏山东省文物考古研究所。

　　5. 灰陶，口径 41、高 60 厘米，小平底，径 9 厘米，通体饰篮纹，颈部刻画
⛅ ，与陵阳河出土的一件文字形体完全一致。此刻文陶尊系 1982 年，莒县店子
乡大朱村遗址发掘，M4 出土（图八），藏莒县博物馆。

　　这一类图像文字的识读有两种意见。一种意见认为 ⛅ 与 🌄 为一字，是 🌄 字
的简体，通释"旦"或"昃"；笔者认为 ⛅ 与 🌄 是两个字， ⛅ 字乃由 🌄 蜕变而
来，释"昃"。 ⛅ 字之下无 ⛰ ，表明 ⛅ 字的原始含义为太阳离开了东部的寺崮
山 ⛰ 的那个方向，为悬空高照于南方之意。根据先秦典籍有关记载，其原始寓义

图四　莒县陵阳河采集刻文陶尊及图像文字拓本

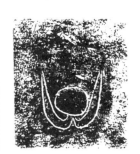

图五　莒县陵阳采集刻文陶尊及图像文字拓本

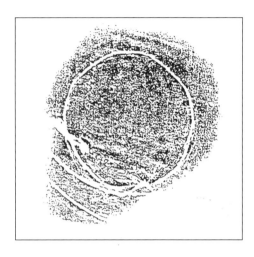

图六　莒县陵阳河遗址M7出土陶尊图像文字拓本

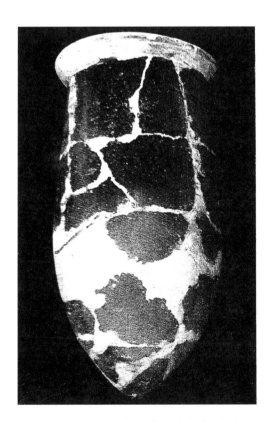

图七　莒县大朱村遗址H1出土刻文陶尊及图像文字拓本

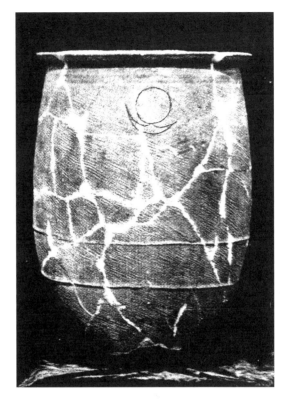

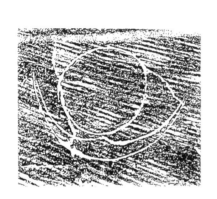

图八　莒县大朱村遗址M4出土刻文陶尊及图像文字拓本

有炽热季节或夏季到来之意。⑱与◡为一字，是◡字的异体；字下部之底与◡字之底一致，也呈弧形，总体之形也是火焰升腾之象，是"火"字◡的异构，应隶定为"焱"乃◡的繁文。根据大朱村的墓葬材料分析，较◡、⑱时代为早。

字陶尊1件。黑陶，口径39、高59厘米，假圈足，直径8厘米，通体饰篮纹，颈部刻画，1979年春莒县陵阳河遗址M25出土。出土时陶尊内壁有一层很厚的烟灰。藏山东省文物考古研究所（图九）。

图像上部刻一树木之形，下部刻一，形如坛台，剡上、平底、两边内弧，底宽6厘米，上肩宽6.5厘米，肩与底间高7.5厘米，并树木通高20厘米。有两种释读意见。一种释"封"，认为此字是甲骨文、金文中"封"字的初文。根据我国古代人民地母崇拜的神灵为"其社用土"，社坛植树，以及《周礼》中社坛的形制、构筑方式的有关记载，笔者以为这一图像文字是大汶口人崇拜地母、社坛植树形象的原始摹画。与甲骨文中的"南"字之形颇相近似，"南"字有"任成""化育万物"之义。因而推定这一图像文字，乃是现行汉字"南"字的远祖。

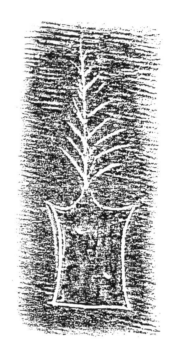

图九　莒县陵阳河M25出土陶尊及图像文字拓本

𤏳字陶尊 3 件。

1. 褐色陶，口径 41、高 54.5 厘米，圜底，通体饰篮纹，颈部刻画𤏳。1979 年莒县陵阳河遗址 M19 出土，藏山东省文物考古研究所（图一〇）

2. 灰陶，口径 31、高 65 厘米，细筒状深腹，尖底，通体饰篮纹，颈部、腹下部各饰两个圆圈状装饰纹。颈部刻画一𤏳，涂朱；腹下近底部刻画一𤏳，不涂朱（图一一）。1976 年莒县陵阳河遗址出土，藏莒县博物馆。

3. 灰陶，口径 37、高 58 厘米，通体饰篮纹，小平底，近底部刻画一𤏳，不涂朱（图一二）。1979 年莒县大朱村遗址 M26 出土，藏山东省文物考古研究所。

　　𤏳由四条弧线刻画而成，下端两角封闭，上端为一大一小的两个缺口，形如筒、桶一类器物形体的摹画。笔者认为，这类图像文字为原始摹写的吹角一类乐器之形。另一种意见以为，这三个刻画符号都是文字，在甲骨文与金文中都有发现，在甲骨文中作人名使用，在金文中作人名或族名使用。我们根据此类文字的形体特征，及同出器物中有牛角形号角、旄柄等军械之物，推定墓主为军事领袖身份，此类图像文字摹画的，当是用于军事方面有如吹奏乐器一类器物之形，其后演变为甲骨文、

图一〇　莒县陵阳河M19出土刻文陶尊及图像文字拓本

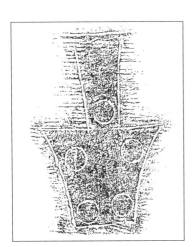

图一一　莒县陵阳河遗址采集刻文陶尊及图像文字拓本

图一二　莒县大朱村M26出土刻文陶尊及图像文字拓本

金文中的"凡"字。又据"凡"字在甲骨文中可假为"风"，又"风"与"凤"古代互通，从而提出，这三个图像文字原是古史传说中的"风"姓或曰"凤"姓始祖太昊部族的族徽。

　　Ϋ图像陶尊1件。黑陶质，口径33.5、高67厘米，尖底，腹中部以下灰中泛白，通体饰篮纹，颈部刻一图像Ϋ，涂朱（图一三）。1979年莒县店子乡大朱村遗址M17出土（图一四），藏山东省文物考古研究所。

　　这是一复合图像，由三部分组成。其顶端Λ，是一直柄，下端向外弯曲的双齿之形，Λ的总体之形是耒的象形；其下部Y，形如铲，与今铲、锹一类农具之形相似，是古代铲类农具耤形的摹画；图像中间8表示渗滴液体，或渗滴酒液之状。将Ϋ与陵阳河遗址发现的及归于一类进行比较研究，又根据民俗志资料及载籍中有关记载，我们推测这一图像是大汶口人崇拜酒神原始形象的摹画。

　　图像陶尊共2件。一件完整，黑色陶质，口径42、高56厘米，假圈足，

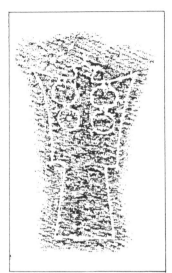
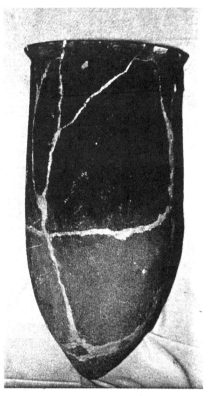

图一三　莒县陵阳河大朱村遗址M17出土刻文陶尊及图像文字拓本

图一四　莒县大朱村遗址刻文陶
尊出土情形

径4厘米，通体饰篮纹，颈部刻一图像 ，涂朱，1979年莒县陵阳河遗址 M17 出土（图一五），藏山东省文物考古研究所。另一件为陶尊残片，褐色陶质，陶片饰篮纹，图像文字亦残损， 未涂朱，1979年出土于莒县陵阳河 M11 扰土中（图一六）。本器藏山东省文物考古研究所。

这一图像也由三部分组成，亦为一复合图像。图像上端刻画一 ，中部刻一"盆"式器，或为沥酒漏缸的摹画（图一七）。"盆"沿两端

摹本

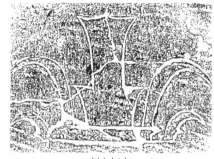

刻文拓本

局部

图一五　莒县陵阳河M17出土刻文陶尊及图像文字拓本

刻画两个禾叶，或指示"盆"内所放为谷物，"盆"下刻画一道并于两端刻画两叶，叶下带钩刺；图像下部朱绘一盆。

　　一种意见认为，中部"盆"沿上部、下部的禾叶或草叶，是羽饰的原始摹画，推测此图像可能是一种饰羽毛的冠类物的象形。我们根据陵阳河墓地出土酒器、酒具甚多，刻画 图像的陶尊，在墓葬中又与沥酒漏缸、盛酒瓮一类酒具为伍。据此，以及《周礼》中我国古代酿制米酒用一种带钩刺的茅草进行过滤的有关记载，推测这一图像的原始含义，是人们用收获的谷物，经酒麹发酵，放入沥酒缸，再经带钩刺的茅草过滤后接入盆中这一沥酒过程的摹画。简言之，这一图像是大汶口人酿酒

刻文拓本

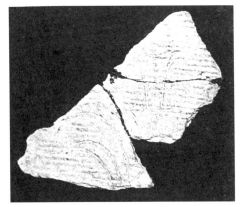

图一六 莒县陵阳河M11出土刻
文陶尊残片及图像文字拓本

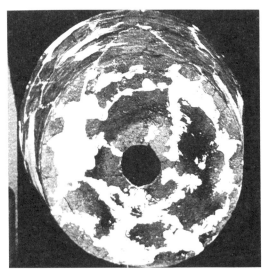

图一七 莒县陵阳河M17出土漏缸

过程中，沥酒阶段实际操作情景的原始摹画。

　　🔣字陶尊共3件。其中一件除刻画🔣外，还刻有图像文字🔣；另一件，灰陶质，口径40、高64厘米，颈腹各饰两道圆圈装饰，通体饰篮纹，颈部一侧刻一🔣，其对侧刻一🔣，涂朱，中间有七个圆圈状饰，上述两器皆20世纪60年代莒县陵阳河遗址出土，藏莒县文管所（图一一、图一八）。第三件，灰陶质，口部残，颈部刻一图像文字🔣，涂朱，中间有五个圆圈装饰。1966年莒县店子乡大朱村遗址出土（图一九）。藏莒县文管所。

　　我们认为这类图像文字所画与沥酒图像顶端的🔣为一类物，原由🔣蜕变而来，

刻文拓本

背面

图一八　莒县陵阳河遗址采集刻文陶尊及图像文字拓本

是大汶口先民在酿酒过程中，摹画其祭祀崇拜的酒神的形象。图像文字形体与甲骨文、金文中的"亯"字之形雷同。"亯"字本义是把食物、酒献给鬼神，鬼神接受祭品的通称。据此，这类图像文字乃是我国现行文字中"享"字的远祖。

　　⌐字陶尊 1 件，⊏、⼊字陶尊两件。其中刻⌐字的陶尊另有"亯"字（见前文）。⊏字陶尊，灰陶质，口径 40、高 54 厘米，底部附一假圈足，径 4 厘米，通体饰篮纹，文字刻于陶尊颈部，20 世纪 60 年代莒县陵阳河遗址出土（图一八、二〇、二一），藏莒县文管所。⼊字陶尊亦灰陶质，口径 39、高 43 厘米，小平底，径 4 厘米，通体饰篮纹，文字刻于陶尊颈部，1987 年莒县陵阳河西部杭

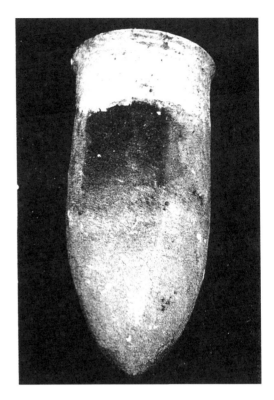

刻文拓本

图一九　莒县大朱村遗址采集刻文陶尊及图像文字拓本

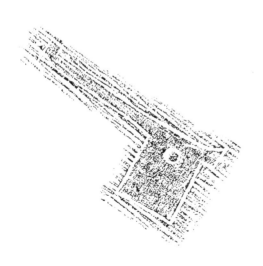

图二〇　莒县陵阳河采集的刻文陶尊上及"戌"字拓本

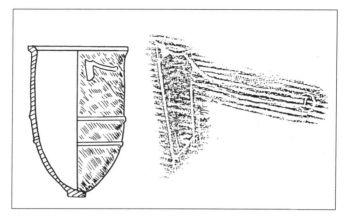

图二一　莒县陵阳河遗址出土陶尊及拓本

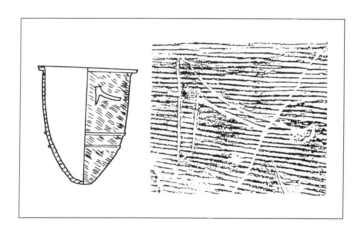

图二二　莒县杭头遗址M8出土陶尊及拓本

头遗址，M8 出土（图二二），藏莒县文管所。

　　研究者均释 为"戊"，释 、 为"斤"。有人认为这两个图像文字为锄、斧一类农业工具的象形字，与农事有关；笔者认为这两个文字所画为兵具的象形，与兵事有关。

参考文献：

1. 于省吾：《关于古文字研究的若干问题》，《文物》1973 年第 2 期。

2. 唐兰：《关于江西吴城文化遗址与文字的初步探索》，《文物》1975 年第 7 期。

3. 邵望平：《远古文明的火花——陶尊上的文字》，《文物》1978 年第 9 期。

4. 李学勤：《论新出土大汶口文化陶器符号》，《文物》1987 年第 12 期。

5. 常兴照：《山东莒县杭头遗址》，《考古》1988 年第 12 期。

6. 常兴照：《山东莒县大朱村调查报告》，《考古与文物》，待刊。

7. 曲广义：《山东莒县发现竹制笛类乐器图像与虞幕"听协风"新解》，《齐鲁艺苑》1987 年第 2 期。

8. 王树明：《山东莒县陵阳河大汶口文化墓葬发掘简报》，《史前研究》1987 年第 3 期。

9. 王树明：《谈陵阳河与大朱村出土的陶尊"文字"》，《山东史前文化论文集》，齐鲁书社，1986 年。

10. 王树明：《陵阳河墓地刍议》，《史前研究》1987 年第 3 期。

（原载《故宫文物》第八卷第十期，总 90 期）

谈陵阳河与大朱村出土的陶尊"文字"

自从莒县陵阳河陶尊"文字"发现以来，引起学术界的极大重视，纷纷发表文章进行探讨。于省吾、唐兰先生，对陶尊"文字"进行了考释[1]；邵望平同志，对陶尊"文字"反映的问题进行过探索[2]；高广仁、陈国强、彭邦炯等同志，也对陶尊"文字"谈了一些看法[3]。陶尊"文字"所以受到如此重视，原因在于它涉及到我国古代文明、文字的起源问题。笔者不揣谫陋，对过去于莒县陵阳河、大朱村采集的陶尊"文字"，1979 年，陵阳河、大朱村考古发掘所获得的新材料，就释字、意义，谈一点浅见。

陶尊"文字"共发现十七个，试释如下：

一 释"炟""炅"

"🔥"：为"炟"字之祖型（图一），发现于莒县陵阳河，为采集品。"🔥"上部"○"，显然是日之象形，中间的"△"，形似火焰升腾，应释"火"。释"山"或"云气"之摹画，不妥。"🔥"下部"⌒⌒⌒"，是山的象形。陵阳河遗址东面，为一丘陵起伏的山区，正东五里，有山五峰并联，中间一峰突起，名曰寺崮山（图二）。春秋两季，早晨八九点钟，太阳从正东升起，高悬于主峰之上。由"日""火"、五个山峰组成的陶尊"文字""🔥"，应是人们对这一景象长期观察的摹画。文字起源于图画。"发展较高的图画文字是由写实地或示意地表现物体、动作或事件的个别图画或一组复合画组成的。"[4]结合陵阳河遗址的地理形势分析，将"🔥"隶定为"炟"即"炟"字之祖型，是较为恰当的。"炟"，字书所无。"炟"，《唐韵》曰："火起也，从火，

---

[1] 于省吾：《关于古文字研究的若干问题》，《文物》1973年第2期；唐兰：《关于江西吴城文化遗址与文字的初步探索》，《文物》1975年第7期。

[2] 邵望平：《远古文明的火花——陶尊上的文字》，《文物》1978年第9期。

[3] 彭邦炯：《是氏族社会，不是奴隶社会——就大汶口文化和唐兰先生商榷》，《光明日报》1977年12月15日；陈国强：《略论大汶口墓葬的社会性质——与唐兰同志商榷》，《厦门大学学报》1978年第1期；高广仁：《大汶口文化的社会性质与年代——与唐兰同志商榷》，《光明日报》1978年4月27日。

[4] 柯斯文：《原始文化》，生活·读书·新知三联书店，1955年，第198页。

图一　莒县陵阳河采集图像文字拓本

图二　莒县陵阳河寺崮山全景

旦声。""炟"字变为图画，应为"☉"，也就是"☉"，"⌒"上之"☉"，即
"☉"上之"☉"，"☉"下之"⌒"，当为象形"山"字"⌒"的简化，所谓"从火"，
应由来于"☉"中间的"☉"。看来"炟"字乃由"☉"演变而来，"旦"乃为"炟"
的简化字。

　　由于四季变化，太阳并不总是从正东升起。在陵阳河地区，冬夏两季，太阳升
起的地方，乃是寺崮山的东南和东北方向，而这两隅都是平缓的丘陵，无突起的

图三　莒县陵阳河采集刻
画昊字图像文字的陶尊

图四　莒县陵阳河M7出土图像文字拓本

峰势。"🜊"，在莒县陵阳河这一特定的地理环境中，为二月、八月日出正东的形象。《论衡·说日篇》："岁二月八月时，日出正东，日入正西。"我国古代，二月、八月称为仲春、仲秋。所以，这一"炟"字的含义，应是春秋两季，即二月、八月的早晨；同时，还应有春天、秋天之意。在星象历法发明之前，我国原始社会有依山头纪历的习惯。《山海经·大荒东经》《大荒西经》各纪日月所出、所入之山凡六，就是这种古老纪历习惯的反映。陶尊"文字""🜊"，实际是一依山头纪历的图画文字。

"🜊"：为"昊"字之祖型。共发现两个，皆出于莒县陵阳河。图三为采集品，图四出土于M7。这个字，唐兰先生释"昊"字，认为"昊"即"热"；于省吾先生释"旦"。其分歧在于对"〇"即"日"下"〜"的解释上，认为是"山"即释"旦"，认为是"火"即释"昊"。"山"的写法，已被"炟"字下面的"〰"所表示。其特点，除五个山峰外，最下是平的，而"昊"字"日"下"〜"，底上弧，它应是火的形象字。甲骨文"光""🜊"（粹四二七）、金文"光""🜊"（宰甫簋）的"火"字之底，也都是上弧形。特别是甲骨文"光"字上面的"火"与"昊"字下面的"〜"几乎一致，可证"🜊"释"昊"是正确的。

图画文字是写实的。古代先民必然有所见才有所画，无法凭空创造。诸城前寨发现的"炟"字与陵阳河的写法一致（图五），其遗址与陵阳河的地理形势迥别，说明前寨是采取了陵阳河的写法，也表明，同时发现于陵阳河的"🜊""🜊"，是

图五　诸城前寨采集图像文字拓本

图六　莒县陵阳河采集图像文字拓本

　　两个字，皆释为"炅"或"炅"字，不妥。同一地点的"炅"（或"炅"）字，有两种写法，而距此二百里诸城前寨的"炅"字，却与陵阳河的写法如出于一人之手，这是无法解释的。

　　"炅"与"炅"写法不同，仅在于其下少了"⌒"，这应由"炅"字变化而来。其含义应为太阳离开了山（⌒）后的那个方位。在莒县陵阳河，太阳离开了"⌒"，悬空高照为南方。《史记·历书》："乃命南正重司天以属神。"索隐："天是阳，南是阳位 。"东周以来所谓"阳"，一般说来其义为阴阳五行的"阳"，索隐所说"天是阳，南是阳位"的"阳"，应即此义。但是后世对"阳"的这一解释，是有历史根底的。《淮南子·天文训》："日者阳之主也。"这就清楚地反映了，"天是阳，南是阳位，"是从先民以太阳为天，太阳高照为南方这一老习惯演变来。《风俗通义·三皇》："火，太阳也。"《论衡·说日篇》："夫日者，天之火也。""日者大火也。"《诘术》："日，火也，在天为日，在地为火。"《淮南子·天文训》："南方曰炎天。"我国古代有以火喻日之俗，以为太阳是天上的火，所谓"南天"或曰高照于南方的太阳，有炎热如火之意。由此推究，"炅"字的原始义，应是表示炽热的季节或即夏季。

　　"ᗺ"：亦为"炅"字。采集于莒县陵阳河（图六、图七）。

图七　莒县陵阳河采集
图像文字的陶尊残片

图八　莒县大朱村遗址H1出
土图像文字拓本

"🌀"上部的"〇"，与"炟""炅"二字上端刻画的"日"一致，下部"🌀"，虽与"炟""炅"中的"火"不尽相同，从形象看，也是表示火焰升腾之象。所以"🌀"亦应释"炅"，为"🌀"的异体。

"🏛"：释"燅"，或即"炅"之繁体（图八）。

刻画"🏛"的陶尊，发现于大朱村 H1，"🏛"刻于陶尊颈部。

"🏛"顶端"〇"，是日之象形，日下"◡"与陵阳河发现"🌀"下部的"◡"，即火的形象一致，为"火"字。最下"♕"，底上弧，最上三个，底侧两个，共五个颇类山峰者，也都是上弧形。观其形象，"♕"摹画的也是火焰之形。基于以上分析，"🏛"应释"燅"字。"燅""炅"相较，上部均为"日""火"组成的"🌀"，"燅"下多一与"◡"同义的"♕"。在汉字的发展过程中，这种同意符号的增繁，并不改变文字的本义，所以"燅"与"炅"的含义，应是一致的。

从"炟""炅"二字的考释中，可以看出，这两个图像文字，与天文历法有法。

邵望平同志根据刘林、大墩子、大汶口、景芝镇墓地十二座出土陶尊的墓葬材料[1]，依据随葬陶尊的墓都是大墓，随葬品丰富，陶尊为一般小墓、贫墓所未见，

[1]　邵望平：《远古文明的火花——陶尊上的文字》，《文物》1978年第9期。

且多不与一般生活器皿为伍，往往与猪头另置一处，因而得出陶尊不是一般生活用具，是与死者生前的地位有关，与祭祀有关，是一种礼器的结论。她进而推测，陶尊上刻画的"炟""炅"二字，是用于祭天的。此说甚当。《山海经·大荒南经》："东南海之外，甘水之间，有羲和之国。有女子名曰羲和，方日浴于甘渊。"袁珂先生根据《北堂书钞》卷一四九《御览》卷三引此经并无"南"字，认为"东南海之外"，应为"东海之外"，"南"字是上文脱误于此；并说，此节当在《大荒东经》"有甘山者，甘水出焉，生甘渊"之后，"甘渊"即"汤谷"，其地本在东方[1]。郭璞注曰："羲和盖天地始生，主日月者也。故（旧藏）启筮曰：'空桑之苍苍，八极之既张，乃有夫羲和，是主日月，职出入，以为晦明，'又曰：'……有夫羲和之子，出于旸谷。'故尧因此而立羲和之官，以主四时，其后世遂为此国。作日月之象而掌之，沐浴运转之于甘水中，以效其出旸谷虞渊也，所谓世不失职尔。""旸谷"又作"汤谷"，《尚书·尧典》马融注，"旸谷为海隅莱夷之地。莒县陵阳河，地处我国东部黄海之滨，所谓尧于旸谷设官，仿效日月出入旸谷虞渊的形象，"作日月之象"以主祭"四时"，"炟""炅"二字的发现，表明上述说法并非乌有。这两个图像文字，是古代东夷部族用于祭天的结论，无可置疑。但是，这两个寓义有别时代相同的图像文字，是发现于同一地点的，不宜笼统的以祭天了之，还须作进一步探讨。

据《尚书·尧典》《史记·五帝本纪》《淮南子·天文训》记载推之，我国夏代之前祭天，是祭祀太阳，授时祈年的。有周一代祭天称郊。《左传·襄公七年》："夏四月，三卜郊，不从，乃免牲。孟献子曰：'夫郊，祀后稷以祈农事也，是故启蛰而郊，郊而后耕。'"《春秋啖赵集传纂例·郊时》啖助曰："天子以冬至祭上帝，又以夏之孟春祈谷于上帝，礼行于郊故谓之郊。"《免牲》赵匡曰："郊者，天子所以事上帝也……于农耕之始也。"很清楚，祭天，祀上帝，目的是祈求太阳神保佑，以获得农业丰收。随着农业生产发展的需要，殷周以来，人们已掌握了四季概念，一年四次祭天。即所谓"春祠""夏礿""秋尝""冬烝"[2]。大汶口文化晚期，已有比较发达的原始农业。推而广之，有原始农业，就应有原始历法。所以，陶尊文字"炟"与"炅"，也并非无因的祭天。"炟"字的寓义为春季日出正东；"炅"为太阳高照于南天，表示炽热季节或夏季之义。《周礼·春官宗伯·大宗伯》："以青圭礼东方，以赤璋礼南方。"注："礼东方以立春……礼南方以立夏。"从这一记载侧证，"炟""炅"二字，是用日出正东、太阳高照于南天的形象，表示春季、夏季；也侧证陵阳河一带大汶口人，实行"炟"（春祭）、"炅"（夏祭），就是周代以来，"祠祭""礿祭"的滥觞。

---

[1] 袁珂：《山海经校注》，上海古籍出版社，1980年，第381页。
[2] （清）姚彦渠著：《春秋会要·礼一烝尝》，卷十二，中华书局，1956年。

原始农业文化阶段的民族，为祈祷丰收举行典礼，往往以牺牲献祭，并伴随以歌舞。古代东夷部族祭天的礼仪如何，文献无征。但从"炟""炅"二字的形象中，也能看出一些蛛丝马迹。这两个图像文字，都刻一象形的"火"字。"火"，《说文》："燬也。""火"字的本义为燃烧，焚燬。"炟""炅"二字，虽然都有一象形的"火"字，其寓义都与"火"的本义无关。这是耐人寻味的。

文献记载，周代以来祭天用火。《周礼·春官宗伯·大宗伯》："禋祀，祀昊天上帝，以实柴祀日月星辰。以槱燎祀司中司命飌师雨师。"注："三祀皆积柴……燔燎而升烟。"《礼记·祭法》："燔柴于泰坛，祭天也。"《尔雅·释天》："祭天曰燔柴。"注："既祭，积薪烧之。"原始社会，受知识水平的限制，最初出现的图像文字，只能是日常生活中接触到的一些具体器物，或实际存在事物的摹画。由此，"炟""炅"二字所以都有一象形的"火"字，应是大汶口人用火或即"燔柴"祭天这一事实的摹写。秘鲁鸟儿族的"太阳"祭，也从侧面支持了这一推测[1]。

综上，"炟""炅"二字是大汶口人于春季耕作之始、夏季之后，祈年、报功举行祀典，在陶尊上刻画用火祭祀代表春季、夏季的太阳像。这两个陶尊文字的发现表明，四千余年前，我国古代劳动人民已初步掌握了季节概念。《史记·封禅书》："八曰四时主，祠琅琊。琅琊在齐东方，盖岁之所始。"琅琊当今山东诸城、莒县一带。"四时"即四季，"四时主"即掌管四季的神。秦代将掌管四季的神设祭于琅琊，也说明掌握季节概念最早的，属于今诸城、莒县一带的古代东夷部族。

二　释"斤""戉"

"斤""戉"：均采集于莒县陵阳河（图九、图一〇）。

这两个字唐兰先生释"斤"、释"戉"，认为是兵器的摹画。甲骨文"兵"字即双手执斤，如"兵"。也有人认为，"斤""戉"乃锄、斧的象形，是农具的摹画。这一观点似乎有理，然而事物是发展的，斤、戉之类兵器，当然是由农具发展而来，但到大汶口文化晚期，农具和兵器发生了分化。如石斧，形体厚重、粗糙的是农具，磨制精致，由石斧发展而来的石戉，变成了"防身""征伐"的兵器。

---

[1]　日本《产经新闻》报道，日本大阪大学探险部安第斯调查队，一九七九年五月十四日去南美考察印加帝国土著居民鸟儿族，调查队参观了印加祭典"太阳祭"。"太阳祭"每年六月二十四日在秘鲁的萨克萨瓦曼遗迹举行，这一天是南半球的冬至。举行这一祭典，即为庆祝新的一年的到来。中午过后，仪式开始。人们在祭坛上用玉米酿成的酒燃起一堆"圣火"，放一大缸装满酒，并放许多佳肴献给"太阳像"。把一种叫骆马的动物投到湖中，以祭太阳神。参加祭典的人，一致歌舞、祈祷到太阳落山，祭典才宣告结束。秘鲁鸟儿族以"圣火"祭祀"太阳像"（太阳神）之俗，对推定陵阳河、大朱村发现的"炟""炅"二字从"火"，为大汶口人用火祭天的摹画，无疑是一个证明。

图九　莒县陵阳河采集图像文字拓本　　　图一〇　莒县陵阳河采集图像文字拓本

　　陵阳河 M6、M19 各发现石钺一件，其形制与图七所示完全一致。M6 为墓地之冠，钺置于 M6 枕骨下；M19 放于颧骨右侧，原来有可能放于头顶，因塌落而至于右侧。这两座墓葬出土的石钺，磨制极精，扁体，较宽，厚度不及 1 厘米，绝非砍砸一类生产工具。石钺在这两座墓葬的放置部位似标明，墓主为首领身份。与 M6、M19 同时期的小墓出土的石斧，置于人骨架腰际，制作笨拙，体窄，为石钺厚度的三倍，其精致程度与 M6、M19 的石钺不能相比，与"戉"字的形象亦大相径庭。

　　M19 是中等以上大墓，经鉴定墓主为一成年男性。骨架右侧放陶质牛角形号角一个，足部放刻画图像文字的陶尊一件（图一一），右侧上肢骨处放骨雕筒一件，为旌旗类器物

图一一　莒县陵阳河M19出土图像文字拓本

图一二　莒县大朱村M26出土
图像文字拓本

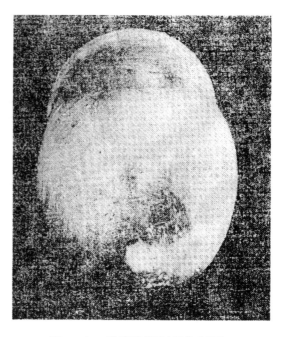

图一三　莒县陵阳河采集刻画
图像文字⊠、⊻的陶尊

之柄，或即"旌柄"。该墓随葬遗物丰富，墓主杖钺、执旌，腰挂号角，为一军事领袖殆无疑义，"钺所以为将威也"[1]。戊由石斧发展而来，到大汶口文化晚期，它已不单单是兵器，而且成为一种权力的象征，林沄同志的"说王"[2]，为这一发现给予佐证。

三　释"凡"

"⊠""⊠""⊠"：图一一、图一二、图一三。

图一一刻画于陵阳河 M19 陶尊颈部，"文字"左上角缺口间及右下角内有一道"刻画"痕，从实物观察，乃为陶尊上的篮纹，在刻画"⊠"之前未将篮纹磨平而留下的遗痕。图一二刻画于大朱村 M26 陶尊腹下近底处。图一三采集于莒县陵阳河，文字"亦刻画于陶尊腹下近底处，陶尊颈部尚刻一"⊻"（图一四）。这三个陶尊"文字"都由四条内弧线刻画而成，"文字"一端两角封闭，另一端两角为一

[1]　《周礼·夏官司马》。
[2]　林沄：《说王》，《考古》1965年第6期。

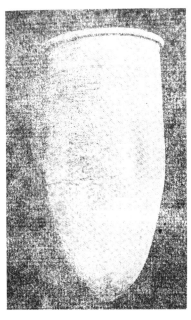

图一四　莒县陵阳河采集刻
画图像文字⚟、⚐的陶尊

大一小的缺口。从形象结构分析，"⚟""⚐""⚟"摹画的，似为一筒、桶形哨一类吹奏乐器。

陵阳河 M19 墓主为军事领袖身份。大朱村 M26，也是一中等以上大墓，墓主为一成年男性。人骨架胸前置一玉钺，有使用痕迹。腹部放"旄柄"一件，陶质牛角形号角一个，墓西北角随葬陶尊一件。从随葬的典型器物看，大朱村 M26，也是一专职军事领袖身份。这两座墓葬出土能标明墓主身份的军旅之物一致，陶尊上刻画的图像文字相同。据以上现象推之，图像文字摹画的吹奏乐器，与钺、牛角形号角、"旄柄"等一样，也是墓主用于"战争""征伐"方面的军械之物。这一遗物，在大汶口文化中无实物发现，似为竹、木制品，已腐朽无存。

原始社会晚期，人们常在狩猎、军事行动之前，手执军械举行祭祀性质的"军事跳舞"，以祈祷胜利。我国原始社会是否也有此俗，"战争"中乐器是否是用于指挥的军械之物，无文献资料可征。但周代典籍中，尚保存一些这方面的记载，从中可看出一些端倪。

《周礼·春官宗伯·小宗伯》："若军将有事，则与祭有司将事于四望。"注："军将有事，将与敌合战也。郑司农云，则与祭，谓军祭表祃军社之属。"《诗集传·大雅·皇矣》："是类是祃。"朱熹曰："类，将出师祭上帝也。祃，至所征之地而祭始造军法者，谓黄帝及蚩尤也。"传统是一种巨大的阻力，是历史的惰性力。殷周以来战前举行祭祀的习惯，应是我国原始社会，狩猎或军事行动之前，为祈祷胜利举行祭祀性的"军事跳舞"习俗的流传与演变。

《周礼》记载，周代军队的指挥系统中，有旗帜，还有鼓、铎、镯、铙之类乐器，各种乐器配合使用，以达到发布命令，协调部队动作的目的。《周礼·夏官司马·大司马》："两司马执铎，公司马执镯。……司马振铎，群吏作旗，车徒皆作。鼓行，鸣镯，车徒皆行，及表乃止。"注："司马，两司马也。振铎以作众，作起也，既起，鼓人击鼓以行之，伍长鸣铎以节也。"可以看出，周人是通过这些乐器发出的不同号令，指挥步兵起立、坐下、前进或停止前进。不仅如此，《周礼》《史记·律书》中，还有律为军械的记载。《周礼·夏官司马·大司马》："若师有功，则左执律，右秉钺，以先恺乐献于社。"注："律所以听军声，钺所以为将将威也。"《史记·律书》："武王伐纣，吹律听声……同专声相从。"正义："兵书云，夫战太师吹律。"《史记·律书》："（律）其于兵械尤所重，故云，'望敌知吉凶，闻声效胜负，百王不易之道也。'"《索隐》："易称，'师出以律'，是于兵械尤重也。"《周礼》《史记·律书》虽有"执律""吹律"的记载，但是，"律"指的是某一种具体乐器，还是有如后世出现的统一各种乐器声调的律管，它的形制、质料到底如何，现在无法说清楚。然而，根据上述记载，说殷周时代进行战争，不单有鼓、铎、镯、铙之类敲打乐器；也有吹奏一类乐器为军械，是可以置信的。

居住在莒县陵阳河、大朱村一带的大汶口人，处在氏族制度解体、向英雄时代迈进这一历史时期，即"军事民主主义"时期。这一历史时期，侵犯、掠夺性"战争"之多，是今人无法想象的。"战争成为经常的职业[1]。"处在相同的社会发展阶段，具有"相同"或近似的风俗习惯。据民族志资料观察，陵阳河、大朱村一带原始社会晚期狩猎、"战前"应有演奏乐器，举行祭祀性质的"军事跳舞"之俗，"交战"中也应有用于指挥的乐器。殷周以来战前举行祭祀，鼓、铎、镯、铙之类敲打乐器，及"律"为军械的记载，为这一推断作了证明。由此看来，说陵阳河M19、大朱村M26及过去采集的"🜨""🜨""🜨"的摹画物，为我国古代东夷部族用于军事方面的吹奏乐器，也是合乎情理的。

这三个图像文字，字形与甲骨文、金文中的"凡"字相同。如："🜨"（甲四四四）、"🜨"（甲一三四）、"🜨"（前七·二八·四）（《甲骨文编》一三·七）；"🜨"（大丰殷）、"🜨"（曶鼎）、"🜨"（散盘）（《金文编》一三·一〇）。甲骨文"凡"字，竖写的两笔内弧，金文大三殷中的"凡"字，四笔均内弧，与"🜨""🜨""🜨"，由四条内弧线刻画而成，是一致的。大丰殷、散盘中的"凡字，又与"🜨"

---

[1]　恩格斯：《家庭·私有制和国家的起源》，1954年，第158页。

"ᱞ""ᱞ"形体相近。"ᱞ""ᱞ""ᱞ"应是"凡"字的远祖。

"凡",《说文》:"最括也。""括",《说文》:"絜也。"高田忠周:"按《说文》,'凡最括也'……段氏作冣括而言也。云最括者,积也,括者絜也,絜者束也。最括者,总聚而絜束之也。[1]"大丰簋中,有"王凡(风)三方"句。郭沫若:"'王凡三方'者,凡假为风,讽也,告也。[2]""凡"字在这里又有陈述、宣布之义。文字的本义、引申义,跟它产生的历史根据:最初摹画实物的用途、意义,总有某些联系。这三个图像文字原始摹画,为用于军事方面,有如鼓、角之类乐器,大概也是发布命令、统一行动、节制进退之用。据此,由其演变而来的"凡"字,有"最括","讽""告"即陈述、宣布的含义,就比较容易理解。"凡"字的字义证明,上述图像文字摹画的,为用于军事方面的吹奏乐器,可以成立。

裴锡圭同志认为[3],甲骨文的"ᱞ""ᱞ"即"庚"字,是古代一种大钟的名称,"庚"即钟的象形。又认为,甲骨文中的"庚"即"庸",也就是"镛"字。"庸""用"声相近,"庸"从"庚"由"用"得声。考证,"用"是"庚"下"ᱞ"即"凡"字的衍变。得出,"庸"由"ᱞ"得声。推测"庚"下"ᱞ",原是筒、桶一类东西的象形字。裴文这一发现,为推定"ᱞ""ᱞ""ᱞ"为吹奏一类乐器图像文字,提供了证据。象钟形的乐器"庚"(庸),所以由"ᱞ"得声,殆因"ᱞ"是一种更古老的乐器,"庚"形之钟为后再现的一种乐器。因此,以"庚"即钟之形,加一"ᱞ",用以表示"庚"形器与"ᱞ"为一类物,也是一种乐器,《说文》把"庸"解释为一会意字,支持了这一判断。

"凡"可假为"风"。甲骨文无此"风"字,多借用于"凡"字。说明"风"是"凡"字的分化和衍变。"风"字的字义,指的是空气流动的现象,但在古代,它有乐歌、音乐曲调之义。《诗·大雅·崧高》:"吉甫作诵,其诗孔硕,其风肆好。"《左传·成公九年》:"乐操土风。"《襄公十八年》:"吾骤歌北风,又歌南风,南风不竞,多死声。""风"在前三例中,为乐歌曲调之义。《山海经·大荒西经》:"太子长琴……始作乐风。"《海内经》:"鼓、延是始为钟,为乐风。"在后两例,"风"又是乐曲的意思。又《礼祀·乐记》:"八风从律而不奸。"《风俗通义·声音》:"昔黄帝使伶伦自大夏之西,昆仑之阴,取竹于嶰谷,生其窍厚均者,断两节而吹之,以为黄钟之管。制十二筒,……而十二律定,五声于是乎生,八音于是乎出。声者,宫、商、角、徵、羽也。音者,土曰埙,匏曰笙,革曰鼓,竹曰管,丝曰弦,石曰磬,金曰钟,木曰祝。"不难理解,《礼记·乐记》说的"八风"即《风俗通义·声音》所说的"八音","八

[1] 周法高主编:《金文诂林》,香港中文大学出版社,1975年。

[2] 郭沫若:《两周金文辞大系》,科学出版社,1957年。

[3] 裴锡圭:《甲骨文中的几种乐器名称》,《中华文史论丛》1980年二辑。

风从律"即"八音从律"。可见，"八风"或"八音"，乃是古代金、石、丝、竹、匏、土、革、木八类乐器的总称。"风"为乐歌、音乐曲调、古代乐器的总称，对推断"凡"字是古代一乐器图像文字的衍变，也是一个证据。

大概自周代以来，人们已不知道"风"字是我国古代一种乐器图像文字衍变而来，无法解释乐歌曲调由"风"字命名的渊源。《毛诗序》："风，风也，教也；风以动之，教以化之……上以风化下，下以风刺上，主义而谲谏，言之者无罪，闻之者足戒，故曰风。"汉儒对"风"字的这种解释，是主观想象，望文生义的。这种风动教化的观点，是封建礼教观念的体现。

近代学者，对"凡"字形体的解释，多认为它是摹画盛食器"槃"（盘、般）的象形字，甲骨文中的"凡"字，即"般""盘""槃"的初文。这是不妥当的。"般"字在甲骨文中的写法，如"㿝"（拾一二·三）、"㿝"（拾二·一四）、"㿝"（乙六八六五）《甲骨文编》八·一一）。这几个字形，左侧摹画的分明是一侧立的圈足盘，这种形象的圈足盘，在龙山文化，商周时代的青铜礼器中，比较容易找到。右侧的"㿝""㿝""㿝"，是手食匙之形。"㿝""㿝""㿝"左边的"卜"，是盘的圈足，右边的一笔内弧，皆长于盘圈足竖写的一笔，是盘的象形。《甲骨文编》共收集三十八个"般"字，有三十五个或左、或右，总有一圈足盘的形象。而甲骨文"凡"字，竖写的两笔长度基本一致，百分之九十以上呈内弧形，无圈盘足的形象。"般"字左侧"㿝"与"凡"字"㿝"写法不同，反映原来摹画的不是同一之物。甲骨文"般"字，是一手拿食匙，从盘中向外拨物的会意字。古文字学者，所以将"凡"误为"般"字的初文，大概因"凡""般"古音相近，又未细审"凡""般"在字形上的差异而讹误。

古史传说中的太昊（皞）氏、少昊（皞）氏，为部族名称。它分别代表古代东夷部族两个不同发展阶段。大汶口文化、山东龙山文化，就是这两个不同发展阶段在物质文化上的反映。《帝王世纪辑存》："太昊包犧氏，风姓。"《左传·僖公二十一年》："任、宿、须句、颛臾，风姓也，实司大皞与有济之祀。""风姓"或曰"凤姓"，"风""凤"互通，皆由"凡"字取声，都由"凡"字孳乳而来。图像文字"凡"，可能就是东夷部族风（凤）姓由来的远源。这一推测，从太昊氏的历史传说与陵阳河、大朱村一带大汶口文化的发展阶段上看，也是吻合的。《孟子·离娄下》："舜生于诸冯，迁于负夏，卒于鸣条，东夷之人也。"诸冯、负夏、鸣条，皆古地名。诸冯传说在山东诸城、莒县一带；负夏、鸣条，相传在山东曲阜、定陶县西。郭沫若同志认为，传说中的舜，即商的远祖帝喾[1]。童书业先生考证，帝喾即太昊[2]。可知，

---

[1]　郭沫若：《中国古代社会研究》，科学出版社，1960年，第251页。
[2]　童书业：《春秋左传研究》，上海人民出版社，1980年，第2页。

帝舜即古史传说的太昊氏。由此,"风姓"始祖的发迹之地,应在山东东部的诸城、莒县一带。《史记·五帝本纪》:"(黄帝)东至于海……举风后、力牧,常先、大鸿以治民。"正义:《帝王世纪》云,黄帝梦大风吹天下之尘垢皆去,又梦人执千钧之弩,驱羊万群。帝寤而叹曰,风为号令,执政者也,垢去土,后在也。天下岂有姓风名后者哉?……于是依二占而求之,得风后于海隅,登以为相。"前已提及,"凡"可假为"风","风"字是"凡"字的孳乳和衍变。依此可知,所谓以"风"为号令,乃是以"凡"为号令的谬传。"凡"字远祖在濒于黄海的莒县一带发现,说明上述传说,不是虚无缥缈的神话。

四　释"南"

"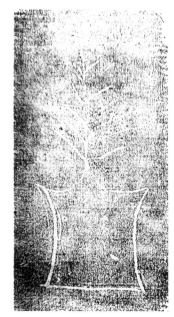":"南"字的祖型,刻画于陵阳河 M25 陶尊颈部(图一五)。

"",上部刻一树木,下部"□",剡上、平底、两边内弧,左侧有原刻画时修改的痕迹。底宽 6、上肩宽 6.5 厘米,肩与底间高 7.5 厘米,并树木通高 20 厘米。

文字产生之初,一是对客观事物具体摹画,如:"斤""戌",即写实的;二是用一组"图画"表示一个复杂的事实。该字当属于第一种情况。

""下"□",颇似一"工具",但其上刻画一树,表明它不是工具。仔细推敲,下部"□",酷似建筑的坛台之形。

大汶口文化晚期,生产力发展的状况决定了,在意识形态领域内,人们认为,万物有灵。因之,对各种自然现象、事物盲目崇拜。随着农业生产的发展,人们对它的依赖与日俱增,必然产生对"地母"的崇拜,我国古代对"地母"的崇拜表现为"祭社","社"即"地母"。相传尧舜时代"封土为社"。《淮南子·齐俗训》:"有虞氏之祀,其社用土。"注:"封土为社。"因历史久远,文献不足,我国原始社会"祭社"的具体情况,难以论定。

商周以来,社坛植树。

《周礼·地官·大司徒》:"大司徒之职,掌建邦之土地之图。……而辨其邦国都鄙之数,制其畿疆而沟封之。设其社稷之壝而树之田主,各以其野之所宜木,遂以名其社与其野。"注:"……封,起土界也,……壝,坛与堳埒也。田主,田神。……所

图一五　莒县陵阳河M25
出土图像文字拓本

宜木，谓以松柏栗也。若以松为社者，则名松社之野，以别方面。”孙诒让《正义》：“封土曰坛……埒，卑垣也，盖壝为拥土之名，故坛、埒均谓之壝……坛，祭场也，坛即土堂。”“盖壝者，委土之名，凡委土而平筑之谓之墠（按：除地而祭曰墠，封土为坛）。于墠之上积土而高若堂谓之坛，外为卑垣谓之堳埒，通言之，墠、坛皆得称壝。”

总之，先积土为平台，然后于台上起土象屋顶式，即坛，再于台周围筑以矮墙，即所谓坛或壝。于壝之顶端植以树木，对其进行祭祀，即商周以来社坛植树的情况。《论语·八佾》：“哀公问社于宰我，宰我对曰，‘夏后氏以松，殷人以柏，周人以栗’。”“”上部刻画的树木，干枝形象不类松树。究竟是什么树，不宜妄加猜测。但这一“文字”的形象，与《周礼》社坛植树的记载相符。它应是大汶口人崇拜的“地母”，树社的摹写。

文献记载，殷人有立石主为“社”之俗。《淮南子·齐俗训》：“殷人之礼，其社用石。”注：“以石为社主也。”甲骨文“社”字，如：“”（粹十七）、“”（粹十八）、“”（前六·六一·五）、“”（林二·一二·一）（《甲骨文编》一三·七），象矗立于地面的石柱之形，与图一五“文字”之形不类，应是摹画商代以石主为“社”的文字。“”的形象与甲骨文中的“南”字有近似之处。如“”（前一·一三·六）、“”（京津五二九），“”（福一九）（《甲骨文编》六·八）。“南”字上端“”“”“”，是“”上端“”的简化，下部“”“”与“”之形相近。“”，应是“南”字的原始形象。

“南”，《说文》：“艸木至南方有枝任也。”《前汉书·律历志》：“南，任也，言阴气旅助夷，刚任成万物也。”《白虎通·五行·十二律》：“南者，任也。言阳气尚有任生荠麦也。”“祭社”确有祈祷大地，“吐生”“任成”或曰化育万物之义，“南”字仍有祭社的寓义。至于“南”为南方之义，大概因树社原设于居住地之南面引申而来。

五 滤酒图像

“”：刻画于陵阳河 M17 陶尊颈部（图一六、图一七）。

大汶口文化晚期，高柄杯是一种酒器当无疑问。陵阳河墓地出土高柄杯之多，达到令人惊讶的地步，它从侧面反映了酿酒业的发达。1979 年发掘，M6、M17 都发现了硕大的滤酒缸，及与之为伍的灰陶瓮。这一发现表明，大汶口文化晚期，我国古代劳动人民确已发明酿酒。刻画“”的陶尊，与滤酒缸、瓮（盛酒器），同放于棺室北、椁室内而居于首位。据以上现象判断，这一图像的含义与酿酒有关。

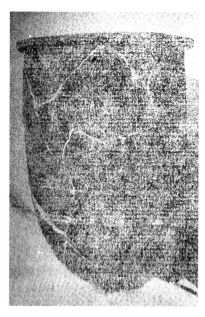

图一六　莒县陵阳河M17　　　　　　　图一七　莒县陵阳河M17
出土图像（摹本）　　　　　　　　　出土的陶尊

　　"🌿"由三部分组成：上端"🌿"摹画的似为"工具"一类物；下部刻一"盆"式器，当即滤酒缸；"盆"沿两端刻两个禾叶，应是指示"盆"内所放为谷物；"盆"下刻画一道，并于两端刻画两叶，叶下带钩刺；最下朱绘一盆。图像的其余部分也皆涂有朱彩。图像的含义大概为人们从事农业生产收获的谷物，用酒麴发酵后放一滤酒缸，经带钩刺的植物叶过滤，将酒液接入朱绘的盆中。

　　《左传·僖公四年》齐桓公伐楚，管仲数楚之罪曰："尔贡苞茅不入，王祭不共，无以缩酒。""缩"即"茜"。"茜"字本义为酒之取清去滓，"缩酒"即为"茜酒"，也就是沛酒、滤酒。"茜"有过滤之义。"茜"字的这一寓义，应由来于我国原始社会用谷物酿酒，为谷物经酒麴发酵后进行过滤这一事实。这与"🌿"的含义滤酒相符。《周礼·天官冢宰·甸师》："祭祀共萧茅。"注云："茅……亦以缩酒，缩酒，沛酒也"。《毛诗注疏·小雅鹿鸣·伐木》："有酒湑我。"毛传："湑，茜之也。"陆德明《释文》："与《左传》缩酒同义，谓以茅沛之而去其糟也。"朱熹《诗集传·注》："湑，亦酾也。酾酒者，或以筐、或以草，涑之而去其糟也。《礼》所谓缩酌用茅是也。"周代以来用"茅""缩酒"或曰沛酒、滤酒，亦应为我国原始社会酿酒，用茅过滤习俗的流传。关于"茜酒"之茅，《史记·夏本纪》："包匦菁茅。"《集解》："郑玄曰：'匦，缠结也。菁茅，茅有毛刺者，给宗庙缩酒。'"《正义》："《武阳记》云：'山际出包茅，有刺

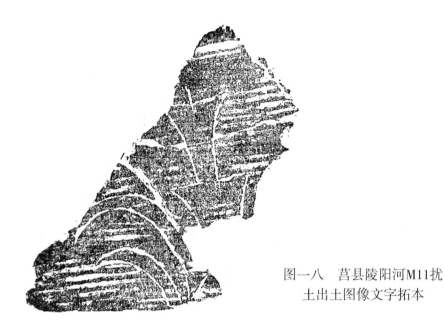

图一八　莒县陵阳河M11扰
土出土图像文字拓本

而三脊。'"《风俗通义·五伯》:"齐桓九合一匡，率成王室，责疆楚之罪，复青茅之贡。"吴树平:"'青'，程本作'包'。按当作'菁'。《尚书·禹贡》:'包匦菁茅'。《谷梁传·僖公四年》云:'菁茅之贡不至，'并是其证。'菁茅'，茅有刺者。""﷯""盆"式器（滤酒缸）下，刻画一道两端带钩刺的植物叶，与茅有刺用于"缩酒"（滤酒）一致。基于以上分析，"﷯"应是大汶口人用谷物酿酒进行过滤这一事实的摹写。后世"缩酒"（茜酒）为沛酒、滤酒之义，当导源于此。

图像"﷯"与"茜酒"有关。"茜"字本义又与祭礼有关。《说文》:"茜，礼祭束茅加于祼圭而灌鬯酒是为茜。象神歆之也。"《周礼·天官冢宰·甸师》:"祭祀，共萧茅。"注:"萧字或为茜，茜读为缩。束茅立之祭前，沃酒其上，酒渗下去，若神饮之，故谓之缩。"表明"茜"是一种祭礼或曰"茜礼"。也表明，"茜酒"所用茅，周代用为祭祀用品。《说文》对"茜"字的解释本于《周礼》，推本溯源，周代以来，茅所以成为祭祀用品，由来于原始社会用以"茜酒"，"茜"之为祭祀，是先民酿酒时，进行祭祀习俗的流传与演变。无酒不成礼，"茜酒"当然是倍受尊崇的隆礼了。看来，汉儒并不了解这一祭礼的远源。

周代以来，"茜酒"演变为祭礼，跟原始社会祭祀、崇拜酒神有关。图像"﷯"，用"工具""﷯"及滤酒所用器物，把滤酒过程摹画下来，并涂以朱彩，给人以神秘、庄重的感觉。谷物经酒麴发酵变成乙醇，"既有米曲之数，又有功沽之巧"[1]。我国古代所谓酒是米酒，掌握不好又会变酸。原始社会，酿造技术不高，科

---

[1]　《周礼·天官冢宰·酒正》。

学又不发达，人们对此颇感神秘，可能认为有主管酿酒的神，于是，在酿酒时便祈祷其保佑、显灵，以期达到多产酒、产好酒的愿望。所以，这一图像在陶尊上出现，并与滤酒缸、盛酒器为伍，就是先民在酿酒时，用以表示对主管酿酒的神的祭祀。许慎把"茜"字解释为一种祭礼，周代以来的"茜礼"即由来于原始社会祭祀酒神之俗。

"🌾"：采集于陵阳河，图像刻于滤酒缸残片上（图一八）。

"🌾"虽然残缺，尚能看出，"🌾"与 M17 陶尊上刻画的图像一样，也是滤酒图像。"🌾"与"🌾"略有不同，可能反映这两个图像有早晚关系；"🌾"在滤酒缸下，草或茅叶无钩刺，或因茅有异类。

六　释"享"（酒神图像）

"🏺""🏺"：采集于陵阳河（图一九，图一四，图二〇），"🏺"：采集于大朱村（图二一）。

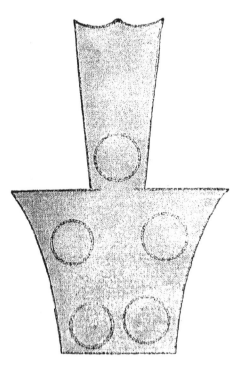

图一九　莒县陵阳河采集刻画图像文字
（比例1/2）

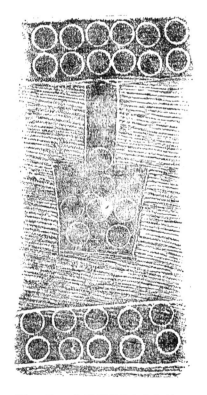

图二〇　莒县陵阳河采集的
图像文字拓本

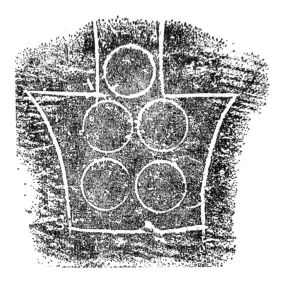

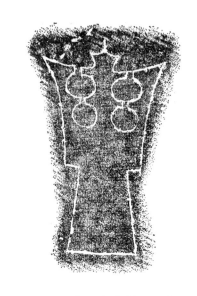

图二一　莒县大朱村采集的图像
文字拓本

图二二　莒县大朱村M17出
土图像文字拓本

　　这三个图像在发现时,皆涂朱彩。其形象与"🌿""🌿"顶端的"⛏""⛏"相类,当属同类物品摹画。这类图像两次在滤酒图像上出现,反映它与酿酒有关。但在大汶口文化中,迄今无实物发现,可能也是木制品。

　　"⛏":刻画于大朱村 M17 陶尊颈部,图像范围内,亦涂朱彩(图二二)。

　　"⛏"顶端"⋏",上端为一直画,下部"⋏",剡上、两侧内弧。从形象看,"⋏"摹画的是一直柄,双齿弯曲的器物。它摹画的是什么,只根据这一个图像难以判断。滤酒图像"🌿"的发现,为推测"⋏"的含义,给以启示。

　　"⛏"上端"⛏",与"⛏"顶端"⋏"之形近似。

　　"⛏"即由"⛏"演变而来,这一点将于下文论证。文献记载,我国古代农具为耒与耜,证以甲骨文"耒"的形象,"⋏""⛏"所画,为耒的象形。"⛏"形如铲,颇似东周的铲布,是耜的象形。耜上刻两行,每行两个相互贯通的圆圈,左行与耜刃相通,右行为耜刃封闭。其摹画,似为液体渗滴之状。

　　耒是我国古代掘土耕作的农具。《淮南子·主术训》"蹠耒而耕"的记载,证明了这一点。耒的形象、制作方法,《说文》:"耒,手耕曲木也。"《易·系辞下》:"揉木为耒。"《汉书·食货志》:"自神农之世,斫木为耜,煣木为耒。"师古曰:"'斫',斫也。煣,屈也。耒,手耕曲木也。""煣",《说文》:"屈申木也,从火柔。""煣"通"揉"。所谓"揉木为耒",是说耒是木质的,制作时需要燎烤,使其弯曲。甲骨文"藉"字"𦥑"(京都七〇五)、"𦥑"(乙七三九六)、"𦥑"(前七·一五·三)(《甲骨文编》

卷四·二三），是一人操耒而耕的形象。耒在"藉"字中为"🌿""🌿""🌿"形，与"🌿"顶端"⼋"，"🌿"顶端"▽"，直柄、端末弯曲的双齿一致，也与"耒，手耕曲木"的记载相合。由此，"⼋""▽"，殆为耒的摹画。

"🌿"即耜，形如铲。《考工记·匠人》曰："匠人为沟洫，耜广五寸，二耜为耦，一耦之伐，广尺深尺，谓之畎。"揣其义，耜也属于翻土的农具。《说文》"耜"作"梠"，从"木"旁。《易·系辞下》："斲木为耜。""斲"，《说文》："斫也。"说明，耜也是木质的，制作时需砍、削、修理，比制作耒要复杂一些。耜，汉代叫臿，也叫鍫。《说文》："梠，臿也。"《汉书·沟洫志》："举臿为云。"师古曰："臿，鍫也。"鍫即锹一类农具，至今河北、北京一带农村，仍称剜地的铁锹为锹锹。卜辞"𠂤"，徐中舒先生释"㠯（耜）。""𠂤"，也是铲一类农具的摹画。木质之耜无法保存到现在，石质骨质之耜，在大汶口文化中，至今尚未发现，但"🌿"，与河姆渡一式、三式骨耜相似[1]，应是耜的象形。大概今山东一带，原始社会的农具耒和耜，均为木制品，故找不到实物证明。

"🌿"由耒、耜及渗滴液体状"⼋""🌿""⁸⁸"组成。将耜柄、渗滴液体状图像"⊔""⁸⁸"去掉，即为"🌿"。如果将"🌿""🌿"及陵阳河、大朱村发现的"🌿""🌿""🌿"，归于一类比较，"🌿"及由此演变而来的一类图像的演变顺序应为（见图二三）：

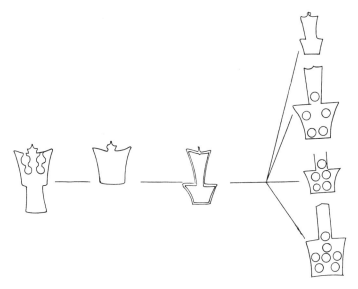

图二三　陵阳河与大朱村出土酒神图像演变图

[1]　浙江省文物管理委员会：《河姆渡遗址第一期发掘报告》，《考古学报》1978年第1期。

滤酒图像"⚇""⚇"的发现,揭示了"⚇"及其变化而来的一类图像的谜底。"⚇"所画,是大汶口人滤酒时,把谷物经酒麯发酵后,舀入滤酒缸,然后在滤酒缸之上放上禾叶,"⚇",就是压在禾叶上的一种器物。"⚇"虽残,尚可看出,也是此类摹画。"⚇""⚇"为一类物。"⚇"与"⚇"比较,下部"⊔",实际是由"⚇"去其"⊔""⚇"即耜之铲体变化而来;上端"▽"是"⚇"上端"⌄"的延长,与古籍记载、甲骨文"藉"字中耒的形象一致,是耒的象形。由"⚇"演变为"⚇",中间尚有缺环,"⚇"上耜柄、渗滴液体状"⚇"不见了,但其上端"⌄"、下端"⊔",耒、耜体的形象尤灼然可辨。从"⚇""⚇"的分析、比较中易于看出,"⚇""⚇""⚇"一类图像是由"⚇",即由"⚇"变化而来。所以,这一类图像的寓义应是一致的。

上述图像在发现时,有两例刻画于滤酒图像顶端,表明这类图像与酿酒有密切关系。又图像"⚇",是在一采集的滤酒缸残片上发现的,无涂朱现象。除此以外,皆涂有朱彩。值得注意的是,陵阳河、大朱村一带,发现的图像、图像文字,除上述一类外,无论是采集品,还是发掘品,无一例涂朱者。即使与涂朱图像发现于同一陶尊的其他类图像,也绝不涂朱。陵阳河发现同一陶尊刻画两个图像文字的,共两件。"⚇"与"戉"字刻于同一陶尊颈部的两侧(图二四、二五)。"⚇"涂有朱彩,"戉"字上则未涂朱。刻画"⚇"陶尊(图一四),近底部刻一"⊔"(图一三)。"⚇"上涂有朱彩,"⊔"亦未发现有涂朱的痕迹。这说明,此与酿酒有关的图像,有独特的含义。

原始社会,有以红色象征吉利的习俗;今胶东一带农村,有迷信思想的人,认为朱砂有压胜、避邪的作用。陵阳河、大朱村发现图像上涂一层朱彩,应是这类习俗的反映。其用意,大概和殷周以来,战争、龟卜前,用牺血涂鼓、涂龟甲,所谓衅鼓、衅龟意义一致,为祈祷战鼓、龟甲显灵、庇祐,以期达到战争取胜、龟卜灵验之目的。如果这一推断不误,那么上述一类图像的摹画物,应是先民酿酒时祈灵的对象。但"⚇""⚇"是刻画于滤酒图像顶端的,据此或会引起质疑,认为它仅仅是滤酒过程中,放于滤酒缸上的一种器具而已。因为与其同类的"⚇""⚇""⚇""⚇",都是独自在陶尊上出现的,清楚的反映了这类图像摹画的,就是陵阳河、大朱村一带大汶口人,酿酒时崇拜、祈祷的对象。综上判断,"⚇"及其演变而来一类图像的摹画物,是大汶口人祭祀、崇拜的酒神。

看来,酒神图像"⚇"上刻画的"⚇",原意应是渗滴酒液之义。"⚇""⚇""⚇"上刻画的圆圈,也应由"⚇"上的"⚇"演变而来,也是表示滴酒之义,不是为表示图像美观而刻画的装饰。"⚇"与其他酒神图像刻画的圆圈不同,反映图像有早晚关系。陵阳河、大朱村墓葬分三期,"⚇"出于中期墓,陶尊为二式。

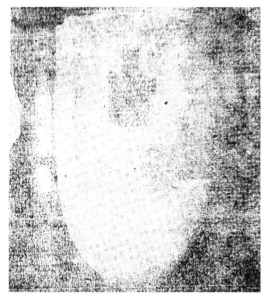

图二四　莒县陵阳河采
集刻画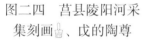、戊的陶尊

图二五　莒县陵阳河采集刻
画、戊的陶尊

其他此类图像，皆刻画于晚期三、四式陶尊。在已发现的六个酒神图像中，"　"
"　"未刻圆圈以表示滴酒，这也不难理解，因为这两个图像刻画于滤酒图像上，
为滤酒图像的一部分，滤酒图像本身即寓有滴酒之义。因此，"　""　"上无需刻
画圆圈以表示滴酒。

　　原始社会，人们常以某种普通动物，或一般自然物为崇拜对象，假设这些东西
为他们的祖先，并以此为其氏族的图腾。不仅如此，他们祭祀的各种神灵，崇拜的
各种祥瑞之物，也是一些普通事物的演变、神化，"并不是抽象的，蛰居于世外的
生物"[1]。最初所谓神，"就是在完全类似的情况下，由于自然力的人格化而产生的"[2]。
基于此，陵阳河、大朱村发现的酒神图像，由我国古代普通的农具耒、耜之形组成，
就不足为疑了。尽人皆知，没有农具就无法进行生产，没有农业生产，没有剩余农
产品，就谈不上酿酒。《淮南子·说林训》："清醠之美，始于耒耜。""清"，即清酒；
"醠"，《说文》："浊酒也。"因褊狭无知，迷信尚深的古人，可能认为，剩余农产品
的获得，因耒耜有神灵所致。他们在酿酒时，有可能祭以实物之耒、耜，或把耒、
耜置于滤酒缸上，以示尊崇，祈祷它显灵。后来又以耒耜之形合作一器，置于滤酒
缸顶端，随着时间的推移，酒神的实物之形逐渐发生了变化，所以，摹画于它的酒

[1]　马克思：《黑格尔法律哲学批判》，1943年。
[2]　恩格斯：《费尔巴哈论》，1886～1888年。

神图像，也渐渐地脱离了由耒、耡之形组成的形象，使我们难以理解其含义了。

以上论及的六个酒神图像，演变到"🍶""🍶""🍶"阶段，与甲骨文、金文中"亯"（享）字之形接近。如："🍶"（甲二一六〇）、"🍶"（前二·三八·四）"🍶"（京都一八三九）（《甲骨文编》卷五·二二）；"🍶"（孟鼎）（《金石大字典·卷二》）、"🍶"（周窸鼎）、"🍶"（蔡侯盘）（《金文编》五·三四）、"🍶"（郜遗敦）（《积古斋锺鼎彝器款识》。"亯"字上部"仚""亠"，与酒神图像上部"🔻""🔻""🔻"，基本一致，下部"口""口"与酒神图像下部的"🔻"相近。就形象看，陵阳河、大朱村出土的酒神图像，当为"亯"字之祖。

"亯"，《说文》："献也，从高省。曰，象进熟物形。《孝经》曰：'祭则鬼享之。'""亯"字的本义是把食物、或酒献给鬼神。《周易·随卦》："王用享于西山。"《尚书·盘庚》："兹予大享于先王。"《左传·僖公五年》："吾享祀丰洁，神必据我。"《诗·商颂·烈祖》："笺云，享谓献酒使神享之也。""亯"字又是鬼神接受祭品的通称。《左传·僖公五年》："民不和神不享矣。"《潜夫论·巫列》："鬼神乃享，鬼神受享。"在《周礼》中，祭享用"享"字，周代金文中，"亯"字也只用于祭祀鬼神。高田忠周曰："朱骏声云：'《尔雅释诂》，享，孝也。《广雅释言》，亯，祀也。'按字与飨别，亯，神道也。[1]"周代以来，所谓享，指的是鬼神接受的祭品、酒，是祭祀一切鬼神的通称。"🍶""🍶""🍶"一类图像摹画的，是大汶口人在酿酒时，祈祷显灵的对象，酒是我国古代行大礼、祭祀鬼神的必须品，大概即因这一原因，由酒神图像演变而来的"享"字，变成祭品、酒，祭祀一切鬼神的通称。

"亯"字在甲骨文、金文中，除上文例举的一种外，尚有另外一种写法。如："🏠"（京津一〇四六）、"🏠"（京津一五五四）（《甲骨文编》五·二二），"🏠"（亯簋父）、"🏠"（且年且癸大）（《金文编》五·三四）。"亯"字这一类写法，顶端"△""口"，形如侧视的屋顶，竖写的两笔间没有横画。甲骨文、金文中"亯"字两种写法不同，反映原来的摹画物是不一样的。汉代以来，历来解说"亯"字形体的，根据"亯"字的第二种写法，均将其解释为堂舍一类建筑物的摹画。《说文》："亯，献也，从高。""膏"，《说文》："崇也，象臺观。""高"，《说文》："小堂也，从高。"清代学者吴大澂，根据许慎对"亯"字形体的这一解释，认为："亯"字是宗庙一类建筑物的象形字，《古籀补》："'🏠'，古享字，象宗庙之形。""亯"字第二种写法，原来有可能是宫室、房舍一类建筑物的象形字，但把第一种写法的"亯"字，也笼统的归于此类，不妥。"亯"字的本义，也与这一传统的解释相牴牾。"亯"字两种写法所以相混，殆因字形相近而谬。

---

[1]　《金文诂林》。

任何事物都是运动、变化、发展的，宗教信仰也是如此。随着生产的发展，文化的提高，宗教信仰的形式也不断地发生变化。我国原始社会祭祀崇拜酒神这一习俗，商周以来，演变为一种祭礼，以新的形式予以体现和发展。随着祭祀酒神习俗的这一变化，由酒神图像演变而来的"酉"字，也变成祭品、酒、祭祀一切鬼神的通称。

莒县陵阳河与大朱村发现的陶尊"文字"、陶尊上刻画的图像，尚未脱离图画实物的阶段，但从汉字的发展过程来看，它确实是我国现行文字的远祖。它反映，远在四千余年前，莒县陵阳河、大朱村一带的大汶口人，有以山头纪历的习惯，祭社、祭祀酒神之俗，等等。从这个意义上讲，说它是我国最早的历史文献，并不为过。

一九八〇年元月二十日济南

（原载《山东史前文化论文集》，齐鲁书社，1986年）

山东莒县发现竹制笛类乐器图像
与虞幕"听协风"新解

曲广义

引 言

1979 年，考古工作者在山东莒县陵阳河、大朱村大汶口文化晚期墓葬（距今五千年左右）的陶尊上发现了三个图像文字，"☒""☒""☒"。

考古专家王树明先生在《谈陵阳河与大朱村出土的陶尊"文字"》[1]一文中，推证这类图像文字之形，似筒、箫形哨一类吹奏乐器；认为三个图像文字，字形与甲骨文、金文中的"凡"字相同，应是"凡"字的远祖；"凡"可假为"风"，并认为"风"字是由我国古代这一乐器图像的文字"凡"衍变而来，从而解释了古代乐歌曲调由"风"字命名的远源。

这一创见性的论证，对我国古代音乐史的若干方面具有重要意义。本文拟对这一图像文字的摹画物进行实验考证，并就竹制笛类乐器的远祖和虞幕"听协风"之注释等方面略述管见，以兹求教。

一 图像文字摹画物的实验考证

这三个摹画吹奏乐器的图像文字，图一刻画于陵阳河 M19 陶尊颈部，"文字"左上角缺口间及右下角有一道"刻画"痕，从实物观察，乃为陶尊上蓝纹，在刻画"☒"之前未将蓝纹磨平而留下的遗痕。图二刻画于大朱村 M26 陶尊腹下近底处。图三采集于陵阳河，"文字"亦刻画于陶尊腹下近底处。考古专家王树明先生推断："这三个陶尊'文字'，都由四条内弧线刻画而成，'文字'一端两角封闭，另一端两角为一大一小的缺口。从形象结构分析，"☒""☒""☒"所摹画的似为一筒、箫

---

[1] 王树明：《谈陵阳河与大朱村出土的陶尊"文字"》，《山东史前文化论文集》，齐鲁书社，1986年。

图一　陵阳河M19　　　　图二　大朱村M26　　　　图三　莒县陵阳河
出土陶文　　　　　　　出土陶文　　　　　　　采集文字拓片

形哨一类吹奏乐器。……这一遗物，在大汶口文化中无实物发现，似为竹、木制品，已腐朽无存。"[1]

图像文字"凡"所摹画的乐器为竹木制品的推断，合乎古时地理风情。古时，黄河由苏北入海，莒地（今莒县一带）正处黄河下游，东濒大海。据我国著名科学家竺可桢先生研究，证实"在新石器时代晚期，竹林的分布在黄河流域是到东部沿海地区的。"[2] 因之，发现该文字的莒地，竹子是古代取之甚便的材料。

观之，该"文字"图像，确似一整节两端为竹节封闭的竹筒。其较长的两条内弧线似表明所摹画之物侧视为两头粗的样子，其较短的两条内弧线，则似表明所摹画之物从两端看为圆形。远古绘画往往从存在的实际出发。图像文字由绘画衍化而来，故"文字"仍带有这类意识是理所当然的。如此，所摹画之物为筒形，且其两头粗，看来只能是两端为竹节封闭的有底有盖之竹筒了。一端那一大一小的缺口，所摹画的似为一大一小的两个孔、眼。其大者，应为吹口；其小者，可看作是按指孔。当为竖吹之器。

至于原物之大小，从图像看尚难以确断。从三个图像的长与宽之比例均较小这一点看，或可表明，原物为采自竹之近根部（节间较短）的竹筒制成。

笔者有幸早日见到了王先生的文稿，曾几次对"文字"所摹画的形象进行实验考证。取竹，截其近根部节间较短的一段，两头保留竹节磨平，使之成为封闭的有底有盖之筒。进而在上端两边对开一大一小之孔。

[1]　王树明：《谈陵阳河与大朱村出土的陶尊"文字"》，《山东史前文化论文集》，齐鲁书社，1986年。
[2]　竺可桢：《中国近五千年来气候变迁的初步研究》，《考古学报》1972年第1期。

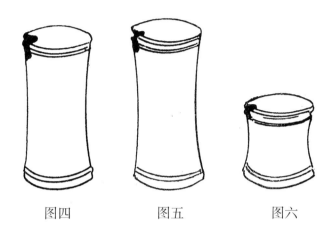

图四　　　　　图五　　　　　图六

其大孔（吹口）可能有多种形状：

方形；

矩形；

三角形，类后世尺八吹口；

圆形，类后世之箫的吹口；……

究竟原物之孔为何形，从图像看亦难以确断。为此，便将诸多形状均做实物。吹之，均可发音，无本质差别。

如是所复原的筒、箭形吹奏乐器（图四、五、六所示意），当与图像所摹画之物近似。

将此器如箫般竖吹之，实验表明：

1. 筒、箭形吹奏乐器，尽管其长度、直径有别，却均可吹出响亮之音，其声如哨。

2. 每个筒、箭形吹奏乐器至少可发出两个音高不同的乐音：按闭小孔和打开小孔时，各得一音。其音程关系则视该孔大小及距离顶端远近而有别，可以是不到半音以至大二度以上不等。

3. 当竹筒之长与内径的比例稍大时（如 4 : 1），则可发出四个音高不同的音。即，除上述二音外，按闭小孔和打开小孔，急吹，还可发出另外两个锐厉的高音。两低音与高音之间，音程达八度以上。

附带说明，此器还按无盖形制（即顶端不为竹节所封闭）做了实物。吹之，发音与有盖之形一致。但，有盖吹之更为方便。

根据上述实验，笔者以为：王树明先生关于三个图像文字"⋈""⋈""⋈"所摹画的为一筒、箭形哨一类吹奏乐器之说，可以成立。这一吹奏乐器的形制，大体为一整节两端由竹节封闭之竹筒制成，顶端有一个竖吹的吹口，一个按指孔，可发出二至四个音。

这一吹奏乐器的用途是什么呢？考古专家认为，它是一种军械之物。陵阳河M19 和大朱村 M26 的墓主均为专职军事领袖身份。两墓出土的能标明墓主身份的军旅之物一致，陶尊上刻画的图像文字相同。推之，"图像文字摹画的吹奏乐器，与钺、牛角形号角、'旄柄'等一样，也是墓主用于'战争''征伐'方面的军械之物"[1]。《周礼》《史记·律书》中都有"律"为军械的记载。《周礼·夏官司马·大司马》："若师有功，则左执律，右秉钺，以先恺乐献于社。"（注："律所以听军声，钺所以为将威也。"）

二　竹制笛类乐器远祖

为史学界、考古学界所公认：大汶口文化的主人是居住在山东境内迄至江苏北部一带的我国古代东夷诸部族。经籍记载，东夷之人性喜歌舞。《后汉书·东夷列传》记载，夏代少康之后，东夷之人曾"献其乐舞"于王庭，又曰"东夷率皆土著，熹饮酒、歌舞"。因而，在这里发现我国最早之乐器形象的图像文字绝非偶然，它可以说是古代东夷部族竹制笛类乐器的见证。

1979 年，在出土该图像文字的同一遗址，还由莒县陵阳河 M17 出土一泥质黑陶笛柄杯[2]。笛柄杯系仿竹制笛类乐器而制柄。实验表明，其柄部所仿之笛类乐器的形制，与今之口笛基本一样。它为一截两头通气的竹管，靠近管中央有一个横吹的吹孔，旁侧开有一个按指孔[3]。

该图像文字的摹画物与笛柄杯柄部所摹仿的口笛，它们的共同点有二。其一，两者都显示了竹制吹奏乐器在新石器时期这里已经存在；其二，两者均为人体吹气并经过唇部控制气流，从而产生边棱振动，在管内形成驻波而发音，故均属笛类乐器。然而，两者所处的发展阶段却相去甚远。

笛柄杯柄部所仿之竹口笛发音较多，可形成一定的乐音列，而且出现了半音音程，已是一支原始的旋律乐器。其形制为横吹乐器，截所需之管长制作，有三个按指孔（包括两头通气之管口）。而图像文字"凡"所摹画的吹奏乐器为竖吹，使用天然的整节竹筒制作，仅一个按指孔，其发音少，也说不上是形成了乐音列。二者差别甚显。

[1]　王树明：《谈陵阳河与大朱村出土的陶尊"文字"》，《山东史前文化论文集》，齐鲁书社，1986年。

[2]　王树明：《山东莒县陵阳河大汶口文化墓葬中发现笛柄杯简说》，《齐鲁艺苑》第5期，1986年。

[3]　曲广义：《笛柄杯音乐价值初考》，《齐鲁艺苑》1986年第1期。

　　先民在"断竹，续竹，飞土，逐宍（肉）"[1]的劳动实践和以竹为薪等生活实践中，能够很早就认识竹子圆而中空的特点。当一截断竹或有空眼的竹子偶尔在急风中鸣鸣作响时，人们从中领悟到吹竹管可以发声的奥妙，于是就开始了用竹子制作吹奏乐器的历史，并逐渐发展它。正如李纯一先生所说："原始吹奏乐器之发展途径可能是这样：最原始的吹奏乐器乃模仿自然天籁而成，只是能发一个音的一节竹管或一段骨管；日后，随着社会的进步和音乐的发展，乃逐渐增加音数。这时又向两个方向发展：一是向纵的方向发展，演变为类乎箫的乐器；另一个是向横的方向发展，……"[2]

　　综上所述，从吹奏乐器发展的角度看，显然，图像文字"凡"所摹画的竹制吹奏乐器，较之笛柄杯柄部所摹仿的竹口笛形乐器，处于更为原始的阶段。由于二者出土于同一遗址，因而排除了地区发展不平衡的可能。表明图像文字"凡"所摹画的竹制吹奏乐器，其发生的年代当更为悠远。

　　既然是很简单而原始的乐器，为何居住在莒县陵阳河和大朱村一带的大汶口人，在其为数甚少的图像文字中，还专门为它的形象留有一个位置呢？除了因为它是军械之物，在先民心目中占据着重要位置外，或许主要是出于对此图像摹画物之崇敬。这种崇敬，当是由于他们的祖先最早发明了用竹子制作这种吹奏乐器，因而摹画其形为标识，依此荣跃其祖；又或因为，古人认为乐能通神，故有可能将该乐器之形象作为图腾崇拜，久之，渐而衍化成图像文字。

　　这一点或可从考古上找到偏证：迄今，在高度发达的大汶口文化中，尚未直接发现一件竹木乐器实物，连骨哨也未见过。这，当做何解释？是大汶口文化在音乐方面太落后了？——不，决非如此！摹仿竹口笛之形制柄的笛柄杯出土了，摹画原始竹吹奏乐器的图像文字被发现了，这些保留在陶制品上的塑形和刻画，为那些由于年代久远而难以在地下保存至今的竹木制乐器留下了不朽的印记。这雄辩地表明：大汶口人早已知道用竹子制作吹奏乐器，其历史可能贯穿于大汶口文化的始终。

　　由此，不难看出：

　　第一，在诸石器文化中，迄今有据可考的，最早使用竹子制作笛类乐器的是大汶口文化。距今至少有五千年左右的历史。据前所考，这一历史有可能起于大汶口文化早期，距今七千年左右。

　　第二，图像文字"⊐⊏""⊐⊏""⊐⊏"所摹画的，应为竹制笛类乐器远祖的形象，其复原形大体如图四、五、六所示。

　　不仅如此，我们还可以把图像文字"凡"的摹画物，设想为统一各种乐器音调

[1]　（东汉）赵晔：《吴越春秋》，商务印书馆，1937年。

[2]　李纯一：《中国古代音乐史稿》（增订版），人民音乐出版社，1985年。

的律管之远祖。《史记·律书》曰:"武王伐纣,吹律听声……同声相从。"正义:"兵书云,夫战太师吹律。"这里显示:作为军械之物的"律",其本身有音调高低之别,以相互区分。所谓"同声相从",当包含此意。莒县陵阳河和大朱村一带的大汶口人所用之"律"既为整节竹筒制成,则天然竹筒自然会有粗细长短之别,先民有可能在制作实践中察知,当竹之内径、壁厚相同时,竹管长者其音低,竹管短者其音高,渐而摸索制作出不同音高的律管。看来,《吕氏春秋·古乐篇》所载,黄帝令伶伦取竹制十二律的传说,不一定是毫无依据的。

三　虞幕"听协风"新解

前文考知,被考古专家认为是"凡"字远祖的这三个图像文字的摹画物,亦是竹制笛类乐器的远祖。

古文字资料观察:

"'凡'可假为'风'。甲骨文无此'风'字,多借用'凡'字。说明'风'是'凡'字的分化和衍变。'风'字的字义,指的是空气流动的现象,但在古代,它有乐歌、音乐曲调之义。《诗·大雅·崧高》:'吉甫作诵,其诗孔硕,其风肆好。'《左传·成公九年》:'乐操土风。'《襄公十八年》:'吾骤歌北风,又歌南风,南风不竞,多死声。''风'在前三例中,为乐歌曲调之义。《山海经·大荒西径》:'太子长琴……始作乐风。'《海内经》:'鼓、延是始为钟,为乐风。'在后两例,'风'又是乐曲的意思。……"[1]

如前所引,在古代,既然"风"字是由我国古代这一乐器形象的图像文字衍变而来,这就清楚地表明:"风"字的寓义在古代一定的时期和一定的范围内必然与乐器、乐歌曲调、诗歌乃至舞蹈密切相关。据此,对有关古籍中所记载的,含义与"音乐"的"乐"相关的"风"字的解释,例如虞幕"听协风"的注释,就应重新予以订正。

《国语·晋语》云:"虞幕能听协风,以成乐物生者也。"(韦昭注:"虞幕,舜后虞思也。协,和也。言能听知和风,因时顺气,以成育万物,使之乐生。")

按三国时吴人韦昭的这一注释,这句话里的"风"字,变成了"空气流动现象"的含义,而"乐"字被说成是"喜欢""乐意"的意思,因之"物"字也就被依"风"顺气地看作是"生物"的"物"了。思之,此种注释实难与原意相符。今世看来,韦昭的注释之所以会误解原文之本意,原因在于当时还不曾明白"风"字与"乐"

---

[1]　王树明:《谈陵阳河与大朱村出土的陶尊"文字"》,《山东史前文化论文集》,齐鲁书社,1986年。

字之义在古代相通，因而一义之差，原意全非。

　　将此句中的"风"字作"音乐"的"乐"字解，则原文之意确切。

　　古代，"乐"字的含义广泛得很，"并非仅指'音乐'、而是包括舞蹈、音乐乃至诗歌在内的一种混合艺术形式。"[1]《乐记·乐本》："比音而乐之，及干戚羽旄，谓之乐。""故钟、鼓、管、磬、羽、篇、干、戚，乐之器也；屈伸俯仰缀兆舒疾，乐之本也。"《吕氏春秋·古乐篇》："昔葛天氏之乐，三人操牛尾，投足以歌八阕。"所言之"乐"，均为歌、乐、舞的混合形式，今称"乐舞"。

　　"乐物"的"物"字，其义并非指"生物"，而是指"乐"（含乐、舞）这一特定的"事"。《墨子·非乐上》："于《武观》曰：'启乃淫溢康乐，……将将（锵锵）铭（鸣）苋（筦，为管之异体字）磬以力……万舞翼翼，章闻于天……'……当在乐之为物将不可不禁而止也。"这里的"乐之为物"当是"乐物"的恰切阐释。

　　回过头再谈"风"。"风"字在这里正与"乐"相关。句中的"协风"是指与歌、乐、舞配合协调的乐歌曲调，乃至诗歌等的唱、奏、表演、朗诵，等等。《吕氏春秋·大乐》云："声出于和，和出于适。合、适，先王定乐由此而生。"这段话大概可算是"听协风"的某种写照吧。

　　总之，《国语·郑语》中关于虞幕"听协风"的这段话，说的应是虞幕能听辨乐舞里配合协调、合适的乐歌曲调、诗歌等，以完成乐舞的编创和排练演出。

　　作这样的解释，不仅与舜时有一种叫作《韶》的乐舞之传说相一致[2]，而且亦与《吕氏春秋·察传》所载"舜欲以乐传教于天下，……于是正六律，和五声，以通八风，而天下大服"之说相呼应。

　　关于与音乐相关的"风"字，在《国语》中还有一些。如《国语·周语》注中所言乐师"掌知音乐风气"，其意亦类乎"听协风"之解。不过，这里更有乐师类乎今之艺术指导，以掌握音乐风格、韵味等的含义。《国语·晋语八》："夫乐以开山川之风也。"《国语·周语》："节之鼓而行之，以遂八风。"以及《左传·隐公五年》的"夫舞所以节八音而行八风"，《吕氏春秋·古乐篇》："帝颛顼……令飞龙作乐，效八风之音，"前引"正六律，和五声，以通八风"等等，其"风"字均与"乐"相关。吉联抗先生"根据'风雅颂'的'风'指民歌，认为'八风'应该是指各地的民歌"，很有道理。在摹画竹制笛类乐器的图像文字"凡"被发现之后，我们有更充分的依据说，"八风"是指各地的民间歌谣、乐曲。

　　其他此类例子勿需再举，以前述之理自可区处。

---

　　[1]　冯洁轩：《"乐"字析疑》，《音乐研究》1986年第1期。

　　[2]　《尚书·益稷》、《庄子·天下篇》。

结　语

概括地说，山东莒县陵阳河、大朱村发现的图像文字"⊠""⊠""⊠"，是迄今已知的我国最早的摹画吹奏乐器形象的图像文字。它所摹画的是我国竹制笛类乐器远祖的形象。这一图像与同一遗址出土的仿竹口笛形乐器制柄的笛柄杯，当可作为成双的依据，将我国用竹子制作笛类乐器的历史，由已有实物（排箫、篪）出土的战国时代[1]，又向前推进了两千年以上。

虞幕"听协风"新解，也使自三国时代以来十数世纪的误解，得以消除。

《孟子·离娄下》云："舜生于诸冯，……东夷之人也。"诸冯传说在今诸城、莒县一带[2]。

由此，我们可以自豪地说：山东莒县出土的竹制笛类乐器图像、笛柄杯，与"虞幕能听协风，以成乐物生者"之佳话，交相辉映，所勾勒出的我国古代东夷部族音乐文化之画卷是瑰丽多姿的。至今所知，东夷诸部族所创造的大汶口文化，就音乐方面而言，她无愧为我国诸石器文化之佼佼者，值得我中华民族引以为豪。

（本文作者曲广义，原载《齐鲁艺苑》1987年第2期）

---

[1]　于德琛：《篪》，《中国音乐》1983年第3期。

[2]　王树明：《谈陵阳河与大朱村出土的陶尊"文字"》，《山东史前文化论文集》，齐鲁书社，1986年。

帝舜传说与考古发现诠释

一 引言

在我国古代传说中，有位声名显赫、千百年来为人们推崇、讴歌的"圣王、大人物"，即舜。太史公在《史记》一书中记述，舜又叫帝舜，也叫虞舜，继帝尧陶唐氏而立，是我国传说时代一位"天子"，古史记载中的所谓五帝之一。自20世纪30年代以来，史学界一般认为，舜或虞舜，不是什么古代帝王或古代贤明者的专名，而是我国古代一部落或者是某一部族集团的总名、通称。诸学者各自根据自己的研究所得，依据不同的文献资料和后世敷衍出来的一些有关传说，认为这一部落或部族集团的发迹之地及其活动地望，在今山西南部一带，或者在河南东部与山东搭界处。还有的学者，根据衡山、余姚一带的一些传说，又认为舜部族或其后裔、支庶所至，曾抵今湖南、浙江一带地方。

毋庸置疑，舜本族名。这一古老部族在我国古代传说中，名声如此之大，应说明它有实实在在的历史背景为根据。或诘云，如果是这样，那么这一古老部族的发迹之地及其活动地望到底在哪里？它处在哪一历史发展阶段？它在我国古代历史上究竟有什么卓越的成就和贡献？它的考古文化踪影是什么？本文拟就上述一系列问题，证诸文献记载并结合大汶口文化晚期山东诸城前寨，莒县陵阳河、大朱村、杭头及河南境内发现大汶口文化，及至豫东淮阳平粮台古城遗迹的考古发现，试作初探。

二 帝舜、虞舜、帝俊、帝喾、太昊、伏羲、庖犧氏诸名种种

在我国古代，帝舜之名诸多异称。所谓舜，又叫帝舜，也叫虞或虞氏，亦或有虞氏。《史记·三代世表》云："帝舜，黄帝玄孙之玄孙，号虞。"《庄子集释·应帝王第七》云："有虞氏不及泰氏。"疏云："有虞氏，舜也。"[1]《小学绀珠》卷五引《帝

---

[1] 郭庆藩辑：《庄子集释》，中华书局，1961年，第287、288页。

王世纪》云：“帝舜即有虞氏。”[1]帝舜是殷商远祖帝俊、帝喾的异名。《山海经·大荒东经》多所提及帝俊之名。《说文》“舜”下段注曰：“舜者，俊之同音假借字，《山海经》作帝俊。”《管子·侈靡篇》《史记·三代世表》诸文，帝喾又作帝俈。《左传·僖公二十一年》：“任、宿、须句、颛臾、风姓也，实司太暤与有济之祀。”所谓风姓始族太暤之名，在《楚辞·远游》一文中作“太皓”，《淮南子·览冥篇》中又作“大浩”。童书业先生根据这一现象推定，风姓始祖太皓氏，就是载籍中商的远祖帝喾[2]。其根据是“喾”“俈”“皓”“浩”“暤”诸字，古文互通。由童氏所论，古史传说中的帝舜氏又是太暤氏一名之别称。

《左传·昭公十七年》曰：“陈，大暤之虚也。”杨伯俊先生注曰：“大暤氏旧居陈，……陈为舜后……”[3]

《史记·周本纪》载武王翦商之后，又“褒封……帝舜之后于陈，大禹之后于杞。……”

《史记·陈杞世家》曰：“陈胡公满者，虞帝舜之后也……至于周武王克殷纣，乃复求舜后。得妫满，封之于陈，以奉舜祀，是为胡公。”《史记》一书记载，武王克商褒封神农、黄帝、帝尧、夏禹的后裔时，皆因其先祖所居之地而封之。由周武王封赐帝舜遗裔胡公满于太昊之遗虚以奉其先祀，而陈之先又为太昊遗虚而证之，古史传说中的太昊氏即帝舜这一说法，是可以成立的。在战国、秦汉以来诸类典籍中，帝舜、太昊之名，还有伏羲、庖犠、宓牺诸名。陈其猷《吕氏春秋校释·孟春纪》曰：“孟春之月：日在营室，昏参中，旦尾中。其日甲乙。其帝太昊。其神句芒。”高注曰：“甲乙，木日也。太暤，伏羲氏以木德王天下之号，死，祀于东方，为木德之帝。”[4]

《潜夫论笺》曰：“伏羲姓风，其后封任、宿、须句、颛臾四国，实司大暤（是字与暤、昊、暤诸字相通）与有济之记，且为东蒙主。”[5]《拾遗记·春皇庖牺篇》曰：“春皇者，庖牺之别号，……亦谓之伏羲。变混沌之质，文宓其教，故曰宓牺。……以木德称王，故曰春皇，其明叡照于八区，是为太昊。昊者，明也。位居东方。”[6]

“庖”“包”二字古音相通，故《易·系辞下》又称太昊氏为庖牺氏，曰，“古者庖牺氏之王天下也，仰则观象于天，俯则观法于地，观鸟兽之文，与地之宜”等等。

缀绎前引，我国古史传说中的帝舜或曰虞舜一族，就是载籍中记述的虞氏或有虞氏，它原是夏、商、周三代中有商一代远祖帝俊、帝喾之异名，也是我国古史传

[1]　徐宗元：《帝王世纪辑存》，中华书局，1964年，第42、43页。
[2]　童书业：《春秋左传研究》，上海人民出版社，1980年，第2、3页。
[3]　杨伯峻：《春秋左传注》，中华书局，1981年，第1391页。
[4]　陈奇猷：《吕氏春秋校释》，学林出版社，1984年，第1、4页。
[5]　汪继培：《潜夫论笺》，中华书局，1979年，第405页。
[6]　齐治平校注：《拾遗记》，中华书局，1981年，第1、2页。

说中赫赫有名的风姓始祖太皞氏，祀于东方的太阳神之名。迄今以来，原本为一族之帝舜、帝喾、帝俊、太昊之名，又再次衍生出伏羲氏、庖（包）牺氏、宓（虑）牺氏诸名。也或者，帝舜太昊部族之诸多异名、他称，是其所处不同发展阶段或因其处居地点不同，从不同侧面、不同时期而缘起的一些名称。缘此可知，古史中帝舜或曰太昊一族的历史踪迹应从载籍中的有虞氏、帝喾氏、帝浩氏、帝俊氏、太昊氏、伏牺氏、庖牺氏的有关记述中寻绎。

三　帝舜太昊氏的发迹之地、活动地望及其城邦国家的建立

东周以降，人们谈说我国上古历史，往往将虞与夏、商、周三代连称。认为，帝舜有虞氏或太昊庖牺氏，是夏、商、周三代盛王之前的一个朝代之名。"《左传·庄公三十二年》曰："故有得神以兴，亦有以亡，虞、夏、商、周皆有之。"《左传·成公十三年》曰："征东之诸侯，虞、夏、商、周之胤。"《礼记·祭义》曰："虞，夏、殷、周，天下之盛王也。"《左传·昭公元年》曰："于是乎虞有三苗，夏有观扈，商有姺邳，周有徐奄。"《国语·鲁语上》曰："有虞氏禘黄帝而祖颛顼，……夏后氏禘黄帝而颛顼，……商人禘舜而祖契，……周人禘喾而郊稷。……"帝舜有虞氏为三代前一朝代之名，在《韩非子·显学》《墨子·明鬼下》《国语·鲁语下》《吕氏春秋·审应览》《商君书·开塞》诸文中，也有类似的记载。

像这样一位声名赫赫的部族，夏、商、周三代盛王前的一个朝代，其原籍到底在哪里？它大致活动在哪一带？要回答这一问题，还得翻检先秦经籍，从其相关的一些记载中检查搜索。

虞舜、帝俊或太昊庖牺氏的发迹之地及其活动地望，千百年来众说纷纭，概而言之，大致有三种不同的说法。其一、虞舜本东夷族人，发迹于我国东方沿海一带，约当今山东鲁东南即今山东诸城、莒县等地，后来虞舜一族或曾渐次西徙中土而入主中原。《史记·五帝本纪·正义》引周处《风土记》云："舜，东夷之人。"许维遹《韩诗外传集释》："舜……东夷人也。"[1] 王应麟《困学记闻》卷五云："舜葬苍梧山野，……苍梧山在海州界，近莒之纪城。"[2] 又，《孟子·离娄下》曰："舜生于诸城，迁于负夏，卒于鸣条，东夷之人也。"注曰："诸城、负夏、鸣条皆地名。负海也，在东方夷服之地，故曰东夷之人也。"疏曰："……赵氏盖略闻诸冯之地之负海，而未得其实，故浑而言之。今青州府有诸城县，大海环其东北，说者以为即《春秋》书城诸者，其地有所谓冯山冯村。盖相传自古，就疑近是。凡言人地，以所生为断，

---

[1]　许维遹：《韩诗外传集释》，中华书局，1980年，第29章第114页。

[2]　王应麟：《困学纪闻》（卷五）第25页，太原阎氏笺本，同治庚午初秋，扬州书局重印。

迁卒皆在后。孟子亦据舜生而言东也。由此以推，则知历山、雷泽、河滨、与夫负夏、寿丘、顿丘之皆东土，斑斑可考。"

其二，根据虞舜太昊氏曾作都于陈的有关记载，认为虞舜太昊氏的祖居之地，当今豫东即今河南淮阳一带。《御览》卷七十八引《皇王世纪》，《初学记》卷九引《帝王世纪》曰："太昊庖牺氏，风姓也，……都陈。"[1]前引《左传·昭公十七年》记曰："陈，大皞之虚也。"杜注曰："大皞居陈。"《汉书·地理志》淮阳国条下曰："陈。"注曰："故国，舜后，胡公满所封，为楚所灭，楚顷襄王自郢徙此。莽曰陈陵。"《竹书纪年统笺·前篇》曰："太昊之母居于华胥之渚，履巨人迹，意有所动，虹且绕之，因而始娠，生帝于成纪，以木德王，为风姓，元年即位，都宛丘。"笺云："……陈、太昊之虚也。《诗·陈风》宛丘之上。朱子《集传》曰，四方高，中央下曰宛丘。"[2]查以今地，陈、宛丘皆在古陈国领域之内，其故虚所在，当今河南省东部淮阳县附近。上引《僖公二十一年》传文，任、宿、须句、颛臾四国乃风姓，祀于太昊。是证此四国乃太昊之后也。有关此太昊舜后四国之所在地望：任故国在今山东济宁附近；宿、须句故国在今山东东平东南或西北一带；颛臾故国在鲁中南平邑县东。载籍记，遂故国亦帝舜太昊之后。《左传·庄公十三年》曰："夏六月，齐人灭遂。"依《左传·昭公三年》《左传·昭公八年》所载，东夷旧国遂亦为虞舜太昊之后。其故地约当今山东宁阳县西北与肥城搭界处。我们根据虞舜太昊氏的故都及其后裔诸国所在地望分析，这一古老部族的活动地望，东括鲁、西至陈，北临济水，恰当今河南东隅，山东境内泰沂山系以南及其西南部一带广大平原地区。

其三，舜籍冀州说。冀州作为一区域性概念，在《书·舜典》《书·禹贡》诸篇中，泛指今山西省黄河以东、河南省黄河以北、北岳恒山以南，主要指今山西、河北南部地区[3]。《周礼》《尔雅》诸书中，九州中的冀州又叫幽州或并州，随着时间的推移，其地域较古之冀州辖地又有所扩大，其外延地括有河北北部，甚至辽宁的南部地区也属于幽州或并州地区统辖[4]。《史记·五帝本纪》曰："舜，冀州之人也。舜耕历山，渔雷泽，陶河滨，作什器于寿丘，就时于负夏。"唐人张守节认为，虞舜之居当今山西西南隅，黄河东侧之蒲州、永济一带。《五帝本纪》正义曰："蒲洲，河东县，本属冀州。"《宋永初山川记》云："蒲坂城中有舜庙，城外有舜宅及二妃坛。"《括地志》云："妫州有妫水，源出城中。《耆老传》云即厘降二女于妫汭之所。外城中有舜井，城北有历山，山上有舜庙，未详。"案："妫州亦冀州城是也。"裴骃集解曰："郑玄曰：'在河东。'正义：'《括地志》云：'蒲州河东县雷音山，一名中条山，亦

[1] 徐宗元：《帝王世纪辑存》，中华书局，1964年，第42、43页。
[2] 《二十二子·竹书纪年统笺·前篇》，上海古籍出版社，1986年，第1040、1041页。
[3] 李长傅：《禹贡释地》，中州书画社，1983年，第26、6页。
[4] 李长傅：《禹贡释地》，中州书画社，1983年，第26、6页。

名历山，亦名首阳山，亦名蒲山，亦名襄山，亦名甘枣山，亦名猎山，亦名狗头山，亦名薄山，亦名吴山。此山西起雷首山，东至吴坂，凡十一名，随州县分之。历山南有舜井。……'"《后汉书·郡国志》因上述说法，也认为虞舜发迹于今山西西南部一带地方。《郡国志》曰："河东郡，……蒲坂有雷首山，……大扬有吴山上有虞城。"注曰："……县南二十里有历山，舜所耕处。"又引杜预曰："虞，国也。《帝王世纪》曰：'舜嫔于虞'，虞城是也。"

稽以上文征引并证诸近年来的考古发现（详下文），我们认为帝舜太昊部族原是东方夷人的远祖，其祖居地及其活动地望大致是：舜部族原发迹于今山东境内泰沂山系南侧以东，即今诸城、莒县一带，负有黄海诸地；其后，此族曾沿泰沂山系南侧渐次西徙，这当是古史记载"舜耕历山"或曰帝舜部族历山（历者、经也）而耕一语由来的历史真谛。舜部族耕于历山或沿泰沂山系南侧西迁过程中，逐渐发展壮大而进入中原。这一时期，舜部族又主要活动在今山东境内泰沂山系偏西一侧，即鲁西南及豫东一带地方；再后来，帝舜太昊部族及其后裔、支庶某部，或者曾西徙至今山西、河北南部的河东、蒲州一带地方，亦或与居住在这一地带的古代部族有夏一支曾有过接触，因源远流长的迷信，或出于尊崇乃祖的心理，故其后裔乃将帝舜太昊氏的有关传说、史迹，又"迁徙""移植"于此。

古史传说中的帝舜太昊部族，在其向西迁徙、发展的过程中，由"日入而息，日出而作"，"耕稼陶渔"的原始渔猎经济阶段，逐渐发展壮大到"成聚""成邑"，以至"成都"，最终建立起自己的"国家"。《史记·五帝本纪》曰："舜年二十以孝闻。……舜耕历山、历山之人皆让畔；渔雷泽，雷泽上人皆让居；陶河滨，河滨器皆不苦窳。一年而所居成聚，二年成邑，三年成都。"正义曰："《周礼·郊野法》云：'九夫为井，四井为邑，四邑为丘，四丘为甸，四甸为县，四县为都'也。"《管子·治国》曰："……故舜一徙成邑，二徙成都，三徙成国。"《艺文类聚卷十一·帝王部一·帝舜有虞氏》、《绎史卷十》引《尸子》、《吕氏春秋·贵因》诸书，也有类似的记述。所谓"邑""都""国"者其本指虽或有大小之别，仔细推敲，实乃一事之别名。

战国时期人们记述，帝舜太昊部族所建都、邑或城、国，已不是小小的村落聚居之地，而是人口众多，已很繁华的都会，其都邑、城国之内尚建设有宫室一类建筑，是政治活动的中心地。《庄子·徐无鬼》曰："卷娄者，舜也。羊肉不慕蚁，蚁慕羊肉，羊肉羶也。舜有羶行，百姓悦之，故三徙成都，至邓之墟，而十有万家。"《庄子·知北游》曰："狶韦氏之囿，黄帝之圃，有虞氏之宫，汤武之室。"就文献资料考察，帝舜太昊部族在其漫长的历史发展过程中，及其迁入河南之后，最终建立了自己的城邦国家，已摆脱了野蛮而步入了文明的大门。作为一个历史发展阶段来看，诸故籍一再提及"虞"氏，是我国上古文明史中的一个朝代之名，虞与夏、商、周三代连称。尽管我们还不能完全依据这些文献方面的一些说法，即遽断帝舜太昊部族已经进入发达的文明社会，但也不能将帝舜太昊部族在我国历史上的一些重大传说，统统视为子虚。

四　文献记载中的帝舜太昊部族对我国古代文明的贡献

古籍钩沉，帝舜太昊部族由蒙昧、野蛮进入文明门槛的过程中，有过杰出的贡献。它是网罟渔猎经济的发明者，也是千百年来，为我国人民至为推重的《易经》一书所载筮法或曰八卦的发明者。《易·系辞下》："古者包牺氏之王天下也。仰则观象于天，俯则观法于地，观鸟兽之文，于地之宜。近取诸身，远取诸物，于是始作八卦，以通神明之德，以类万物之情，作结绳而为网罟，以佃以渔。……"

《册府元龟·帝王部》曰："太昊庖牺氏风姓，母曰华胥，作网罟，以畋渔，取牺牲，故天下号曰庖牺氏，一号皇雄氏，继天而王，故曰帝太昊。"是文字即刻写一类书契的创造者，也是历法及琴瑟一类乐器的发明者。《竹书纪年统笺·前篇》记曰："太昊庖羲氏……始作八卦……造书契，作甲历，造琴瑟，作立基之乐……"[1] 笺按《易·系辞》曰：'上古结绳而始，后世圣人易之以书契。'……盖上古未有文字，大事则大结其绳，小事则小结其绳，至太昊始易书契也……""古三坟羲皇命昊英居潜龙之位，主阴阳甲历咨于四方上下，无或差。"又按曰："琴操伏曦作，琴所以御邪僻防心淫。《外纪》曰：'伏羲斲木为琴，绳丝为弦，弦二十有七'，……。"《风俗通》《通志·乐略》《初学记》十六引《世本》曰："虙羲作瑟。"[2]《通志略》引《世本》曰："箫，舜所造。"[3]《通志·三皇纪》曰："太昊伏羲氏，……或言象日月之明，故曰太昊，……造甲历。"帝舜太昊部落创造历法的肇始情景，在《尚书·尧典》《山海经》等有关典籍中，曾有过具体、生动的记述。《书·尧典》曰："乃命羲和，钦若昊天，历象日月星辰，敬授民时。分命羲仲，宅嵎夷曰旸谷，寅宾出日，平秩东作，日中星鸟，以殷仲春。……申命羲叔，宅南郊，曰明都，平秩南讹，敬致。日永星火，以正仲夏……分命和仲，宅西，曰昧谷，寅饯纳日，平秩西成。宵中星虚，以殷仲秋。……申命和叔，宅朔方，曰幽都。平在朔易，日短星昴，以正仲冬。帝曰：'咨！汝曦及和，其三百有六旬六日，以闰月定四时，成岁，允厘百工，庶绩咸熙。'"[4]

《山海经·大荒南经》又曰："东南海之外，甘水之间，有羲和之国。有女子名

[1]　《二十二子·竹书纪年统笺·前篇》，上海古籍出版社，1986年，第1040、1041页。
[2]　宋衷注，茆泮林辑：《世本》（二种），商务印书馆，1937年，第1、2页。
[3]　宋衷注，茆泮林辑：《世本》（二种），商务印书馆，1937年，第1、2页。
[4]　王世舜：《尚书释注》，山东师范学院聊城分院中文系古典文学教研室，1979年内部印行，第23、24页。

曰羲和，方日浴于甘渊。羲和者，帝俊之妻，生十日。"[1]袁柯先生按曰："《北堂书钞》卷一四九、《御览》卷三引此经并无南字，无南字是也。南字当是由上文"海水南入焉"句误脱于此者，已详上节注中。此节疑亦当在《大荒东经》"有甘山者，甘水出焉，生甘渊"之后，甘渊盖即旸谷也，其地本当在东方，说详《大荒东经》首节注。"晋人郭璞注云："羲和盖天地始生，主日月者也。故《归藏》《启筮》曰：'空桑之苍苍，八极之既张，乃有夫羲和，是主日月，职出入，以为晦明。'"又曰："瞻彼上天，一明一晦，有夫羲和之子，出于旸谷。故尧因此而立羲和之官，以主四时，其后世遂为此国。作日月之象而掌之，沐浴运转之于甘水中，以效其出入旸谷虞渊也。所谓世不失职尔。"这里多次提到的"羲"氏、"和"氏，实即羲和氏，本乃伏羲氏、帝舜太昊氏的又一他称。是故《艺文类聚·卷五·历时下五》引《尸子》曰："《尸子》曰：'造历者，羲和子也。'"

民族志资料反映，世界各民族原始文化发展较高的国家、地区，历法的产生差不多全与祭祀太阳有关，都是以宗教为专业的人对太阳崇拜，奉以为神明，以至于对其进行祈祷、祭祀，而逐渐发明了原始历法。或者说，世界上任何一个民族原始历法产生的肇造时期，总是伴随着对"太阳神"崇拜、祭祀这一古老风习慢慢演变，升华而来。《尚书·尧典》《山海经》记述羲和子即帝舜太昊部族创造历法、制造甲历的一些说法，跟近世其他文化发展水平较高的原始民族一样，大致也是在春、夏诸季到来之时，对"太阳神"或者刻画出一太阳的图像，设有专职的"官吏"对其进行的祭祀典礼，之后进行耕作或收获的一种仪式。《尚书·尧典》《山海经》诸书载记，实际是帝舜太昊部族对"太阳神"奉行祭祀典礼有关原始情景的追忆。

帝舜太昊部族与夏、商、周三代一样，有封土植树为社的习俗。《淮南子·齐俗训》曰："有虞氏之祀，其社用土。"高注曰："封土为社。"《管子·轻重戊篇》曰："有虞之王，烧曾薮，斩群害，以为民利，封土为社，置木为闾，始民知礼也。"《墨子间诂·明鬼下》曰："且惟昔者虞夏商周，三代之圣王，其始建国营都，日必择国之正坛，置以为宗庙。必择木之修茂者，立以为菆位。"孙诒让曰："刘云：'菆位，社也。'王云，……菆与丛同，位当为社字之误也。……《六韬·略地篇》云：'冢树社丛勿伐'，社丛即丛社也。"刘向《五经通义》曰："天子太社、王社，诸侯国社、侯社，制度奈何？曰，社皆有垣无屋，树其中以木。有木者，土主生万物，万物莫善与木，故树木也。"[2]《史记·五帝本纪》又曰："昔高阳氏有才子八人，世得其利，谓之'八恺'。……至于尧，尧未能举。舜举八恺，使主后土，以揆百事，莫不时序。"集解曰："……杜预曰：'后土地官。'"索隐曰："'主土。''土''后土'，社也。"

---

[1]　袁珂：《山海经校注》，上海古籍出版社，1980年，第381、382页。

[2]　瞿宣颖纂辑：《中国社会史料篇钞》第407页引刘向《五经通义》，上海书店影印社，1985年。

依于是，帝舜太昊或有虞氏，与后世历代帝王一样，不仅有封土植树为社之俗，并且还设有专职的官吏以主祀社神。我国历代祭祀"土地神"所设社主坛台的形制，清季学者孙诒让先生曾作过研究。他认为：筑社坛乃首先委土平筑一墠（按：除地而祭曰墠，封土为坛），于墠之上再积土而高若堂，为坛，其外再砌以卑垣[1]。也就是说，构筑社坛的步骤是：先积土为平台，然后于台上起土象屋顶式，即坛，再于台之周围筑以矮墙，即所谓坛或叫墠。于坛或墠之顶端植以树木，对其进行祭祀，这就是历代社坛植树的情景。就我们目前所能见到的文献资料而言，我国古史传说中的所谓"帝王""侯伯"者多以千百计，确切记载有植树为社神习俗者，这是唯一仅有的一例。而这种古老的封社之俗，在我国流传至后世竟达数千年之久，真可谓万世不竭、累世不衰了。

酒作为一种生活必须品，相传发明创造这一制作工艺的，也与帝舜太昊部族有关。《御览·八百四十三》、《初学记·二十六》引《世本》曰："帝女仪狄作酒醪变五味。"[2]《战国策·魏二·梁王魏婴觞诸侯于范台》："梁王魏婴觞诸侯于范台。酒酣，请鲁君举觞。鲁君兴，避席，择言曰：'昔者，帝女令仪狄作酒而美，进之禹，禹饮而甘之，遂疏仪狄，绝旨酒，曰，后世必有以酒亡其国者。'"注曰："鲍本盖尧、舜女。"

相传帝舜太昊其"人"，有酗酒狂饮之习。《列女传》曰："瞽叟与象谋杀舜，使涂廪。二女曰，'往哉'，舜既治廪，乃捐阶，瞽叟焚廪，舜往飞出。象复与父母谋，使舜浚井，二女曰，"往哉"，舜往浚井，格其出入，从掩舜，潜出。时既不能杀舜，瞽叟又速舜饮酒，醉将杀之。二女乃与舜药浴注，遂往，舜终日饮酒不醉。……"[3]陈龟蒙《杂说》曰："先儒曰，瞽叟憎舜，使涂廪浚井，酖于觞酒，欲从而杀之。舜谋于二女，二女教之以鸟工龙工，药浴注豕，而后免矣。"[4]

在战国秦汉人们的心目中，认为酒的制作为舜女所发明；帝舜太昊氏有狂饮、酗酒之习。后世文献有的还记载，迄至东汉时期，帝舜太昊部族的后裔东夷诸部，犹有熹酒、尚酒之风。《后汉书·东夷列传》曰："《王制》云，'东方曰夷'，夷者抵也。……东夷率皆土著，熹饮酒、歌舞，……。"众所周知，凡治史者不能将历史上流传下来的一些神话、传说，统统据为信史。但是，我国古代流传下来的有些神话、传说，有的原是被后世夸张或辗转讹误、扭曲了的一些"人话""史话"的变相。简言之，在我国古代流传下来的某些神话、传说，虽有某些虚枉、失实之处，

---

[1] 孙诒让：《周礼正义·地官·大司徒》。
[2] 宋衷注，茆泮林辑：《世本》（二种），商务印书馆，1937年，第1、2页。
[3] 马骕：《绎史》（四），卷十，94页注引《列女传》，商务印书馆。
[4] 闻一多：《天问疏证》第77页引陆龟蒙《杂说》，生活·读书·新知三联书店，1980年。

但其缘起，多有久远的、真实的历史踪影为素地。缘此，根据舜女发明酿酒、帝舜酗酒及其后裔仍有尚酒风习诸说推演，说明我国古代的酿酒工艺也为帝舜太昊部族，或者说由居住在今山东一带的古代东夷部族所发明，大概也是可能的。

帝舜太昊部族在我国历史上的重要发明、创造，除上文征引者外，其重要史迹在战国、秦汉以来人们的一些著述中，可谓不胜枚举。就以《礼记》一书为例，在该书的有关章节中，对帝舜太昊部族的典章文物制度，比如：埋葬制度、养老制度、祭祀制度、车旗制度、礼器用具等等，都有过详细的记述，言之凿凿有据。可以毫不夸张的说，在战国、秦汉时期人们的心目中，帝舜太昊部族乃是我国古代文明的开创者，我们中华民族五千年文明的古老历史，乃肇造于帝舜太昊部族这一历史时期。

已故史学界泰斗顾颉刚先生说过："一件大故事的出世，必有它特殊的背景；一件大故事的完成，必有它持久发展的历史。"[1] 近四十多年来的考古发现不断证明，顾老先生的这一说法是灼有见地的。象帝舜太昊一族在我国古代典籍中，名号的由来，转变过程，发迹之地及其活动地望，乃至"国家"的建立及有关发明创造、典章文物制度等等，都有如此详细地记述，说明这一部族的有关传说应有踪影可稽。然而自 20 世纪 30 年代以来，有的史学工作者抱着怀疑一切的态度，将帝舜太昊一族的古史传说全盘否定，一律斥之为悠谬之词。这是不妥的。70 年代以后，随着田野考古工作的发展，山东诸城前寨，莒县陵阳河、大朱村、杭头，以及河南境内大汶口文化、淮阳平粮台古城堡的考古发现显示，古史传说中的帝舜太昊部族的有些传说，确实是有所依本的。

五　诸城前寨，莒县凌阳河、大朱村、杭头遗址的考古发现与传说中的帝舜太昊氏

诸城前寨遗址，在山东诸城县西南 30 里枳沟镇乔庄村西北 8 里。遗址西临潍河故道，南高北低，东西长约 260、南北宽约 250 米，总面积约 6.5 万平方米。20 世纪 70 年代初，诸城县博物馆任日新先生在该遗址采集一刻画"炟"字的陶尊残文 [2]，邵望平先生认为，这是大汶口人春季耕作之始，用于祭天仪式的一图像文字 [3]。1980 年秋，北京大学考古队对该遗址水沟以西部分进行了发掘，清理近百座大汶口、典型龙山文化墓葬，出土一批弥足珍贵的物质文化资料。1986 年冬，我

---

[1]　顾颉刚：《禅让传说起于墨家考》，《古史辨》下册下编，上海古籍出版社，1982年，第31页。

[2]　任日新：《山东诸城县前寨遗址调查》，《文物》1974年第1期。

[3]　邵望平：《远古文明的火花——陶尊上的文字》，《文物》1978年第9期。

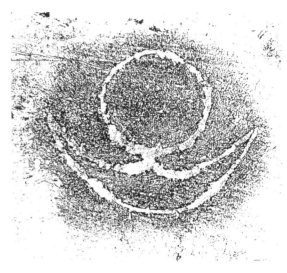

图二　莒县陵阳河采集
"炅"字陶文拓本

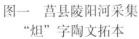

图一　莒县陵阳河采集
"炟"字陶文拓本

们到诸城为《海岱考古》辑刊组稿，参观了北京大学发掘的实物资料，对该遗址进行了实地踏查。就其出土实物资料分析，诸城前寨的发现主要属大汶口文化晚期阶段的物质遗存，依其年代而论，与古史传说帝舜太昊部族所处社会发展阶段大致相当，都处在原始社会末期。前寨遗址发现大汶口人用于迎春祭祀仪式的图像文字，与帝舜太昊部族发明历法，即一年中每当一新的季节到来时，对太阳神举行祭祀习惯的传说相吻合。王国维《水经注校·卷二十六·潍水》条下注曰："潍水又东北径诸县故城西。《春秋》文公十二年，季孙行父城诸及郓，传曰，城其下邑也，王莽更名诸并矣。"[1]以《水经注》一书所载查之，古之所谓诸，其地恰当今诸城前寨遗址东南，仅有 7 ～ 8 里的枳沟镇附近，与前寨遗址引领可见，是一处春秋、秦汉时代的遗存。诸邑故虚在前寨遗址附近发现，应有源远流长的历史根蒂。种种迹象表明，诸城前寨遗址有可能是《孟子》所谓"舜生于诸冯"之"诸"。如果是这样，诸城前寨遗址发现大汶口文化晚期的物质遗存，应就是传说中帝舜太昊部族的物质文化遗存。

　　莒县陵阳河也是一处大汶口文化晚期遗址，在莒县城东 25 里，面积约 2 万余平方米，当陵阳乡大河北村南，陵阳街村东。早在 1957 年，该遗址即发现后来在

　　[1]　王国维：《水经注校·卷二十六》，上海人民出版社，1984年，第866页。

前寨遗址发现的"炟"字陶文（图一；图版壹1），还发现一前寨遗址从未发现的"炅"字陶文（图二；图版壹，2）。[1]1963年、1979年，山东省博物馆文物组对陵阳河遗址先后进行三次发掘，[2]总计发现大汶口文化墓葬45座，出土遗物1000余件，并过去采集的共发现陶尊刻字11枚[3]。其中，"炟"字陶文1枚，采集品；"炅"陶文3枚，1979年春莒县陵阳河发掘，M7出土1枚，采集2枚；"凸"字陶文2枚，均采集品（图三；图版壹，4）；"南"字陶文1枚，1979年春莒县陵阳河发掘，M25出土（图四；图版贰，3）；"戉"字陶文1枚，采集品；"斤"字陶文1枚，采集品；茜酒或曰滤酒图像刻文2枚，1979年春莒县陵阳河发掘，M17出土1枚（图五、六；图版叁，1），"凡"字陶文2枚，1979年春莒县陵阳河发掘，M19出土1枚（图七，处1；图版贰2），采集1枚[4]。发现具有军事领袖或氏春族首领身份标识的物品，陶质牛角型号角2件，1979年春陵阳河M19、M7各出土1件[5]，旌柄即旌旗类器物的柄饰2件，也分别出自1979年陵阳河M19及陵阳河M6等等[6]。大朱村大汶口文化晚期遗址，位于陵阳河遗址正北15里店子乡大朱村西，面积亦在2万余平方米[7]。发现图像文字与陵阳河墓地发现文字种类、形制雷同[8]。1966年，在遗址西部边缘采集一"凸"字陶文。1979年山东省博物馆文物组两次发掘，秋季发掘发现能确切辨明属大汶口文化晚期的墓葬30座，出土器物700余件，发现陶尊刻文3枚，其中"凡"字陶文1枚，出土于M26（图七，2）；"炅"字陶文1枚，出土于H1；酒神图像"凸"字祖型刻文1枚，出土于M17（图八；图版壹，3）。1982年大朱村村民在遗址北部取土，发现大型墓葬1座，该墓也发现1"炅"字刻文。杭头一处大汶口文化晚期遗存，是莒县陵阳河一带又一处发现陶尊刻文的大汶口文化遗址。这一遗址位于陵阳河遗址正西4里，面积约3万余平方米[9]。1983年、1984年、1987年先后清理大汶口文化晚期墓葬4座，出土器物190余件。M8发现1"斤"字刻文，文字形制与莒县陵阳河发现"斤"字刻文相同。凡以上3处遗存，彼此毗邻，东北距发现"炟"字陶文的诸城前寨遗址，仅100余里。

莒县陵阳河遗址周围发现三处大汶口文化晚期遗存中，杭头一处仅发掘墓葬4

[1] 邵望平：《远古文明的火花——陶尊上的文字》，《文物》1978年第9期。
[2] 王树明：《山东莒县陵阳河大汶口文化墓地发掘简报》，《史前研究》1987年第3期。
[3] 王树明：《谈陵阳河与大朱村出土的陶尊"文字"》，《山东史前文化论文集》，齐鲁书社，1986年。
[4] 王树明：《谈陵阳河与大朱村出土的陶尊"文字"》，《山东史前文化论文集》，齐鲁书社，1986年
[5] 王树明：《山东莒县陵阳河大汶口文化墓地发掘简报》，《史前研究》1987年第3期。
[6] 王树明：《陵阳河墓地雏议》，《史前研究》1987年第3期；王树明：《大汶口文化中发现的骨、牙雕筒》，《故宫文物月刊》第9卷第5期。
[7] 本人主持了山东莒县店子乡大朱村大汶口文化墓葬1979年的两次发掘工作，资料尚未整理发表，本文所引部分资料，均见大朱村1979年两次发掘的原始资料。
[8] 王树明：《谈陵阳河与大朱村出土的陶尊"文字"》，《山东史前文化论文集》，齐鲁书社，1986年。
[9] 山东省文物考古研究所：《山东莒县杭头遗址》，《考古》1988年第12期。

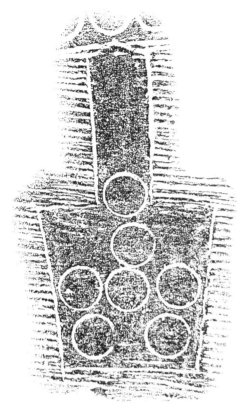

图三　莒县陵阳河采集
"害"字陶文拓本

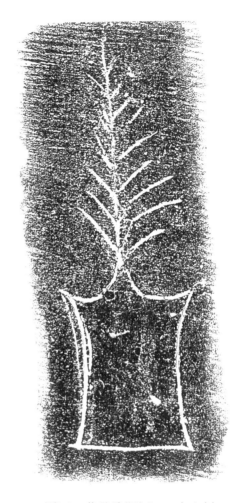

图四　莒县陵阳河M25出土刻
画"南"字陶文拓本

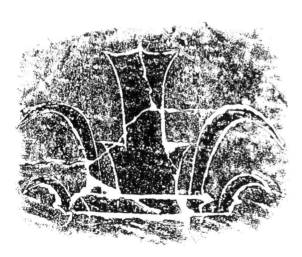

图五　莒县陵阳河M17出土刻画滤酒图像拓本

图六　莒县陵阳河M17出土刻
画滤酒图像摹本

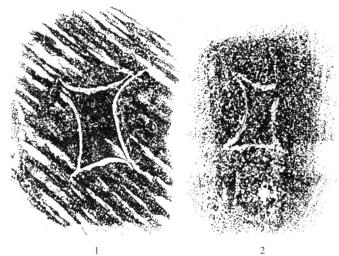

1　　　　　　　　　2

图七
1.莒县陵阳河M19出土刻画"凡"字陶文拓本
2.莒县大朱村M26出土刻画"凡"字陶文拓本

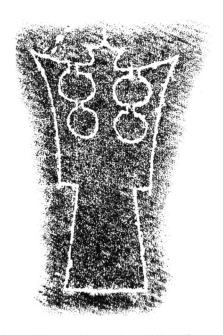

图八　莒县大朱村M17出土酒神图像
"音"字祖型拓本

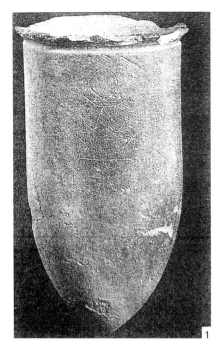

1.莒县陵阳河采集刻画"炟"字陶尊

2.莒县陵阳河采集刻画"炅"字陶尊

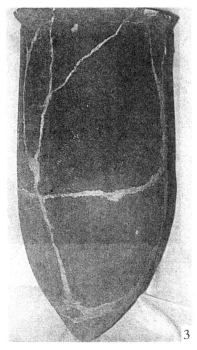

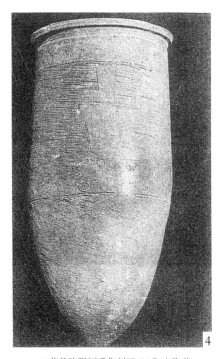

3.莒县大朱村M17出土刻画酒神图像"喜"
字祖型陶尊

4.莒县陵阳河采集刻画"喜"字陶尊

图版壹

1.莒县陵阳河大汶口文化遗址正东寺崮山全景（由西向东）

2.莒县陵阳河M19出土刻画"凡"字陶尊

3.莒县陵阳河M25出土刻画"南"字陶尊

图版贰

座，出土图像文字 1 枚，墓葬资料少，"文字"资料贫乏。陵阳河墓地发现大汶口文化墓葬 45 座，分早、中、晚三期。早期墓 4 座，中期墓 14 座，晚期墓 27 座。大朱村墓地发现 30 座大汶口晚期墓，其中有 28 座墓葬出土资料比较完整，可分为早、晚两期。早期墓 4 座，晚期墓 24 座。这里的早期墓与陵阳河的早期墓时代相同，晚期墓与陵阳河的中期墓、晚期墓时代接近。陵阳河、大朱村墓地各时期墓葬的形制、大小、大型墓与小型墓随葬遗物的多寡、质料及种类差别明显。两墓地发现中型以上大墓多在 3×2 平方米以上，有木椁一类墓具；随葬遗物多者竟达一二百件以上。除随葬陶质器皿外，尚随葬有玉、石、骨角质一类器物及刻写图像文字的陶尊、滤酒漏缸（图版叁，2）等特大型器物；发现中型以上大型墓葬，随葬酒具多，有的在一座大型墓葬中，随葬酒类器皿即有近百件之多。同时期的小型墓葬，墓坑短窄，仅可容身，无任何葬具，随葬酒具为数甚少，无大型陶质器皿及玉、石、骨角质类器物发现，随葬的其他类小型陶质器皿，也仅有四五件，多或至七八件。就氏族成员财富占有的多寡观察，居住在莒县陵阳河、大朱村一带大汶口文化晚期的人们，其阶级差别已经出现[1]。

　　陵阳河、大朱村发现墓葬分四区或四组[2]。陵阳河一组墓葬 25 座，葬于遗址北部河滩一带，余三组墓葬共 20 座，分别葬于一组墓葬西北及遗址东南、东北部边缘一带，距第一组墓葬约 5～150 米许。大朱村一组墓葬 15 座，葬于遗址东南角靠河岸一带，二组在第一组墓葬西北，三组、四组在第一组墓葬西南部，分别距第一组墓葬 10 余米或 70～80 米[3]。

　　自早期阶段开始，陵阳河、大朱村发现中等以上大型墓葬，均出自第一墓葬区，发现"书契"一类刻写的文字资料，也无一不出自第一墓葬区。墓葬材料展示，这两处遗址发现具有氏族首领身份（陵阳河 M6）、军事领袖身份（陵阳河 M19、大朱村 M26）、专司祭天（陵阳河 M7）、祭地（陵阳河 M25）、主司酿酒（陵阳河 M17、大朱村 M17）一类氏族显贵、掌握统治权力者的墓葬，无一例外，皆发现于第一墓葬区。陵阳河、大朱村发现一组墓葬中，即使最小的墓葬，其墓室大小，随墓遗物的数量等等，都远远超过了同期其他各区中的"大"墓。很清楚，大汶口文化晚期，居住在莒县陵阳河、大朱村一带的大汶口人，自其早期阶段开始，业已出现了以富有家族为代表的特权阶层。此类富有家族、特权阶层与氏族集团内部的一般氏族成员或贫者，不仅财富占有多寡多别，即使死后，也绝不能与富有者、特权者葬于同一区域[4]。

　　陵阳河、大朱村、杭头遗迹发现墓葬资料、文字资料证明，这三处大汶口文化

　　[1]　王树明：《陵阳河墓地雏议》，《史前研究》1987年第3期；王树明：《大汶口文化中发现的骨、牙雕筒》，《故宫文物月刊》第9卷第5期。

　　[2]　王树明：《陵阳河墓地雏议》，《史前研究》1987年第3期；王树明：《大汶口文化中发现的骨、牙雕筒》，《故宫文物月刊》第9卷第5期。

　　[3]　本人主持了山东莒县店子乡大朱村大汶口文化墓葬1979年的两次发掘工作，资料尚未整理发表，本文所引部分资料，均见大朱村1979年两次发掘的原始资料。

　　[4]　王树明：《山东莒县陵阳河大汶口文化墓地发掘简报》，《史前研究》1987年第3期。

图版肆　莒县陵阳河M17出土
涂有朱彩的笛柄杯

1.莒县陵阳河M17出土刻画酒神图像陶尊

2.莒县陵阳河M17出土其底部有漏孔的滤酒漏缸

图版叁

晚期遗存，是一共同体，或为大汶口文化晚期某部所属不同部落或民族的聚居地。这三处遗址与诸城前寨遗址相距仅一百余里，其物质文化面貌相同，社会发展阶段相似，均处在氏族社会晚期、向文明大门逼近这一历史时期；都有"书契"一类刻写文字符号发现，两地发现陶文"炅"字刻文，其刻写形式有如一模所制。此或说明，陵阳河一带发现三处遗存与诸城前寨发现遗存族属一致，也是古史传说中帝舜太昊部族的物质文化孑遗。

陵阳河一带发现文字资料揭示的客观事物，与帝舜太昊部族祭天、祭社、熹酒、发明乐器一类传说及其族属风姓集团的文献记载有关。

陵阳河发现"炅"字陶文，由"日""火"两个形符组成，是用太阳离开大地，高照于南方或南天的形象表示炽热季节，藉以迎接夏季到来而举行祭祀仪式的一个图像文字[1]。发现"炅"字陶文，由"日""火"、刻画"五个山峰"的"山"字形符组成。陵阳河遗址正东5里有山五峰并连，中间一峰突起，名曰寺崮山(图版贰1)，春秋两季，早晨八、九点钟，太阳从正东升起，高悬于主峰之上。由"日""火""五个山峰"组成的陶尊文字"炅"、应是人们长期观察到的这一景象的摹画。由地理环境考察并稽诸载籍，"炅"字陶文乃是陵阳河人在春季到来之时实行祠祭仪式而刻写的一个图像文字[2]。孟子曰，虞舜太昊部族发迹于山东诸城、莒县一带;《书·舜典》曰，舜部族每年迎春祠祭于东方，于"岁二月东巡守，至于岱宗，柴"，岱宗即泰山，本指东方一大山[3]，所谓舜于岁二月至岱宗而柴，即在每年仲春到来时到东方一大山，面向东方实行祠祭典礼;《山海经·大荒南经》注谓，羲和氏或曰帝舜太昊氏实行春祠，其祠祭之地在东方沿海汤谷一带，行祠祭时，画一仿效太阳出入汤谷虞渊之形而祠祭之。莒县陵阳河地处我国东方沿海，用以实行春祠仪式的"炅"字陶文在这一地方发现，对我国确认陵阳河一带发现遗存，为帝舜太昊部族的文化遗存，无疑是一力证。

陵阳河 M25 发现一陶尊刻文"⚲"(图四)，李学勤先生认为，此字从"土"、从"丰"，释"封"[4]。我们认为是文以释"南"字为是[5]。"南"字陶文由两个形符组成，文字下部略呈长方形，底平；上部略呈三角形"△"，形如侧视的屋顶形；其顶端刻画一树木之形。这一"文字"的总体之形，似是摹画一建筑的坛台，其台上又植一树木的形象。文献记载，殷周以来人们为祈祷大地丰收崇拜地母，所祀地母社神为社坛植树。其构筑方式，乃首先除地起土为台，然后在平台之上堆土如屋顶

[1] 王树明：《谈陵阳河与大朱村出土的陶尊"文字"》，《山东史前文化论文集》，齐鲁书社，1986年。
[2] 王树明：《谈陵阳河与大朱村出土的陶尊"文字"》，《山东史前文化论文集》，齐鲁书社，1986年。
[3] 王树明：《泰山缘起》，《泰山志资料选编》二（内刊），《东岳论丛》1985年第3期。
[4] 李学勤：《论新出大汶口文化陶器符号》，《文物》1989年第12期。
[5] 王树明：《谈陵阳河与大朱村出土的陶尊"文字"》，《山东史前文化论文集》，齐鲁书社，1986年。

形，平台之周围筑一矮墙，坛台之巅植一树木。陵阳河 M25 发现陶尊刻文的形象与商周以来崇拜地母为社坛植树的记载相符。查以字书，"南"字本义有"吐生""化育万物"之义，与先民祭社的用意近是。基于此，陵阳河 M25 发现"南"字陶文，乃是四千余年前陵阳河人崇拜、祭祀社神的原始摹画。陵阳河发现"南"字陶文证明，《淮南子·齐俗训》《墨子闲诂·明鬼下》所记虞舜太昊部族"其社用土"等有关记载也有所本，从而也从侧面证明，莒县陵阳河、大朱村、杭头一带发现遗存，乃是传说中帝舜太昊部族的物质遗存。

陵阳河 M17 发现一杯柄极细，杯部还涂有朱彩的泥质黑陶高柄杯，细柄中部饰两道竹节纹，柄对侧各镂刻一不相对称的大镂孔，吹奏柄部镂孔时可发出四个不同音质的乐音（图版肆；图九，1）。我们根据陶杯柄部涂有朱彩，饰竹节纹，柄部镂孔奇大不对称，能演奏出不同的乐音推测，这一造型奇特的陶杯之柄，是因其陶杯有其特殊用途而模仿竹制笛类乐器而作 [1]。山东艺术学院横笛专家曲广义教授，对这一杯柄发出的音响曾迭次测试，又进而推定，这一陶杯之柄原是陵阳河人模仿原始竹制口笛之形而制成 [2]。迄今为止，陵阳河、大朱村乃至整个大汶口文化中，尚无琴、瑟、丝、竹一类乐器发现，陵阳河 M17 年笛柄陶杯的发现却告诉我们，在莒县陵阳河乃至大汶口文化中，竹制一类乐器已老早即存在了。在陵阳河、大朱村发现的陶文中，有一"ᢀ"形文字（图七，1、2）。此文由四条内弧线刻画而成，文字一端分别为一大、一小的两个小孔。就其形体观察，这一陶文似也是摹画吹奏一类乐器的图像刻文。曲广义教授对这一刻文进行了模拟、复原研究，认为该陶文的原始摹画，"大体为一整节两端由竹节封闭之竹筒制成，顶端有一竖吹的吹口，一个按指孔，可发出二至四个音"的口哨一类吹奏乐器 [3]（图九，2）。我们根据这一文字的形体与金文大丰簋、散盘中发现"凡"字之形相当，故将该文隶释为现行汉字"凡"字的祖形。这一"凡"字形体陶文在商代甲骨文、金文中，屡有发现。在商代甲骨文中是字作人名使用，如宾祖卜辞《殷墟文字缀合》二二三等 [4]；金文的这个字也是人名或者作族名使用 [5]。人所共知，在我国古代典籍中，"凡"字又衍生、孳乳为"风"字。"风"字之义本为空气流动的现象，但在先秦经籍中，"风"字还是乐歌、音乐曲调及金、石、丝、竹、匏、土、革、木八种乐器的总名、通称 [6]。"风"字的字义揭示，其本字"凡"的原始摹画，与我国古代乐器有不解之缘。

[1]　王树明：《山东莒县陵阳河大汶口文化墓葬中发现笛柄杯简说》，《齐鲁艺苑》1986年第1期。

[2]　曲广义：《笛柄杯音乐价值初考——对笛柄杯柄部的研究及推测》，《齐鲁艺苑》1986年第1期。

[3]　曲广义：《山东莒县发现竹制笛乐器图像与虞幕"听协风"新解》，《齐鲁艺苑》1987年第2期。

[4]　岛邦男：《殷墟卜辞综类》第278页，但《甲编》二九〇八非此字。

[5]　容庚：《金文编》，中华书局，1985年，附录上第269～271页。

[6]　王树明：《谈陵阳河与大朱村出土的陶尊"文字"》，《山东史前文化论集》，齐鲁书社，1986年。

"风"本字"凡"出土于陵阳河 M17、大朱村 M26，均出自专职军事领袖墓葬中[1]，还揭示，陵阳河、大朱村人刻画这一"凡"文的用意，应与后世商、周金文中发现"凡"字的有些用法一致，也是作为族名或曰族徽使用的。《竹书纪年统笺·前篇》云，帝舜太昊氏部族是"琴瑟""立基之乐"的发明、创造者；《国语·郑语》云："虞幕能听协风，以成乐物生者也，"即虞舜能辨明乐歌、音乐曲调，以完成乐舞的编排演出；《帝王世纪》《左传》又云，太昊包牺氏风姓也。《史记·五帝本纪》又云，风姓始祖"风后"氏原居住在我国东方沿海一带。笛柄杯及乐器陶文"风"本字"凡"在山东东部沿海莒县一带发现，不仅证明，帝舜太昊氏部族发明竹制乐器一类传说有久远的历史根基，也又一次证明，莒县陵阳河一带发现遗存是帝舜太昊氏的物质遗存。孟子谓"舜生于诸冯"，"冯""风""凡"古字音韵互通，太昊部族族姓徽文"风"本字"凡"在莒县陵阳河、大朱村一带发现，为帝舜太昊部族发迹于莒县陵阳河、大朱村一带及上述一类说法，无疑是一强证。

陵阳河、大朱村发现陶文资料中，摹画滤酒过程的酉酒刻文两枚，刻画酿酒过程中进行祈祷、祭祀、崇拜酒神的图像"酓"字刻文四枚[2]。此类陶文发现数量多，出土时，无论是采集品还是发掘品，一律涂有一层神秘的朱彩。这一现象清楚地反映，莒县陵阳河、大朱村一带先民，对酿酒生产工艺的崇尚与重视。与此俗相关，陵阳河、大朱村墓地发现酒具之多，令人惊讶。以陵阳河墓地为例，在发现的诸类酒具中，有用于盛储酒麹发酵的陶尊，有用于滤酒的漏缸（图版叁，2），还有用于接酒、盛酒的用具陶盆、陶瓮等酿酒用具。在墓葬中，此类酒具一般放于椁室外、墓地西北角。发现的饮酒用具种类异常繁多，有厚胎高柄杯，薄胎镂孔高柄杯、单耳杯、单耳壶等等。此类饮酒用具在墓葬中的放置部位，以厚胎、薄胎镂孔高柄杯为固定。一般成行，成对交互叠压于人骨之上。仅在陵阳河一处墓地，这两种饮酒用具即发现 663 件之多，占该墓地出土遗物总数的 45%。仅此一端，即足以看出陵阳河一带大汶口人尚酒风习的一斑。陵阳河、大朱村一带发现与酒事有关的陶文资料、酿酒、饮酒一类实物资料，反映史籍中关于舜女发明酿酒，帝舜有嗜酒、酗酒风习，以至帝舜太昊部族的后裔东夷部族有尚酒习俗的记载，也是有真实的历史根据的。

通过陵阳河、大朱村发现墓葬材料、实物资料剖析，尽管这一带尚未发现有用于卜筮或实行筮法时用以祈祷、决疑的实物材料，还无法证明，太昊庖牺氏发明八卦的有关传说是否属实。但就目前出土陶文资料、物质文化资料、墓葬资料所反映

---

[1] 王树明：《陵阳河墓地雏议》，《史前研究》1987年第3期；王树明：《大汶口文化中发现的骨、牙雕筒》，《故宫文物月刊》第9卷第5期。

[2] 王树明：《谈陵阳河与大朱村出土的陶尊"文字"》，《山东史前文化论文集》，齐鲁书社，1986年。

的社会发展状况，已足以证明：莒县陵阳河、大朱村、杭头一带发现大汶口文化晚期遗存，是古史传说中帝舜太昊氏部族的物质文化遗存。因为莒县陵阳河、大朱村一带地方，地接我国东方沿海。由此又可说，这一地带可能也就是孟子所谓"舜生于诸冯"之冯地的所在。

六　河南境内发现大汶口文化及淮阳平粮台古城堡遗迹的考古发现与文献记载中的帝舜太昊氏

大汶口文化主要是分布在黄河下游山东、苏北一带的一支物质文化，其中心区域在山东泰沂山系以南，与帝舜太昊部族活动的空间、时间、地望相当[1]。近年来，这一地带的西部以远，河南境内仰韶文化晚期、河南龙山文化早期的遗址中，大汶口文化的遗物、遗迹也时有发现。

1962年在河南偃师古滑城遗址庙底沟第二期文化灰坑中，首先发现大汶口文化中常见的圆腹罐、敛口罐。以后在属于仰韶文化晚期的郑州大河村三、四期、禹县谷水河二期、鄢陵古城等遗址和属于仰韶文化向龙山文化过渡的谷水河三期及属于河南龙山文化早期的孟津寺河南、偃师二里头、上蔡十里铺等遗址，也皆相继发现了大汶口文化的陶器。另外，在偃师古滑城、平顶山贾庄、商水章华台和郸城段砦还发现有大汶口文化的墓葬[2]。值得注意的是，河南境内发现的大汶口文化仅在黄河故道以南的豫东、豫西地区，这一地区恰与豫东、豫东北黄河故道南侧的山东菏泽、济宁及安徽北部大汶口文化分布密集的区域相连接，其东以远，与山东泰沂山系以南、江苏北部一带大汶口文化分布的中心连成一片。

郑州大河村三、四期，鄢陵故城和禹县谷水河二期出土的大汶口陶器，主要器形有背壶、敛口尊、敛口盉、高领罐、浅盘豆、敛口罐和深腹罐等器类。与大汶口墓地出土遗物相较，河南发现大汶口文化遗物，时代约当大汶口文化的中期偏晚。禹县谷水河三期遗存具有仰韶向龙山文化过渡的特色。发现大汶口文化陶器有：壶、罐、杯、鬶、豆等器类。与大汶口墓地出土遗物比较，时代属大汶口文化中晚期间。偃师古滑城、二里头、临汝大张、信阳阳山和孟津寺河南等龙山文化早期遗存，发现大汶口文化陶器有圆腹罐、高柄杯、罐形豆。均属大汶口文化晚期或曰后期阶段的物质遗存。

河南境内发现大汶口文化墓葬4处[3]。

[1]　武津彦：《略论河南境内发现的大汶口文化》，《考古》1981年第3期。

[2]　武津彦：《略论河南境内发现的大汶口文化》，《考古》1981年第3期。

[3]　武津彦：《略论河南境内发现的大汶口文化》，《考古》1981年第3期。

1962 年 4 月偃师古滑城北墙下发现一座，出土有筒形杯、高柄杯、背壶、小圆罐、高领罐、小杯和器盖；1975 年 7 月平顶山市贾庄遗址发现一座，出土有红陶鬶、长颈壶、粗把豆、圈足尊、高柄杯、筒形杯，另有粗柄豆 4 件；1975 年秋商水章华台遗址发现一座，采集的完整器物有罐形鼎、鼎形鬶、盘形豆、长颈背壶、宽肩壶、高柄杯、筒形杯和长颈盉等等；1976 年春，郸城县段砦村村北台地发现一骨架和随葬器物，采集到的完整器物有白陶鬶、盘形豆、罐形豆、簋形器、宽肩壶、高柄杯和圈足杯等类。四处墓葬发现的器物形制，与大汶口文化时代相当的遗存发现同类器皿相同。

　　见于报道，河南发现 4 处大汶口文化墓葬出土遗物，除古滑城一处墓葬有 4 件器物属河南龙山文化早期遗存外，其他几处墓葬发现器物均为同期山东一带大汶口文化遗存中极为常见的器物。就其陶质、陶色、陶器种类、遗物形制特征而言，河南发现大汶口文化陶器与山东大汶口文化晚期和曲阜西夏侯上层，及诸城前寨、莒县陵阳河一带墓葬发现的同类随葬器物，略无二致，其时代亦属大汶口文化晚期阶段这一历史时期。这 4 处墓葬发现遗存，因古滑城墓葬发现 4 件河南龙山文化早期的遗物，由此得以认定，河南发现 4 处大汶口文化墓葬乃至山东大汶口文化晚期遗存的时代，已经进入河南龙山文化早期。

　　已知河南发现大汶口文化遗址、大汶口文化墓葬的分布区域，都在河南省黄河故道以南地带，东与山东泰沂山系以南至江苏北部一带大汶口文化的中心区域相接而连成一片。在我国的古史记述中，帝舜太昊部族的发迹之地及其向西迁徙的路线，适在这一地域之中。又知河南发现的大汶口文化遗存与帝舜太昊部族原籍发现遗存的时代近同，属大汶口文化的晚期或曰后期阶段的物质遗存。据此推索，今河南境内黄河故道以南豫西、豫东地区发现的大汶口文化，殆即距今 4000 余年前发迹于山东泰沂山系以南东部沿海一带的帝舜太昊部族，沿泰沂山系以南西徙中土而留下的物质文化遗存。

　　传说帝舜太昊部族 4000 余年前沿泰沂山系南侧西渐中土，由近年来河南境内大汶口文化遗址、墓葬的不断发现予以证明：传说帝舜太昊部族在西渐中土过程中，曾"成聚""成邑""成都""成国"，并最终建立了城邦国家的记载也由河南豫东淮阳平粮台龙山文化遗址中，古城淮阳遗迹的考古发现所证实 [1]。

　　河南淮阳平粮台遗址，在淮阳县城东南 4 公里大朱庄西南。面积约 5 万平方米，

---

　　[1]　河南省文物研究所、周口地区文化局文物科：《河南淮阳平粮台龙山文化城址试掘简报》，《文物》1983 年第 3 期。

高出附近地面 3 ～ 5 米，俗称"平粮冢"或"贮粮台"[1]。1979 ～ 1980 年，河南省文物局文物训练班、河南省文物研究所平粮台文物考古工作站发掘，发现一龙山文化城址。古城址的平面呈正方形，方向 6°。城墙长、宽各 185 米，城内面积共有 3.4 万千平方米。如果包括城墙及其外侧附属部分，面积可达 5 万多平方米。见于报道，已发现有城墙、城门、门卫房、陶质排水管道、房基、陶窑、墓葬、灰坑及陶质器皿、铜渣残块等极为重要的遗迹、遗物。

淮阳平粮台古城堡，城墙顶部的宽度 8 ～ 10 米，下部宽约 13 米，残高 3 米。东南两侧城墙破坏较大，西南城角保存较好。古城外角呈弧形，内角较直。修造时采用小版筑堆筑法而建，其筑城方法尚处于较原始的阶段。古城墙南北中段均发现有缺口、路土，应是平粮台古城南北的城门。东西门尚未发现。南部城门进行了较大规模的发掘，在南门门道两侧发现两座房基基址，房子依墙用土坯而建，房门相对，应是城南护城的两个卫房。在城南门门道的路土之下 0.3 米处，发现有北高、南低、上宽下窄的沟渠，沟渠之底铺有一条陶质排水管道，其上并列铺两条排水管道。在古城址内发现房基 10 余座，多为长方形排房，有的平地起建，亦有起土建成高台式者。建筑材料普遍使用土坯。另外，发现有 3 座陶窑址，16 座小孩的墓葬等等。

平粮台古城址，发现于河南境内黄河以南、豫东平原一带，是一处文化内涵丰富的龙山文化遗址，其地以东，也与山东菏泽、济宁大汶口文化分布密集的区域相接。这一遗址的核心是一座龙山时代的古城堡。经城堡内西南角探方 T34 中的 H53 出土木炭所作碳 –14 年代测定，结果距今 3780 ± 80 年，树轮校正距今 4130 ± 100 年。对古城内东南部的 H15 出土木炭所作碳 –14 年代测定，结果距今 3960 ± 140 年，树轮校正距今 4355 ± 175 年。碳 –14 测定、树轮校正年代证明，淮阳平粮台古城堡的建成年代，约距今 4300 余年前左右。

平粮台古城遗址文化分五期。一期文化是平粮台遗址的早期文化。这期文化的侈口、折沿、敛颈、鼓腹、圜底、鸭嘴型鼎足的夹砂棕色陶鼎；尖唇、折沿、颈微敛、腹微鼓的青灰色陶罐等遗物，与郸城段砦遗址早期和山东滕县大汶口文化晚期的陶鼎、陶罐极为相似，也与山东莒县陵阳河、大朱村、杭头以及诸城前寨发现大汶口文化大致处在同一发展时期。二、三、四期文化出土遗物，与河南永城王油坊遗址出土龙山文化遗物类似，平粮台龙山文化即属这一物质文化类型。平粮台五期文化与二里头一期文化基本相同。平粮台发现三期堆积直接叠压着夯土城墙，说明平粮台古城堡的建筑年代不晚于平粮台三期文化，其相对年代应与第三期文化大体

[1] 河南省文物研究所、周口地区文化局文物科：《河南淮阳平粮台龙山文化城址试掘简报》，《文物》1983年第3期。

一致。探沟 T29 第十文化层，即平粮台一期文化亦即大汶口文化晚期遗存，恰被第九文化层和古城堡的夯土城墙所叠，从而确证，平粮台古城堡是建筑在平粮台一期即大汶口文化晚期遗存之上。

河南淮阳平粮台发现古城堡有四点值得注意的现象：展开河南、山东的版图，清楚可见，平粮台古城堡适在山东及河南发现大汶口文化的分布区域之内，在黄河故道之南的豫东大平原，也恰与大汶口文化的故乡山东泰沂山系南侧连成一片。此其一也。通过碳 –14 测定，淮阳平粮台古城堡，距今大致在 4300 年左右。翦伯赞《中外历史年表》推测，舜部族活动的晚期阶段，约当纪元前 2297 年 [1]；冯君实《中国历史大事年表》推测，舜部族活动的晚期阶段，约当纪元前 22 世纪左右 [2]。翦、冯二先生的推测与淮阳平粮台古城堡碳 –14 测定其建城年代基本相同。此其二也。我们如果由上文所论，将分布在山东境内泰沂山系以南及江苏北部一带的大汶口文化区分为早晚不同的两个发展阶段，大汶口文化后期或曰晚期阶段的物质文化，乃属帝舜太昊部族的物质遗存。淮阳平粮台古城堡建在大汶口晚期遗存基础之上，这一现象或反映，建筑这一古城堡的先民与大汶口文化晚期人们，关系密切，或有直接的血缘关系。此其三也。文籍记载中，帝舜太昊部族在四千余年前，曾在豫东一带有 "都陈" "都宛丘" 一类说法。索以今地，陈或宛丘所在大致就在豫东淮阳一带。此其四也。

基此四点判断，河南境内淮阳平粮台发现建筑在大汶口文化晚期遗址上的古城堡，是发迹于山东泰沂山系以南及江苏北部一带大汶口文化晚期的人们，沿泰沂山系西徙中原后，建立起来的 "都" 或 "国"。以今语而言之，淮阳平粮台发现 "都" "国"，乃是帝舜太昊部族进入中原后建立起来的一个城邦国家的都址。

七　余语

总结全文，所见所得约有以下四点认识：

1. 虞作为夏、商、周前之一代，在我国历史上是存在的。这一代，原是泰沂山系南侧使用大汶口晚期阶段物质文化的先民，即帝舜太昊部族在历史发展的长河中，渐次历泰山南侧西徙中原豫东建立起的一个城邦国家，尚不能与 "三代圣王"，尤其不能与后世殷商、姬周建立的国家相比拟。

---

[1]　翦伯赞主编：《中外历史年表》，中华书局，1961年，第4、5页。

[2]　冯君实主编：《中国历史大事年表》，辽宁人民出版社，1985年，第1页。

2. 到目前为止，我国龙山时代发现 6 座古城堡[1]：山东章丘龙山镇城子崖遗址一处，山东寿光边线王遗址一处，河南安阳后冈遗址一处，河南淮阳平粮台遗址一处，河南登封告城镇王城岗遗址一处，内蒙古乌兰察布盟永兴镇老虎山遗址一处。目前已发现的龙山时代 6 座古城堡，确有科学测试数据者仅 2 座：平粮台一座，王城岗一座。平粮台发现一座的测试年代早于王城岗。其他 4 座古城堡，虽无确切的测试年代，从其城址出土相关遗物面貌观察，其构筑年代均略偏晚，其早者也仅与王城岗城址的年代相当，根据现有的考古材料，在中国这块大地上，第一个建立起城邦国家的，是帝舜太昊部族在豫东淮阳建立起来的历史上称之为虞代或名之为虞的国家。

3. 安金槐先生根据文献记载及老一代史学家研究，商人的先公、先王主要活动在豫东、豫东北一带，又根据这一地带发现龙山文化与豫西发现龙山文化遗存有明显的不同，地方特色鲜明。这一具有鲜明地方特色的豫东、豫东北龙山文化类型，与商代二里头文化晚期、商代中期、二里岗期商代文化遗存，有着一脉相承的内在联系。遂认为，豫东、豫东北龙山文化遗存是属先商文化的范围。因为淮阳平粮台城堡内发现龙山文化遗址属豫东龙山文化类型，是先商文化的范畴。依此，安氏又认为所谓淮阳平粮台城堡，实际是相当于夏代的先商文化城垣遗址[2]。安氏此论确不可移。平粮台古城堡为帝舜太昊部族所建造，在古代文献中，帝舜太昊为殷商元祖帝喾、帝俊的记载斑斑可考，此为推定淮阳平粮台古城堡为先商文化城垣遗址，或谓殷商元祖所建这一说法，无疑是一个有力的佐证。

4 关于商民族的起源。这个问题历来是研究先秦古史和从事商周考古学者间一个热门话题。20 世纪 30 年代以来，老一代史学家根据一些零散的文献资料，认为商民族起源于东北或今鲁北渤海湾沿海一带，之后入关或沿古济水故道南下进入河南而建立了商帝国。就当时来说，这一提法也仅仅是一种说法，并无有力的物证为据。近年来，有的学者又旧说重提，他们根据我国东北诸地一些新的考古发现，又把东北一带发现石器时代筒形罐上刻画的"之"字形纹饰，比附为商人的"图腾""玄鸟"或曰小燕之形，并以此为物证而敷衍成文，以支持其假设。此说实难使人苟同。因为这一说法所依据的文献资料，仍然是三、四十年代的一些旧闻，并没有什么新的发现和突破。至于列举的所谓物证，着实有些牵强、附会。有关商民族起源的另外一种说法，又认为商民族或商文化起源于我国河北一带。这一说法可与上述诸说大致为一类。总而言之，就商民族或商文化起源问题，可概而区分为两种说法：起

---

[1]　曹桂岑：《论龙山文化古城堡的社会性质》，《中国考古学年会第五次年会论文集》，文物出版社，1988年。

[2]　安全槐：《近年来河南夏商文化考古的新收获》，《文物》1983年第3期。

源于我国豫东一带的东方说和起源于鲁北渤海湾沿岸、东北、河北一带的北方说。我们同意第一种说法，商民族，这里主要指的是商王宗室及宗族统治集团一支，源起于河南豫东一带，其远祖乃是山东泰沂山系南侧西渐中土的大汶口人，与当地的土著居民结合后而创造了先商文化。

大家知道，在我国历史上任何一个古老民族都有它特殊的物质文化为标识，是所谓民族和其使用的物质文化总是互相联系的。但是，这种联系却并不是一成不变的、绝对统一的，因为中国历史上的一些古老民族，在发展、演进过程中，其处居之地都曾不断的有所移动，并非永远固定于一处。又因为物质文化从来是没有国界的。这样一来，一个民族在历史发展的不同时期或不同发展阶段，或因所居地点之不同而导致了一些古老民族间的接触或冲撞。因此而来，其所使用的物质文化，就必不可免的要发生变化。所以，我们根据使用文化的不同来判断使用这一文化的族属，应注意从两个方面进行分析：从物质文化方面考察，要注意到其物质文化的不同的文化因素，必须充分认定哪些是主要的，哪些是次要的，切不能仅仅根据一两种或几种一般生活用具或器皿的来源，即断定其使用这一物质文化者的族别；从文化的另一个方面考察，一般来说属精神方面的。诸如生活习俗、礼制用具、宗教信仰、所用文字诸方面的源头等等。这一文化侧面，多属上层建筑范畴。人类文明的历史说明，上层建筑、意识形态具有相对的独立性。对于一个民族来说，一些特殊的生活习俗、风俗习惯，尤其宗教信仰方面的一些风习，是相当保守、相当顽固的。我们在《泰山缘起》[1]《谈陵阳河与大朱村出土的陶尊"文字"》[2]《考古发现中的陶缸与我国古代的酿酒》[3]诸文中，曾多次论及，商民族统治集团的宗教信仰、生活习俗，诸如尚酒风习、崇拜的宗神、所用礼制器皿等方面，与我国古代东夷部族，尤其与泰山南侧一带大汶口文化先民诸类习俗，有着密切的血缘关系。诸城前寨、莒县陵阳河、莒县大朱村一带发现图像文字与商代发现甲骨文、金文，尽管尚存有缺环，仍可看出，其两者间也有十分密切的亲缘关系。设若上述一类看法不致太谬，那么，商民族起源于我国东方这一提法，大概也就不能完全视为奇谈怪论。或曰，商民族起源于我国北方这一说法，尽管尚无有力的物证为根据，但我国古代的有些典籍中，也确实有过一些这方面的记载，这又当作何解释呢？实际上这是不足为怪的。先商民族发展到后来，已建立了一个庞大的帝国，且在盘庚迁殷之前，又或"不常厥邑"。见诸载籍，商王室或其宗亲支庶，也确乎履迹于河北诸地。如是以来，在我国河北乃至河北北部一带出现一些商文化的物质遗存或商世先王的一些有关传说，本来就

---

[1] 王树明：《泰山缘起》，《泰山志资料选编》二（内刊），《东岳论丛》，1985年第3期。

[2] 王树明：《谈陵阳河与大朱村出土的陶尊"文字"》，《山东史前文化论文集》，齐鲁书社，1986年。

[3] 王树明：《考古发现中的陶缸与我国古代的酿酒》，《海岱考古（第一辑）》，山东大学出版社，1989年。

在情理之中。至于鲁北一带也有商民族活动一类传说记载，原因山东龙山文化晚期
夷夏交争过程中，居住于齐地的后羿诸部沿泰沂山系北侧西徙进入河南后^[1]，融合
于居住在河南东部一带先商民族之中或与其有姻亲关系所致。因篇幅所限，此说将
另著专文予以论述。

　　（原载《故宫学术季刊》第九卷第四期）

————————

　　[1]　王树明：《齐地得名推阐》，《东夷古国史研究（第一辑）》，三秦出版社，1988年；王树明：《夐祖
夷羿疏证》，《管子与齐文化》，北京经济学院出版社，1990年，第496～507页。

仓颉作书与大汶口文化发现的陶尊文字

　　文字是人类文明伊始的标志。马克思在论说人类社会"文明期"时曾经这样说过："这一时期开始于拼音字母的发明和文学作品的编写；石刻象形文字具有同等重要性。"[1]因为文字产生对文明到来具有这么重要的意义，所以，有关我国文字的起源问题，历来便受到人们的特别关注和重视，学者们每在谈说中国文明时期到来的历史时，便把文字和文明社会的产生联系在一起考虑。有关中国古代文字的产生及其产生的肇始情景，在战国以来，便有一种非常盛行的说法，认为中国文字最先是由一位叫仓颉的创造的。自战国、秦汉以来，关于仓颉作书、仓颉作书的缘起及原始情景，乃至仓颉其人等等，有过许多不同的记载和说法。令人遗憾的是，尽管古人为中国文字的起源留下这么多的记载，但中国史学界，考古学界，乃至古文字学界学者，对仓颉作书一类古史传说，并未建立应有的重视，甚或认为这是一种不足凭信的臆造之词。然而，近四十余年的考古发现，尤其近年来山东诸城、莒县陵阳河一带大汶口文化晚期图像文字的发现，有力的证明，古史中"仓颉作书"一类传说，确乎有历史踪影可稽。诸城前寨，莒县陵阳河发现陶尊文字，从不同侧面显示，将我国古史传说中仓颉作书种种传说，一律视为向壁虚造是不妥的。本文试证诸古籍，就仓颉作书一类古史传说及大汶口文化中发现陶尊上刻画一类图像文字，并就我国古代文字起源等问题，谈谈个人一点看法。

一　古籍中有关仓颉作书的古史传说

　　我国古代，"文字"又称"书""书契"。《说文》曰："书，箸也。从聿，者声。"《段注》曰："箸于竹帛谓之书。书者，如也。箸于竹帛，非笔未由矣。"《易·系辞下》曰："上古结绳而治，后世圣人易之以书契，百官以治，万民以察。"《释名疏证补》谓："书契者，笔述也，述事而书之也。"[2]这里所说的"书""书契"是今所谓文字的同义词。由此以推，我国古代所谓"仓颉作书"的传说，乃是记述仓颉其人发明、创造文字

---

　　[1]　马克思：《摩尔根〈古代社会〉一书摘要》，人民出版社，1965年，第2页。
　　[2]　王先谦：《释名疏证补》卷六释书契十九，上海古籍出版社，1984年。

之谓。在我国古代记载中，有关"仓颉作书"或仓颉氏发明、创造文字的记载甚夥。我们见到的有：

《吕氏春秋·君守篇》曰："奚仲作车，仓颉作书，后稷作稼，皋陶作刑，昆吾作陶，夏鲧作城，此六人者所作当矣。"高诱注曰："仓颉生而知书，写仿鸟迹以造文章。"

《韩非子·五蠹篇》曰："古者仓颉之作书也，自环者谓之私，背私谓之公，公私之相背也，乃仓颉固以知之矣。"

《尚书正义·序》引《世本》："仓颉作书。"[1]

《周礼·外史疏》引《世本》："仓颉作文字。"[2]

《广韵》、《御览二百二十五》引《世本》："沮诵仓颉作书。"[3]

李斯《仓颉篇》曰："仓颉作书，以教后诣。"——居延所出汉木简[4]。

《荀子·解蔽篇》曰："故好书者众矣，而仓颉独传者，壹也。"王先谦曰："仓颉，黄帝史官，言古亦有好书者，不如仓颉一于其道，导述不能乱之，故独传也。"

《淮南子·本经训》曰："昔者仓颉作书，而天雨粟，鬼夜哭。"高诱注曰："仓颉始视鸟迹之文造书契，则诈伪萌生，诈伪萌生则去本趋末，弃耕作之业而务锥刀之利，天知其将饿，故为雨粟，鬼恐为书文所劾，故夜哭也。"

《路史·禅通纪·史皇氏》曰："仓帝史皇氏，名颉。姓侯冈，龙颜侈哆，四目灵光。上天作令，为百王宪，实有睿德，生而能书，及受河图绿字，于是穷天地之变，仰观奎星圆曲之势，俯察龟文鸟羽山川掌指，而初文字，形位成，文声具，以相生为字。……于是而天地之蕴尽矣，天为雨粟，鬼为夜哭。"

《淮南子·修务训》曰："史皇产而能书……昔者仓颉作书。"高诱注曰："史皇仓颉生而见鸟迹知著书，故曰史皇或曰颉皇。"

许慎《说文序》云："黄帝之史仓颉，见鸟兽蹄远之迹，知分理之可相别异也，初造书契。"又曰："仓颉之作书，盖依类象形，故谓之文；其后形声相益，即谓之字。文者物象之本，字者言孳乳而浸多也。"

东汉硕儒王充在《论衡·感类篇》一文中，论说仓颉作书时也说过："以见鸟迹而知为书，见蜚蓬而知为东。天非以鸟迹命仓颉，以蜚蓬使奚仲也，奚仲感蜚蓬，而仓颉起鸟迹也。"研析上文征引可知：现行汉字的远祖、我国文字的肇造时期，原是由一名叫仓颉的人物发明和创造的。由《荀子·解蔽篇》"故好书者众矣，而仓颉独传者，壹也"的记载可知，我国发明文字的"人"是很多的，但其所造文

[1] 宋衷注，茆泮林辑：《世本》（二种），商务印书馆，1937年，第2页。
[2] 宋衷注，茆泮林辑：《世本》（二种），商务印书馆，1937年，第2页。
[3] 宋衷注，茆泮林辑：《世本》（二种），商务印书馆，1937年，第2页。
[4] 转引唐兰：《中国文字学》，上海古籍出版社，1979年，第51页。

字又真正流传至后世者，仅仓颉一"人"或一家而已；由《吕氏春秋·君守篇》《淮南子·本经训》高诱注，《淮南子·修务训》《说文序》《路史·禅通纪·史皇氏》诸文，仓颉"见鸟迹而知为书""鸟仿鸟迹以造文章"以及"仓颉之作书盖以类象形""穷天地之变，仰观奎星圆曲之势""而创文字"一类说法。寓有摹画、摹写之意，是又可知，仓颉其人发明，创造的所谓文字，可能是一些象形、象意类文字；再从《淮南子·本经训》《路史·禅通纪·史皇氏》诸文，仓颉乃"仰观奎星圆曲之势""而创文字"、仓颉作书"天为雨粟、鬼为夜哭"一类记载又可看出，仓颉氏创造、发明一类象形、象意文字，或可与天文历法有关，与农事一类生产活动有关，就"鬼为夜哭"一语又或昭示，仓颉氏创造象形、象意类文字的原始摹画物，可能与宗教信仰类事物有关，在发明或创造文字过程中，疑或伴随有巫术或鬼事祈祷一类祭祀仪式活动。

　　在我国古代载籍中，不仅有关仓颉作书、仓颉创造文字的记载，对仓颉其人也不乏类似记述。前引《路史·禅通纪·史皇氏》记述，仓颉与仓市史皇氏乃是一人，曰："仓帝史皇氏，名颉，姓侯刚，龙颜侈哆，四目灵光，上天作令，为百王宪。"《论衡·骨相篇》谓："仓颉四目，为黄帝内史。"《论衡·讥日篇》，又谓："学书讳丙日，云仓颉以丙日死。"依《论衡·骨相篇》《讥日篇》记载仓颉其人仅仅是一形体殊异，黄帝时期死于丙日的一名普通官吏而已；依《路史》一书记载，仓颉又即仓帝，是一半神半人，是一有四只眼睛、由上帝派往人间总领尘世百王的总长，是王中之王。《河图玉版》云："仓颉为帝，南巡狩，登阳虚之山，临于沪洛汭水，灵龟负书，丹甲青文以授之。"[1]由这一记载，创造、发明文字的仓颉氏，乃又是一人间帝王，与上古圣王帝舜的身份相像。在《古微书》中，仓颉这位人间帝王，又或写作仓帝。《洛书纬》云："仓帝起，天雨粟。"[2]《洛书·说乐》云："仓帝起，天雨粟，青云扶日。"[3]《河图稽耀钩》云："仓帝方面，赤帝圆面，白帝广面，黑帝深面。"[4]《初学记》、《御览》引《洛书》云："仓帝起，青云扶日；赤帝起，赤云扶日；黄帝起，黄云扶日；白帝起，白云扶日。"从后世谶纬家之流一些神化、荒诞的说法中，发明创造文字的仓颉氏，又不单单是半神、半人，是上帝派往人间的百王长，而公然又是中国古代人民推尊的五方天帝中的仓帝之神。战国秦汉以来，四神说盛行，左即东方的神祇以"仓"字命名，谓之仓龙，《吕氏春秋·有始》《淮南子·天文训》谓"东方曰仓天"。可见，我国古代"仓"有东方之意，或可谓东方曰"仓"。沿此

[1]　转引自姜可瑜：《殷墟文字形成假说》，《文史哲》1992年第2期。

[2]　《古微书·卷三十五·洛书纬》。

[3]　《艺文类聚·卷八十五·百谷部·粟》。

[4]　《古微书·卷三十三·河图稽耀钩》。

推演，仓帝或创造、发明文字的仓颉氏，应是一位东方人。《礼记·月令》曰："孟春之月，日在营室，昏参中，旦尾中，其日甲乙，其帝太皞，其神句芒，……是月也，以立春，……立春之月，天子亲帅三公九卿、诸侯大夫，以迎春于东郊。"注曰："迎春祭仓帝灵威，仰于东郊之兆也。"《拾遗记·春皇庖牺》曰："春皇者，庖牺之别号。……自尔以来，为陵成谷，世历推移，难可计算。比于圣德，有逾前皇。礼仪文物，于兹始作。去巢穴之居，变茹腥之食，立礼教以导文，造干戈以饰武，丝桑为瑟，均土为埙。礼乐于是兴矣。调和八风，以画八卦，分六位以正六宗。于时未有书琴，规天为圆，矩地取法，视五星之文，分暑景之度，使鬼神以致群祠，审地势以定川岳，始嫁娶以修人道。庖者包也，言也含万象。以牺牲登荐于百神，民服其圣，故曰庖牺，亦谓伏羲。变混沌之质，文宓其教，故曰宓牺。布至德于天下，元元之类，莫不尊焉。以木德称王，故曰春皇。其明叡照于八区，是谓太昊。昊者，明也。位居东方。"《吕氏春秋·孟春纪》云："孟春之月……其帝太皞，其神句芒……"高注曰："太皞，伏羲氏以木德王天下之号，死，祀于东方，为木德之帝。"依此类记载又可推知，仓帝或仓颉其人，不仅是先民推尊居于我国古代东方的春神，是古代东方夷人崇拜的上帝，而且这位春神、东方夷人的上帝，原是由中国古史记载中，赫赫有名的伏羲氏、庖羲氏或太昊氏神化或升华而来。童书业先生考证，太昊即商的远祖帝喾[1]。郭沫若先生认为，商祖帝喾即古史传说中的帝舜[2]，由此可知太昊氏即古史传说中的帝舜。孟子曰："舜生于诸冯，迁于负夏，卒于鸣条，东夷之人也。"[3]予按，"诸冯"，即今山东诸城，莒县一带地方。寻绎上文揭引又进而得知，中国古史中仓颉作书的历史真相，是说，我国古代的文字，乃由居住在我国东方，名为伏羲氏，庖羲氏，虙羲氏的部族，换言之，原是由兴起于山东诸城、莒县一带的帝舜太昊部族发明、创造的。

大家知道，起于战国时期的仓颉作书之说，至西汉时期已非常盛行。山东嘉祥武梁祠刻有仓颉造字的壁画、山东沂南汉画象墓中室，也有关于仓颉作书故事的刻画和榜题。然而自近世以来，人们对历史上流传下来仓颉作书或仓颉创造、发明文字一类说法，却产生不少怀疑。相当多的学者认为，仓颉在中国历史上本无其人其事。自古流传下来有关仓颉造字的一些说法，完全是后世一些文人、墨客敷衍、编造出来的一些神话。也有人认为中国历史上确有仓颉其人。他是黄帝的史官，其有关创造文字的种种传说，是无或夸张的历史事实。我们认为，以上两种说法都有偏狭不妥之处。将文字起源这么一件涉及改变社会发展进程的大事，归结为某一具体

[1] 郭沫若：《中国古代社会研究》，科学出版社，1960年，第252页。
[2] 童书业：《春秋左传研究》，上海人民出版社，1980年，第2页。
[3] 《孟子·离娄下》。

的个人或圣人一类人物所创造，当然是不可取的。但是，说中国古代的文字是处在原始社会晚期，居住在我国东方沿海即今诸城、莒县一带的帝舜太昊部族所为，则是完全合乎情理的。近三十年来，诸城前寨、莒县陵阳河一带大汶口文化晚期图像文字的发现，为这一说法提供了无可辩驳的物质证据。

二　大汶口文化的陶尊文字与古史传说中的仓颉作书

大汶口文化发现图像文字，最早见于泰安大汶口墓地。1959 年，泰安大汶口墓地发掘，M75 发现一泥质灰陶背壶一侧有一用朱彩绘写的图像文字[1]（图一），唐兰先生隶释是字为彗（音忽），以其绘写为一花朵之形[2]。之后，又有人认为，是形是一正视飞翔的鸟形的摹写。大汶口文化发现图像文字最多者，是泰沂山系以南偏

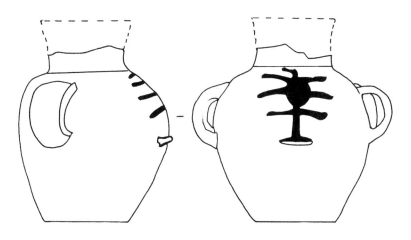

图一　彩绘灰陶壶及其上图像

大汶口文化（约公元前4000～前2000年）；1959年泰安大汶口M75出土

东一侧，诸城前寨、莒县陵阳河一带大汶口文化晚期遗存。迄至目前，诸城前寨及莒县陵阳河附近，已有四处大汶口文化晚期遗址发现陶尊刻有图像文字（一）。诸城前寨遗址：这一遗址位于今诸城市西南 30 里，枳沟镇乔庄村西北 8 里处，遗址面积 6.5 万平方余米。20 世纪 70 年代，发现"炟"字刻文一枚[3]，残（图二）。（二）

[1]　山东省文物管理处、济南市博物馆：《大汶口——新石器时代墓葬发掘报告》，文物出版社，1974年，第73页，图五九背壶八。
[2]　唐兰：《从大汶口文化的陶器文字看我国最早文化的年代》，《光明日报》1977年7月14日。
[3]　诸城县文化馆：《山东诸城县前寨遗址调查》，《文物》1974年第1期。

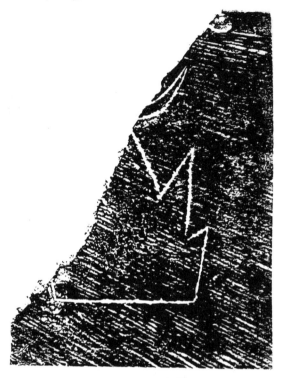

图三　"炟"字陶文

大汶口文化（约公元前4000～前2000年）；1957年莒县陵阳河采集

图二　"炟"字残文

大汶口文化（约公元前4000～前2000年）；1957年莒县陵阳河采集

莒县陵阳河遗址：莒县陵阳河大汶口文化晚期遗存，在莒县城东25里，面积2万余平方米，在陵阳乡大河北村南、陵阳街村之东。1957年，群众在疏通河道过程中，发现陶尊文字"炟"与"炅"（图三、四）[1]。1963、1979年，山东省博物馆文物组对莒县陵阳河遗址先后进行三次发掘[2]，共发现大汶口文化墓葬45座，出土器物1000余件，并过去采集的共发现陶尊文字11枚[3]。其中："炟"字陶文1枚为采集品；"炅"字陶文3枚为1979年发掘。M7出土残文1枚（图五），采集2枚（图六），其中1枚在"文化大革命"中破损（图七）；"亯"字陶文两枚，均为采集品（图八、九）；"南"字陶文1枚，1979年发掘M25出土（图一〇）；"戉"字陶文1枚、为采集品（图一二），"斤"字陶文1枚为采集品（图一二）；"凡"字陶文2枚，1979年发掘，M19军事领袖墓葬出土1枚（图一三）[4]，采集1枚（图版），还发现

[1] 王树明：《谈陵阳河与大朱村出土的陶尊"文字"》，《山东史前文化论文集》，齐鲁书社，1986年。
[2] 王树明：《山东莒县陵阳河大汶口文化墓葬发掘简报》，《史前研究》1987年第3期。
[3] 王树明：《谈陵阳河与大朱村出土的陶尊"文字"》，《山东史前文化论文集》，齐鲁书社，1986年。
[4] 王树明：《陵阳河墓地雏议》，《史前研究》1987年第3期。

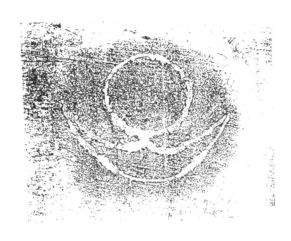

图四 "昃"字陶文
大汶口文化（约公元前4000～前2000年）；1957年莒县
陵阳河采集

图五 "昃"字陶文
大汶口文化（约公元前4000～前2000年）；
1979年莒县陵阳河遗址M7出土

图六 异形"昃"字陶文
大汶口文化（约公元前4000～前2000年）；1979年莒县陵阳河遗址M7出土

图七 异形"昃"字残陶文
大汶口文化（约公元前4000～前2000
年）；1979年莒县陵阳河遗址M7采集

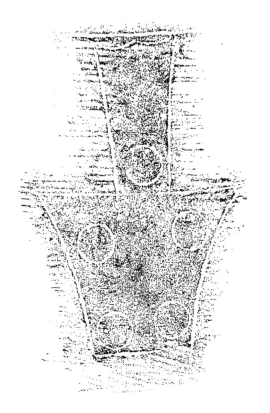

图八 "昌"字陶文
大汶口文化（约公元前4000～前2000年）；
1979年莒县陵阳河遗址M7采集

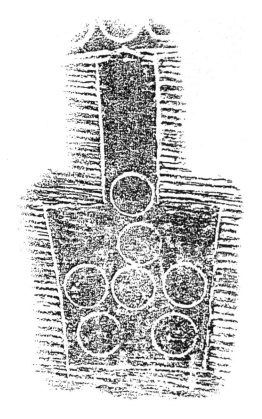

图九 "昌"字陶文
大汶口文化（约公元前4000～前2000年）；
1979年莒县陵阳河遗址M7采集

2枚酋酒或滤酒刻画图像。为1979年发掘。M17出土1枚（图一四、一五），采集1枚（图一六）。（三）莒县大朱村遗址：大朱村大汶口晚期遗址，在陵阳河正北15里店子乡大朱村西，面积亦在2万余平方米，发现陶文与陵阳河发现陶文种类、形制近同[1]。1966年在遗址西部边缘采集"昌"字陶文1枚（图一七）。1979年，山东省博物馆文物组对该遗址进行两次发掘。秋季发掘大汶口文化晚期的墓葬30座，发现陶文3枚。其中，"凡"字陶文1枚，出土于M26军事领袖墓葬（图十八），"炅"字陶文1枚（图一九），出土于H1；酒神图像1枚（图二〇），出土于M17。1980年，大朱村群众在遗址北部取土，又发现大汶口文化大型墓葬1座[2]，该墓发现1"炅"字陶文（图二一）。（四）莒县杭头遗址：杭头是莒县陵阳河一带又1处发现陶尊文

　[1] 王树明：《谈陵阳河与大朱村出土的陶尊"文字"》，《山东史前文化论文集》，齐鲁书社，1986年。
　[2] 苏兆庆、常兴照、张安礼：《山东莒县大朱村大汶口文化墓地复查清理简报》，《史前研究》（辑刊）1989年。

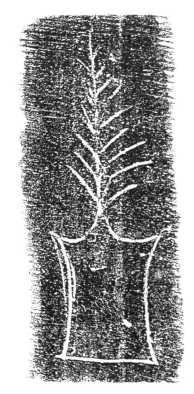

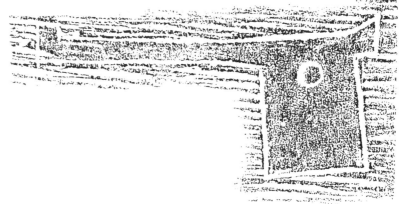

图一一　"戉"字陶文（陶缸另侧书"膏"字）
大汶口文化（约公元前4000～前2000年）；莒县陵阳河采集

图一〇　"南"字陶文
大汶口文化（约公元前4000～前2000年）；
1979年莒县陵阳河遗址M25出土

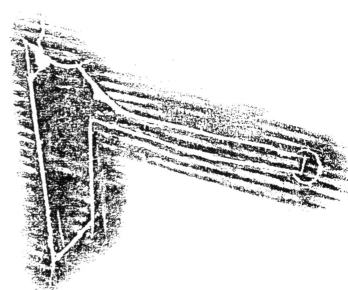

图一二　"斤"字陶文
大汶口文化（约公元前4000～前2000年）；莒县陵阳河采集

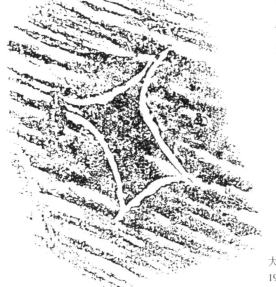

图一三　"凡"字陶文
大汶口文化（约公元前4000～前2000年）；
1979年莒县陵阳河M19出土

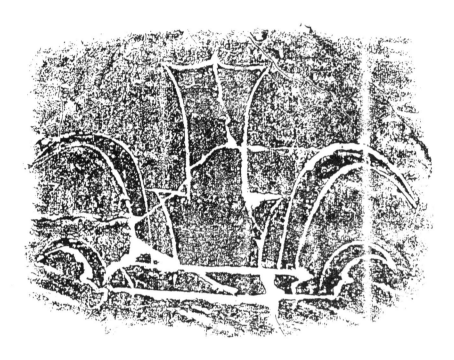

图一四　滤酒图像

大汶口文化（约公元前4000～前2000年）；1979年莒县陵阳河M17出土

图一五　滤酒图像（线图）

大汶口文化（约公元前4000～前2000年）；1979年
莒县陵阳河M17出土

图一六　滤酒图像

大汶口文化（约公元前4000～前2000年）；莒县陵阳河采集

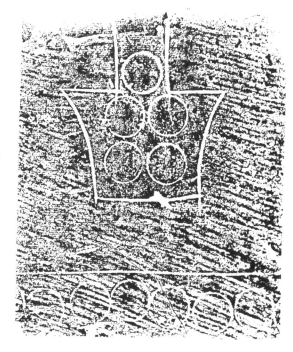

图一七　"亯"字陶文

大汶口文化（约公元前4000～前2000年）；莒县大朱村采集

图一八　"凡"字陶文

大汶口文化（约公元前4000～前2000
年）；莒县大朱村采集

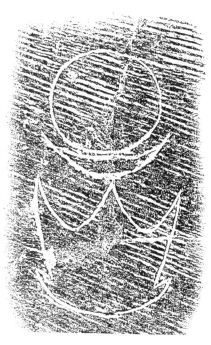

图一九　"炅"字陶文

大汶口文化（约公元前4000～前2000年）；
1979年莒县大朱村H1出土

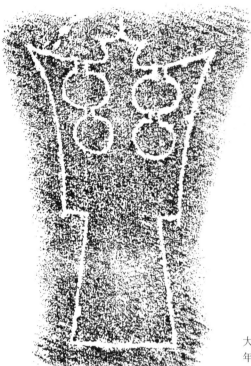

图二○　酒神图像

大汶口文化（约公元前4000～前2000
年）；1979年莒县大朱村M17出土

图二一　"炅"字陶文

大汶口文化（约公元前4000～前
2000年）；1982年莒县大朱村出土

字的大汶口文化晚期遗存。这一遗存，位于莒县陵阳河遗址正西4里，面积3万余平方米。1983年、1984年、1987年三次发掘，先后清理古墓葬8座，其中大汶口文化墓葬4座，出土遗物190余件[1]。M11大汶口文化墓葬发现陶尊，刻1"斤"字陶文（图二二）。

以上凡四处遗址，共发现陶尊文字17枚，刻画图像3枚。按文字或其刻画图像反映的客观事物归类，得文字七，图像2。文字为："炟"字2枚，"炅"字5枚，"凡"字3枚，"斝"字3枚，"南"字1枚，"戉"字1枚，"斤"字2枚，刻画图像为：茜酒或滤酒图像2枚，酒神图像1枚。诸城前寨发现"炟"字，陵阳河采集"斝"字及M17发现滤酒图像，大朱村采集"斝"字及M17发现酒神图像，出土时，在文字或其图像的刻画范围内，皆涂有一层神秘的朱彩。

前文推知，传说中国古代创造文字的仓颉氏，又即古之所谓仓帝，原是中国古史传说中，赫赫有名的伏羲氏、庖羲氏、虙羲氏，也就是处居或兴起于中国古代东方的帝舜太昊部族一名的衍生神化人物。有关仓颉作书的古史传说，乃是帝舜太昊部族创造或发明文字传说的谬传。诸城前寨、莒县陵阳河诸地，位居震方，地当我国东方沿海的黄海之滨。《水经·潍水注》曰："潍水又东北经诸县故城西，《春秋》文公十二年，季孙行文城诸及郓，传曰:城其下邑也，王莽更名诸并矣。"查以今地，古之所谓诸、诸邑，恰当前寨遗址东南七、八里枳沟镇附近，与发现"炟"字陶文的前寨遗址引领可见，是一处周秦至两汉时期的一处古文化遗址。笔者在《帝舜传说与考古发现诠释》一文中[2]，根据考古发现与文献记载推定，诸城枳沟镇周秦至两汉时代古文化遗址，乃孟子所谓"舜生于诸冯"之诸邑归地，并进而推定，距积沟诸邑七、八里前寨大汶口遗址发现陶尊文字，是帝舜太昊部族的物质文化遗迹。诸城前寨发现"炟"字陶文在莒县陵阳河遗址也有发现，两遗址发现"炟"字陶文如出一模。七十年代末、八十年代初，诸城前寨、莒县陵阳河遗址考古发掘，两地发现的物质文化面貌完全相同，所处社会发展阶段也完全一致。因又推定，莒县陵阳河一带发现陶尊文字，也是帝舜太昊部族的物质文化遗存。由上文推演可以看出，中国古史传说中所谓"仓颉作书"的历史踪迹，原是今山东诸城前寨、莒县陵阳河一带大汶口文化晚期遗存发现的陶尊文字。

陵阳河发现"炅"字陶文，由"日""火"两个形符组成，是用太阳离开大地高悬于蓝天表示炽热季节，藉以接近夏季的到来，举行祭祀仪式的一个图像文字[3]。诸城前寨、莒县陵阳河发现"炟"字陶文,用"日""火",刻画"五个山峰"的"山"

[1] 山东省文物考古研究所、莒县博物馆：《山东莒县杭头遗址》，《考古》1988年第12期。
[2] 王树明：《帝舜传说与考古发现诠释》，《故宫学术季刊》第九卷第四期，1992年7月。
[3] 王树明：《谈陵阳河与大朱村出土的陶尊"文字"》，《山东史前文化论文集），齐鲁书社，1986年。

图二二 "斤"字陶文

大汶口文化（约公元前4000～前2000年）；莒县杭头大汶口文化墓葬出土

图二三 "凡"字陶文（陶缸另侧刻一"言"字）

大汶口文化（约公元前4000～前2000年）；莒县陵阳河采集

字之形组成。陵阳河遗址正东 5 里，有山五峰并联，中间一峰突起，名曰寺崮山。春夏两季早晨八、九点钟，太阳从正东升起，高悬于主峰之上。由"日""火""五个山峰"组成的陶尊文字"炟"，应是人们长期观察到的这一景象的摹画[1]。邵望平先生认为，这两个图像文字，是居住在诸城、莒县一带的先民，用以祭天、祈祷农业丰收而刻写的两个图像文字[2]。从地理环境考察并征诸库籍，陶文"炟""炅"二字，是陵阳河先民在迎接春季或夏季到来时，进行播种、耕耘一类农事活动或奉行祭祀仪式而刻写，是与天文历法、农事活动有关和宗教迷信活动有关的两个图像文字[3]。陵阳河 M25 发现陶尊文字，李学勤先生认为，其文从"土"、从"丰"，释"封"[4]；我们认为，该文以释"南"字为是[5]，这是由两个图形组成的一个图像文字，"长方形"上部略呈"△"形，其顶端又刻画一树。文字总体之形是一建筑的坛台，台上又植一树木之形。文献记载，我国自传说时代的有虞氏及至殷周以来，人们为祈祷农业丰收而崇拜地母，所祀地母为社坛植树。其构筑方式是：首先除地起土为平台，然后在平台之上堆土如屋顶形，平台周围又筑以矮墙，再于坛台之巅植一树木。陵阳河 M25 发现陶尊刻文的形象与中国古代崇拜地母为社坛植树的记载相符。查以字书，"南"字有"吐生""任成"或化育万物之文，与先民祭祀社神的用义一致。陵阳河、杭头发现"戌"字、"斤"字陶文，应是兵具一类器物的摹画。多数学者认为，这两个文字刻画为锄、斧一类农业生产工具的象形字。或如是，陵阳河一带发现"斤""戌"二字及 M25 发现社神刻画"南"字陶文，也是一些为祈祷农业丰收，或与农事活动有关而刻写的一些图像文字。莒县陵阳河、大朱村发现"畐"字陶文、滤酒图像，是陵阳河大汶口人为多产酒，产好酒而刻画或摹写一些祈祷、祭祀的对象，这类陶文和刻画图像在出土时，其刻画范围之内都涂有一层神秘的朱彩。朱砂类物在中国古代人民心中，有祛疾、消灾、避邪压胜以至象征着吉利的作用。此类涂有朱彩的"畐"字陶文，茜酒图像刻画，显示着这类文字与刻画图像，原为祈灵或举行迎神、祭祀仪式而作。综合上文，诸城前寨、莒县陵阳河发现陶文，刻画图像的刻写形成及其反映的客观事物，与仓颉作书"穷天地之变，仰观奎星圆曲之势""天雨粟、鬼夜哭"一类，与天文历法、农事活动、宗教信仰或鬼事活动相关而演变，扭曲的一些说法，无一不合。这对我们推论诸城前寨、莒县陵阳河一带发现陶尊文字，是中国古史传说中帝舜太昊部族所为，或即仓颉作书的历史踪迹，无疑是有力佐证。

[1] 王树明：《谈陵阳河与大朱村出土的陶尊"文字"》，《山东史前文化论文集），齐鲁书社，1986年。
[2] 邵望平：《远古文明的火花——陶尊上的文字》，《文物》1978年第9期。
[3] 王树明：《谈陵阳河与大朱村出土的陶尊"文字"》，《山东史前文化论文集），齐鲁书社，1986年。
[4] 李学勤：《论新出土大汶口文化、陶尊符号》，《文物》1987年第12期。
[5] 王树明：《谈陵阳河与大朱村出土的陶尊"文字"》，《山东史前文化论文集），齐鲁书社，1986年。

　　陵阳河、大朱村发现"凡"字刻文，都由四条内弧线刻画而成。文字一端两角封闭，文字的另一端分别为一大一小的两个缺口。据其形体，这一陶尊文字，原是摹画一吹奏类乐器的象形字。山东艺术学院横笛专家曲广义教授，对这一刻文进行了模拟、复原研究，认为是文所画是"大体为一整节两端由竹节封闭之竹筒制成，顶端有一个竖吹的吹孔，一个按指孔，可发出二至四个音"的口哨一类吹奏乐器的象形字[1]。陵阳河、大朱村发现乐器类象形"凡"字陶文，均出自军事领袖墓葬，这一现象或揭示，刻画"凡"字陶文的原始用意，应与后世殷周时代甲骨文、金文中发现"凡"字的有些作用一致，或者也是作为族名或族徽使用的。中国古代，"凡"可假借为"风"。《帝王世纪》云："太皞帝包羲氏，风姓也。"[2]《左传·僖公二十一年》："任、宿、须句、颛臾，风姓也，实司太皞与有济之祀。"《史记·五帝本纪》正义引《帝王世纪》云，风性始祖风后氏，原居中国东方沿海一带。"风"本字"凡"字陶文在陵阳河、大朱村军事领袖墓葬发现说明，莒县陵阳河一带发现大汶口文化晚期遗存，陶尊上刻画图画文字、刻画图像，乃为帝舜太皞部族所创造。此又明白无误地告诉我们，中国古代所谓仓颉作书。或曰帝舜太皞部族创造发明文字，就是近二三十年来，山东诸城前寨、莒县陵阳河一带发现陶尊上刻画的图像文字。

　　直至目前，诸城前寨、莒县陵阳河一带发现陶尊文字，无一例外地皆以象形、象意为造字之本，未即发现有脱离图画实物阶段的文字。此与《说文》"仓颉之初作书，盖依类象形"[3]的说法相合。近四十多年来，中国原始社会遗存，比如西安半坡，青海乐东柳湾及良渚，典型龙山，马家窑诸文化陶器上，有好多类似文字样刻画符号发现，但是上述数址及诸文化中发现文字样符号刻画，可真正与甲骨文、金文发现文字进行比较并一直流传至后世者，唯其诸城前寨、莒县陵阳河发现图像文字而已。这一现象与古史中"放好书者众矣，而仓颉独传者壹也"[4]的记载也完全一致。至于文献记载中，说中国古代创造、发明文字的仓颉氏、是形体殊异，是一半神、半人一类扭曲的说法和记述，证以氏族志有关资料，发现文字的发明和使用，在初始阶段实际是操纵在以宗教为专业，能沟通人神关系类僧侣集团者手中所致。种种迹象表明，推定诸城前寨、莒县陵阳河乃至泰安大汶口墓地发现陶尊文字、图像文字，是中国古籍记载中的仓颉氏，或即帝舜太皞部族所为，似乎是可以成立的。

---

　　[1]　曲广义：《山东莒县发现竹制笛类乐器图像与虞幕"听协风"新解》，《齐鲁艺苑》1987年第2期（总第九期）。

　　[2]　《易·系辞下》正义引《帝王世纪》。

　　[3]　《说文解字·序》。

　　[4]　《荀子·解蔽篇》。

三 关于大汶口文化陶尊文字的争论

大汶口文化晚期陶尊文字或其图像文字发现以来，在中国考古界、史学界，引起了极大反响，学者纷纷发表文章进行讨论。综而言之，对发现"炅""炅"二字及陵阳河、大朱村一带后来又发现的一些陶尊文字，就其是否是文字的争论，大致有以下几种不同意见。

第一种意见以于省吾、唐兰先生为代表。于省吾先生认为："龙山文化的灰陶尊（1960 年山东莒县出土），外部有刻画的符号，上部的图像日形，中间的月牙像云气形，下部的"ᐜ"像山有五峰形。古文字中的山多作三峰形，商器"父壬尊"的山字作图一三九的五个山峰形，与此相仿。山上的云气承托着初出的太阳，其为早晨旦明的景象，宛然如绘。因此我认为，这是原始的旦字，也是一个会意字。"[1]唐兰先生认为："上面刻画着太阳，太阳下面画出三火，下面是山，而另一个字只在日下画出火形，把山形省略，因此，跟后来的"炅"字完全一样。"[2]于省吾、唐兰先生都认为这两个陶文刻划是一个字，分别将其隶释为"旦""炅"二字。邵望平先生同意于省吾先生的意见，支持"旦"字说。她推测大汶口文化发现陶尊，是用于祭祀仪式的一种礼器，并进而推测，陶尊上刻划"旦"字陶文，是用于祭天仪式的一个图像文字。从而提出："山东古为东夷之域，莒县又处滨海之地，正是这个地方发现了远古时代祭天的礼器和反映农事、天象的文字，这与《尧典》所载"历象日月星辰""宾宾日出"，是多么难得的巧合。"[3]我们认为，诸城前寨、莒县陵阳河一带已发现陶尊刻文，其大部分是文字类图画，仅有少数几枚，是一些具有宗教类含义的刻画符号或刻画图像。根据陵阳河一带地理环境考察及典籍中有关记载，推定过去发现的"ᑌ""ᑌ"是两个文字，是分别代表春季或夏季的两个图像文字，这两个图像文字即"炅""炅"二字，是居住在诸城前寨、莒县陵阳河一带的帝舜太昊部族，用裸祭、禴祭仪式而刻写的两个图像文字。后来莒县陵阳河一带又发现其他类陶尊文字、刻划画像，也逐一进行了考订，分别将其隶释为"凡""南""斤""戊""亯"字诸文及菹酒、酒神二图像，并就其反映的问题进行了论证[4]。第二种意见以汪宁生先生为代表。他反对"文字说"。汪氏把诸城前寨、莒县陵阳河一带发现陶尊文字，一律归之为图画记事性质的刻画符号。他说："就目前材料看，它们属于图画记事性质。尽管日下有火，火下有山形，说明当时人们

[1] 于省吾：《关于古文字研究的若干问题》，《文物》1977年第2期。
[2] 唐兰：《关于江西吴城文化遗址与文字的初步探讨》，《文物》1975年第7期。
[3] 邵望平：《远古文明的火花——陶尊上的文字》，《文物》1978年第9期。
[4] 王树明：《谈陵阳河与大朱村出土的陶尊"文字"》，《山东史前文化论文集》，齐鲁书社，1986年。

已能以图画方式表达一些抽象的概念；而且这一图形在两个遗址中重复出现，说明尚有些图形已超于固立化，但所有这些不能证明当时已有文字，因为真正的文字要从表音开始，是能够记录语言的符号。陶器上这几个孤立的图形，还不能证明这一点。这些图形刻于陶器上，当是作为作器者的一种氏族标记。例如石斧形标记可能代表善制石斧的氏族，木锄形标记可能善制木锄的氏族。还有这样一种可能，即这些标记也是图腾。"[1] 还有人根据诸城前寨、莒县陵阳河发现陶尊文字，为数不多，至今才发现七字，还无法连缀成文而用于记载历史文献，因而也提出，将诸城前寨、莒县陵阳河一带发现陶尊刻文视为文字这一提法，也是不能成立的。

莒县陵阳河考古发现证明，将陵阳河一带发现陶尊文字及后来发现两枚刻划图像，统统视为族徽，亦或后世制器物勒工名习俗之滥觞者，与历史不符。1963 年和 1979 年在莒县陵阳河墓地的发掘，共发现大汶口文化墓葬 45 座，根据墓葬的安葬部位，分布区域的不同，可将其分为四组或四区 [2]。第一组墓葬 25 座葬于遗址北、河道南侧，又称河滩墓地，面积 70×25 平方米。莒县陵阳河墓地早、中、晚三期墓葬，凡属中型以上墓葬，无一例外，一律集中在河滩一组或一处墓地之中。这组墓葬，多有棺、椁，随葬精美的陶、石、玉、骨类物，凡陵阳河墓地发现陶尊文字或其刻划图像，也都出于河滩一组墓地。其他二、三、四组墓葬，分别葬于一组河滩墓地西北，或者葬于遗址东北角、东南角。这三组墓葬皆属小墓，墓坑短窄或仅可容身，无葬具，随葬品或仅有一两件普通陶质器皿而已。不难看出，莒县陵阳河墓地二、三、四组墓葬，显然属贫者，或社会地位低下者的墓葬。陵阳河墓葬材料反映，该墓地发现图像文字或其刻画图像，不可能是氏族标记或族徽。因为已发现图像文字，刻划图像，皆集中在河滩一组墓地，出土陶文或画图像的墓葬，间距很近或彼此紧相毗邻，此即有力地否定其为氏族标记或为族徽、图腾一类说法。因为这么多不同氏族或部族的首领，同时集中在 70×25 平方米这一狭小范围内安葬，是令人难以想象的，也是无法使人理解的。在古今中外的文献资料、民族志材料中，从未有过这方面的例证。说随葬陶文的墓葬是善制某陶文所刻事物家族之墓穴，亦即物勒二名的说法，也是不能成立的。因为诸城前寨、莒县陵阳河一带发现陶文或刻划图像，有些的确是工具类具体器物的摹写，像斤、戈、口哨乐器即属此类。有的则不然，比如代表春季、夏季到来的"炟"字、"炅"字，代表社神的"南"字以及发现刻划茜酒、酒神图像诸类，这类图像刻划或陶尊文字所反映的客观事物，是无论如何也不能为某一个人或某一家族制造的。这说明，莒县陵阳河及其周围，乃至诸城前寨一带发现陶尊文字或刻画图像，为物勒工名一类说法，也属臆测、揣度之词。

[1] 汪宁生：《原始记事到文字发明》，《考古学报》1982 年第 1 期。

[2] 王树明：《陵阳河墓地雏议》，《史前研究》1987 年第 3 期。

　　诸城前寨、莒县陵阳河发现陶尊文字，是汉字的祖型，或可谓初始阶段的汉字。要求汉字在它的幼年时期，在其产生的第一天，就能连缀成文而用于记载或编写历史，未免有失于苛刻，悖于情理。因为这一苛刻要求，违反了事物由低级到高级，由简单到复杂发展的客观规律。诸城前寨、莒县陵阳河发现陶尊文字，的确为数很少，就已经辨读的七个文字，也确乎无法连缀成文而用于记载历史，但是，从这已经辨识的七个文字中，可以窥知居住在今诸城、莒县一带大汶口人，有依山头纪历的习惯，有封土植树为社的习惯，有崇拜、祭祀酒神的习惯等等。"凡"字初文的发现还告诉人们，远在四千八百余年前，藩息在今山东诸城、莒县一带，创造并使用陶尊文字的人们，乃是记载中提到的帝舜太昊氏。从这个意义上讲，说诸城、莒县一带发现陶尊文字，是中国最早的历史文献，说汉字从其产生的那一天起，即被用于记载中国古代历史这一说法，并不为过。

　　从文献资料考察，诸城、莒县一带发现陶尊文字，是现行汉字的初型或远祖；从文字学的科学概念出发，诸城、莒县一带发现陶尊文字，也是我国最早的文字。

　　大家知道，就当今世界流行的文字而言，可概而区分为表形、表意、表音三种文字。人们通常把古埃及文字、楔形文字和中国人民现在仍在使用的汉字，称之为表意文字，用字母表示的文字，统称为表音文字。这三种不同类型的文字，标志着人类使用文字由低级到高级的三个不同发展阶段。最初使用的文字，是表形文字，也叫象形文字。此类文字，是采用描摹实物形状的造字方法而描成物体形状的文字，是文字发展过程中，最低阶段的文字。中国人民使用被视为表意文字的汉字，正处于文字发展的中间阶段。假若我们把汉字作为一个发展过程来看，它无疑也有一早期的发展阶段，即表形或象形阶段的文字。就目前发现考古资料而言，这一早期表形或象形阶段的汉字，就非陶尊文字莫属了。

结　语

　　总全文推考可以得知：

　　1. 中国自战国、秦汉以来，有关仓颉作书的历史真相，是说我国最早的文字，是由居住在中国东方滨海"诸冯"诸地，即由发迹于山东诸城、莒县一带的帝舜太昊部族创造的。

　　2. 近二十余年来，诸城前寨、莒县陵阳河发现陶尊文字，刻写形式、反映客观事物诸端，与仓颉作书传说密尔相关，就其中"风"姓徽文"凡"字初文的发现，为诸城、莒县一带发现陶尊刻文是大名鼎鼎的仓颉氏，即古圣王帝舜太昊部族发明这一说法，给以强证，从而也告诉我们，中国古代流传下来的某些神话、传说，有的虽有某些虚枉，失实之处，但其缘起，原有久远的、真实的历史踪影为根据，并非全属虚无缥缈的杜撰。

3. 古史传说与考古发现证明，诸城、莒县一带发现陶尊文字，是仓颉氏，即帝舜太昊部族所为，为中国史学界、考古学界所公认。中国古史传说中常常提到帝舜太昊氏，就是三代圣王中的商人远祖帝喾。可见，大汶口文化晚期发现于山东诸城、莒县一带的陶尊文字，原是殷商远祖的物质文化。《尚书·多士》曰："惟殷先人，有册有典。"诸城、莒县一带图像文字发现反映，这一说法与历史记载相符。看来，在夏、商、周三代圣王之中，惟有殷商远祖留下其最早使用的文字，或者说，只有诸城、莒县一带发现陶尊文字，才是中国人民最早使用的文字。

（原载《中国文物世界》第一〇二期）

山东莒县陵阳河大汶口文化墓葬中发现笛柄杯简说

一 引言

1979 年，山东省博物馆对莒县陵阳河遗址进行抢救性发掘，清理大汶口文化晚期墓葬 35 座，获得一批弥足珍贵的墓葬资料、文字资料。在诸类重要实物资料当中，M17 出土一造型特殊的泥质黑陶高柄杯，是一非常有意义的发现。这一黑陶高柄杯，杯柄是摹拟一种原始时代的笛类吹奏乐器（或即原始时代口笛）之形而制，它的发现，为研究我国古代吹奏一类乐器的产生、发展的历史及其相关的问题，提供了实物证据。拙文拟就陵阳河 M17 出土这一泥质黑陶高柄杯及有关问题，试作简说，以期得到考古学界、音乐学界专家、学者的批评指正。

二 陵阳河M17发现笛柄杯

陵阳河 M17 是陵阳河墓地发现最大的一座墓葬。这一墓葬出土遗物中，有一杯柄极细的泥质黑陶高柄杯（图一、图二）。高柄杯杯口、杯座略残，出土时，杯部涂朱，光彩夺目。陶杯通高 16.4、柄高 8.4 厘米，粗细匀称，柄径 1.5、柄壁厚 0.3 厘米，柄中部饰两道竹节纹，柄部对侧各雕镂一大小相同、不相对称的镂孔，镂孔径 0.8 厘米，其中，一孔之下沿距杯座之底沿 2.7 厘米，另一镂孔之下沿距杯座之底沿 3.6 厘米。

这是一杯柄形制独特的高柄杯，它的独特之处凡三。其一，杯柄奇细，仅与今山东一带所产毛竹之茎粗细相当；其二，杯柄装饰竹节纹，这种纹样是过去大汶口文化发现高柄杯柄部从未见过的一种装饰；其三，镂孔特大，其大小与现代竹笛吹孔雷同，且不成行，不对称。就杯柄造型、镂孔大小、装饰部位看，此杯柄部所刻镂孔与其他大汶口文化中发现高柄杯柄部所刻镂孔装饰用意不同，它不是为造型美

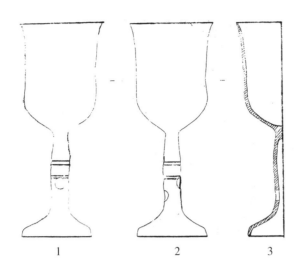

图二　陵阳河M17出
土笛柄杯

图一　陵阳河M17出土笛柄杯（比例1/1）

说明：泥质黑陶，通高16.4、杯口径6.7、柄孔径0.8厘米，出土时杯身外部涂有朱彩

观而镂刻的一种装饰纹样。更为独特的是，如果按堵柄部的一孔或底孔，亦或同时按堵其两孔，横吹陶杯柄部的另一镂孔，可吹奏出四个不同的乐音，音响清脆、优美、悦耳动听，与现代横吹竹笛不贴膜时发出的音响相似。

　　1979年陵阳河墓地发掘，发现高柄杯六百余件，数量之多令人瞠目结舌。陵阳河墓地出土高柄杯数量虽然如此之多，但造型简单，型式并不复杂。由柄部形制特点观察，大致可分实柄、空柄两种造型。实柄的一种，又称厚胎镂孔高柄杯，陶质较粗，陶土未经淘洗，皆泥质灰陶；体态厚重，制作极端草率、粗糙，火候很低，无任何使用价值，纯属为陪葬所制之明器。这类高柄杯，柄部多锥刺两行，间或三行、四行圆形镂孔，每行镂孔三、四个或七、八个，孔径一般在二、三毫米之间，无超过四毫米以上的镂孔，镂孔行距、孔距之间对称。空柄的一种，又称薄胎镂孔高柄杯，此类高柄杯，陶质细腻，陶土均经淘洗，均泥质黑陶；陶杯胎壁极薄，皆快轮旋制而成，制作精致，造型美观，火候很高，都是实用器。其杯柄呈橄榄形，中间粗圆，两端略细；柄部装饰繁缛、复杂，雕镂圆形、菱形、三角形、麻点形等各种形状的镂孔。与厚胎镂孔高柄杯柄部镂孔装饰一样，镂孔行距，孔距之间亦相对称。这种形式的高柄杯，镂孔径一般多在三毫米，间或至四、五毫米，无超过六毫米以上的镂孔。以上所述两种形式的高柄杯，柄部虽然都有镂孔装饰，有的甚至花样繁复、数量甚多，但无论哪一种形式的高柄杯的镂孔，无一能吹奏出一个音响者。

　　陵阳河墓地出土实柄高柄杯，陶质、陶色、造型，与M17出土的一件细柄泥质黑陶高柄杯不同，镂孔大小、装饰技法也与M17细柄泥质黑陶高柄杯有别。M17

出土细柄泥质黑陶高柄杯，就其陶质、陶色、胎壁厚薄而言，可归于空柄薄胎镂孔高柄杯一类，然而，其杯柄部造型、纹饰及镂孔大小、装饰方式、数量，又与薄胎镂孔高柄杯迥然不同。它与陵阳河墓地乃之所有大汶口文化墓地、遗址出土的任何一种高柄杯，无法进行归类，以分型、定式。毫不勉强地说，迄至目前，我国诸石器时代文化中发现所谓高柄杯一类器物，就其柄部造型而言，尚无一与其相同或相似者。这是耐人寻味的。

前已述及，M17 细柄泥质黑陶高柄杯，柄部镂孔仅两个，分别镂刻于柄部对侧，不对称，孔径大，与现代横吹竹笛孔径大小相当，如分别按堵柄部及柄部底孔，横吹柄部另一镂孔，可吹奏出四个音高不同的乐音；杯柄部粗如毛竹，柄部正中饰两道节棱明显的竹节纹。倘若，我们将杯柄两端杯部及杯座切除，其柄部与当今竹质口笛比较，可以看出，两者形制有所近似。这种近似，当不能认为一种偶然的巧合。杯柄部节棱明显的竹节纹，很可能是先民着意装饰此纹，用以标明，这一形制特殊的杯柄，原是摹拟竹制原始的口笛一类乐器形制而制陶质类笛乐器。如果这一猜测不错，陵阳河 M17 出土这一造型奇异的杯柄，五千年左右时，大汶口文化晚期陵阳河一带大汶口人，因这一陶杯的用途特殊，故仿照当时流行与其形制完全一致竹制一类吹乐器或即原始竹制口笛而制。为进一步确证这一判断，我们曾先后请山东省博物馆馆长周昌富、山东省艺术馆田霞光、山师大艺术系刘再生、山东艺术学院曲广义等音乐界诸专家进行鉴定。之后，横笛专家曲广义先生又对柄孔发出的音响多次进行测试，以期证明，它到底能不能称其为一种乐器。经曲广义先生迭次测试、鉴定，杯柄孔发出的音响，都有固定的音调。确认，就杯柄造型，吹出的音响看，这一杯柄确属一种原始的陶制吹奏乐器，从而有力地支持了上述判断。

陵阳河 M17 出土杯柄形制特殊的泥质黑陶杯，亦即笛柄杯，是陵阳河人因特种需要而制作，那么，这一陶杯的原始用途是什么？ M17 墓葬资料为揭开这一谜底，提供了依据。

陵阳河 M17 墓室构筑巨大，为 4.6×3.23 平方米，"井"字形墓椁。随葬遗物异常丰富，所葬遗物中，猪下颌骨 33 件，陶质器皿 157 件，其他类遗物 2 件，总计随葬遗物 192 件。随葬陶器计有，鼎 5 件、罐 9 件、壶 2 件、豆 4 件、双耳壶 2 件、瓮 3 件、盆 3 件、瓶形尊 1 件、单耳杯 16 件、单耳觯形杯 2 件、单耳壶 4 件、厚胎及薄胎镂孔高柄杯 83 件、茜酒漏缸 1 件、陶尊 1 件，颈部刻画一寓有祭祀含义的滤酒图像，图像涂朱。M17 出土陶质器皿可大致分辨出原始用途的有：盛储酒麯发酵器皿陶尊，茜酒即沥酒或曰滤酒器皿漏缸，大型储酒器皿陶瓮，另有，饮酒所用一类器皿，如，盉、单耳杯、觯形杯、小型单耳杯、厚胎及薄胎高柄杯等，总计达 100 余件。陵阳河 M17 是墓地之冠，也是中华人民共和国成立三十年来大汶口文化墓葬中，随葬遗物最多、墓室构筑最大的一座墓葬。墓葬材料观察，这一墓主生前应是氏族上层显贵或即氏族领袖一类人物，他在氏族内部分司为职主酿酒[1]。

大汶口文化中发现高柄杯是一种饮酒用具当无疑问。陵阳河 M17 发现笛柄杯，尽管柄部造型特殊，异于常态，无法与其他高柄杯归并以分型定式，但它仍不失为饮酒所用酒杯一类用具。由此揭示，这一笛柄杯的特殊用途之处，与酒事有关。与陶尊颈部刻画滤酒图像一样，这一陶杯出土时，杯部也涂有一层神秘的朱彩，此或暗示，这一因酒事的特殊需要所制酒杯，又或与大汶口人在酿酒时进行祈祷、祭祀有关[2]。据此两端，陵阳河 M17 发现笛柄杯，应是五千年左右时陵阳河一带大汶口人，为多产酒、产好酒，在酿酒时举行祀典，用以对神灵进行祈祷、祭祀的一种礼器。民族志、文献资料反映，原始社会乐舞不分，音乐、舞蹈是一种祀典。在举行祭祀典礼时，往往以牺牲献祭，并伴随以歌舞，他们认为，音乐、舞蹈有通神的作用。依于此，陵阳河 M17 发现酿酒时进行祈祷、祭祀典礼用为礼器的那一种高柄杯，柄部仿照竹制笛一类吹奏乐器而做，就不难理解了。

三　结语

陵阳河 M17 发现酿酒时用为祭祀的礼具陶杯，仿制竹笛一类吹奏乐器之形制柄。关于我国竹笛或曰横笛的起源，汉世以来，学者多认为由羌族传入。《风俗通义·声音》："谨按《礼·乐记》武帝时丘仲之所作也。笛者，涤也，所以荡涤邪秽，纳之于雅正也。长一尺四寸，七孔，其后又有羌笛。马融《笛赋》曰：'近世双笛从羌起，羌人伐竹未及已。龙鸣水中不见己，截竹吹之音相似。剡其上孔通洞之，材以当柱便易持。京君明贤识音律，故本四孔加以一。君明所加孔后出，是谓商声五音毕。'"《宋书·乐志》因袭汉人旧说，曰："笛，按马融《长笛赋》，此器起近世，出于羌中。"日本的林谦三在《东亚乐器考》一书中提出，中国的竹笛是舶来品，由西域或印度传入。

查看有关文献，竹笛一类吹奏乐器在我国起源很早。《周礼·春官宗伯·笙师》："掌教歙、竽、笙、埙、龠、箫、篪、篴、管，舂牍应雅，以教祴乐。"注："杜子春读篴为荡涤之涤，今时所吹五空竹篴。"段玉裁《说文解字注》"笛"字注："《周礼·笙师》字作'篴'……按，'篴''笛'，古今字。大郑注，上作'篴'，下作'笛'。后人妄改一之。""篴"与"笛"为一字，说明周代已经有竹笛这种吹奏乐器。再又，

[1]　王树明：《陵阳河墓地刍议》，《史前研究》1987年第3期。
[2]　王树明：《谈陵阳河与大朱村出土的陶尊"文字"》，《山东史前文化论文集》，齐鲁书社，1986年。

《吕氏春秋·古乐篇》《说苑·修文》《汉书·律历志》《风俗通义·声音》等书记载，竹笛一类吹奏乐器远在周代之前，在我国原始社会时期即已出现了。《吕氏春秋·古乐篇》："昔黄帝令伶伦作为律。伶伦自大夏之西，乃之阮隃之阴，取竹嶰谿之谷，以生空窍厚钧者、断两节间、其长三寸九分而吹之，以为黄锺之宫，吹曰'舍少'。次制十二筒，以之阮隃之下，听凤凰之鸣，以别十二律。"所谓黄帝以竹管制十二律之说，尚无可考评，但是，说这一传说反映的是，用竹制笛一类吹奏乐器，滥觞于我国原始社会时期，应可信从。

中华人民共和国成立以来，在我国诸史前文化中发现吹奏一类乐器有，西安半坡[1]、郑州大河村[2]、江苏邳县大墩子[3]发现陶哨、陶埙，浙江河姆渡[4]、甘肃辛店文化中发现骨哨[5]，等等，竹制笛一类吹奏乐器，迄未所见。竹木一类乐器易于腐朽，很难保存下来，我国原始社会即使有用这类物质制成的乐器，也无法保存到现在，但是，莒县陵阳河 M17 笛柄杯的发现显示，竹制横笛的远祖在我国原始社会确已出现，表明了，传说黄帝取竹断两节间吹之，以为"黄锺之宫，吹曰'舍少'"的传说，不完全是虚无缥缈的神话。

1985 年 11 月 12 日于
山东省考古研究所

（原载《齐鲁艺苑》1986 年第 1 期）

[1] 中国科学院考古研究所等：《西安半坡》，文物出版社，1962年。

[2] 郑州市博物馆：《郑州大河村遗址发掘报告》，《考古学报》1979年第3期。

[3] 南京博物院：《江苏邳县大墩子遗址第二次发掘》，《考古学集刊（一）》，中国社会科学出版社，1981年。

[4] 浙江省文物管理委员会、浙江省博物馆：《河姆渡遗址第一次发掘报告》，《考古学报》1978年第1期。

[5] 中国社会科学院考古研究所甘肃工作队：《甘肃永靖莲花台辛店文化遗址》，《考古》1980年第4期。

笛柄杯音乐价值初考
——对笛柄杯柄部的研究及推测

曲广义

　　1979 年山东省博物馆在莒县陵阳河大汶口文化晚期墓葬中，发现一距今五千年左右的笛柄杯。山东省考古研究所王树明对其进行了考古学方面的研究，我院曲广义进行了音乐学方面的初步研究，现在将两篇研究文章发表出来，以期得到考古学、音乐史学方面的专家们的帮助，共同研究笛柄杯在我国音乐历史发展方面的价值所在。

　　近年，山东省考古研究所王树明先生在山东省莒县陵阳河大汶口文化晚期墓葬中（距今约五千年左右），发现一造型奇特之泥质黑陶高柄杯，杯柄形似横吹笛类乐器，能吹奏出几个乐音，故取名笛柄杯。作为笛子专业工作者，笔者有幸对该杯之柄进行了仔细研究，认为这一珍贵文物的发现，无疑对研究我国笛类乐器的历史等问题具有重要价值。现将笔者浅见陈述如下：

一　我国最早的陶制横吹管乐器

　　笛柄杯通高 16.4 厘米，柄圆中空，"粗细匀称，……柄中部饰两道竹节纹，柄部两侧各雕镂一大小相同、不相对称的镂孔"[1]（图 1、2）。柄外径粗处直径 1.5 厘米。柄内空管部分呈圆筒形，上端管口被杯体堵住，下端管口由底座处通出（如图 2 所示），内径 0.9 厘米。镂孔呈圆形，直径均为 0.8 厘米，边棱整齐，且两镂孔较靠近柄之一侧。

　　将杯横置，口对吹孔（靠近柄中央之镂孔），右手持杯之上部，左手拇指开按第一孔（柄连接于杯座一端的通气管口），中指按第二孔（柄上的另一镂孔）。笛柄杯柄部依最简易的整个音孔（包括管口音孔）开闭的指法，可奏出四个乐音，经音

---

[1]　王树明：《山东莒县陵阳河大汶口文化墓葬中发现笛柄杯简说》，《齐鲁艺苑》1986年第5期。

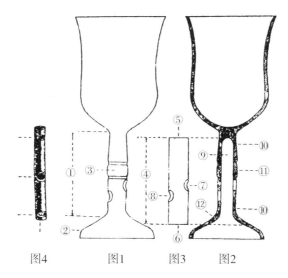

图4　　　　图1　　　　图3　　　　图2

笛柄杯音乐价值初考——对笛柄杯柄部的研究及推测

①杯柄　②杯底座　③杯柄中部直径1.5厘米　④杯柄内之空管　⑤第三孔　⑥第一孔　⑦吹孔　⑧第二孔　⑨杯柄空管内径　⑩杯柄上下端管壁　⑪杯柄中段管壁厚0.3厘米　⑫杯柄喇叭管壁厚0.33厘米

准仪测试，其音高约为：

音域为 $^\sharp f^1$—$^\sharp c^4$，达五度。各音间可形成纯四度、减五度、纯五度、大二度和半音音程。音质明亮、纯厚，与今之口笛或不贴膜之竹笛的声音相似，可演奏简单曲调。

顺便提及，若用今天演奏口笛所使用的开闭音孔适当部分（主要是管口音孔）的指法，还可在此音域内奏出更多的音。但由于古人当时之演奏方法及发展水平尚无从考证，故此不列出。

笛柄杯柄部能发出四个乐音，是巧合？还是古人精心所制？为此，笔者曾用仿制品做过实验证实：若柄上的两个镂孔（吹孔和第二孔）不错开距离，开第二孔时则因管内形不成驻波而吹不出乐音；若第二孔离吹孔再远，或者开得再小，则该孔发音变低，难以吹出比管口（第一孔）高出大二度的音；若将管壁加厚，则发音迟钝，音质闷暗。正是由于杯柄内为光滑的圆筒状，管壁厚度适宜，且镂孔之大小、形状与古今之横吹乐器吹口相似，边棱整齐，才较适宜吹奏、音质较佳。考古"逮至目前，在我国诸石器时代文化中发现所谓高柄杯一类器物，就其柄部造型而言，尚无一与其相同或相似者""无论哪一种形式的高柄杯的镂孔，无一能吹奏一个音响者"。笛柄杯"出土时杯体涂朱，光彩夺目"，是墓主（生前为氏族上层显贵、领袖）"酿酒时举行祀典，用以对神灵进行祈祷、祭祀的一种礼器。"[1] 笛柄杯是古人特意制作祭祀酒具与乐器的结合体，它是迄今已发现的我中华民族最早也是唯一的陶制横吹管乐器。

笛柄杯作为新的考古实物，再次雄辩地证明横吹笛类管乐器决非舶来品，是我中华民族古已有之的乐器。不仅七千年前有了骨制笛类乐器，而且在迄今五千年左右的新石器时代，我们的祖先又用陶质制出了这种古老而精美的乐器！

这种把酒杯与乐器合为一体，使杯柄成为能发出若干乐音的笛柄杯，实乃独具匠心，令人叹服。与已出土的当时的陶埙相比，笛柄杯发出的乐音更多，且出现了半音音程，这是迄今发现夏以前乐器中前所未见的，使我们对大汶口文化晚期的音乐有了新的认识。过去认为半音音程出在商代的观点又被提前，这不能不使我们为笛柄杯在音乐史上的价值而欢欣鼓舞。

可以想见，距今五千年之遥的竹制、木制乐器，因年代久远易于腐烂．难以在地下保留至今，亏得笛柄杯不朽存身，今世方能领略古代横吹笛类乐器之风采，使我们能够有幸为中华祖先的伟大创造书上一笔，为中华民族乃至世界音乐史增添光辉的一页。

笛柄杯的价值还远非如此。下面，笔者试对笛柄杯作进一步推测。

二　几点推测

笛柄杯杯柄发音情况和形制，令笔者联想到口笛，这二者有什么联系吗？

口笛系横吹笛类乐器，它在靠近管中央的地方开有吹孔，管内无塞，两头通气之管口即发音孔。另在管外侧横开一至几个音孔。

考古证实，口笛远古已有。赵松庭先生在《笛艺春秋·凤箫龙笛溯源》中写道："近年浙江余姚河姆渡地方，出土了一批文物，其中就有四、五十根骨制的笛子。……它们的形制大多数为手指般粗细和长短，横开两个或三个音孔，和今天流行的口笛基本一样。"

今天流行的口笛为竹制。将笛柄杯杯柄与河姆渡出土的骨口笛（图4）。加以对照，可明显看出：笛柄杯之柄空管部分犹如口笛之管身，柄上靠近中央之镂孔犹

---

[1]　王树明：《山东莒县陵阳河大汶口文化墓葬中发现笛柄杯简说》，《齐鲁艺苑》1986年第5期。

如口笛吹孔，另一镂孔则相当于口笛外侧的横开音孔。杯柄下端通气同口笛，而上端由杯体堵住则异于口笛。但笔者以为，从原理上说，它与口笛一端（第三孔）用手指按闭没有什么区别，两者形制相近。

又如前谱所列，杯柄发音情况恰与按闭一端管口的今之口笛相当。

《吴越春秋》记载着相传为黄帝时代流传下来的《弹歌》曰："断竹，续竹，飞土，逐宍（肉）。"就是黄河流域先民用竹的写照。

大汶口文化地处黄河下游，"在黄帝时代，黄河流域长有大量竹子，竹子是当时人民的重要生活资料（据气象学家竺可桢的研究），竹子中空，有人可能从骨笛得到启发用以制竹笛。"[1]

看来不能排除此时已有竹制口笛的可能性。

王树明先生考证，笛柄杯"杯柄部粗如毛竹"，"柄部节棱明显的竹节纹，很可能是先民着意装饰此纹，用以标明，这一形制特殊的杯柄原是摹拟竹制原始口笛一类乐器形制而制陶质类笛乐器"。经试吹测音后，王先生进一步推断笛柄杯这一"酿酒时用为祭祀的礼具陶杯，仿制竹笛一类吹奏乐器之形制柄。"[2]据此，笛柄杯杯柄所仿之口笛为"竹制"不无道理。

至此，笔者推测：

（一）笛柄杯柄部可能是摹仿竹制横吹笛类乐器——口笛而制成。就是说，我国用竹子制作口笛，至迟距今五千年左右。这一历史应当更早一些，或许可追溯到大汶口文化早期——距今七千年左右。其根据有三：①笛柄杯所仿之竹制口笛，按常理，应产生于笛柄杯之前，有着更为悠久的历史；②河姆渡出土的骨制口笛，表明口笛产生的年代极早；③大汶口文化地处黄河下游，当时这里气候适宜，多长竹苇，笛柄杯的发现，表明大汶口人可能早已知道用竹子制作乐器。只是由于竹制乐器易于腐烂，因而至今未被考古直接发现。

那么，笛柄杯所仿之竹制口笛是什么样子，它能发出多少音呢？

前已论及，由于杯柄空管上端被堵住，故该杯发音仅为所仿口笛音域的一部分。为证实这一假设，笔者用复制品进行了如下实验：将杯柄从空管顶端切掉，去其底座，使之两头通气后（图3），音域果然加宽，依最简易的整个音孔（包括管口音孔）开闭的指法演奏音域可达十度。亦顺便提及，若用今天演奏口笛所使用的开闭音孔适当部分的指法演奏，还可在此音域内奏出更多的音，但古人当时是否用这种方法演奏尚无从考证，所以此不列出。

这样可做出进一步推测：

[1] 赵松庭：《笛艺春秋·凤箫龙笛溯源》，浙江人民出版社，1985年。
[2] 王树明：《山东莒县陵阳河大汶口文化墓葬中发现笛柄杯简说》，《齐鲁艺苑》1986年第5期。

（二）笛柄杯所仿之当时的竹制口笛，其形制大体如图 3 所示，与今天流行的口笛相近似，音域可达十度左右。

（三）我国用竹子制作笛子的历史可能与竹制口笛的年代差不多，或稍晚。根据是：①河姆渡遗址中与骨制口笛同时出土了"一根非常宝贵的骨笛，中指般粗细，十厘米左右长，有一个横吹的吹孔，六个音孔，这和今天六孔竹笛十分相似"。[1]证明早在七千年前，骨制笛子已与骨制口笛同时存在；②如前所述，大汶口人可能早已知道用竹子制作乐器，又有大量竹源，并能用竹子制作口笛，亦不能排除用竹子制作笛子的可能。当然，这还有待考古的进一步验证。

（四）笛柄杯柄部所吹出的音，已形成与仰韶文化埙不同的四音音列。其中，由最低音 $^\#f^3$ 与其上方四度音 b^3、五度音 $^\#C^4$ 所组成的三音音列，相当于后来 $^\#f$ 徵五声音阶的 Sol，do、re（徵、宫、商），或 $^\#f$ 商五声音阶的 re、Sol、1a（商、徵、羽），或 $^\#f$ 羽五声音阶的 1a、re、mi（羽、商、角），这可看作是一种古老的三声音阶，又可看成是某种调式音阶的骨干音。纵观仰韶文化埙与大汶口文化笛柄杯柄部的发音，考虑到两种文化的互相影响，推测原始的四声、五声音阶已在孕育形成中。

半音音程开始出现（b^3、C^4、$^\#C^4$），可能意味着此时大汶口人在漫长的音乐探索中已触及新的领域。推测此期或其后不久，乐律可能出现长足进展。

笛柄杯发现不久，对它的研究还刚刚起步，笔者掌握材料不多、水平有限，对杯柄的研究还很不充分，以上述及还属管中窥豹，重要价值的疏漏在所难免，此仅提出供大家参考，并请指正。

（本文作者曲广义，原载《齐鲁艺苑》1986 年第 1 期）

---

[1]　赵松庭：《笛艺春秋·凤箫龙笛溯源》，浙江人民出版社，1985年。

王树明考古文集

（下）

王树明　著

文物出版社

考古发现中的陶缸与我国古代的酿酒

一 引言

20 世纪 20 年代末，前中央研究院在山东章丘龙山镇，发现一胎型厚重的夹砂粗陶缸。中华人民共和国成立后，在山东至江苏北部一带的大汶口文化、东南沿海及中原地区和江汉地区的史前文化中，此类遗物不断发现。这类遗物，均系夹砂陶质，且多夹粗砂，极个别有夹细砂的。其总的特点是：造型厚重、质地坚硬、形体硕大。与其所属各文化中共存的其他类器物相比，有如驼立羊群。这一类遗物，很有可能是一种与我国古代酿酒工艺有关的器具。拙文主要对大汶口文化兼及其他史前文化中发现陶缸，就其造型特征以及在墓葬中与其他类遗物的组合关系、放置顺序等情况，结合民族志材料和有关典籍记载，对此类遗物的原始用途、我国用谷物酿酒出现的时代、地望兼及其他相关的一些问题，略述管见，以就正于史学界、考古学界。

二 考古发现中的陶缸

（一）大汶口、山东龙山文化中发现的陶缸

在大汶口文化中，陶缸最早发现于刘林墓地，共 5 件 [1]。夹细砂红陶，深筒形腹，直口、圜底、稍尖。口外有几周凸棱，腹底满饰篮纹。器高大、厚重，底光圆。原报告说，此器非埋置于穴内不易放稳（图一，1）。

刘林发现的 5 件陶缸，分别出于 M192、M182、M145、M185 四座墓葬，皆属刘林晚期；除 M182 墓主为十五岁少年外，其余墓主均为成年男性或女性。陶缸在墓葬中，与罐形鼎、小罐为伍，横卧于骨架足端。

大墩子遗址发掘，发现陶缸 3 件。在第一次发掘中 [2]，刘林期的 M44 出土陶缸 1 件（图一，2），大口、筒形腹，下收为小平底，口饰四道弦纹，通体饰篮纹。出

---

[1] 南京博物院：《江苏邳县刘林新石器时代遗址第二次发掘》，《考古学报》1965年第2期。

[2] 南京博物院：《江苏邳县四户镇大墩子遗址探掘报告》，《考古学报》1964年第2期。

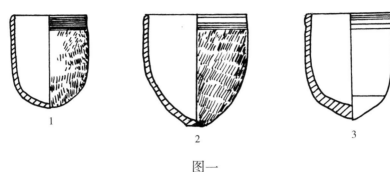

图一

1.刘林M192∶1　2.大墩子M44∶36　3.大墩子M186∶3

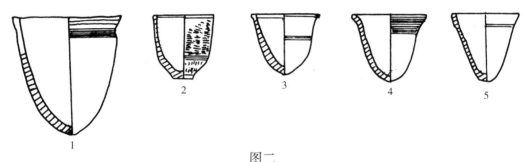

图二

1.大墩子M272∶3　2.大汶口M8∶7　3.大汶口M59∶15　4.大汶口M13∶21　5.大汶口M66∶5

土时，与鼎、罐组合，横卧于骨架足端。在第二次发掘中[1]，刘林期的两座墓葬出土陶缸2件，均筒形、深腹。Ⅰ式1件（图一，3），灰陶，高38厘米，小尖底，外壁饰弦纹、篮纹；Ⅱ式1件，红陶，高19厘米，敞口，束腰，圜底。

这三座刘林期墓葬，亦均系成年人的墓葬。第一次发掘，出土陶缸的M44是该墓地中最大的一座墓葬，墓主系一三十岁左右的壮年男性，出土遗物十分丰富，计有器物60余件。陶缸在墓葬中的放置方法与刘林墓地相同，与鼎、罐置于一处，横卧于骨架足端。

大汶口文化中，晚期出土陶缸，见于《报告》的凡14件。其中，江苏邳县大墩子花厅期墓葬4件，大汶口墓地4件，安丘景芝镇墓地3件（采集1件，M1、M3各出土1件），茌平尚庄1件。另外，陵阳河、大朱村墓地发现18件，发掘品12件；采集6件，两件见于《大汶口》报告。

大墩子花厅期墓葬出土陶缸，均属大口，深腹、圜底。分两式：Ⅰ式两件，M272出土的1件，高41厘米，红陶，口外侈，外口沿饰弦纹，腹部饰捏印纹（图

[1]　南京博物院：《江苏邳县大墩子遗址第二次发掘》，《考古学集刊·1》，中国社会科学出版社，1981年。

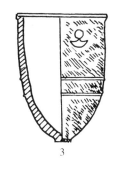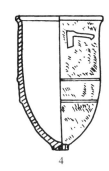

图三
1.茌平尚庄M17∶1 2～4.莒县陵阳河采集品

二，1）；Ⅱ式两件，形制接近于Ⅰ式，惟缸口为子母口，亦红陶。大墩子花厅期出土的4件陶缸，也皆出于成年人墓葬中。

大汶口墓地发现4件陶缸，全部出于早期墓[1]：M8、M13、M59、M66。《大汶口》报告将其分为两式：Ⅰ式1件，高38、口径35.5厘米，红陶质，平沿、深腹、矮圈足，器表饰篮纹，口沿有数周弦纹，腰间饰附加堆纹（图二，2）。Ⅱ式3件，灰陶，平口沿，深腹、圜底，有两件为素面。标本M59∶15，高34.5、口径36.5厘米，口沿上有数周弦纹，腰间有一周凸带纹（图二，3）。标本M13∶21，高41.3、口径39厘米，口沿外撇，器口附近有凹凸弦纹带和斜方格划纹带（图二，4）。标本M66∶5，高41.5、口径37厘米，口下有一周凸弦纹（图二，5）。

与大墩子、刘林一样，大汶口墓地发现陶缸，亦皆出自成年人墓葬，均为中等以上大墓。陶缸在墓葬中，横卧放置，但不与鼎罐为伍，往往与猪头另置于一处。

安丘景芝镇墓地发现的陶缸，形制、制法、纹饰基本相同[2]。口沿均经轮修，下部为手制，直腹，下腹外凸收为小尖底，饰粗篮纹。与过去大汶口文化中发现陶缸相较，形体修长。景芝镇出土陶缸的两座墓葬，M1随葬器物18件，M3随葬12件，两座墓葬共出土器物30件，占此次发掘七座墓葬出土物总数的41%。陶缸在墓葬中，放于骨架足端或足旁；M1陶缸与鼎、白陶鬶、红砂盆、灰陶罐成组；M3与鼎、红陶罐为伍。

茌平尚庄第一期文化（相当于大汶口文化中期）墓葬，出土陶缸1件[3]，灰陶、体粗矮，饰篮纹，上腹饰两组四条凸弦纹（图三，1）。

大汶口文化晚期，出土陶缸最多的是莒县陵阳河、大朱村遗址。已发表的3件

[1] 山东省文物管理处、济南市博物馆：《大汶口——新石器时代墓葬发掘报告》，文物出版社，1974年。
[2] 山东省文物管理处：《山东安丘景芝镇新石器时代墓葬发掘》，《考古学报》1959年第4期。
[3] 山东省博物馆等：《山东茌平尚庄遗址第一次发掘简报》，《文物》1978年第4期。

采集品[1]，均灰陶，颈部分别刻有图像文字"炟""炅""斤"（图三，2～4）。未发表的采集品 3 件，刻"戊"字的一件，文字"戊"见于《大汶口》报告[2]，本器"戊"字对侧，还刻一涂朱文字"✋"（图版壹，2）。陶缸口径 40、高 64 厘米，侈口、窄平沿，饰篮纹，颈、腹饰两道，每道两行与图像文字上刻画大小相同的圆圈。缸内壁呈灰白色，光滑，似为"水"长期浸蚀、冲刷所致；外壁腹上部呈深灰色，腹下部至底呈浅灰色。另外两件，六十年代采集于莒县陵阳河、大朱村遗址，这两件采集品有如一模所制。均皆灰陶，饰篮纹，颈、腹各饰一道，每道两行圆圈装饰，颈部亦刻一涂有朱彩的图像文字"✦"。陵阳河出土的 1 件，近底处尚刻一未涂朱彩的陶文"✧"释"凡"，是尧舜太昊氏的族性徽戈（《谈陵阳河与大朱村出土的陶尊"文字"》图一三、一四，《山东史前文化论文集》齐鲁书社，1986 年）。陶缸呈细筒状、直壁、下腹收为尖底；内壁光滑、灰白，也似"水"长期浸蚀、"冲刷"所致；外壁上部色深灰，腹下部至底尖部呈浅灰色；口径 31、高 65 厘米。大朱村出土的 1 件，颈部以上残（图版壹，1）。

1979 年，山东省博物馆对莒县陵阳河、大朱村大汶口遗址进行两次抢救性发掘，共发现 12 件陶缸。陵阳河墓地 9 件：早期墓 M24 两件，中期墓 M19 一件，晚期墓 M6 两件（皆残）、M7 一件（残）、M17 一件、M25 一件、M40 一件（残）；大朱村墓地发现三件：H1 一件，晚期墓 M17、M26 各一件。陵阳河、大朱村发现陶缸，除大朱村 H1 陶缸外，其余陶缸均出自中型、大型墓葬之中。

陵阳河早、中、晚三期墓葬，皆属大汶口文化晚期的物质遗存。早期墓 M24 两件陶缸，出土时不与其他器物为伍，独自横卧于一处。均手制，无轮修痕迹。平口、圆唇、直壁，下腹收为大圜底；内壁有灰白色水锈样沉淀物；外壁饰粗犷条纹，腹部以上色较深，腹部以下泛白色。黑色的 1 件，口径 36、高 60 厘米（图版壹，4）；褐色的 1 件，口径 37、高 62 厘米。中期墓 M19 出土的一样，褐陶，手制，颈部、口沿稍经轮修，方唇、平沿、饰篮纹，筒状腹，大圜底。内壁有乳白色水锈样沉淀物；外壁腹下近底处，褐中泛白。口径 41、高 54.5 厘米。颈部刻一图像文字"✧"[3]。晚期墓出土 6 件陶缸，完整器 2 件。M25 一件，黑陶，手制，口沿经轮修，颈部刻一图像文字"✦"，释"南"。口径 39、高 59 厘米。卷沿、平唇、颈部饰三个小泥突，腹部饰一周凸弦纹，通体饰篮纹，筒状腹，下收为尖底，附着一直径 8 厘米的假圈足，缸内存有很厚的烟灰（图版壹，3）。另一件完整器

［1］　山东省文物管理处、济南市博物馆：《大汶口——新石器时代墓葬发掘报告》，文物出版社，1974 年；邵望平：《远古文明的火花——陶尊上的文字》，《文物》1978 年第 9 期。

［2］　山东省文物管理处、济南市博物馆：《大汶口——新石器时代墓葬发掘报告》，文物出版社，1974 年。

［3］　山东省考古所、山东省博物馆、莒县文管所：《山东莒县陵阳河大汶川口文化墓葬发掘简报》，《史前研究》1987 年第 3 期。

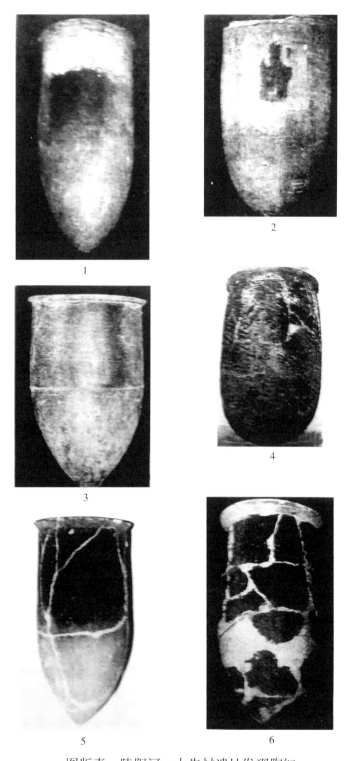

图版壹　陵阳河、大朱村遗址发现陶缸

1.大朱村采集品　2.陵阳河采集品　3.陵阳河M25出土陶缸　4.陵阳河M24出土陶缸　5.大朱村M17出土陶缸　6.大朱村H1出土陶缸

图四　陵阳河M17陶尊刻画图像　　　　图五　大朱村M17陶缸刻画图像

出自 M17，黑陶，方唇，平沿，口径 42、高 56 厘米，筒状腹，下收为尖底，附一直径 4 厘米的假圈足，外下腹饰两道凸棱。出土时，缸内壁亦发现有乳白色水锈样沉淀物，外壁下腹至底部，灰中泛白。颈部刻一涂有朱彩的图像"🌿"[1]（图四）。

大朱村大汶口文化墓葬分早、晚两期，早期墓未见陶缸，晚期墓发现陶缸两件。M17 的一件，黑陶，口径 33.5、高 67 厘米，侈口、尖唇、窄平沿，手制，颈唇经轮修，直筒腹，下腹收为尖底，饰篮纹，外壁下腹至底呈灰白色。颈部刻一涂朱图像"🌿"（图版壹，5；图五）。M26 的一件，灰陶，手制，口沿经轮修，口径 37、高 58 厘米，饰篮纹，腹中部饰凸弦纹一周，小平底。外壁自弦纹以下，有一层暗褐色水锈。近底处刻一族性"凡"字徽文"🔷"[2]。H1 的一件，亦黑陶，侈口径 33、高 63.5 厘米，侈口、圆唇，颈壁内收，下腹内收成尖底，饰篮纹，外壁下腹至底，灰中泛白，颈部刻一"🔷"（图版壹，6）。山东曲阜东位庄[3]、南兴埠、小雪，莱阳于家店[4]、栖霞杨家圈、诸城前寨等大汶口文化遗址的地层中[5]，也发现过大汶口文化中、晚期陶缸残片。诸城前寨发现的陶缸残片上，还刻有陶

[1] 王树明：《谈陵阳河与大朱村出土的陶尊"文字"》，《山东史前文化论文集》，齐鲁书社，1986年。

[2] 《谈陵阳河与大朱村出土的陶尊"文字"》，图十二，《山东史前文化论文集》，齐鲁书社，1986年。

[3] 山东省博物馆：《山东曲阜新石器时代遗址调查》，《考古》1963年第7期。

[4] 北京大学考古实习队等：《山东海阳、莱阳、莱西、黄县原始文化遗址调查》，《考古》1983年第3期。

[5] 诸城县文化馆：《山东诸城县前寨遗址调查》，《文物》1974年第4期。

文 " ![img] " [1]。

继大汶口文化之后，典型龙山文化遗址中发现陶缸，见于章丘龙山镇[2]。龙山镇发现陶缸，高 35、口径 31、壁厚 0.3 ～ 1 厘米，质地坚硬，外壁印方格纹，颈部饰附加堆纹一周，圜底附直径 8 厘米小圈足（《城子崖》图版二十一④）。

就目前掌握的考古材料看，大汶口文化中发现陶缸，主要分布在泰沂山系以南及江苏北部一带。从刘林、大墩子、大汶口、景芝镇、陵阳河、大朱村的墓葬材料观察，在大汶口文化中，陶缸一类物乃为富有者或氏族显贵一类人物所独占，不为一般氏族成员所有。早期阶段，陶缸多红色，筒状深腹，大圜底或小尖底；中期之后，多灰陶、黑陶间以暗褐色陶，亦多筒状深腹，圜底或小平底；大汶口文化晚期，以黑色陶为主，灰色次之，器形有逐渐增大的趋势，与早期阶段相较，形制有较大的变化，可大致分为两类：一类为粗筒状深腹，盛行小平底或尖底，有的在尖底之上附直径 5 ～ 8 厘米的小圈足；一类为细筒状深腹，尖底，体修长。概言之，大汶口文化早、中、晚三期发现陶缸的总体特征是：胎壁厚重，体形硕大，多圜底、尖底或小平底。由此说明。此类器物是以某种特定形式长期固定于一处，并不是经常移动之物；有不少陶缸外壁腹上部、下部陶色明显不同，其下部多呈灰白色，或说明，陶缸腹中部以下原是长期埋置于土中，因土质湿润使陶缸外壁置于土中部分脱色所致；还有部分陶缸出土时，缸内壁有白色、乳白色、灰白色水锈样沉淀物，似或又进一步说明，陶缸这类遗物原是因某种特殊需要而将缸腹中部以下埋置于土中、贮藏 "液体" 的一种器具。大汶口文化中发现的陶缸，在墓葬中多横卧放置，大汶口墓地陶缸与猪头为伍，陵阳河 M24 陶缸独自横卧于一处，其他大汶口文化墓葬发现陶缸，多与鼎、罐、鬶、盆或与鼎罐组合（陵阳河、大朱村刻画图象文字陶缸在墓葬中的组合关系、放置部位、放置方法，详下文。），此又清楚表明，所谓陶缸一类遗物，是一种需与鼎、罐、鬶组合或与鼎、罐、鬶、盆搭配使用的 "液体" 贮藏器。

（二）江南类型的 "青莲岗" 文化、良渚文化及浙江河姆渡遗址发现的陶缸

陶缸在江浙一带江南类型的 "青莲岗" 文化、良渚文化中，最早发现于南京北阴阳营遗址。北阴阳营 H12 发现夹砂粗陶残片，复原陶缸 1 件[3]。陶缸体形硕大、直壁、圜底，腹部饰有一周附加堆纹，下腹部饰稀疏篮纹。缸高 52 厘米，颈部刻图像 " ![img] "（图六，1；图七，1）。江苏吴县张陵山遗址，发现陶缸 6 件，下层墓 M05 五件，上层墓 M5 一件[4]。陶缸直口、圆筒状腹、圜底，口沿外壁饰数道弦纹，腹部

[1] 诸城县文化馆：《山东诸城县前寨遗址调查》，《文物》1974年第4期。

[2] 傅斯年、李济、董作宾、梁思永等：《城子崖——山东历城县龙山镇之黑陶文化遗址》，中研院历史语言研究所，1934年。

[3] 南京博物院：《南京市北阴阳营第一、第二次发掘》，《考古学报》1958年第1期。

[4] 南京博物院：《江苏吴县张陵山遗址发掘简报》，《文物资料丛刊·6》第6辑，文物出版社，1982年。

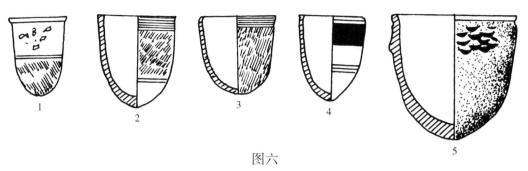

图六

1.南京北阴阳营H12出土陶缸　2.江苏吴县张陵山下层墓出土陶缸　3、4.江苏吴县草鞋山出土陶缸　5.上海马桥D7:1出
土陶缸

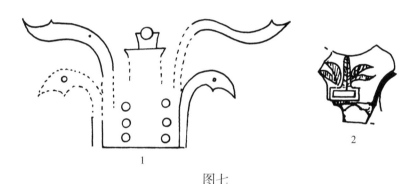

图七

1.南京北阴阳营H12出土陶尊刻画图像　2.浙江河姆渡T213④:84陶缸残片刻画图像

饰篮纹，有的在腹下部饰一道凸棱（图六，2）。下层墓 M05 五件陶缸，全部集中
于一处，有四件横卧放置，与盆、罐为伍置于骨架足端。吴县草鞋山遗址，崧泽类
型、良渚文化墓葬中发现陶缸，皆为红色 [1]。崧泽类型的一件，深腹、圜底、口径
45、壁厚约 2 厘米，饰粗篮纹（图六，3）；早期良渚文化墓葬的一件，亦深腹、圜底，
口部压印一道网状宽带，口径 36、壁厚 2 厘米（图六，4）。上海马桥遗址良渚文
化层出土夹砂粗陶片，复原红色陶缸一件 [2]，大口、深腹、尖底、圆唇外翻，口沿
之下饰有凸出的菱形纹四周，口径 28、高 27.2 厘米（图六，5）。

　　浙江吴兴钱山漾良渚文化层发现陶缸，有 5 个个体 [3]。复原的 1 件，口径 51、
高 46.5 厘米，口沿平折，其下有突出对称的盲鼻，腹壁斜直，尖底，饰粗犷篮纹；
另外 1 件，残存下半部分，腹壁微曲，渐收成尖底，其形制与南京北阴阳营 H12
出土陶缸基本一致。

[1]　南京博物院：《江苏吴县草鞋山遗址》，《文物资料丛刊·3》第3辑，文物出版社，1980年。

[2]　上海市文物保管委员会：《上海马桥遗址第一、第二次发掘》，《考古学报》1978年第1期。

[3]　浙江省文物管理委员会：《吴兴钱山漾遗址第一、第二次发掘报告》，《考古学报》1960年第2期。

值得注意的是，浙江河姆渡遗址第二次发掘[1]，T213 ④层发现一刻有图像的夹砂粗陶片，作马鞍形（图七，2），残宽 18、高 19.5、厚 5.7 厘米。厚重，刻画图像保存完好。图像的主体之形刻一长方形，在"长方形"上端阴刻五个植物叶，一叶居中向上，另外四叶在中间一叶之两旁各两叶，相互对称。在"长方形"之下刻画数道斜道儿。这一图像的形象与山东莒县陵阳河 M17、南京北阴阳营 H12 陶缸上刻画的图像，有某些相似之处。此图像的寓义很有可能与上述两地发现图像的寓义是一致的，由此，所谓夹砂粗陶片，可能也是陶缸残片。设若这一揣测不致太谬，说明河姆渡遗址第四层也有陶缸这类遗物。

由上文列举，分布在江苏南部、江浙一带江南类型的"青莲岗"文化，良渚文化中发现陶缸，陶质、造型特征与山东境内大汶口文化中、晚期出土陶缸近似，在墓葬中的放置方法、放置部位相同，南京北阴阳营 H12 陶缸颈部刻画图像与陵阳河 M17 发现图像的结构大体一致。

南京北阴阳营江南类型"青莲岗文化"的时代接近于大汶口文化中期，与江苏北部一带的大汶口文化或曰江北类型的"青莲岗"文化，有许多近似的因素；浙江吴兴钱山漾良渚文化层出土黝黑发亮的黑陶，很明显是受山东龙山文化影响的结果。考虑到陶缸在江浙一带诸原始文化中出现的时间，大汶口、山东龙山文化对江浙一带史前文化的影响，江南类型"青莲岗"文化、良渚文化中发现陶缸，似应是大汶口文化、山东龙山文化影响的结果。在山东、江浙一带，陶缸造型相似，在墓葬中的放置部位、放置方法相同，陶缸上刻画的图像基本一致，反映，在山东、江浙一带史前文化中发现陶缸，其原始用途是一样的。

（三）仰韶文化、河南龙山文化中发现的陶缸

在 20 世纪 50 年代中期，庙底沟、三里桥遗址发掘[2]，在庙底沟类型仰韶文化夹砂粗陶遗物中，发现外加深红色陶衣的陶缸 1 件，《庙底沟与三里桥》报告名之为圜底罐（图八，1）。陶缸口残、壁直、深腹、圜底，胎壁厚重。从造型特征看，这一遗物与大汶口文化中发现陶缸为同类器，这是目前所见仰韶文化中最早的夹砂粗陶缸。

庙底沟、三里桥遗址仰韶文化向龙山文化过渡的地层中，陶缸的数量有所增多[3]。庙底沟发现陶缸，灰色，陶土未经淘洗，陶土内羼入大量细砂，手制，深腹，圜底（图八，3）。三里桥发现陶缸有灰色、红色两种。灰色的一件，手制，饰绳纹、深腹、圜底，缸上部残，胎壁厚达 2.8 厘米（图八，2）;红色的一件上部亦残，深腹，

[1]　河姆渡遗址考古队：《浙江河姆渡遗址第二期发掘的主要收获》，《文物》1980年第5期。

[2]　中国社会科学院考古研究所：《庙底沟与三里桥》，科学出版社，1959年。

[3]　中国社会科学院考古研究所：《庙底沟与三里桥》，科学出版社，1959年。

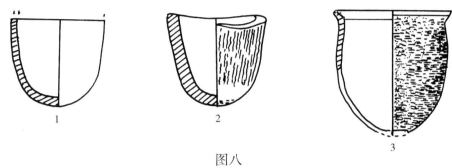

图八

1.庙底沟D1H60:8　2.三里桥H251:04　3.庙底沟A1T555:28

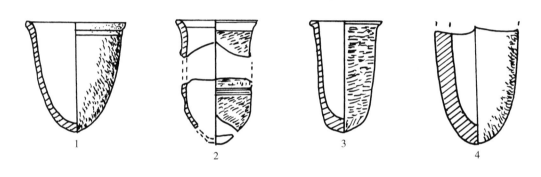

图九

1.郑州大河村T6③:6　2.偃师二里头H1:22　3.偃师滑城H1:1　4.洛阳矬李T2③:1

下部收为小平底，壁厚 3 厘米。

　　河南龙山文化早期，陶缸见于郑州大河村五期文化[1]。大河村 T6、T7 南扩③:2
发现完整器 1 件:陶缸折沿、束颈、深腹，底微凹，口径 20、高 24 厘米（图九，1）。
造型与大汶口墓葬Ⅱ式、大墩子花厅墓葬Ⅰ式陶缸相似。河南偃师二里头早期龙山
文化地层中发现陶缸，皆残[2]。复原一件，为灰陶，宽沿外侈，直壁，下腹收为小平底，
饰横篮纹、弦纹，口径 28.5 厘米（图九，2）。形制与陵阳河、大朱村发现的"炅"字、
"🙎"字陶缸之形相近[3]。在偃师滑城[4]、洛阳矬李[5]、洛阳吉利东阳村[6]等河南龙山文
化早期遗存中，此类遗物也有发现（图九，3、4）。至河南龙山文化晚期，夹砂粗

　　[1]　郑州市博物馆:《郑州大河村遗址发掘报告》,《考古学报》1978年第3期。

　　[2]　中国社会科学院考古研究所:《河南偃师二里头遗址发现龙山文化早期遗存》,《考古》1982年第5
　　　　期。

　　[3]　邵望平:《远古文明的火花——陶尊上的文字》,《文物》1978年第9期。

　　[4]　中国科学院考古研究所洛阳发掘队:《河南偃师"滑城"考古调查简报》,《考古》1964年第1期。

　　[5]　洛阳博物馆:《洛阳矬李遗址试掘简报》,《考古》1978年第1期。

　　[6]　洛阳市文物工作队:《河南洛阳吉利东杨村遗址》,《考古》1983年第1期。

陶缸乃是一种十分常见的器物。

中原地区，陶缸最早见于庙底沟类型仰韶文化中，但数量极为少见。庙底沟仰韶文化的相对年代约略晚于刘林晚期大汶口文化，这表明，在中原一带，陶缸一类遗物的出现时代晚于山东。但在中原地区，时代愈晚发现陶缸愈多，分布范围愈普遍。继河南龙山文化之后，分布在河南、河北、晋南一带的二里头文化、商文化遗存中，几乎到处可见此物[1]。有趣的是，河南地区发现陶缸，其造型特征也与山东、苏北一带大汶口文化中发现陶缸形制相似，这是耐人寻味的。这一现象的背后寓含着什么？

中华人民共和国成立后，我国考古工作者，在河南孟津寺河南、偃师二里头、偃师滑城、临汝大张、禹县谷水河、平顶山贾庄、郑州大河村、鄢陵故城等豫西地区，商水章华台、上蔡十里铺、郸城段砦、信阳阳山等豫东南地区，曾不断发现大汶口的遗物。如，高足杯、鼎、镂孔豆、鬶、背壶、盉，等等；在滑城、平顶山贾庄、商水章华台等遗址，还发现过大汶口文化中、晚期的墓葬[2]。这一现象十分清楚地说明，至迟在大汶口文化中、晚期，大汶口文化的势力逐渐西进，足迹所至曾抵河南中部、西部地区。河南龙山文化中发现与大汶口文化形制相似的陶缸，很有可能是在四、五千年之前，大汶口人向西蠕动，向西迁徙而传播。

（四）屈家岭文化、长江中游龙山文化、大溪文化中发现的陶缸

据《京山屈家岭》报告[3]，湖北京山屈家岭遗址早期、晚期地层都发现陶缸。晚二期陶缸6件，晚一期未见。就器形看，晚二期Ⅰ、Ⅱ、Ⅲ式缸形器，壁薄、体矮，形似陶釜，与通常所说的夹砂粗陶缸形制不类。早期地层中出土陶缸，从大小、形制看，也与我们通常所说的陶缸形制不同。真正可称之为陶缸的是屈家岭晚二期Ⅳ式陶缸（《京山屈家岭》图版五一，2、3）。此式陶缸发现两件，形体较大，仰口侈沿，壁斜直，小平底，口内外有凸弦纹一周，壁部有宽带凹弦纹两周，余满饰柳条纹，胎质呈黄色。湖北枝江关庙山屈家岭文化遗址，在地层中发现的夹砂粗陶缸残片复原两件大口、圜底缸[4]，陶缸上壁较薄，方唇、直壁、缸下壁甚厚，圜底，唇面施凹弦纹，腹部施凹弦纹、菱形方格纹。湖南安乡划城岗遗址[5]，中二期屈家岭文化层发现陶缸为红陶，盘状口，厚胎，直壁，腹部施弦纹、附加堆纹。口径27厘米（图一〇，1）；安乡汤家岗晚期屈家岭文化遗存发现陶缸，亦红色（图一〇，2）[6]，胎壁厚重、敞口、深腹，小尖底，口径32、高32厘米。

[1] 河南省文化局文物工作队：《郑州二里岗》，科学出版社，1959年。

[2] 武津彦：《略论河南境内发现的大汶口文化》，《考古》1981年第3期。

[3] 中国科学院考古研究所：《京山屈家岭》，科学出版社，1965年。

[4] 中国科学院考古研究所湖北工作队：《湖北枝江关庙山遗址第二次发掘》，《考古》1983年第1期。

[5] 湖南省博物馆：《安乡划城岗新石器时代遗址》，《考古学报》1983年第4期。

[6] 湖南省博物馆：《湖南安乡汤家岗新石器时代遗址》，《考古》1982年第4期。

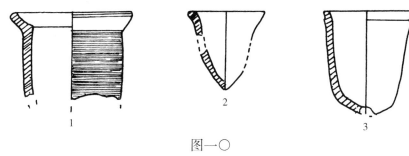

图一〇

1.湖南安乡划城岗T10④∶8　2.湖南安乡汤家岗T7（M17∶2）　3.湖北江陵毛家山H2∶101

继屈家岭文化之后,湖北松滋桂花树[1]、湖南安乡划城岗[2]等长江中游龙山文化遗存中，陶缸数量猛增，成为这一地区龙山文化的代表性器物。桂花树发现陶缸，直口，口外有三道凹弦纹，器身施篮纹；划城岗发现陶缸分三式，有直口、敛口之分，腹壁一般较直，饰篮纹、附加堆纹。

1959年湖北江陵毛家山遗址发掘[3]，发现红陶缸一件（图一〇,3），缸素面、敞口，腹壁较直，为圜底器。口径40、高45厘米。毛家山的主要发现属大溪文化，但与屈家岭文化有某些相近的因素。毛家山大溪文化中发现陶缸，说明在屈家岭文化之前，长江中下游地区也出现陶缸。

屈家岭文化是一支主要分布在江汉平原一带的原始文化，最北达河南南部，南抵湖北、湖南一带。其大致年代，约早于中原地区的河南龙山文化。湖南安乡划城岗遗址，中二期屈家岭文化层发现陶缸之后，晚期陶缸数量大增，与这一现象并行的是，山东大汶口文化的因素，如：鬶、盉、镂孔豆等酒器的大量出现。据于此，屈家岭文化、长江中游地区的龙山文化，或大溪文化晚期，也曾受到大汶口文化的影响，上述各文化中发现的陶缸，也很有可能与鬶、盉、镂孔豆一类遗物的祖籍是一致的。

（五）江西、四川地区发现的陶缸

江西的同志在1961年于万年县肖家山清理古墓葬一座[4]，出土甗两件，罐五件，杯两件，斝、鼎、碗、纺轮、钺各一件，夹砂红陶缸一件。陶缸残，胎厚重，深腹、圜底，饰篮纹。与此缸形制相同的陶缸，在江西修水、南昌、黎川等地古文化遗址中，均有发现。从前述遗址伴随陶缸出土的遗物多饰云雷纹、回纹等几何印纹硬陶看，上述各遗址出土陶缸的时代当属商周时代。另外，1959年四川忠县汪家院发掘[5]，

[1] 湖北省荆州地区博物馆：《湖北松滋县桂花树新石器时代遗址》，《考古》1979年第3期。

[2] 湖南省博物馆：《安乡划城岗新石器时代遗址》，《考古学报》1983年第4期。

[3] 纪南城文物考古发掘队：《江陵毛家山发掘记》，《考古》1977年第3期。

[4] 江西省文物管理委员会：《一九六一年江西万年遗址的调查和墓葬清理》，《考古》1962年第4期。

[5] 四川省长江流域文物保护委员会：《四川忠县井沟遗址的试掘》，《考古》1962年第8期。

在出土的粗陶残片中，也复原一件陶缸。陶缸侈沿、大口、束颈，颈部饰附加堆纹，有两个对称的鸡冠耳，腹下部逐渐收为小平底，腹上部饰方格纹，陶缸的形制与郑州二里岗发现的某些陶缸多所近同。忠县汪家院遗址物质遗存分析，其时代或进入青铜时代。

据目前的发掘资料，江西、四川地区与山东大汶口文化时代相当的古遗址、古墓葬，陶缸这类遗物，尚未见于报道。

总前文所述，史前时期夹砂粗陶缸这类遗物，主要流行于我国河南以东及东南沿海一带地方，在我国西部、北部、东北以及大西南地区，陶缸这类遗物很少发现。在我国东部地区，除大汶口文化、典型龙山文化、江南类型"青莲岗"文化、良渚文化之外，在庙底沟类型仰韶文化、河南龙山文化及屈家岭文化、长江中游龙山文化、乃至后来的二里头文化、商文化中，陶缸一类遗物也都有所发现，查其祖源，如东南沿海、河南一带史前文化中发现未陶缸之祖，往往在山东境内迄至江苏北部一带的大汶口文化之中。因文化属系不同，或者因为陶缸在上述各文化中出现的时代有早、晚之别，因之，这类遗物在陶色、纹饰等方面，也因时、因地而异；但陶质相同，造型特征也基本一致：胎壁厚重、形体硕大、质地坚硬，多呈筒状深腹，为圜底、尖底、小平底或有在尖底之上附一直径 5～8 厘米的小圈足。确如南博的同志所说，此类器皿非埋置入穴内不易放稳。总上述种种，前文述及诸考古文化中发现的夹砂粗陶缸，也应与大汶口文化中发现陶缸的用途是一致的，原是将陶缸腹中部以下埋入土中，与鼎、罐、盆搭配使用的一种"液体"贮藏器。

三　陶缸原始用途的推测

（一）陶缸陶臼说、陶缸炊具说、陶缸礼器说

半个多世纪以前，《城子崖》发掘报告根据陶缸是夹砂粗陶质、质地坚硬、胎壁厚重等特征，又认为城子崖遗址出土掏拍为陶杵，误断陶缸是龙山人用以对谷物加工的陶臼[1]。浙江《吴兴钱山漾遗址第一、第二次发掘报告》[2]，根据陶缸胎壁厚达 1～3 厘米，陶质坚硬，遗址又发现有谷子、米粒，也猜测这类遗物是一种谷物加工的舂米之具，《庙底沟与三里桥》报告还提出[3]，夹砂粗陶缸是置于陶灶上的一种炊具。

[1]　傅斯年、李济、董作宾、梁思永等：《城子崖——山东历城县龙山镇之黑陶文化遗址》，中研院历史语言研究所，1934年。

[2]　浙江省文物管理委员会：《吴兴钱山漾遗址第一、第二次发掘报告》，《考古学报》1960年第2期。

[3]　中国社会科学院考古研究所：《庙底沟与三里桥》，科学出版社，1959年。

邵望平同志，根据刘林、大墩子、大汶口、安丘景芝镇墓地出土陶缸多出于大墓，在墓葬中往往放一特定位置，又根据大汶口墓地发现陶缸有与猪头共存一处的现象，莒县陵阳河采集陶缸刻有与天文、历法有关的"炟"字、"炅"字，与农事有关的锄斧一类工具的象形字，又得出大汶口文化中发现陶缸是一种专供祭祀的礼器的结论[1]。

陶缸为陶臼的说法是不能成立的。中华人民共和国建立以来，在各考古文化中发现的陶缸，内壁常常发现一种白色、乳白色、灰白色水锈状沉淀物，十分清楚地表明，它原是一种盛贮"液体"的器具，不可能是陶臼。陶缸为炊具的说法也是不能成立的。尽人皆知，作为炊具，既要有耐高温的性能又要易于导热，这样才能利于蒸煮。自新石器时代以来，我国无论哪一支考古文化中发现的陶炊具，虽均夹砂，但皆属薄胎夹砂陶质，从未发现其胎壁的厚度有达到 1 厘米者。陶缸虽为夹砂粗陶质，有耐高温的性质，但形体硕大，胎壁厚达 2 ～ 3 厘米，有的甚至厚达 5 厘米许，用如此厚重的一个庞然大物作炊具显然是不适宜的。再者，陶缸如果真的是一种炊具，那么，它的外壁、腹底必然有炱灰的痕迹。然而上述已发现陶缸，其外壁、腹底从未发现一例有炱灰的现象，说明猜测陶缸为炊具的说法，也是缺乏证据的。随着社会的发展、文化的演进，大汶口文化晚期莒县陵阳河、大朱村发现刻有文字的陶缸，有的有可能是一种祭祀的礼器，邵望平同志的推测不是完全没有道理的。但考古发现一再证明，我国古代任何一种礼具都是从先民日常生活中一些有实际用途的器皿、用具或装饰品（如玦、璜之类）演变、升华而来的。陵阳河、大朱村发现某些或用为礼器的陶缸，原本应有实际的用途，不可能一出现就是一种礼器。从陵阳河、大朱村及其他大汶口文化中发现陶缸刻文的寓义，以及陶缸的特征、在墓葬中与其他类器物的共存关系、放置方法观察，将其统归于礼器而论之也是欠妥当的。

（二）从陵阳河、大朱村发现的陶缸刻文看陶缸的用途

前所论及，陶缸陶臼说、陶缸炊具说是不能成立的；过去在莒县陵阳河与大朱村发现的刻文陶缸，有的有可能是一种祭祀的礼器，但依此一端即将此类遗物统归于礼器论之，也是不能成立的。陶缸在大汶口文化中的出土情况表明，这一遗物原是将其腹中部以下长期埋置入土中，需与鼎、罐、盆搭配使用的一种"液体"贮藏器。这一贮藏"液体"的器具到底是干什么用的？ 1979 年莒县陵阳河发掘及过去在莒县陵阳河一带发现陶缸刻文的寓义及不同类刻文陶缸的形体特征、在墓葬中的放置方法与其他类遗物组合的不同等情况，为揭开陶缸的原始用途这一谜底给以启示。

陵阳河、大朱村发现陶缸刻文、刻画图像，根据有无涂朱现象，可大致分为两

---

[1]　邵望平：《远古文明的火花——陶尊上的文字》，《文物》1978年第9期。

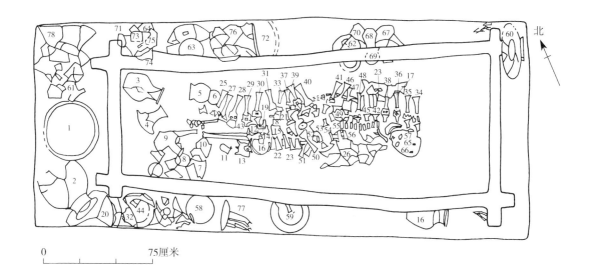

图一一　陵阳河M25平面图

说明：墓室3.4×1.45平方米，方向110°

1.大口尊　2.瓮　3.大背壶　4.豆　5.罐　6.罐　7.背壶　8.罐　9.盉　10.罐　11.单耳杯　12.高柄杯　13.鼎　14、15.高柄杯　16.尊　17.鬶　18.高柄杯　19、20.大背壶　21～25.高柄杯　26.鬶　27～31.高柄杯　32.陶尊　33～42.高柄杯　43.异形柄杯　44.鼎　45～50.镂孔高柄杯　51～55.高柄杯　56.石杯　57.石管　58.鼎　60、61.豆　62.人头骨　63.罐　64.双耳盆　65.杯　66.石管　67.石饰　68.壶　69～71.壶　72.陶片　73.陶盆　74～76.杯　77.罐　78.猪下颌骨7件　79.罐

类。第一类图像文字有与天文、历法有关的祭天文字"炟"与"炅"（图三，2、3）[1]；与兵事或与农事有关的"斤"与"戉"（图三，4）[2]；与地母崇拜有关的社祭图像"🌿"（图版三）[3]，等等。这类图像文字所反映的客观事物，多与后世祭礼有关。其中，"炟""炅""🌿"之祭，即祭天、祭社，乃是我国古代礼祭之最大者，诸祭礼中之大宗。此类文字出土时，无论是采集品还是发掘品，皆无涂朱现象。陵阳河、大朱村 M25、M19 及 M26 发现刻画未涂朱陶文"🌿""◠""◡"的陶缸，出土时，十分醒目的树立在骨架足端，缸上的文字与墓主骨架相对；陵阳河 M25、大朱村 M26 发现陶缸，与过去其他大汶口文化墓葬发现陶缸组合关系不同，不与鼎、盆一类遗物为伍（图一一）[4] 这应反映，此类刻画未涂朱彩文字的陶缸，与过去发现与鼎、罐、鬶、盆组合，在墓葬中横卧放置的陶缸，用途有别。

　　经考证，"炟""炅"二字是与天文、历法有关的两个图像文字。结合陵阳河

[1] 王树明：《谈陶尊文字"炟"与"炅"》，《考古与文物集刊》第二号，《古文字论集》（一），1983年。

[2] 王树明：《谈陵阳河与大朱村出土的陶尊"文字"》，《山东史前文化论文集》，齐鲁书社，1986年。

[3] 王树明：《谈陵阳河与大朱村出土的陶尊"文字"》，《山东史前文化论文集》，齐鲁书社，1986年。

[4] 山东省考古所、山东省博物馆、莒县文管所：《山东莒县陵阳河大汶口文化墓葬发掘简报》，《史前研究》1987年第3期。

遗址的地理形势分析并征以有关典籍记载推之，这两个图像文字乃是四、五余千年之前，居住在莒县陵阳河一带的东夷部族在祈年、报功举行祀典时，在陶缸上刻画用火祭祀代表春季、夏季的太阳像[1]。四年前，日本《产经新闻》报道这样一条消息[2]，1979年5月14日，日本大阪大学探险部安第斯调查队，去南美考察印加帝国土著居民鸟儿族，观察了印加祭典太阳祭。太阳祭每年6月24日在秘鲁的萨克萨瓦曼遗迹举行，这一天恰好是南半球的冬至，举行这一祭典即为庆祝新的一年的到来。中午过后，仪式开始。人们在建筑的祭坛上放一特制的大缸装满酒，再用玉米酿成的酒燃点起一堆"圣火"，并放有许多佳肴献给太阳像（即太阳神）。参加祭典的人，一直歌舞、祈祷到太阳落山，祭典才宣告结束。秘鲁鸟儿族用一特制的大缸装满酒以献祭太阳像之俗，这对我们推测陵阳河、大朱村发现刻画"炟""炅"二字的陶缸，是古代东夷部族用以实行"炟""炅"祀祭仪式的一种礼具，无疑是有参考价值的。无独有偶，陵阳河发现刻画社祭图像"🔥"的陶缸，出土时，缸内存有很厚的烟灰，这一现象在我国诸史前文化发现夹砂粗陶缸一类遗物中，是仅见的一例。据王辉先生研究[3]，殷人在举行祭祀活动时，多用火祭，祭天神、地祇皆用火。殷周去古来远，尚古少文，殷人用火祭祀天神、地祇的习惯，无疑是由我国原始社会因袭、演变而来。据此，陵阳河M25陶缸内所存烟灰所反映的，也应是陵阳河人用火即在缸内燔燎祭社这一史实。综合前文论之，陵阳河、大朱村发现未涂朱彩文字反映的客观事物，原是该地先民祭祀、崇拜的对象，刻画此类文字的陶缸即应是对其所画事物举行祀典时所用的一种礼具。沿此推演，商周以来在青铜礼器上铸刻铭文的习惯，应即滥觞于此。

陵阳河、大朱村发现的另一类图像、图像文字，除陵阳河M11扰土中采集陶缸残片上刻画图像"🌿"外[4]，其余图像在其刻画范围之内一律涂有朱彩（图四、图五，图一二）。刻画此类涂朱图像文字与刻画第一类未涂朱彩图像文字的陶缸，在墓葬中的放置部位、放置方法、组合关系，大异其趣。比如：刻画"🌿""🌿"的陶缸，在墓葬中与鼎、滤酒缸、盆、罐（或瓮）亦或与鼎、盆、罐（或瓮）为伍，与过去在大汶口文化中发现未刻画图像文字陶缸，在墓葬中的放置方法相同，皆横卧放置，置于墓室西北角（图一三、图一四），未发现有树立放置于人骨架足端者。民族志资料调查，红色朱砂有象征着吉利、厌

[1]　王树明：《谈陶尊文字"炟"与"炅"》，《考古与文物集刊》第二号，《古文字论集》（一），1983年。

[2]　王树明：《谈陶尊文字"炟"与"炅"》，《考古与文物集刊》第二号，《古文字论集》（一），1983年。

[3]　王辉：《殷人火祭说》，《古文字研究论文集》，四川大学学报丛刊第十期，1982年。

[4]　王树明：《谈陵阳河与大朱村出土的陶尊"文字"》，《山东史前文化论文集》，齐鲁书社，1986年。

图十二

1、2.陵阳河采集陶缸刻画图像　3.大朱村采集陶缸刻画图像

胜、辟邪之义。依此，这类涂朱图像的摹画物，应有特殊的含义；刻画此类涂朱文字的陶缸与刻画无涂朱文字的陶缸，其用途应有所不同。由形象观察，"▯""▯""▯"一类图像与图像"▯""▯"顶端的"▯""▯"为同类物品的原始摹画，图像"▯""▯"应为图像"▯""▯"的简化或曰简省。依此分析，图像"▯""▯""▯"与图像"▯""▯"的原始含义应是相近或相同的。另一图像"▯"，如将其柄形"凵"及"88"去掉即为"▯"，"▯"如与图像"▯"中的"▯"相较，"▯"中的"▽"殆即"▯"上端"人"的延长。可见，"▯""▯"及"▯""▯""▯"，也皆是由"▯"演变而来（图一五）[1]，从而"▯"与上述"▯"及"▯"一类图像、图像文字的寓义，也应是相同的。所以，只要揭开图像"▯""▯"的谜底，由图像"▯""▯"及由"▯"演（衍）变而来的"▯"一类图像的含义及其所刻陶缸的用途，也就涣然冰释了。

　　我国考古学界多所认为，大汶口文化中，高柄杯一类物是一种饮酒用具是无庸置疑的。1979 年陵阳河、大朱村墓地发掘，出土高柄杯一类饮酒用具之多，令人叹为观止。易于理解，大汶口文化晚期，居住在莒县陵阳河、大朱村一带的大汶口人，已有发达的酿酒业。1979 年发掘，在陵阳河 M6、M17 还各发现一件硕大无朋的滤酒漏缸或曰沥酒缸[2]，与沥酒缸置于一处的器类为灰陶盆或接酒器、瓮即盛酒器，以及陶鼎一类器物。这一重要发现向人们展示，大汶口文化晚期，酿酒需经过滤这一阶段，其酿造技术已经达到了相当高的水平，陵阳河 M17 发现刻画"▯"图像的陶缸，在该墓中恰与沥酒缸、盆、瓮、鼎放在一处，置于棺室之北，椁室之

[1] 王树明：《谈陵阳河与大朱村出土的陶尊"文字"》，《山东史前文化论文集》，齐鲁书社，1986年。

[2] 王树明：《大汶口文化晚期的酿酒》，《中国烹饪》1987年第9期。

北

0　　　　　50厘米

图一三　陵阳河M17平面图
说明：墓室4.6×3.32平方米，方向108°

1.大口尊　2.双耳壶　3.滤缸　4、8、9、19、24、35、42、147.罐　5、27、38、55.瓮　6、25、37、43.鼎　7、10～14、17、18、20～22、30、31、45～48、52、53、56、58、59、61～65.杯　15、16、41、49.豆　23.陶片　26、32、50、60、76、119、153.盉　28、29、34、39、51、54、57、66、68、69、88、90、98、100.鬶　33、72、150～152、154.壶36、40、146.盆　44.杯5件　67.尊　70、71、73～75、77～80、84～87、89、90、94、95、99、101～103、105、114～118、120～128、137～141、155、156、158、159.镂孔高柄杯　81～83、91～93、97、104、106～113、136、145、157.高柄杯　148、149.石凿　（附：椁北侧外为猪头骨，计约32件）

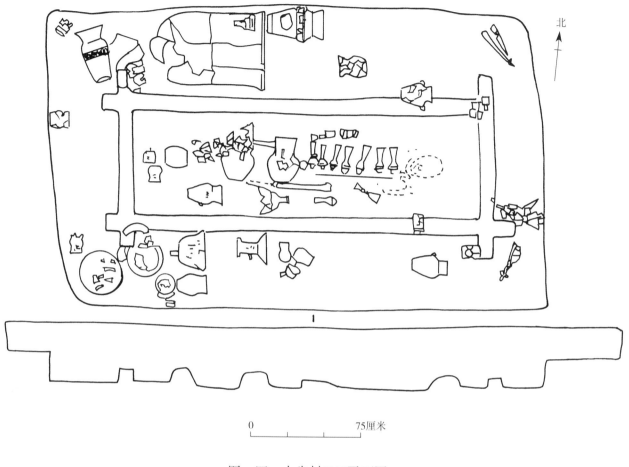

图一四　大朱村M17平面图

说明：墓室3.4×1.95平方米，方向110°

1.大口尊　2.尊　3.杯　4.鼎　5.尊　6.罐　7~10.杯　11.盆　12.鼎　13.瓮　14.鼎　15.杯　16.鼎　17.锛　18.壶　19.鼎　20.豆　21.杯　22、23.杯　24.背壶　25.钺　26、27.罐　28、32、33.猪头骨　34、36、37.镂孔高柄杯　38.双耳壶　39、47.高柄杯　48~50.高柄杯　51、52.镂孔高柄杯　53.人骨架　54.残鬶足　55.背壶　56.鬶　57.石凿　58.盉　59.杯　60.背壶　61、62.罐　63.鼎　64、73.高柄杯

内（图四、图一三）。根据该图像的形象及其陶缸在墓葬中的放置部位、组合关系判断，这一图像很有可能是陵阳河先民在酿酒时刻画的沥酒图像。

从形象结构看，这一图像由三部分组成。图像上端刻画似属"工具"一类遗物之形；中间刻形似盆，当为沥酒漏缸之摹画，"盆"上沿两端各刻一禾叶，或指示"盆"内所放为谷物；"盆"底之下横刻一道并于两端各刻一叶，此叶与"盆"上沿两端所刻禾叶形象不同，此叶之下刻有钩刺；图像最下朱绘一盆，图像的其余部分在其刻画范围之内也皆涂有朱彩。这一图像表示的含义，应为人们从事农业生产收

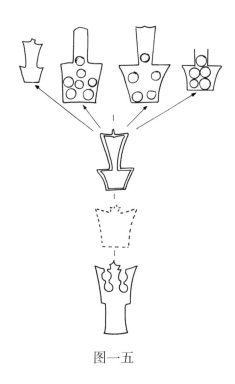

图一五

获的谷物，加工、煮熟再经发酵后，经带钩刺的一种植物叶过滤，将酒液接入朱绘的盆中。

在拙作《谈陵阳河与大朱村出土的陶尊"文字"》一文中，根据典籍记载，我国古代沥酒有"茜酒"或"涗酒""滤酒"等别名，论定，此类别名应导源于我国原始社会酿酒为谷物经发酵后进行过滤这一事实，与我们推测陵阳河 M17 发现图像为沥酒的含义相符；还根据先秦典籍中的有关记载，我国古代茜酒或曰涗酒、滤酒过程中，是用一种叶下带有钩刺的茅草叶进行过滤，又与陵阳河 M17 发现图像"盆"式器下刻画一道并在其两端刻画带有钩刺的植物叶形象一致，等等。因而推定，陵阳河 M17 以及 M11 扰土中采集陶缸残片刻画图像，是大汶口人采用谷物酿酒，经酒曲发酵后进行过滤这一事实的摹写。朱砂有辟邪、厌胜之义，图像涂朱乃是大汶口文化先民相信冥冥中有主管酿酒的神，他们为达到多产酒、产好酒的目的，故在沥酒时将沥酒过程中所用器物按其搭配关系摹画下来，并涂以朱彩以祈其显灵，藉以对主管酿酒的神或简称之为酒神的祭祀[1]。

通过对图像""""寓义的解析、确认，可以看出，由""""及""简省、演（衍）变而来的一类涂有朱彩图像的摹画物，也是大汶口文化先民在酿酒时祈祷、崇拜的对象。无庸置疑，陵阳河、大朱村发现刻画此涂有朱彩图像的陶

[1] 王树明：《谈陵阳河与大朱村出土的陶尊"文字"》，《山东史前文化论文集》，齐鲁书社，1986年。

缸，与过去发现刻画未涂朱彩图像文字陶缸的用途应有不同，由此类图像的寓义考察，这类刻有祭祀、崇拜酒神图像的陶缸，当然是一种酿酒的用具。由此揭示，莒县陵阳河发现刻文未涂朱彩、用为礼器的一类陶缸，原是从大汶口文化酿酒用具中分化出来的；从而也进一步揭示，过去在大汶口文化乃之其他诸考古文化中发现胎壁厚重、使用时需将腹下部埋置入穴内、贮藏"液体"的一类夹砂粗陶缸，也是酿酒的用具。1968 年春，山东诸城前凉台发现汉代画像石刻画——汉代酿酒工艺过程的画象。画象分别用酿酒过程中不同阶段所用不同器物的处置方式、人物操作的不同形象，以表示发酵、沥酒两个不同的酿酒阶段。其发酵阶段，是刻一将腹中部以下埋入土中的缸形器的形象，用以表示贮藏谷物发酵这一过程[1]。这一发现又从侧面证明，大汶口文化及其他考古文化中发现需将其腹中部以下埋入土中使用的夹砂陶缸一类酿酒用具，也应与汉画象石所画汉人酿酒贮藏谷物发酵的缸形器用途一致，是我国原始社会时期人们在酿酒时用以贮藏发酵物品的一种用具。至于陶缸在墓葬中与鼎、罐、瓮、盆、滤酒漏缸共存一处，乃因鼎、罐等一类遗物也是酿酒用具，其中，滤酒漏缸、盆是沥酒、接酒之具，瓮、罐或为盛酒器，炊具陶鼎的出现或暗示，夹砂粗陶缸内所贮藏的酿酒发酵物品是谷物，或曾为炊具陶鼎所蒸煮。

四　我国用谷物酿酒出现的时代与地望

我国古代用谷物酿酒（以下简称酿酒）起源的时代及其地望，过去已有不少同志撰文探讨，归纳起来大致有以下四种不同说法。

一种意见认为，我国酿酒起源于仰韶文化时期。这一意见，以李仰松先生为代表[2]。李先生根据我国现代少数民族的生活情况，主张酿酒在我国起源很早，早在我国原始社会的仰韶文化时期就已经开始出现了酿酒，认为当时的酒可能是水酒，是仰韶文化时期人们日常生活中的普遍饮料。他进而推测，仰韶文化中发现的小口尖底瓶就是仰韶人的酿酒用具，小碗、小钵之类用具，乃是仰韶人的饮酒之具。

一种意见认为，酿酒起源于龙山文化时期。持这一看法的是方扬先生[3]。方先生从文献记载、民族志、考古发现三个方面的资料考虑，认为我用古代酿酒起源的时代，不是仰韶文化，而是龙山文化时期。他认为，在已发现的仰韶文化的遗物中，并无确凿的酒器可言，在龙山文化中，特别是到了龙山文化晚期，普遍出现了尊、罍、

[1] 山东省博物馆、山东省文物考古研究所：《山东汉画像石选集》（图五四九、图五五〇），齐鲁书社，1982年。

[2] 李仰松：《对我国酿酒起源的探讨》，《考古》1962年第1期。

[3] 方扬：《我国酿酒当始于龙山文化》，《考古》1964年第2期。

盉、鬶、高足杯等确凿无疑的酒具。认为，这是我国龙山文化时期已经有了酿酒业的有力证据。

另一种意见与方扬先生的意见相近，认为我国酿酒起源于龙山文化晚期，这一意见的代表者是张子高先生 [1]。张先生根据人类社会从原始社会发展到阶段分化的历史过程，从酒器的存在和演变的情况分析，认为我国古代的酿酒，即用谷物酿酒的时代出现于龙山文化晚期的提法是较为符合历史实际的结论。他认为，因为这一提法正好与殷商奴隶制社会盛行饮酒的风气相衔接。

还有一种意见是折衷于李仰松、方扬先生之间的一种意见 [2]。这一意见认为，酒的最初发明，是我国古代原始社会时期的人们受到含糖野果自然发酵成酒的启示，而逐渐有意识地利用野果自然发酵造酒。这是人工酿酒的最初时期，这一时期的酒是果酒。利用野果自然发酵造酒的时代，大概在仰韶文化时期。与李仰松先生的意见一致，也认为，仰韶文化中发现的小型容器，如：碗、钵一类小型器皿，是仰韶人用以饮酒的器具。因为利用野果自然发酵酿酒受到季节的很大限制，为突破这种限制，人们不断地总结经验，到了新石器时代的龙山文化时期，就开始出现了采用谷物作酿酒的原料了。这是人工酿酒的第二个时期。

凡以上四种说法，概括起来实际是两种意见，可简称之为"仰韶说""龙山说"。笔者认为，后一种说法失之过晚，前一种提法似或偏早。或者说，仰韶文化即或有酒，可能也不是后代意义上的用谷物发酵酿酒。

不言而喻，所谓酿酒即用谷物酿酒需要粮食，因此，没有农业、没有剩余农产品的获得就谈不上酿酒。所以，用谷物酿酒的发生、发展必须以农业生产的发生、发展为根据。《淮南子·说林训》"清盎之美，始于耒耜"的记载，道破了这一根蒂。有了农业，有了剩余农产品的获得，才具备了用谷物酿酒的可能。考古资料观察，从我国原始社会的经济状况、生产技术上的进步程度看，说用谷物酿酒出现在我国新石器时代这一历史时期的说法，是可以信从的。这一提法，与马克思酿酒发生在"野蛮"中期或晚期阶段的提法相合 [3]，也为山东莒县陵阳河滤酒图像、滤酒漏缸、夹砂粗陶缸等成套酿酒用具的发现所证实。至于在谷物酿酒出现之前，用野果自然发酵酿酒出现的时代当更早，至迟也应发生在新石器时代之初。

我国新石器时代既已采用谷物酿酒，那么，这一创造性发明首先出现在哪一支考古学文化？其最早又出现在哪一阶段？要回答这一系列问题，还得从大汶口文化中寻找根据。

[1] 张子高：《中国化学史稿——古代之部》，科学出版社，1964年。

[2] 中国社会科学院历史研究所：《中国古代史常识》，中国青年出版社，1980年。

[3] 马克思：《摩尔根古代社会》一书摘要，人民出版社，1980年，第55页。

分布在今山东境内迄至江苏北部一带的大汶口文化，是我国古代东方一光芒四射的明珠，熠熠闪光的宝石。这一考古文化在我国诸石器时代考古文化中，其发展水平之高，与其同时代的其他史前时期诸考古学文化相较。盖无能望其项背者。它不仅以其特殊的埋葬习俗、风格独特的器物群、高超的生产水平、工艺水平区别于其他考古文化；其出土饮酒用具之多、崇尚饮酒风习之盛，也为其他考古文化所望尘莫及。可以这样说，在迄今发现的大汶口文化遗址中，尤其是今山东境内泰沂山系以南及江苏北部一带，尚未发现一处无酒器的遗址；这一地带，凡发现比较完整的大汶口文化墓葬，也几乎无一不以酒器为随葬品者。建国三十余年来的考古发现证明，这一地带，大汶口人的这种尚酒风习，对我国古代文化产生过极为深刻的影响。毫不勉强地说，我国东南沿海、中原地区、江汉地区诸石器时代文化中，真正可称之为酒器的，以及商周时代一些酒礼器，如：杯、觚、盉、鬶、尊、罍，等等，也大多是这一地带的大汶口文化或其以后的典型龙山文化中同类器皿的传播或演变。从夹砂粗陶缸一类酿酒用具的综合、分析、探讨中，可以清楚的看出，我国诸史前文化中发现此类盛贮谷物发酵物品的酿酒用具，出现时代最早的是苏北"青莲岗"文化刘林晚期，发现数量最多的，也还是在分布于这一地带即今山东境内泰沂山系以南及江苏北部一带的大汶口文化或"青莲岗"文化之中。种种迹象表明，我国古代采用谷物酿酒出现时代最早的，既不是分布在陕西迄至河南一带的仰韶文化，也不是分布在河南一带的龙山文化，而是分布在山东境内泰沂山系以南偏东一侧迄至江苏北部一带的大汶口文化之中。夹砂粗陶缸一类酿酒用具首先在刘林晚期墓葬的发现向人们显示，大汶口文化早期阶段之末，居住在山东境内泰沂山系以南至江苏北部一带的古代东夷部族，已步入用谷物酿酒的时代；陵阳河 M17 滤酒图像、滤酒漏缸及陶缸、陶鼎、陶盆、陶罐、陶瓮等成套酿酒用具的发现又向人们显示，至大汶口文化晚期，这一地带的古代东夷部族，用谷物酿酒经谷物加工煮熟，然后密封贮藏发酵，再经过滤即沥酒等三个不同的工艺阶段，也已臻于完备了。

《世本》一书记载，我国古代发明酿酒的是仪狄[1]。相传仪狄为古代东夷部族帝舜之女。《史记·五帝本纪》正义引周处《风土记》云："舜，东夷之人。"《孟子·离娄下》又记曰："舜生于诸冯，迁于负夏，率于鸣条，东夷之人也。"诸冯、负夏、鸣条，皆古地名。相传诸冯在今诸城、莒县一带；负夏在今泗水、曲阜县西；鸣条在今定陶县西。舜应为族名。传说中的舜部族的发迹之地及其向西迁的路线，恰当今泰沂山系南侧。《世本》一书为汉人之作，该书推尊东夷部族的帝舜之女仪狄为酿酒工艺的发明者，也说明，直到汉代，在人们的记忆中还朦胧的知道，我国最早

[1] 宋衷注，孙冯翼集：《世本（两种）》，商务印书馆，1937年。

发明酿酒即用谷物酿酒的，是居住在山东境内泰沂山系以南偏东一侧至江苏北部一带的古代东夷部族。

五　余论

老一代史学家提出，我国古代，居住在黄河中、上游一带先民属西夏集团，夏人、周人即其后裔；藩息于黄河下游一带先民属东夷部族，其后裔为商人、有周一带东夷诸小国。半个世纪以来的考古发现反映，分布在黄河下游与分布在黄河中上游一带的史前文化，在物质文化面貌、埋葬习俗诸方面，差别分明。是说明，夷夏东西之说灼有见底。我在撰写本文翻检有关资料时，还觉得夷夏东西之别不仅在于东西两大部族集团藩息的地望不同，物质文化面貌有别。在生活习俗方面，比如，在尚酒风习上亦有明显不同。西夏部族恶旨酒。《战国策·魏策二》记载，东夷族帝舜之"女仪狄作酒而美，进之禹，禹饮而甘之，遂疏仪狄，绝旨酒。曰，'后世必有以酒亡其国者。'"周人反对嗜酒，认为商人灭国、迁社的重要原因，即在于殷人"庶群自酒（《尚书·酒诰》）""沈酗于酒（《尚书·微子》）"所致，并一再告诫其子弟要引以为戒。考古发现中的周代酒礼器、酒具与商代相较，数量较少，且多承袭于商制；河南龙山文化中发现酒器多承袭于东夷；至于分布在今陕西、山西南部、河南一带的仰韶文化，除庙底沟类型仰韶文化中发现一件陶缸外，诚如方扬先生所言，到目前为止，我们还很难确定，也很难找到，到底还有那一些器物是仰韶文化先民的饮酒、酿酒之具。这一考古现象反映，所谓禹绝旨酒的传说及周人诅咒商人酗酒，是有久远的历史背景的。

《后汉书·东夷列传》记载，居住在黄河下游今山东境内迄至江苏北部一带的古代东夷部族，"率皆土著，嘉饮酒，歌舞。"东夷部族嗜酒、尚酒成风，已为大汶口文化、山东龙山文化出土酒器之多、重视酒器的风习所证实。在大汶口文化中，特别是大汶口文化中、晚期，其墓葬中随葬诸类器物，酒器被视为最为珍贵的一种。比如，高柄杯、镂孔高柄杯、盉、觚、鬶一类酒具，一般放于近身处，其他一些非酒具生活器皿则往往置于棺外。莒县陵阳河墓地发现的高柄杯、镂孔高柄杯一类饮酒用具，在墓葬中绝大多数交互叠压于人骨架之上，有的甚至通体涂有朱彩置于人骨架胸部。山东龙山文化时期先民崇尚饮酒、重视酒器风习，仅从其出土制作精致、工艺高超的蛋壳黑陶杯即可窥其一斑。商人尚酒是尽人皆知的。商代晚期，帝辛无道酗酒成风，达到"酒池""肉林"的地步。考古发现中的商代墓葬材料[1]，商人把酒器一类随葬物品也大都置于椁内近棺处，只有罍和食器一类器皿则放于椁

---

[1]　北京大学历史系考古教研室商周组编著：《商周考古》，文物出版社，1979年，第88页。

外。椁内近棺、椁外远棺，与墓主显然有着亲疏关系，也就是说，凡墓主人生前特别喜爱的因而特别被重视的一类器物，置于身旁，而墓主人认为次要的物件，则放于较远的地方。很清楚，商人尚酒、重视酒器的习俗与东夷部族是一致的。中华人民共和国建立以来，大汶口文化、山东龙山文化的考古发现不断显示，殷袭于夷礼，商民族在宗教信仰、意识形态诸方面，与我国古代东夷部族有着极为密切的血缘关系[1]，从我国原始社会诸文化中发现陶缸一类酿酒用具的研讨中，又可看出，商民族在生活习俗方面也与我国古代东夷部族有着极为密切的血缘关系。

　　附记：本文在形成文字过程中，中国社科院历史所张政烺教授、北京大学俞伟超教授、山东省考古所研究研究馆员郑笑梅先生，曾对本文提出了一些修改意见，值此文发表之际，一并表示谢忱。本文插图由王占芹同志绘制。

1984 年 10 月于济南

（原载《海岱考古（第一辑）》，山东大学出版社，1989 年）

---

[1]　王树明：《泰山缘起》，《东岳论丛》1985年第3期。

莒县陵阳河M25及其发现树社文字

20世纪70年代末,山东莒县陵阳河大汶口文化墓葬发掘,以其丰富的墓葬资料,图像文字资料名闻海内外。拙文在全面介绍1979年发掘M25的基础上,又介绍了该墓出土刻文陶尊之陶质、陶色、形制及所画图像文字的具体情状。根据陶尊刻文上端所画树木及原始社会人们崇拜地母、我国古代人们崇拜地母或曰祭社类有关文献记载,推定陵阳河M25发现刻文原是大汶口人崇拜地母树社的摹写。稽诸载籍及刻文所画树木干枝走向之状观察,此社主原始所画,是属殷人远祖以柏为社树的摹写。参以甲文中"南"字诸形,载籍中"南"字诸义为先民祭社有祈求大地丰收或"任成"、化育万物之义诸多相合,遂认定,陵阳河M25所画,乃现行汉字"南"字的远祖或其祖形(图一)。近世学者对骨文中"南"字的原始摹写有认为其为龟甲形者;有认为其为钟镈类乐器者;有认为其为瓦器类乐器形者。笔者根据近年来有关学者的研究成果及考古发掘有关资料,对上述类说法提出了一些不同看法。山东莒县陵阳河的考古发现,是20世纪50年代以来中国考古学界的一件大事,陵阳河及近年来的考古发现向人们不断展示,商人的远祖原发迹于泰沂山系南侧及江苏北部一带的大汶口文化之中,山东莒县陵阳河M25以柏为社树陶尊刻文的发现,又为这一说法提供了有力的证明。

一 引言

1957年,山东莒县陵阳镇村民疏通河道,在陵阳镇河道偏南一侧,发现图像文字"炟",之后,在这一地点又相继发现"炅""斤""戊""享"字诸文。根据这一线索,1963年山东省博物馆派员对该遗址进行了第一次发掘,发现大汶口文化墓葬十座,1979年春秋两季,山东省博物馆又派员对该遗址进行两次发掘,发现墓葬四十二座,其中,大汶口文化墓葬三十五座[1]。莒县陵阳河墓地三次发掘,

---

[1] 山东省考古所、山东省博物馆、莒县文管所:《山东莒县陵阳河大汶口文化墓葬发掘简报》,《史前研究》1983年第3期。

图一　陵阳河M25出土刻画"南"字陶尊

共发现大汶口文化墓葬四十五座；并采集品共发现图像文字类资料刻画十二枚[1]。1979 年春季一次发掘所获"文字"类资料中，M25 出土陶尊颈部有一刻画树木的陶尊文字，在《谈陵阳河与大朱村出土的陶尊"文字"》一文中[2]，笔者曾对该文作过简说，随着时间的推移，总感到尚有些笔墨未到的地方。因为这一陶尊文字的发现，不仅对研究骨文"南"字和原始摹画，其对我国原始社会晚期大汶口人崇地母即社祭及社祭方式一类问题，乃至对研究我国古代商民族社祭及殷商民族起源一类问题，都有十分重要的意义。本文拟就莒县陵阳河发现 M25 及上述一类问题，在前文研究的基础上，再作探讨，以就正于诸方家。

二　陵阳河M25及其发现陶尊文字

在《莒县陵阳河大汶口文化墓葬发掘简报》[3] 中，我们根据陵阳河遗址发现大汶口文化墓葬埋葬兆域不同、墓葬形制、棺椁制度、随葬遗物多寡等等，将陵阳河

---

[1]　王树明：《谈陵阳河与大朱村出土的陶尊"文字"》，《山东史前文化论文集》，齐鲁书社，1986年。

[2]　王树明：《谈陵阳河与大朱村出土的陶尊"文字"》，《山东史前文化论文集》，齐鲁书社，1986年。

[3]　山东省考古所、山东省博物馆、莒县文管所：《山东莒县陵阳河大汶口文化墓葬发掘简报》，《史前研究》1983年第3期。

图二 陵阳河M25平面图

1.大口尊 2.瓮 3.大背壶 4.泥质黑陶豆 5.夹砂灰陶罐 6.泥质黑陶带盖罐 7.大背壶 8.泥质黑陶罐 9.泥质黑陶盉 10.陶片（器形不明） 11.泥质黑陶单耳杯 12.黑陶带盖高柄杯 13.罐形鼎 14、15.带盖高柄杯 16.尊 17.鬶 18、19.带盖高柄杯 20.大型背壶 21～25.带盖高柄杯 26.白陶鬶 27～31.带盖高柄杯 32.陶尊 33～42.带盖高柄杯 43.异形杯 44.褐陶鼎 45～48.带盖高柄杯 49.薄胎镂孔高柄杯 50～55.带盖高柄杯 56.石环 57.石管 58.鼎 59.罐 60.豆 61.黑陶豆 62.尊形罐 63.双耳盆 64.单耳杯 65.石管 66.石饰 67.单耳杯 68～70.单耳杯 71.陶片（器形不明） 72.陶盆 73.单耳杯 74.单耳杯 75.单耳杯 76.尊形罐 77.猪下颌骨7块 78.带盖黑陶罐墓地三次发掘发现大汶口文化时期墓葬，分为四组或四区。1979年春天发现M25，埋葬于第一组或曰第一区富有家族墓区偏西一侧，属陵阳河墓地中期一中型以上富有者的墓葬。墓室 3.4×1.45 平方米，土圹竖穴，"井"字形木椁，人架一，仰身直肢葬，男性，头向 108 度（图二）。随葬猪下颌骨 7 件，陶器 73 件，石质类杂器 4 件。陶质器皿有：鼎、鬶、罐、背壶、豆、盆、瓶形尊、盃、单耳壶、单耳杯、厚胎及薄胎镂孔高柄杯、瓮、大口尊；石质类杂器有：石环、石管、石饰等类。各类物件的放置部位大致是：厚胎及薄胎镂孔高柄杯交互叠压于人架骨骼之上；在上肢骨套一石环，石管、石饰放于头部；下肢骨、足部椁内放置背壶、豆、罐、盃一类器皿；椁外左右两侧分别放置豆、单耳壶、罐、鼎等类器皿及猪下颌骨；足下部椁外处放置大型器皿：大口尊、瓮、带盖罐一类器。根据 M25 出土瓶形尊、尊形罐、带盖盆形鼎、罐形鼎、陶豆、高柄杯、陶盆、陶鬶诸类器皿的形制、特征分析（图三），这座墓葬的时代与曲阜西夏侯上层大致相当，也应属大汶口文化晚期的物质遗存。

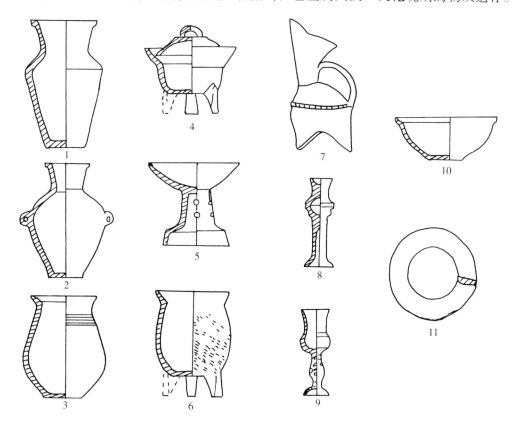

图三 陵阳河M25出土器物

1.瓶形尊（79M25：16） 2.双耳壶（79M27：25） 3.尊形罐（79M25：63） 4.带盖盆形鼎（79M25：59） 5.陶豆（79M25：4） 6.罐形鼎（79M25：44） 7.陶鬶（79M25：17） 8.厚胎高柄杯（79M25：29） 9.镂孔高柄杯（79M25：43） 10.曲腹盆（79M25：73） 11.石环（79M25：56）

陵阳河 M25 发现大口尊竖立于人架足端，颈部刻画一图像文字，与陵阳河 M19 发现陶尊相同，陶尊刻文亦与人骨架相对（图一）。因该陶尊发现时直立于墓葬之中，且保存完好，故其出土时尊内积满填土。我们将陶尊取出墓穴就近于陵阳河道清除、洗刷尊内积土和陶尊，与陵阳河 M17、M19 发现刻文陶尊内壁呈白色、乳白色有所不同，M25 发现刻文陶尊呈黑色，陶尊内壁有炱灰，尊内近底积土中，似伴有灰烬类物，将其倾入河内，一时间河水变黑，令人惊讶。陶尊颈部刻文系由两部分组成：图像文字上部刻画一树，树干高 11 厘米，左、右两侧各画 9 个分枝；文字下部刻画一"⛏"，刬上、平底、两侧内弧，左侧有原刻画时修改的痕迹，底宽 6、上肩宽 6.5 厘米，肩与底间高 7.5 厘米，并树木通高 20 厘米（图四）。

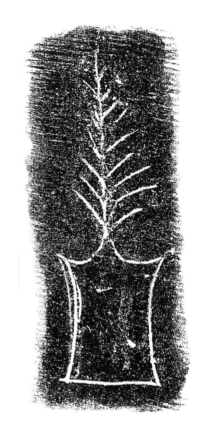

图四　陵阳河M25出土刻画"南"字陶文拓本

三　文献记载中的社神崇拜与陵阳河 M25发现陶尊文字

陵阳河 M25 发现陶尊文字，上部刻画一树，树下所画似一工具之形，因其上部刻画树木，从而表明，是形原始摹画，不是一般生活类工具物。或诘之，这一陶尊刻文的原始摹画到底为何事、何物？迄于后来，这一刻画又演变为何字？它的发现究竟又有什么重要意义？

莒县陵阳河遗址属大汶口文化之末，即原始社会晚期的物质遗存。这一历史时期，社会生产力低下，科学不发达，人们对大自然的斗争显然软弱无力，表现出人本身的力量、人的精神力量、人的知识力量不足。因之，人们在意识形态领域内表现为万物有灵，人类社会最初现出的宗教形式，对大自然的崇拜就在这种情况下发展起来了[1]。人们不仅对天、地、山川、河流进行崇拜，甚至对树木、花草乃至各种动物，也无不进行崇拜。认为自然界存在的一切，有生命的也包括一切无生命的事物，都有灵性，都有神灵。因为人类社会最初是在母权制度下发展起来的，因之人们在自然崇拜的初始阶段，对自然力或自然因素又往往赋予以妇女的形象，对它

---

[1]　柯斯文：《原始文化》（中文版），生活·读书·新知三联书店，1962年，第169～181页。

们的精灵或神祇给以女姓的称号。民族志资料反映，原始社会晚期世界各民族在农业生产发展的基础上，在自然崇拜中最是崇拜太阳神、地神，称大地、地神为地母，视大地精灵为母亲之神[1]。我国原始社会晚期以来，对大地崇拜、对地神祀祭表现为祭社。《说文》曰："社，地主也。"段注曰："社者，土地之主……今人谓社神为社公……社者，神地之道也。"《说文·示部》曰："姐，蜀人谓母曰姐，淮南谓之社。"《淮南子·说山训》："东家母死，其子哭之不哀。西家子见之，归谓其母曰，社何爱速死，吾必悲哭社。夫欲其母之死者，虽死亦不能悲哭矣。"高诱注曰："江淮谓母为社。"以是观之，中国古代与世界其他原始民族一样，也有崇拜大地、祭祀，视地神或社神为母之俗。

　　文献资料观察，我国古代祭祀地母、崇拜社神的对象或其形式，约凡三种说法。一、"封土"或曰积土为社。《淮南子·齐俗训》曰："有虞之祀其社用土。"高诱说："封土为社。"予按，"封土"之谓者，殆积土、垒土或堆土、起土之谓也。二、立石为社。《淮南子·齐俗训》曰："殷人之礼，其社用石。"高诱注："以石为社主也。"《周礼·春官宗伯·小宗伯》曰："若大师，则帅有司而立军社，奉主车。"郑玄注曰："社主，盖用石为之。"三、社主用树。《论语·八佾》曰："哀公问社于宰我，宰我对曰：'夏后氏以松，殷人以柏，周人以栗。'"注"孔曰，凡建邦立社，各以其所宜之木。"《墨子·明鬼下》曰："且惟昔者，虞夏商周，三代之圣王，其始建国营都，曰必择国之正坛，置以为宗庙。必择木之修茂者，立以为菆位。"孙诒让谓："刘云，'菆位，社也。'王云……菆与丛同，位字为社字之误也。……《六韬·略地篇》：'冢树社丛勿伐。'社丛即丛社也。"刘向《五经通义》曰："天子太社、王社，诸侯国社、侯社，制度奈何？曰，社皆有垣无屋，树其中以木。有木者，土主生万物，万物莫善于木，故树木也。"[2]依陵阳河墓地所处社会发展阶段、M25陶文刻画树木，并稽诸民俗志及我国原始社会乃至殷周以来人们崇拜地母或社神用树一类记载判断，M25陶文刻画或与大汶口人崇拜地母祭祀社神有关。

　　《周礼》一书关于我国古代祭祀社神的构筑方式、形制，有过这样一段记述。《周礼·地官·大司徒》曰："大司徒之职，掌建邦之土地之图，与其人民之数，以佐王安扰邦国。以天下土地之图，周知九州之地域广轮之数，辨其山林川泽丘陵坟衍原隰之名物，而辨其邦国都鄙之数，制其畿疆而沟封之，设其社稷之壝而树之田主，各以其野之所宜木，遂以名其社与其野。"郑注曰："千里曰畿，疆，犹界也。《春秋传》曰：'吾子疆理天下。'沟，穿地为阻固也；封，起土界也。社稷，后土及田正之神。壝，坛与堳埒也。田主，田神，后土田正之所依也。诗人谓之田祖。所宜

　　[1]　柯斯文：《原始文化》（中文版），生活·读书·新知三联书店，1962年，第169～181页。
　　[2]　瞿宣颖：《中国社会史料丛钞》，引刘向《五经通义》，上海书店，1985年，第470页。

木，谓若松、柏、栗也，若以松社者，则名松社之野，以别方面。"孙诒让正义曰："封土曰坛……埒，埤垣也，盖壝为拥土之名，故坛、埒均谓之壝……坛，祭场也，坛即土堂。""盖壝者，委土之名，凡委土而平筑之谓之墠（按，除地而祭曰墠，封土为坛），于墠之上积土而高若堂谓之坛，外为卑垣谓之壝埒，通言之，墠、坛皆得称壝。"一言以蔽之，古之所谓立社，乃首先积土为平台，然后于平台之上积土像屋顶式，即坛，再于台或坛之周围筑砌以矮墙，即所谓坛或壝。于壝之顶端再植以树木，对其进行祈祷、祭祀，此即商周以来社坛植树的具体情况。M25 发现陶尊文字，下部刻画"冂"，因其上部刻画一树，确证下部"冂"形所画不是石主之形。"冂"下部形如"△"，其顶端为"△"，与《周礼》记载商周以来人们立社建坛壝，其顶高若堂、形如屋顶形相合；"冂"之巅即文字上半部分刻画树主之形，又与《周礼》诸古籍载记商周以来社坛植树的记载一致。我在《考古发现中的陶缸与我国古代的酿酒》一文中推定，陵阳河 M25 土刻文陶尊原是用为祭祀的一种礼具，陶文反映的客观事物，就是其祭祀的对象[1]。陵阳河 M25 刻文陶尊出土时，内壁有炱灰、灰烬类物。王辉先生研究，殷人祭祀尚火，祀天神、地祇皆以火[2]。以殷人祭祀社神地祇用火的习尚推溯，陵阳河 M25 陶尊内壁炱灰、灰烬类物反映的，应是陵阳河人祭祀时在尊内燎柴祭社这一事实。如果此说成立，又为 M25 陶文为社坛植类刻画这一说法给以强证。综以上文分析，陵阳河 M25 发现陶尊文字的原始刻画，本是居住在莒县陵阳河一带大汶口人，崇拜地母，社坛植树的摹画。

《论语·八佾》记载三代易主，社神用树分别为"夏后氏以松、殷人以柏、周人以栗"。依是类记载观之，我国古代崇祀地母社神用树或因时代不同，或因处居地域，或其族属风尚有别，所用树木也有所不同。周代初年，周人统一全国之后，其出于政治安抚需要，把夏人、商人或周代不同地区各族所祀社神一并立于新邑而祀之。《初学记》引《尚书大传》载周代故事曰："乃社于新邑，羊一牛一豕一，太社唯松，东社唯柏，南社唯梓，西社唯栗，北社唯槐"。[3]诠释这一记载可以看出，有周一代，周人以栗为社主，周人把夏人用为社主的松树立为太社之主，或反映周、夏同族，周民族乃尊夏人为远祖，以松树、栗树为社主，是我国古代西部地区夏人、周人之习；"殷人以柏"及周人立"东社唯柏"一类记载，反映商后有周时期，居住在我国东部地区的殷先民及东方夷人，有以柏为社主之俗。至于周人于新邑之"南社唯梓""北社唯槐"类记载反映的，或周代亦

[1] 王树明：《考古发现中的陶缸与我国古代的酿酒》，《海岱考古（第一辑）》，山东大学出版社，1989年。

[2] 王辉：《殷人火祭说》，《古文字研究论文集》，四川大学学报丛刊第十辑，1982年。

[3] 瞿宣颖：《中国社会史料丛钞》，引刘向《五经通义》，上海书店，1985年，第470页。

或古代处居我国南方、北方一带一向被贬称为"苗
蛮""北狄"的先民，有以梓、槐为社主之风。莒县
陵阳河遗址属大汶口文化晚期的物质遗存，地当我国
东方沿海的黄海之滨，位居震方；居住在山东境内泰
沂山系迄南至江苏北部一带的大汶口人是商人的远祖，
诸城、莒县一带是商民族远祖帝舜或帝俊、帝喾传说
的发迹之地[1]。由图像文字出土地点及其文化属系考
察，陵阳河 M25 发现刻画社主之木，不可能是松树、
栗树，也不可能是梓树、槐树之属，当属载记中一再
提到的柏树类树木之形。

　　我国夏、商、周三代圣王立社，分别以松树、柏树、
栗树为主。周人立社所用栗树，即今所谓板栗，属落
叶乔木。这一树木，无明显主轴，其主轴与侧分枝相
差无几，不论其独自生长亦或集生成林，干枝都不能
一直向上延伸，树冠呈圆顶形或馒头状。有夏社主为松，
常绿乔木，总状分枝。这类树木在生长过程中，其当
幼龄、壮龄阶段，主轴明显，干枝差别较大，但其生
长至老龄阶段或其独自一株生于空旷之处，其主轴即
不能独自延伸生长。此类树木冠盖如伞独具一格。殷
人社主为柏，植物分类学名称又叫侧柏，亦常绿乔木。

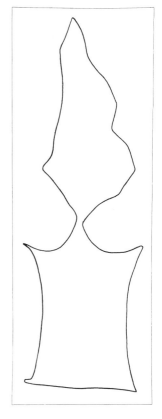

图五　陵阳河M25出土陶
文轮廓摹本

这类树木主轴极为明显，也属总状分枝或称单轴分枝。与松树不同的是，此树木无
论独自生长于空旷处，也或者丛集生长成林，其幼龄、壮龄、老龄阶段，皆主轴明
显、干枝有别，且树冠皆呈圆锥状。陵阳河 M25 社树文字刻画之木有主轴，树干
与侧分枝差别明显，为总状分枝类树木之形。就该文所画树木干枝形象推测，其当
属柏树幼龄、壮龄阶段的柏树之形。因为陵阳河 M25 文字所画是单株、独体一树，
干枝形象与独自生于空旷处的松树之形殊不相类。如果我们将 M25 陶文两侧分枝
之末端连结，其形又恰呈一圆锥体状（图五），此又与松类树冠呈伞盖状形体不符。
所以，M25 陶文所画不可能是松树之形。寻绎前文种种，陵阳河 M25 陶文刻画树
木之形，殆属莒县陵阳河一带大汶口人以柏为社主的原始形象。

---

[1]　王树明：《帝舜传说与考古发现诠释》，《故宫学术季刊》第9卷第4期，1992年。

四　陵阳河M25陶尊文字隶释

陵阳河 M25 刻画陶文，是大汶口人崇拜地母、所祀社神的图像文字。《甲骨文编》收集"Ⓓ"（粹十七）、"Ⓓ"（粹十八）、"Ⓞ"（前五·一〇·二）、"Ⓞ'"（林二·一二·一）诸文，计有二十八枚[1]，因我国古代文籍中有"其社用土""封土为社"一类记载，所以《甲骨文编》作者将所收上述类文字统统隶定为"土"字，认为这是先民祭祀社神"筑土成皂社之物文"[2]。将这类文字隶定为"土"字，认为它是先民所祀社神的摹写，无疑是无可厚非的。但认为它统统是"筑土成皂社之初文"，则容有未当。因为堆筑积土以为"皂社"，无法将社主筑成"Ⓓ""Ⓞ"情形。文献记载，我国原始社会迄至殷商以来，除"封土为社""植树为社"一类记载外，还有立石为社主的习惯，并且此俗也曾延至后世。由《甲骨文编》收集"土"字或曰社主诸文的形制、特点观察，这类社主文字，可能是殷商先民以石为社主的文字之形。此类文字与陵阳河 M25 筑土成皂，并于其顶端植树为社类文字互不相类。李学勤先生在《论新出大汶口文化陶器符号》一文中[3]，根据陵阳河 M25 发现文字上端刻画树木，其形与骨文、金文中的"封"字之形有所相近，遂而以为"这个字从'¥'从'土'应释为'封'。"我们以为，就陶文的总体形象而论，是形所画与骨文、金文中的"南"字之形，颇多相似。骨文中的"南"字写作"甬"（前一·一三·六）、"甬"（京津五二九）、"甬"（燕五）[4]；金文中的"南"字写作"甬"（吴王姬鼎）[5]、"甾"（墙盘）[6]、"甾"（无叀鼎）[7]、"南"（驹父盨盖）[8]，等等。骨文、金文中"南"字上端"¥""¥""Ψ""┿"诸形，当是"¥"上部"¥"的简化；骨文、金文中"Ⓓ""Ⓓ""⊞""⊞"诸形，应是"¥"下部"⊔"的变体。如果这一推演不致太谬，那么，陵阳河 M25 发现陶文应是现行汉字"南"字的祖形。

在骨文、金文中，"南"之字形与陵阳河 M25 树社文字形制相似；索以字书，"南"字本义，与先民祭社的用义又多所相合。

"南"，《说文》曰："草木至南方有枝任也。从米。"段注曰："当云南任也，与东动也一例。下乃云艸木至南方有枝任也，发明从米之意。"《广雅·释言》曰：

---

[1]　孙海波：《甲骨文编》卷13:7；卷6:8，哈佛燕京学社，1934年。

[2]　孙海波：《甲骨文编》卷13:7；卷6:8，哈佛燕京学社，1934年。

[3]　李学勤：《论新出大汶口文化陶器符号》，《文物》1987年第12期。

[4]　孙海波：《甲骨文编》卷13:7；卷6:8，哈佛燕京学社，1934年。

[5]　容庚：《金文编》卷6，中华书局，1985年。

[6]　容庚：《金文编》卷6，中华书局，1985年。

[7]　周法高：《金文诂林》第八册卷6，香港中文大学，1975年，第3937（6·275-0797）页。

[8]　周法高：《金文诂林补》第三册卷5·6，中央研究院历史语言研究所，1982年，第1702（6-0797）页。

"南、壬，任也。"王念孙疏证："南、壬、任，古并同声。《艺文类聚》引《尸子》云，南方为夏，夏與也，南任也，万物莫不任與蕃殖充盈。《书大传》云，南方者何也，任方也，任方者，物之方任……《大戴礼·本命篇》云，男者任也，子者孳也，言任天地之道，而长万物之义也……《史记·律书》云，壬之为言任也，言阳气任养万物于下也。"[1]《前汉书·律历志》曰："南，任也。言阴气旅助夷，则任成万物也。"《白虎通·五行十二律》曰："南者，任也。言阳气尚有任生荠麦也。"荠麦者，乃粮食类作物之谓也。人们崇祀地母、祭祀社神，确有祈祷丰收、祈祷大地"吐生""任成"、化育万物之义。"南"有南方之义，《周礼·考工记·匠人》曰："匠人营国，方九里，旁三门，国中九经九纬，经涂九轨，左祖右社，面朝后市。"郑注谓："王宫所居也。祖，宗庙；面，犹乡也。王宫当中，经之涂也。"《礼记·祭义》曰："建国之神位，右社稷而左宗庙。"郑注曰："周尚左也。"疏云："正义曰，此一节明神位所在，周人尚左，故宗庙在左，社稷在右也。"自古以来，华夏天子南面而座，南向而居。其左祖、右社之谓，乃谓天子建国立社，其社坛所在当其所居南面偏右一侧。依是推之，由社神陶文演变而来的"南"字所以又有南方之义，或因树社设于居住址之南面引伸而来。

近代学者，有认为"南"字所画为龟壳形者。康殷在《文字源流浅说》一书中，意测"南"字下部"⊞"像龟甲后半之形，甲端加"屮"，或有以锐物钻刺龟甲之意[2]。康氏此论无任何实际根据，令人难以置信。郭沫若先生认为，就形体而论，"南"字摹写"殆钟镈之类之乐器"之形，并叙说其证曰：

"卜辞有从南之字为𣪊，其数多至不可胜数"。然多用于卜贞二字之间，其义不可识。仅有一例见于辞间"甲戌卜𣪊贞，我勿版兹邑𣪊已↙"，义亦不明。然其字形则优有可说。写作𣪊、𣪊，乃象一手持槌以击南，与殷鼓二字同意。殷作𣪊诸形，鼓作𣪊若𣪊，即象持槌以击鼓，知𣪊与殷鼓必系同类字。又𣪊即殷形，𣪊即鼓形，则知𣪊、南同字，而南与殷鼓亦必为同类。其二《诗·小雅·鼓钟四重》"鼓钟钦钦，鼓瑟鼓琴，钟磬同音，以雅以南，以籥不僭"，毛传以南为南夷之乐，籥为籥舞，于雅无说。郑笺以雅为万舞，余同毛传。按雅为万舞之说实不经见，且《邶风·简兮》之万舞而执籥秉翟，则不舞与籥舞转后人强为之分耳。余以为雅籥实均系乐器之名，《周礼·春官》"笙师掌教龡竽笙埙籥箫篪应雅"，后郑谓"籥如篴之空"，先郑谓"雅状如漆筒而弇口，大二围，长五尺六寸，以羊韦鞔之有两纽疏画"。雅籥为乐器，则南自当为乐器。《礼记·文王世子》"小乐器学于大胥赞之；籥师学戈，籥师函赞之。胥鼓南"，南既言鼓则亦显系乐器之名。而郑注复以南夷之乐释之，举《诗》"以

[1] 王念孙：《广雅疏证》，中华书局，1983年，第142页。

[2] 康殷：《文字源流浅说》，荣宝斋出版社，1979年，第570页。

雅以南，以籥不僭"为证，是不特以疑证疑，乃至以疑证信矣。要之，南当为乐器，特其名失传，故毛、郑均未得其正解。其三《国语·周语·景王二十三年》"王将铸无射，而为之大林，单穆公谏之，谓铸大钟以鲜其继，后又言王不听卒铸大钟。"是则大林则是大钟，古人之钟亦可谓之林，林与南一声之转也。其四金文公伐郐钟有"世为周𤔲"，第四字王国维以为"甫"字，假为"辅"，以《鲁颂》云"为周室辅"与此文例同。钟铭中多此作之字如"叔父作宝𤔲钟""虢叔旅用作皇考惠叔大𤔲龢钟"、戲钟之"作朕皇考釐伯龢𤔲钟"、伯頵父钟之"作联皇□伯吴姬龢𤔲钟"、兮钟之"作大𤔲钟"，字均在钟字之上而多以大为形……余按此……𤔲、𤔲、𤔲等字，实为读林声。以声数求之，当即古之铃字。其字亦正象铃形，特古人之铃与钟为同义语，大钟亦谓之大林者，乃大铃也。𤔲、南则又𤔲之形音之略变者耳。南如本为钟镈之象形，则何以孳乳为南方之南？余揆其意，盖因古人陈钟镈于最南引伸而来之者[1]。

　　唐兰先生将骨文中的"𤔲"隶定的"南"或"𤔲"，认为"𤔲"或讹变为"南"，"𤔲"亦即"南"字。有关"南"字的原始摹画，唐先生不同意郭氏的钟镈说。其诘之曰：郭氏所列四证，惟第一证以鼓殼二字，与𤔲字相比较者为确实可信，然只能证明为乐器，无以定为钟镈也。其第二证引《诗·鼓钟》云："鼓钟钦钦，鼓瑟鼓琴，钟磬同音。以雅以南，以籥不僭。"及《文王世子》"胥鼓南"。以明南为乐器名。此事友人罗庸氏及余皆疑之。盖鼓钟之诗，既有钟磬琴瑟之音，则雅南安知其不为雅诗与南诗之乐耶？《文王世子》仅言鼓南，亦安知其非所鼓之乐名也。今姑不论此，而假定二书所言，确是乐器，亦无由定为钟镈之类。且鼓钟钦钦，明已有钟，若南为钟镈，则叠床架屋矣。其第三证以大林之林为即南，则仅声相近而无可据。第四证谓"𤔲𤔲等字当读林声，以声类求之，当即古之铃字，其字亦正象铃形"。又谓南为"𤔲之形音之略变"，最为舛误。𤔲南截然二形，不容相混。𤔲字出伐郐钟，钟之真伪，尚不可知，其字则决非𤔲或南。且即使𤔲即南字，亦安可据后代一孤文，以为祖称，而反谓商代所书尽为变体耶？按郭氏此释，其尤要者为第四证，而此证为最错误。其第三证必有待于第四证之成立，故亦不足据。仅据前二证，则决不能定为钟镈矣[2]。

　　唐兰先生虽然不同意"南"字摹写为钟镈形、铃形诸说，但他还是认为"南"字所画是一种古老的乐器之形。他说："余谓南本即𤔲，𤔲者瓦制之乐器也……以字形言，𤔲字上从丫，象其饰，下作𤮾形，殆象瓦器而倒置之，口在下也。其中空，故击之硠然，可以为乐也。"[3]唐氏之意，"南"字所画即古代用为敲击的陶罐一类

[1]　李孝定：《甲骨文字集释》卷6、7，第2079-2086页，引郭沫若《甲研释南》。

[2]　唐兰：《殷墟文字记·释𤔲殼》，中华书局，1981年，第86-95页。

[3]　唐兰：《殷墟文字记·释𤔲殼》，中华书局，1981年，第86-95页。

乐器之形[1]。

诚如唐氏所言，郭沫若"南"为钟镈类乐器的说法不能成立。裘锡圭《甲骨文中的几种乐器名称》一文中提出，甲骨文中的"南""南"即"庚"，原是一种在古代大钟的名称，认为"庚"即钟之象形；指出，甲骨文中的"庚"亦即"庸"，也就是"镛"[2]。索以字书，"庚""镛"二字声读相近，缓读"庚""镛"二字，其读音似摹拟钟镈二器之声音而来。又我国古代，一些古老乐器类名文字的读声，往往是一些拟声词。《释名疏证补·释乐器二十二》曰："磬，磬也。其声磬磬然也"；"瑟弦张之，瑟瑟然也"；"筝，施弦高急，筝筝然也"；"篪，嘻也，声从孔出，如婴儿嘻声也"；"箫，肃也，其声肃肃然"；"篴，涤也，其声涤涤然也"；"铙，声铙铙也"[3]，等等。就形、声两端求之，我国古代钟、镈一类乐器的象形字，只能是骨文中的"庚""庚"一类文字，不可能是"南"字或其变体"南"诸文。汉字本起源于图画，象形、象意为造字之本。是故汉字的本意或其引伸意义，与其原始所画事物及其用途，总是有某些联系的。设若"南"字原始摹画为钟、镈类敲打乐器的象形文字，它不可能引伸出"吐生""任成"、化育万物或祈祷大地丰收一类含义。唐先生认为"南"为瓦器罐、盆、釜类乐器之形，也是难以成立的。四十余年来，我国新石器时代乃至商周以来文化遗迹中，陶器类乐器遗物，诸如陶埙、陶角、陶钟器物曾屡有发现，但是，唐氏所谓上端饰一"屮"、下为"凸"，即"南"形"南"的陶质乐器，从未一见。是亦足证，唐兰先生的这一说法，也是不足凭信的。

五　余语

20世纪70年代末，莒县陵阳河、大朱村、杭头遗址发现后，根据这一地带发现陶尊文字资料、墓葬资料、墓地出土实物资料，我们先后撰写了《谈陶尊文字"炟"与"炅"》[4]《谈陵阳河与大朱村出土的陶尊"文字"》[5]、《陵阳河墓地刍议》[6]、《山东莒县陵阳河大汶口文化墓葬中发现笛柄杯简说》[7]、《考古发现中的陶缸与我国古代的酿酒》[8]、《帝舜传说与考古发现诠释》[9]、《仓颉作书与大汶口文化发现陶

[1] 唐兰：《殷墟文字记·释南殷》，中华书局，1981年，第86～95页。
[2] 裘锡圭：《甲骨文中的几种乐器名称》，《中华文史论丛》，上海古籍出版社，1980年，第2辑。
[3] 王先谦：《释名疏证补》卷7，上海古籍出版社，1984年。
[4] 王树明：《谈陶尊文字"炟"与"炅"》，《古文字论集（一）》，《考古与文物》编辑部，1983年。
[5] 王树明：《谈陵阳河与大朱村出土的陶尊"文字"》，《山东史前文化论文集》，齐鲁书社，1986年。
[6] 王树明：《陵阳河墓地刍议》，《史前研究》1987年第3期。
[7] 王树明：《山东莒县陵阳河大汶口文化墓葬中发现笛柄杯简说》，《齐鲁艺苑》1986年第1期。
[8] 王树明：《谈陵阳河与大朱村出土的陶尊"文字"》，《山东史前文化论文集》，齐鲁书社，1986年。
[9] 王树明：《谈陵阳河与大朱村出土的陶尊"文字"》，《山东史前文化论文集》，齐鲁书社，1986年。

尊文字》[1]，并本文凡计八篇论文，结合我国古代有关神话、古史传说、先秦文籍中有关记载，从不同侧面、不同角度，对莒县陵阳河，包括诸城前寨一带发现陶尊文字资料、大汶口文化晚期墓葬材料、实物资料，进行了研究。上述诸文揭示，至大汶口文化晚期，居住在莒县陵阳河、大朱村乃至诸城前寨一带大汶口人，正处在高度发达的军事民主主义时期，行将摆脱野蛮出入文明的大门；这一时期，大汶口人有以山头纪历的习惯，有祭祀兵械或曰拜物的习惯；用以发酵酒麯的陶尊、滤酒漏缸等成套酿酒用具、数以千百计的饮酒用具及滤酒图像的发现反映，大汶口文化晚期人们极度尚酒、其用谷物发酵酿酒的技术已臻于完备，与后世谷物发酵酿酒的工艺流程基本上是一致的；笛柄杯、吹奏类乐器陶文"凡"被用为族徽的发现又向人们展示，居住在诸城、莒县一带大汶口文化晚期人们，同民俗志记载近世其他后进民族一样，有崇尚乐舞的习惯，原是一能歌善舞的古老民族。

诸城前寨遗址与《孟子·离娄下》所记"舜生于诸冯"之诸邑相近[2]，莒县陵阳河、大朱村军事领袖墓葬发现徽文"凡"之衍生字"风"，又与"冯"字读音近似。文献记载以及图像文字资料提供内证证明，诸城、莒县一带原是我国古史传说中帝舜传说的缘起之地，这一地带发现大汶口文化晚期物质遗存，乃即帝舜部族的物质文化孑遗。古史记载，"太昊庖牺氏风姓"[3]。由徽文"凡"可衍生为"风"字又进而可知，我国原始社会晚期，活动在今诸城、莒县一带大汶口文化晚期人们，族属太昊。为我国史学界公认，古史传说中的太昊氏就是载记中神化为圣王的帝舜，所谓帝舜，就是殷商先民尊为远祖的帝喾、帝俊氏。陵阳河 M25 发现社树陶文所画为柏，其与殷人立社以柏的记载完全一致。寻绎上述诸端推论，所谓商民族远祖的发迹之地，原是居住今山东境内泰沂山系迄南偏东一侧的诸城、莒县一带；换言之，殷商民族的远祖，乃是居住在山东境内泰沂山系迄南的大汶口文化晚期先民。

（原载《故宫学术季刊》第十八卷第四期）

---

[1]　王树明：（仓颉作书与大汶口文化发现陶尊文字），香港版《中国文物世界》第102期，1994年。

[2]　王树明：《帝舜传说与考古发现诠释》，《故宫学术季刊》第9卷第4期，1992年。

[3]　徐宗元：《帝王世纪辑存》第四期，中华书局，1964年。

大汶口文化中骨、牙雕筒用途的推测

　　1974年发表的《大汶口》报告中，介绍了许多稀世之珍，骨、牙雕筒就是其中之一[1]。这类遗物，在江苏邳县刘林、山东邹县野店、茌平尚庄、莒县陵阳河、大朱村等大汶口文化的墓葬中，也有发现[2]，但在我国其他新石器时代文化中，则从未所见，它似为大汶口文化的独有之物。对这类遗物，考古界一般认为它是佩挂于身上的，或认为是一种装饰品，这是不妥当的。本文就雕筒的特征，结合大汶口、野店出土雕筒的墓葬材料，以及1977年山东莒县陵阳河、大朱村的考古新发现，对雕筒的用途谈一点粗浅的看法，以期得到专家们的批评、指正。

　　大汶口墓地发现的骨、牙雕筒，绝大部分置于人架腰部左右两侧或腰下。骨雕筒，横断面呈三角形，弦纹带间各镶嵌松绿石圆饼五个，筒型较薄，刮磨光滑，一侧穿四孔（图一，左）[3]，牙雕筒，筒外壁有五道平行弦纹，一壁开裂，裂缝两侧穿五对小孔，以便扎固使用（图一，中）[4]，牙雕筒，筒形短小，腰间饰四道弦纹（图一，右）。邹县野店出土的雕筒为牙雕，置于人架腰侧，其形制与大汶口墓地出土的骨、牙雕筒基本一致（图二，1）。出土于野店M62，饰三道弦纹带，一侧也有四个对称的圆孔。

　　1979年莒县陵阳河、大朱村发掘，其发现3件雕筒。出土于陵阳河M6，雕筒置于人架胸部。筒高4厘米，双孔，筒腰饰三道凸弦纹（图二，2）。出土于陵阳河M19，雕筒放于人架右侧上肢骨处。筒高4.5厘米，孔呈不规则的三角形，腰部饰四道凸弦纹（图二，3）。出土于大朱村M26，雕筒置于股骨间。筒高4厘米，腰部饰三道凸弦纹（图二，4）。这三件雕筒在发现时，筒内有朽木。

　　上文列举四处遗址出土的这类雕筒，质料有别，但其大小基本一致，在墓葬的放置部位相近，筒内壁都有加工、使用的痕迹，表明此类遗物的用途应是相同的。陵阳河、大朱村发现雕筒，孔内有朽木，又说明这类雕筒，筒孔内原来有木杆之类插入物。由此推究，大汶口文化中发现的所谓骨牙雕筒，原并不是什么佩挂于腰侧

[1] 山东省文物管理处、济南市博物馆：《大汶口——新石器时代墓葬发掘报告》，文物出版社，1974年。
[2] 南京博物院：《江苏邳县刘林新石器时代遗址第二次发掘》，《考古学报》1965年第2期。
[3] 山东省文物管理处、济南市博物馆：《大汶口——新石器时代墓葬发掘报告》，文物出版社，1974年。
[4] 王树明：《谈陵阳河与大朱村出土的陶尊"文字"》，《山东史前文化论文集》，齐鲁书社，1986年。

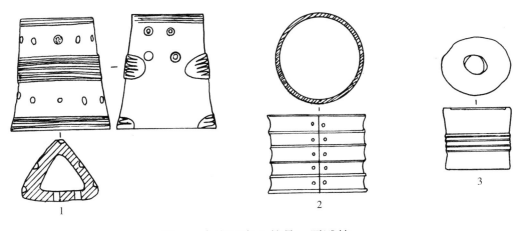

图一　大汶口出土的骨、牙雕筒
1.M4：10　2.M13：付4　3.M17：24（比例皆1/3）

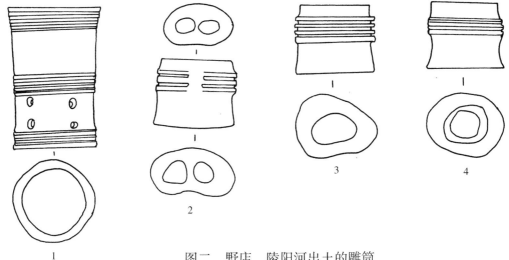

图二　野店、陵阳河出土的雕筒
1.野店M62　2、3.陵阳河M6、M19　4.大朱村M26　（比例皆1/2）

的装饰品，而是木杆一端的饰物，或曰柄饰。

　　大汶口发现骨雕筒16件，牙雕筒10件，分别出于15座中等以上的大墓中。这些大墓，往往集中在一处，随葬遗物丰富。早期74座墓葬，出土器物962件，有雕筒的7座墓葬，随葬器物216件，占其同时期墓葬出土物的23%；晚期墓25座，出土器物1243件，有雕筒的8座墓葬，随葬器物即达709件，占其同时期墓葬出土物的57%。大汶口墓地发现镂刻精致的牙琮、玉戈、玉（石）臂环，均出自随葬雕筒的墓葬中。

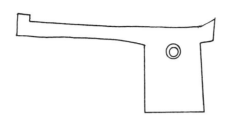

图三　陵阳河出土的图像文字
(采自《大汶口》118页，图94，3)

野店发现的牙雕筒，也是出于中等以上的大墓中。出于中期的有 M49、M50；晚期的有 M61、M62。以晚期的 M62 为例，该墓随葬陶、石、玉、骨等器物 80 余件，而同时期的 M81，只发现 1 件小陶杯。

大汶口、野店出土雕筒的墓葬材料表明，雕筒为官有者，或被氏族显贵一类人物所独占，而不为一般氏族成员所拥有。它应是墓主身份、地位、权力的象征物。

陵阳河 M6 为该墓地最大的一座墓葬。出土器物 170 余件，随葬陶尊 2 件，滤酒缸 1 件，枕骨下置一石戊，胸前放一石环。M19 也是一中等以上大墓，出土器物 72 件，颧骨右侧置一石戊，右侧上肢骨处放陶质牛角形号角一个，足下部棺外，放一刻画图像文字"￼"的陶尊。大朱村 M26 的大小、形制、随葬器物的放置部位，与陵阳河 M19 稍有差别，但是出土的能标明墓主身份的典型器物如：玉戊、陶质牛角形号角、陶尊等，与陵阳河 M19 的出土物一致，陶尊上刻画的图像文字、形象、结构完全相同。从上述三座墓葬随葬的典型器物分析，陵阳河 M6 当为氏族显贵或酋长一类人物，M19 及大朱村 M26 应是军事领袖身份[1]。雕筒在这三座墓葬的出现，不单说明它是墓主身份、地位、权力的象征物，也表明这种器物与戊、牛角形号角一样，用途大概也差不多，可能也是用于军事方面的重要兵械之物。

在陵阳河 M6、M19、大朱村 M26 中，伴随着雕筒出土的兵器有石戊、玉戊。图像文字"戊"的发现证明，这类兵器原来是缚以木柄的（图三）。但"戊"字图像，柄末仅刻以上翘之形，并未刻有以雕筒为尾饰的形象。又陵阳河 M6 发现的石戊，置于人架枕骨之下，而雕筒则放于胸部骨架之上，与石戊相距仅 30 厘米许；M19 出土的雕筒置于人架右侧上肢骨处，与颧骨右侧石戊的体长略呈平行状，相距也是 30 厘米许；大朱村 M26 发现的雕筒，筒孔与玉戊刃部相对，间距 40 厘米。从陵阳河出土"戊"字图像所画柄末端的形象和上述 3 座墓葬雕筒与石戊的放置位置及其距离来看，说明大汶口文化中发现的骨、牙雕筒，并不是戊柄末端的装饰物。

[1]　王树明：《谈陵阳河与大朱村出土的陶尊"文字"》，《山东史前文化论文集》，齐鲁书社，1986年。

大汶口文化中发现的骨、牙雕筒，数量不多，但造型优美、镂刻精致，堪称稀世珍宝。而这种稀世之宝，是装饰在木杆的一端，为一兵械之物。由此说明，这种兵械绝非一般砍杀之具，它应是在战争中具有特殊作用的一种兵具。

居住在陵阳河、大朱村一带的大汶口人，处在向文明时代过渡这一历史时期，即原始社会晚期。民族志资料观察，原始社会晚期，侵犯、略夺性战争成为经常的职业，在"战争"中，旗帜是必备的军器[1]。交战的双方，各以氏族或胞族为分队，每队皆由队长指挥，"各用制服及旗帜相区别"[2]。旗帜不单是指挥的军器，也是战争中用以区分敌我双方的重要标志。《尚书》记载，在我国古代的战争中，旌旗一类指挥的军器是军事领袖直接掌握的。《泰誓》："师尚文左杖黄钺，右把白旄以誓。"《牧誓》："时甲子昧爽，王朝至于商于郊牧野，乃誓，王左杖黄钺，右把白旄以麾。"马融曰："白旄，旄牛尾。……钺，一作戉。旄，一作髦。"疏曰："钺，《说文》作戉，云，'大斧也'。……'左杖黄钺，右秉白髦'。秉者，《释诂》云，'执也'。麾，《说文》作摩。云'旌旗所以指摩也'"。

戉或者说大斧，是兵器；所谓旄，乃是军事领袖手中所执的"军旗"。陵阳河M19、大朱村M26随墓的石（玉）戉，为砍杀一类兵器，陶质牛角如号角当属于发布命令之物。由民族志、经籍记载推之，作为军事领袖，也应有用于指挥的旌旗之类器物，在这两座墓葬中，发现木杆一端饰一雕筒之物，殆即墓主生前所用军旗类物的旗杆。殷周去古未远，师尚父、周武王"杖钺执旄"的记载，为这一推断给以佐证。

文献记载，原始社会晚期活动在今山东南部、西南部，与大汶口文化晚期发展阶段相当的，是古代东夷部族的太昊氏[3]。这一地带的大汶口文化应是太昊部族在考古学文化上的反映。童书业先生考证，古史传说中的太昊氏，即商的远祖帝喾[4]；郭沫若先生认为，帝喾也就是传说中的帝舜[5]；《小学绀珠》卷五引《帝王世纪》："帝舜即有虞氏。"[6] 依此可知，所谓太昊氏也就是帝舜，或曰有虞氏。《史记·五帝本纪》正义引周处《风土记》云：

"舜，东夷之人。"

---

[1] 恩格斯：《家庭、私有制和国家的起源》，人民出版社，1954年。

[2] 马克思：《摩尔根〈古代社会〉一书摘要》，人民出版社，1965年。

[3] 《左传·昭公十七年》记载，太昊之遗墟在陈，地当今河南淮阳境内。《僖公二十年》载："任、宿、须句、颛臾，风姓也，实司太皞与有济之祀。"据《左传》杜注，任、宿、须句在今山东济宁、东平一带，颛臾在今山东费县境内。从太昊的遗墟及其后裔的封地来看，大致反映太皞部族的活动地望，主要在今山东南部、西南部一带地方。

[4] 童书业：《春秋左传研究》，上海人民出版社，1980年。

[5] 郭沫若：《中国古代社会研究》，科学出版社，1960年。

[6] 徐宗元：《帝王世纪辑存》，《小学绀珠》卷五引《帝王世纪》，第42页。

《孟子·离娄下》：

"舜生于诸冯，迁于负夏，卒于鸣条，东夷之人也。"

诸冯、负夏、鸣条皆古地名。诸冯，相传在今山东诸城、莒县一带；负夏即负暇，相传在今山东曲阜县西；鸣条，在今山东定陶县西。舜属于我国古代的东夷部族，其发迹之地及其向西迁徙的路线，与传说中太昊部族的活动地望相吻合，从侧面支持了太昊即帝舜，也就是有虞氏的推测。

稽考古籍，有虞氏时代以旄牛尾缚结于杆（竿）杠的一端为旗帜。《礼记·明堂位》：

"有虞氏之旂，夏后氏绥，殷之大白，周之大赤。"郑注："四者，旌旗之属也。绥当为緌，读如冠蕤之蕤，有虞氏当言緌，夏后氏当言旂，此盖错误也。緌谓注旄牛尾于杠首，所谓大麾。《书》云：'武王左杖黄钺，右秉白旄以麾。'"孔疏："正义曰：'此一经论鲁有四氏旌旗。有虞氏之旂者，旂当为緌，但注旄竿首，未有旒縿。夏后氏之绥者，郑云，绥当为旂。夏后氏渐文，既注旄竿首，又有旒縿。……'知'有虞氏当言緌，夏后氏当言旂'者，以虞质于夏，故知虞世但注旄，夏世始加旒縿，知'注旄牛尾于杠者'，《尔雅·释天》，'注旄首曰旌'，是也。……郑此注以緌为有虞氏所建，緌则大麾。……引《书》曰者，《牧誓》文引之者，证白旄以指麾，是大麾也。"

《周礼·天官冢宰·夏采》：

"夏采。掌大丧，以冕服复于大祖，以乘车建绥，复于四郊。"郑注："有虞氏以为緌。""……玄谓《明堂位》曰：'凡四代之服器，鲁兼用之。有虞氏之旂，夏后氏之绥，'则旌旂有是绥者，当作緌字之误也。緌以旄牛尾为之，缀于橦上，所谓注旄于干首者。王祀四郊，乘玉路，建大常（建：树立、设置；大常，旗名）。今以之复、去其旒，异之于生，亦因先生王有徒緌者。"

据郑注，有周一代天子崩卒，为其举行祭礼于郊，王车所用标帜，即有虞氏的旗帜，其形式与《礼记》注释所说的一样，在木杆的一端不缚著旒縿一类装饰，仅繫结以旄牛尾，所谓"徒緌"而已。

《释名·释兵》：

"緌，有虞氏之旌也，注旄竿首，其形橥橥然也。"

旌是我国古代旗帜的总名、通称。緌为有虞氏之旌，即有虞氏的旗帜是以缚结于竿首的旄牛尾而为之。

前文征引说明，有虞氏（太昊氏）即古代东夷部族所用的旌旗，与武王伐商所用的旄一样，其形式是用一木杆或者以竹竿，在其一端缚结、缠扎着旄牛或牛尾，并不缚结布帛一类装饰物。

《周礼》一书记载，有周一代，旄尚被用为一种舞蹈的导具。《周礼·春官宗伯·旄人》：

"下士四人，舞者众寡无数。""旄人，掌教舞散乐，舞夷乐。"注："旄，旄牛尾，舞者所持以指麾，""散乐，野人为乐之善者，……自有舞，夷乐，四夷之乐。"

《乐师》：

"凡舞……有旄舞。"注："旄舞者，氂牛之尾。"

在原始社会中，人们常在狩猎、军事行动之前，手执军械举行祈祷性质的军事跳舞，"趁着情绪激昂之际，立即踏上征途"[1]，以期取得胜利，周袭于殷礼，商文化在上层建筑的某些方面与我国古代东夷文化有着极为密切的血缘关系，周代以旄为舞具，或为我国古代东夷部族在狩猎或军事行动之前持旄而舞这一古老习俗的流传与演变，《周礼》称旄舞为夷乐即是有力的证明。由此也证明，周初以旄为旗帜之俗很可能也非周人所固有，而是因袭于我国古代的东夷部族。

有虞氏迄至周代，以旄为舞具、旗帜的习惯，从古文字中也得到证实。甲骨文中的"舞"字，就是一人张开两臂曳旄而舞之形。如""（前六·二一·一）、""（乙二一八一）（《甲骨文编》五·二六）。另又，《山海经·海外西经》记载：

"大乐之野，夏后启于此舞九代。……左手操翳，右手操环，佩玉璜。在大运山北。"

清代学者郝懿行认为，"九代"是我国古代乐舞之名。陈梦家先生在《商代的神话与巫术》一文中指出，"代""隶"二字音近、音通，"九代"即"九隶"。"隶"象"又"（即手）持牛尾。《九歌》：

"成礼兮会鼓，传芭兮代舞。""代舞"即"隶舞"[2]。可见，"隶"字也是古先民用牛尾或曰以旄为舞具的一个象形字。甲骨文中无"旄"字，"旄"字""（师遽簋）见于西周中期金文，从字形看，""已脱离实物摹画的形象，它应是由旄的象形字衍变而来。甲骨中发现与旄旗有关的字，为"放""斿"。"斿"字""（佚九五二）、""（存下五二三），与文献记载旄的形式不类。"放"字""（甲九四四）、""（前五·五·七）""（前一·二二·一）（《甲骨文编》七·四），康殷说：

"（放）象古代的旗形。"[3]

此说颇得其本。这个字，竖写的一画应为旄杆；竖画顶端飘扬的当即结扎的牛尾。"旅"字的形象与文献记载旄的形式相符，它应是旄的象形字。《说文》中与旄旗有关的字，如："旗""旋""施""旛""旆"等等，多由"放"旁取义，以"旗""斾"

[1] 马克思：《摩尔根〈古代社会〉一书摘要》，人民出版社，1965年。
[2] 袁珂：《山海经校注》，上海古籍出版社，1980年，第209页。
[3] 康殷：《文字源流浅说》，荣宝斋出版社，1979年，第464页。

等命名的一类旗帜之字，所以由"旅"旁取义，殆因"㫃"是旄的象形字，旄是一种更古老的旗帜，后出现的"旗""旆"一类旗帜之字，所从"㫃"旁，是用以标明它与"㫃"一样，也是一种旗帜。《说文》曰：

"㫃，旌旗之游。"

许慎将"㫃"解释为旌旗游饰的象形，未得古人造"㫃"字之本。

不仅旄的形象为甲骨文"㫃""舞"二字所印证，旄杆手持的一端，有的尚装有象戈、矛秘下鐏、镦那样的饰物，古文字也提供了这方面的证据。如"舞"字"巫"（拾一一·一五）、"雙"（粹三三四）（《甲骨文编》五·二六）、"雙"（殷献）、"雙"（无优卣）（《金文编》六·八）中的"옷""쫓""쫓"，其下部的"小""쓪""朿"，为旄形，旄杆手持一端的"〇""Ḃ"所画，应与古文字"戈""千"（甲骨文）"千"（金文）、"矛""↑"（金文）秘下所画鐏、镦为一类物，即旄杆手持一端的柄饰[1]。再又，"中"字"봉"（前一·六·一）、"휵"（前六·二·三）、"훃"（后二·四〇·一一）（《甲骨文编》一·九），由图像"ᄼ""口"组成。唐兰先生认为：

"中本旌旗之类也……中者最初为氏族社会中之徽帜（《殷墟文字记》）。""中"字中的"ᄼ""ᄼ""ᄼ"，与甲骨文"㫃"字的写法一致，可证"中"字中的"ᄼ"，也是旄的象形字。从字形分析，"中"字竖画下部的"口"与"舞"字旄杆末端的"〇""Ḃ"一样，也是旄柄，其实物当属于大汶口文化中发现的骨、牙雕筒。

如前文所述，甲骨文"中"与"㫃"一样，也是旄的象形字，"中"字竖画下端刻画的"口"，是旄柄骨、牙雕筒。但甲骨文"中"字尚有另外两种写法，皆为"㫃"字之形有别。为此，还得把话题扯得远一些。

第二种写法的"中"字，竖画上端、下端有同数的旒，"口"刻画于竖画中间。如"봉"（前七·七·二）、"훃"（甲五四七）、"봉"（粹一二一八）（《甲骨文编》一·九）；第三种写法的"中"字，"〇"亦刻画于竖画中间，但竖画上端、下端无旒。如"中"（菁三·一）、"中"（甲六二四）（《甲骨文编》一·九）。古文字学者，多认为"中"字的第二种写法是指事字，谓中央之"口"、"▬"为适中之意。第三种写法的"中"字，是中的之"中"，竖写的一笔是矢字之形，矢从腰环中穿过，腰环为的。

如果将以上例举三种写法的"中"字，归于一类分析、比较，不难看出，"中"字的第一种写法有实物摹画之状，较二、三种写法为早，而后两种写法的"中"字，乃是前者的孳乳。将第二种写法的"中"字解释为一指事字是对的，但把第

---

[1] 康殷：《文字源流浅说》，荣宝斋出版社，1979年，第441、447页。

一种写法的"中"字也统归于此类，就难以使人信服。因为"□"在"中"字的第一种写法中，并非刻画于竖画中间，而是刻画于竖画下端的。"中"字的第三种写法，竖画也不是矢的象形。甲骨文、金文中的"矢"字为"✦""✦"（甲骨文）、"✦""✦"（金文），与"中"字中竖画"✦"的形象迥异，是说明将第三种写法的"中"字解释为矢中的之形，不妥[1]。且"□"在中字的第一种写法中，为"中"字所画器物的一部分，将其解释为的之象形也是不能成立的。任何文字没有象形文字为根据是造不出来的。追本溯源，后述两种写法的"中"字，实际都是第一种写法的"中"字之分化和衍变。

从"中"字的形体上可以看出，它原是旍的象形字，从"中"字的字义中，也能寻绎出一些蛛丝马迹。"中"，《说文解字注》曰：

"俗本和也。"

又"和"，《说文》曰：

"相应也。"

旍作为一种军事指挥的军旗，在战争中确有指挥士众彼此呼应，以达到行动、步调一致的作用。"中"字的这一含义，应是"中"字的本义。至于"中"字后来具有"内""中间"这种含义，乃应是由旍杆手持的一端插入柄饰（即雕筒）孔内而引伸出来的。

依据陵阳河、大朱村的墓地材料，文献关于旍的记载及古文字中旍的形象，推定大汶口文化中发现前文述及的一类骨、牙雕筒，为我国古代东夷部族旍旗杆末的装饰物——旍柄，应当是可以允许的。

附记：本文在形成文字过程中，先后请北京大学严文明、李仰松、俞伟超诸位老师帮助修改，值此文发表之际，谨致谢意。

（原载《考古与文物》1991 年第 3 期）

---

[1]　康殷：《文字源流浅说》，荣宝斋出版社，1979年，第457页。

大汶口文化墓葬中龟甲用途的推测

《大汶口》的报告中，介绍了许多奇异之物，尤以龟甲瞩目[1]。这类遗物，多发现于泰安大汶口、江苏邳县刘林[2]、大墩子[3]大汶口文化墓葬；山东邹县野店、茌平尚庄大汶口文化墓地，也有零星发现。

大汶口墓地出土龟甲20件，分别出于11座成年人的墓葬中。M106出3件，置于脚下；M19出4件，胸前置2件；M4出2件，1件置于右膝部。上述3座墓葬出土的其他龟甲以及其余8座墓葬出土的全部龟甲，皆置于人架腰际。多数甲内无遗物，背、腹甲有数量不等的穿孔，极个别有涂朱彩的。M47出土的龟甲，甲内盛数十颗小石子。石子为大小两类，大的一类略如樱桃；小的一类与豆粒相似。

江苏邳县大墩子发现的龟甲，大都在青壮年墓葬中发现[4]。龟甲置于人架腰部，间或置于尺骨、髋骨旁。个别甲内装小石子4到6粒，或装骨针6枚。刘林M182随葬龟甲2副。甲内均装十余粒小石子。大墩子M21随葬龟甲，也发现甲内装有许多粒小石子；大墩子M44随葬的龟甲内有粗骨针，尚装有骨锥。另外，大墩子第二次发掘，于H8发现的龟甲，有烧灼的痕迹。

概括上述材料，随葬龟甲的现象，在汶、泗流域迄至苏北一带大汶口文化的墓葬中，往往有所发现。多出于中型、大型以上墓葬，一般小墓较为少见。已发现的龟甲，多数有数量不等的穿孔，放于腰侧，当是系挂于身上的佩戴之物。少数甲内有四到六粒、十余粒、数十粒小石子，或骨针、骨锥。个别龟甲之上涂有朱彩。经烧灼的仅发现一例。绝大多数的龟甲，外面并无刻画痕迹，甲内也无遗物。此类现象，表明应与巫术、信仰有关。

民族志资料观察，原始社会受生产力发展水平的限制，人们认为万物皆有神灵，因而在战争、狩猎、渔涝、牧畜及农业生产活动，乃至日常生活中，产生种种在我们今天看来往往难以理解的奇风异俗。如佩戴护符、厌胜物，就以为可以禳解疾患，

[1] 山东省文物管理处、济南市博物馆：《大汶口——新石器时代墓葬发掘报告》，文物出版社，1974年。
[2] 南京博物院：《江苏邳县刘林新石器时代遗址第二次发掘》，《考古学报》1965年第2期。
[3] 南京博物院：《江苏邳县四户镇大墩子遗址探掘报告》，《考古学报》1964年第2期。
[4] 南京博物院：《江苏邳县大墩子遗址第二次发掘》，《考古学集刊·1》，中国社会科学出版社，1981年。

预知吉凶。大汶口人佩戴龟甲，可能就是用以厌胜的。

有趣的是，近世居住在托洛格海峡岛的克温安人，在战争中所用厌胜物，也是用龟甲制成的 [1]。他们认为，战时戴上它，可以克敌制胜。大汶口人佩戴龟甲的原始用意，仅从田野考古资料出发，似尚难以定论，但从古代典籍的有关记载来看，却能缀绎出一些线索。

《山海经·南山经》曰：

"又东三百七十里，曰杻（音纽）阳之山，……怪水出焉，……其中多玄龟，……佩之不聋，可以为底。"郭璞注云："底，蹋也；为犹治也。《外传》曰：'疾不可为。'"袁珂《山海经校注·南山经》曰："底同胝，足茧也；可以为底，可以治足茧也。"

《史记·龟策列传》曰：

"取（龟）前足臑骨，穿佩之，取龟置室西北隅悬之，以入深山大林中，不惑。"

予按，"穿"即穿孔，"佩"即"挂"，意为将龟之前足臑骨穿孔系挂于身，入于深山大林之中，可以不迷路。

大汶口、苏北一带所发现的穿孔并置于腰膝之龟甲，与《山海经·南山经》《史记·龟策列传》中佩玄龟、穿佩龟前足臑骨的记载相符。这可能就是大汶口人佩戴龟甲的含义。《史记·龟策列传》为汉人褚少孙所补，褚氏之先祖籍兰陵，地当今山东南部近苏北一带。可能褚氏生活的时代，这一带仍有此俗。

大汶口文化中发现的少数龟甲，有涂朱彩者，甲内有装骨针、骨锥或小石子者，也有刻画"✕"形符号者。这或与巫医、筮法有关。

大墩子 M44 为大汶口文化中期偏早的一座大墓，出土器物达 53 件之多，有带柄獐牙勾形器 1 件，骨针 8 个，骨锥 13 个，穿孔龟甲 2 副，殉狗并随葬许多生产工具。龟甲置腰部两侧，右侧的一副，盛粗骨针 6 枚；左侧的一副，装骨锥 6 个。右手指套以骨管。

《史记·秦本纪》曰：

"（德公）二年，初伏，以狗御蛊。"正义曰："蛊者，热毒恶气为伤害人，故磔狗以御之。《年表》云：'初作伏，祠社，磔狗邑四门。'按：磔，禳也。狗，阳畜也。以狗张磔于郭四门，禳郤热毒气也。"

缘此推溯，该墓殉狗，大概也是磔御蛊祟，禳除热毒的。此墓主手握獐牙勾形器，腰挂两副龟甲，手指套以骨管，形象确实特殊。原报告说，该墓主身躯高大（1.85米），骨骼粗壮，为一 30 岁左右的壮年男性。有人推测，此墓主可能是一氏族显贵，或即氏族中的酋长一类上层人物。

---

[1]　方纪生：《民俗学概论》，北师大史学研究所资料室定印。

《江苏邳县大墩子遗址第二次发掘》报告认为[1]，獐牙勾形器是一种工具，也有人认为是一种收割的农具。上述诸说不妥。大汶口的墓葬，百分之七十以上有手握獐牙的习惯，学者每每认为，手握獐牙有象征吉利之义。《论衡·讲瑞篇》曰：

"周获麟，麟似獐而角。武帝之麟，亦如獐而角。""……（麟）亦或时生于獐，非有麒麟之类。""……獐为麒麟"也。

又曰："且瑞物皆起和气而生，生于常类之中。"很清楚，汉儒王充认为，瑞兽麒麟，是獐的神化，升华；獐即麒麟的源头。由此推溯，大汶口人手握獐牙，为象征吉利之义是可以置信的，用獐牙做成的勾形器，就其形制观察，当也非一般生产工具一类物，而是吉祥如意的象征物，或即《周礼·考工记》记述"以起军旅，以治兵守"的礼器牙獐的滥觞。

男女两性间的分工，在氏族社会的早期阶段即已存在。在大汶口文化中期以后，男子主要从事农业、狩猎等生产活动，缝纫、纺织等家内劳动是妇女的事情。大墩子M44墓主是位三十多岁的壮年男性，其墓葬随葬龟甲内所盛粗骨针、骨锥，应不是墓主所用的缝纫之具，或与医具有关。在大汶口文化中，发现针锥之类遗物，见于报告的仅上文所举数例，而皆放于龟甲内。这表明，它们当较用于缝纫的针锥更为人们所珍重。上文已论及，龟甲是大汶口人的厌胜物，佩带它可以祛疾消灾，由此也暗示了龟甲内的针、锥之类遗物，是与巫医有关的医具。

从这种分析来看，此墓主生前的身份似与鄂温克人的萨满相类，应为未脱离生产劳动的巫医[2]。在原始社会，巫医在人们的心目中，威望是很高的。此墓出土如此多的随葬品，应是因其有沟通人神关系的本领而受到人们特别尊重的反映。这墓出土许多生产工具，表明墓主生前仍然从事生产，与鄂温克人的萨满不脱离劳动的情形，也是吻合的。在大汶口墓地，发现与此墓主身份相似的，还有M10。其墓主身份，也应与巫医一类人物有关。

M44左腹侧龟甲（图一，1），其背甲上、下各有四个穿孔，分布成方形。腹甲一端磨去一段，甲上刻一"✗"（图一，2）。右腹侧龟甲，背甲偏下4个穿孔，也分布成方形。下端边缘有八个穿孔，列成一排，当中两孔未穿透（图一，3）。腹甲下端刻一"∧"，腹表刻5个"O"，布列呈梅花形（图一，4）。原报告推测，"∧""✗"是因龟甲原用绳索捆绑而经长期压磨留下的遗痕。如果是这样，它应沿"∧""✗"的方向，通下龟甲边缘，龟甲边缘绳索压磨的痕迹会更加明显，"✗"两个"X"的交叉处应呈"✗"形。从图上看，却没有这种现象。又

[1] 南京博物院：《江苏邳县大墩子遗址第二次发掘》，《考古学集刊·1》，中国社会科学出版社，1981年。

[2] 秋浦等著：《鄂温克人的原始社会形态》，中华书局，1980年，第97～100页。

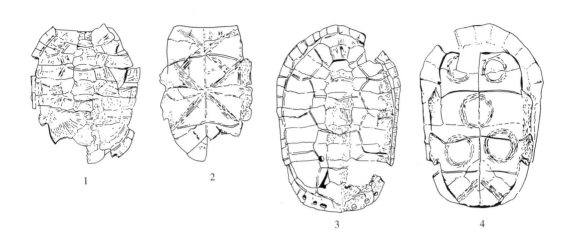

图一　穿孔、磨孔龟甲

1、2.大墓44∶26　　3、4.大墓44∶13　　（《考古学报》1964年第2期，《江苏邳县四户镇大墩子遗址发掘报告》插图）

"∧""※"与"O"刻画的痕迹完全一致，也否定了"∧""※"为绳索压磨之说。据上述现象判断，腹甲上的"O""∧""※"一类符号，无疑是先民有意识刻磨的。符号"O""∧"的原始寓意是什么，因材料限制，尚无法清楚说明，但符号"※"与"爻"字之形颇相雷同，这是值得注意的。甲骨文"爻"字的写法，如："※"（铁一〇〇·二），"※"（馀七·一），"※"（金三六）[1]；金文"爻"字的写法，如："※"（盂文）、"※"（父乙簋）、"※"（父丁簋）[2]。骨文中的"※"字皆四画相交，金三六与父丁簋的"爻"字之形，与大墩子M44腹甲刻磨的"※"极为相似，如将腹甲刻画图形倒置，"※"即为"※"。此形刻画会不会是六爻的"爻"字之祖型呢？《说文》："爻，交也。"许慎对"爻"字形体的解释，与"※"之形相合。在古代凡文化较高的国家中，最早出现的所谓文字或曰象形刻画符号，差不多全与祭祀有关，或以宗教为专业的人，由于祭祀的关系、巫术的需要而逐渐创造出来的[3]。这一刻画符号，发现在巫医用以盛放医具或避邪、厌胜的灵物之上，从其刻画的形体及其发现的情况看，该符号很有可能是"爻"字的远祖。如果这一猜测不错，那么它的发现说明，大汶口文化中期前后，筮法就已经出现了。

宗教迷信的产生始于氏族社会。在人与自然界的斗争中，因知识贫乏，对许多自然现象、事物无法解释，为求得先知，逐渐产生了筮法、卜法。占卜之法，早已在龙山文化的遗存中有所发现。至于筮法，《诗集传·卫风·氓》：

[1]　孙海波：《甲骨文编》卷三·三三，中华书局，1965年，第155页。

[2]　容庚：《金文编》卷三，中华书局，1985年，第231页。

[3]　徐旭生：《中国古史的传说时代》，文物出版社，1985年，第11页。

"尔卜尔筮。"注曰："龟曰卜，蓍曰筮。"

《左传·僖公十五年》："韩简侍，曰：'龟，象也；筮，数也。'"杨伯峻曰："卜用龟，灼以出兆，视兆象而测吉凶，故曰龟，象也；筮之用蓍，揲（音舌，《说文》：'揲，阅持也。'）以为卦，由蓍策之数而见祸福，故曰，筮，数也。"[1]

《淮南子·说林训》："卜者操龟，筮者端策，以问于数。"注曰："策四十九，策可以占远，可以问于数，数可卜筮者也。"

以上引证说明，所谓筮法，是根据数筮策之数而定祸福、吉凶。刘林、大墩子墓葬所出龟甲内发现的石子，为四到六粒或十余粒，有一定的数量界限，表明这些石子是有特殊用途的。有周一代所行筮法是分数蓍草。其方法是：用50根蓍草，取出一根不用，所余49根任意分成两部分，4根一组，依次分数，最后剩下的，或1或2或3或4根。再把其他蓍草任意分成两半，仍然以4根一组分数，如此者三次[2]。根据筮者3次分数蓍草的过程，断定每卦的爻是否有变爻。占卦者根据变爻的爻辞，以定吉凶。小石子与蓍草在质料上虽然不同，但是数蓍草与数小石子本质无别。大汶口M47龟甲内的小石子，为大小两类，也与周人卜数时将50根（实际是49根）蓍草分成两部分分数的情况类似。看来，大汶口文化龟甲内所盛小石子，有可能是用于卜筮的。《史记·太史公自序》曰："三王不同龟，四夷各异卜，然各以决吉凶。"

《史记·龟策列传》曰："蛮夷氐羌，虽无君臣之序，亦有决疑之卜。或以全石，或以草木，国不同俗。"

按，"草"即蓍草，所谓"石"，或即大汶口文化这一类古代东夷部族用小石子卜筮之俗？司马迁20岁以后，曾南游江、淮，北至汶、泗以至于齐都临淄；褚少孙又祖籍于东夷之地。他们对古代东夷部族用石子卜筮的习惯，或有所闻。

筮法的出现是人类具有数学知识的标志。分析大汶口文化陶器上的彩绘花纹，可以看出，到大汶口文化中期，人们实际上已经掌握了等分、对称等数学方法，计数也已经超过了原始社会人们感到神秘的"3"的水平。图二陶豆绘制八角星4个，每两个八角星之间画两竖道；图三陶盆口沿绘6对两两相对的弧形花瓣，每两对花瓣间，画7条竖道；图四陶盆腹部绘3个八角星，每两个八角星间，又绘4个圆圈装饰。很明显，不掌握等分、对称等数学方法，没有计数的知识，就无法安排得如此合乎比例，数字一致。这是筮法产生的基础。没有数的概念即无筮法。当然，尽管那时的人们已实际掌握了等分、对称等数学方法和计数知识，但大汶口人还不可能理解数是客观世界具体事物数量关系的反映，必然仍处于数学上的蒙昧阶段。披

[1] 杨伯峻：《春秋左传注·僖公十五年》，中华书局，1983年。

[2] 任继愈主编：《中国哲学史》第一册，人民出版社，1966年，第16页。

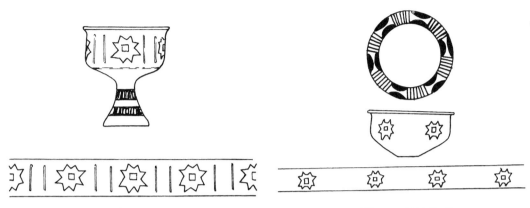

图二　彩绘陶豆　　　　　　　　　　　图三　彩绘陶盆

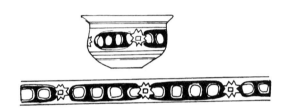

图四　彩绘陶盆

以宗教、迷信外衣的筮法，就在这种情况之下出现了。

我国古代所谓八卦，就是《周易》一书中的那些符号，《周易》原不过是专讲筮法的一部卦书[1]。关于八卦或曰筮法的起源，《易·系辞下》曰："古者庖牺氏之王天下也，仰则观象于天，俯则观法于地，观鸟兽之文与地之宜，近取诸身，远取诸物，于是始作八卦。"

或者以为所谓八卦乃是"河出图，洛出书"的产物。尽信书不如无书，神话传说不能视为信史。把八卦或曰筮法归结为由一传说中的神话人物所发明或者神授，无疑是妄诞无稽之谈，但我国古代流传下来的某些神话传说，往往是有历史踪影的。汪宁生同志说："筮法应和卜法一样，是由原始社会就流传下来的一种占卜方法。"[2]高亨先生也认为，筮法产生于原始社会时期。他说："从社会的发展过程来看，用金、石、草、木等占问吉凶的巫术，产生很早，处在原始社会的民族，差不多都有。"[3]大汶口文化的考古发现，为上述一类说法提供了又一证据。

古史传说中的伏羲氏，也作庖牺氏，也就是太皞氏。关于太皞部族的活动地望，

[1]　汪宁生：《八卦起源》，《考古》1976年第4期。

[2]　汪宁生：《八卦起源》，《考古》1976年第4期。

[3]　高亨：《周易杂论》，齐鲁书社，1979年，第14页。

《左传·昭公十七年》："陈，太皞之墟也。"其地约当今河南淮阳一带。《左传·僖公二十一年》又曰："任、宿、须句、颛臾，风姓也，实司太皞与有济之祀。"任国故墟在山东济宁市；宿与须句两国故墟在山东东平县境内；颛臾之墟在今山东鲁中南平邑县东。从太皞氏的遗墟及其后裔的封地来看，古史传说中的太皞部族大致活动在今山东南部、西南部，以至河南东部一带。大汶口文化的中、晚期，可能就是太皞部族的遗存，而在这一地带，大汶口文化的遗址正是密集的，生产力发展的水平也较高。这个太皞氏，相传有过许多发明[1]，是"书契"的创造者。作为这一时代的产物，已被莒县陵阳河陶尊"文字"及泰安大汶口朱绘"文字"的发现所证明[2]。太皞氏又"尝味百药，而制九针以拯夭枉"，这也正被大墩子 M44 中可能是巫医的针、锥医具的发现所证实。看来，载籍中所谓伏羲画八卦的传说，应当和大汶口文化中期前后出现筮法的现象，联系在一起考虑。

　　总括上文所述，大汶口人佩戴龟甲，是为禳除疾病，消灾厌胜的；部分龟甲内所盛骨针、骨锥，可能是巫医所用的医具；龟甲内所盛小石子，则大概是用于卜筮决疑的。

　　后记：本文初稿写于 1982 年 6 月，1983 年年底，北京大学俞伟超教授对本文提出了一些修改意见，笔者又进一步作了些修改。本文附图为王占芹同志绘制。值此文发表之际，谨对俞先生、王占芹同志，致以谢忱。

　　（本文是 1982 年提交山东省考古学会成立大会的论文，发表于《中原文物》1991 年第 2 期）

　　[1]　徐宗元：《帝王世纪辑存》（转引自《御览》卷七百二十一引；《路史后记一》注引《世纪》），中华书局，1964 年，第4、5页；（晋）王嘉撰、（梁）肖绮录：《拾遗记》卷一，中华书局，1981年，第1页。
　　[2]　王树明：《谈陵阳河与大朱村出土的陶尊"文字"》，《山东史前文化论文集》，齐鲁书社，1986年；山东省文物管理处、济南市博物馆：《大汶口——新石器时代墓葬发掘报告》，文物出版社，1974年，第73页（图五九背壶，8）。

山东临沂凤凰岭东周墓墓主身份的推定
——《临沂凤凰岭东周墓》报告结语

一　关于墓葬的年代

凤凰岭东周墓出土编钟上原来曾铸有铭文，但已被锉磨掉，所以该墓的绝对年代无文字资料可考，只能根据墓葬的形制结构、出土遗物的组合关系、形制特征、花纹装饰分析判断。

凤凰岭东周墓，墓室分南北两部分，北部墓前室放置遗物，南部墓后室安葬墓主及 1 至 4 号殉人，隔梁及东西二层台安葬 5 至 14 号殉人（图一）。墓室的结构，墓主、殉人、遗物的安放部位与莒南大店 1 号墓、2 号墓基本相同；出土陶器、鬲、豆、罐、器盖及铜卣、铜舟、纽钟与大店 2 号墓出土同类器物多所近似（图二～四）[1]。《莒南大店春秋时期莒国殉人葬》报告推测，大店二号墓为春秋中期，似或略嫌偏早。凤凰岭东周墓、大店子二号墓墓葬材料观察，两者习俗相近，时代基本相当，均应属春秋晚期的物质遗存。

凤凰岭东周墓出土铜鼎分二式。Ⅰ式鼎 1 件；耳微外侈，直立于口沿上，蹄足，耳外侧、鼎腹部饰窃曲纹（图版壹，1；图五，1）。此鼎形制特征、花纹装饰尚存西周晚期、春秋早期作风，当属例外。Ⅱ式平盖鼎，附耳，蹄足，平盖，盖有3 矩形纽，盖及腹部各饰变形蟠螭纹一周；有的附耳外侧也饰有变形蟠螭纹（图五，2～4）。此式鼎与 1963 年山东临朐杨善公社出土平盖鼎形制相同 [2]；出土编钟、簠与 1955 年安徽寿县蔡侯墓出土编钟、簠作风一致（图版贰，1；图版伍，1；图六，3）[3]。一般认为，临朐杨善公社出土的平盖鼎为春秋晚期的遗物，寿县蔡侯墓的年代各家意见尚不一致，但差距不大，大都断定为春秋晚期，或者说公元前五世纪前半期。

[1]　山东省博物馆、临沂地区文物组、莒南县文化馆：《莒南大店春秋时期莒国殉人墓》，《考古学报》1978年第3期。

[2]　齐文涛：《概述近年来山东出土的商周青铜器》，《文物》1972年第5期。

[3]　中国科学院考古研究所：《寿县蔡侯墓出土遗物》，科学出版社，1956年。

图一　凤凰岭东周墓墓室平面图

墓主：1.玉玦　2、3.玉璜　4、5.玉佩　6.环形佩　7.玉环　8、9.玉佩　10.玉环　11.玉玦　12.璜　13、14.玉佩
15.玉璜　16、17.玉璜　18.玉佩　19.玉璜　殉1：1.骨管　2.铜削　3.方棱骨　4.残木盒　殉2：1.玉玦　2、3.玉璜
殉3：1、2.骨管　3、5.残铜器　4.卤　6.铜削　8.象牙雕　7、9.玉璜　10.鼎　殉4：1.串珠　2.矛　殉7：1.铜削
殉10：1.铜削　殉12：1.铜削　殉13：1.铜削　殉4足下：1、3.簋　2.玉环　4.舟　5.鼎　6.铜卤　7.铃　8.鐎盉
9.鼎　10.簋　11.戈　12.斤　13.镞　14.盘　15.壶　16.铜卤　前室：1~3、6.剑　4、5.剑鞘饰　7~14.鬲　15~27.
瓮　28~36.缸　37~42.豆　43~67.器盖

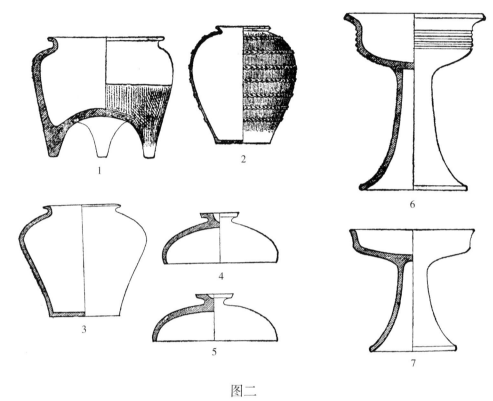

图二

1.鬲（前室：7，1/2）　2.瓮（前室：15，1/4）　3.罐（前室：28，1/2）　4、5.器盖（前室：43、45，1/2）
6.Ⅰ式豆（前室：37，1/2）　7.Ⅱ式豆（前室：40，1/2）

凤凰岭东周墓与长沙浏城桥一号墓出土遗物，也有很多近似之处[1]。如兵器中的Ⅱ式戈、Ⅱ式矛及陶器中的陶鬲、陶豆，与浏城桥一号墓出土戈、矛、陶鬲、陶豆相同（图七，3、4；图二，1、7）；青铜礼器中的镶盉、簠（图八，1、2；图六，3）与浏城桥一号墓出土同类器皿形制、花纹装饰相似。凤凰岭东周墓还可与洛阳中州路第三期出土遗物相比较。比如，Ⅱ式戈（图七，3、4）、Ⅱ式剑（图一四，4），与中州路三期墓出土Ⅲ式戈、Ⅱ式剑基本一致[2]。长沙浏城桥一号墓与安徽寿县蔡侯墓时代相同；《洛阳中州路》报告推定其三期墓葬的绝对年代与上述两墓时代一致，为春秋晚期。

凤凰岭东周墓出土青铜礼器、玉石器装饰花纹有，窃曲纹、兽面纹、三角形纹、云雷纹、蟠螭纹、变形蟠螭纹、绳索形纹、菱形纹等。窃曲纹、云纹仅见于Ⅰ式鼎、铜卣、铎、殉2：1号标本玉玦；兽面纹多饰于鼎足根部；绳索形纹、菱形纹仅见

[1]　湖南省博物馆：《长沙浏城桥一号墓》，《考古学报》1972年第1期。
[2]　中国科学院考古研究所：《洛阳中州路——西工段》，科学出版社，1959年。

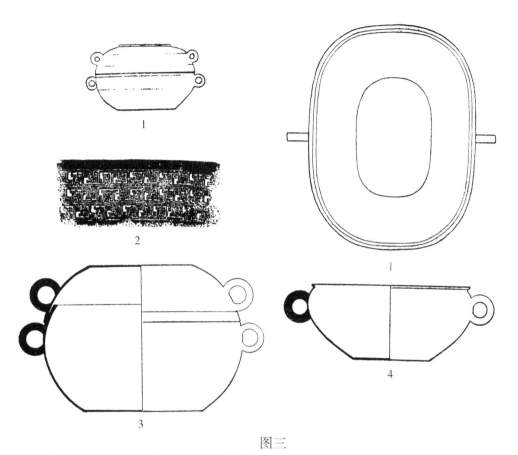

图三

1. Ⅰ式敦（坑：40, 1/4）　2.敦（坑：41）腹蟠螭纹拓片　3.Ⅱ式敦（坑：42, 1/2）　4.Ⅰ式舟（坑：35, 1/2）

于玉环、Ⅱ式矛（坑：56）（图五，1;图九～一一;图一二，5）。最大量的是蟠螭纹、变形蟠螭纹，几乎千篇一律，令人有沉闷之感。在中原地区，蟠螭纹、变形蟠螭纹是春秋晚期青铜器花纹装饰中的主体花纹，是春秋晚期一种代表性纹饰，窃曲纹、云雷纹、兽面纹、三角形纹，在春秋晚期虽然存在，但它已不是一种主要的花纹装饰。不难看出，凤凰岭东周墓出土青铜礼器、玉石器装饰纹样总体特征反映的，是春秋晚期的风尚。另外，与Ⅱ式矛纹样完全相同的菱形纹（图版叁，1），过去曾在"越王句践自作用剑"上发现过[1]。说明此式矛与越王句践所处时代相差不远。越王勾践生年不详，卒于公元前465年，其活动的时代与寿县蔡侯墓大致相同。

从上面的分析比较中，可以看出，临沂凤凰岭东周墓与莒南大店子二号墓、长沙浏城桥1号墓、安徽寿县蔡侯墓以及洛阳中州路第三期墓葬的时代基本相似，推断其绝对年代应在春秋晚期，或者说，在公元前五世纪前半期。

[1]　《中华人民共和国出土文物展》，1973年（日本出版）。

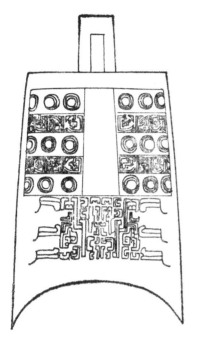

图四　钟（坑：60，1/3）

1. I 式鼎（坑：1）

2. 甑（坑：9）腹部砍砸痕迹

图版壹

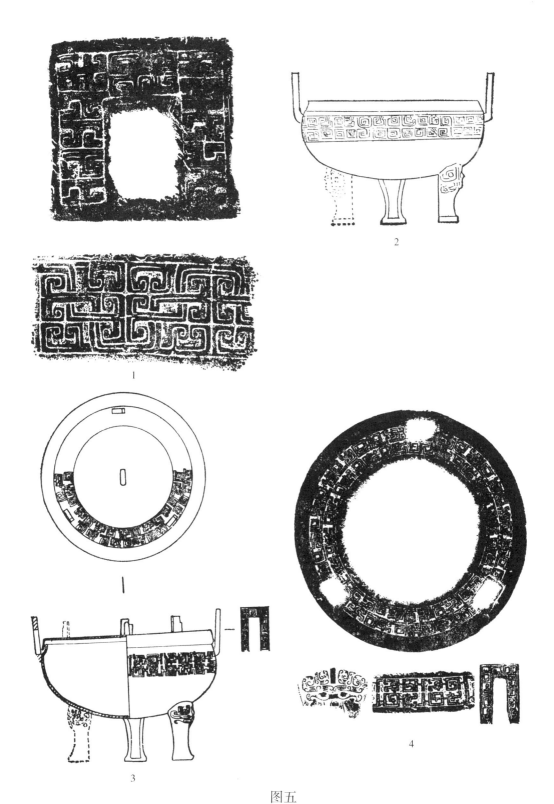

图五

1.Ⅰ式鼎（坑：1）鼎耳、鼎腹窃曲纹拓片　2.Ⅱ式鼎（坑：3，1/4）　3.Ⅱ式鼎（坑：4，1/4）　4.Ⅱ式鼎
（坑：4）盖、耳、腹、足膝蟠螭纹、兽面纹拓片

1.编钟（坑：58～66）

2.Ⅱ式鼎（坑：2、3、4、6、7、12）

图版贰

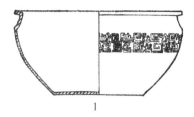

1

2

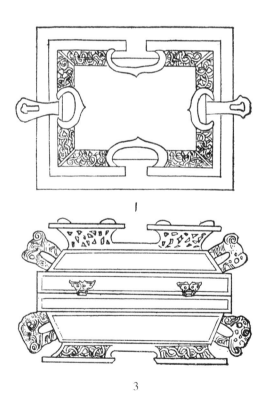

3

图六

1.盆（坑：11，1/4）　2.盆（坑：11）腹蟠螭纹拓片　3.簠（坑：5，1/4）

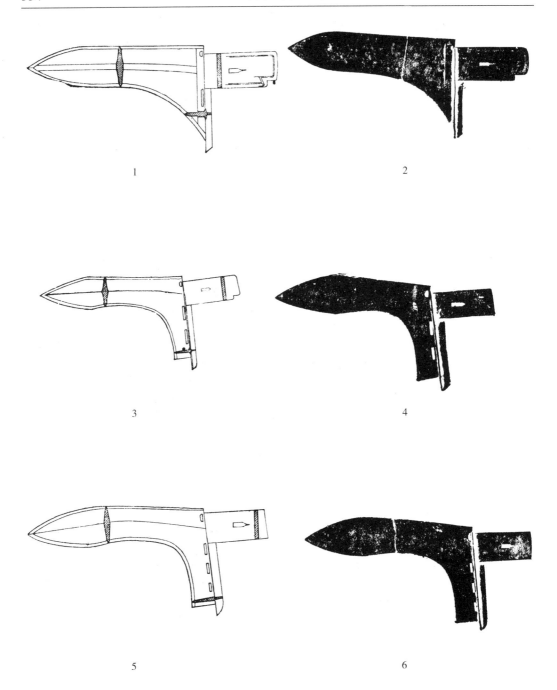

图七

1. Ⅰ式戈（坑：24，1/2）　2. Ⅰ式戈（坑：24）拓片　3. Ⅱ式戈（坑：16，1/2）　4. Ⅱ式戈（坑：16）拓片　5. Ⅲ式戈（坑：19，1/2）　6. Ⅲ式戈（坑：19）拓片

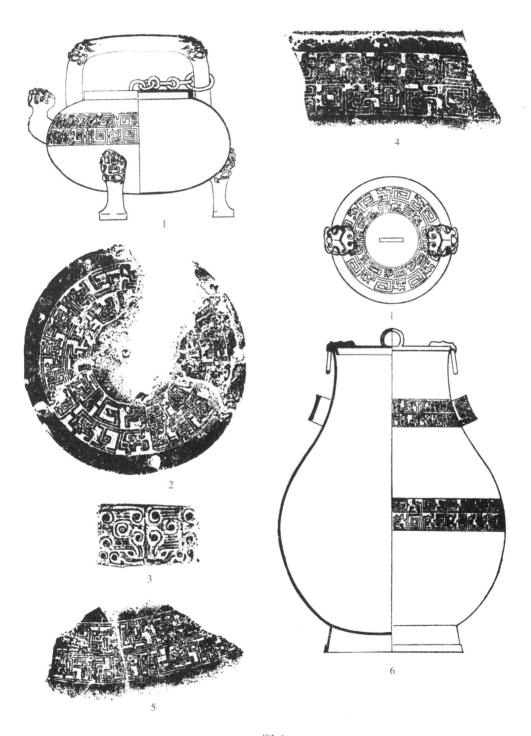

图八

1.鐎盉（殉4足下：8，1/4）　2.鐎盉（殉4足下：8）盖顶拓片　3、4、5.壶（殉4足下：15）耳、颈、腹兽面纹、
蟠螭纹拓片　6.壶（殉4足下：15，1/2）

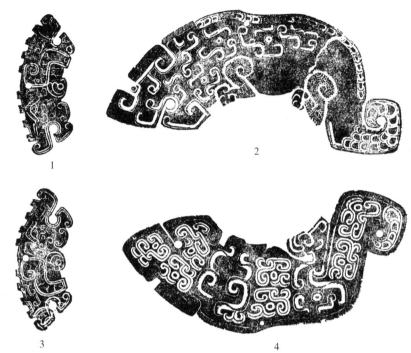

图九　玉璜云纹拓片

1.墓主：2　2.墓主：3　3.墓主：19　4.墓主：15

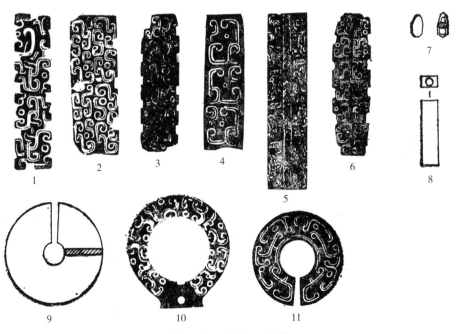

图一〇　玉佩、玉玦

1～6.玉佩云纹拓片（墓主：18、4、9、13、8、14）　7.玉瑱（墓主：12）　8.玉佩（墓主：5）　9.玦（墓主：1）　10.玉佩（墓主：6）涡纹拓片　11.玉玦（殉2：1）云纹拓片

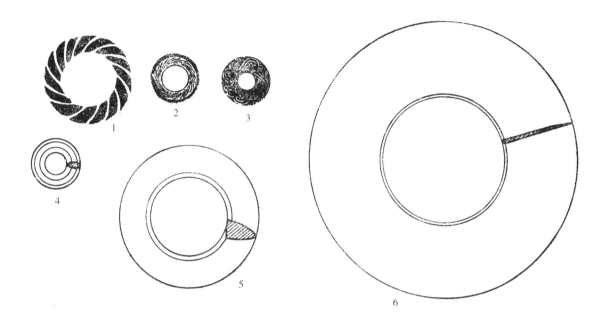

图一一

1.环（墓主：7）绳索纹拓片　2.环（墓主：17）绳索纹拓片　3.环（殉2：3）蟠螭纹拓片　4.环（殉3：7，1/1）
　5.环（墓主：10,1/1）　6.环（殉4足下：2，1/1）

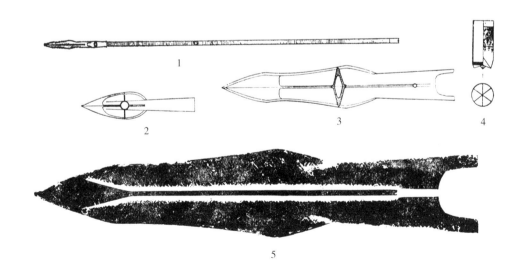

图一二

1.Ⅱ式矛（坑：57，1/10）　2.Ⅰ式矛（坑：45，1/2）　3.Ⅱ式矛（坑：57，1/2）　4.Ⅱ式镦（坑：57，1/2）
5.Ⅱ式矛（坑：56）暗纹拓片

图版叁
1.Ⅱ式矛（坑：56）　2.凤头斤（殉4足下：12）

二　殉人及墓主的族属

　　凤凰岭东周墓发现殉人 14 具，因骨架腐朽甚重，无法分辨性别。但根据殉葬者的安放位置，有无葬具、随葬品多寡，可将其区分为三类（图一）。

　　第一类殉人 4 具，殉 1 至殉 4。葬于墓室南部后室内，在墓主东、南、西三侧。有棺，皆有随葬品。殉 3 被盗扰动，骨架散乱，葬式不明，其余殉人皆仰身直肢葬。殉 3 头上方，即殉 4 足下随葬有鼎、簋、鐎盉、舟、盘、壶、铜卣、铎等青铜器及戈、镞等兵器（图八，1、6），还发现一制作精致的凤头斤（图版叁，2；图一三，1）。墓室南部为墓主"阴间"居处，1 至 4 号殉人在这里发现，且皆有葬具，殉葬品，殉 4 足下又出土成组青铜礼器、兵器、凤头斤等遗物，反映这四具殉人生前与墓主关系密切，地位较高，其身份或为墓主妻妾，或为墓主侍从。

第二类殉人两具，殉 5 至殉 6。葬于墓室中部隔梁内，都有棺，骨架腰部皆为盗洞打破，未发现随葬品。从残存骨骼的放置情况看，这两具殉人亦为仰身直肢葬。从这两具殉人安葬的位置、葬具等情况分析，其身份地位要低于第一类殉人，生前或属家内奴仆之属。

第三类殉人 8 具，殉 7 至殉 14。殉 7 至殉 9 葬于东侧二层台内，殉 10 至殉 14 葬于西侧二层台内。皆无棺。殉 7、殉 8、殉 10、殉 11、殉 13、殉 14，墓坑四壁外弧，坑壁与底部发现席印纹痕迹，表明这几具殉人原来乃用茵席缠裹而葬。另外两具，殉 9，殉 12 未发现任何葬具。此类殉人，有三具或无上肢骨，或生前被以刖刑，为刑余之人。其中，无左上肢骨者为殉 7，无左足或右足者为殉 11、殉 12。殉 8、殉 13，骨架零乱，殉 14 足骨弯折，这类殉人生前或被肢解。殉 7、殉 10、殉 12、殉 13，各随葬铜削一件（图一三，2）；殉 8、殉 9、殉 11、殉 14，无任何随葬品。如前所述，此类殉人均无棺椁，大部分仅以茵席为葬具，多无随葬品，且有缺肢少足，甚至有被肢解的现象。很明显，这一类殉人生前地位最低，有的很可能是被杀殉的奴隶。

考古材料反映，人殉作为一种制度，盛极于商代。西周早期，用人殉葬仍然相当普遍，在各类墓葬中，比例大、数量也多，与商代相比并没有什么不同[1]。说明周武王翦商建国后，未即废止人殉。西周中期之后，人殉制度还顽固的存在着，但与西周早期相比，相对有所减弱，到西周晚期，整个奴隶制度面临总崩溃的趋势，伴随而来的人殉制度，也开始被埋葬，在黄河流域大部分地区周人墓葬中，已很少见到人殉现象[2]。

今山东曲阜为周公旦之子伯禽的封地，是周初封建的同姓之邦。至春秋时期，鲁国周人也不崇尚人殉，已基本上废止人殉。1977 至 1978 年，鲁国故城勘探发掘[3]，发现周人墓葬 58 座（乙组墓），在 12 座东周时期的周人墓葬中，有的虽为中等以上大墓，随葬有精制的青铜礼器、玉石器等遗物，但未发现一例用人殉葬者。《孟子·梁惠王上》："仲尼曰：'始作俑者，其无后乎？'"孔子生当春秋末世（公元前 551 年～前 479 年），一生以恢复周礼为己任，他反对人殉，并以俑为陪葬者为非，可能就是鲁国不欢迎人殉或废止人殉史实的反映。

与周人习俗相反，今山东境内东夷族诸国，终春秋之世犹有以人为殉，甚至以

[1]　北京大学历史系考古教研室编：《商周考古》，文物出版社，1979年，第217页。
[2]　北京大学历史系考古教研室编：《商周考古》，文物出版社，1979年，第217页。
[3]　山东省文物考古研究所等：《曲阜鲁国故城》，齐鲁书社，1982年。

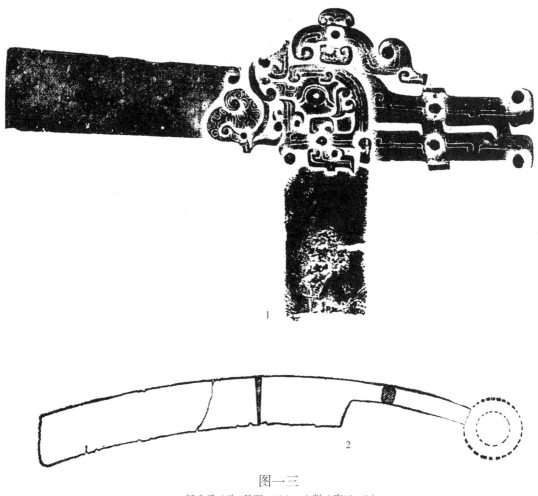

图一三

1.凤头斤（殉4足下：12）　2.削（殉10：1）

人为牲的野蛮习俗。

　　《春秋·僖公十九年》："鄫子会盟于邾。己酉，邾人执鄫子，用之。"《传》："夏，宋公使邾文公用鄫子于次睢之社，欲属东夷。"按"用之"者，谓杀之以祭社也。《左传·定公三年》："春二月辛卯，邾子在门台，临廷，阍以瓶沃廷，邾子望见之，怒。阍曰：'夷射姑旋焉。'命执之，弗得。滋怒，自投于床，废于炉炭，烂，遂卒。先葬以车五乘，殉五人。"《左传·昭公二十三年》："莒子庚与虐而好剑。苟铸剑，必试诸人，国人患之。"

　　与文献记载相符，近年来的考古发现不断证实，春秋之世，山东东夷族诸国，残酷、野蛮的人牲、人殉制度依然相当普遍地存在着。1975年春，笔者参加莱阳前河前己侯墓地发掘[1]，共发掘 5 座东周墓葬，发现殉人 6 具；滕县薛城发掘薛国贵族墓葬 9 座，其中 5 座春秋墓葬有殉人；1975 年莒南大店发掘两座东周时期的莒国墓葬[2]，每墓 10 具，两墓共 20 具殉人。1983 年 1 月临沂凤凰岭东周墓发掘，又一次发现人殉，仅此一墓即达 14 具之多，且安葬部位、葬具、随葬品多寡，等级分明。这一发现，不仅为研究东周时代山东地区的人殉制度，提供了重要实物资料，而且也表明，凤凰岭东周墓与鲁故城乙组周人墓葬有别。它与莱阳前河前己侯墓，滕县薛国故城薛国贵族墓，莒南大店莒国墓葬族属相同，为春秋晚期东夷族诸国的墓葬。

文献记载，考古发现证明，春秋时代东夷族诸国普遍存在人殉、人牲的现象。另外，埋葬习俗方面的一些风俗习惯，比如墓葬殉狗、设置腰坑等风俗，也与周人有所不同。莒南大店子 2 号墓室中部设置方形腰坑 1，坑内殉 1 盘曲状狗骨架。莱阳前河前 2 号墓发现殉狗 2，腰坑与南壁二层台各有一殉狗；3 号墓发现殉狗 1，葬于南壁二层台；4 号墓发现殉狗 1，狗骨架放于棺板顶部。鲁故城勘探发掘证明，墓葬殉狗、设置腰坑是夷人、夷族的一种葬俗[3]。在鲁故城的 78 座夷人墓葬中，有 29 座墓葬在墓底中央设置腰坑，每墓腰坑内皆放一殉狗；在乙组 58 座周人墓葬中，殉狗、腰坑则绝无所见。与莒、己诸夷国及鲁故城甲组墓夷人风俗一致，凤凰岭东周墓也有殉狗、设置腰坑之俗，其腰坑设于墓主棺底之下，坑内殉狗骨架 1 件。凤凰岭东周墓有殉狗、设置腰坑习俗，也进一步表明了，它不是周族的墓葬，它与莒南大店 2 号墓、鲁故城甲组墓等族属相同，属东夷诸国的墓葬。

三 凤凰岭东周墓的国别

临沂凤凰岭东周墓，族属东夷，为春秋晚期东夷族诸国的墓葬，那么它的国属为谁？

临沂地区地处山东东南，南与江苏毗邻，辖临沂、平邑、费县、苍山、郯城、临沭、日照、莒县、莒南、沂源、沂水、沂南、蒙阴十三个县市。见于经传记载，这一带地方在东周时期有周族所立阳国，夷人所立颛臾、郯、鄅、莒、向、根牟、鄫等

[1] 1974 年秋，烟台地区文管组同志在莱阳中荆公社前河前周代墓地中发现青铜礼器8件，其中一件铸有"己侯作宝壶"铭文。翌年春，山东省博物馆、烟台地区文物组对莱阳前河前墓地进行抢救性发掘，笔者参加了这次发掘。这次发掘，共发现春秋时代墓葬5座，殉人6具，殉狗4具；车马坑1，随葬1车、1马及大批随葬遗物。

[2] 山东省博物馆、临沂地区文物组、莒南县文化馆：《莒南大店春秋时期莒国殉人墓》，《考古学报》1978年第3期。

[3] 山东省文物考古研究所等：《曲阜鲁国故城》，齐鲁书社，1982年。

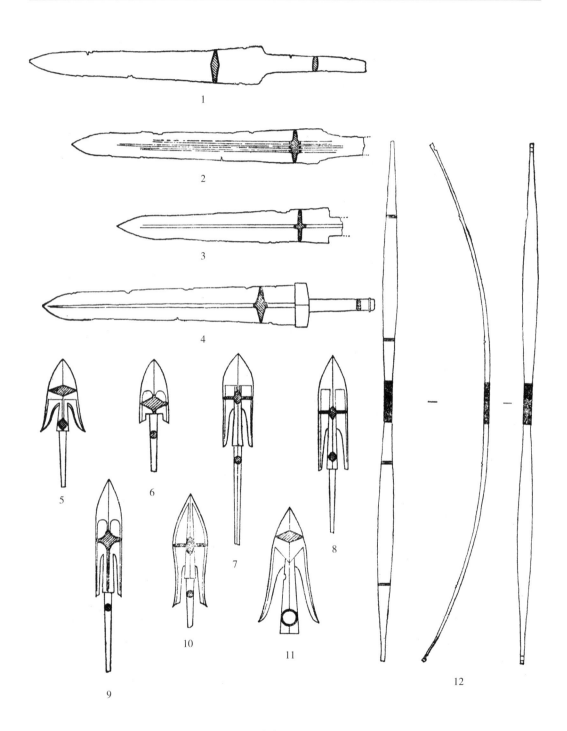

图一四

1.Ⅰ式剑（前室：1，1/2）　2.Ⅰ式剑（前室：2，1/2）　3.Ⅰ式剑（前室：3，1/2）　4.Ⅱ式剑（前室：6，1/2）

5.Ⅰ式镞　6.Ⅱ式镞　7.Ⅲ式镞　8.Ⅳ式镞　9.Ⅴ式镞　10.Ⅵ式镞　11.Ⅶ式镞　12.弓（坑：36，1/7）

国，凡八。阳国故墟在沂水县西南 [1]，姬姓，与周人周姓同族，与凤凰岭东周墓族属不合。在七个夷族小国之中，除郯国外、疆土皆未及今临沂市境内，有的或至春秋晚期之前，即为他国所兼并。风姓颛臾国在鲁国邦畿之中，为鲁国附庸，故墟在今费县之西，平邑县柏林公社一带 [2]；郪，东夷小国，其故墟，一说在今郯城东北，一说在今山东兖州一带，成公六年为鲁所灭 [3]；少昊之后所立郯国，故墟在今郯城县西南附近 [4]；姜姓所立向国，故墟在今莒南大店公社东南，春秋隐公二年为莒国所灭 [5]；根牟，东夷小国，故墟在沂水县南，宣公九年灭于鲁 [6]；嬴姓所立莒国是春秋时代鲁东南最为强大的一个国家 [7]，其鼎盛时期辖有安邱、诸城、沂水、莒县、莒南、日照等县地，但其西部边界，也始终未封及今临沂市境 [8]。在七个东夷小国中，唯郯国封土在今临沂市境内 [9]，顾栋高《大事表》云，郯国都城在临沂县北 15 里 [10]，当今临沂市北，南坊公社古城一带。相公公社凤凰岭东周墓，当古城村东南方向，东北距莒国故墟 120 里，距莒南县北向国故墟 80 余里，与传说郯国故地所在最为接近，两地仅距 25 里，在郯国封土之内。郯又夷也，《春秋会要》："郯，妘姓。" 由凤凰岭东周墓所在地望、埋葬习俗度之，这一殉人墓国属或与郯国有关，很有可能是春秋晚期的郯国的墓葬。凤凰岭东周墓封土高大，由车马坑、器物坑（图一五）、墓室三部分组成，墓室内殉人多达 14 具（图一），此墓气魄大，随葬遗物丰富，出土遗物有一套编钟（图版贰，1），两套编镈（图版肆，1、2），10 件铜鼎以及成组的青铜礼器、兵器等遗物（图七、一二、一四）。说明该墓主身份很高，不是一般都邑领主的墓葬，当属 "封君" 亦或诸侯国君之墓。殉 4 足下出土造型优美、花纹精致的凤头斤（图版叁，2；图一三，1），无疑是 "王权" 身份的标志物。从墓葬材料分析，推测凤凰岭东周墓或为春秋晚期郯国国君的墓葬，也许是有可能的。

[1] 杨伯峻：《春秋左传注》，《闵公二年》注。

[2] 杨伯峻：《春秋左传注》，《僖公二十一年》注。

[3] 杨伯峻：《春秋左传注》，《成公六年》注。

[4] 杨伯峻：《春秋左传注》，《宣公四年》注。

[5] 杨伯峻：《春秋左传注》，《隐公二年传》并注。

[6] 杨伯峻：《春秋左传注》，《宣公九年传》并注。

[7] 杨伯峻：《春秋左传注》，《隐公二年传》并注。

[8] 杨宽：《战国史》，上海人民出版社，1980年，第264页。

[9] 杨伯峻：《春秋左传注》，《昭公十八年传》并注。

[10] 杨伯峻：《春秋左传注》，《昭公十八年传》并注。

1.编镈（坑：26~29）

2.编镈（坑：30~34）

图版肆

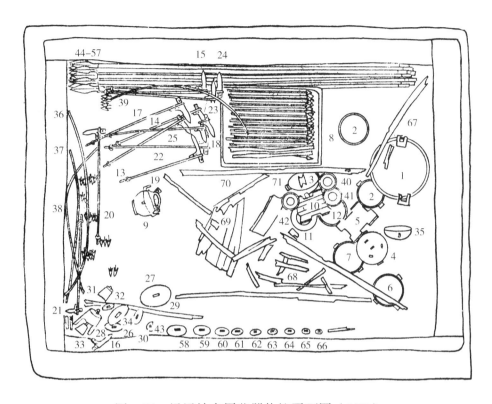

图一五　凤凰岭东周墓器物坑平面图（1/20）

1～4.鼎　5.簋　6、7.鼎　8.镞　9.甗　10.簋　11.盆　12.鼎　13～25.戈　26～34.镡　35.舟　36～39.弓　40～42.镦
43.铜泡　44～57.矛　58～66.钟　67～70.坑盖板　71.木器零件

四　凤凰岭东周墓编钟铭文被错磨问题

我们在修复、整理凤凰岭东周墓出土遗物时，发现该墓出土的青铜礼器有人为毁坏的现象，青铜器被错磨、砍砸、敲打的痕迹，历历在目。出土编钟铭文均被错磨，所余能辨认形体的文字，仅六、七字。还发现，甗下之鼎（坑：9）残一足，甑残，腹部被砸一漏洞，有砍砸痕迹（图版壹，2）；Ⅱ式鼎6件，有盖者2件，缺盖者4件，坑：6号鼎口沿残缺一块（图版贰，2；图版伍，2）；坑：10号簋盖缺失一兽形附耳（图版伍，1）；坑：1号Ⅰ式大鼎是本墓出土青铜礼器中，胎壁最为厚重的一件，三足也皆残断再次接铸，其腹部被砸一漏洞，一鼎耳有裂纹，耳外侧砍砸、敲打的痕迹十分清晰，耳内侧经焊补（图版壹，1）。出土编钟，除铭文被错磨外，也有人为毁坏的现象。坑：59、坑：60、坑：61、坑：63、坑：64计5件编钟，纽工整，与舞顶浑然一体，一次铸成。坑：58、坑：62、坑：65、坑：66计4件编钟，其纽与前五件钟纽明显不同，偏薄、草率、舞顶及舞顶内壁均有焊补的痕迹，为后来补铸（图

1.簋（坑：5、10）

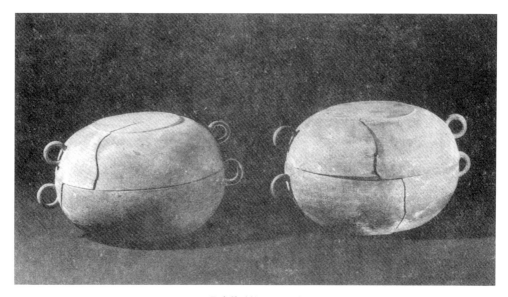

2.Ⅱ式鼎（坑：12、6）

图版伍

版陆，1～3）。

商周时代青铜礼器铭文被错磨，过去在考古发掘中曾有所见，学者多认为，凡此类遗物均曾易主，为掠夺他国之物，属战利品。但这一墓葬出土另外一些青铜礼器，又有人为砸毁之后又经焊接修补的现象，此又与上述传统的解释牴牾。因为劫夺者不会自寻烦苦，将掠为己有之物砸毁后再重新修补。

前已论及，凤凰岭东周墓或属鄅国的墓葬。鄅在东夷族诸小国中，属卑尔小国，乃因被邾国侵略才见于经传。

《左传·昭公十八年》："六月，鄅人藉稻，邾人袭鄅。鄅人将闭门，邾人羊罗摄其首焉，遂入之，尽俘以归。鄅子曰：'余无归矣。'从帑于邾，邾庄公反鄅夫人，而舍其女。"

《左传·昭公十九年》："鄅夫人，宋向戌之女也，故向宁请师。二月，宋公伐邾，围虫。三月，取之，乃尽归鄅俘。"

《左传》记载鄅国史迹，仅此两例。这两条记载记述邾子袭灭鄅国，鄅国无任何反抗能力，乃因于鄅夫人娘家的势力，才对邾国施以报复。《传》文在记述邾人灭鄅、宋袭邾子文中，有邾人袭鄅"尽俘已归"，宋败邾师"尽归鄅俘"文字。"俘"或"鄅俘"指的是什么？有人认为：俘者，人也，所谓"俘"或"鄅俘"指的是人，"尽归鄅俘"是说，昭公十八年六月，邾人偷袭鄅国后，将鄅国之民并鄅夫人全部俘虏带走。此说不妥。推究"俘"字的本义，寓义凡四：

其一，有"取"义。《尔雅·释沽下》：

"俘，取也。"注："俘厥宝玉。"疏："李巡曰，'因敌曰俘，伐执之曰取。'"

其二，泛指战争中所获一切战利品。《说文》：

"俘，军所获也。"

其三，"俘"与"宝"字互通，有珍宝之义。《春秋经·庄公六年》：

"冬，齐人来归卫俘。"《左传》："冬，齐人来归卫宝。"

《公羊》、《谷梁》亦皆作"卫宝"，杜氏或以为左氏笔误。段玉裁《说文解字注》"俘"字下注曰："俘，孚声；宝，缶声。古音同在尤幽部，经用假借字，传用正字。"

其四，指战争中所获俘虏，指人。

据"俘"字的寓义，昭公十八年"尽俘以归"之"俘"字应为"取"义，"尽俘以归"可直解为"尽取以归"；昭公十九年"尽归鄅俘"之"俘"字，应与"宝"字通，或指邾人所获一切战利品。"春秋无义战"。东周以来，列国间战争不绝于书，概言之，其目的无非是土地、财物或人民之争。如邾人袭鄅大肆掠夺，并鄅夫人亦未能幸免，实属灭国、迁社之举，鄅之宗庙重器当然也在被掠夺之列。昭公十八年（公

1.钟（坑：8）

2.钟舞顶内局部（坑：63）

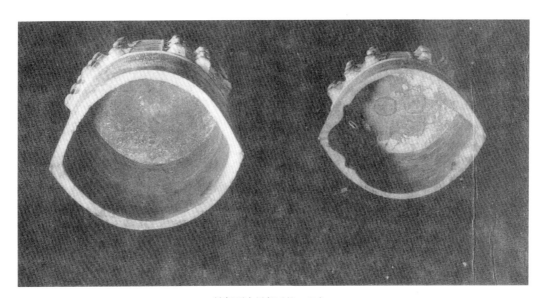

3.钟舞顶内局部（坑：62）

图版陆

元前 524 年）邾人袭鄅之年，当春秋晚期，与凤凰岭东周墓时代大致相当。据上述情况推断，此墓编钟铭文被错磨，很有可能是昭公十八年邾人劫后所为。若这一猜测不致大错，那么，这套编钟又在该墓中发现，应是昭公十九年宋国之师围虫败邾之后，责命邾人归还的所谓"鄅俘"。至于部分青铜礼器、编钟有"硬伤"等反常现象，很可能是邾人慑于宋师的压力，归还"鄅俘"时，出于愤懑、故意进行破坏所致。

　　以上推测无文字资料为证，不无孤证之感，姑记于是，暂备一说。

　　（本文为《临沂凤凰岭东周墓》结语，齐鲁书社，1987 年）

邾史二题

邾，经传记载为二，邾，小邾。小邾或因所居为古郳国地，于是其又自称为郳[1]。至于诸邾中的滥国，乃是王献唐先生根据相关记载，而考订出来的。在三邾中，邾为附庸国，是诸邾中的始封国、为最大者。查其都址，其初都或在今曲阜县东稍南一带，后来又迁都于今邹县东南，其城址残基遗迹，至今犹偶见于地表。历春秋之年八世，后为强楚所灭。小邾或曰郳国者，在滕县东南，今属枣庄山亭区；滥国也在今滕县东南，其地或在今蓝乡界。王献唐先生，对三邾所在具体方位、疆域范围，有过详细考证，为至今仍裸露于地表的遗迹、遗物和20世纪以来的考古发现所证明。三邾或曰邾史史迹，春秋三传与相关文献多有记载，一般认为，邾为曹姓、子爵，其先为古史记载中陆终氏一支的后裔。我们根据史籍中有关论说与近三十年来的考古发现索隐，对邾国或三邾一族的得名及其祖系源流种种，谈一点看法。

一　邾或三邾得名揭隐

邾，《国语·郑语》《晏子春秋·内篇上三》《孟子》诸书作"邹"，《礼记·檀弓》《公羊传》又呼其为"邾娄"。对"邾"又作"邹"者，杨伯峻先生认为，此盖"邾娄连读音变"尔[2]。对邾之又呼名为"邾娄"者，王献唐先生认为"邾娄之名，起于语言。其民族语言之音调如邾娄，因呼为邾娄，更呼其所居之地为邾娄。邾娄亦转吱喽，又转嘲唠，又转喳拉，又转仄雷，又转唧唎（上述或有音无字，依音记之，不尽相同）。随纽转变，初无一定，要皆代表一种语音，所谓言语朱离，朱离亦即邾娄，蛮人反舌之音是也。世间万汇，初本无名，因欲表示所指之物……择一相似之语音而呼之，呼久成名，名成署字，邾娄之起，殆由于此。"[3] 他后来又说，邾之称为邾娄者，也或因为"邾族习俗，女子戴篓于首"之缘[4]。关于文籍中，"邾"又写作"邹"

---

[1]　王献唐：《春秋邾分三国考·三邾疆邑图考》，齐鲁书社，1982年。
[2]　杨伯峻：《春秋左传注》（卷一），中华书局，1981年，第7页。
[3]　王献唐：《炎黄氏族文化考》，齐鲁书社，1985年，第65页。
[4]　王献唐：《炎黄氏族文化考》，齐鲁书社，1985年，第113页。

字者，殆因"邾""邹"二字音近相通之故，杨伯峻先生认为，是"邹"为"邾娄"
二文速读或音变之说，不确。王献唐先生从"邾"之音读来求证邾之又名为"邾娄"
一说，使人摸不着头脑，也无法理解。至于他的邾之名为"邾娄"，原因邾族妇女
有用编篓戴物于头上而来一说，于文献资料无征、考古资料又无法验证，恐王氏此
论，似也有望文生义、臆度猜测之嫌。

　　文献资料中，邾国之名写作"邾"或"邹"字，我们翻检历代著录金文资料，
将邾国之"邾"字铸刻作"邾"或"邹"字，极为罕见。这一现象说明，文献资料
中以"邾""邹"二字为邾国之名，出现较晚。此或说明，用"邾""邹"二字之音
读来求证邾娄一名之所由来，似中欠妥。早期的金文资料展示，邾国之"邾"字本
作"𪓐"（邾伯鬲，《山东金文集存》）、"𪓐"（邾义白鼎，《山东金文集存》）、"𪓐"（邾
公华钟，周法高主编《金文诂林》7392[13·146—1691]）、"𪓐"（邾大宰簠，周法
高主编《金文诂林》7392[13·146—1691]）、"𪓐"（邾友父鬲，周法高主编《金文诂林》
7392[13·146—1691]），等等。通观是形所画，似是一昆虫类动物之形。有的学者，
依是文出自邾器，于是将其隶定为"邾"。多数古文字学者，以是形摹画类蜘蛛之状，
将是字隶定作"鼀"。《说文》"鼀"下曰："或从虫，鼀，鼅鼀也。从黽，朱声。蛛，
鼀或从虫。"将邾器发现是文释作"鼀"，认为是即今现行汉字"蛛"字之古文，应
当说，这是无可非议的。邾国之名车作"鼀"，或反映邾原以蜘蛛为图腾（详下文）。
又是，我们要探知邾之所以又有"邾娄"一名，应从"邾"本字"鼀"的原始摹画
及其相关民俗资料、文献记说谈起。

　　邾国之名本作"鼀"，为今汉字中蜘蛛之"蛛"字之古文。予按，蛛即鼅鼀
之简称，属昆虫类，其本能结网。今胶东一带农村，俗名为螺螺蛛或曰蝼蝼蛛。
民间传说，此物之大者能为妖成精。今济宁、泗水、邹滕一带，认为此物有毒，
其成精为妖者，能与人交媾，还有兴云雨、雷电的本领。并藉云雨雷电天气，
危害人畜、毁坏禾稼。俗有恶螂蛛、恶蝼蛛诸名。是物在鲁北德州、聊城一带，
也有类似的称谓和传说。蛛或蜘蛛者，古还有鼀蝥一名。《说文》"鼀"下曰："鼅鼀，
鼀蝥也。"段注曰："各本夺鼀字，今补。鼀蝥叠韵，蚰部曰，蠿蝥作网，鼀蝥
也，此曰鼅鼀、鼀蝥也，以见一物三名也。"《尔雅》《广雅》《释虫》，均谓蜘蛛
有鼀蝥一名。"蝥""娄"二字读音相近，依民俗资料、文献资料可以推定，邾、
小邾又或称为邾娄、小邾娄者，原因邾本字"鼀"为鼅鼀一物之简名，鼀或鼅鼀，
又有鼀蝥、蝼蝼蛛、恶螂蛛诸名。"蝥""娄"二字仅一声之转，因"蝥"字声
转易字，是而邾又再而衍转而呼为邾娄者。民俗资料反映，鼀或鼅鼀，也或鼀蝥、
邾娄者，不单单有恶行、恶名，也有善行、善名。《诗义疏》谓，蜘蛛又名喜子，

云此虫来当有亲客至[1];《抱朴子》曰"太昊师蜘蛛而结网"[2];《淮南万毕术》曰"蜘蛛涂布雨自晞，蜘蛛涂足涉水不没，蜘蛛涂足不用桥梁"[3];《西京杂记》曰"蜘蛛集百事喜"[4];《广行记》曰"蜘蛛集于军中及人家，有喜事"[5]。有关记述还认为，蜘蛛能治病，为人们祛疾消灾，等等。上述传说，无疑有久远的历史背景。综以民俗资料、文献资料种种，三邾以鼄鼅之鼄字为本名，经传中，或径直以鼄鼅之俗名邾娄或曰鼄蠢而呼之者，很有可能反映这样的历史事实，邾族原本以鼄鼅为图腾，文献中邾有邾娄一名，应是由时人直呼其图腾之俗名传袭、转承而来。检索文献资料，邾又外来的族，所以也有这样一种可能，邾之所以以"鼄"字为名，原因三邾居地原有崇拜蜘蛛之俗，有以蜘蛛为图腾之古国，由是邾人来此建国，仍沿袭是地之旧名而为名，有如姜齐因袭齐封齐地之号，小邾封郳袭郳地之旧名者类。

二　三邾族源觅踪

有关邾人祖系，王献唐先生认为，三邾居地土著居民为夷人，夷族，是古史中黄帝一族，自西徂东，驱逐炎帝一族的后裔[6]，而所谓三邾统治集团或邾族"王室"一支，乃是黄帝一族的子孙，其与鲁为同族同宗[7]。有关邾人统治集团一系的族姓、族源，载记中有明确、肯定的记说，认为邾为曹姓，是我国古史记述中，赫赫有名的陆终氏一系的后裔[8]。这一说法，也见于三邾青铜礼器铸铭。中华人民共和国建立前发现三邾青铜礼器见于著录者，主要集中在曾毅公所著《山东金文集存》一书中。是书收集的器类有钟、鼎、鬲、簠、戈诸类，所收邾器多有铸文。器物及铸铭数量较多者，以钟为夥。钟铭提供邾人祖系信息，与文献记载完全一致。《山东金文集存》著录邾公𨮿钟铸文，自谓其为"陆䵾之孙，邾公𨮿作厥龢钟……"此"䵾"，王国维先生考证，是文"䵾"，"以声类求是，当是蠡字，陆蠡即陆终也"[9]。王氏此论，已为我国学术界所认同，被视为不可易者之说也。邾公𨮿钟的发现与破译，实实在在的告诉我们，文籍中，邾为陆终苗裔一说，是确有其所依本的，是完全可以信从的。关于陆终氏，《大戴礼记解诂·帝系六十三》记曰："吴回氏产陆终。陆

[1]　（宋）李昉等：《太平御览·虫豸部五·蜘蛛》，中华书局，2000年。
[2]　（宋）李昉等：《太平御览·虫豸部五·蜘蛛》，中华书局，2000年。
[3]　（宋）李昉等：《太平御览·虫豸部五·蜘蛛》，中华书局，2000年。
[4]　（宋）李昉等：《太平御览·虫豸部五·蜘蛛》，中华书局，2000年。
[5]　（宋）李昉等：《太平御览·虫豸部五·蜘蛛》，中华书局，2000年。
[6]　王献唐：《炎黄氏族文化考》，齐鲁书社，1985年，第13、27页。
[7]　王献唐：《炎黄氏族文化考》，齐鲁书社，1985年，第61页。
[8]　（清）姚彦渠：《春秋会要·卷一·世系》，中华书局，1955年。
[9]　王国维：《邾公钟跋》，《观堂集林》（三），中华书局，1959年，第894页。

终氏……产六子，孕而不粥，三年，启其左胁，六人生焉。其一曰樊，是为昆吾；其二曰惠连，是为参胡；其三曰籛，是为彭祖；其四曰莱言，是为云郐人；其五曰安，是为曹姓；其六曰季连，是为芈姓。"又曰"曹姓者，邾是也"。王聘珍曰："邾即安之后也。……居邾，今鲁国邹县是也。"[1] 陆终氏，《史记·楚世家》称为"重黎"，《国语》又称其为"祝融氏"。《国语·郑语》云："祝融亦能昭显天地之光明，以生柔嘉材者也，其后八姓于周未有侯伯。佐制物于前代者，昆吾为夏伯矣，大彭、豕韦为商伯矣。当周未有。己姓昆吾、苏、顾、温、董，董姓鬷夷、豢龙，则夏灭之矣。彭姓彭祖、豕韦、诸稽，则商灭之矣。秃姓舟人，则周灭之矣。妘姓邬、郐、路、偪阳，曹姓邹、莒，皆为采卫，或在王室，或在夷狄，莫之属也……斟姓无后，融之兴者，其在芈姓乎？"注曰："陆终第五子曰安，为曹姓，封于邹。"[2] 予按：邹即邾也。《国语·国语上》又论曰："昔夏之兴也，融降于崇山。"注曰："融，祝融也。崇，崇高山也。夏居阳城，崇高所近。"[3] 综绎上文揭引可知，所谓陆终、重黎者，乃皆夏祖祝融一族之别名。可见，今山东邹、滕一带尊祖于陆终氏之曹姓邾邹者，亦祝融或曰夏族东近鲁南所部的孑遗。有关夏族祝融得名，在 20 世纪 40 年代，我国著名历史学家翦伯赞先生，根据夏代老家豫西一带的考古发掘与有相关文献记载推论，夏族祝融得名，与该部先民制造和使用陶鬲为炊具类制造物类相关。他说："余以为祝融得名与鬲有关。因为融字从鬲从虫，故融族者，即鬲族之一。《国语·周语》云：'昔夏之兴也，融降于崇山。'是夏亦与融有关，而所谓融者，实为一切具有鼎鬲文化的民族之原始的图腾。"[4] 依翦伯赞先生的这一说法，我们又进而得知，所谓邾人统治集团之先祖，乃是夏时的融族，即使用陶鬲为炊具东进而具有邾地者。也可这样说，三邾统治者，原是夏系融族一支，其俗原以陶鬲为生活中的炊事用具。

人所共知，陶鬲作为一种考古文化遗物，不见于我省的北辛文化、后李文化、白石村文化，不见于大汶口文化，也不见于山东龙山文化的早期阶段和中期阶段。陶鬲在山东地区的出现，首先见于山东龙山文化的晚期。我国考古学界，一般称此类遗物为素面陶鬲。这类遗物，在山东地区的泰沂山系北侧，见于禹城邢寨汪、临淄田旺、邹平丁公遗址。于泰沂山系南侧，见于济宁市的程子崖、泗水尹家城、日照两城镇遗存。一个十分有趣的现象是，今山东境内泰沂山系南北诸地龙山文化发现素面陶鬲，其出土层位相同，陶质、陶色及器物的造型特征诸端，也完全一致。这说明，今山东地区出现素面陶鬲的祖地，应也是相同的。与过去陕西、山西

[1] 王聘珍：《大戴礼记解诂》，中华书局，1983年，第127～129页。

[2] （春秋）左丘明：《国语》，上海古籍出版社，1978年，第511～513页。

[3] （春秋）左丘明：《国语》，上海古籍出版社，1978年，第20～31页。

[4] 翦伯赞：《诸夏的分布与鼎鬲文化》，《夏文化论文选集》，中州古籍出版社，1985年。

龙山文化时代发现陶鬲的来源一致，是也来自夏人融族活动的中心区，豫西洞河流域^[1]。如果我们联缀泰沂山系南北龙山文化发现素面陶鬲出土的具体地点，不难发现，这一路线与古史夷夏交争传说中，夏人融族东进的足迹，十分相吻合。可以推定，山东地区泰山南北龙山文化中发现素面陶鬲，是我国夏代初年夷夏交争过程中，融族东进山东地区在物质文化上的反映^[2]。依此还可进而推知，今济宁一带发现陶鬲，那是后来居有此地的邾人之祖，夏初随融族东进此地而留下的物质文化遗存。

　　以上所陈邾史二题，乃以手边仅有的一些资料而急就，因资料贫乏，其孤陋寡闻或遗误不妥之处，在所难免，诚望同志们批评指正。

2004 年 9 月 10 日于历下

（原载《小邾国文化》，中国文史出版社，2006 年）

---

[1]　王树明：《“亚醜”推论》，《华夏考古》1989年第1期。

[2]　王树明：《鲁北地区发现龙山文化古城与古史传说中的夷夏交争》，《华夏考古》2007年第2期。

从陵阳河与大朱村发现陶尊文字谈起

一 引言

山东莒县陵阳河、大朱村、杭头诸大汶口文化遗存中，自 20 世纪 60 年代以来，不断有大汶口文化晚期陶尊文字或曰图像文字资料发现。1963 年、1979 年迄至 20 世纪 80 年代初，山东省博物馆、山东省考古所，对莒县陵阳河、大朱村及杭头遗址，进行了多次正式发掘，出土一批弥足珍贵的墓葬资料，尤其出土陶尊文字资料，轰动了海内外史学界、考古学界。这批陶尊文字资料的发现，对探索我国古代文明、文字的起源，我国古代的宗教信仰、意识形态以及我国古史记载中声名显赫的帝舜太昊部族起源的传说，都具有十分重要的意义[1]。无独有偶，1989 年至 1995 年，中国社科院考古研究所安徽队，在淮北蒙城县尉迟寺发掘大汶口文化晚期的遗址，在地层、祭祀坑和墓葬出土遗物中，有 4 件器物和 1 件陶尊残片上，发现 6 个陶尊文字或刻画图像符号，其刻画形体与莒县陵阳河一带发现的类似文字或图像类刻画，或完全相同，或大体一致[2]。尉迟寺遗址的发掘资料、陶尊文字资料表明，安徽蒙城的这一重要发现，不仅为山东莒县陵阳河一带出土陶尊文字有关问题的研究，提供了新的证据，同时也对我国古史记载中，发迹于山东诸城、莒县一带的帝舜太昊部族，曾西渐中土，在西徙过程中，势力不断壮大，由作"聚"、作"邑"、作"都"，以至最终建立"国家"记载的研究，也提供了一批物质文化证据。本文就莒县陵阳河及蒙城尉迟寺一带发现陶尊文字或曰图像文字资料，就文字的隶定、释义，帝舜太昊部族西渐诸有关问题，谈谈个人的一点看法。

二 莒县陵阳河与大朱村一带发现陶尊文字说义

对大汶口文化晚期，莒县陵阳河、大朱村诸地发现陶尊文字、刻画图像符

---

[1] 王树明：《谈陵阳河与大朱村出土的陶尊"文字"》，《山东史前文化论文集》，齐鲁书社，1986 年。
[2] 中国社会科学院考古研究所：《蒙城尉迟寺——皖北新石器时代聚落遗存的发掘与研究》，科学出版社，2001 年。

号，我在《谈陵阳河与大朱村出土的陶尊"文字"》《仓颉作书与大汶口文化发现陶尊文字》《谈陶尊文字"炅"与"炅"》《陵阳河 M25 及其发现树社文字》诸文中[1][2][3]，依有关地理环境状况、墓葬资料、文献资料及民俗方面有关资料等，从不同角度、不同侧面，曾多方面地进行考释、论证。为压缩篇幅、简省笔墨，本节有关陵阳河与大朱村过去并后来又重复出现的一些陶尊文字、刻画图像，其每一个体的隶释或意义，仅将上述诸文对各刻文或刻画图像考证、隶释的要点、结论，作一扼要介绍。

到目前为止，莒县陵阳河三处大汶口文化晚期遗存，发掘并采集的陶尊或其残片上，刻有陶尊文字、刻画符号或曰刻画图像者，总计十九"文"："炅"字一、"炅"字五、"南"字一、"凡"字三、"言"（享）字三、"斤"字二、"戊"字一；刻画图像两种：酒神图像和滤酒图像。现分别述说为下。

1. 释"炅""炅"（实行祠祭，祫祭诸祭天仪式类图像文字）

"炅"字"𤇡"发现一文，20 世纪 60 年代，莒县陵阳河村民疏通河道时发现，实物现存莒县博物馆（图一，1）。这个字，由"日"字"○"，"火"字"↓"、五峰山形"�"组成。五峰山形"⌴"所画，是居住在莒县陵阳河一地的远古先民，摹画该遗址正东五里、有五个山峰的寺崮山形（图一，2）。由陶尊文字描摹画事物的图形分析，是字以释"炅"字为妥，其原始含义是表示春季太阳日出正东，春季到来的意思，这应是莒县陵阳河一带先民，远在 4800 年前后，举行迎春祭祀而刻写在陶尊上的一个图像文字。它的发现表明，居住在我国东部黄海之滨的山东莒县一带先民，已经知道了春季到来的具体时间，其掌握季节概念的时间，有将近五千多年的历史。证诸有关典籍，也表明《尚书》一类经籍记述，我国传说中的尧舜时期，居住在我国东方滨海地区人们，春季农作之始，对太阳举行祭祀典礼，以迎接春季到来一类记说，并不是虚无缥缈的神话，而是确有真实的历史根据为素地的[4]。

"炅"字陶文共发现五文。

其一，"😊"，20 世纪 60 年代，出土于莒县陵阳河，实物现存莒县博物馆（图一，3）。

其二，"😊"，20 世纪 60 年代莒县陵阳河出土，原物已残碎无存，现仅有拓

[1] 王树明：《仓颉作书与大汶口文化发现陶尊文字》，《中国文物世界》1994年第102期。又收入《莒文化研究文集》，山东人民出版社，2002年。
[2] 王树明：《谈陶尊文字"炅"与"炅"》，《古文字研究论集》，《考古与文物》丛刊第二号，1983年第11期。
[3] 王树明：《陵阳河M25及其发现树社文字》，《故宫学术季刊》十八卷第四期，2001年。
[4] 王树明：《谈陶尊文字"炅"与"炅"》，《古文字研究论集》，《考古与文物》丛刊第二号，1983年第11期。

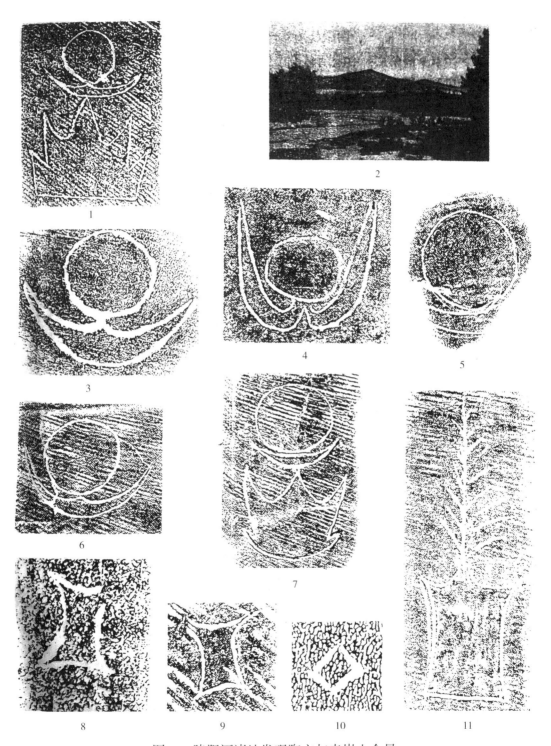

图一　陵阳河诸地发现陶文与寺崮山全景

1.陵阳河，采集　2.陵阳河遗址正东寺崮山全景　3.陵阳河，采集　4.陵阳河出土　5.陵阳河M7　6.大朱村出土　7.大朱村H1　8.大朱村M26　9.陵阳河M19　10.陵阳河，采集　11.陵阳河M25

本（图一，4）。

其三，"🌀"，1979 年春季发掘，莒县陵阳河 M7 出土。残文现存山东省文物考古研究所（图一，5）。

其四，"🌀"，1982 年莒县大朱村发现墓葬出土，实物现存莒县博物馆（图一，6）。

其五，"🌀"，1979 年秋，莒县大朱村墓地发掘，H1（近代坑，发掘报告将其归为采集品）出土，实物现存山东省文物考古研究所（图一，7）。

这五个图像文字的刻画方法有所变化，其构成也有繁简的不同，就总体形象观察，此类刻画"〇"下部刻画，都是火焰或火苗升腾的形象，当隶释为"火"，其顶端所画"〇"，应隶定为"日"。陶文的总体之形释"昊"。是"昊"与上文"炟"字相较，仅在于其下少一"⚞"。在莒县陵阳河这一特定的地理环境中，太阳离开"⚞"，即其正东五里寺崮山之后，乃高照于南天，适当中午时分。在我国古代，"南天"或曰高照于南方的太阳，有"炎热""炽热季节"之意。我们过去曾根据有关文献记载及"昊"字在陵阳河这一特定地理环境中的发现推绎，这是陵阳河一带先民，在 4800 年前后，刻此太阳高照于南天的图像文字，藉以表示夏季炽热，以迎接夏季到来、举行祭祀仪式而刻画的一个陶尊文字[1]。现在看来，这一说法只谈了问题的一个方面。文献记载、民族志资料反映，我国古代人民遇到"大事"或因某种需要而要作"大事"的时候，也有"郊天"或曰祭祀太阳的习惯。《礼记正义·祭义》曰：

　　"郊之祭也……大报天而主曰……夏后氏祭其闇，殷人祭其阳，周人祭日以朝及闇。"注曰："夏后氏大事以昏，殷人大事以日中，周人大事以日出……以朝及闇，谓终日有事。"

商民族远祖缘起于我国古代东方，袭于夷祀[2]。征以有关载记，陵阳河发现表示高照于南天或曰日中时分的"昊"字陶文，其原始所为，或不单单是陵阳河人为迎接夏季到来、举行祭祀仪式而刻写，也是该地先民有"大事"祈天，在中午时分对高照于南天的太阳举行祈祷仪式，或谓实行"郊天"节仪而刻画。还需要说明的一点是，上文介绍的"昊"字陶文第五字"🌀"，上部刻画为"🌀"，下部"⚞"，有五个相似"突峰"形者。学者们在谈说陵阳河发现陶尊文字时，往往把陵阳河发现"炟"字"🌀"，与"昊"类文字中的"🌀"混同，认为这是一个图像文字，其原始刻画、含义都是一样的。这是不妥的。如果仔细研读，是"炟"与此"昊"下的"五峰"形，差别是十分明显的。其一，"炟"字下面的"五峰山形"，最下一笔

[1]　王树明：《谈陵阳河与大朱村出土的陶尊"文字"》，《山东史前文化论文集》，齐鲁书社，1986 年。

[2]　王树明：《帝舜传说与考古发现诠释》，《故宫学术季刊》第九卷第 4 期，1992 年。又收入《莒文化研究文集》，山东人民出版社，2002 年。

是平的，而此"炅"字下面的"五峰"形，最下一笔是上弧形。其二，"炟"字下面的五峰山形，上部刻画的五个山峰，其所用两笔刻画，都是斜直的，其形如山峰突起的峰势，灼然可辨。而此"炅"字下面的所谓"五峰"形，其所画两笔，或上、下或左、右，一律呈弧形，与是形最下一笔呈上弧形的刻画方法是一致的。《周礼·冬官·考工记·卷六》曰：

"画缋之事……火以圜。"注曰："郑司农云，为圜形似火也。玄谓，形如半環然。"

予按，"圜""環"即圆圈"○"形，郑玄所谓画火为"半環"或曰以圆形的一半而为之，正是今语所谓弧形的写照。据于此，将"炟"下"〰"与"炅"下"♡"视为同形，都是山形的刻画，由是将"♨""♨"归于一字，通释为"炟"字的原始刻画，无疑是不能成立的。由上文分析可以论定，1979 年大朱村 H1 发现陶尊刻画"♨"，当隶定为"暴"，乃"炅"字"♡"的增繁体。

商周以来，我国历代封建王朝为迎接季节到来，一年要举行四次高规格的祭天活动，即所谓春祠、夏礿、秋尝、冬烝。莒县陵阳河一带大汶口文化晚期，"炟""炅"陶尊文字的发现表明，我国后世历代王朝所行祠祭、礿祭，以及有"大事"祭祀天神太阳的古老习惯，乃滥觞于四千七八百年前后莒县陵阳河一带大汶口文化晚期这一历史时期。《史记·封禅书》曰：

"八曰四时主，祠琅琊，琅琊在齐东方，盖岁之所始。"

诸城、莒县古属琅琊地界，"四时"即四季，"四时主"即掌管四季的神。秦代将掌管四季的神祇，设祭于琅琊，这说明迄至秦汉时期，人们还知道，我国人民发现、掌握季节概念最早的是藩息于今诸城、莒县一带的古代东夷部族[1]。

2.释"南"（树社崇拜的图像文字）

"南"字"🌳"，是 1979 年莒县陵阳河墓地发掘，M25 出土陶尊上刻画的一个图像文字。刻画这一图像文字的陶尊，现存中国历史博物馆（图一，11）。

这一图像文字，上部刻画一树木之形，下部刻画一建筑的坛台形。我国古代人民为祈祷农业丰收，有崇拜社神，祭祀崇拜大地为神的习惯。相关文献资料记载，我国古代最早出现代表大地的神祇，其构筑形制是这样的：首先起土为平台，然后于平台之上再积土成屋顶形"△"，即坛台，再后又于坛台周围筑以矮墙，其总体之形即谓社坛，古代也或叫社壝。再又在坛台之顶上植一树木，对其进行祭祀，这就是我国古代以树木为社神的具体情况。由图像文字的总体形象判断，其与甲骨文中的"南"字"🌳""🌳"的形象颇相近似，它应是现行汉字中"南"字的远祖或祖型。查其本义，"南"字至今仍有"任成"或曰化育万物之义。"南"字的这一寓义，有

---

[1]　王树明：《谈陵阳河与大朱村出土的陶尊"文字"》，《山东史前文化论文集》，齐鲁书社，1986 年。

可能跟先民祭祀崇拜社神的本义，乃为祈求大地丰收、任育、化育万物的含义相关。至于后来，"南"字有"南方"之义，很有可能与我国古代社神，一般设置于居地之南面有关[1]。

3.释"凡"（帝舜太昊部族族姓徽文刻画）

"凡"字陶文共发现 3 个个体。

其一，"凡"，1979 年莒县陵阳河墓地发掘，M19 出土。该墓出土陶质牛角形号角[2]、旄柄[3]、石戉，是一军事领袖者的墓葬。刻画这一图像文字的陶尊，现存山东省文物考古研究所（图一，9）。

其二，"凡"，1979 年秋，笔者主持了莒县大朱村墓地发掘，M26 出土此文。该墓也出土旄柄，还出玉钺一件，出土陶质牛角形号角，系泥质明器，破碎无法复原。很清楚，这也是一座军事领袖者的墓葬，刻画这一图像文字的陶尊，现存北京大学赛克勒博物馆（图一，8）。

其三，"凡"，20 世纪 60 年代，采集于莒县陵阳河遗址。该文刻画于陶尊腹下近底处，陶尊颈部还刻有陶文"凡"。该器现存莒县博物馆（图一，10；图二，1）。

这 3 个图像文字，都是由四条内弧线刻画而成，上端均为一大、一小两个缺口。已发现的这 3 个图像文字中，有两个是出土于军事领袖墓葬中，根据图像文字刻画的形制、墓葬出土资料推断，这类图像文字刻画的是军事领袖所用发布命令竹制口哨类吹乐器，原是一军械用品[4]。山东艺术学院音乐系教授、横笛专家曲广义先生，对此曾作过复原研究，证明这一陶文刻画，原是一竹制口笛类物[5]。这一图像文字的形体，与甲骨文、金文中的"凡"字之形多所相似。比如散盘、大丰簋中的"凡"字，与陵阳河出土和采集的这 3 个图像文字之形，几乎一致。就图像文字的总体形像而言，这类刻画，应是现行汉字"凡"字的远祖或祖型。在我国古代文字中，"凡"字又衍变为"風"，"風""凡"二字互通，古本一字。由此揭示，莒县陵阳河与大朱村军事领袖墓葬出土或采集图像文字"凡"，原是我国古代东夷部族集团中風姓太昊一族的族姓徽记。《史记·五帝本纪》正义引《帝王世纪》云，黄帝时风后氏居于我国东方沿海、以"風"为号令的有关记载，以及此类文字有两例出土于军事领袖墓葬的情况，为上文所作推定，提供了有力的证明。为我国考古学界、史学界

[1]　王树明：《谈陵阳河与大朱村出土的陶尊"文字"》，《山东史前文化论文集》，齐鲁书社，1986年。王树明：《陵阳河M25及其发现树社文字》，《故宫学术季刊》十八卷第四期，2001年。

[2]　山东省考古研究所等：《山东莒县陵阳河大汶口文化墓葬发掘简报》，《史前研究》1987年第3期。

[3]　王树明：《大汶口文化中骨、牙雕筒用途的推测》，《考古与文物》1991年第3期。

[4]　王树明：《谈陵阳河与大朱村出土的陶尊"文字"》，《山东史前文化论文集》，齐鲁书社，1986年。

[5]　曲广义：《山东莒县发现竹制笛类乐器图像与虞幕"听协风"新解》，山东艺术学院院刊《齐鲁艺苑》1987年第2期。

所公认，古史传说中的太昊氏，就是古史载记中，声名显赫的古圣王帝舜。缘此又进而可知，居住在今诸城、莒县一带，使用大汶口文化晚期物质文化的东方夷人，原是古史载记中赫赫有名的帝舜太昊一族。这一发现，又有力地证明了《孟子·离娄下》一文所记"舜生于诸冯"及典籍中黄帝时风后氏或曰后来的帝舜太昊氏原发迹于今山东诸城、莒县一带滨海地区这一古老说法，是有实实在在的历史根据的，是完全可以信从的史实[1]。

4.酒神图像、释"畐"（享）（由酒神图像演变而来的图像文字）

酒神图像"&"，1979 年秋莒县大朱村墓地发掘，M17 出土。出土时，其刻画范围之内皆涂有朱彩（图二，2）。这一图像由 3 部分组成。我在《谈陵阳河与大朱村出土的陶尊"文字"》一文中考证[2]，图像最上端"&"，刻画为双齿杈形，是我国古代一种木制农业生产工具耒的象形；中间刻画"&"，表示渗滴酒液之意；最下刻画"&"，形如铲，是农业生产工具耜、锹类器物的摹画，是农具耜体的象形。根据图像的组合关系、有关文献、民俗志资料记载推寻，这 3 个图形组成的图像"&"，是 4800 年前后，大汶口人祭祀崇拜的酒神的原始形象。众所周知，酿酒需要粮食，而粮食又是由农业生产工具耒、耜生产出来的。《淮南子·说林训》："清醯之美，始于耒耜"。"清"，即清酒；"醯"，即浊酒。古代人民或认为，酿酒需要粮食，粮食产量的多少，又是由耒、耜有灵性，耒、耜显灵的结果。因以而来，人们在酿酒时就对耒、耜进行祭祀，或因文化的进步、上升，后来又依耒、耜之形合作一器，用以为酿酒的神而进行祭祀，以求达到多产酒、产好酒的目的。大朱村 M17 发现图像，应是这一情景的原始摹画。文献记载、考古资料与民俗资料观察，世界各民族的原始宗教，一般都有拜物教的习惯，视万物皆有灵性。莒县陵阳河一带大汶口人，崇拜、祭祀酒神由耒、耜之形组成，清楚地反映，我国古代人民与世界其他各民族一样，也盛行拜物教，也有拜物教的习惯。

其二，释"畐"（字）。

由酒神图像演变而来的"畐"字陶文刻画，共发现 3 个个体。

第一件刻画"&"，20 世纪 60 年代采集于莒县陵阳河，发现时，其刻画范围之内皆涂有朱彩。图像文字"&"刻画于陶尊颈部，陶尊腹下近底处，刻画一"凡"字祖型"&"，未涂朱彩。这一陶尊现存莒县博物馆（图一，10；图二，1）。

第二件刻画"&"，20 世纪 60 年代采集于莒县陵阳河，文字刻画于陶尊颈部（图二，3）。是文对侧颈部还刻一"&"（图二，4）。陶尊出土时，"&"通体涂朱，"&"则未即发现有涂朱的现象。本器现存莒县博物馆。

[1] 王树明：《谈陵阳河与大朱村出土的陶尊"文字"》，《山东史前文化论文集》，齐鲁书社，1986年。
[2] 王树明：《谈陵阳河与大朱村出土的陶尊"文字"》，《山东史前文化论文集》，齐鲁书社，1986年。

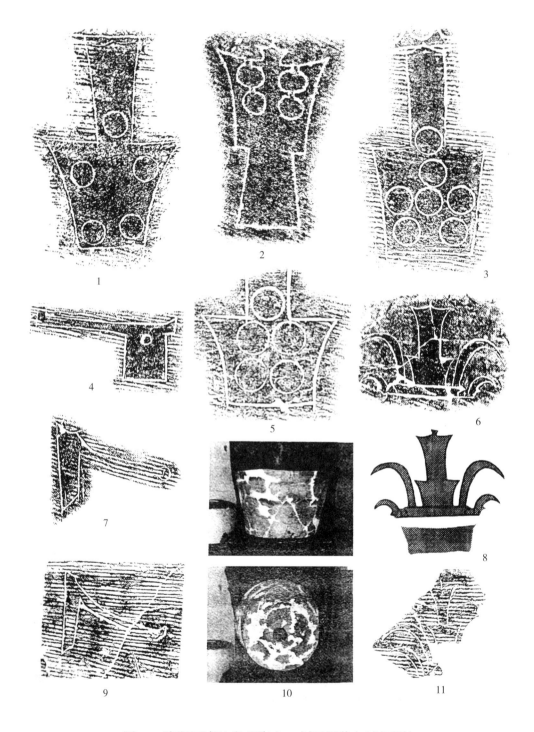

图二　陵阳河诸地发现陶文、刻画图像与滤酒漏缸
1.陵阳河，采集　2.大朱村M17　3.陵阳河，采集　4.陵阳河，采集　5.大朱村，采集　6、8.陵阳河M17　7.陵阳河，采集
9.杭头M8　10.陵阳河M17　11.陵阳河M11填土

　　第三件刻画"🏛"，也是 20 世纪 60 年代发现的，采集于大朱村墓地断崖内。陶尊及刻画图像文字皆残，出土时，图像文字的刻画范围之内，亦皆涂有朱彩（图二，5）。陶尊现存莒县博物馆。

　　这 3 个图像文字刻画与前述酒神图像"🏛"，及与下文所述滤酒图像顶端所画"🏛""🏛"诸形比较研究，可以发现，这 3 个图像文字及滤酒图像顶端所画，为一类物，都是由酒神图像"🏛"简化、演变而来（图三）。缘此可知，这 3 个图像刻画的原始用意，也与酒事有关。与酒神图像一样，这 3 个图像文字出土时，其刻画范围之内也皆涂有朱彩。此应暗示，先民刻画此类图像文字与上文介绍的酒神图像一样，原来也是祭祀、祈祷的对象，也是莒县陵阳河一带大汶口人，为达到良好的酿造效果，在酿酒时祭祀崇拜的对象。这类图像文字与下文介绍滤酒图像顶端所画诸形，发展到后来，成为甲骨文、金文中的"亯"字的远祖或祖型[1]。在我国古代诸字书与典籍中，"亯"字有祭祀、孝道之意，还有鬼神接受祭品，或者把酒或祭品贡献给鬼神的意思。一般说来，汉字的本义与其原始所画事物是有直接联系的。我国古代有无酒不成礼之说。易于理解，后世字书、诸文籍中对"亯"字本义、寓义的解说，与古代莒县陵阳河一带大汶口人所画祭祀、崇拜酒神图像的用意密切相关，是有久远的历史根蒂的。由是也反证，我们所作上述推演，应当是可以成立的。

　　迄于目前，在莒县陵阳河一带发现陶尊文字中，一件陶尊刻画两文者共两件，均出自莒县陵阳河遗址。一件刻画"亯""戉"（图二，3、4）；一件刻画"亯""凡"两字（图二，1；图一，10）。如果上文对"亯"字由来的推演、隶释可以成立，那么这两件陶尊刻画两文的原始含义，译成今语，当是"祭戉""祭凡"，或可径直译释为"戉受亯""凡受亯"。沿此又再而推演，我国商周以来青铜礼器铸铭中，几乎千篇一律，令人厌烦的，铸有"子子孙孙永宝用享"一类套语这一古老习惯，很有可能也是滥觞或衍变于莒县陵阳河、大朱村一带大汶口人祭祀或者崇拜酒神之俗。

　　5.滤酒图像

　　滤酒图像刻画共发现 2 件，均出自莒县陵阳河遗址。

　　其一，"🏛"，1979 年春，莒县陵阳河墓地发掘，M17 出土。图像刻画于陶尊颈部，出土时通体涂有朱彩（图二，6 拓本；图二，8 摹本）。陵阳河河滩墓地出土饮酒用具之多，令人惊讶。其中 M6（残）、M17 发现饮酒用具之多，为墓地之冠。不惟如此，这两座墓葬都发现有酿酒所用滤酒漏缸。M6 出土漏缸残。M17 中，刻画滤酒图像的陶尊与滤酒漏缸（图二，10）、盛储酒液所用陶瓮、陶盆等类酿酒用具，非常集中的放置于墓室西北角。依上述情况判断，这一刻画图像与酿酒、滤酒类酒

---

[1]　王树明：《谈陵阳河与大朱村出土的陶尊"文字"》，《山东史前文化论文集》，齐鲁书社，1986 年。

事有关 [1]。李学勤先生认为,这一图像刻画似冕属,或属皇冠类物 [2]。有人根据李先生滤酒图像似为冠冕类物这一说法,又径直推说,陵阳河发现滤酒图像是"皇"字的初文或滥觞 [3]。这一结论令人生疑。其一,作者告诉我们,甲骨文中有"皇"字,还说有几例卜辞中,"皇"被借用为"徨"。但作者并未展示甲骨文中"皇"字的具体写法,也未注明资料的来源处。此其可疑者一。其二,汉字以象形、象意为造字之本,所以汉字的本义与其描摹事物直接相关。古代字书中,先儒释"皇"字本义为"君也" [4]"大也""大君也" [5],《说文解字》段注曰:"皇,始王天下,是大君也,故号之曰皇。"在字书中,"皇"字本义与冠冕类物毫不相干。此又可疑者二。《甲骨文编》[6]、《古文字类编》[7] 相关文籍,不见"皇"字著录。为此,我们求教了恩师高明先生及社科院历史所王宇信先生,他们的回答是肯定的,甲骨文中无"皇"字。我们认为,"皇"字一文的出现应当是历史发展到一定阶段的产物。从历史唯物主义的观点出发,在国家未走向统一,人间未出现至高无上、统帅百王的总长,不可能有皇帝之"皇"字出现。将陵阳河发现滤酒图像,隶定其为"皇"字的初文或滥觞,与人类社会文明发展历史的逻辑不合。后世诸学者,所以把类似羽饰"冠冕"类刻画解释为"皇"字所由来,殆因古代典籍中,"皇""翌"二字相混,或因互相藉用而舛误。《周礼·春官·乐师》曰:

"有皇舞。"郑玄注曰:"故书皇作翌。郑司农云……皇舞者,以羽冒覆头上,衣饰翡翠之羽。"

汉代硕儒郑玄的注释,非常清楚的告诉我们,"以羽冒覆头上"这一乐舞名,原本写作"翌舞"。换言之,书或写作"皇舞"者,是后世藉"皇"为"翌"字之误。因为"翌""皇"二字读音相同,或因这种藉用时人皆知、且沿久成习。是故《礼记·王制》在"有虞氏皇而祭"条中,郑玄对有虞氏用"翌舞"祭祀之名也省变作"皇",对载籍中以"皇"易"翌"字现象,未作说明。其在作注时,也按当时流行或大家都知道的习惯,仍以"皇"字代"翌"。释曰:"皇,冕属也,画羽饰焉。"如果当时郑氏注文稍作说明,或对有虞氏用"皇舞"祭祀中的"皇"字,更用其由"羽""王"二字组成的本字"翌",其对"皇"即"翌,冕属也,画羽饰焉"的解释,就不会产生什么误解,后世诸学子,也就不会对"皇"字的原始摹画,产生这么大的分歧

[1] 山东省考古研究所等:《山东莒县陵阳河大汶口文化墓葬发掘简报》,《史前研究》1987年第3期。
[2] 李学勤:《论新出大汶口文化陶器符号》,《文物》1987年第12期。
[3] 杜金鹏:《说皇》,《文物》1994年第7期。
[4] 阮元:《十三经注疏·尔雅卷上·释诂第一》,中华书局,1980年影印本。
[5] (东汉)许慎撰,(清)段玉裁注:《说文解字》,上海古籍出版社,1988年。
[6] 中国社会科学院考古研究所:《甲骨文编》,中华书局,1965年。
[7] 高明:《古文字类编》,中华书局,1980年。

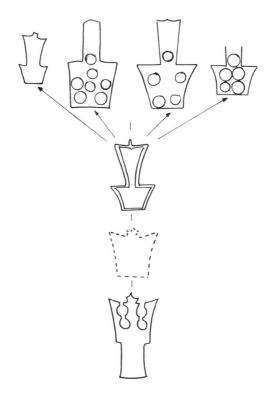

图三　陵阳河与大朱村出土酒神图像演变图

和聚讼。古代字书中及清代段玉裁、朱骏声诸文字学大师，对"皇""圣"二字的原始含义、本指，已经解说得相当清楚，是故视"皇""圣"二字为一字，或一字两体者，实属不妥。

其二，"＊"，这一滤酒图像残文，刻画于陵阳河 M11 填土中采集的陶尊残片上。实物现存山东省文物考古研究所（图二，11）。

前已提及，这是与酿酒有关的一类刻画图像，也可径直称其为滤酒图像。从陵阳河 M17 出土的完整的一例看，这类滤酒图像是由三部分刻画组成的：最上刻画一简化了的酒神图像"＊"；中间两层草叶间刻画一"盆"式器，原是滤酒漏缸的刻画，两层草叶是古代人民酿酒时用以滤除糟粕的茅草叶形，文献记载，古代酿酒时用以滤除糟粕的茅草是有钩刺的，此与图像"盆"式器即滤酒漏缸下所画草叶形有钩刺相符；图像最下朱绘一盆，以盛下滤下的酒液[1]。这是居住在莒县陵阳河一带的大汶口人，将酿酒过程中：酒麴经陶尊发酵后，然后盛入滤酒漏缸用茅草过滤，去其糟粕，将滤下的酒液接入朱绘的盆中这一过程中，所用全部器物及其操作过程

[1]　王树明：《谈陵阳河与大朱村出土的陶尊"文字"》，《山东史前文化论文集》，齐鲁书社，1986年。

的墓画。其所以在图像的刻画范围内涂有朱彩，原因我国古代所谓酒是米酒，在其发酵酿造过程中，稍有不慎就容易变酸，因为科学不发达，受认识水平的局限，因而对此颇感神秘，所以将这一过程绘画下来，涂上以象征着吉利的朱彩，进行祈祷、祀祭，以求得到神灵的保佑，藉以达到多产酒、产好酒的目的。中华人民共和国成立前夕，山东胶东一带农村，逢年过节，采用古法酿制米酒，仍然还有许多禁忌，或者在酿造器具上放上一把刀，还有的在酿酒器具上，挂上象征着吉利含义的红色布条类物的习惯。这些带有宗教迷信色彩的习惯，无疑有久远的历史背景，很有可能，也是从我国古代大汶口人酿酒时祭祀酒神这一古老习俗演变、流传而来。

6.释："斤""戉"（兵具类图像文字摹画）

"斤"类图像文字，发现 2 件。

其一，"▷"，20 世纪 60 年代出土于莒县陵阳河，采集品。陶尊仅刻这一个图像文字。实物现存莒县博物馆（图二，7）。该文第一次发表于《大汶口》报告[1]，与该遗址发现刻画"⤳"陶文的陶尊并列一处，因为两尊形制相同或相近，作者又未说明此是两器，每器一文。是故有人在谈说陵阳河一带出土陶尊文字时，竟认为这是两文同刻于一件陶尊颈部对侧的[2]，由是对这两个文字刻画的原始含义又演绎、想象出另外一种说法。

其二，"▷"，20 世纪 80 年代初，距莒县陵阳河遗址西 4 里的杭头遗址，M8出土（图二，9）[3]，实物现存莒县博物馆。

这两个图像文字，都刻画于陶尊颈部。学者们有认为是锄、斧类农具的象形者；也有人认为，该文是兵具类物的摹画者。解说虽然不同，释文则是一致的，都将是隶文定为"斤"字。这类文字在陶尊上出现，应是我国古代拜物教习俗的反映。就社会发展阶段而论，我们认为，莒县陵阳河大汶口文化晚期出现此文所画，应是"斤"类兵器的象形字[4]。

其三，"▱"，20 世纪 60 年代发现于莒县陵阳河，文字刻画于陶尊颈部，陶尊颈部对侧还刻画一涂有朱彩的"亯"字祖型"⥮"（图二，3、4），该器现存莒县博物馆。

此文与上文"斤"字一样，对其所画也是两种意见。或认为是锄、斧类农具的象形，也或认为是兵具的摹画。学术界对这一陶尊文字的隶定，也基本上是一致的，通释为"戉"字祖型。应如"斤"字一样，它在陶尊上的出现，也是我国远古时期

[1] 山东省文物管理处、济南市博物馆：《大汶口——新石器时代墓葬发掘报告》，文物出版社，1974年，第118页，（图九四，6）。

[2] 刘斌：《大汶口文化陶尊上的符号及与良渚文化的关系》，《青果集》，知识出版社，1993年。

[3] 山东省文物考古研究所：《山东莒县杭头遗址》，《考古》1988年第12期。

[4] 王树明：《谈陵阳河与大朱村出土的陶尊"文字"》，《山东史前文化论文集》，齐鲁书社，1986年。

拜物教习俗的反映，是兵具的摹画[1]。

莒县陵阳河诸地发现陶尊文字，还没有完全脱离图画实物的阶段，但它反映了居住在我国东部濒海地带的陵阳河人，远在 4800 年前左右，即有"有大事"祭天、迎接春季、夏季到来的习惯；祭社、祭祀酒神的习惯。"凡"字陶文的发现，又明白无误地告诉我们，4800 年前后，藩息于今诸城、莒县一带的大汶口人，就是我国古史传说中的帝舜太昊部族，或可这样说，居住在莒县、诸城一带的古先民，原是古史载记中所记述，居于东方濒海一带风后一族的遗裔，等等。从这个意义上讲，说今山东莒县陵阳河一带发现图像文字或曰陶尊文字，是现在所知我国最早的历史文献，是我国现行汉字的远祖或祖型，也或径直称之为我国最早的文字，是并不过分的。

三　安徽蒙城尉迟寺遗存发现陶尊文字与
古史记载中的帝舜太昊部族西迁

安徽蒙城尉迟寺大汶口文化晚期遗存，发现刻画陶尊文字或刻画图像凡六[2]。地层出土 1 个，祭坑出土 1 个；墓葬出土 3 个刻画文字和 1 个刻画图像。墓葬出土刻文及刻画图像，分别刻画在 3 件陶尊上。有两件陶尊各刻一字；一件陶尊同刻两文：一字、一图像，本器出自 M177。下文主要根据《尉迟寺》报告提供的出土资料、拓本资料，就陶尊文字的刻画形制、结构特征，与陵阳河、大朱村一带出土类似刻画的异同点，试作比较研究，就蒙城尉迟寺发现陶尊文字，刻画图像的原始摹画、释字、意义诸端，说一点想法。

其一，释"咠"（由酒神图像演变而来的图像文字）。

陶文"咠"，刻画于 T3828 第 5 层出土的陶尊残片上（图四，1）。下部刻画图形"凵"，上部刻画"咠"。文字下部图形，与陵阳河、大朱村发现酒神图像演变而来的"咠"字祖型下部所画形体一致（图二，1、3、5）；上部所画较陵阳河、大朱村发现酒神图像文字"咠"字上部，形体为窄，中部对侧又各多刻一"ㄟ""ㄟ"。就总体形像而论，其与陵阳河、大朱村发现"咠"字祖型基本一致。应也是由大朱村 M17 出土酒神图像"咠"演变而来的"咠"字之祖型。至于此文图形上部变窄、中间对侧又各多刻一笔，应是因刻画的时间、空间变化而出现的增繁或变异。

其二，释"炟"字繁文"齧"（由"炟"字衍变而来的祠祭图像文字）。

---

[1] 王树明：《谈陵阳河与大朱村出土的陶尊"文字"》，《山东史前文化论文集》，齐鲁书社，1986 年。

[2] 中国社会科学院考古研究所：《蒙城尉迟寺——皖北新石器时代聚落遗存的发掘与研究》，科学出版社，2001 年。

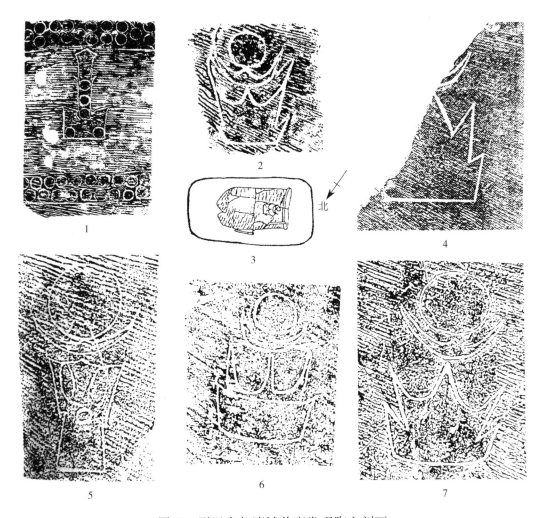

图四　尉迟寺与诸城前寨发现陶文刻画

1.尉迟寺T3828⑤：1　2.尉迟寺JS4：1　3.尉迟寺JS4：1摹本　4.诸城前寨"炟"字残文　5.尉迟寺M177：1　6.尉迟寺M215：1　7.尉迟寺M96：2

　　"炟"字繁文"🌄"，刻画于祭坑（JS4）出土的陶尊颈部（图四，2）。汉字书写的运行笔顺，一般是先左、后右，或自上而下。《蒙城尉迟寺》报告图94拓本总体形象观察[1]，这一陶尊文字，是一由上而下4个图形刻画而成。最上刻画"○"，独体成形，当释"日"；其下三图形不能分割，每一图形都与其他一形或两形，或上或下有一笔或两笔相联而共为一笔。将是文摹画为三个图形"🌄"（图四，3），似不确。值得注意的是，这一图形最下"🌄"，上部中间的"峰突"，原应与上面图形联为一笔，而呈上弧形"🌄"，其余诸"峰"刻画，皆斜直笔，其最下一横

---

[1] 中国社会科学院考古研究所：《蒙城尉迟寺——皖北新石器时代聚落遗存的发掘与研究》，科学出版社，2001年。

也是直笔。这一图形局部，除顶端图形中间"突峰"外，其他部分与陵阳河、诸城前寨采集"炟"字陶文所画五峰形"〰"相应部位，形制近同（图一，1；图四，4）。缘此，这一陶尊文字最下所画图形，应是莒县陵阳河、诸城前寨发现"炟"下五峰山形的异构或变相，也应释"山"。该文中间两图形诸笔走向都是上弧形。依前文征引郑玄所云，画火形为"半環"或曰弧形说法印证，此文中间两形，也是火焰升腾的形象。总上文分析比较，尉迟寺祭坑陶尊上刻画陶尊文字，中间两火形应释"炎"。这一陶尊文字的总体之形，以释"燅"字为妥。是与过去莒县、诸城发现"炟"字相较，多刻一同意形符的"火"字。在汉字的发展过程中，这种同意符号的增繁，一般来说并不改变文字的本义。故是文"燅"，应是过去发现"炟"字的繁文。因为汉字在演进、发展过程中，增繁或简化两条规律，始终伴随着汉字而发展、演进着。出于这样的考虑，时代晚于莒县、诸城一带大汶口文化晚期遗存，出土的陶文"炟"字繁文"燅"，较过去较早遗存出土的"炟"字陶文，多一同意形符，就不足为怪了。由上文研讨，尉迟寺发现"炟"字繁文"燅"，与莒县陵阳河发现"炟"字刻文一样，原也是居住在尉迟寺一带的大汶口人，在春季农作之始，用于迎接春季到来、实行祠祭仪式而刻画的图像文字[1]。

其三，释"昊"字繁文"燊"（由"昊"字增繁而来的图像文字）。

"昊"字繁文"燊"，刻画于尉迟寺 M96 出土的陶尊颈部（图四，7）。图像文字由 3 个独立图形组成。最上刻"日"形"○"；中间刻火焰升腾形"〰"；最下图形两底角呈上弧形、最下一笔也是上弧形、其上三"突峰"像火焰升腾形。图像文字最下刻画"〰"，与大朱村 H1 陶尊文字最下刻画图形，各局部笔顺走向基本一致，也是火焰升腾之像。是可论定，这一陶尊文字与大朱村 H1 发现陶文刻画相同，也是"昊"字的繁文，当隶定为"燊"。当也是尉迟寺一带大汶口人，用于夏祭（禴祭）或有"大事"祈天而实行祭祀仪式刻画的一个图像文字[2]。

其四，释"旦"（蒙城尉迟寺大汶口人在朝旦，或"有事"于旦明祭日而刻写的图像文字）。

"旦"字"燊"，刻画于 M215 出土的陶尊颈部（图四，6），由 4 个图形组成：最上刻"日"形"○"；下刻火焰升腾形"〰"；再下刻两形共为一体形"〰"。由图形观察，此"〰"所画，是由"〰"所画器类中升腾出来的。可证，"〰"所画不是坛台形，纵观此图形特征，其与陵阳河 M17 滤酒图像最下朱绘盆式器"〰"所画相似（图二，8），也是盆一类容器的刻画。或者将尉迟寺发现"燊"与莒县陵阳河发现"燊"，归为一类，认为尉迟寺遗址发现陶尊文字"燊"下

---

[1] 王树明：《谈陵阳河与大朱村出土的陶尊"文字"》，《山东史前文化论文集》，齐鲁书社，1986年。
[2] 王树明：《谈陵阳河与大朱村出土的陶尊"文字"》，《山东史前文化论文集》，齐鲁书社，1986年。

"㞢"，与陵阳河发现陶尊文字"炟""㞢"下"⌢"，都是五峰山形，似或欠妥[1]。

尉迟寺发现此文，是过去未曾见过的一个图像文字。文字最上刻日形"○"，中间刻两火形。我国古代祭天以火。尉迟寺发现此文，应也是用于祭天节仪而刻画。其与过去发现诸祭天类文字不同的是，此文最下刻画为一容器形"▱"，或即盆形器。而过去在莒县陵阳河及尉迟寺所见祠祭、祫祭诸祭天类文字刻画，其最下或刻五峰山形或刻一、两火形者。这一明显差异或表明，尉迟寺新出祭天文字"㿟"，与过去发现用"炟""炅"二字祭天有别，它应是与实行"炟""炅"诸祭天仪式，或祭祀时间也或含义有所不同的刻画。如果按是文所画事物形体来隶定，这一图像文字，当隶释为"䛬"或"盨"。此二文不见字书。如果我们将这两个文字中间的两火形"炎"字简省，即为"昌"或"晶"。在甲骨文与西周金文中，"凵""凵"，与"皿"字同义。简省后的"晶"，亦为字书所无。而此"昌"则与甲骨文中的"旦"字形体相近。《甲骨文编》收集"旦"字十七文，作"昌"者一字（甲一八五，于省吾释旦，亡旦父辛），"旦"下作"□""□""▱"形者，如"昌"（甲八四〇）、"昌"（京津四四五〇），凡十三文之多，极个别"旦"下有作"日"形或近似椭圆形者（以上均见《甲骨文编》卷七·三）。视诸形体，甲骨文中的"旦"字，有可能由尉迟寺发现祭天陶文"㿟"简化或省变而来。如果这一猜测不谬，那么尉迟寺发现图像文字"㿟"，应是现行汉字"旦"字的远祖。在周代金文中，"旦"字又写作"昌"（周早，吴方鼎）、"昌"（周中，颂鼎）、"昌"（周晚，克鼎）诸形（见高明著《古文字类编》）。金文"旦"字"日"下图形较甲骨文"旦"下图形形体有变，应是周代以来祭天礼文繁缛，受燔柴坛坛祭天节仪影响而变化，骨文"旦"下"凵""□""▱"诸形，又演变作人工建筑的坛台形"▰""▲""▲"诸形的摹写。由周代"旦"下形体的这一变化，说明"旦"明之"旦"字的产生，原确与祭天节仪有关。

"旦"，《说文》，"明也。"段注曰："明，当作朝。"段玉裁"朝"下又注曰："旦者，朝也。"说明"旦""朝"二字互训。"朝"有两读音：一读作 zhāo，是"朝"有旦明、早晨之意；二读作 cháo，是"朝"又有拜谒、朝见之义。朱骏声《说文通训定声》"旦"下注曰："昊天曰旦，祭必于旦。"《礼记正义·祭义》："周人祭日，以朝及阇。"注曰："周人大事以日出，亦谓此郊祭也，以朝及闇，谓终日有事。"揭引字书中"旦""朝"二字寓义及周人有"事"于旦明朝日、祭天习惯推演，"旦"字原始应由尉迟寺发现祭天陶文"㿟"简省、演变而来。窃疑尉迟寺图像文字"旦"字始祖，原是居住在蒙城一带大汶口文化晚期人们，有朝拜日出或有祭旦、祭日出的习惯，也或是当地先民因某种需要而有"事"祈天于旦明时分，用盆形器盛储燃

[1]　王吉怀：《再论大汶口文化的陶刻》，《东南文化》2000年第7期。

火，对初升的太阳举行祈祷、祭祀仪式而摹刻。

从前文对"炟""炅""旦"诸文的考释中，可以清楚地看出，这 3 个图像文字的产生各有源头。"炟""炅"不是一字，"旦"也不是"炟"字的简化体。我们过去曾认为"旦"是由"炟"字简化而来，这是错误的。

其五，释"炅"、释酒神图像。

图像文字"Ƿ"，刻画的是上、下两个个体，刻画这两个个体图像文字或刻画图像的陶尊，出土于尉迟寺 M177，两图形刻画陶尊颈部一侧，上下紧相连接（图四，5）。

莒县陵阳河大汶口文化发现陶尊文字，两文刻于一件器物，并尉迟寺遗址新发现的一件，共为 3 件。上文已经论及，莒县陵阳河发现的两件：一件陶尊颈部对侧分别刻画一"戉"字和由酒神图像演变而来的"亯"字之祖（图二，3；图二，4）；另一件在陶尊颈部刻一"亯"字祖型，另外为"凡"字之祖，刻于腹下近底处，其刻画部位与"亯"字刻画不相对称（图一，10；图二，1）。同刻两个陶尊文字，也或刻画一字、一图像于一件器物上，且同刻于一侧又上、下连接，尉迟寺 M177 发现陶文刻画，不能不说是大汶口文化晚期，发现刻画陶尊文字资料中的一个新的发现。

尉迟寺 M177 陶尊刻两文，上部刻画为"◡"。在莒县陵阳河与大朱村发现与其形体完全相同的 3 个个体（图一，3、5、6），增繁的 1 个个体（图一，7），形体变异的 1 个个体（图一，4），总计 5 个个体。根据我们在《谈陵阳河与大朱村出土的陶尊"文字"》一文及前文对这类文字刻画的相关研究[1]，尉迟寺发现陶文刻画"◡"，无疑也是尉迟寺大汶口人，在夏季到来时实行礿祭，也或有"事"祈天，在中午时分面对高悬于南天的太阳，举行祀祭仪式而刻画的"炅"字的初文或祖形。陶尊颈部"炅"下刻一"Ƿ"，颇似一独体器物之形、似工具类器物摹画。研读图像的总体形像，各局部的形体特征，此形所画，也是一由不同器物形体合为一物的一个复合图像。这一图像与大朱村 M17 发现酒神图像"Ƿ"，有不少相似或近似之处（图二，2）。我们过去在对大朱村发现的图形推考中，依图形各部分的形体特征，将该图分解为 3 部分："⋏""Ƿ""™"，证诸文献记载、相关民俗志资料推定，图形"Ƿ"，分别是由耒、耜及渗滴酒液状"™"形而组成的酒神图像。先民或认为，酒是粮食酿造的，而粮食的获得，又是由耒、耜显灵的结果[2]，由是在酿酒时，依耒、耜之形合做一器，或将其所做之器视为冥冥中主管酿酒的神而刻画于陶尊上，藉以表示对酒神的崇拜祭祀之意。尉迟寺发现图像最外边走向，与大朱村发现酒神图像

[1] 王树明：《谈陵阳河与大朱村出土的陶尊"文字"》，《山东史前文化论文集》，齐鲁书社，1986年。

[2] 王树明：《谈陵阳河与大朱村出土的陶尊"文字"》，《山东史前文化论文集》，齐鲁书社，1986年。

下耜体之形相似，因其刻有三齿形，清楚表明是器不是耜形器；图像上面为齿（叉）形，与耒形农具接近，而甲骨文"耒"字作"𣏟"、龙山文化遗迹耒的痕迹为双股形，证明我国古代耒头是两齿或两股，此图像上为三齿状与我国古代耒头为双齿或双股形不合。图像三齿状形制特征表明，这3个齿状形是可以区分为两种形制的。两侧"𝄇""𝄆"，两形相对、形体一致，中间齿形为"𝘠"。"中齿"形体反映，此"齿"所画与陵阳河M17滤酒图像中"𝘠"上"𝘠"，由酒神图像演变而来的"酋"字祖形上的"𝘠"相同（图二，1、3），其所画与耒齿无涉。依是，尉迟寺发现图像"𝘠"，是由"𝘠"与酒神图像"酋"字上"𝘠"形合为一体而刻成。研读至此，图像"𝘠"的原始所画，在大朱村发现酒神图像"𝘠"研究的基础上，就比较容易解读了。"𝘠"上双齿形为耒头双齿形的变相；是形最下"凵"是耜尾和缚结耜柄部分；"双齿"外形刻画走向与耜尾相联呈"凵"形，为耜体的形象清楚可辨。如果这一解读大致不错，那么尉迟寺一带大汶口文化中，发现容耒、耜两器特征为一器的"𝘠"，原是由大朱村发现酒神图像中耜体"𝘠"中去其"凵"蜕变而来。此"𝘠"中间多刻一滤酒图像上"𝘠"中"𝘠"、酒神图像演变而来的"酋"字中的"𝘠"，是向人们进一步表明，此"𝘠"是他们尉迟寺人崇拜与酿酒有关的一个刻画图像或曰酒神图像。至于这一图像中间还刻一圆圈形"〇"，似也不是什么装饰刻画，考虑到这一图像是由大朱村M17发现酒神图像"异构"或演变而来，这一圆圈形"〇"，似也应是大朱村酒神图像中"𝄇𝄆"，表示渗滴酒液状图形的简省。《史记·孟子荀卿列传第十四》记曰："齐尚修列大夫之缺，而荀卿三为祭酒焉。"司马贞索隐曰："按：礼食必祭先，饮酒亦然，必以席中之尊者一人当祭耳，后因以为官名。"唐人司马贞所谓"食必祭先"，是说按古礼，在进食之前要祭祀五谷神，因为我国古代稷为五谷之长，是以，礼食前所祭乃五公之神后稷是也。由此，所谓"饮酒亦然"，无疑是我国古代人民在饮酒前，要祭祀酒神之谓。记得中华人民共和国建立前，春节举行家饮时，必先由一家之长酹酒灌地后，与席者才能举杯。这一习俗，无疑也是我国古代人民崇拜、祭祀酒神习惯的演变和流传。寻绎相关文献记载及有关民俗方面资料，推定我国古代有崇拜酒神的习惯，应当是可以成立的。大概因为历史久远、文献失载，我国人民很久以前就已经不知道，我国古代人民崇拜的酒神，其初始阶段，是对农具耒、耜的崇拜或拜物，后来又由耒、耜之形合为一器而为之者。

蒙城尉迟寺遗址发现图像形陶尊文字凡五："炟"字衍体"𡘙"1；"昃"字及其繁文"㬟"，共2；"酋"字祖形1；"旦"字远祖1。还发现酒神图像一"文"。在其与莒县陵阳河、大朱村诸地发现陶尊文字或刻画图像的比较研究中显示，其两者存在着极为亲密的血缘关系、传承关系，两者的宗教信仰、意识形态观念，同根、同源。蒙城尉迟寺遗址的地层资料、出土遗物资料表明，尉迟寺大汶口文化晚期发现图像文字、刻画图像，较山东莒县陵阳河诸地发现同类刻画时间为晚[1]，已经跨入龙山文化时代早期的门槛。而这一时期的山东诸地，陶尊文字类刻画，至今未曾一见。种种迹象表明，安徽蒙城尉迟寺发现图像文字类刻画，是居住在今山东诸城、莒县一带使用陶尊文字类刻画的大汶口人徙居蒙城一带而留下的物质文化遗存。莒县陵阳河 M19、大朱村 M26 军事领袖墓葬"凡"或曰"風"字徽文的发现，又进而告诉我们，蒙城尉迟寺发现陶尊文字、刻画图像诸类，是我国古史载记中发迹于今山东诸城、莒县一带的風姓始祖，帝舜太昊部族在西徙过程中，曾居有今蒙城尉迟寺一带所遗留[2]。

笔者在《帝舜传说与考古发现诠释》一文中，根据考古发现与文献记载推论，大汶口文化晚期，发迹于今山东诸城、莒县一带的帝舜太昊部族，曾沿泰沂山系南侧[3]，也或及江苏北部这一广袤空间地带，西渐中土。文献资料记说，帝舜太昊一族西渐，曾不断移徙，其在移徙过程中，势力不断发展壮大。《史记·五帝本纪》记曰：

"舜……一年所居成聚，二年成邑，三年成都。"

《庄子·徐无鬼》又曰：

"舜也……故三徙成都，至邓之虚，而十有万家。"

《管子·治国》还说：

"……故舜一徙成邑，二徙成都，三徙成国。"

帝舜太昊一族西徙中土作"国"的史实和有关情况，已被河南豫东淮阳平粮台龙山文化城址的考古发现所昭示[4]，20 世纪晚期以来，安徽蒙城尉迟寺遗址的考古发现，有可能是帝舜太昊部族在西渐"征程"中，曾居有过的一个都址，也或如文籍所记说，蒙城尉迟寺遗址乃帝舜太昊一族在西渐过程中，"成聚"或所作"都""邑"之属。

《蒙城尉迟寺》报告[5]、中国社科院考古所网站《考古纵横》栏目报道[6]，尉迟寺遗址总面积 10 万平方米，中心部位 5 万平方米的范围，是由西南—东北方向的椭

[1] 中国社会科学院考古研究所：《蒙城尉迟寺——皖北新石器时代聚落遗存的发掘与研究》，科学出版社，2001年。
[2] 王树明：《谈陵阳河与大朱村出土的陶尊"文字"》，《山东史前文化论文集》，齐鲁书社，1986年。
[3] 王树明：《帝舜传说与考古发现诠释》，《故宫学术季刊》第九卷第4期，1992年。又收入《莒文化研究文集》，山东人民出版社，2002年。
[4] 河南省文物研究所、周口地区文化局文物科：《河南淮阳平粮台龙山文化城址试掘简报》，《文物》1983年第3期。
[5] 中国社会科学院考古研究所：《蒙城尉迟寺——皖北新石器时代聚落遗存的发掘与研究》，科学出版社，2001年。
[6] 王吉怀：《尉迟寺聚落遗址》，本文发表于中国社会科学院考古研究所网站《考古纵横》栏目。

圆形围沟所环绕，其东西跨度 220、南北跨度 230～240 米，宽 25～30、深 4.5 米，整个大汶口文化晚期基址建筑群在其环抱之中。由铲探发现，围沟基本是一封闭的环形沟，出入口可能在西南部，与排房的朝向基本一致。围沟或曰围壕是由人工挖治而成，沟内侧陡直，沟中间较深，呈圜底状，明显具有防御的功能。围沟内分布着成组、成排的红烧土建筑，迄至目前，共揭露 17 排（组），计 76 间。每排房都由大间、小间组成，说明房子具有居住和储藏两种不同功能。房子的布局是两间和两间以上房址为一排组，未发现单间或套间建筑。房子的面积以大间房为多，一般面积 10～30 平方米，超过 20 平方米的较为少见。大房设两门，小房设一门。大房中间都有灶台。整个建筑群的布局，错落有致。报告介绍，房门朝向遗址中心，各排房的构筑方法基本相同，是在同一模式、精心策划、统一设计而建造的。遗址北部、东部，分别发现兽坑 7 个，每一兽坑附近都有建筑遗迹；祭坑发现 4 个，主要分布在第三发掘区。发掘者推测，这些兽坑和祭坑，可能是房基奠基或者与墓葬祭祀有关。在每排房的前面，都有面积不等的广场。一般数 10 平方米，保存最好的 230 平方米。这种广场是人工用红烧土粒铺垫而成，厚 2～3 厘米，应是每个家庭的活动空间。2002 年春季发掘[1]，在遗址中心南部，在一排四间一组的房址前，发现一特大广场，面积 1300 平方米，广场铺垫红烧土 10 厘米，平整光滑，应是氏族成员活动的公共场所。尤其重要的是，在广场中间，有一直径 4 米的火烧痕迹，由于经常火烧的缘故，原红烧土面已经变成了灰褐色，这显然是氏族成员经常在这里举行篝火晚会，也或氏族成员在此举行祭祀活动而留下的遗迹现象。安徽蒙城尉迟寺遗址发现诸大汶口文化晚期遗迹，其规模是宏大的，也是空前的。因此，我们说它是缘起于山东诸城、莒县一带的帝舜太昊部族在西渐的漫长"征程"中，在安徽蒙城尉迟寺"成聚"或所作"都""邑"之属是当之无愧的。又，《蒙城尉迟寺》排房的发掘资料反映，该遗址发掘排房是建筑在原生土之上，每间或每排（组）房屋建筑的时间或早或晚，但就总体而言，它是一次性建筑的，排（组）房没发现有叠压或打破关系。类似现象告诉我们，使用该遗址或其建筑排房的人们，是一次性迁入的。有关这一遗址的被废弃或曰人们又徙于他处，诸专家、学者多有高见，认为原因是多方面的。有地震灾害说、连续疾病、灾疫说，还有一种意见，根据遗址出土遗物普遍有被火烧烤的明显痕迹，又提出，此地先民的迁出是火灾造成的。证诸文献记载而推之，此遗址废弃的主要原因，或与居有此地的帝舜太昊部族要西进或南进拓展生存空间、亦或要西进中原"逐鹿"有关。排房之所以被火烧，颇疑是居有此地的帝舜太昊统治集团或其所部，要矢志西进，为表示其破釜沉舟的决心，

[1] 王吉怀、陶娜威：《大汶口文化惊现罕见器物》，《中国文物报》2002年5月1日，《收藏鉴赏周刊》67期。

而自为之。这一假说，似也与文籍中，帝舜太昊部族在西迁过程中，曾多次停留，又再而向西迁徙的记载，若合符节。

2002 年春季发掘[1]，尉迟寺遗址大型广场东侧地层中，出土一极为罕见的鸟形神器。神器顶端为象形鸟体，之下为上细下粗的"圆锥形"；中部突起部位有一凹槽，槽下有四个对称圆孔，槽上两侧饰有相似陵阳河发现滤酒图像中带钩刺茅叶形装饰（图二，6、8）。发掘者认为，是形为鸟头或抽象冠饰形；神器最下为圆柱形。神器整体通高 60、中部直径 30、底径 16 厘米。这是尉迟寺遗址又一另人兴奋的考古发现。它的发现，对帝舜太昊部族或其所部徙居蒙城尉迟寺后，在宗教信仰、意识形态方面诸相关习俗的探讨，具有极为重要的意义。《拾遗记》曰：

"少昊以金德王。母曰皇娥……帝子与皇娥泛于海上，以桂枝为表，结薰茅为旌，刻玉为鸠，置于表端，言鸠知四时之候，故《春秋传》曰'司至'是也。今之相风，此之遗象也。"[2]

在我国古代历史传说中，少昊一族有视鸟为神、以鸟为图腾之俗。《拾遗记》一书有关少昊氏结薰茅为旌、置玉鸠于桂枝竿顶类记载，与尉迟寺发现陶鸟形神器的形制，多所契合。此或反映，迁居蒙城一带的帝舜太昊部族，也有崇拜鸟类、视鸟为神的习俗。由《拾遗记》一书所记寻绎，还可得知，少昊氏一族所以视鸟为神、以鸟为图腾，殆因崇祀之鸠鸟之类能为民造福，能向人们"告知"四时到来的具体时间。少昊遗墟在鲁都曲阜，距蒙城尉迟寺遗址仅 400 余里之遥。鸟形神器在尉迟寺大汶口文化晚期地层中发现，反映移居此地的帝舜太昊部族所部，或受少昊族团意识观念的影响，其以鸟为神、崇拜鸟类的习俗，也是源自其依靠鸠类候鸟到来、或其始鸣的时间，来制定"四时"季节到来的缘故。再进而推之，山东诸城、莒县一带徙居蒙城一带的大汶口人，其时已摆脱了依山头纪历的古老习惯。至于尉迟寺遗址发现由"炟"字衍变而来的"𡎆"，其寓义与陵阳河发现陶尊上刻画"炟"字陶文的本义，即以山头纪历的原始含义，已无或相关。"炟"字衍文"𡎆"在尉迟寺遗址的发现，只能作这样的理解：这是一种传统习惯的沿袭，是迁居蒙城尉迟寺一带定居的帝舜太昊所部，刻画是文在陶尊上，用以表示这是用于实行春祠或曰实行迎接春季到来而举行祭祀仪式的一个标记而已。

---

[1] 王吉怀、陶娜威：《大汶口文化惊现罕见器物》，《中国文物报》2002年5月1日《收藏鉴赏周刊》67期。

[2] （晋）王嘉撰、（梁）肖绮录：《拾遗记》，中华书局，1981年，第26页。

四　余语

　　本文对诸城前寨、莒县陵阳河诸地与安徽蒙城尉迟寺发现陶尊文字类资料的比较研究，由于受益于蒙城尉迟寺遗址陶尊文字及考古资料方面的一些最新发现的启示，使我们过去在《谈陵阳河与大朱村发现陶尊"文字"》诸文中，对山东莒县陵阳河一带发现陶尊文字的考释、解读及有关问题的理解、认识等方面，有所深化、视野扩大，也为我们纠正过去所作结论或有谬误之处提供了依据。遗憾的是，在形成文字过程中，所用蒙城尉迟寺出土陶尊文字类资料、发掘资料，主要依据的是王吉怀先生的有关文章及《蒙城尉迟寺》发掘报告的相关报道，因为没有机会目睹实物资料、实地踏查遗址发掘现场，是故在征引资料及有关问题的判断中，讹谬、遗误之处，是在所难免的。敢请诸方家批评、指正。

　　如所周知，文字的出现与使用与文明的起源密切相关。我国古代文明的起源是多元的，我们同意这样的观点。但是，文献资料与考古资料反映，我国古代第一个登上文明历史舞台的、第一个步入或行将步入我国古代文明大门的是使用大汶口文化且已开始使用图像文字或曰陶尊文字原发迹于今山东地区泰沂山系南侧诸城、莒县一带，又沿泰沂山系迄南及江苏北部一带，西徙中土逐鹿的帝舜太昊部族。《周易·说卦》曰："帝出乎震，……震，东方也。"《说卦》此说揭示的，应当就是这一历史的真相。

　　（原载《东方考古（第一集）》，科学出版社，2004 年）

双墩碗底刻文与大汶口陶尊文字

一 引言

自 20 世纪 30 年代初山东章丘龙山镇遗址出土的陶器残片上发现文字类刻划符号以来，我国史前时期文化遗存，比如河南舞阳贾湖、甘肃秦安大地湾、安徽蚌埠双墩、湖北柳林溪、西安半坡、临潼姜寨、湖北宜昌柳家湾、上海青浦崧泽遗存、大汶口文化中的莒县陵阳河、安徽蒙城尉迟寺及浙江良渚文化遗存中，文字类刻划符号也有发现。此外，发现类似刻划的代表性遗存还有广东西樵山、山东邹平丁公、湖北石家河、甘肃马厂、江苏高邮龙虬庄遗址南荡遗存等。我们根据建国以来的考古发现，就其出现的时间、刻划内容、刻写特点或其刻写遗物不同诸方面，大致将史前时期发现文字类刻划符号分为三个不同发展时期：早期阶段大致定在距今7000 年前后，属新石器时代中期或中期偏晚这一历史时期的文化遗存，其典型遗存以安徽双墩文化中双墩遗址发现碗底刻文为代表；中期阶段大致定在距今 5000 年左右的一些考古发现，属新石器时代晚期，这一时期，以大汶口文化山东莒县陵阳河、安徽蒙城尉迟寺发现陶尊文字为典型；晚期阶段定在龙山文化时期，也或叫龙山时代，这一时期，以山东邹平丁公与江苏高邮龙虬庄南荡遗存为代表。龙山时代邹平丁公等遗存出土文字类资料表明，龙山文化或龙山时代人们的文字，已摆脱图画记事或实物摹画阶段，有连成一片之势，属汉字的形成期。我国学术界多数认为，龙山文化或龙山时代，其发展较快的地区或部族集团，已步入文明的大门。所以，这一历史时期的文字类刻划符号，本文不拟论说。拙文仅就双墩文化、大汶口文化发现早、中期阶段文字类刻划符号，结合实物资料、文献资料、民俗方面资料，就其所属族系及其在我国古代文字产生形成过程中的一些相关问题，谈谈个人的一些不成熟想法，以就教于学林同好。

二 双墩文化发现碗底刻文与我国古史传说中的伏羲氏

双墩文化目前发现 20 余处遗存，主要集中在淮河中游地区，东至江苏，西至河南东部一带也有所见。双墩遗存，位于安徽省蚌埠市淮上区小蚌埠镇双墩村一台形高地上。继1985年发现后，1986年、1991年、1992年，蚌埠市博物馆、安徽省文物考古研究所曾在此进行过3次发掘，出土一批弥足珍贵的实物资料和碗底刻划文字类符号。

双墩遗址发现陶器，以红褐色为主，多为素面，均手制。主要生活器皿为炊具、盛储器、用具等。炊具有釜、甑、支脚、灶框、鼎等。发现陶支脚，模拟男性生殖器形而制成。盛储器有罐、碗、盆、钵、盘，用具有支座、器座、器盖、盂及带流器等。陶质工具中，有手工工具和渔猎工具。手工工具类有圆饼、陶锉。渔猎工具类数量较多，有网坠，还有双墩遗址所独有、由手捏制成型又烧制而成的投掷器。这一类遗物，无疑是双墩人在狩猎活动中用以掷击或围歼猎物。石器出土数量很少，有斧、锛、砍砸器、研磨器、砺石、石球、自然石块等。在已发现的石器制品中，未发现特征明显、为农作使用的石铲类遗物。典型的粮食加工工具，比如像北辛文化中屡有所见的石磨棒、石磨盘类遗物，在这里极为罕见或基本不见。这里石器制作技术极为简单，打磨结合或打制石器占有相当比例。遗物中发现石锤、石核或自然形成的石球之类，可能也是用于围猎猎物。发现骨角器有锥、针、镞、镖、鱼钩等。发现刮削器、切割器、刀、锯、纺轮等，多以蚌壳为原料。河蚌不仅是双墩人制作工具的一种主要原料，也是双墩人的主要食物来源之一。安徽双墩遗址出土水生、陆生动物骨骼之多，令人惊讶。所出陆生动物骨骼有鹿、猪、牛、麂、虎、獾等，水生动物骨骼有螺、蚌、龟、鳖及鱼骨、鳄鱼骨等。在有的地层中，几乎全为螺壳、蚌壳一类堆积[1]。双墩遗址考古材料发现显示，距今7000余年前，居住在安徽蚌埠一带的双墩人，其主要生活来源很可能是渔猎经济。发现的动物骨骼类中，有鹿、猪一类家畜，遗迹中虽也发现有稻壳的痕迹，就总体而言，原始农业或家畜饲养也仅是双墩人生活来源的一个方面而已。

双墩遗址发现的刻文，基本上都在地层中发现的陶碗底的圈足之内，总计607件。其数量之多，令人叹为观止[2]。还有一特别值得注意的现象，即凡是发现碗底圈足内有刻文者，其陶碗外壁都有四道明显的刻划线。这一现象告诉我们，这类碗底刻文陶碗可能有某种特殊的用途，这种刻文原是为某种特殊之需而摹刻。

双墩刻文内容及其刻划形制，可区分为动植物类和一些单体或组合体刻划符号。在动植物类刻文中，鱼类刻划数量所占比例最大，为诸刻划数量之最（图一）。刻划鱼形发现29件，若把表现有渔具类刻文统计在内，计有37件之多。第③文化层刻文，设网捕鱼类刻划多次出现，表明这一时期，双墩人结网以渔的技术，已被

[1] 阚绪杭：《安徽蚌埠双墩遗址介绍》，《蚌埠双墩文化遗址介绍》，2005年（内刊）。
[2] 徐大立：《蚌埠双墩新石器遗址陶器刻划初论》，《文物研究（第五辑）》，黄山书社，1989年。

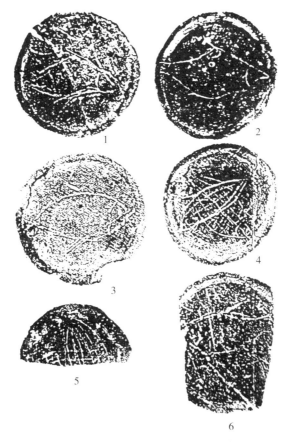

图一　安徽蚌埠双墩遗址鱼类刻划

发明使用，用网捕鱼已成为双墩人一种主要的渔猎手段（图一，1）。猪类刻划在诸动物类刻文中最为精彩（图二，1～4）。在已发现的 5 个猪文刻划中，除一例猪形稍残外，其余猪形刻文皆完整无损。其中一例，为双墩人用棍棒或箭镖类猎具，打击或围猎野猪的场面（图二，1）；还发现一例刻划，是野猪落入陷井，身上绕有绳索的摹写。这两幅野猪围猎图像生动、形象，可堪称绝。鹿纹发现 1 件（图二，6）。在鸟类刻文中，发现有张网围猎鸟类场面摹刻（图二，5）。动植物刻文中，包括蚕类、植物类刻文，但数量不多。在双墩刻文中，发现数量最多、内容又最丰富的，是发掘者称之为"符号"的一类。其中单体符号，除单独出现外，有的还和其他符号一起，构成组合符号。

　　有的双墩刻文符号类似于后世一些数字类刻文。在单体符号间或有的组合符号中，有的刻文与后世某些文字之形，几乎无异，如"鹿""鱼""丘""凡"字之类。还有一些刻划符号，因为历史太久、文献不足，也或因为其在汉字不断扬弃、不断创新这一历史发展演进的长河中，已早为后世所淘汰，所以现在很难将其一一隶定，

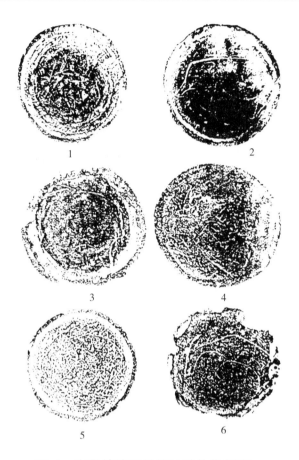

图二　安徽蚌埠双墩遗址动物类刻划

将其释为现行汉字中的哪一个文字（图三）。然而，根据双墩发现与渔猎活动有关的写实类刻文分析，说此符号类刻文，是双墩人生活时代存在的一些具体的、与渔猎活动或其他一些生产活动相关的一些具体事物或实际存在事物的摹刻，当可无疑。易而言之，说这些实物或实际存在事物类摹刻，是我国现行文字的滥觞，也或说是我国汉字在其肇造时期的一些原始文字，应该说，也是允许的。双墩发现动物类刻文，无疑是图画实物，或用一组图画表现一个复杂的事实，属图画记事类性质的一些刻划。其刻写内容，主要是双墩人从事渔猎活动中所用器具、渔猎方法、活动场面、渔猎对象等一些相关事物的摹刻。沿此以推之，双墩文化发现碗底刻文的陶碗或陶钵类器皿，原来似也是人们在渔猎活动中使用的一种猎具。器底外刻文所示，有的很有可能表示此碗或与渔猎某物或渔猎某事相关。依据民族志、民俗志资料，此刻文碗、钵类遗物原是用以盛储诱饵以招引鱼鸟或野猪类动物，诱使其进入渔猎活动伏击设置中的一种用具，因为它是渔猎活动中一种普通用具，又是陶质品，

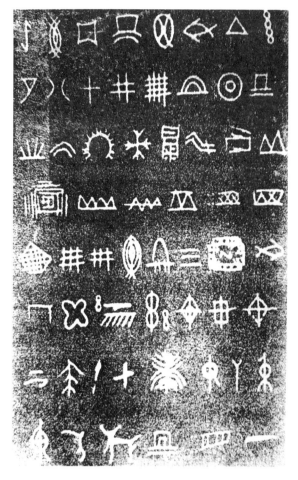

图三　安徽蚌埠双墩遗址刻划符号

破损毁坏极易，所以在双墩遗存中，这类刻文碗底发现数量如此之多，就比较容易理解了。双墩遗址发现动物类刻文内容与双墩遗址出土考古资料互证，似也说明当时居住在双墩一带的人们，维系他们繁衍生息的主要是渔猎经济。原始农业或采集所获，很有可能不是双墩人们生活来源的一个主要方面。疑者或诘之，距今 7000余年前生活在双墩一带，以渔猎经济为主要谋生手段，且已有原始文字使用的双墩先民，在我国历史上属哪一族系？在双墩碗底刻文中，动物类刻划鱼网、张网扑鸟类刻文的发现，为解决这一疑诘提供了依据。关于网、罗一类渔猎用具的发明，《世本》谓，"芒作网""芒作罗"。宋衷注曰："芒，庖牺臣也。"[1] 又《易·系辞下》记曰："古者包牺氏之王天下也，仰则观象于天，俯则观法于地，观鸟兽之文，与地

[1]　（汉）宋衷注，（清）茆泮林辑：《世本》（二种），商务印书馆，1937年，第74页。

之宜，近取诸身，远取诸物，于是始作八卦，以通神明之德，以类万物之情，作结绳而为罔罟，以佃以渔。"疏云："作结绳而为罔罟，以佃以渔者，用此罟罔或陆畋以罗鸟兽，或水泽以罔鱼鳖也。"根据庖牺氏或曰伏牺氏发明网罟，其又以渔猎为事一类记载，我们认为，使用双墩文化或居住在双墩一带先民，其族系所属，当属我国古史传说中的伏牺一系。双墩发掘实物资料与碗底刻文渔猎类刻划内容，也从侧面证明，这一推断合乎情理。《帝王世纪》曰："伏牺都陈。"[1]陈故墟在今河南东部，恰当双墩文化的分布范围之内。这对我们推定双墩文化或双墩一带先民的族属为伏牺氏一系，无疑是一个很好的证明。伪孔安国《尚书序》曰："古者伏牺氏之王天下也，始画八卦，造书契，以代结绳之政。"[2]历代学者对伏牺作八卦一事，确信不疑，但对伏牺氏"造书契"这一业绩，往往持怀疑的态度，也或斥其为悠谬之词。从双墩遗址发现600余件碗底刻文的刻写内容与刻划形制来看，伏牺"造书契"或伏牺一族创造文字一类说法，也有真实的历史背景为素地，并不是向壁虚造之词。

安徽蚌埠双墩遗址碗底刻文资料表明，我国古代文字产生的早期阶段或曰滥觞期，其刻写内容是人们生活或生产活动中密切相关的一些事物的摹刻，是人事的摹画，属图画记事类。其缘起的时代为我国三皇五帝传说中的早期阶段，当三皇时代或曰三皇传说这一时期，属新石器时代中期前后，距今7000余年。

三　大汶口文化发现陶尊文字与传说中的帝舜太昊氏

大汶口文化发现陶尊文字，主要见于山东莒县陵阳河周围，诸城前寨发现一例[3]。文字刻划于大口陶缸或曰陶尊的颈部，极个别刻划于陶尊腹下近底处。在中国社会科学院考古研究所安徽队蒙城尉迟寺遗址发掘中，陶尊文字类刻划也有发现[4]，其刻划遗物与刻划部位，与山东莒县陵阳河一带完全相同[5]。因为在过去的有关文章中，对上述两地出土刻文，曾作过多次考证、论说，为简省文字、压缩篇幅，下文在谈说这两批材料时，只就与本文相关的一些方面，略作述说。

迄于目前，山东地区发现陶尊文字类刻划，凡20文："炟"字刻划2，"炅"字刻划5，"南"字刻划1，"凡"字刻划3，"畗"（亨）字刻划3，"斤"字刻划2，"戉"

[1]　徐宗元：《帝王世纪辑存》，中华书局，1964年，第6页。
[2]　高亨：《文字形义学概论》，齐鲁书社，1981年，第13页。
[3]　王树明：《谈陵阳河与大朱村出土的陶尊"文字"》，《山东史前文化论文集》，齐鲁书社，1986年。
[4]　中国社会科学院考古研究所编著：《蒙城尉迟寺——皖北新石器时代聚落遗存的发掘与研究》，科学出版社，2001年。
[5]　王树明：《从陵阳河与大朱村发现陶尊文字谈起》，《东方考古（第1集）》，科学出版社，2004年。

字刻划 1；刻划图像发现两种，酒神图像 1、滤酒图像 2。"炟"字两文，分别采集于莒县陵阳河、诸城前寨（图四，1；图七，2）。诸城前寨发现的一件，残。残文的刻划范围之内，涂朱。由莒县陵阳河遗址地理形势观察，是文"炟"字，原是春季日出正东，太阳高悬于遗址正东、有五峰并联的寺崮山的主峰之上这一景象的摹刻，是一个用以代表春季、迎接春季到来而实行春祭，亦或祠祭仪式而摹写的一个图像文字。发现"炅"字并增繁的计 5 文，出土于莒县陵阳河与大朱村（图四，2～6）。是"炅"字由"炟"字省变而来。根据陵阳河遗址这一特定的地理环境，此无山形的"炅"字，为太阳高照于南天，代表炽热季节或夏季到来之意，是莒县陵阳河一带先民用于夏祭或曰礿祭，也或因其有大事而需祈祷于南天而摹刻。"南"字发现一文，出土于陵阳河 M25（图四，10）。这一图像文字，是居住在陵阳河一带大汶口文化先民，为祈祷大地丰收，崇拜社神地母，起土成阜，又于阜顶植树为社神的

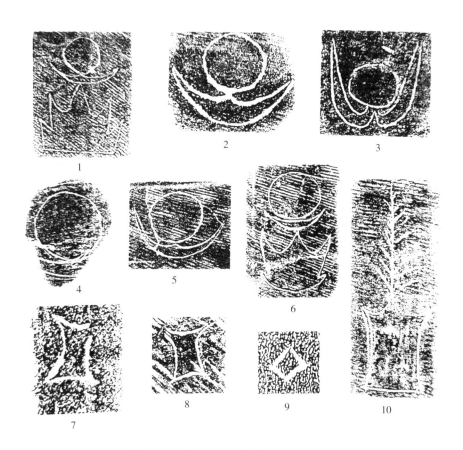

图四　陵阳河与大朱村发现陶文

1、2、3、9.陵阳河（采集）　4.陵阳河（M7）　5.大朱村　6.大朱村（H1）　7.陵阳河（M19）　8.大朱村（M26）
10.陵阳河（M25）

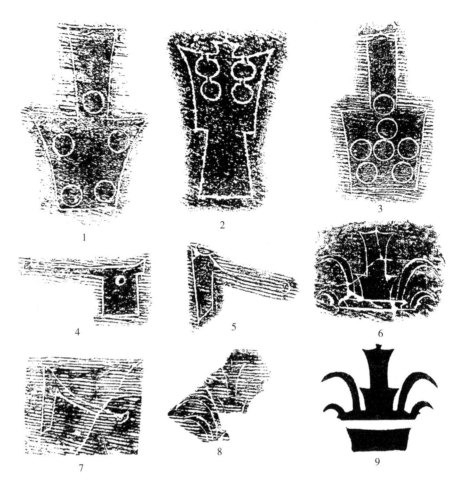

图五　陵阳河、大朱村和杭头发现陶文、刻划图像与滤酒漏缸
1、3、4、5、8.陵阳河（采集）　2.大朱村（M17）　6、9.陵阳河（M17）　7.杭头（M8）

摹写。酒神图像刻划出土于大朱村 M17，出土时，图像的刻划范围之内，皆涂有朱彩（图五，2）。该图像用耒、耜两形合为一器而成。居莒县陵阳河一带的大汶口人，或许认为酿酒是需要粮食的，而粮食的获得，又是因为农具耒、耜显灵所致，故其所崇祀的酒神便以耒、耜两器形合而为之。大朱村发现酒神图像，反映我国古代人民与世界其他古老民族一样，也盛行拜物教风俗。"亯"（享）字刻文发现 3 个个体，出土时亦皆涂有朱彩（图五，1、3）。它是由酒神图像及下文所要介绍的滤酒图像顶端所刻图形演变而来（图六）。其原始用意，也与酒事、崇拜酒神相关，发展到后来，它演变为现行汉字中本义为把酒献给鬼神、鬼神接受酒或祭品的"亯"字之祖。滤酒图像发现 3 件，陵阳河 M17 出土 2 件，出土时通体涂朱，另一件为采集品，残（图五，6、8、9）。这一图像是陵阳河先民，为达到多产酒、产好酒的目的，在酿酒过

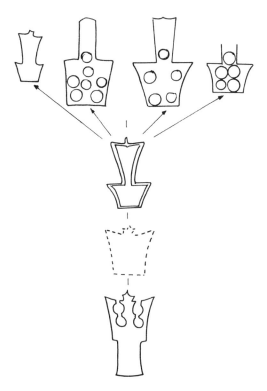

图六 陵阳河与大朱村出土酒神图像演变图

程中，把滤酒过程中所用漏缸、茅草叶、接酒盆一类用具的配置组合关系摹画下来，并涂以朱彩，对其进行祈祷、祭祀的一个刻划图像。"斤"字刻文发现 2 个个体（图五，5、7），"戈"字刻文发现 1 个个体（图五，4）。是 3 文所刻属兵器类物，谓对兵器的祭祀或曰祭兵，属拜物教类祭祀刻划。"凡"字刻文共发现了 3 件（图四，7、8、9），采集 1 件，另两件，分别出土于陵阳河 M19、大朱村 M26 两座军事领袖墓葬。此类刻文，原是一竹制口笛类物摹刻，为军械用品。是居住在莒县陵阳河一带大汶口文化先民族姓崇拜徽文的刻划。其与"斤""戈"类陶文刻写性质相同，也属拜物教一类祭祀行为。安徽蒙城尉迟寺发现陶尊文字或刻划图像 6 枚。地层出土1 文，祭坑出土 1 文，墓葬出土 3 个文字和 1 个刻划图像。发现"亯"（享）字一文，其刻写形制与陵阳河、大朱村发现同类摹刻基本相同（图七，1）。发现"炟"字 1文（图八），出土时，文字的刻划范围之内，涂有朱彩。由于时间、空间关系不同，这里发现的衍体"炟"字与莒县陵阳河、诸城前寨发现这一文字相较有所增繁（图四，1;图七，2）。发现"炅"字刻文 2 例（图七，3 上部刻文、5），刻写形制与陵阳河、大朱村发现同类刻划相同。发现酒神图像 1 件（图七，5 下部刻划），属大朱村发

图七　尉迟寺与诸城前寨发现的陶文刻划符号

1.尉迟寺T3828⑤：1　2.诸城前寨"炟"字残文　3.尉迟寺M177：1　4.尉迟寺M215：1　5.尉迟寺M96：2

现同类刻划的变相。蒙城尉迟寺发现"旦"字1文（图七，4），是过去山东地区未曾见到的一个图像文字。它是尉迟寺人有"旦"明祭天、迎接日出的习惯，或举大事于旦明前而实行旦祭仪式而刻写的一个图像文字。不难看出，山东诸城莒县陵阳河与安徽蒙城尉迟寺一带发现陶尊文字，或者说汉字发展的第二个阶段，其刻写与双墩发现碗底刻文为代表的早期阶段的文字，判然有别。这一历史时期发现的陶尊文字，均刻划被用作酿酒、或被用为祭祀器皿的陶尊颈部[1]，陶尊文字也不是图画记事类刻划，而是刻写当时存在与意识形态相关的一些事物，诸如祭天、祭社、祭祀酒神，或与兵事有关的一些拜物教类祭祀符号，其

图八　尉迟寺JS4：1

与当时人们的生产活动，并不直接相关。1979年发掘的莒县陵阳河墓葬材料昭示，这里的贫富分化早已出现，阶级已经出现。该墓地分四组或四区，贫富异域而葬。第一组25座墓葬，葬于遗址北，又称河滩墓地，为富有家族或氏族中的权势者的墓葬区。陵阳河墓地19座中型以上大墓，皆发现于河滩一组墓地。陵阳河M19、M25、M7、M17，出土陶文"凡""南""炅"及滤酒图像类刻划符号，以及过去于莒县陵阳河采集的陶尊文字，无一不出土于河滩一组墓葬区，而1979年发掘所得，

---

[1]　王树明：《考古发现中的陶缸与我国古代的酿酒》，《海岱考古（第一辑）》，山东大学出版社，1989年。

又皆出土于这一墓葬区中的中型以上的大型墓葬之中 [1]。这一现象，明确地告诉我们，汉字发展到第二个阶段，文字的使用权已掌握在少数富有者、氏族显贵，也或少数上层统治人物的手中，文字已经走上神坛。安徽蒙城尉迟寺与莒县陵阳河出土考古资料表明，他们原为同一文化属系，均属大汶口文化晚期的物质遗存，只是前者较后者稍为偏晚。两地出土陶尊文字类刻划资料，其刻写内容、刻划方法等基本相同。侧证山东莒县陵阳河与安徽蒙城尉迟寺一带考古发现，是同一族系在不同时间、不同居地，所留下的物质文化孑遗 [2]。要揭示这两地考古发现所属族系的归属，20 世纪 70 年代末，莒县陵阳河、大朱村军事领袖墓葬刻文 "凡" 字的发现，为我们提供了有力的证据。人所共知，"凡" 字在我国古代文字中，又衍为 "风"，"风" "凡" 二字古本一字，可以互通。这一现象揭示，莒县陵阳河一带发现 "凡" 字徽文，原是我国古代东夷部族中，风姓太昊一族的徽文标记。在我国古史传说中，太昊氏就是我国古籍记载中声名显赫的帝舜。《孟子·离娄下》一文记载 "舜生于诸冯"。莒县陵阳河、诸城前寨一带的考古发现证明，这一说法是完全可以信从的 [3]。可以论定，莒县陵阳河、诸城前寨发现陶尊文字，就是我国古史传说中的帝舜太昊所部，曾居有此地而留下的物质文化遗存。又，《史记·五帝本纪》《庄子·徐无鬼》《管子·治国》诸文献记载，我国古代帝舜太昊一族，为拓展生存空间，也或西进中原逐鹿，曾沿太行山系南侧南进、西徙。其在南进西徙过程中曾多次停留，作 "聚"，作 "邑" 或作 "都" 等等。考古发现与文献记载相印证，安徽蒙城尉迟寺发现陶尊文字类资料，应是发迹于今鲁东南莒县、诸城一带的帝舜太昊一族，在其西徙南进过程中，曾居有皖北而留下的物质文化遗存 [4]，它与山东莒县陵阳河、诸城前寨一带发现陶尊文字同宗、同祖、同源。

　　山东莒县陵阳河与安徽蒙城尉迟寺陶尊文字类资料发现表明，我国古代文字产生的中期阶段，已经脱离了图画记事性阶段，其刻划内容并不与人们所从事生产活动中一些具体的事物相关联，而是当时人们在意识形态领域内崇拜的一些宗教性事物的祭礼符号，是神事的摹刻。我国战国时期，广为流传的仓颉造字一类说法，很有可能原依这一历史背景为素地 [5]。汉字产生发展过程中的这一时期，属我国三皇五帝传说时代的晚期阶段，为五帝传说时期，当新石器时代晚期前后，距今约5000 年。

　　[1]　王树明：《陵阳河墓地雏议》，《史前研究》1987年第3期。
　　[2]　王树明：《从陵阳河与大朱村发现陶尊文字谈起》，《东方考古（第1集）》，科学出版社，2004年。
　　[3]　王树明：《谈陵阳河与大朱村出土的陶尊 "文字"》，《山东史前文化论文集》，齐鲁书社，1986年。
　　[4]　王树明：《从陵阳河与大朱村发现陶尊文字谈起》，《东方考古（第1集）》，科学出版社，2004年。
　　[5]　王树明：《仓颉作书与大汶口文化发现陶尊文字》，《中国文物世界》1994年第102期。又收入《莒文化研究文集》，山东人民出版社，2002年。

总全文所论，有以下两点认识：

第一，20 世纪 30 年代以来，田野考古发掘资料证明，我国古代文字的起源是多源的，我国古代文字的产生，不是某一地区或某一族团，也或某一先贤、先哲一类人物的个人行为。双墩遗址的考古发现还证明，我国古代文字，原是劳动人民因其生产活动的直接需求而创造的，并不是因为某种宗教信仰所需而为。我国古代文字与祭祀活动发生联系，是在国家出现前夜，亦或行将步入文明大门这一历史时期。这一时期的文字，为富有者、显赫氏族、或能沟通人神关系的巫师神职类人物所独占，文字开始步入神坛。这一风习，一直为有商和西周一代所承袭。东周以后，文字开始走下神坛，又重新回到人民手中。春秋至战国以来，诸多私家著说和我国古史及相关神话传说的出现，应即这一历史背景的反照。

第二，《帝王世纪》一书记载[1]，古史传说中的风姓伏牺氏，为我国三皇五帝传说中的第一君长，其后女娲氏承袭其制，女娲氏既殁，大庭氏、柏皇氏、中央氏、栗陆氏、骊连氏、赫胥氏、尊卢氏、混沌氏、有巢氏、朱襄氏、葛天氏、阴康氏、无怀氏，凡十五世，皆承袭庖牺或曰伏牺之号，并古史记载中赫赫有名的太昊一族，也有承袭伏牺风姓名号类记说。笔者在撰写《帝舜传说与考古发现诠释》、《仓颉作书与大汶口文化发现陶尊文字》诸文，曾因检索不慎，将传说中伏牺业绩与帝舜太昊相关传说混同。观诸后诸王因袭伏牺氏风姓名号现象，是因于部族间的血缘传承关系，还是因为文化某方面相因，也或出于源远流长的迷信而攀缘附会，依现有的文献与考古资料，尚难以定论。但这一现象却告诉我们这样一个史实，我国古史传说中的伏牺氏，对我国古代文明有过巨大的影响，对我国古代文明的产生与形成，曾做出过巨大的贡献。古史传说中的伏牺氏，有过许多发明创造。他是琴瑟一类乐器的发明者[2]，曾制俪皮以为嫁娶之礼[3]，也是八卦、文字的创造者[4]，伏牺一系还是渔猎经济、网罟一类渔猎工具的发明者[5]，等等。有关伏牺氏发明网罟、发明文字，以渔猎经济为主要谋生手段等方面，已为双墩文化中双墩遗址的考古发现所证实。我们坚信，伏牺作八卦一类传说，随着双墩碗底刻文研究的深入，以及双墩文化的再发现，也会有一个合乎情理的解释。《帝王世纪》曰："伏牺都陈，神农都陈。"[6]《春秋传》曰："太昊亦都陈。"[7] 陈故墟在今河南东部淮阳一带。豫东淮阳平粮台、郾

[1] 徐宗元：《帝王世纪辑存》，中华书局，1964年。

[2] （汉）宋衷注，（清）茆泮林辑：《世本》（二种），商务印书馆，1937年，第73页。

[3] （汉）宋衷注，（清）茆泮林辑：《世本》（二种），商务印书馆，1937年，第73页。

[4] 高亨：《文字形义学概论》，齐鲁书社，1981年，第13页。

[5] 高亨：《文字形义学概论》，齐鲁书社，1981年，第13页。

[6] 徐宗元：《帝王世纪辑存》，中华书局，1964年。

[7] 杨伯峻：《春秋左传注》，见《昭公十七年》，中华书局，1981年。

城郝家台、舞阳贾湖及皖西北蒙城尉迟寺、蚌埠双墩文化遗址的考古发现，使我们有理由推定，今豫东与皖西北搭界一带，在我国古代文明形成的早期阶段，是群雄逐鹿的一个中心区。

后记:安徽蚌埠市博物馆徐大立先生，为本文写作提供了不少方便，谨致谢忱。

2005 年 12 月 9 日于济南

（原载《中原文物》2006 年第 2 期）

从邓家湾与肖家屋脊发现图像文字说起

20 世纪 60 年代初，在山东诸城前寨、莒县陵阳河遗址采集的大汶口文化陶缸上，发现刻有图像文字。根据这一线索，山东省博物馆于 70 年代末，对莒县陵阳河与大朱村遗址进行两次抢救性发掘，获得一批十分珍贵的墓葬资料和 20 余份图像文字资料。这批图像文字与墓葬资料的发现，为我们研究大汶口文化晚期的社会性质、宗教信仰、文字的起源，以及我国古代典籍中，关于舜属东方夷人、帝舜一族本发迹于鲁东南诸城、莒县一带这一古老说法找到了证据[1]。80 年代后期，中国社会科学院考古研究所安徽队在时代稍晚于莒县陵阳河的蒙城尉迟寺遗址，发现一完整的大汶口文化晚期的聚落遗址和 6 枚图像文字。据文献记载，帝舜一族于山东东南滨海一带发迹后，曾沿泰沂山系以南及江苏、安徽北部一带西徙中原，安徽皖北地区的这一发现表明，这一古老说法，是确有所本的[2]。20 世纪 80 年代末 90 年代初，北京大学与湖北省的考古工作者对石家河遗址群进行发掘[3]，在邓家湾与肖家屋脊遗存中，又发现山东、安徽所见大汶口文化图像文字。该文字的刻写形制和被刻遗物与山东莒县、安徽蒙城发现的图像文字相似，皆刻划于一般称之为陶缸或陶尊的颈部，在图像文字的刻划范围之内，个别也有涂朱者。这是继莒县陵阳河、蒙城尉迟寺图像文字发现以来，又一令人振奋的考古发现。邓家湾与肖家屋脊发现的图像文字表明，我国先秦史籍中有关舜征三苗的说法，原本有真实的历史背景，我国古代居住在今江汉平原一带的三苗部族，原以鸟为图像，我国历史上禹征三苗以及禹征三苗过程中，以玉为信符之类说法，也是信而有证的。

一 邓家湾发现的图像文字与苗蛮

邓家湾遗址位于湖北省天门市石河镇北 2.5 公里处，在一届家岭文化晚期所建的古城内的西北角。偏东南不远处，为谭家岭遗址。这是一处屈家岭文化与石家

[1] 王树明：《谈陵阳河与大朱村出土的陶尊"文字"》，《山东史前文化论文集》，齐鲁书社，1986年。
[2] 王树明：《从陵阳河与大朱村发现陶尊文字谈起》，《东方考古（第1集）》，科学出版社，2004年。
[3] 石家河考古队：《湖北省石家河遗址群1987年发掘简报》，《文物》1990年第8期。

河早期文化紧密衔接的两个文化遗存的墓地，也发现一些宗教性的建筑遗迹、遗存[1]。屈家岭文化时期的遗迹、遗存有祭坛、筒形男性生殖器类陶质祭具和相关建筑遗迹。从墓地和祭祀遗迹的相对位置来看，这一时期的祭祀似与墓葬、祭祖有关。到了石家河文化阶段，祭祀场面和祭祀规模空前扩大，有平整的场地。在场地上摆放着大量互相套接、成排放置着的祭具，已不是筒形器，变成了夹砂粗陶质、胎壁厚重、小平底或尖圜底的陶缸，以及大量的陶塑动物类祭品。在邓家湾石家河文化的祭具陶缸上，刻有一些宗教性祭祀符号，个体有 14 字之多。其中只有一例发现刻划于 M32 出土的高领罐肩部（图一，1），其余刻划皆位于祭具陶缸上，刻划部位相同，皆为一器一字[2]。下面就这批文字资料试作解说。

1.释"觚"（图一，2）

由三条直线与两条内弧线刻划而成。该文的总体形象与山东大汶口文化及商周青铜器中的觚类饮酒用具略无二致。《说文》曰："觚，鄉饮酒之爵也。"就形体而论，这一图形摹刻应是觚杯类饮酒用具的摹画，在现行汉字中，应是"觚"字的滥觞。是文字在汉字起源由多元走向统一的过程中，或许早被扬弃，所以在现有甲骨文与金文资料中，找不到这方面的资料为证。

2.释"镰（鎌）"（图一，3、5）

"镰"字类图像文字发现两个，是由七条直线、两条弧线和一条曲线组成的一个图像文字。器柄部略呈上弧形，柄尾末端上翘，左前下部刀体为半月形，这与肖家屋脊石家河早期遗存发现的石质镰刀形体相同[3]。《邓家湾》报告作者认为，此形是对镰刀类收割工具的摹刻。我们同意这一看法，认为可释作"镰"。可能与上文"觚"字的原因一样，它也是一个被扬弃的原始文字，所以在现有甲骨文与金文资料中，找不到这方面的例证。

3.释纺轮摹刻（图一，4）

由大小两个圆圈组成，小圈直径很小。《邓家湾》报告介绍，邓家湾遗址在屈家岭文化时期发现纺轮 144 件，石家河文化时期发现纺轮 456 件。就此图像文字看，所摹与该遗址发现纺轮正投影的形象相似（图二）。在石家河遗址群罗家柏岭遗址发现的玉璧虽然也是两圈相套[4]，但中间的圆孔大，其正投影的形象与纺轮摹刻大

---

[1] 湖北省文物考古研究所、北京大学考古系、湖北省荆州博物馆编：《邓家湾》，文物出版社，2003年。

[2] 湖北省文物考古研究所、北京大学考古系、湖北省荆州博物馆编：《邓家湾》，文物出版社，2003年，第233～236页。

[3] 湖北省荆州博物馆、湖北省文物考古研究所、北京大学考古系：《肖家屋脊（上）》，文物出版社，1999年（图一七七，4、9、5、6）。

[4] 湖北省文物考古研究所、中国社会科学院考古研究所：《湖北石家河罗家柏岭新石器时代遗址》，《考古学报》1994年第2期（图二三，16）。

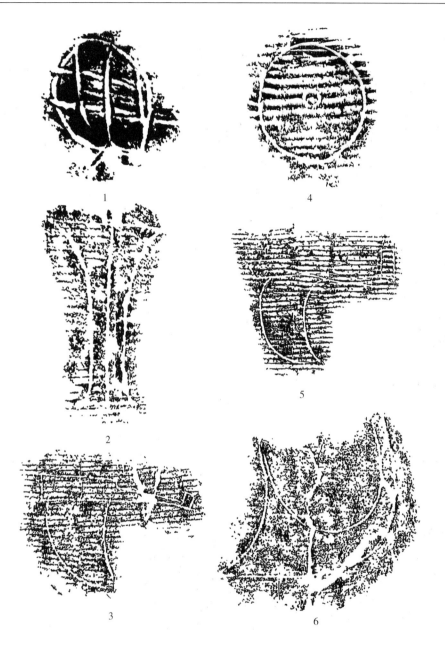

图一 邓家湾发现的图像文字拓片

1.M32：6 2.H63：5 3、5.H18：1、套缸2：25 4.T354：59 6.套缸1：17

异其趣。可以判定，这一摹刻是对邓家湾遗存屡有所见的陶质或石质纺轮的摹刻，这是邓家湾发现的又一个不见于甲骨文、金文资料中的图像文字。

4.释"未"（图三，1）

图像文字被刻在祭具陶缸上，由两条直线和两条内弧线刻划而成。上端为一直

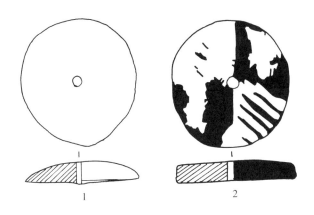

图二　邓家湾出土的陶纺轮
1.邓家湾AT506⑤：61　2.邓家湾M32：36

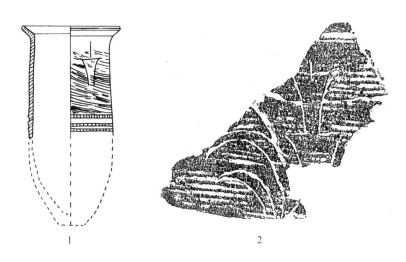

图三　邓家湾与陵阳河遗址出土的陶器上的刻划符号
1.邓家湾套缸1：18　2.陵阳河M11扰土

柄形竖道，横刻的为一直笔，之下的两齿或两股形内弧。它与莒县陵阳河与大朱村一带发现的酒神图像、滤酒图像顶端刻划的形象近似（图三，2）。笔者早在《谈陵阳河与大朱村出土的陶尊"文字"》一文中，推测大汶口人的酒神图像或滤酒图像顶端的，是由耒形"八"和粗体形"口"合为一器，为酒神之像[1]。邓家湾发现的图像文字与陵阳河一带发现酒神或滤酒图像顶端的耒形相同。缘此以推，邓家湾发现此文，应是"耒"字的初文。

《说文》曰："耒，手耕曲木也。"许慎对"耒"字形体的解说，与邓家湾发现"耒"

[1]　王树明：《谈陵阳河与大朱村出土的陶尊"文字"》，《山东史前文化论文集》，齐鲁书社，1986年。

文两齿弯曲内弧相合。甲骨文"藉"字中的"耒"形刻作"ㄓ"（京都七〇五）、作ㄓ（乙七三九六），也或写作ㄉ（前七·一五·三）（《甲骨文编》卷四·二三）。其笔顺走向与邓家湾发现的耒形刻划相近。综上判断，将邓家湾发现这一图像文字，隶定为"耒"字，说它是一种农业生产工具的摹刻，应当是可以成立的。

《夏小正》曰："初岁祭耒，始用畼。"注曰："畼、㘩通，一作畅。"传曰："初岁祭耒，始用畼也。畼也者，终岁之用祭也。其曰初云尔也者，言是月始用之也。初者，始也。"注曰："王将耕耤，则鬱人荐㘩，王裸㘩。㘩之言畅也，祭耒而用㘩也。祭始为耒耜之人。"按："古之君子，使之必报之。迎猫、迎虎以及邮表畷、坊与水庸，皆祭之。则此有事于耒，即祭耒焉尔。"[1]

这里所说的祭耒，就是我国古代人民在农业耕作之始，为祈祷农业丰收而祭祀耒耜之神，对耒耜一类农业生产工具进行祈祷、祭祀。可以推知，邓家湾发现耒形图像文字刻划，原本是居住在当地的先民为祈求农业丰收，举行祭祀时摹刻的拜物教性质的祭祀符号。

5.释"角"（图一，6）

号角形摹刻共发现6个，完整的有5个。由上下两条下弧线和一侧内弧短线相交而成，两条下弧线右边上翘不相交，整体呈一弯曲的号角。甲骨文"角"字写作ㄑ（乙三三六八）、ㄑ（前四·三五·三）、ㄑ（菁一·一）（《甲骨文编》卷四·二四），所以，此号角形图像文字应释作"角"字。

《说文》曰："角，兽角也，象形。"邓家湾发现的号角类祭祀符号，无实物资料发现，很有可能其原始所用为兽角类骨角器，因年代久远已腐朽无存。1979年，山东莒县陵阳河一带大汶口文化晚期墓地发掘，发现号角3件，均属陶质品。陵阳河M19、M7及大朱村M26各出土一件。陵阳河M7残，出土号角亦残[2]。大朱村M26出土的一件，为泥质明器[3]。陵阳河M19出土的一件属实用器（M19∶25）为牛角形，火候高，夹砂褐陶，圆唇，窄平沿，喇叭口，饰瓦纹，中间兼饰篮纹，口径8.5、通高39厘米，至今吹之仍呜呜有声。陵阳河M19与大朱村M26的时代相同，两墓均发现石钺或玉钺，以及旌旗类器物的骨柄饰旄柄一件[4]，图像文字有口哨或口笛类吹乐器摹刻，为"凡"字陶文[5]，还各出一件陶质牛角形号角。根据墓葬大

[1] 北平黄崑圃增辑：《夏小正注》，养素堂藏板。
[2] 山东省考古所、山东省博物馆、莒县文管所：《山东莒县陵阳河大汶口文化墓葬发掘简报》，《史前研究》1987年第3期。
[3] 山东省文物考古研究所、莒县博物馆：《莒县大朱家村大汶口文化墓葬》，《考古学报》1991年第2期。
[4] 王树明：《大汶口文化中骨、牙骨雕筒用途的推测》，《考古与文物》1991年第3期。
[5] 王树明：《谈陵阳河与大朱村出土的陶尊"文字"》，《山东史前文化论文集》，齐鲁书社，1986年。

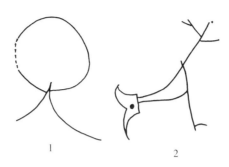

图四　肖家屋脊祭天文字和邓家湾鸟形徽文
1.肖家屋脊H327：3　2.邓家湾AT306②：15

小和典型器物，我们推测这两座墓的墓主属于专职军事领袖[1]，进而又推证饰有骨柄的旌旗之属、石钺、陶质牛角形号角以及"凡"字所摹仿的口哨或笛类物，是军事领袖生前使用的军械物品。所以，邓家湾发现的"角"一类图像文字，其原型可能也是用于发布命令或指挥军事行动的军器、兵械之属。

6.释鸟形徽文（图四，2）

鸟形刻划发现两个，都发现于地层出土的祭具陶缸残片上，其中一件刻划完整，另一件残。刻划完整的一件，由弧线、直线和圆点组成一个张开大嘴的鸟的形象。该鸟形摹刻着力表现的是尾部和头部。尾部刻一 ⊿ 形，中间又刻一圆点；头或颈上刻一 丶，似为颈饰或冠类物。这一鸟形图案，很可能是居住在古城以内的邓家湾、谭家岭一带石家河早期居民，因崇拜鸟而摹刻的鸟形徽文。

徐旭生先生曾根据文献记载和有关古史传说，认为在我国史前时期的众多古老部族中，以东夷、西夏、苗蛮三大集团最为强盛。其中苗蛮属南方集团，其活动地望在今湖北、湖南、江西诸地，北达今河南西部，或至伏牛山诸山间[2]。杨权喜先生认为，邓家湾发现的屈家岭、石家河文化，属古史传说中苗蛮集团的物质文化遗存[3]。就苗蛮集团的活动空间或其所处时代而言，这一推定是可以相信的。文献记载反映，我国古代居住在今江汉平原一带的苗蛮集团，有诸多名称。《韩非子·五蠹篇》称其为"苗"，《左传·昭公元年》称其为"三苗"，《吕氏春秋·召类篇》又称其为"南蛮"。窃以为，之所以出现这一现象，很有可能因"苗""蛮"二字读音相近而声转易字而为。根据史书记载，"苗"与"三苗"，与鸟有着不解之缘。

《史记·五帝本纪》曰："三苗在江淮、荆州数为乱。于是舜归而言于帝……迁

[1]　王树明：《陵阳河墓地刍议》，《史前研究》1987年第3期。

[2]　徐旭生：《中国古史的传说时代》，文物出版社，1985年，第57～66页。

[3]　湖北省文物考古研究所、北京大学考古系、湖北省荆州博物馆编：《邓家湾》，文物出版社，2003年，第287～291页。

三苗于三危，以变西戎。"正义曰："《括地志》云：'三危山有三峰，故曰三危，俗亦名卑羽山，在沙州敦煌县东南三十里。'《神异经》云：'西荒中有人焉，面目手足皆人形，而胳下有翼不能飞，为人饕餮，淫逸无理，名曰苗民。'又《山海经·大荒北经》云：'黑水之北，有人有翼，名曰苗民'也。"

"苗""三苗"也叫"蛮""南蛮"，"蛮"字又写作"䜌"，原本也是一鸟的名称。《山海经·海外南经》曰："比翼鸟在其东，其为鸟青、赤，两鸟比翼。一曰在南山东。"吴任臣云："即蛮蛮也。"珂案："蛮蛮，见《西次三经》：'崇吾之山，有鸟焉，其状如凫，而一翼一目，相得乃飞，名曰蛮蛮，见则天下大水。'《博物志·异鸟》亦云：'崇邱山有鸟，一足一翼一目，相得而飞，名曰䜌，见则吉良，乘之寿千岁。'……《周书·王会篇》云：'巴人以比翼鸟。'孔晁注云：'巴人，在南者；比翼鸟，不比不飞，其名曰鹔鹴。'鹔鹴盖即蛮蛮之音转也"[1]。

"三苗""南蛮"集团，在《淮南子·地形训》一文中，又称为"讙头"，在《山海经》一书中，"讙头"又有"讙兜""讙朱""丹朱"诸名。近代学者研究以上诸名皆本"丹朱"一名之异，所谓"丹朱"即"鹮鹅"，本也是一种鸟的名字[2]。由上文征引，所谓"苗""蛮""讙朱""丹朱"诸名，原是我国古代三苗一族崇拜鸟图腾之名。依是而论，则邓家湾发现的礼具上刻划的鸟形，是居住在南方江汉地区的早期石家河文化或屈家岭文化先民所祀鸟图腾的摹刻，或可备一说。但它属现代鸟类中的哪一种属，因受限于文献资料与考古资料，已无从说起。

综上所述，邓家湾发现的图像文字，都是一些宗教性的祭祀符号。它反映，居住在古城以内时属石家河文化早期先民，因受生产力发展水平的限制，知识水平低，认为万物有灵，是泛神论者。他们有祭祀农业生产工具、纺织类工具的习惯，有祭祀兵械即祭祀号角的习惯，有祭祀图腾的习惯等等。从图像文字发现的种类与数量看，邓家湾先民所重，为农事、耕织。鸟图腾刻文的发现告诉我们，居住古城以内的邓家湾先民，就是我国历史上用"苗""蛮"或"讙朱""丹朱"一类鸟名命名其族名的苗、蛮集团所部。

二　肖家屋脊墓地发现的图像文字与舜征三苗

肖家屋脊墓地位于邓家湾遗址东南方向，在屈家岭文化晚期与石家河文化时期使用古城之外，其遗址东北与古城外角相距仅一里许。这里只发现少许屈家岭文化时期遗迹、遗物，主要的发现为石家河文化墓葬和一宗教性活动中心。肖家屋脊发

[1]　袁珂校注：《山海经校注》，上海古籍出版社，1980年，第186、187页。
[2]　袁珂校注：《山海经校注》，上海古籍出版社，1980年，第274、275页。

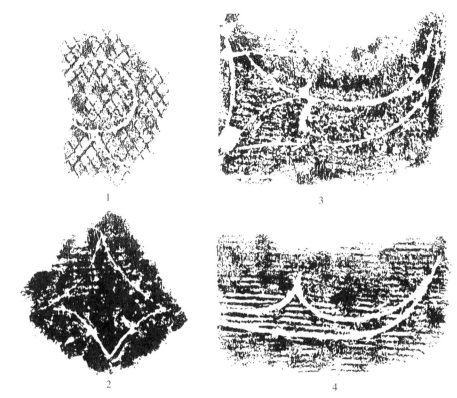

图五　肖家屋脊发现的图像文字拓片
1.H327：3　2.JY5：2　3.JY5：3　4.AT812③：10

现的宗教性活动中心或宗教性祭祀遗迹，属石家河文化早期遗存，与邓家湾发现的同时期遗迹、遗存相同。在这里发现了用作祭祀用具的陶缸或陶尊一类遗物，其在遗迹中的处置方法是互相套接、成排成列而摆置。在不少用作祭具的陶缸上，也发现有宗教祭祀性图像文字类刻划。邓家湾与肖家屋脊墓地发现的陶缸类祭具，陶质、造型一致，图像文字在陶缸上刻划部位除个别例外，也是相同的。但两地发现的图像文字类刻划符号的确有诸多不同。据《肖家屋脊》报告介绍，肖家屋脊石家河文化早期遗存发现图像文字41个，有38个刻划在祭具陶缸或其残片上，其中有不少刻划符号因过于残缺而难以辨读[1]。下文也就肖家屋脊发现的可辨图像文字的摹刻拟作释说，就其相关问题，诸如居住在肖家屋脊一带先民的族系所属，及古史传说中，有关帝舜所部南征苗蛮一类传说，谈一点粗浅的想法。

　　1.释"角"（图五，3）

　　号角形图像文字发现17个，皆刻划于陶缸上腹部，比较完整的有4个。个别

　　[1]　湖北省荆州博物馆、湖北省文物考古研究所、北京大学考古系：《肖家屋脊（上）》，文物出版社，1999年，第218～225页。

图六　肖家屋脊发现的刻陶缸、陶罐残片上的刻文
1.AT1704②：8　2.H424：1

刻划发现有涂朱彩的现象。图像文字由两条上弧线和左侧一条内弧线相交组成，右上角两条弧线末端不相交。与邓家湾发现的此类文字相较，这里的发现数量多，几乎是邓家湾发现的 3 倍。还有邓家湾未曾一见的现象是，这里发现的号角类图像文字摹刻有涂朱者。是以说明，肖家屋脊发现的号角类图像文字与邓家湾发现的同类刻划一样，其原始摹刻，也是军械用品，也是我国现行汉字"角"字的远祖或滥觞。

2.释"钺"字残文（图六，1）

这一图像被刻划于用作祭具的陶缸残片上，由 3 条横直线、两条竖直线相交而成，左端残。由残存图形分析，这是摹刻一直柄的工具或直柄武器类器物。见于报道，肖家屋脊尚未发现有带柄类器具刻划。邓家湾发现图像文字中，有镰刀类农具（图一，3、5），但它与肖家屋脊发现的此刻划残文殊不相类。过去在山东地区莒县陵阳河一带发现的图像文字中，兵器类文字刻划中，"斤"字、"钺"字有柄，"斤"字刻划的柄部呈下弧形，柄末刻形为"ꝟ""ꝺ"（图七，8、9）。肖家屋脊发现的直柄形残文形象与此不同，它不是斤一类兵具的摹刻。

由残存图形分析，肖家屋脊发现的直柄形残文，应与莒县陵阳河发现的直柄形钺类兵具为一类物（图七，7）。在肖家屋脊石家河早期遗存发现石钺两件，出土于灰坑和地层中，均残[1]。莒县陵阳河发现石钺，出土于 M19 一军事领袖墓葬[2]。大朱村 M26 发现玉钺，也出土于一军事领袖墓葬[3]。肖家屋脊早期遗存有一个有趣的发现，在 C 型 Ⅱ 式陶罐腹部，刻一武士人物的图像（图八）。人像帽顶有羽翎，腰系短裙，足着长靴，右手高举着一钺形兵具，其为一军事领袖形象灼然可辨。《周礼·夏官司马》郑注曰："钺所以为将威也。"

上述相关发现使我们有理由推定，肖家屋脊发现的直柄残文所摹，是军事领袖

[1]　湖北省荆州博物馆、湖北省文物考古研究所、北京大学考古系：《肖家屋脊（上）》，文物出版社，1999年，第232页（图一七七，3、10）。

[2]　山东省考古所、山东省博物馆、莒县文管所：《山东莒县陵阳河大汶口文化墓葬发掘简报》，《史前研究》1987年第3期。

[3]　山东省文物考古研究所、莒县博物馆：《莒县大朱家村大汶口文化墓葬》，《考古学报》1991年第2期。

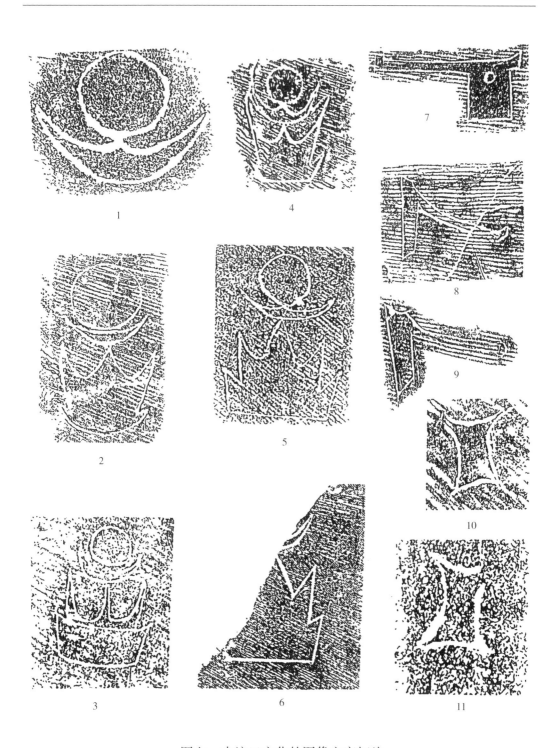

图七　大汶口文化的图像文字拓片

1.陵阳河采集　2.大朱村M1　3.尉迟寺M215：1　4.尉迟寺JS4：1　5.陵阳河采集　6.诸城前寨采集　7.陵阳河采集　8.杭头 M8　9.陵阳河采集　10.陵阳河M19　11.大朱村M26

或统帅人物手中使用的兵具钺一类砍杀之具。如果这一推断可以成立，肖家屋脊发现的这一图像文字残文，乃是我国现行汉字中"钺"或"戉"字的祖型。

3.释祭天残文（图四，1；图五，1）

祭天类图像文字，已残。刻划在用作祭具的方格纹陶缸残片上。图像残文由上下两部分组成。上部刻圆圈形，为太阳形摹刻；下部为一"人"字形，再下残。从残文局部的笔顺走向看，这一图像文字似是过去在莒县陵阳河、蒙城尉迟寺发现的用以迎接夏季到来或奉行祭天仪式而摹刻的"炅"字（图七，1），也或其繁文"炅"字（图七，2）及"炟"字（图七，4、5、6）、"旦"字（图七，3）诸文顶端均有◎形[1]。以往山东、安徽大汶口文化晚期发现用以祭天类图像文字中，都有一◎形摹刻[2]。肖家屋脊这一残文"人"形之下，到底还有没有其他图形摹刻，比如山形（图七，4、5、6）、皿形（图七，3），也或其他繁复类火形摹刻（图七，2、3、4），就现有材料已无法得知。由此我们只能推断，这是肖家屋脊先民祭祀太阳，也或因某种需求祈天而摹刻的一个图像文字。

4.释"火"（图五，4）

共发现两个个体，皆刻于陶缸上腹部，图中所示是比较完整的一个。《肖家屋脊》报告作者认为，这一图像文字与该遗址发现的"角"类图像，或属一类，唯其后角相交而已。从拓本资料展示的图形看，这是一个由三条相交的上弧线组成的一个有三个突峰的图像文字，其总体之形为火焰升腾之象。

《周礼·冬官·考工记》曰："画缋之事……火以圜。"注曰："郑司农云，为圜形似火也。玄谓，形如半环然。"所谓"圜""环"者，就是圆圈形。汉代学者所谓画火形为"半环然"者，就是圆形的一半，也就是我们今天所说的弧形之谓。可见，肖家屋脊发现的这一图形应是火形的摹刻。过去在山东莒县陵阳河、安徽蒙城尉迟寺发现的祭天类图像文字中，往往刻有火形。但其上面所摹太阳像（图七，1～6）及其与下面所摹繁文"火"形（图七，2）、"皿"形（图七，3）、"山"形（图七，4～6）诸文，皆紧相联接或相交，而肖家屋脊这一火形图像文字的上面、下面却没有类似摹刻笔迹发现[3]。这一现象告诉我们，肖家屋脊发现的是一个独体的火形刻文，这是一个新的发现。

甲骨文中的"火"字写作（戬三、九、八）、（佚六七）（《甲骨文编》一〇·七），"燎"下火形写作（甲三五八九）、（粹六五三）（《甲骨文编》

[1] 王树明：《谈陵阳河与大朱村出土的陶尊"文字"》，《山东史前文化论文集》，齐鲁书社，1986年。
[2] 王树明：《从陵阳河与大朱村发现陶尊文字谈起》，《东方考古（第1集）》，科学出版社，2004年。
[3] 湖北省荆州博物馆、湖北省文物考古研究所、北京大学考古系：《肖家屋脊（下）》，文物出版社，1993年（图版一〇二，4）。

一〇·八），"光"上的火形又写作 （明藏二五八）、（甲三九一）(《甲骨文编》一〇·九）等等。就形体而论，肖家屋脊陶缸残片上发现刻文（图五，4），应是古代先民拜火，对火神祈祷祭祀而摹刻的一图像文字。

在我国古代，"火"有南方之意，火代表南方。《说文》曰："火……南方之行，炎而上。"段注曰："与木曰东方之行，金曰西方之行，水曰北方之行，相俪成文。"南方又火神之位，其神主乃是我国古史传说中的炎帝或祝融。《淮南子·天文训》曰："南方火也，其帝炎帝。"注曰："炎帝……以火德王天下……託祀于南方之帝。"《山海经·海外西经》曰："南方祝融，兽身人面，乘两龙。"郭璞注曰："火神也。"[1]

我国古代"火"有南方之意，南方为火神之位，很有可能与肖家屋脊发现的火神崇拜类图像文字有关。蒙文通先生认为，我国古史中崇拜火神炎帝或祝融氏一系，属南方江汉民族，为苗蛮集团。徐旭生先生认为，我国古史传说中的炎帝一系，属华夏集团中的姜姓一系[2]。今江汉平原肖家屋脊遗存发现的崇拜火神类图像文字（图五，4），与帝舜所部南征苗蛮时摹刻佚文共存。或又说明，中国古史中崇拜火神炎帝一族，其与我国古史传说中的东夷集团。似也并非无或相干。

5.释"凡"（图五，2）

"凡"字徽文发现一文，刻划于祭具陶缸的上腹部，为一个由四条内弧线刻划而成的一菱形，左上角有缺口。就文字形体判断，肖家屋脊发现此文与过去山东地区莒县陵阳河、大朱村发现"凡"字刻文为一字，所摹为一类物，也属军械用品[3]。在山东地区发现此文3件，有两例出土于军事领袖墓葬（图七，10、11）。也是一个由四条内弧线刻划而成的一个菱形，稍有差异的是，山东发现的三文，有的左上角、右上角分别刻有一大一小两个缺口。我在《谈陵阳河与大朱村出土的陶尊"文字"》一文中[4]，根据此类刻文的墓葬材料、图像文字摹刻特点以及相关典籍记载诸端，推定此文原是先民在军事行动中，军事首领或统帅用来发布命令、节制进退的一种军乐器类摹刻，属于口哨、口笛类物。

笔者认为，这类摹刻是现行汉字中"凡"字的初文或祖型。因为"凡""风"二字在我国古代文字中互通，所以，它是发迹于今山东诸城、莒县一带风姓帝舜太昊所部的族姓徽文（或曰族徽）。在我国古史记述中，帝舜又或名虞，也或有虞氏[5]。《左传·昭公元年》："虞有三苗。"《淮南子·齐俗训》曰："当舜之时，有苗不服。"

[1] 袁珂校注：《山海经校注》，上海古籍出版社，1980年，第206页。
[2] 徐旭生：《中国古史的传说时代》，文物出版社，1985年，第40～48、121～125页。
[3] 王树明：《陵阳河墓地刍议》，《史前研究》1987年第3期。
[4] 王树明：《谈陵阳河与大朱村出土的陶尊"文字"》，《山东史前文化论文集》，齐鲁书社，1986年。
[5] 王树明：《帝舜传说与考古发现诠释》，《故宫学术季刊》第九卷第4期，1992年。此文又收入《莒文化研究文集》，山东人民出版社，2002年。

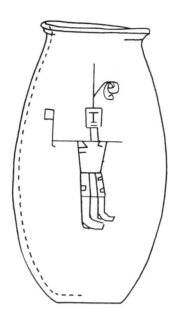

图八　肖家屋脊C型Ⅱ式陶罐上的人物刻划（H357∶5）

《史记·五帝本纪》又记曰："当舜之时，三苗在江淮、荆州数为乱。"其与帝舜一族曾发生过长时间的剧烈冲突，斗争的结果是帝舜所部取得了绝对性胜利，将三苗一族远迁三危，即今甘肃敦煌东南三十里处[1]。邓家湾与肖家屋脊遗存位于今江汉平原，古代属三苗集团所居荆州地区的腹心区。邓家湾人居住在屈家岭人所建的古城内，使用鸟形徽文，族属苗蛮。城外东南为肖家屋脊人所居有，风姓徽文在这里的发现告诉我们，4000 余年前，居住在肖家屋脊一带先民族属东夷，是我国古史中的帝舜或虞舜一族。由上述考古现象与舜征三苗诸记说推寻，不难索解，肖家屋脊发现风姓徽文，殆即我国古史传说中，帝舜所部南征苗蛮，与族属苗蛮的邓家湾人对峙于城外而留下的物质文化遗存。考古发现反映，发迹于今山东诸城、莒县一带的帝舜一族[2]，曾沿泰沂山系迄南及江苏北部一带西徙[3]，其在安徽蒙城尉迟寺居有一段时间后，或又继续西徙南进[4]，这又有力地支持了上述推断。

　　6.释高圈足杯类摹刻

　　这类摹刻发现两个个体，形状类似一高圈足杯，由三条水平直线和四条纵向内弧线刻划而成。其中一件刻划于陶缸残片上（图九，1），另一件刻划于陶缸上腹部（图

[1] （汉）司马迁：《史记·五帝本纪》正义，中华书局，1959年。

[2] 王树明：《谈陵阳河与大朱村出土的陶尊"文字"》，《山东史前文化论文集》，齐鲁书社，1986年。

[3] 王树明：《帝舜传说与考古发现诠释》，《故宫学术季刊》第九卷第4期，1992年。此文又收入《莒文化研究文集》，山东人民出版社，2002年。

[4] 王树明：《从陵阳河与大朱村发现陶尊文字谈起》，《东方考古（第1集）》，科学出版社，2004年。

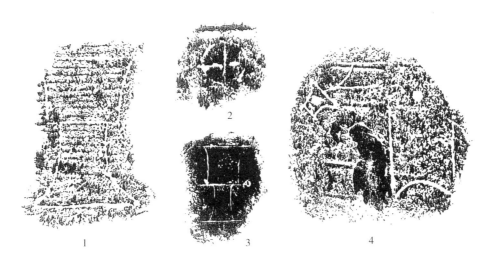

图九　肖家屋脊发现的刻划符号
1.AT1720③：90　2.AT1104③：10　3.H434②：80　4.JY4：2

九，3）。此与邓家湾发现的瓠形杯刻划一样，也属饮器酒具类摹刻，在现有甲骨文、金文资料中，也是一个找不到例证的图像文字。

7.在肖家屋脊还发现两个单体刻划和一个复合体刻划符号

单体刻划刻于高领罐肩部，图形 ⟋⟋ 完整（图六，2），似属工具类物摹刻。另一个单体刻划，刻于敞口尊腹中偏下处，图像文字呈圆形，内填"十"字，"十"字横向左笔伸出圆外（图九，2）。发现的一组复合体刻划符号，比较完整，摹刻于陶缸上腹部（图九，4）。与高领罐、敞口尊上发现的两单体刻划符号不同的是，这一刻符刻划于祭具陶缸上，故应归于祭祀符号一类刻划。符号由四部分组成，以甲、乙、丙、丁称之。正下方为符号甲，由一长一短两条垂直线及下方一道内弧线相交而成，下端右侧略残。甲的上方是符号乙，为一个圆形小戳孔。乙的左上方为符号丙，由一长一短两条水平直线和左边一道斜弧线相交组成。丙的左下侧为符号丁，由两条直线与两条内弧线相交组成斜腹杯形，杯的正中也有一个圆形小戳孔，杯口向右倾斜，正对符号丙。这一复合符号刻划于祭具陶缸上，肯定与祭祀活动、祭祀仪式有关，但它的具体含义是什么，我们已无法搞清楚。

肖家屋脊石家河文化早期发现的图像文字，可以辨读的有5个文字或图形。有"角"字、"钺"（戉）字、"火"字，还有用为祭天的以及"凡"字等等。它与城内邓家湾发现的图像文字类摹刻性质相同，也是在万物有灵观念支配下，摹刻的一些拜物教性质的祭祀符号。与城内邓家湾人的重农事、耕织不同的是，城外肖家屋脊先民重兵事，尚武，并有祭天习惯、祭火习惯。"凡"字徽文的发现又告诉我们，肖家屋脊石家河早期文化先民是东方夷人的后裔，族属帝舜氏一系。

三　肖家屋脊石家河晚期文化与禹征三苗

在肖家屋脊发现的石家河文化，分为早、晚两期，共35个遗存单位。《报告》根据地层关系、出土遗物的差别，将其分为三组[1]。一组、二组遗存属石家河文化早期。早期一组的主要器类有高领罐、高圈足杯、厚胎及薄胎喇叭形杯、罐形或盆形宽扁足鼎、小罐形鼎、折腹平底缸、粗圜底缸、碗形或钵形豆、长颈瘦袋足鬶、深腹盆、盆形多孔甑、折腹壶形器、彩陶纺轮等器物。早期二组出土的主要器物有鼓腹中口罐、罐形或盆形宽扁足鼎、罐形侧装足鼎、浅碗形或浅钵形豆、外贴沿钵、折腹平底缸、小平底缸、厚胎喇叭形杯、长颈瘦袋足鬶、深腹或浅腹盆，盆形多孔甑、漏斗形擂钵等器物。第三组遗存属于石家河文化晚期。出土的主要器物有直领广肩罐、扁腹壶、鼓腰形中口罐、瓮、长细把豆、大圈足盘、盆形舌足或扁宽足鼎、罐形锥足鼎、浅腹外贴沿钵、厚胎喇叭形红陶杯、曲腹盆、无底甑、盆形擂钵、粗短颈鬶、盉等等。与上述两组不同的是，第三组出土玉器，而且数量多。

比较三组出土陶器的异同点，可以看出，石家河文化早期一、二组遗存间的关系密切，有比较明确的演变、承接关系。石家河文化晚期三组与早期一、二组出土陶器，有的也有或间有承袭关系，但就总体而言，其差别差异是非常明显的。比如第二组一些主要器类，诸如漏斗形擂钵、折腹平底缸、盆形多孔甑、粗圜底或小平底陶缸、长颈瘦袋足鬶，第三组极为少见或基本不见。而第三组（或曰石家河文化晚期）出土的大量器物，如直领广肩罐、长细把豆、大圈足盘、曲腹盆、无底甑、盉、扁腹壶等，不见或极少见于二组中。在第三组中极为盛行的篮纹、方格纹、绳纹在第二组中所占比例并不大，在石家河文化晚期遗物所见的标志性纹饰——叶脉纹，绝对不见于石家河文化早期二组文化遗存。由此可以看出，石家河文化早期与石家河文化晚期之间，出土遗物有断层。

不但如此，石家河文化晚期与早期之间，埋葬习俗与宗教信仰方面也出现断层，或者说也存在着明显的差异。

肖家屋脊共发现石家河文化时期墓葬109座，其中土坑墓23座，年代全属石家河文化早期。另有瓮棺葬86座，其中9座为早期，属于儿童或幼儿的墓葬，无葬品，其余的77座瓮棺葬全属石家河文化晚期。石家河文化晚期无土坑墓[2]。石家河文化早期，土坑竖穴墓埋葬方向一致，以二次葬、仰身直肢葬为主。随葬遗物以

---

[1]　湖北省荆州博物馆、湖北省文物考古研究所、北京大学考古系：《肖家屋脊（上）》，文物出版社，1999年，第18、19页。

[2]　湖北省荆州博物馆、湖北省文物考古研究所、北京大学考古系：《肖家屋脊（上）》，文物出版社，1999年，第272～337页。

陶器为主，有435件之多，另有纺轮一类工具4件、石器2件，无玉质类器物发现。到了石家河文化晚期，瓮棺葬分布集中，圆形竖穴者为多，葬具以陶瓮为主。根据残存人骨分析，当地石家河文化晚期发现瓮棺葬与其早期发现的9座（纯属儿童、幼儿）瓮棺葬不同，这一时期的瓮棺葬，已经变成了成年人与儿童或幼儿共同使用的一种埋葬习俗。另一与石家河文化早期土坑竖穴墓不同的是，晚期墓的随葬遗物中，陶质器类极为罕见，只发现一件陶质斜腹杯，还有铜矿石、猪牙。随葬遗物中最为大宗的乃玉质器类，总计109件，发现最多的一墓为W6，出土玉器有56件之多。在石家河文化晚期的地层、灰坑、遗址中也有玉器发现，凡48件之多。从遗址发掘与室内整理情况判断，遗址发现的这些玉器，原来都应属于瓮棺葬中的随葬品。总之，在肖家屋脊石家河文化早期，流行土坑竖穴墓，以陶质器皿为随葬品；肖家屋脊石家河文化晚期，流行瓮棺葬，以玉器为随葬品。

肖家屋脊石家河文化遗存中，宗教信仰方面的突出发现是早期祭祀遗迹和图像文字的发现[1]。在肖家屋脊石家河文化早期，发现7处厚胎筒形陶缸互相套接的现象，这些器物上的有关刻划表明，它与祭祀活动有关系，《报告》将其编为JY1～JY7。这些祭祀遗迹主要分布在A区中部，多遭破坏，只有JY7保存较好。祭祀遗存均由厚胎筒形夹砂红陶缸组成。仅JY7陶缸为单个直立放置，余皆互相套接平放，多置于当时的地面上，少数置于坑中。陶缸底部有的有凿孔。此类遗迹的陶缸上，还常发现一些拜物教性质的祭祀符号。已为我们辨读的有"角""钺（戉）""火""凡"及祭天或曰祭祀太阳一类图像文字刻划。到了肖家屋脊石家河文化晚期遗存，未发现套缸一类祭祀遗迹，无拜物教一类祭祀符号发现。

综上所述，石家河文化晚期与早期之间，物质文化方面的差别明显。考古资料显示，之所以出现如此显著的差异，乃因石家河文化晚期融入了大量外来的文化因素所致，其中以河南龙山文化和山东龙山文化因素的涌入最为突出[2]。龙山时代晚期，石家河文化已经消亡，其缘起的中心区已被融入于中原龙山文化之中。换而言之，上文所论肖家屋脊石家河文化晚期的发现，乃属中原龙山文化或曰夏人南进时期的物质文化遗存，其所处时代，已进入夏代初年的纪年范围[3]。众所周知，在我国古代历史传说与相关文献记载中，这一时期，帝舜所部与有夏始祖大禹一族曾并肩战斗，先后对居有今江汉平原一带的苗蛮集团迭次征伐，最终征服了苗蛮所部。

《韩非子·五蠹篇》曰："当舜之时，有苗不服，禹将伐之，舜曰：'不可。上

[1] 湖北省荆州博物馆、湖北省文物考古研究所、北京大学考古系：《肖家屋脊（上）》，文物出版社，1999年，第128～131、218～225页。

[2] 湖北省荆州博物馆、湖北省文物考古研究所、北京大学考古系：《肖家屋脊（上）》，文物出版社，1999年，第347页。

[3] 韩建业、杨新改：《王湾三期文化研究》，《考古学报》1997年第1期。

德不厚而行武，非道也。'乃修教三年，执干戚舞，有苗乃服。"《墨子间·非攻下》曰："昔者三苗大乱，天命殛之……高阳乃命玄宫，禹亲把天之瑞令，以征有苗……有神人面鸟身，若瑾以待，撎矢有苗之祥，苗师大乱，后乃遂几。"这里所说的高阳氏，乃帝舜之远祖，与舜或虞舜本同族。

从前文对肖家屋脊图像文字的考释中，可以看出，肖家屋脊所谓的石家河文化早期遗存，其实是帝舜一族南进征伐有苗，曾居于此所留下的物质文化遗存。肖家屋脊所谓的石家河文化晚期遗存，其实是有夏初年大禹一族随帝舜所部南进，征伐苗蛮集团而留下的物质文化孑遗。

肖家屋脊石家河文化晚期，有以玉器类随葬的习惯，有尚玉之风。在出土的诸玉器中，以人头像、动物头像、玉蝉及盘龙、飞鹰一类飞禽造像为主，总计有50余件[1]。其中玉人头像7件、玉蝉33件、玉虎头9件、玉飞鹰和玉盘龙各1件，另有滑石羊头、滑石鹿头像各1件。还发现有玉笄5件、玉管11件、柄形器、透雕玉片饰、玉璜、玉珠以及玉质的刀、锛、纺轮。与以往浙江余杭瑶山[2]、安徽含山凌家滩或属巫一类神职人员墓葬发现的玉器不同的是[3]，这里不见琮、璧、环、玦一类与祭祀有关的器物。此或反映，肖家屋脊晚期发现的玉石器与一般用为祭祀的礼具有别。《肖家屋脊》报告认为，这些玉质器类有的很有可能原用线连穿而悬挂于某处或某一部位，有的也或连缀于某种软质的物件之上，还有的可能被镶嵌或缚扎于某一木质物件之上。发掘者对这些以玉器作为装饰物件的具体用途未作说明。

在肖家屋脊晚期发现的玉器类中，W6出土3件玉管（图一〇，1～3），形体极为特殊。这3件玉管形体大，管壁薄，管下皆呈喇叭状，其造型与山东莒县陵阳河、大朱村一带大汶口文化晚期军事领袖墓葬出土的骨、牙类筒状旄柄相同，据其形体而推之，它们的原始用途应当是一致的，也应是军事领袖或军事统帅人物所执旄旗一类器物的旄柄[4]。肖家屋脊W6出土的玉器有56件之多，除3件玉质旄柄外，还发现有玉质人头像6件、虎头像5件、盘龙1件、玉蝉11件、飞鹰1件，另有玉柄形器及坠、珠、璜一类玉器发现[5]。此3件玉质旄柄在W6的发现表明，W6墓主的身份与军事领袖人物有关。其生前很有可能是统帅夏人征战苗蛮的军事统帅或指挥者。如果这一推断不谬，那么，肖家屋脊W6发现玉质人头像及虎、龙、飞鹰、

---

[1]　湖北省荆州博物馆、湖北省文物考古研究所、北京大学考古系：《肖家屋脊（上）》，文物出版社，1999年，第314～337页。

[2]　浙江省文物考古研究所：《瑶山》，文物出版社，2003年。

[3]　安徽省文物考古研究所：《安徽含山凌家滩新石器时代墓地发掘简报》，《文物》1989年第4期。

[4]　王树明：《大汶口文化中骨、牙雕筒用途的推测》，《考古与文物》1991年第3期。

[5]　湖北省荆州博物馆、湖北省文物考古研究所、北京大学考古系：《肖家屋脊（上）》，文物出版社，1999年，第296页。

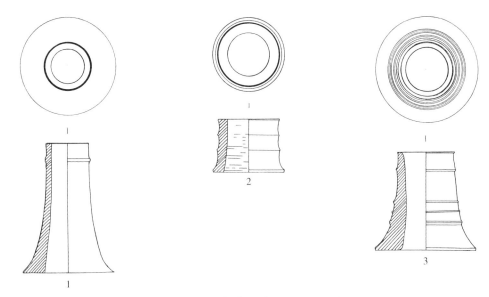

图一〇　肖家屋脊出土的玉管

1.W6：25　2.W6：26　3.W6：45

玉蝉及玉柄形器一类玉器，无疑也与军械用品相关。

　　稽诸文籍，在我国古代战争中，军事领袖或统帅人物手中不仅必有旌一类旗识，也还必须掌握调遣统领诸部所须信符或信契一类凭据。《墨子·号令》曰："大将必与为信符。大将使人行，守操信符，信不合，及号令不相应者，伯长以上辄止之，以闻大将。"前文征引《墨子·非攻》一文中，在谈及夏初禹征三苗时，大禹作为最高军事统帅，在指挥过程中，乃"亲把天之瑞令"。所谓"瑞令"，就是通常所说的玉质信符。《说文》曰："瑞，以玉为信也。"段注曰："瑞，节信也。"又《周礼·典瑞》曰："掌玉瑞玉器之藏。"郑注曰："人执以见曰瑞，礼神曰器。瑞，符信也；服饰，服玉之饰，谓缫籍。"

　　总以上文征引，肖家屋脊 W6 及其所属晚期文化发现，诸如人头像、动物类头像，以及飞鹰、盘龙乃至柄形器之类军械用品，殆属夏代初年大禹一族南征有苗，其统帅人物手中掌握的玉质信符。此信符有诸多动物类造型，如龙、虎、玉蝉之类，当是夏人大禹一族，或大禹一族南进统帅或驱使所部的族姓徽识。肖家屋脊晚期文化中玉质信符类军械物品的发现与被认识，对我们推定肖家屋脊一带发现所谓石家河文化晚期遗存，原是夏代初年大禹一族南进，征伐苗蛮集团时期所留下的物质文化遗存，无疑是一个非常有力的证据。

四　结语

通过上文对邓家湾与肖家屋脊发现图像文字的考释与研究，我们大致推测，帝舜所部与夏初大禹一族在南征苗蛮过程中，相关各部曾对峙于邓家湾龙山时期古城内外。有苗（三苗也或苗蛮）住在邓家湾龙山时期古城内，其在屈家岭文化时期，崇拜男性生殖器，祭祀陶质管状陶祖[1]。进入石家河文化早期，又转而与城外帝舜一族习尚一致，崇信拜物教，多祭祀农业生产工具类物，以夹砂粗陶缸类礼具为祭器。其与城外帝舜一族有所不同的是，城内有苗重于耕织。石家河文化早期，邓家湾龙山古城东南角外的肖家屋脊一带，是南征苗蛮的帝舜一族所居，与过去山东诸城前寨、莒县陵阳河一带及安徽蒙城尉迟寺发现相同，这一部族习尚对天（即太阳）、兵器及兵械物类的祭祀，崇信拜物教。与城内苗蛮所重不同的是，城外帝舜一族尚武。在古城东南角外肖家屋脊一带晚期文化遗存，是夏初禹征三苗所部的物质文化遗存。晚期夏禹一族以玉器为信符，尚玉。

邓家湾与肖家屋脊的考古发现反映，石家河文化早期，苗蛮集团与帝舜所部虽然族系有别，但其宗教信仰的性质、形式及至使用的祭具则是一致的，这是耐人寻味的。笔者曾经根据考古材料、文献资料及有关民俗方面资料推定，在我国史前文化中，夹砂粗陶缸类遗物原是盛储酒麴发酵谷物的一种酿酒用具[2]，到了后来，这一遗物的用途发生了分化，刻摹图像文字的一类又变成了人们在举行拜物教类祭祀活动中使用的祭具。

夹砂粗陶缸作为一种酿酒用具使用，最早出现在山东泰沂山系以南、江苏北部一带的大汶口早期文化中，它作为一种拜物教类祭具，最早又被大汶口文化晚期发迹于山东诸城、莒县一带的帝舜一族所使用。随着帝舜一族西徙南进，其在进行拜物教性质的祭祀活动中，夹砂粗陶缸作为一种传统祭具使用。在安徽蒙城尉迟寺一带的考古发现中也有所见[3]。准上述种种，邓家湾城内苗蛮所部在南征帝舜一族对峙于城外后，由生殖器崇拜又转而奉行拜物教类祭祀，并也使用陶缸类器作为祭具，这无疑与帝舜所部"兵临城下"有关。《吕氏春秋·召类》曰："舜却苗民，更易其俗。"应即这一考古现象的写照。中华人民共和国建立以来，尤其20世纪80年代以来，邓家湾、肖家屋脊石家河遗址群的考古发现多方面反映出，历史上有关帝舜

---

[1]　湖北省文物考古研究所、北京大学考古系、湖北省荆州博物馆编：《邓家湾》，文物出版社，2003年，第28～33、61～66页。

[2]　王树明：《考古发现中的陶缸与我国古代的酿酒》，《海岱考古（第一辑）》，山东大学出版社，1989年。

[3]　中国社会科学院考古研究所：《蒙城尉迟寺——皖北新石器时代聚落遗存的发掘与研究》，科学出版社，2001年。

及夏初大禹一族南进征伐苗蛮的记载是可信的。

　　附记：本文在形成文字过程中，北京大学考古系赵辉先生、燕生东先生提供了不少方便，值此文发表之际谨致谢忱。

（原载《古代文明（第 7 卷）》，文物出版社，2008 年；与刘红英合作）

蒙城尉迟寺发现图像文字及其相关问题研究

一　引言

安徽蒙城尉迟寺遗址,是蒙城县文物管理所 20 世纪 70 年代文物普查中发现的。中国社科院考古研究所,对该遗址先后进行了两个阶段发掘。第一阶段是 1989 年秋至 1995 年春季,共进行了 9 次发掘。主要清理的是围沟以内遗址的边缘地带,揭露面积 7000 余平方米,发现围沟。围沟以内清理出红烧土房址 41 间,其中排房 12 组 39 间,发现大汶口文化灰坑 45 个,墓葬 192 座,还发现一些龙山文化的遗迹、遗物(图一、二)。继山东诸城前寨、莒县陵阳河图像文字发现后,又一次发现图像文字[1]。第二阶段发掘是 2001 年春秋两季、2002 年春季和 2003 年秋季共四个季度,这一阶段发掘的是遗址的中心区。揭露面积 3375 平方米,清理大汶口文化红烧土建筑 5 排 8 组 32 间,大型的红烧土广场发现 2 处,墓葬 92 座,灰坑 2 个,祭祀坑 6 处,兽坑 1 处,也发现一些龙山文化遗迹、遗物(图一、二)。与第一阶段发现相比较,第二阶段发掘取得了一些突破性进展。比如,大汶口文化长达 70 余米红烧土建筑、鸟形神器、大型活动广场、多件大口瓮即陶尊组合掩埋情况的发现,等等。与第一阶段情况一样,在大汶口文化遗存中,也发现一批图像文字资料[2]。安徽蒙城出土图像文字资料,是莒县陵阳河、大朱村及诸城前寨大汶口文化晚期,图像文字发现以来的又一重大发现。这一发现告诉我们,我国先秦典籍中关于帝舜太昊一族,发迹于山东泰沂山系南侧鲁东南滨海一带,曾西徙中土这一古老说法是可以凭信的。拙文拟就蒙城尉迟寺遗址两个阶段考古发现图像文字资料及相关考古发现,与过去山东莒县陵阳河、大朱村及诸城前寨一带发现图像文字,结合近年来的考古新发现,在过去研究的基础上,再作比较研究,以就正于学林同好。

---

[1]　中国社会科学院考古研究所编:《蒙城尉迟寺——皖北新石器时代聚落遗存的发掘与研究》,科学出版社,2001年,前言第一章第二节(图93、94、198、205)。

[2]　中国社会科学院考古研究所、安徽省蒙城县文化局:《蒙城尉迟寺(第二部)》,科学出版社,2007年,前言(图74,彩版11图版30)。

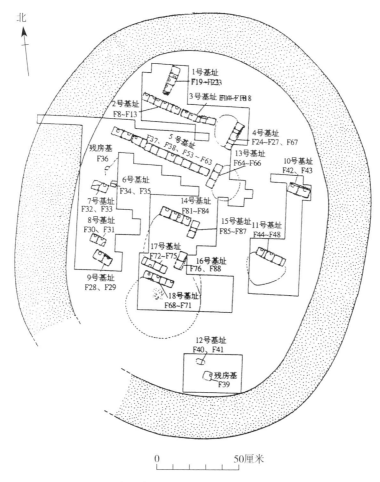

图一　尉迟寺遗址发掘范围及排房布局图

二　蒙城尉迟寺发现图像文字及其相关问题研究

蒙城尉迟寺遗址第一阶段发掘，在大汶口文化地层、祭坑或墓葬中，发现图像文字类刻画 6 枚。中国社科院考古研究所王吉怀先生，对尉迟寺遗址第一阶段发现刻画陶文作过研究[1]。我们在《从陵阳河与大朱村发现陶尊文字谈起》一文中，也作过一些比较、探索[2]。为节省篇幅、压缩文字，下文就尉迟寺第一阶段发掘出土陶文类刻画的主要方面，或过去有笔墨未到的地方，作些扼要说明。

"🌱"（图三，2、3），这一图像文字刻画于陶尊上腹部，出土于Ⅲ区

---

[1]　王吉怀：《再论大汶口文化的陶刻》，《东南文化》2000年第7期。

[2]　王树明：《从陵阳河与大朱村发现陶尊文字谈起》，《东方考古（第1集）》，科学出版社，2004年。

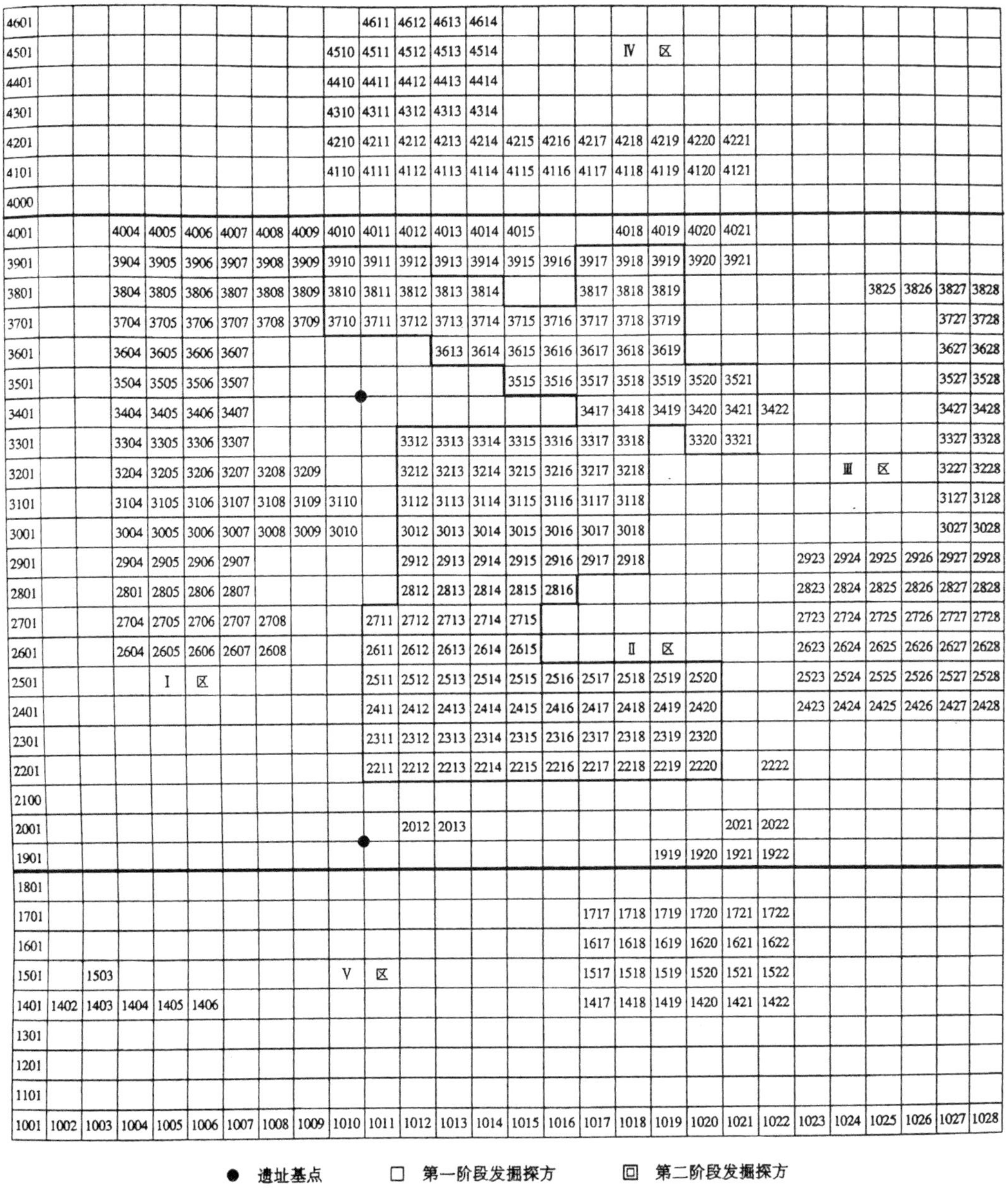

4601										4611	4612	4613	4614														
4501									4510	4511	4512	4513	4514										IV	区			
4401									4410	4411	4412	4413	4414														
4301									4310	4311	4312	4313	4314														
4201									4210	4211	4212	4213	4214	4215	4216	4217	4218	4219	4220	4221							
4101									4110	4111	4112	4113	4114	4115	4116	4117	4118	4119	4120	4121							
4000																											
4001			4004	4005	4006	4007	4008	4009	4010	4011	4012	4013	4014	4015			4018	4019	4020	4021							
3901			3904	3905	3906	3907	3908	3909	3910	3911	3912	3913	3914	3915	3916	3917	3918	3919	3920	3921							
3801			3804	3805	3806	3807	3808	3809	3810	3811	3812	3813	3814			3817	3818	3819						3825	3826	3827	3828
3701			3704	3705	3706	3707	3708	3709	3710	3711	3712	3713	3714	3715	3716	3717	3718	3719								3727	3728
3601			3604	3605	3606	3607						3613	3614	3615	3616	3617	3618	3619								3627	3628
3501			3504	3505	3506	3507								3515	3516	3517	3518	3519	3520	3521						3527	3528
3401			3404	3405	3406	3407				●						3417	3418	3419	3420	3421	3422					3427	3428
3301			3304	3305	3306	3307					3312	3313	3314	3315	3316	3317	3318		3320	3321						3327	3328
3201			3204	3205	3206	3207	3208	3209			3212	3213	3214	3215	3216	3217	3218						III	区		3227	3228
3101			3104	3105	3106	3107	3108	3109	3110		3112	3113	3114	3115	3116	3117	3118									3127	3128
3001			3004	3005	3006	3007	3008	3009	3010		3012	3013	3014	3015	3016	3017	3018									3027	3028
2901			2904	2905	2906	2907					2912	2913	2914	2915	2916	2917	2918						2923	2924	2925	2926	2927	2928
2801				2805	2806	2807					2812	2813	2814	2815	2816								2823	2824	2825	2826	2827	2828
2701			2704	2705	2706	2707	2708			2711	2712	2713	2714	2715								2723	2724	2725	2726	2727	2728
2601			2604	2605	2606	2607	2608			2611	2612	2613	2614	2615			II	区				2623	2624	2625	2626	2627	2628
2501				I	区					2511	2512	2513	2514	2515	2516	2517	2518	2519	2520			2523	2524	2525	2526	2527	2528
2401										2411	2412	2413	2414	2415	2416	2417	2418	2419	2420			2423	2424	2425	2426	2427	2428
2301										2311	2312	2313	2314	2315	2316	2317	2318	2319	2320								
2201										2211	2212	2213	2214	2215	2216	2217	2218	2219	2220		2222						
2100																											
2001											2012	2013								2021	2022						
1901										●								1919	1920	1921	1922						
1801																											
1701																1717	1718	1719	1720	1721	1722						
1601																1617	1618	1619	1620	1621	1622						
1501		1503								V	区					1517	1518	1519	1520	1521	1522						
1401	1402	1403	1404	1405	1406											1417	1418	1419	1420	1421	1422						
1301																											
1201																											
1101																											
1001	1002	1003	1004	1005	1006	1007	1008	1009	1010	1011	1012	1013	1014	1015	1016	1017	1018	1019	1020	1021	1022	1023	1024	1025	1026	1027	1028

● 遗址基点　　　□ 第一阶段发掘探方　　　▣ 第二阶段发掘探方

图二　尉迟寺遗址探方总布局图

T2825JS4：1祭坑(图二)。文字的刻画范围之内,涂有朱彩。文字顶端刻"日"形"○","日"下刻"火"形"〜",在"日"下"火"形"〜"下的一笔"〜",与又下"♨"上的两笔共为一形"〜"。此形再下两边侧笔斜直,最下的一笔,横平。其形与莒县陵阳河、诸城前寨发现"炟"字下部"山"形两边侧笔及其下底书写横平

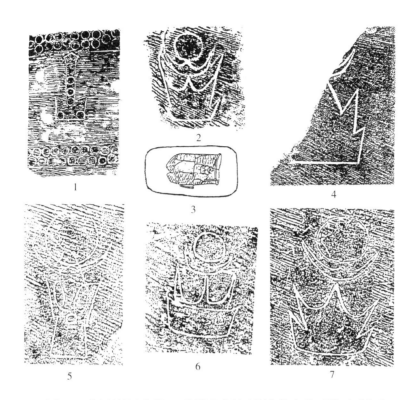

图三　蒙城尉迟寺第一阶段发掘与诸城前寨发现陶文刻画

1.尉迟寺Ⅲ T3828⑤∶1　2.尉迟寺JS4∶1　3.尉迟寺JS4∶1摹本　4.诸城前寨"炟"字残文　5.尉迟寺M177∶1　6.尉迟寺
M215∶1　7.尉迟寺M96∶2

的一笔一致（图三，4；图四，1）。这一文字，上部刻形与陵阳河、前寨发现"炟"
字上部刻形相同；出土时，与前寨发现残文"炟"字刻文一样，也涂有朱彩。就总
体形象考虑，其与陵阳河发现刻画太阳升起于遗址正东 2.5 千米寺崮山之上，代表
日出正东、春天来临，用以迎接春季到来举行祭祀仪式时，使用图像文字"炟"字
的形体接近（图四，2）[1]。这是一由陵阳河发现代表春季到来的"炟"字脱变而来
的文字，它是"炟"字的变体、衍文[2]。此衍体"炟"字，很可能是尉迟寺人用其
实行与"炟"祭相关某祭祀仪式而为。以前我们曾认为，它也是用于迎春祠祭的一
个图像文字，不确。

　　"𣊭"（图三,6）文字刻画于Ⅲ区 T2824M215 瓮棺葬葬具陶尊的上腹部（图二）。
这是一个新的发现，是过去在山东地区的大汶口文化中，未曾一见的一个图像文字。
这一图像文字上部刻"日"形"○"，下刻"火"形"⌣"，再下刻"凵"形。由

[1]　王树明：《谈陵阳河与大朱村出土的陶尊"文字"》，《山东史前文化论文集》，齐鲁书社，1986年。
[2]　王树明：《从陵阳河与大朱村发现陶尊文字谈起》，《东方考古（第1集）》，科学出版社，2004年。

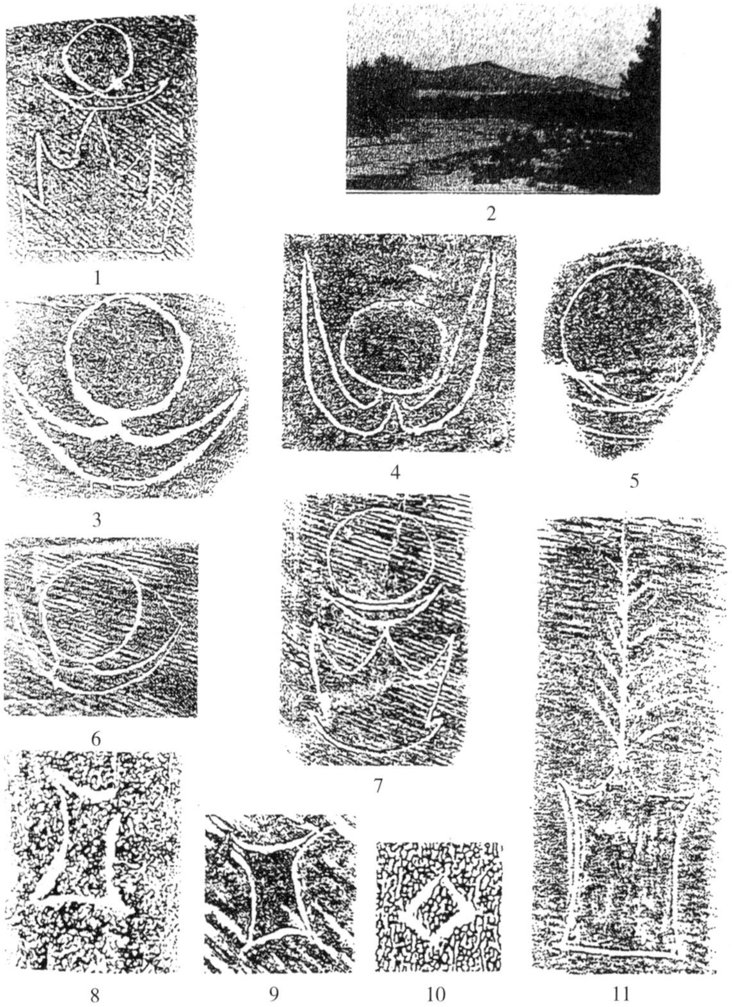

图四　陵阳河诸地发现陶文与寺崮山全景

1.陵阳河采集　2.陵阳河遗址正东寺崮山全景　3.陵阳河采集　4.陵阳河采集　5.陵阳河M7　6.大朱村出土　7.大朱村H1　8.大朱村M26　9.陵阳河M19　10.陵阳河采集　11.陵阳河M25

图形分析,此"凷"形,是"凵"及从中升腾起来的火形"ɯ"的摹刻。由此表明,此"凵"摹刻是属容器类,其形状特征与陵阳河发现滤酒图像最下摹刻盆形物类相似(图五,6、8、11),属同类器物摹画。文字顶部刻一"日"形"○",表明它与陵阳河发现"炟""炅"二字一样,也是用于祭天的,又因为是文字最下刻画盆形"凵",表明刻画这一文字举行祭祀仪式时,乃燃火于盆中。这与过去发现大汶口人举行祠祭、礿祭实行"炟""炅"过程中,燔柴祭天仪式或有所不同[1]。

[1]　王树明:《从陵阳河与大朱村发现陶尊文字谈起》,《东方考古(第1集)》,科学出版社,2004年。

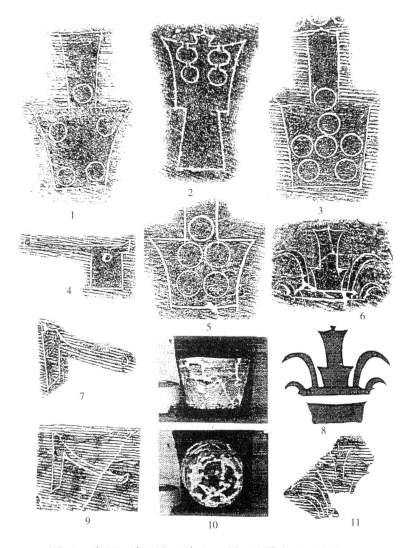

图五　陵阳河诸地发现陶文、刻画图像与滤酒漏缸
1.陵阳河采集　2.大朱村M17　3.陵阳河采集　4.陵阳河采集　5.大朱村采集　6、8.陵阳河M17　7.陵阳河采集　9.杭头M8
10.陵阳河M17　11.陵阳河采集

　　依据汉字简化规律，对图像文字"🔥"进行简省，去其"火"形"︶""ᴡ"，即为"🔥"。如果将此形隶定，似为"昌"。此"昌"，在甲骨文字中曾有所见，其与"🔥"简省、隶定后的"昌"之形颇为近似。甲一八五所见"昌"，于省吾先生释此文为"旦"，亡旦文辛[1]。如果于氏此说不谬，推定此"🔥"为现行汉字中"旦"字的祖型，应当是可以允许的。假如这一推演可为一说，说明现行汉字中"旦"字的产生，原也与我国古代祭天活动有关。

　　[1]　中国社会科学院考古研究所：《甲骨文编》卷七·三，中华书局，1965年。

　　"旦"字见于《说文》，有"朝拜"之意，还有"天明""天亮"的意思。"旦"字有"朝拜"之意，应即导源于古先民用于旦明祭日出、祭天的习惯。文献记载，"周人祭日，以朝及闇"[1]，还记载周人有于"旦明""日出"时举事用兵的习惯[2]，等等。人所共知，周袭于殷礼，考古发现、文献记载又多所反映，殷袭于夷礼。沿此以推，周人祭日，有事于旦明或日出时的习惯，无疑是山东诸城前寨、莒县陵阳河一带大汶口文化晚期人们西徙蒙城尉迟寺一带后，"朝日"或于"旦明"祭日出习惯的沿习与流传。从本文对"炟"字衍体、"旦"字及过去对莒县陵阳河发现"炟""昃"二字的考证中[3]，不难看出，图像文字"炟""昃""旦"三字原来各有源头，"炟""昃"不是一个字，"旦"字也不是"炟"字的简化字。它们原来都是我国先民，在不同时间或因不同需求，对天即太阳举行祭祀典礼而使用的一些图像文字。

　　"▽"（图三，5），这组刻画发现于Ⅲ区T2726M177瓮棺葬葬具陶尊一侧的上腹部（图二），两文上下排列。上部刻图像文字"◡"，下部刻图像"▽"。在陶尊一侧发现上下两文排列，也是一个新的发现。过去在莒县陵阳河也发现过一件陶尊刻画"戉""言"两文者（图五，3、4），但陵阳河发现一尊刻画"戉""言"二文，乃分别刻画于同一陶尊的两侧[4]。

　　这组图像文字上部刻"◡"，由"日"形"○""火"形"◡"组成。其总体之形与陵阳河发现"◡"字刻写完全一致（图四，3、5、6），释"昃"。过去在山东莒县陵阳河地区，发现独体的"昃"字与其同一遗址发现摹刻日出正东，高悬于寺崮山之上的"炟"字"▲"上部的"◡"，为同一摹刻（图四，1）。这表明，此独体的"◡"即"昃"字，在莒县陵阳河这一特定的地理环境中，是太阳离开了其正东2.5千米寺崮山后的那个方向，其寓义是太阳高照于南天，或高悬于南天的太阳之谓[5]。《说文通训定声》"昃"下注曰，是"昃"字"训热"。据此，我们曾推论陵阳河发现"昃"字，是4800余年前，陵阳河人为迎接夏季或炽热季节到来，举行祭祀典礼时而刻写的一个图像文字。不惟如此，《礼记正义·祭义》曰："郊之祭大报天而主日……夏后氏祭其闇，殷人祭其阳，周人祭日以朝及闇。"注曰："夏后大事以昏，殷人大事以日中，周人大事以日出……以朝及闇谓终日有事。"这里所谓"殷人大事以日中"，"殷人祭其阳"一类说法，是说殷人祭日"在日中之时"，其在有事或要举大事之前，为祈得上天的福祐，要面对高悬于南天的太阳举行祭祀

[1]　（汉）郑玄注：《礼记正义》，见《祭义》篇，上海古籍出版社，1990年。
[2]　李民：《尚书译注》，上海古籍出版社，2000年。
[3]　王树明：《谈陵阳河与大朱村出土的陶尊"文字"》，《山东史前文化论文集》，齐鲁书社，1986年。
[4]　王树明：《谈陵阳河与大朱村出土的陶尊"文字"》，《山东史前文化论文集》，齐鲁书社，1986年。
[5]　王树明：《谈陵阳河与大朱村出土的陶尊"文字"》，《山东史前文化论文集》，齐鲁书社，1986年。

典礼[1]。郭沫若先生考证，传说中的帝舜即商的远祖帝喾[2]，童书业先生认为，帝喾就是古史传说中的太昊氏[3]。蒙城尉迟寺遗存，原是发迹于山东诸城、莒县一带的帝舜太昊所部西徙中土曾居有此地所遗留。依是，陵阳河与尉迟寺一带发现"炅"字刻文，还应是山东诸城、莒县及安徽蒙城尉迟寺一带大汶口文化晚期先民，或殷商远祖帝喾时期，在日常生活中，遇到大事或要举大事而祈求于南天而刻写的一个图像文字。在山东莒县陵阳河、大朱村及蒙城尉迟寺一带发现图像文字中，"炅"字及其异体或其繁体，是发现诸刻文中为数最多的一种，也说明这一推断合乎情理。

"▓"（图三，5下），刻写在"炅"字之下。是山东莒县大朱村 M17 发现由耒、耜二形合体演变而来的酒神图像的变象（图五，2）[4]。尉迟寺发现"▓"，由"▓""▓"二形组成。"▓"是大朱村发现酒神图像耜体形"▓"，从中剜去"▓"形一块后的形象；"▓"形与陵阳河发现酒神图像（图五，1、3）及滤酒图像（图五，6、8、11）上的"▓""▓"形中的"▓""▓"相同，是大朱村发现酒神图像上的耒形"▓"的延长（图五，2）。由上分析，尉迟寺发现"▓"与大朱村发现酒神图像一样，也是由耒、耜二形合为一器的演变，是大汶口文化先民在酿酒时，祭祀、崇拜的酒神的形象[5]，惟其简省了表示渗滴液体状"▓"形而已。因为大汶口文化中发现酒神图像，在酒神崇拜的长河中，逐渐演变为现行汉字中"亯"（享）字的远祖。在先秦经籍中，"亯"字有"孝"也，"祀"也之义，有鬼神接受祭品、把酒献给鬼神的含义[6]。所以，尉迟寺发现这组刻文"炅"下又刻有酒神图像之相，其含义应是酒神献酒、酒神献祭品于"炅"，即献给高悬于南天的太阳，藉以祈祷获得福祐之意。

"▓"（图三，7），发现于Ⅳ区 T4411M96 瓮棺葬一两岁儿童墓葬（图二）。文字刻画于葬具陶尊的上腹部，其总体形象与大朱村 H1 发现"炅"字繁文的写法基本一致（图四，7）[7]。最上刻"日"形"○"，其下刻"火"形"▓"，三笔皆上弧形。再下刻形"▓"，其上三个、两侧两个类似"山峰"者，也都是上弧形，是故此形应与其上"▓"一样，也是一"火"形。《周礼冬官·考工记·卷六》曰："画缋之事……火以圜。"注曰："郑司农云，为圜形似火也。玄谓，形如半环然。""环""圜"即圆圈形"○"，郑玄所谓画火为"半环"者，用现在的话说，就是画火形运笔为弧形之谓。基于以上分析，尉迟寺 M96 发现"▓"，也以释"㷸"字为是，是"炅"

[1] 潜苗金：《礼记译注》，浙江古籍出版社，2007年，第576页。
[2] 郭沫若：《中国古代社会研究》，科学出版社，1960年，第251页。
[3] 童书业：《春秋左传研究》，上海人民出版社，1980年，第2页。
[4] 王树明：《谈陵阳河与大朱村出土的陶尊"文字"》，《山东史前文化论文集》，齐鲁书社，1986年。
[5] 王树明：《谈陵阳河与大朱村出土的陶尊"文字"》，《山东史前文化论文集》，齐鲁书社，1986年。
[6] 王树明：《谈陵阳河与大朱村出土的陶尊"文字"》，《山东史前文化论文集》，齐鲁书社，1986年。
[7] 王树明：《谈陵阳河与大朱村出土的陶尊"文字"》，《山东史前文化论文集》，齐鲁书社，1986年。

字的增繁。此"昊"字繁文"㬐"，原来也是用于对高悬于南天的太阳，举行祭祀典礼时而摹刻的一个图像文字。

"🔱"（图三，1），出土于Ⅲ区T3828⑤（图二），刻文上下各刻两行圆圈装饰，文字在装饰纹样中间偏上处。陶文图形上部"🔱"两侧刻有"𝄃""𝄃"形，下部"凵"形，与陵阳河、大朱村发现酒神图像演变而来的"㐭"字祖形下部形体相同（图五，1、3、5）。陶文的刻画范围内，也刻有圆圈装饰。就总体形象观察，这一图像文字，无疑也是由酒神图像演变而来的"㐭"（享）字的远祖或祖型[1]。

蒙城尉迟寺第一阶段发掘，共发现图像文字五例：与迎春祭祀相关某祭祀仪式使用衍体"炟"字一文；朝日或祭祀日出摹刻的"旦"字祖型一文；迎接夏季到来或因某种需求祭祀高悬于南天的太阳而刻写的"昊"字或其繁体"㬐"字两文；发现"㐭"（享）字远祖或其祖型一文。还发现由末、秅两形合二为一演变而来的酒神图像一文。蒙城尉迟寺发现图像文字或图像类刻画，与过去山东地区发现同类刻画基本相同，也皆刻画于陶尊上腹部或沿下处。除衍体"炟"字及"㐭"字二文出土于祭坑或地层外，其余刻画皆发现于儿童瓮棺葬。

蒙城尉迟寺第二阶段发掘，在大汶口文化地层、墓葬或祭坑中，共发现图像文字七个，全是祭天方面的一些图像文字。在诸发现祭天文字中，过去虽然也有所见，但个别文字的一些刻写方法，却有所变化。我们在下文中，也就《蒙城尉迟寺》（二）报告最新公布的图像文字资料以及有关发现，作比较探讨。

"炟"字"🔆"（图六，5；图七，1），发现两文，分别刻画于Ⅱ区T2320与T2619中的儿童瓮棺葬M289及JS10出土陶尊的上腹部（图二）。瓮棺葬M289在一有大型火烧痕迹广场的东部边缘以东（图一，图二），出土刻文有拓本。JS10《报告》称之为祭坑出土的一件（图八），文字无拓本。这两个文字的形体特征，与过去山东诸城前寨、莒县陵阳河发现"炟"字刻文，如出一模（图三，4；图四，1），是将其隶释为"炟"字，当可无疑。我们过去在《谈陵阳河与大朱村出土的陶尊"文字"》一文中[2]，曾经论及，莒县陵阳河发现此文"炟"字，原本是居住在莒县陵阳河一带大汶口文化晚期先民，描摹春季到来的太阳升起于正东2.5千米寺崮山顶之上的情景，刻画于陶尊上，藉以表示春季到来，举行迎春祭祀仪式而为。这是一个依山头纪历类图像文字刻画。蒙城尉迟寺第二阶段发掘，鸟形神器的发现告诉我们，居住在安徽蒙城一带的大汶口人，已经能够根据某种鸟类的叫声，也或某种鸟类始来的时间，来判定春季到来的具体时间，或已经掌握了四季概念（详下文）。此山头纪历类刻文"炟"字"🔆"，在蒙城尉迟寺遗址发现表明，居住于蒙城尉迟寺一

[1]　王树明：《谈陵阳河与大朱村出土的陶尊"文字"》，《山东史前文化论文集》，齐鲁书社，1986年。

[2]　王树明：《谈陵阳河与大朱村出土的陶尊"文字"》，《山东史前文化论文集》，齐鲁书社，1986年。

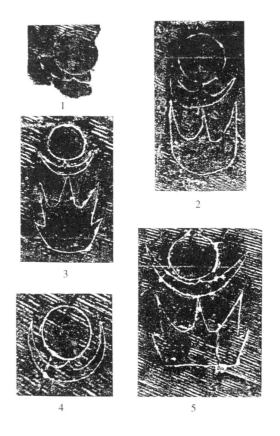

图六　蒙城尉迟寺第二阶段发现陶文刻画
1.T3114⑤:5　2.T2512⑥:2　3.M321:2　4.JS10:4　5.M289:1

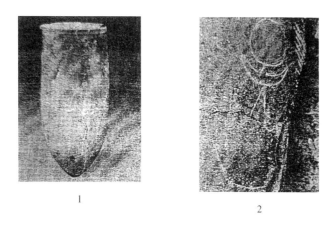

图七　蒙城尉迟寺第二阶段发现刻文陶尊、陶文刻画
1.JS10:2　2.JS10A组:2

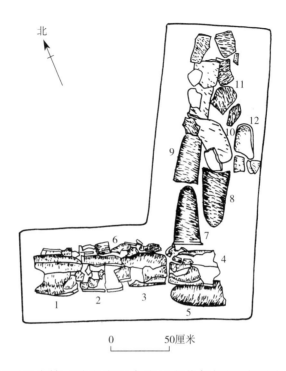

北

0　　　　　50厘米

图八　蒙城尉迟寺第二阶段发现大汶口文化祭祀坑平面图（JS10）

1、8.BⅡ式大口瓮　2、4.AⅠ式大口瓮　3、6、7、11.BⅠ式大口瓮　5、10.D型大口瓮　9.BⅢ式大口瓮　12.CⅡ式大口瓮

带大汶口人，原由山东莒县陵阳河一带而徙入。这里发现的"炟"字，或其为迎接春季到来实行祠祭典礼刻写此文，原是对其祖居地，即居住在莒县陵阳河一带的大汶口人，实行迎春祠典刻写山头纪历"炟"字"🔆"作标识这一古老习惯的因袭。

"昃"字刻文共发现两个个体。Ⅱ区T3114⑤出土的一件，残文作"☉"（图二；图六，1）；Ⅱ区JS10出土的一件，刻画于祭坑出土陶尊的上腹部，其形作"🌙"（图二；图六，4），与过去在莒县陵阳河发现"🌙"相似（图四，4），或应归为一类，当属"昃"字"☉"的变体。山东莒县陵阳河与大朱村过去发现"昃"字四个，有三个文字写作"☉"（图四，3、5、6），仅一文异形作"🌙"（图四，4）；蒙城尉迟寺第一阶段、第二阶段发掘共发现"昃"字刻文凡三，两个作"☉"（图三，5上；图六，1），有一个异形作"🌙"（图六，4）。安徽蒙城尉迟寺和山东地区发现图像文字中，凡由"昃"字与其他图形组成一个文字者，其"昃"字部分也一律刻写作"☉"形。比如图三中的"炟"字衍体，"旦"字、"昃"字繁文中"☉"，图四中的"炟"字及"昃"字繁文中的"☉"，图六、图七中的"炟"字、"昃"字繁文中的上部，一律写作"☉"。可以看出，当时人们对"昃"字的这一刻写，是通行的、固定的一种写法，也是比较易于掌握的一种写法。而异形"炅"字中的"火"形，是并不怎么好掌握的一种写法。我们非常怀疑，过去在陵阳河发现"炅"字异体"㊣"（图四，4）及蒙城尉迟寺发现"炅"字异体"㊣"（图六，4），很有可能是当时人们在祭祀南天活动中，或因某种特殊寓义乃着意而为，至于当时人们到底为什么要将"炅"字中的"火"形"〜"刻画成"㊣"或"㊣"形，因为历史太久，我们今天已无从得知了。

"炅"字繁文"㊣"，共发现三文。"炅"字繁文"㊣"（图六，2），最下"火"形摹刻呈"三峰"形，发现于Ⅱ区T2512⑥（图二）；"炅"字繁文"㊣"（图六，3），最下"火"形摹刻呈"五峰"形，发现于Ⅱ区中部T3115儿童瓮棺葬M321，文字刻画于葬具陶尊颈部，墓葬在F83、F84门前一带（图一，图二）；"炅"字繁文"㊣"残，最下"火"形摹刻亦呈"五峰"形（图七，2），文字刻画于Ⅱ区T2916JS10A组出土陶尊上腹部（图二）。上述三个图像文字，虽较"炅"字"㊣"多一"三峰"形或"五峰"形"火"字，但在汉字发展的长河中，这种同意符号的增繁，并不改变文字的本意，所以我们将以上三文隶释为"炅"字繁文"㊣"，是文隶定不见于字书。

蒙城尉迟寺两个阶段发掘，共发现刻文陶尊12件，图像文字类刻画13文，除酒神图像及"亯"（享）字远祖两文外（图三，1、5），所余11文均属祭天类文字刻画。在蒙城尉迟寺发现祭天类文字刻画中，有祭日出朝旦文字一（图三，6）；有迎接春季到来实行祠祭典礼摹刻"炟"字二（图六，5；图七，1）；有由"炟"字脱变而来，用其实行与迎春举行"炟"祭仪式相关某祭祀仪式使用的"炟"字衍体一（图三，2、3）。另有"炅"字及其繁文，凡七文之多（图三，5、7；图六，1～4；图七，2），均属尉迟寺人为迎接夏季到来，也或因各种不同需求要举大事而祈祷于南天所摹刻。由此可见，尉迟寺先民祭祀高悬于南天的太阳，或有事而祈祷于南天类祀典活动次数频繁，在蒙城尉迟寺一带居住的大汶口文化晚期先民的宗教信仰活动中，举行祭祀高悬于南天的太阳，属重中之重。这里尚未发现莒县陵阳河一带所见帝舜太昊所部族姓徽文"凡"字刻文（图四，8～10），也未发现"斤""戉"及社树类图像文字"南"字摹刻（图五，4、7、9；图四，11），还有与山东莒县陵阳河一带发现不同的是，蒙城尉迟寺遗址发现刻画图像文字类陶尊，有几例是作为儿童瓮棺葬具使用的。因此，不少留心大汶口文化发现陶尊文字的学者，对蒙城尉迟寺及过去山东地区发现刻画图像文字类陶尊的原始用途，产生了不少疑问。

大家知道，陶尊一类遗物最早出现在山东泰沂山系以南及江苏北部一带的大汶口文化中，对这一遗物的原始用途，曾有陶臼说，礼器说诸不同说法[1]。20世纪70年代末，莒县陵阳河大汶口文化墓地发掘[2]，出土一批十分珍贵的墓葬资料和图像文字资料。在陵阳河M17大型墓葬中，发现滤酒漏缸与刻画滤酒图像陶尊共为一处（图五，6、8、10）。这一现象向人们昭示，大汶口文化中发现所谓陶尊类遗物，原是一种酿酒用具，它是大汶口人在酿酒过程中，盛储谷物经酒麹发酵过程的一种储存器。陵阳河墓地诸宗教性祭祀符号类图像文字刻画的发现，又进而告诉我们，大汶口文化中发现刻文陶尊，原是用以对被刻事物举行祭祀的一种礼器[3]。蒙城尉迟寺发掘，在大汶口文化晚期遗存中，尚未发现有刻文陶尊出土于排房中，且与一般生活器皿为伍者，这一现象有力地证明，尉迟寺发现刻文陶尊不可能是一般生活器具，它应与莒县陵阳河发现刻文陶尊一样，也是一种礼器。与刻文陶尊发现相反，尉迟寺发现无刻文陶尊，少数有在排房中发现的。尉迟寺第一阶段发掘，发现房址41间，排房中有6间出土无文陶尊，一般一室1件[4]；第二阶段发掘，发现房址32间，有5间房屋，出土无文陶尊，计有7件之多，其中最多的一室多达3件[5]。无文陶尊在排房中的放置部位，一般都直立放置于排房的角落处，与一般生活器皿为伍。《蒙城尉迟寺》（二）报告根据这一现象推测，排房角落处直立放置的无文陶尊，应是一种储藏器[6]。我们同意作者的这一看法。但这一遗物是在极少数排房中发现的，所以这一储藏器所储藏的，不可能是人人所必须赖以为生的粮食一类物品，从极少数房间有这种储藏器物而推论之，它所储藏的很可能是人们生活中一种特殊需要物类。中华人民共和国建立前胶东一带农村逢年过节，少数生活殷实或者富有之家，一般都有用谷物酿酒藉以庆祝丰收的习俗。他们在酿造过程中，用以盛储谷物以为酒麹发酵的酿造用具，是一高80～90厘米的粗筒状缸形器，放在屋内不妨碍人们正常活动又阴凉的墙角落处，是轻易不会移动的。中华人民共和国建立前胶东一带农村用古法酿酒，其酿造器类的形制，处置方法诸端，与蒙城尉迟寺发现无文陶尊及其处置方法、放置位置等多所契合。凡此种种，似或可以论定，尉迟寺遗址发现无文陶尊与山东莒县陵阳河诸地发现没有刻画文字一类陶尊的原始用途应当一致，

[1] 王树明：《考古发现中的陶缸与我国古代的酿酒》，《海岱考古（第一辑）》，山东大学出版社，1989年。

[2] 山东省考古研究所、山东省博物馆、莒县文管所：《山东莒县陵阳河大汶口文化墓葬发掘简报》，《史前研究》1987年第3期。

[3] 王树明：《考古发现中的陶缸与我国古代的酿酒》，《海岱考古（第一辑）》，山东大学出版社，1989年。

[4] 中国社会科学院考古研究所编：《蒙城尉迟寺——皖北新石器时代聚落遗存的发掘与研究》，科学出版社，2001年，附表一、附表三。

[5] 中国社会科学院考古研究所、安徽省蒙城县文化局：《蒙城尉迟寺（第二部）》，科学出版社，2007年，附表一、附表二。

[6] 中国社会科学院考古研究所、安徽省蒙城县文化局：《蒙城尉迟寺（第二部）》，科学出版社，2007年，第136页。

也是我国古代先民在酿酒过程中，用以盛储谷物发酵酿酒的一种用具。

近年来考古发现一再证明，山东莒县、安徽蒙城、湖北天门邓家湾与肖家屋脊诸地发现刻画图像文字类陶尊 [1]，是先民在举行祭祀典礼时，使用的一种礼器。用刻文陶尊类礼器为葬具，蒙城尉迟寺的发现是目前我国仅见的一例。尉迟寺遗址先后进行了两个阶段的考古发掘。第一阶段发掘，发现 102 座儿童瓮棺葬，用陶尊为葬具的只有 17 座，用刻文陶尊为葬具的仅只 3 座 [2]。其中，刻画"旦"字陶尊的一件，发现于 M215、在 T2824 与 11 号基址 F44 同探方（图一、图二）；刻画"🌿"陶尊的一件，发现于 M177，在Ⅲ区 T2726 与 11 号基址 F47 同探方（图一、图二）；刻画"炅"字繁文"🔥"的一件陶尊，发现于 M96 在Ⅳ区 T4411，约当 2 号基址 F9、F10 之北（图一、图二）。第二阶段发掘，儿童瓮棺发现 68 座，用陶尊为葬具的 3 座，有 2 座用刻文陶尊为葬具 [3]。其中，刻画"炅"字繁文"🔥"的一件发现于 M321，在 T3115 北与 F83、F84 为邻；刻画"炟"字"🔥"的一件发现于 M289，在 T2320 内位于第一号有火烧痕迹广场以东探方（图一、图二）。从上文的介绍中可以看出，尉迟寺发现用刻文陶尊为葬具的儿童瓮棺葬，不独数量少，其埋葬地点也十分特殊，其墓葬所在往往与排房为邻，还有的径直埋在或用于举行祭祀活动而建的大型广场的边缘者。从埋葬的位置，使用刻文陶尊为葬具两端，可以看出，它们不可能是排房，也或大型广场的奠基者。这些少数者，能使用曾被用为礼器的刻文陶尊为葬具，能葬在排房或祭祀广场的附近，说明使用刻文陶尊为葬具的儿童，有与生俱来的特殊地位。考古资料显示，用瓮棺为儿童作葬具的习惯 [4]，最初流行于仰韶文化，过去在山东地区的大汶口文化中，未发现有真正意义的瓮棺葬。将未成年的儿童墓葬埋在房子周围，人们过去对这一现象是这样解释的，认为这是当时人们在灵魂不死观念的支配下，或出于爱怜而将其死亡未成年的亲人埋于自己的身边，以祈达到永远相伴或保护的目的。就目前情况看，这一说法似可暂备一说。依这一假说，蒙城尉迟寺发现葬于排房近处、用刻文陶尊为葬具的瓮棺葬与排房的使用者，可能有某种亲缘关系。排房的使用者，或因地位显赫，也或因其握有相关方面的祭祀大权，因而有条件为其死亡的至亲者，谋得使用刻文陶尊这一特殊的礼器为葬具。依以上假

---

[1]　王树明、刘红英：《从邓家湾与肖家屋脊发现图像文字说起》，《古代文明（第7卷）》，文物出版社，2008年。

[2]　中国社会科学院考古研究所编：《蒙城尉迟寺——皖北新石器时代聚落遗存的发掘与研究》，科学出版社，2001年，附表五。

[3]　中国社会科学院考古研究所、安徽省蒙城县文化局：《蒙城尉迟寺（第二部）》，科学出版社，2007年，表四。附表上标明2座墓葬用陶尊为葬具的是M283、M289。附表四M321未标明其用刻文陶尊为葬具，在公布的图像文字，（图六，3）又标明其出土地点T3115的M321内，此或属漏掉。是故尉迟寺第二阶段发掘，应有3座儿童瓮棺葬用陶尊为葬具。

[4]　杨玥：《人面鱼纹新探》，《中原文物》2009年第1期。

说而类推之，蒙城尉迟寺发现瓮棺葬 M289，不葬于排房附近而葬于火烧遗迹广场的东侧，很可能也与墓主的"身份"背景有关。

由蒙城尉迟寺与山东莒县陵阳河一带发现图像文字的比较研究，使我们大致理清了由山东诸城、莒县一带西徙蒙城的大汶口人，即古史传说中的帝舜太昊一族，对太阳神崇拜过程中的一些发展变化。蒙城尉迟寺遗址第一、第二阶段发掘，一、二、三号大型活动广场及其相关遗迹、遗物的发现，又为我们了解历史上，帝舜太昊一族西徙蒙城后，对太阳神实行祭祀典礼过程中的有关情况，提供了依据。

蒙城尉迟寺遗址发掘反映，发现排房前，一般都有大小不等用红烧土加工铺垫的活动广场。两个阶段发掘中，属于大型的活动广场，共发现三个。我们这里首先要介绍的是第二阶段发掘发现面积较大的一号、二号活动广场[1]。

一号广场在聚落中心的南部，南与聚落出口相接。广场的主要部分，在 18 号建筑基址（F68～F71）以南和以东位置，呈圆形分布，暴露面积 550 平方米，通过铲探掌握广场的总面积，约当 1300 平方米（图一）。广场从 18 号基址 F68～F71 排房门前向东、向南、向西呈圆形分布，北高南低，有一直径约 4 米的圆形火烧遗迹。由于燔燎频繁，原来铺垫的红烧土面，已变成了灰黑色。蒙城尉迟寺图像文字"炟""🔥"与"炅"字"☺"的发现表明，它与莒县陵阳河一样，不仅有春季概念，迎接春季到来实行祠祭典礼仪式，也已有了夏季概念，迎接夏季到来，实行礿祭仪式的习惯[2]。文献资料观察，我国古代祭天用火，即燔柴祭天之谓。《周礼·春官宗伯·大宗伯》记说，我国古代迎接夏季到来，礼行于南郊，即在其居地的南郊或南面，举行祭祀仪式。相关文献还记载，我国古先民有事或有大事要举行祈祷上天之礼，是对着南天祈祷，祭祀高挂于南天的太阳之谓。从一号大型活动广场的所在位置及其红烧土遗迹现象看，蒙城尉迟寺发现的所谓一号"大型活动广场"，应当是尉迟寺先民迎接夏季到来举行礿祭，也或有事要举行祈祷于南天实行祭祀仪式的一个地方。蒙城尉迟寺第二阶段发掘，在 T2512 一号大型活动广场火烧痕迹北与 18 号基址 F68、F69 门前间地层中，发现一刻文陶尊，上腹有一摹刻祭祀南天的"炅"字繁文"☺"（图六，2）。此尊在这一地点出土清楚地告诉我们，它是尉迟寺先民在一号大型活动广场举行祈祷南天仪式所遗留。这一发现，有力地支持了上述判断。

第二号大型活动广场，在一号活动广场之北，位于 F81～F84 之南。约当遗址的中部，暴露面积 400 平方米，南与 F72～F75 相连，总面积约 500 平方米，

[1] 中国社会科学院考古研究所、安徽省蒙城县文化局：《蒙城尉迟寺（第二部）》，科学出版社，2007年，第90、91页。

[2] 王树明：《从陵阳河与大朱村发现陶尊文字谈起》，《东方考古（第1集）》，科学出版社，2004年。

广场也是用人工红烧土铺垫而成，其与一号活动广场有所不同的是，在二号活动广场的中部，无火烧痕迹发现。从广场的分布范围看，二号活动广场，与14～17号基址相连。应当属于14号基址的F81～F84、15号基址的F85～F87、16号基址的F76～F88、17号基址的F72～F75的居有者,共同使用的一个活动广场（图一）。这是尉迟寺遗址的一个中心部位，从其所在位置看，很有可能这是居住在蒙城尉迟寺一带先民的权力中枢所在。

山东莒县陵阳河与大朱村发现墓葬资料显示，酿酒用具陶尊的使用和据有，是墓主生前身份、地位、权力的标志物[1]。蒙城尉迟寺第一阶段发掘房址41间，出土6件无文陶尊，分别出土于3号基址F14、F18、5号基址F37、7号基址F33、10号基址F42、11号基址F46计6个房屋内，每室出1件。依房屋的总数量计算，出土数量少，以房址的所在位置而论，出土地点属边缘地区且很分散（图一）[2]。蒙城尉迟寺第二阶段发掘房址32间，出土7件无文陶尊，分别出土于14号基址的F81、F84，其中，F81出1件，F84出3件。15号基址F87出1件，17号基址F74出1件，18号基址F68出1件，计5间房屋出土7件，每室出土1.4件。以房屋数量计算，出土数量多，以房屋的所在位置计算，出土地点集中。主要集中在二号大型活动广场周围的房间内，以坐北朝南的14号基址所占数量为最多。其中，F84一个房间竟出土无文陶尊达3件之多（图一）[3]。考古发现与民族志材料告诉我们[4]，原始社会晚期，主管酿酒是一种最高权力的标志，它是部族首领和酋长所独占的一种特权。依蒙城尉迟寺第二活动广场周边排房中，发现酿酒用具的地点集中、数量又多等进而推论，第二活动广场周边排房的使用者，是蒙城尉迟寺先民最高权力的执掌者，这一地带是尉迟寺先民权力的中枢所在这一说法，似也是可以成立的。

蒙城尉迟寺发现12件刻文陶尊,计13个图像文字类刻画。遗址最北发现一"炅"字繁文""（图三，1；图二），遗址东北边缘地带地层中，发现"亯"（享）字远祖""（图三，1；图二）；一号大型活动广场火烧痕迹北F68门前地层出土"炅"字繁文""（图六，2；图一、图二），以及一号活动广场以东鸟形神器出土地点近处，发现"炟"字刻文""（图六，5；图一，图三、4），凡四文。除此四文外，蒙城尉迟寺遗址发现其他类图像文字，多集中在二号活动广场周边及其东南Ⅲ区一

[1] 王树明：《陵阳河墓地雏议》，《史前研究》1987年第3期。
[2] 中国社会科学院考古研究所编：《蒙城尉迟寺——皖北新石器时代聚落遗存的发掘与研究》，科学出版社，2001年，附表三。
[3] 中国社会科学院考古研究所、安徽省蒙城县文化局：《蒙城尉迟寺（第二部）》，科学出版社，2007年，附表二。
[4] 王树明：《陵阳河墓地雏议》，《史前研究》1987年第3期。

带。尤以二号活动广场周边出土图像文字为多,仅此一地即发现有五个之多(图一,图二)。T3114 即 F82 门前地层出土一"炅"字残文"☉"(图一,图二;图六,1),二号活动广场北 14 号基址 F83、F84 门前 M321,出土"炅"字繁体"☉"(图六,3;图一)。T2916JS10 发现图像文字三个(图八):"炅"字变体"☉"(图六,4),"炅"字繁体"☉"(图七,2),另有"炟"字刻画一文(图七,1)。蒙城尉迟寺二号活动广场周边发现 5 枚刻文,可概而区分为两类:一类数量多,是尉迟寺先民为迎接夏季到来实行礿祭,也或有事祈祷于南天举行祭祀仪式而摹刻的"炅"字或其变体"☉"、繁文"☉""☉",等等;另一类数量少,仅一字,是尉迟寺先民为迎接春季到来,实行祠祭仪式而摹刻的"炟"字刻文"☉"[1]。蒙城尉迟寺二号活动广场周边排房的居住者,就是二号活动广场的使用者,二号活动广场周边实行礿祭、祠祭或有事祈祷祭祀南天而摹刻图像文字的发现,无疑表明,居住在蒙城尉迟寺一带先民的祭天特权,乃掌握在居有这一活动广场周边排房人们的手中。此又为推定二号活动广场周边排房的使用者,是蒙城尉迟寺先民最高权力的拥有者,也或古代蒙城尉迟寺先民权力中枢的执掌者这一说法,再添一佳证。

    蒙城尉迟寺二号活动广场周边发现有排房与儿童瓮棺葬类遗迹,还发现有 JS10 一祭坑遗迹。此祭坑遗迹,是过去在山东地区大汶口文化中,从未有过的一个发现。它在二号活动广场东侧外,是 T2916 内 15 与 16 号基址 F87 与 F88 号间大汶口文化地层中发现的(图八,图二,图一)。祭坑平面呈曲尺形,坑内有 12 件陶尊,由 A、B、C、D 四组组成。A 组四件,无底(1～4 号),东西向相接为一排,4 件中的 2～4 件口沿下刻有图像文字("炅"字变体一,"炅"字繁文一,"炟"字刻文,计三文)。这 4 件陶尊,1～3 号口朝西,4 号口朝东;B 组 1 件(5 号),东西向,口朝东,在 A 组东偏南;C 组 1 件(6 号),饰粗篮纹,破碎后放置成一排,在 A 组之北;D 组 6 件(7～12 号),呈西南东北方向摆放,7～9 号完整,其余均为碎片,放置凌乱,无疑是埋前人为所致(图八)[2]。我们说蒙城尉迟寺发现 JS10 祭坑特殊,一是发现地点特殊,它埋于二号活动广场东侧,按一般思路很难看出 JS10 的祭祀对象及其原始用意。二是蒙城尉迟寺发现刻文陶尊,是祭祀被刻事物的一种礼器,是神器。JS10 中 1～4 号,包括 3 件刻文陶尊底部全部被砸碎,还把一些陶尊故意砸成碎片,使之成为残器、废物后再埋入祭坑。JS10 对神器、礼器这样处置,与常理殊不相符。与蒙城尉迟寺 JS10 出土遗物相同,处置方法一致的遗迹现象,20 世纪 90 年代,在湖北天门邓家湾与肖家屋脊遗址也有发现,肖家

————————
    [1] 王树明:《谈陵阳河与大朱村出土的陶尊"文字"》,《山东史前文化论文集》,齐鲁书社,1986 年。
    [2] 中国社会科学院考古研究所、安徽省蒙城县文化局:《蒙城尉迟寺(第二部)》,科学出版社,2007 年,第 100～103 页。

屋脊发现 7 处 [1]，邓家湾发现 2 处 [2]。《邓家湾》发掘报告介绍，其发现的两处遗迹，就在发现以刻文陶尊为礼器的祭祀场址，或其就近处。民族志资料告诉我们，世界各民族的原始宗教，一般都有拜物教的习惯，认为世界上的万事万物都有灵性。山东莒县陵阳河、大朱村及诸城前寨，以至湖北天门邓家湾、肖家屋脊发现刻有图像文字类祭祀符号，就是我国古代存在拜物教习惯的集中表现。据《我们当代的原始民族》一书介绍，居住在日本北海道、库页岛南部及千岛群岛部分地区的是日本的土著民族虾夷人，是一个非常盛行拜物教习俗的古老民族。虾夷人死后，他们会把所有随葬品都打碎、敲破、撕乱，或采用其他方法毁掉它。他们相信灵魂不是人类才独有，认为一切动物、植物甚至一切物质，不仅都有生命，而且也都有灵魂。他们是彻底的万物有灵论者，他们认为，这些物质的灵魂如同人的灵魂一样，在其损坏以后，依然存在，打破或简单的"杀死"这些东西的目的，就是要使他们的灵魂，供死者在阴间继续驱使 [3]。蒙城尉迟寺 JS10、肖家屋脊及邓家湾发现其对礼器刻文陶尊的一些处置方法，与日本北海道一带古虾夷人对葬品的处置方法相似。由上述现象判断，尉迟寺 JS10 及肖家屋脊、邓家湾发现所谓祭祀遗迹，是蒙城尉迟寺诸地先民在拜物教观念的支配下，将其神器打碎埋入祭坑，使其灵魂继续为祭主使用或驱使之为。邓家湾遗址发现，其废而不用的一类礼器，就埋在祭场或就近处。据此又可推知，蒙城尉迟寺发现 JS10 埋入第二号大型活动广场东侧，还反映尉迟寺发现的所谓二号大型活动广场，也是对天实行祭祀活动的场所，或可这样说，尉迟寺第二阶段发掘中发现的第二号活动广场，原是蒙城尉迟寺先民在举行祭天活动中，与一号大型活动广场配合使用的一个地方。可见，尉迟寺 JS10 发现在二号活动广场偏东一侧，就不足为疑了。

蒙城尉迟寺第二阶段发掘，鸟形神器的出土，是蒙城尉迟寺遗址考古发掘的又一重要发现。蒙城尉迟寺发现鸟形神器，出土于一号大型活动广场东部 T2318 ⑦：1（图九，图二）。手制，红褐色兼有灰褐色斑块。整体呈瓶形，颈部以下中空，由上、中、下三部分组成。最上部为鸟形，头部有上翘的两耳，面部稍长，嘴部残缺。只一侧有眼、鼻，另一侧无。颈与头部间有凹槽，头后有 0.3 厘米小孔与口部相通，尾上翘而扁，有齿形饰。中部呈圆锥体，两侧各饰上、下叠压两叶形，下面的一叶根部加工为半圆缺口形凹槽，其下又加工一孔径 1.4 厘米圆孔。下

[1] 湖北省荆州博物馆、湖北省文物考古研究所、北京大学考古系、石家河考古队：《肖家屋脊》，文物出版社，1999年，第128~131页。

[2] 湖北省文物考古研究所、北京大学考古系、湖北省荆州博物馆、石家河考古队：《邓家湾》，文物出版社，2003年，第139~141页。

[3] 乔治·彼得·穆达克著，童恩正译：《我们当代的原始民族》，四川省民族研究所印刷，1980年，第108~124页。

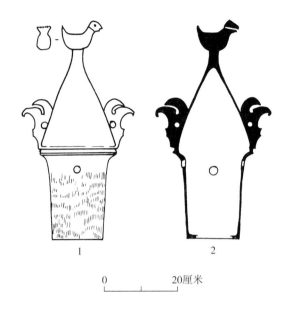

图九　蒙城尉迟寺第二阶段发掘发现鸟形神器
1.鸟形"神器"（T2318⑦:1）　2.鸟形"神器"剖面（T2318⑦:1）

端像嘴形，若吻部前突状，与陵阳河 M17 刻画滤酒图像中茅有钩刺形近似（图五，6、8），应是圆锥体下面一叶，茅有钩刺形摹刻[1]，之下为一周凸棱，凸棱上加工一周宽 0.3 厘米凹槽，又似双层凸棱，因是手制，凹槽不明显。鸟形神器最下部为圆柱体，平底。上端有四个对称圆孔，其中两孔位置较低，孔径 2 厘米。神器总体高59.5、中部直径 22、底部 14.4 厘米。圆柱体上部为素面，下部饰篮纹，呈上粗下细状[2]。

　　总而言之，这是上部为一鸟的形体，中部圆锥体两侧双"叶形"下，有对称圆孔。凹槽成一周凸棱，颇疑此处捆绑、缚着茅旌一类物；最下圆柱体上粗、下细，表明此鸟形神器最下原是插入一中空筒状物类之中。其与上部圆锥体交接处，有直径 2厘米圆孔 4 个，应是原为加固鸟形神器与筒形物类结合部而设计。蒙城尉迟寺第二阶段发掘，一号大型广场东部边缘外发现所谓鸟形神器，原来可能是安装在一中空竿类器物最上端的一个附件而已。这一物类的总体形象，与文籍中记述少昊氏使用一有玉鸟、茅旌类附属物件桂表的形体接近。《拾遗记·少昊》：

　　[1]　王树明：《谈陵阳河与大朱村出土的陶尊"文字"》，《山东史前文化论文集》，齐鲁书社，1986年。
　　[2]　中国社会科学院考古研究所、安徽省蒙城县文化局：《蒙城尉迟寺（第二部）》，科学出版社，2007年，第148、149页。

　　"少昊以金德王。母曰皇娥……帝子与皇娥泛于海上，以桂枝为表，结薰茅为旌，刻玉为鸠，置于表端，言鸠知四时之侯，故《春秋传》曰'司至'，是也。今之相风，此之遗像也。"[1]

　　在上文引述的这段文字中，"以桂枝为表"一句中的"桂"字，《说文》段注曰，"空心""无骨""如竹"之木也[2]。"表"字，《说文通训定声》谓，是可假借为"标也"，"立"也，"正"也[3]。是所谓"以桂枝为表"者，即以"空心""无骨"如竹之桂木为一直立的标竿之谓。在"结薰茅为旌"者一句中，"结"字即缠结、捆绑之意，"薰茅"即俗语所谓甜根草、茅草之类，是我国古代人们在酿酒或祭祀活动中，不可或缺的一种滤酒用品、礼仪用品。"茅"中有钩刺的一种，即所谓菁茅，是我国人民视为最珍贵的一种[4]。"旌"，即旗幡、旗饰之属。这里所说的"结薰茅为旌"，是说在直立的以桂木为表的顶部，结扎茅草，或即用茅有钩刺的一种所谓菁茅，以为"旗幡"或"旗饰"之属。"刻玉为鸠、置于表端"一句，告诉我们，在直立的以桂木为标竿的最顶端，还装饰一刻玉为鸠的玉鸟为饰，并且告诉我们，我国古代少昊氏一族，之所以在桂枝为表的一端，又以玉鸠鸟为饰，原因这种摹刻的鸠鸟之类，能告诉人们四季到来的具体时间的原因，等等。

　　通过对《拾遗记·少昊》这段引文的诠释，可以看出蒙城尉迟寺第二阶段发掘发现的鸟形神器，即我们推定其原是置于一竿类上端，并在鸟形神器中部又缚结他物，即或旌茅一类物类者，就是《拾遗记·少昊》一文记载少昊氏所用，"以桂枝为表，结薰茅为旌，刻玉为鸠，置于表端"这一物类的历史真相。文献记载与考古发现互证，蒙城尉迟寺发现的鸟形神器，应是徙居在是地的大汶口人的一个人造的、能够预告四季到来具体时间的季节之神、四时主。又这一人造的季节之神，出土于尉迟寺的一号大型活动广场东侧的 T2318（图二），面朝东方。因为我国古代，以东方主春[5]。尉迟寺遗址发现鸟形神器或人造季节之神在这一地点出土，清楚表明，这一鸟形神器原是尉迟寺人当春季到来之时，面向东方，面朝置于桂枝表端的鸟形神器，实行祠祭迎春仪式而为。在这一地带还有一个有趣的发现，尉迟寺发现有一因袭莒县陵阳河人表示春季到来，实行祠祭仪式为代号的"炟"字刻文"𤇆"（图六，5），就出土在鸟形神器东侧仅一方之隔的 T2320 之中（图二），这一发现，又为上述判断提供了一个非常有力的证明。过去有不少学者，包括我们也曾经有过这样的看法，认为鸟形神器在蒙城尉迟寺遗址出土，是居住在安徽蒙城尉迟寺一带的大汶

[1]　（晋）王嘉撰、（梁）萧绮录，齐治平校注：《拾遗记》，中华书局，1988年，第12～15页。
[2]　（清）段玉裁撰：《说文解字注》，见"桂"下注，中华书局，1992年。
[3]　（清）朱骏声：《说文通训定声》，见"表"下注，武汉古籍书店影印，1983年。
[4]　杨伯峻：《春秋左传注》，见《僖公四年》，中华书局，1981年。
[5]　杨天宇：《周礼译注》，见《春官宗伯·大宗伯》，上海古籍出版社，2004年。

口人，以鸟为图腾的一个标志。现在看来，这一看法是不能成立的。从上文对鸟形神器的研读、考订中还可看出，发迹今山东诸城、莒县一带的帝舜太昊一族，沿泰沂山系西徙居有安徽蒙城后，已步入我国古史传说中的少昊氏一代发展时期，也可以这样说，20世纪末安徽蒙城尉迟寺发现大汶口文化晚期遗存，乃属文籍记载中居有皖北少昊氏一部的物质文化遗存。

上文就尉迟寺第二阶段发现一号、二号大型活动广场及其出土遗物、遗迹，作了一些研究说明。下面就尉迟寺发现三号活动广场及其出土遗物、遗迹，也谈一点想法。

尉迟寺发现三号大型活动广场，位于遗址的东部稍偏南的一带地方，与遗址东部边缘接近。11号建筑基址（F44～F48）及斜向西南方向，呈扇面形展开的活动广场为中心（图一）。11号建筑基址为西北—东南方向，与门前的活动广场一样都呈西南向，与出土鸟形神器的地点相对。广场的面积300余平方米，在尉迟寺发现的三个大型活动广场中，位列第三，是面积最小的一个[1]。就11号建筑基址与三号活动广场的所在位置方向看，这一大型活动广场应是居住在蒙城尉迟寺一带的大汶口人，因某种特殊需要而着意所为。尉迟寺两个阶段发掘出土图像文字中，新出现的两个从未一见的图像文字"旦"字"🔆"与衍体"炟"字"🔥"（图三，2、3、6），就发现在这一地带。刻文"旦"字"🔆"，发现于尉迟寺 M215：1，在 T2824 与 11号基址 F44 同探方；"炟"字衍体"🔥"发现 T2825JS4，与11号基址 F46 同探方（图一、二）[2]。这两个最新发现图像文字的出土地点，都在与三号大型活动广场紧相联接的11号建筑基址的排房中或其就近处的地方发现的（图一）。还有一个特别重要的现象是，出土与迎春祠祭活动相关联的衍体"炟"字"🔥"的祭坑JS4，也呈西南—东北方向，与第一阶段发现所有其他祭坑的方向都相反，而与11号建筑基址及三号活动广场的方向却完全一致，且也与一号活动广场东部出土鸟形神器的地点相对[3]。凡上种种现象反映，尉迟寺发现三号活动广场及其相关遗迹、遗物，与是地先民在此实行"旦"祭朝拜日出和实行与祠祭迎春有关衍体"炟"字"🔥"类祭祀活动有关。

蒙城尉迟寺遗址发现用于朝拜日出时使用的刻文"🔆"，出土于遗址的东部边缘地带几乎相接的三号活动广场。关于我国古代祭日朝拜日出，或者要在旦明举事

[1] 中国社会科学院考古研究所编：《蒙城尉迟寺——皖北新石器时代聚落遗存的发掘与研究》，科学出版社，2001年，第21、22页。

[2] 中国社会科学院考古研究所编：《蒙城尉迟寺——皖北新石器时代聚落遗存的发掘与研究》，科学出版社，2001年，第108～112页。

[3] 中国社会科学院考古研究所编：《蒙城尉迟寺——皖北新石器时代聚落遗存的发掘与研究》，科学出版社，2001年，第112页。

而祭祀太阳的有关情况，宋代硕儒朱熹有过这样一段说法。《楚辞集注·九歌·东君》集注曰：

"今按：此日神也。《礼》曰，'天子朝日于东门之外。'又曰，'王宫祭日也。'"[1]

就朱氏所论，进入文明时代以后，我国历代帝王朝日或祭拜日出的地方，就在其所居城址的东门或东郊外这一说法，其与蒙城尉迟寺发现"旦"字刻文"𝌆"的出土地点与遗址中心区域的相对位置，基本上是一致的。依出土地点也可证明，我们推定尉迟寺三号大型活动广场发现刻文"𝌆"，是尉迟寺人用以实行朝拜日出时使用的一个图像文字的说法，也是允许的。

蒙城尉迟寺三号大型活动广场发现与迎春祭典有关"炟"字衍体"𝌆"，出于三号广场与11号建筑基址 F46 同探方的 JS4。前曾提及，它与其他同时代祭坑的方向完全相反，惟其与三号广场及11号建筑基址排房的方向相一致，与西南方向鸟形神器的出土地点，恰恰相对。这或告诉我们，蒙城尉迟寺先民实行的这一祭祀典礼与其迎接春季到来实行的祠祭典礼的祭主是一样的，也以代表太阳从正东升起的鸟形神器为祭主。其差别在于，实行衍体"炟"字"𝌆"典礼时，所在地点及其与祭主鸟形神器相向而祈祷的方向有所不同而已。在我国古代的一年之中，为迎接新的季节到来，要实行春祠、夏礿、秋尝、冬丞四次祭天活动。在这四次祭天活动中，只有春季和秋季的到来，乃以太阳从正东升起为标志。所以，安徽蒙城尉迟寺发现与祠祭迎春祭主相同，与面朝祭主祈祷方向有别的另外一种祭典仪式，也或将其名之为衍体"炟"字"𝌆"典礼，只能是居有今安徽蒙城尉迟寺一带的大汶口人步入少昊氏时代以后，实行尝祭迎接秋季祭祀典礼之谓。我国古代少昊氏发展时期，人们是如何实行尝祭迎接秋季到来仪式的，在我国古代文籍中也能找到有关这方面的一些记载，《山海经第二·西山经》曰：

"又西二百里，曰长留之山，其神白帝少昊居之……是神也主司反景。"郭璞注曰："少昊金天氏，帝挚之号也。"又曰："日西入则景反东照，主司察之。"郝懿行云："是神，员神，盖即少昊也"[2]。

是按"景"即"影"字之假借字。所谓"主司反景"，就是说，我国古代主管秋天的神少昊金天氏的一族[3]，迎接秋天到来实行尝祭迎秋典礼，是秋季到来的时候面对西去的太阳实行祈祷仪式之谓。这一记载与蒙城尉迟寺发现其步入少昊时期的大汶口人，或用于实行迎秋仪式诸祭祀遗迹遗物的所在位置和朝向西南鸟形神器与西落的太阳的方向，有着惊人的一致。由蒙城尉迟寺三号大型活动广场发现衍体

[1]　（宋）朱熹：《楚辞集注》，上海古籍出版社，1979年，第41、42页。

[2]　袁珂：《山海经校注》，上海古籍出版社，1980年，第51、52页。

[3]　丁山：《中国古代宗教与神话考》，上海文艺出版社，1988年，第379～388页。

"炟"字资料、考古资料及相关文献资料，多方面证明，蒙城尉迟寺第一阶段发掘在三号大型活动广场发现刻画陶尊文字"🏺"，是居有这一地带且已步入少昊氏发展时期尉迟寺人，用以实行迎接秋季到来举行祭祀仪式时使用的一个图像文字的这一说法，也是无可怀疑的。

从蒙城尉迟寺"旦"字刻文与衍体"炟"字的破释中，可以看出，所谓尉迟寺三号大型活动广场，实属居住在这一地带的尉迟寺先民，特为实行其朝祭拜日出、实行尝祭迎秋所需而设建。

总结前文，蒙城尉迟寺遗址两阶段发掘，共发现 13 个图像文字类刻画。这批图像文字类刻画资料反映，发迹于今山东诸城、莒县一带的帝舜太昊部族，西徙安徽蒙城一带后，其祭天活动中又增加了朝祭拜日出和迎接秋季到来实行尝祭迎秋类祭祀活动。尉迟寺陶尊文字资料的再发现，又再而证明，大汶口文化中发现的刻文陶尊是一种用以对被刻事物实行祭祀的礼器，没有刻画文字的一类陶尊，原是在酿酒过程中，用以为谷物发酵的一种用具。蒙城尉迟寺两个阶段发掘，共发现三个大型活动广场：二号活动广场，适当遗址的中心区，是尉迟寺人的权力中枢的所在，JS10 的发现反映，这一大型活动广场及使用周边排房的人们，与职司祭天活动有关；一号大型活动广场在遗址的最南部，面积最大，火烧遗迹与相关刻文陶尊的发现证明，这是用于祫祭、迎接夏季到来，或有事要面对南天实行祈祷祭祀的一个地方，一号活动广场东部鸟形神器出土的地方，是尉迟寺人为迎接春季到来实行祠祭迎春活动中，设置祭主的一个地方；三号活动广场，在遗址的东部稍偏南的一带地方，发现图像文字资料及其所在位置、广场的朝向看，这是尉迟寺人用以实行尝祭迎接秋季到来和朝拜日出或有事要于旦明实行祭祀太阳的一个地方。总此尉迟寺遗址发现的三个大型活动广场，无不与祭天活动有关。

三　结语

我们已就蒙城尉迟寺两个阶段发现图像文字及三个大型活动广场的有关情况，作了一些初步探讨。从这些资料探讨中，也还有几点想法，拟作补说如下。

1.蒙城尉迟寺遗址的考古发现，是发迹于山东诸城、莒县一带的帝舜太昊一族，在西徙南进过程中，留下的物质文化遗存。关于我国古史传说中的太昊氏、少昊氏，我们曾在有关文章中提及，认为这两个部族名称，是同一个部族在不同历史发展阶段的一些不同的称谓。大汶口文化、山东龙山文化，就是这两个不同称谓在物质文化上的反映。安徽蒙城尉迟寺遗存发现迎春祭主——鸟形神器的破释及其仰首白陶鬶、薄胎高柄杯类器物的造型特征，都清楚显示，居住在蒙城尉迟寺一带族属太昊所部的大汶口人，确已步入山东龙山文化时代历史发展的大门。索以文籍，有关我国古史传说中的少昊氏一部，其居地或其都址所在，在今曲阜一带的地方。《帝王世纪》曰：“少昊邑于穷桑，都曲阜，故或谓之穷桑帝，地在鲁城北。”[1] 少昊所部都于今曲阜一带说法，为我国古今学者所遵从，但这一传统说法的具体所在，至今未被考古发现所印证。稽诸载籍，有关少昊氏一族的都址所在，还有另外一种说法，在今曲阜南部以远，古徐州域内的蒙羽之野。《帝王世纪》曰：“［少］昊都徐州，蒙羽之野，奎娄之次。”[2]

　　安徽蒙城尉迟寺遗址在苏、鲁、豫、皖四省交界地带，这是我国新石器时代遗址比较集中的地区之一 [3]。依于文籍，今江苏徐州、邳县，山东兖州，安徽宿县、泗县，都属我国古徐州旧地。安徽蒙城尉迟寺遗址，东北距今徐州有 100 千米许，距皖北宿县不足 50 千米。据其所在地望看，蒙城尉迟寺遗址，无疑是古徐州域内之地。由所在地望判断，已步入少昊时代发展时期的皖东北部的蒙城尉迟寺遗址，很有可能就是《帝王世纪》一书所记，少昊所部在今曲阜迄南所建“都徐州蒙羽之野”的故址所在（图一〇）。

　　2. 从蒙城尉迟寺遗址发现图像文字、大型活动广场及其相关问题的研究中得知，居住在这一地带的大汶口人，崇拜太阳神、对太阳神实行祭祀活动，是他们宗教信仰生活中的一切。蒙城尉迟寺遗址还有一个特殊现象发现，在蒙城尉迟寺遗址两个阶段的发掘中，出土生产工具极少，而出土兵器之多令人惊讶。尉迟寺遗址第一阶段发掘，出土石钺 29 件，石镞 34 件，骨矛 30 件，骨镞 35 件 [4]；尉迟寺遗址第二阶段发掘，出土石钺 7 件，石镞 8 件，骨矛 4 件，骨镞 11 件 [5]。过去在山东地区出土图像文字的诸城前寨、莒县陵阳河一带大汶口文化遗存中，不见石镞类远射兵器发现，石钺类兵器或也有所见，极少发现其有使用痕迹者，此或暗示这种兵器在诸城前寨、莒县陵阳河大汶口文化中，或主要被用为权杖，属礼仪性用具的一类。蒙城尉迟寺遗址发现兵器多，发现石钺一类砍杀之具，往往疤痕累累。这或告诉我们，由山东地区徙居到这一地带的大汶口人，可能并不以务农为主要事业，“侵犯”或“掠夺性战争”，应该是他们所从事的一种经常的职业。

　　[1] 徐宗元辑：《帝王世纪辑存》，中华书局，1964年，第26页。

　　[2] 徐宗元辑：《帝王世纪辑存》，中华书局，1964年，第26页。

　　[3] 中国社会科学院考古研究所编：《蒙城尉迟寺——皖北新石器时代聚落遗存的发掘与研究》，科学出版社，2001年，第1～3页。

　　[4] 中国社会科学院考古研究所编：《蒙城尉迟寺——皖北新石器时代聚落遗存的发掘与研究》，科学出版社，2001年，第171～188、274～276页。

　　[5] 中国社会科学院考古研究所、安徽省蒙城县文化局：《蒙城尉迟寺（第二部）》，科学出版社，2007年，第155～168页。

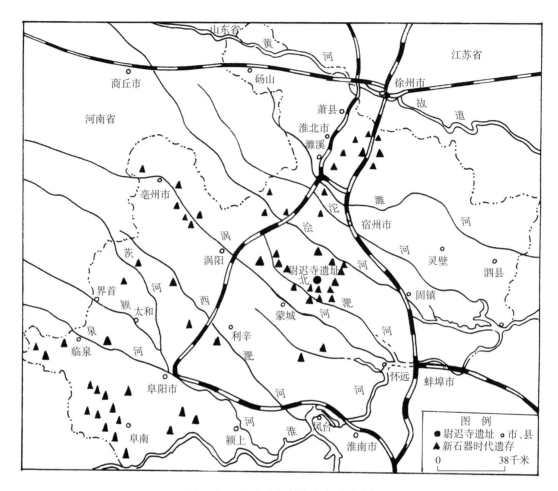

图一〇　皖北新石器遗存分布图

上述以祭天与打仗为尉迟寺人主要事业现象反映，其所处社会发展阶段，或正在步入我国古代文明社会的进程中。

（原载《华夏考古》2012 年第 4 期；与刘红英合作）

肖家屋脊发现图像文字与楚祖颛顼高阳氏
——兼论有夏大禹一族的图腾徽帜

肖家屋脊和邓家湾遗址在石家河文化早期阶段，都发现了一些图像文字。根据其刻划事物的不同，我们推定其族属不同。肖家屋脊遗址石家河文化晚期遗存无图像文字发现，面貌与早期阶段判然有别，很可能是传说中有夏初年禹征三苗时期的孑遗[1]。文章发表后，复又研读报告和文献，总觉得还有不少笔墨未至之处。故又草就此文，试就肖家屋脊图像文字考释，石家河文化晚期遗存及其 M6 出土玉器，与楚祖帝颛顼高阳氏和有夏大禹一族的图腾或其族姓徽帜一类问题，再做探讨。

一　肖家屋脊发现图像文字与楚祖颛顼高阳氏

肖家屋脊发现刻文陶尊，发掘报告称之为陶臼。这类器物在出土时，或浅坑掩埋，或弃置于祭祀场地之上。有的陶尊翻扣成行，有的或互相套接，部分器底有被凿穿的现象。图像文字类刻划符号，一般一器一文，刻划部位一致，多位于陶尊的上腹部[2]。可以辨读的，有"角""钺"及帝舜太昊氏的族姓徽文"凡"字，还有"火"及祭天文字"炅"字等[3]。

"角"字刻文凡 17 例，完整的 14 例（图一，3）。其数量之多，堪可称夥。出土时，有的文字刻划范围之内，还有涂朱。山东莒县陵阳河与大朱村大汶口文化晚期墓地M19 与 M26 军事领袖墓葬，出土陶尊刻有兵械吹乐器类图像文字"凡"，出兵具中有石钺或玉钺，有旌旗类器物的柄饰旄柄，还有陶质牛角形号角[4]。依陵阳河和大

[1]　王树明、刘红英：《从邓家湾与肖家屋脊发现图像文字说起》，《古代文明（第7卷）》，文物出版社，2008年。

[2]　湖北省荆州博物馆、湖北省文物考古研究所、北京大学考古系：《肖家屋脊》，文物出版社，1999年，第128～131、218～225页。

[3]　王树明、刘红英：《从邓家湾与肖家屋脊发现图像文字说起》，《古代文明（第7卷）》，文物出版社，2008年。

[4]　王树明：《谈陵阳河与大朱村出土的陶尊"文字"》，《山东史前文化论文集》，齐鲁书社，1986年。

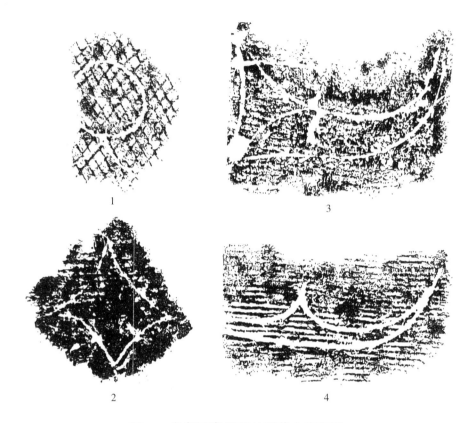

图一　肖家屋脊发现的图像文字拓片

1.炅（H327：3）　2.凡（JY5：2）　3.角（JY5：3）　4.火（AT812③：10）

朱村，肖家屋脊"角"字一类文字摹刻，无疑也属兵械物类，所摹可能为骨、角一类制品，因年代久远已腐朽无存，故无实物发现。

"钺"字刻文残（图二，2），残文一端刻形与过去在陵阳河一带出土兵具"钺"字柄末刻形完全相同（图三，1），与其发现兵具"斤"类遗物柄末刻形"Ð""♫"一类图形则显然有别（图三，2、3）[1]。依此，这一残文所摹刻的应属钺类兵具，与上文"角"类图像文字一样，所摹也属军械物。

"凡"字刻文（图一，2），与过去陵阳河和大朱村 M19、M26 出土陶尊上摹刻用于发布命令、节制进退用的哨一类军械用品的形制是一致的（图四，1～3），无疑同属一类物品的原始摹刻。在古文字资料中，"凡""风"二字可互通，"凡"可假为"风"。由古文字与文献记载判断，"凡"字初文即帝舜太昊一族的族姓徽记，其在莒县一带发现，说明文献记载中的"凡"即"风"姓所部太昊或曰帝舜一族，

[1]　王树明：《谈陵阳河与大朱村出土的陶尊"文字"》，《山东史前文化论文集》，齐鲁书社，1986年。

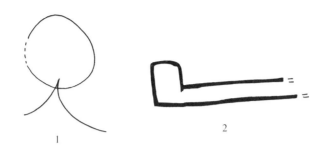

图二　肖家屋脊图像文字摹本
1.肖家屋脊H327：3发现"戾"字残文摹本　2.肖家屋脊AT1704②：8发现"戊"字残文摹本

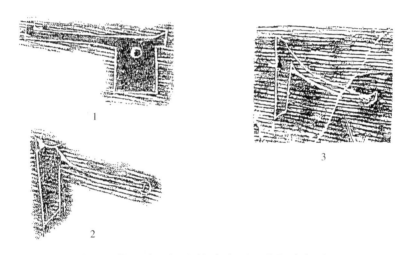

图三　莒县陵阳河和杭头发现"戊"字拓片
1、2.陵阳河采集　3.莒县杭头M8

其发迹之地在今诸城、莒县一带这一古老说法，是可以相信的[1]。"凡"字徽文在肖家屋脊遗址的出现，昭示帝舜太昊一部，曾西征三苗族团的有关说法，也是历史事实[2]。准于上文，肖家屋脊发现于祭祀遗存可以辨读的三个图像文字中，原始摹刻皆属兵械用品。不难理解，帝舜太昊所部在征伐苗蛮过程中，所以祈祷、祭祀军械用品，是因为他们在万物有灵观念的支配下，有拜物教的习惯，祈祷祭祀兵具军械物类，是求其显灵，冀其助力，以求胜敌。

帝舜太昊所部还拜火，并祭祀太阳神，即所谓祭天或祭祀上帝之谓。

肖家屋脊图像文字的"火"字刻文，为两个个体（图一，4），报告将其归为吹

　　[1]　王树明：《谈陵阳河与大朱村出土的陶尊"文字"》，《山东史前文化论文集》，齐鲁书社，1986年。
　　[2]　王树明、刘红英：《从邓家湾与肖家屋脊发现图像文字说起》，《古代文明（第7卷）》，文物出版社，2008年。

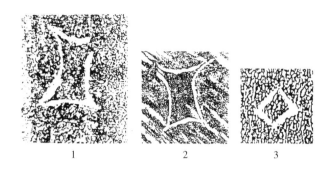

图四　大朱村和陵阳河发现"凡"字拓片
1.大朱村M26　2.陵阳河M19　3.陵阳河采集

角类刻文一属[1]。由拓本资料展示的图形看,此属火焰升腾之象,殆无疑义。《周礼·冬官·考工记》谓:"画缋之事……火以圜。"郑玄根据郑司农的"圜形似火"一说认为,画火的笔顺走向为半环形[2],也就是我们今天所说的弧形之谓。故肖家屋脊的这一火焰升腾形摹刻,是"火"字初文,亦无可非议[3]。此乃肖家屋脊石家河文化早期先民有拜火习惯的反映,在大汶口文化从未一见,是一个新的发现。

我国古代"火"有南方之意,南方为火神之位,其神或曰炎帝之神,或曰祝融氏。蒙文通先生认为,南方火神炎帝或曰祝融氏者,是古代的江汉民族,为苗蛮集团;徐旭生先生认为,炎帝一族属华夏集团中的姜姓一系[4]。肖家屋脊石家河早期文化遗存,发现拜火、祭祀火神类图像文字,与帝舜太昊族姓徽文"凡"字刻文共存,再清楚不过地告诉我们,今江汉平原一带先民,既不是苗蛮集团,也不是华夏集团中的姜姓一支,而是历史上远征三苗徙居是地的帝舜太昊一族。又,帝舜的"舜"字,古本做"羼"。丁山先生考证,此为有商一代南方火神之名,曰羼。认为是"羼",在甲骨文中特从"火"作"燚"。"羼"也作"燊"。他说:"'舜'古文作'羼'。实即甲骨文所见四方神名的'南方曰燊'。"[5]燊的基本形符从二"火",恰又后世南方火神炎帝之"炎"本字。从舜字的溯源中,易于看出我国历史上江汉平原一带拜火、祭祀火神,为后世称之为炎帝的一族,本是东夷旧部中远征三苗徙居是地舜族遗裔的提法,应当说也是容许的。

[1] 湖北省荆州博物馆、湖北省文物考古研究所、北京大学考古系:《肖家屋脊》,文物出版社,1999年,第218~220页。

[2] 杨天宇:《周礼译注》,见《冬官·考工记》,上海古籍出版社,2004年。

[3] 王树明、刘红英:《从邓家湾与肖家屋脊发现图像文字说起》,《古代文明(第7卷)》,文物出版社,2008年。

[4] 徐旭生:《中国古史的传说时代》,文物出版社,1985年,第40~48、121~125页。

[5] 丁山:《中国古代宗教与神话考》,上海文艺出版社,1988年,第99、100、248~250页。

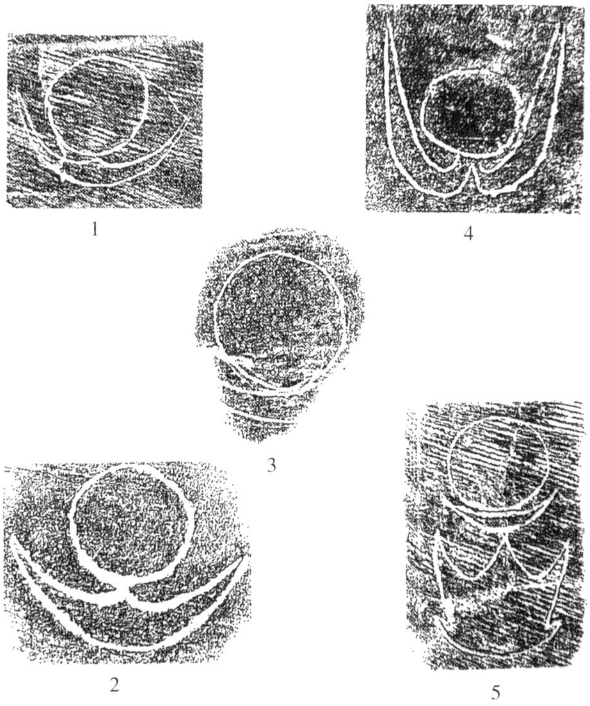

图五　大朱村和陵阳河发现“炅”字拓片

1.大朱村出土　2.陵阳河采集　3.陵阳河M7　4.陵阳河采集　5.大朱村H1

肖家屋脊“炅”刻文残文（图一，1；图二，1），文字上部刻太阳形“○”，其下刻“人”字形，又下残[1]。研读残文的总体形象，似与大汶口文化晚期人们为迎接夏季到来实行祭祀仪式使用“炅”字一文的摹刻相近。“炅”字摹刻，在大汶口文化中，有独体出现的，也有与其他形符合文的现象。“炅”字刻文有两种：正规写法的5例（图五，1～3；图六，1、3上）；变体写法的2例（图五，4；图六，2）。“炅”字还有一种写法，即在一正规写法的“炅”字之下，又多刻一三峰或五峰形“火”字，组成一由两“火”相叠的增繁的“炅”字（图五，5；图七，1～3；图八，2）。“炅”字还有与其他诸如五峰山形“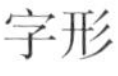”、“皿”字形“”摹刻组成一与“炅”字本义不同的图像文字，凡三类：有为迎接春季到来、实行祠祭仪式使用的“炟”字摹刻（图八，1；图九，1、2；图一○，3）[2]；有为朝拜日出仪式使用的“旦”字摹刻（图

[1] 湖北省荆州博物馆、湖北省文物考古研究所、北京大学考古系：《肖家屋脊》，文物出版社，1999年（图一七○，9；图一七一，1）。

[2] 王树明：《谈陵阳河与大朱村出土的陶尊“文字”》，《山东史前文化论文集》，齐鲁书社，1986年。王树明、刘红英：《蒙城尉迟寺发现图像文字及其相关问题研究》，《华夏考古》2012年第4期。

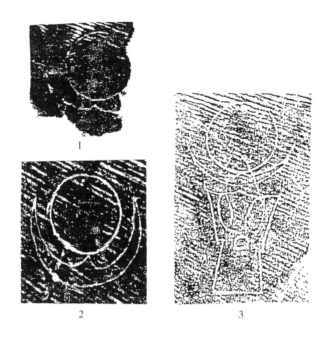

1　　　　　2　　　　　3

图六　尉迟寺发现"炅"字拓片

1.尉迟寺T3114⑤:5发现"炅"字残文　2.尉迟寺TS10:4发现变体"炅"字　3.尉迟寺M177:1发现刻文:上为"炅"字;
下为酒神刻画

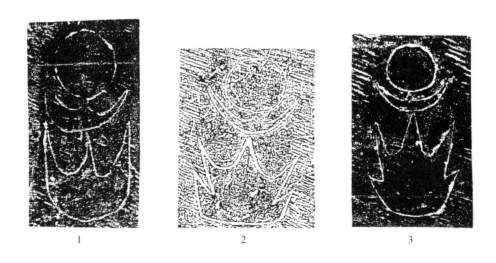

1　　　　　　　2　　　　　　　3

图七　尉迟寺发现"炅"字繁文

1.第二阶段发掘:T2512⑥:2,发现"炅"字繁文　2.第一阶段发掘:M96:2,发现"炅"字繁文　3.第一阶段发掘:
M321:2,发现"炅"字繁文

图八　蒙城尉迟寺第二阶段发现刻文陶尊、陶文篆刻

1.JS10∶2，"炟"字　2.JS10A组∶2，"昃"字繁文

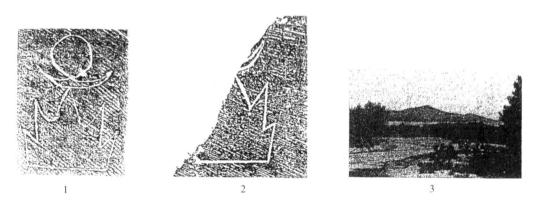

图九　陵阳河、诸城前寨发现"炟"字拓片和寺堌山全景

1.陵阳河采集品　2.诸城前寨采集品　3.陵阳河正东寺堌山全景

一〇，1）[1]；有为迎接秋季到来、实行尝祭迎秋仪式使用，又增繁似是两"火"形摹刻的"炟"字衍体（图一〇，2）[2]，等等。肖家屋脊祭天残文"日"形"〇"下"人"形及其笔顺走向反映，其所刻，不是过去发现的"昃"字变体。在《肖家屋脊》

[1]　王树明：《从陵阳河与大朱村发现陶尊文字谈起》，《东方考古（第1集）》，科学出版社，2004年。

[2]　王树明、刘红英：《蒙城尉迟寺发现图像文字及其相关问题研究》，《华夏考古》2012年第4期。

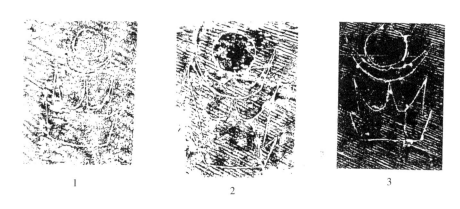

图一〇　尉迟寺发现"旦""炟"字拓片

1.尉迟寺M215∶1，"旦"字刻文　2.尉迟寺JS4∶1，"炟"字衍体　3.尉迟寺M289∶1，"炟"字刻文

报告一六八至一七二附图中[1]，五峰山形"⛰"、"皿"字形"▱"、"炅"字增繁"晟"下"火"形"🜍""🜏"或其残缺部分图像刻划，一例不见。这又肯定的告诉我们，肖家屋脊发现的祭天残文，也不是过去所见"炟"字及其衍体"🜍""🜏"，"旦"字"🜍"以及"炅"字增繁"晟"的一类"🜍""🜏"诸形中的一个组成部分。由上分析判断，肖家屋脊发现此祭天残文"⼂"（图一，1；图二，1），只能是一独体，正规写法的"炅"字残文。这一推测，从历史上关于舜征三苗或对楚国先祖寻踪的一些记载中，能找到不少有力地反证。

迄于目前，各地出土大汶口文化类图像文字中以莒县陵阳河时代为最早，距今约当 4800 余年前，也或接近于 5000 年。尉迟寺的时代次之，距今 4600～4800 年[2]。邓家湾与肖家屋脊发现的图像文字，时代为最晚，当在 4400 年前后[3]。邓家湾遗存族属苗蛮，不见"炅"字刻文[4]。"炅"字一类刻文于 20 世纪 50 年代末 60 年代初，与"炟"字刻文首先发现于莒县陵阳河遗址。从文献资料与地理形势特点观察，"炟"字刻文是代表春季到来、用以实行迎春祠祭仪式使用的[5]。陵阳河遗址正东五里，有山五峰并联，中间一峰突起，名曰寺崮山（图九，3）。春、秋两季到来太阳从正东升起[6]，高悬于主峰之上。此"炟"字，应是这一现象的摹刻。研摩"炅"

[1] 湖北省荆州博物馆、湖北省文物考古研究所、北京大学考古系：《肖家屋脊》，文物出版社，1999年，第220～225页。

[2] 中国社会科学院考古研究所：《蒙城尉迟寺》，科学出版社，2001年，第322～323页。

[3] 湖北省荆州博物馆、湖北省文物考古研究所、北京大学考古系：《肖家屋脊》，文物出版社，1999年，第348页。

[4] 王树明、刘红英：《从邓家湾与肖家屋脊发现图像文字说起》，《古代文明（第7卷）》，文物出版社，2008年。

[5] 王树明：《谈陵阳河与大朱村出土的陶尊"文字"》，《山东史前文化论文集》，齐鲁书社，1986年。

[6] （东汉）王充：《论衡·说日篇》，上海人民出版社，1974年。

字刻文，乃由"烜"字蜕变而来，是太阳离开寺崮山后的东方，高照或高悬于南天的形象。可见肖家屋脊用于祭天的残文摹刻，原是在太阳高悬于南天的时候，举行祭祀仪式而使用的一个图像文字。"炅"字是见于字书的一个图像文字。《说文》曰："炅，见也，从火、日。"《经籍纂诂》"见"下注曰："显也；显露也；彰显也。"[1]《诗集传·简兮》曰："日之方中，在前上处。"朱熹曰："言当明显之处也。"[2]可见"炅"字本义，也是非常明显的、高照或高悬于南天的太阳的意思。清代学者朱骏声认为，"炅"字为一会意字，训"热"。现在看来，朱氏此说，应该是引申义，非本义[3]。《墨子间诂·非攻下》曰："昔者三苗大乱，天命殛之……高阳乃命玄宫，禹亲把天之瑞令，以征有苗……有神人面鸟身，若瑾以待，搤矢有苗之祥，苗师大乱，后乃遂几。"孙诒让曰："毕云，'舜，高阳帝六世孙，故云。'王云，'此当作'高阳乃命禹于玄宫'，下文'禹征有苗'正承此文而言。"

　　舜本族名，依孙氏引征高阳与舜为祖孙关系一说，此"高阳"一称又是帝舜太昊一族在西徙或南进征伐有苗过程中，再又增加的一个新名。肖家屋脊"炅"字残文的发现表明，帝舜太昊一族之所以又增加"高阳"也或"帝高阳"氏一名，原因其在南征苗蛮中，有祭祀或被时人称之为"高阳"，即今所谓高悬于南天的太阳的风习而得名。这一变化还表明，帝舜太昊所部举行的各种祭祀活动中，对高阳的祭祀，很有可能是其最为所重的一种礼仪。

　　总前文对肖家屋脊图像文字的再考订可以得知，舜征三苗过程中有祭兵、祭军械，还有祭火、祭高阳，即祭天的风习。见诸典籍，有周一代军将有事，也有类似的风俗习惯。《周礼·春官宗伯·小宗伯》曰："若大师，则帅有司而立军社，奉主车。……若军将有事，则与祭有司将事于四望。"郑注曰："王出军必先有事于社，及迁庙，而以其主行，社主曰军社，迁主曰祖。"《春秋传》曰："军行祓社衅鼓，祝奉以从。"又注曰："军将有事，将与敌合战也。"郑司农云："则与祭，谓军祭表祸军社之属。"

　　《诗集传·大雅·皇矣》曰："是类是祸。"朱熹曰："类，将出师祭上帝也；祸，至所征之地而祭始造军法者，谓黄帝及蚩尤也。"

　　有周一代战前祭军社、衅鼓祭军械，即祭祀上帝或朝拜南天的习惯，无疑是由我国原始社会也或帝舜太昊一族，远征苗蛮集团，祭兵、祭军械、祭祀高照子南天太阳的风习演变而来。换言之，肖家屋脊舜征三苗举行祭祀仪式类物质文化遗存，殆属我国周代以来，军将有事而实行"军祭表祸军社"仪式的滥觞。

[1]　（清）阮文：《经籍纂诂》，成都古籍出版社，1982年，第786页"见"下注。
[2]　（宋）朱熹集注：《诗集传》，上海古籍出版社，1980年。
[3]　朱骏声：《说文通训定声》，武汉市古籍书店影印，1983年，第863页"炅"下注。

　　周初成王时期，"奉文、武勤劳之后嗣，而封熊绎于楚蛮"[1]，是为周代楚国之始，地当今湖北江汉平原的枝江一带[2]。有关楚国王室的族源问题，历史上有不少说法。有楚祖炎帝说，其中又有族属苗蛮或华夏两种意见。前已论及，肖家屋脊发现舜征三苗集团过程中，有祭火、拜火习惯，表明炎帝一族或族属东夷，彻底排斥了上述有关楚祖先人族系所属的两种不同说法。还有一种说法认为，楚人先祖是东方人，居有今淮水下游一带地方，与奄人、徐人一样，皆属东国一族[3]。我们同意这一说法。《史记·楚世家》认为："楚之先祖出自帝颛顼高阳。"《大戴礼记·五帝德》曰："孔子曰，'颛顼……曰高阳'。"楚国王室宗亲屈原，在《离骚》一文中自报家门，谓其为"帝高阳之苗裔"[4]。《左传·昭公八年》曰：

　　"陈，颛顼之族也。"杜注曰："陈祖舜，舜出颛顼。"杨伯峻先生注："言陈为颛顼之后也。"[5]

　　由是可知，颛顼与帝舜之名原本是一个族团的名称，很有可能随着时间的推移，或其居地不同，又出现了一些不同的叫法。缘此，史籍中称周初成王封建熊绎于江汉平原的楚国，谓其先祖为"帝颛顼高阳"，应就是前所论远道而来征伐苗蛮的帝舜太昊氏，也或又被人们称之为高阳氏的一族。

　　肖家屋脊考古发现证明，帝舜太昊一族有拜火、祭天习俗，此也见于史籍关于楚国先祖历史的一些相关记述中。《史记·楚世家》记曰：

　　"楚之先祖出自帝颛顼高阳……高阳生称，称生卷章，卷章生重黎。重黎为帝喾高辛居火正，甚有功，能光融天下，帝喾命曰祝融。"

　　《国语·楚语下》谓，"重黎"为颛顼二属官名。曰：

　　"及少皞之衰也，九黎乱德，民神杂糅，不可方物……颛顼受之，乃命南正重司天以属神，命火正黎司地以属民，使复旧常，无相侵渎，是谓绝地天通。"

　　《楚语下》又曰：

　　"《周书》所谓重、黎实使天地不通者，何也？……"注曰："《周书》，周穆王之相甫侯所作《吕刑》也。重、黎，颛顼掌天地之臣也。"

　　证诸先秦经籍，《楚语下》重、黎为颛顼职司天地，即祭祀火神与太阳神两属官一说，纠正了司马迁在《楚世家》一文中，误将"重黎"二字视为一属官或一人之名，认为他只是一个专司拜火者的错误说法。又前引《楚语下》"……颛顼受之，乃命南正重司天以属神"一语，《史记·历书》索引对"南正"之所以言"南"者认为，

[1]　（汉）司马迁：《史记·楚世家》，中华书局，1959年。
[2]　王贵民、杨志清：《春秋会要》，中华书局，2009年，第563页。
[3]　李白凤：《东夷杂考》，齐鲁书社，1981年，第90页引郭沫若《金文丛考》。
[4]　（宋）朱熹：《楚辞集注》，《离骚经第一》，上海古籍出版社，1979年，第3页。
[5]　杨伯峻：《春秋左传注·昭公八年注》，中华书局，1981年。

"此言南者"，盖因"天是阳，南是阳位"之故 [1]。我国古代以太阳为天，太阳在南方，正是其高悬于南天之谓。可见"南正司天"，就是南正职司祭祀南天的太阳神。文献记载，楚国先祖设置二官司祭火神、祀祭高照于南天太阳神类说法，与肖家屋脊拜火、祭祀高照南天诸"火"字、"炅"字类残文的发现，有着惊人的一致。此又再而证明，楚国先祖帝颛顼高阳，或立国于今江汉平原的楚国王室宗亲的远祖，就是大汶口文化晚期东夷所部南征苗蛮的帝舜一族。

考古发现中的帝舜一族，有崇拜太阳神的习惯。文献记载中，楚国的先祖帝颛顼高阳，也有祭天、祭日神的习俗。见于屈原《九歌》一文，楚国先人的日神崇拜，有东皇太一、大司命、少司命以及以东君为名诸日神，实行四大祭祀活动。其中，对南天的太阳神大司命、少司命之祭，还有尊卑不同之分。下文将对楚国先民祭天或祭祀太阳神的有关情况，拟做逐一说明。

（1）日神东皇太一之祭。在楚人的心目中，日神东皇太一是天之尊神，设祠于楚东以配东帝，故云东皇 [2]。我国古代以东方主春。从楚人为东皇太一立祠设祭于楚东的情况看，此东皇太一之祭，无疑是 4800 余年前，发迹于山东诸城、莒县一带的太昊帝舜一族，春季"炟"祭风习的流传 [3]。

（2）日神大司命、少司命之祭。楚人认为，大司命是阳神而尊者之称 [4]。此阳神而尊者，系指太阳在高悬南天之谓。少司命，也是阳神一类，较大司命而言，只是地位稍卑者而已 [5]。前所论及，自莒县陵阳河祭祀南天类图像文字发现以来，此代表南天类日神之形，就有各种不同的刻画形象。肖家屋脊考古发现与文献记载表明，楚国先民很有可能以正规刻划"炅"字"☺"类日神，代表大司命的一类，其他诸如变体的、增繁的"炅"字一类代表的，可能就是少司命，也或地位又稍卑者的一类日神。准此，那么楚国先祖祭祀南天的日神，有大司命、少司命尊卑不同之分，也应该是发迹于东方的帝舜太昊所部，对南天实行祭祀活动，原有高低之别或尊卑不同习惯的因袭。

（3）日神东君之祭。查以字书，"暾"字一文，有初升的太阳之意。《九歌》首句"暾将出兮东方"，清楚表明此日神东君之祭，是祭日出，拜祭初升的太阳神。即"《礼》曰：'天子朝日于东门之外。'又曰：'王宫祭日出也。'"之谓 [6]。帝舜太昊一族发迹之地的莒县陵阳河一带，出土与采集诸祭天文字类刻划中，没有朝日、祭日出类图

[1]　（汉）司马迁：《史记·历书》索引，中华书局，1959年。
[2]　（宋）朱熹：《楚辞集注》，《离骚经第一》，上海古籍出版社，1979年，第29～31页。
[3]　王树明：《谈陵阳河与大朱村出土的陶尊"文字"》，《山东史前文化论文集》，齐鲁书社，1986年。
[4]　（宋）朱熹：《楚辞集注》，《离骚经第一》，上海古籍出版社，1979年，第38～39页。
[5]　（宋）朱熹：《楚辞集注》，《离骚经第一》，上海古籍出版社，1979年，第39～41页。
[6]　（宋）朱熹：《楚辞集注》，《离骚经第一》，上海古籍出版社，1979年，第41、42页。

像文字发现，大汶口文化朝日、拜日出类文字"旦"字初文，原发现于尉迟寺遗址，约当遗址中部正东边缘地带（图一〇，1），由其出土地点的位置看，楚国先祖于东门之外祭祀日出的习惯，无疑也由帝舜太昊一族所传承。

这又再而表明，上文关于楚国先祖帝颛顼高阳氏，或其王室宗亲的远祖，就是传说中，远道而来征伐苗蛮的帝舜或也被时人称之为高阳氏一族的提法，似乎也是合乎情理的。

关于楚祖颛顼高阳氏一族的发迹之地，《史记·五帝本纪》集解认为，颛顼一族故都在帝丘，地当今豫东北濮阳一带[1]。《御览·卷七九》《小学绀珠·卷五》引《帝王世纪》又说，颛顼"始都穷桑"，崩而"葬东郡顿丘，广阳里"[2]。穷桑距今曲阜不远。依于上文揭引，楚祖一族的发迹之地又当今曲阜不远，之后西徙东郡濮阳。对帝舜一族的发迹之地及其西迁的路线，《孟子·离娄下》一文谓：

"舜生于诸冯，迁于负夏，卒于鸣条，东夷之人也。"

"诸冯""负夏""鸣条"，都是古地名。诸城前寨、莒县陵阳河的考古发现证明，"诸冯"二字是两个地名的简称，分别指今山东诸城、莒县的一带地方[3]。"负夏"一地，或当今兖州市西25里处，"鸣条"一地约当今定陶县西。上文关于颛顼和帝舜的发迹之地及西迁路线的引证中，有一非常有趣的现象，即发迹于今山东诸城、莒县一带的帝舜太昊一族，其西渐路线与颛顼族由今曲阜或曰穷桑之地西徙的路线间，或有重合。这一现象，似不能认为是一种偶然或巧合，它应该是前所论及的帝舜太昊一族，就是楚祖帝颛顼高阳氏一族这一说法的又一个佳证。

二　肖家屋脊晚期遗存及M6瓮棺葬的发现与有夏大禹一族的图腾徽帜

我们在《从邓家湾与肖家屋脊发现图像文字说起》（以下简称《说起》）一文中曾提及，肖家屋脊包含屈家岭与石家河文化两个不同阶段[4]。报告将石家河文化分1、2组与3组两个不同发展时期。第3组的石家河文化晚期遗存与1、2组早期遗存相较，除陶器种类、造型差别较大外，最为突出的不同是，出现了早期遗存未曾一见的玉器，其数量之多令人惊讶。还出现了石家河文化晚期的标志性纹饰——叶脉

[1]　（汉）司马迁：《史记·五帝本纪》集解，中华书局，1959年。
[2]　徐宗元：《帝王世纪辑存》，中华书局，1964年，第28页。
[3]　王树明：《帝舜传说与考古发现诠释》，《故宫学术季刊》第九卷第4期，1992年。
[4]　湖北省荆州博物馆、湖北省文物考古研究所、北京大学考古系：《肖家屋脊》，文物出版社，1999年，第17、18页。

纹等[1]。这些差别清楚表明，石家河文化早晚两期间，文化发展出现了断层。

墓葬资料也显示，早、晚两个不同文化时期的埋葬习俗、宗教信仰亦存在明显不同。早期盛行竖穴墓，主要以陶器为随葬品，无玉器随葬；晚期盛行瓮棺葬，习尚以玉器为随葬品，随葬陶器者极为罕见。更大的不同点是，早期遗存有各类刻画陶文发现，及至晚期，无或一见。

肖家屋脊晚期遗存与早期遗存差别如此之大，原因是石家河文化晚期融入了诸多外来文化因素。为学界所公认，迄于龙山文化晚期，所谓石家河文化已不复存在，早被融于中原龙山文化之中，时已进入了夏初的纪年范围[2]。这一历史时期，古史传说常常提到帝舜与大禹曾先后南进，征伐苗蛮一事。以考古发现印证，我们在《说起》一文中曾经推定[3]，肖家屋脊所谓石家河文化晚期遗存，乃夏初大禹一族继帝舜太昊一族之后继续南进，征伐苗蛮时留下的。

肖家屋脊晚期遗存发现玉器157件，其中瓮棺葬中出109件，文化层出33件，1件出于灰坑，14件为采集品。考诸实际，这些玉器都应为瓮棺葬的随葬品。报告认为玉器大部分属于装饰类物件，有的可能是用线穿连悬挂于某一部位，有的可能是用线缀缝于软质冠服上，还有的可能是镶嵌或结扎在某木质器物上的一个构件。根据形态特点的不同，大致并为三类：①仿生类，有人头像7，虎头像9，蝉33，盘龙、鹰、羊头、鹿头各1，计凡53件之多；②一般性装饰品或构件，有坠4，珠10，笄5，柄形器7，长方形透雕片饰1，管11，璜4，牌形饰2，圆片3，计凡47件；③工具类，有纺轮、锛、刀各1件[4]。

肖家屋脊石家河文化晚期瓮棺葬中，出土玉器数量多、品相好、品类又最为丰富者，唯其M6。M6发现于AT1216内，叠压在第1层下，打破第2层及M32、M34，墓口距地表35厘米，为圆形、竖穴。葬具为两瓮上下相扣合，正置。两瓮底都凿有圆孔。人骨已腐，骨架辨识属成年，性别不详。随葬品59件，玉器56件。仿生类玉器有：人头像6、虎头像5、蝉11、盘龙1、飞鹰1，计有24件之多（图一一～一三）；一般性装饰品或器物构件类，有坠饰1，珠5，圆片、笄、璜各2件，管10，柄形器、碎石块各5，凡30余件（图一四）。另有葬品陶质斜腹杯、猪牙、

［1］湖北省荆州博物馆、湖北省文物考古研究所、北京大学考古系：《肖家屋脊》，文物出版社，1999年，第18、19、337～349页。

［2］韩建业、杨新改：《王湾三期文化研究》，《考古学报》1997年第1期。

［3］王树明、刘红英：《从邓家湾与肖家屋脊发现图像文字说起》，《古代文明（第7卷）》，文物出版社，2008年。

［4］湖北省荆州博物馆、湖北省文物考古研究所、北京大学考古系：《肖家屋脊》，文物出版社，1999年，第314～337页。

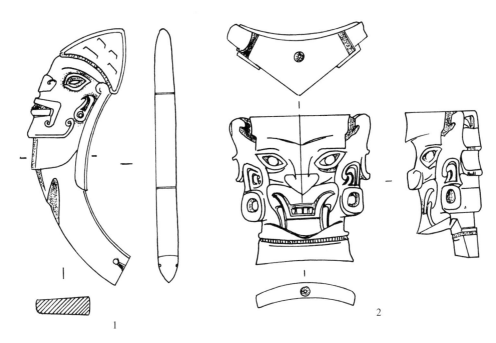

图一一　　肖家屋脊出土人头像

1.M6：17　2.M6：32

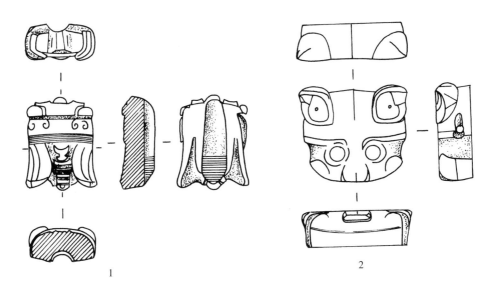

图一二　　肖家屋脊出土玉蝉、玉虎头像

1.M6：8　2.M6：53

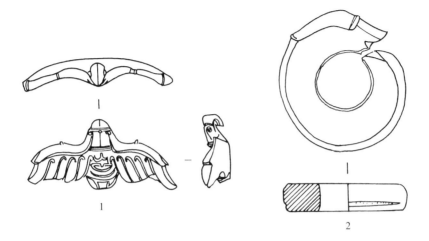

图一三　肖家屋脊出土玉鹰、玉盘龙
1.M6:7　2.M6:36

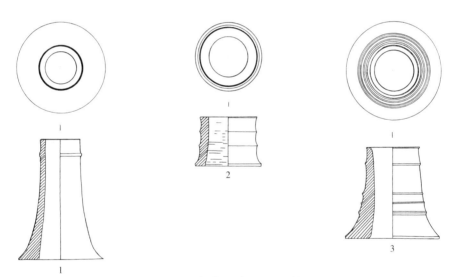

图一四　肖家屋脊出土玉管
1.M6:25　2.M6:26　3.M6:45

石珠各 1 件，皆置于下面的瓮中[1]。肖家屋脊晚期遗存共发现玉器人头像 7、虎头像
9、玉蝉 33，有 6 件人头像、5 件虎头像、11 件玉蝉出土于瓮棺葬 M6，发现玉管中，
可辨其原始用途的 3 件，也出土于 M6。玉制盘龙、玉鹰是肖家屋脊晚期遗存中极
为罕见极为独特的两件玉器珍品，亦为 M6 所出土。凡上种种，都非常清楚地喻示

---

[1]　湖北省荆州博物馆、湖北省文物考古研究所、北京大学考古系：《肖家屋脊》，文物出版社，1999年，
第296、297页。

该墓主生前身份的特殊与显赫。

　　M6 出土的 3 件玉管，形体较大、管壁薄、底部略呈喇叭状 [1]。就此类遗物造型分析，很像杆（竿）类器物一端的柄饰。大汶口文化骨牙雕筒，与此类玉管十分相似。我们在《大汶口文化中骨、牙雕筒用途的推测》一文中，根据文献、古文字资料及考古发现推断，这类遗物，原是军事领袖手中所执旌旗类的柄饰旄柄一类 [2]。又，肖家屋脊石家河文化晚期 M6 玉鹰，形象矫健有力。其造型之美，实属罕见。又因只此一件，这暗示其用处特殊（图一三，1）。杨伯峻《列子集释·黄帝篇》一文，在记述黄炎阪泉大战时，有这样一段记述，谓其在交战中，黄帝"帅熊、罴……为前驱，雕、鹖、鹰、鸢为旗帜" [3]。在《说起》一文中，我们根据《韩非子·五蠹》《墨子·非攻》《周礼·典瑞》诸文记载，推论肖家屋脊晚期遗存发现人头像、虎头像、蝉一类玉器，是夏初大禹一部南征苗蛮过程中，统帅或驱驰其所属各部的族姓徽帜 [4]。《列子·黄帝篇》这则记载，无疑是又为此增加了一个证明。总此前文所述，肖家屋脊 M6 玉管、玉鹰一类特殊军械、旄柄也或旌旗类物件的发现与认识，使我们知道，该墓墓主身份地位显赫与特殊，殆因其原来是一位军事领袖或最高统帅一类人物的缘故。

　　肖家屋脊晚期 M6 玉龙，与玉鹰一样，也是唯一的一件 [5]。民族志资料观察，世界各民族原始社会的历史，都有图腾崇拜的习俗。肖家屋脊这件玉龙，很有可能是有夏大禹所部征伐苗蛮时军事领袖掌握的图腾或族姓徽帜。20 世纪六七十年代，陵阳河与大朱村共发现帝舜太昊族姓徽文"凡"字三文，采集一文，其他两件皆属发掘品，分别出土于陵阳河 M19[6]、大朱村 M26[7]。此两墓规模都在中等以上，除出土族姓徽文外，还有石钺或玉钺、矛柄及陶质牛角形号角一类遗物。就出土遗物类别分析，其墓主为军事领袖身份，当无可疑 [8]。"凡"字徽文在这两座墓葬出现表明，大汶口文化晚期，族徽或图腾徽帜一类遗物是为军事领袖所掌握。这一现象，为推定肖家屋脊军事领袖墓葬随葬玉龙，属大禹所部图腾或族姓徽帜这一说法，无疑是

---

[1]　湖北省荆州博物馆、湖北省文物考古研究所、北京大学考古系：《肖家屋脊》，文物出版社，1999 年，第 330～332 页（图二六二，1～3）。

[2]　王树明：《大汶口文化中骨、牙雕筒用途的推测》，《考古与文物》1991 年第 3 期。

[3]　杨伯峻：《列子集释》，中华书局，1979 年，第 84 页。

[4]　王树明、刘红英：《从邓家湾与肖家屋脊发现图像文字说起》，《古代文明（第 7 卷）》，文物出版社，2008 年。

[5]　湖北省荆州博物馆、湖北省文物考古研究所、北京大学考古系：《肖家屋脊》，文物出版社，1999 年，第 326 页（图二五八，5）。

[6]　山东省考古所、山东省博物馆、莒县文管所：《山东莒县陵阳河大汶口文化墓葬发掘简报》，《史前研究》1987 年第 3 期。

[7]　山东省文物考古研究所、莒县博物馆：《莒县大朱家村大汶口文化墓葬》，《考古学报》1991 年第 2 期。

[8]　王树明：《陵阳河墓地雏议》，《史前研究》1987 年第 3 期。

一个很好的证明。《论衡·乱龙篇》曰：

"夏后之庭，二龙常在。"

《列子·黄帝篇》曰：

"夏后氏，蛇身人面。"

《说文》曰：

"禹，虫也。段注曰：'夏王以为名。'"

童书业先生根据文籍中有关记载考证，认为夏后"大禹为龙类"[1]。文献记载中的夏后大禹与龙蛇类动物关系密切的说法，也从侧面支持了上述判断。这又再而说明，肖家屋脊石家河文化晚期遗存原是夏初大禹南征苗蛮时留下的物质文化遗存这一说法，是可以肯定的。

三　结语

本文从肖家屋脊图像文字及晚期遗存与玉器发现的研究中，对楚祖帝颛顼高阳氏即大汶口文化晚期东夷所部，远征苗蛮的帝舜太昊一族这一说法给予了论证，也为夏人大禹一族崇拜龙蛇类动物，以龙为图腾徽帜的习俗找到了物证。文籍记载中帝舜太昊与有夏大禹所部在南征苗蛮过程中，曾结为同盟。但考古资料表明，两者时代早晚有别，作风表现也明显不同。东夷所部帝舜太昊一族，有使用图像文字和拜物教的习惯，并在祭具上刻划族姓徽帜。而西夏大禹一族，没有将图腾徽帜或族姓徽文刻划在祭具的习惯，换而言之，没有使用图像文字的习惯。似可这样认为，夏代或至少在夏初，夏人并无文字可言。商周时期，商民族有在铜器上铸造铭文、铸刻图腾或族姓徽帜的习惯，居有西夏一带的周民族，受东方夷人风俗习惯的影响，虽然也在青铜礼具上铸作铭文，但始终没有刻画图腾或徽帜的风习。从肖家屋脊的考古发现中可以看出，我国古代东西文化与风俗习惯的不同，原有源远流长的历史根蒂。

文籍记载，古史传说中的帝舜太昊一族，发迹于东部滨海地区，之后，沿泰沂山系南侧西徙中土，又继而南伐苗蛮。山东诸城前寨、莒县陵阳河与大朱村、安徽蒙城尉迟寺、湖北天门邓家湾与肖家屋脊大汶口文化晚期与石家河文化早期阶段的考古发现证明，上述传说并不虚妄。前所提及，器物类型学与碳十四年代测定数据表明，帝舜太昊的发迹之地与其南伐有苗曾居肖家屋脊一带的年代间，相差数百年。这就非常清楚地告诉我们，古史传说中的所谓帝舜一名，原来是族名或一部落集团

---

[1]　童书业：《春秋左传研究》，上海人民出版社，1980年，第294页。

的名称，并不是一特定人物的专名。推而广之，帝尧、大禹一类"人物"的名称，应也是一些族名或族称之谓。将其视为历史上某一个特定历史人物的专名，似乎欠妥。

（原载《海岱考古（第七辑）》，科学出版社，2014 年）

文献记载与考古发现中的帝舜

我国传说时代中的帝舜，又叫虞舜。汉代司马迁依《大戴礼记》《世本》记载，以帝舜、虞舜为我国古代人们推尊、崇敬的大圣王五帝中的一位。文献记载可以证明，五帝中的帝舜就是我国历史传说中居于东方滨海的风后太昊氏。关于帝舜太昊氏的祖居之地或其发迹的具体地望，在我国历史上一直存在着两种不同说法：东方说、冀州晋南说。《史记》作者司马迁倾向于后一种说法。东方说者为《孟子》一书所首倡，之后《韩诗外传》、周处《风土记》诸书，都延续了《孟子》的这一说法。《孟子·离娄下》一文中，对帝舜太昊氏的生卒地望，作了非常具体的认定。他认为，"舜生于诸冯，迁于负夏，卒于鸣条"，是一位东方人，是东夷之人也。山东泰沂山系迤南，传说与帝舜活动踪迹有关的古地名，可堪称黟。比如今诸城、平邑两县都有帝舜出生之地以"诸冯"为名的村名，今泗水县有帝舜从事渔猎活动的雷泽湖"遗迹"，据说帝舜西徙后卒于鸣条一地之名，就在今山东定陶县西侧一带地方。第二种说法认为，古史传说中的帝舜，是冀州人士。《史记·五帝本纪》是这样记述的："舜，冀州之人也。舜耕历山，渔雷泽，淘河滨，作什器于寿丘，就时于负夏。"《史记》谓舜是冀州人。历代注释家者流多认为其具体地望，就在今山西南部一带。在帝舜传说活动踪迹中，在山西南部或山东泰沂山系迤南一带地方，往往有一些相同或近似的民俗传说，唯《孟子》所言，"舜生于诸冯"这一古老说法，在山西南部或有关帝舜传说的其他地方，民俗或文献资料中，难有一见。

见于史书，古史传说中的帝舜太昊一族，在我国历史上曾有过许多贡献。《尚书·尧典》《山海经》诸文籍有关章节，记说帝舜太昊氏一族，曾是我国古代历法的发明者、创造者、使用者。在《淮南子·齐俗训》《管子·轻重戊篇》诸文中记载，帝舜太昊氏崇拜地母，是我国第一个使用封土植树为社神的使用者。《初学记·卷二十六》引《世本》："帝女仪狄，作酒醪变五味"，依是或又说明，帝舜一族酿造技术高明，或也是酒液酿造的发明者。依相关文籍记说推演，古史传说中的书圣、我国古代文字的发明者、创造者苍颉，就是古代典籍记载中的帝舜太昊氏。依这一推演，帝舜又是我国古代文字的发明者。中国历史上的苍颉造字传说，也可径直说是帝舜太昊造字说，等等。

　　20 世纪 60 年代初，山东省的文物考古工作者在诸城前寨、莒县陵阳河与大朱村一带，采集到几个刻画在陶尊上的图像文字。根据这一线索，山东省博物馆、北京大学考古系后来分别在上述诸遗址进行了一些抢救性清理发掘，并采集品共发现图像文字 20 余个。在这 20 多个图像文字中，有迎接春季、夏季到来实行祠祭、袷祭仪式祈年于上天，而刻写于祭具陶尊上的"炟"字、"炅"字刻文；有为祈祷大地丰收而刻画树社文字于陶尊上的"南"字刻文；发现刻画于祭具陶尊上的"凡"字刻文，有两例属发掘品，分别出土于陵阳河 M19 及大朱村 M26 一军事领袖墓葬中，通过考证，此"凡"字是"风"字的初文，是帝舜太昊氏的族姓徽文，刻画此文是帝舜所部为"战争"取胜举行祭祀时而刻画于祭具陶尊之上；发现有为多产酒、产好酒而敬事冥冥中的酒神而刻画于用为酿酒用具陶尊上的滤酒图像、酒神图像刻文；有由酒神图像演变而来而刻画于祭具陶尊上的"言"字刻文；还有在拜物教观念支配下，崇拜兵具而刻画于祭具陶尊上的"斤"字刻文、"戉"字刻文诸文。

　　诸城前寨、莒县陵阳河一带发现刻画图像文字所反映的客观事务，与天文历法有关，与祭祀崇拜地母有关，与酿酒、尚酒、崇拜酒神有关。其与文献记载，帝舜一族在我国历史上是历法的创造者，是我国人民崇拜地母过程中，植树为社神的第一个使用者，以及发明或酿造技术高超诸有关说法，是一致的，是吻合的。莒县陵阳河、大朱村军事领袖墓葬族姓徽文"凡"字的出土面世，明明白白地告诉我们，山东诸城前寨、莒县陵阳河大朱村一带发现图像文字，就是我国古史传说中，帝舜太昊一族的物质文化孑遗。我于 1987 年与诸城市博物馆韩岗馆长实地踏查了诸城前寨遗址，该遗址东南七、八里，即为春秋时代诸邑故址的所在地。可见《孟子》所谓"舜生于诸冯"之诸地，是帝舜太昊氏的出生或发迹之诸地的所在。可谓一语中的。古文字资料观察，莒县陵阳河、大朱村发现帝舜太昊氏的族姓徽文"凡"，是"风"字的初文，"风"字是"凡"字的孳乳或衍生，其与"舜生于诸冯"之"冯"字，音读近具，可以互通。从而又可得知，《孟子》所谓"舜生于诸冯"之冯地的具体所在，就是今天的莒县陵阳河、大朱村一带地方。考古发现与文献记载相印证，"舜生于诸冯"，即帝舜太昊一族原发迹于今山东诸城前寨、莒县陵阳河大朱村一带这一说法，无或可疑，是可以论定的。传说中的书圣苍颉氏四目，是一半神、一半人。我国古代东方曰苍，"苍"在我国古代有东方之意。是又说明，这位传说中的书圣苍颉氏原是一位东方人。《路史·禅通记·史皇氏》说，苍颉氏造字"穷天地之变，仰观奎星圆曲之势"，《淮南子·本经训》说，苍颉造字"天雨粟，鬼为夜哭"。文献记载中的苍颉其人，所在地望以及其创造文字有关传说告诉我们，这位半神半人，这位东方书圣，其所造文字与宗教信仰有关，也与天文历法有关，与农业生产活动有关。诸城前寨、莒县陵阳河与大朱村发现的图像文字，无一不是宗教性祭祀符号，实行春祭（祠祭）、夏祭（礿祭）、社祭刻画的"炟"字、"炅"字、"南"字诸文，与天文历法的起源、农事活动诸端，密切相关。依于上述发现，我们有理由推定，诸城前寨、莒县陵阳河、大朱村一带发现图像文字，就是我国古代典籍中记说苍颉所造文字的历史真相。

考古发现反映，我国文字产生或发展的滥觞期，约发生在我国新石器时代的早期阶段。这一时期发现的一些所谓"文字"，是一些记事性质的刻画符号，也或一些生产活动场面的摹刻。至大汶口文化中晚期陶尊文字的出现，我国文字的发展又进入第二个发展时期，也可以径直称其为汉字发展的祖型时期。这一时期，文字的使用权被掌握在氏族集团上层或巫师一类人物的手中，文字被用来刻画一些宗教性祭祀符号，文字被推向神坛。自此之后，有相当长一段历史时期，文字被宗教迷信所利用，被上层统治集团或一些神职人员所掌握。文字的使用权回到人民手中，大概是春秋以来的事情。

《孟子》所谓"舜生于诸冯"，即帝舜太昊一族发迹于今山东诸城前寨、莒县陵阳河、大朱村一带的有关说法，已经为考古发现所证实。《孟子·离娄下》一文还言及，发迹于诸城、莒县一带的帝舜太昊一族，曾经西徙或南迁。《史记·五帝本纪》《庄子·徐无鬼》《管子·治国》诸文记载，帝舜太昊一族在西迁中原过程中，不断发展壮大，曾经"成聚"，作邑、作都以至建国，乃至迁入邓地，帝舜一族已发展壮大有十万余户。20 世纪 80 年代末至 21 世纪初，安徽蒙城尉迟寺进行了两个阶段的考古发掘，图像文字的再发现及其相关出土资料证实，帝舜太昊一族西进，"成聚"、作邑、作都以至建国一类说法，并不虚妄，原有真实的历史背景为素地。《史记·五帝本纪》一文还有这样一段记述，说在帝舜时期，居有今荆州、江淮一带的苗蛮人，风俗习惯诡异又数度为乱。于是帝舜所部乃率部南征苗蛮，迁三苗于三危，改变了苗蛮一些在舜族人们看来十分扎眼的一些风俗习惯。20 世纪 80 年代末 90 年代初，湖北天门邓家湾、肖家屋脊一带的考古发现，也有力的证明，自古流传舜征三苗的一些有关说法，也有真实的历史背景为根据。

蒙城尉迟寺遗址，在安徽东北，与山东、江苏、河南三省搭界，距今江苏徐州市不足 200 里，这是我国新石器时代古文化遗址分布最为集中的地区之一。社科院考古所安徽队对该遗址进行过两个阶段的考古发掘，共发现图像文字数刻画 13 文。其中，用于春季迎春祠祭的"炟"字 3 文，包括变体的 1 文，另两文与诸城前寨、莒县陵阳河发现的"炟"字刻文如出一模；用于迎接夏到来、实行礿祭的"炅"字 3 文，其中包括变体的"炅"字 1 文,或有事而祈祷于南天举行祀祭所用增繁的"炅"

字"昊"字4文；用于朝拜日出或有事于"旦明"祭日出的"旦"字1文；发现酒神图像1文；由酒神图像演变而来的"酓"字刻文1文。蒙城尉迟寺遗址尚未发现族姓徽文"凡"字，树社刻文"南"字及"斤"字、"戊"字类兵祭方面的文字刻画。就已发现的图像文字类刻画中，其种类、刻写特征与山东诸城前寨、莒县陵阳河、大朱村发现同类刻画，略无二致，这一现象有力地证明，蒙城尉迟寺发现图像文字与诸城、莒县发现同类遗存族属相同，都是帝舜太昊所部的物质文化孑遗。与诸城、莒县发现图像文字比较，这里新发现有"拜日""朝日出"而刻写于礼具陶尊上的"旦"字一文，这是过去在山东地区诸城、莒县一带未曾一见的一个图像文字。发现"昊"字及其异体、增繁类"昊"字"昊"，总计有7文之多，此或告诉我们，徙入蒙城尉迟寺一带的大汶口人，有事对南天实行祭祀活动，是他们在祭天活动中的重中之重。对天实行祈祷、祭祀活动，是居有蒙城尉迟寺一带的帝舜太昊所部精神生活中的一切。

安徽蒙城尉迟寺两个阶段考古发掘，发现三个大型活动广场。二号活动广场在遗址中部，位于遗址的中心区。从发现的遗迹、遗物看，居住在二号活动广场周边的人们，掌握了尉迟寺遗址的最高权力，这是尉迟寺遗址先民权力的中枢所在地。一号大型活动广场在遗址南部，北与二号大型活动广场，南与遗址出口，基本成一线态势。一号活动广场发现一直径4米的火烧痕迹遗迹，在火烧遗迹旁发现礼具陶尊刻有用于祭祀南天的"昊"字繁文。我国古代祭天用火，文献记载与考古发现证明，所谓一号大型活动广场，是因为袚祭或者有大事而对南天实行祈祷祭祀仪式的一个地方。遗址东南部发现三号活动广场，其西南与一号大型活动广场东部出土鸟形神器的地点相对。在这一地带的一些重要发现中，除鸟形神器而外，发现"炟"字刻文2文，其中包括变体的"炟"字1文，还发现拜日出的"旦"字1文。由于这一地带恰当遗址东南部，出土文字资料与祠祭迎春、旦祭拜日出有关。我国古代迎春祠祭、朝拜日出要面对东方，可以论定，蒙城尉迟寺遗址东南部鸟形神器的出土地点与三号活动广场一带地方，是蒙城尉迟寺先民迎春祠祭或拜日出的一个地方。在蒙城尉迟寺遗址，鸟形神器在人们实行迎春祠祭仪式的地方出土，告诉我们，迁居蒙城尉迟寺一带的大汶口人，鸟形神器是人们崇拜的春神之属。翻于有关文籍记载可知，蒙城尉迟寺发现鸟形神器所摹，或文籍记载中，能告知人四时到来具体时间的鸠鸟之类。由是说明，迁入蒙城尉迟寺一带的帝舜太昊一族，已经摆脱了山头纪历的老习惯，他们掌握春季到来实行迎春祠祭的具体时间，或以鸠鸟的始叫声，也或以鸠鸟到来的具体时间来判断。可见，蒙城尉迟寺发现礼具陶尊上刻画诸城前寨、莒县陵阳河类发现用为标明春季到来的"炟"字刻文，已失去原来在山东地区山头纪历的含义，仅只起到这样一种作用，标明刻写此字之具，是蒙城尉迟寺先民用以为迎接春季到来，实行祠祭典礼活动中使用的一个用具而已。

古代传说钩沉，蒙城尉迟寺发现鸟形神器，是我国古史传说中的少昊氏，以桂枝为表、刻玉为鸠置于表端的所谓"玉鸠"的历史真相。蒙城尉迟寺发现考古材料显示，大汶口文化晚期，迁居蒙城一带的大汶口人已经步入我国龙山文化时代的大门。种种现象反映，进入蒙城一带的帝舜太昊一族，已经步入我国古代东夷部族的第二个文化发展阶段，少昊氏发展时期。关于我国古代少昊氏一族的发迹之地或其都址所在，历代学者依《帝王世纪》一书所记载，多所认为，少昊氏一族发迹也或都于山东曲阜一带地方。这一说法虽然为历代学者所信从，但其具体所在，尚未为考古发现所证明。在《帝王世纪》一书中，关于少昊氏的都址所在还有另外一种说法，认为少昊氏一族或都于徐州的蒙羽之野。《路史·后纪七》注引《世纪》曰："（少昊）都徐州，蒙羽之野，奎娄之次。"

依于文籍，今江苏徐州及邳县、山东兖州、安徽宿县、泗县，皆属古徐州地。安徽蒙城尉迟寺遗址距皖北宿县不足百里，由蒙城尉迟寺遗址所在位置、有关发现及其所处社会发展阶段度之，安徽蒙城尉迟寺遗址很有可能是发迹于山东诸城、莒县一带的帝舜太昊一族，西进步入少昊氏发展阶段在蒙城尉迟寺所建都邑，也或国也者之属。

安徽蒙城尉迟寺遗址，现面积10余万平方米，外围有防御性功能的壕沟，遗址清理房址73间，房屋规格高，排列错落有致，似不为一般氏族成员所使用。很有可能是其统治集团，也或其上层统治者居住的地方。蒙城尉迟寺遗址发现农业生产工具数量少，而发现兵具类遗物质料多样、数量惊人。此或反映，居住在蒙城尉迟寺遗址以内的帝舜一族，并不以农业生产为主要事业，"侵犯"或"掠夺"性战争很有可能是他们从事的一种经常的职业。在发现的兵具类遗物中，石钺、石镞不仅数量多，制作精良，还发现石钺一类砍杀之具往往疤痕累累，有明显的使用痕迹。种种迹象表明，发迹于今山东诸城、莒县一带的帝舜一族，伴随其西进中原过程的，是血与火的争夺，是西进中原逐鹿。

湖北天门邓家湾、肖家屋脊遗址，位于石家河发现屈家岭文化晚期的古城内外。古城以内西北角一带为邓家湾遗存，早期为屈家岭文化，发现有祭坛、筒形生殖器类祭具，与墓祭、祖祭有关，晚期为石家河文化阶段，祭祀场面扩大，祭具与城外肖家屋脊发现祭具陶缸一致，陶缸上刻画图像文字多与农事有关，有镰刀、纺轮、号角、耒耜，还发现有苗蛮的族徽鸟形徽文刻画等等。肖家屋脊遗存发现在古城外东南角一带地方，其早期阶段屈家岭文化遗物很少见到，主要属石家河文化早期遗存。祭祀场面大，祭具为陶缸或曰陶尊，发现陶尊上刻划的图像文字多与兵事有关，有祭天刻文、"戉"字刻文，号角刻文，"火"字刻文，还有一帝舜太昊氏的族姓徽文"凡"字刻文。邓家湾与肖家屋脊的地望所在、考古发现与文献记载中舜征三苗的有关说法，多所契合；邓家湾在屈家岭文化发展阶段，崇拜男性生殖器，祭墓、祭祖，到石家河文化发展阶段，其与城外肖家屋脊帝舜一族，用陶尊为礼具，使用图像文字为祭祀符号习惯相同，其与舜征三苗更易其俗的记说，也相一致。可见，说湖北天门石家河发现邓家湾、肖家屋脊遗存，是舜征三苗时期的苗蛮集团与帝舜南征苗蛮所部留下的物质文化遗存，也是可肯定的。

山东诸城前寨、莒县陵阳河一带的考古发现，其发现遗物通过类型学比较研究，一般认为，距今约有4800余年前；蒙城尉迟寺发现资料的碳-14测定年代，距今约有4800～4600余年；湖北天门邓家湾与肖家屋脊发现资料的测试年代，距今约有4400余年。这三个年代的数据告诉我们，帝舜太昊一族，从其发迹之地诸城、莒县一带，迁至安徽蒙城尉迟寺，或者再迁而南征三苗抵至邓家湾、肖家屋脊一带地方，中间经过约有400余年的时间。由此揭示，我国历史上的所谓帝舜也或虞舜者，绝对不可能是一个具体的人名，它只能是一个族名、族称。以此而类推之，所谓尧也者，禹也者，也都不是一些什么具体的人名，也只能是一些族名、族称之谓。

文献记载与考古发现证明，发迹于山东诸城、莒县一带的帝舜太昊一族，曾西徙南征，曾在豫东一带建立过自己的国家。《左传·昭公十七年》曰："陈，太昊之虚也。"周武王翦商之后，褒封帝舜之后于陈。陈地所在，就在今河南淮阳一带。淮阳平粮台龙山文化时代城址的考古发现，上述诸说确有所本。我国古代帝舜又叫虞舜，也或叫虞。在先秦经籍中，往往"虞、夏、商、周"四代连称，此或暗示，我国古代第一个登上古代文明历史舞台的，第一个步入或行将步入我国古代文明大门的，是发迹于鲁东南诸城、莒县一带西进中原逐鹿的帝舜太昊一族。《周易说卦第九》曰："帝出乎震……震东方也。"

《周易说卦》一语道破的，可能就是这一历史真谛。

二○○九年六月十二日
急就于历城

参考文献

1. 王树明：《谈陵阳河与大朱村出土的陶尊"文字"》，《山东史前文化论文集》，齐鲁书社，1986年。
2. 王树明：《帝舜传说与考古发现诠释》，《故宫学术季刊》第九卷第四期，1992年。
3. 王树明：《仓颉作书与大汶口文化发现的陶尊文字》，《中国文物世界》1994年第102期。

4. 王树明：《从陵阳河与大朱村发现陶尊文字谈起》，《东方考古（第1集）》，科学出版社，2004年。

5. 王树明、刘红英：《蒙城尉迟寺发现图像文字及其相关问题研究》，《华夏考古》2012年第4期。

6. 王树明、刘红英：《从邓家湾与肖家屋脊发现图像文字说起》，《古代文明（第7卷）》，文物出版社，2008年。

（原载《诸城大舜研究》，人民出版社，2010年）

牛河梁与东山嘴猪头山神祭山遗迹释疑

一　引言

20 世纪 70 年代末 80 年代初，辽宁省的考古工作者先后在辽西喀左县东山嘴、凌源与建平县交界地带的牛河梁，发现史前红山文化时期宗教性祭祀遗迹：喀左县东山嘴红山文化建筑群址 [1] 和牛河梁红山文化"女神庙"与积石冢群遗址 [2]。这两处遗址都有不同数量的泥质女人塑像出土，有的女人塑像还塑以身怀有孕的形象，因而发掘者认为它们都是史前时期红山文化先民，崇拜"生育神"、祭祀"女神"的物质文化遗存。基于这一判断，遂将牛河梁发现有地面建筑的祭祀遗存，径直以"女神庙"为名。见于报道，喀左县东山嘴建筑群址发现不久，曾邀集有关专家学者对遗址的性质进行过座谈讨论。在与会学者的发言中及后来有关学者的研究文章中，对东山嘴和牛河梁"女神庙"两遗址的性质又提出了一些不同的看法。诸如多神自然崇拜说、地母崇拜祭社说，还有祭山说、祭祀图腾诸说等等 [3]。从已报道的材料看，认为这两处文化遗存的性质，是红山文化先民崇拜祭祀山神的说法，是比较可信的。根据遗址的地理环境、遗迹的布局、出土遗物及所在位置并证以民俗资料、文献传说资料记说，我们认为这两处宗教性祭祀遗迹，原是 5000 多年以前居住于内蒙古东南、辽宁至河北北部一带红山文化先民在自然崇拜活动中崇拜山神、祭祀猪头山神的一些物质文化遗存。已公布的碳十四测定数据表明，喀左县东山嘴建筑群址的肇始年代树轮校正值距今 5485 ± 110 年 [4]，凌源与建平县间牛河梁"女神庙"的始建年代树轮校正值距今 5580 ± 110 年 [5]。牛河梁"女神庙"建筑遗址的始建年代，较东山嘴建筑群址偏早。拙文根据先早后晚的原则，先从牛河梁"女神庙"的考古发现说起。

---

[1]　郭大顺、张克举：《辽宁省喀左县东山嘴红山文化建筑群址发掘简报》，《文物》1984年第11期。

[2]　辽宁省文物考古研究所：《辽宁牛河梁红山文化"女神庙"与积石冢群发掘简报》，《文物》1986年第8期。

[3]　俞伟超、严文明等：《座谈东山嘴遗址》，《文物》1984年第11期。

[4]　郭大顺、张克举：《辽宁省喀左县东山嘴红山文化建筑群址发掘简报》，《文物》1984年第11期。

[5]　孙守道、郭大顺：《牛河梁红山文化女神头像的发现与研究》，《文物》1986年第8期。

二　牛河梁 "女神庙" 猪头山神祭山遗迹

　　牛河梁位于辽宁西部凌源县与建平县交界地带，因牤牛河发源于山梁的东麓而得名。地势呈半山地、半丘陵状，海拔 600 ～ 650 米。从建平的张福店至凌源县的三官甸子，呈逐渐隆起之势，形成东西宽、南北窄、北高南低走向的主梁顶。牛河梁主梁顶以南 8 里处有山，山势突兀险峻，山头的轮廓颇似猪头状。此酷似猪头状大山，正北恰与牛河梁的主梁顶遥遥相对。考古调查发现，牛河梁一带发现红山文化遗迹 10 余处，有墓葬也有祭祀遗迹，尚无定居遗存发现。已经清理发掘的有第一地点的 "女神庙" 遗迹和第二地点的积石冢遗址群，其他遗迹遗存，在 20 世纪 80 年代初未见清理发掘报道[1]（图一）。

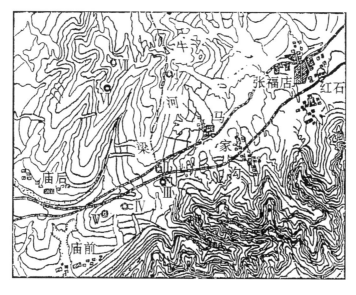

图一　牛河梁红山文化地点分布图

　　牛河梁 "女神庙" 第一地点在牛河梁主梁北山丘顶，地势高，处于这一地带红山文化遗迹遗存的中心部位，遗迹由两部分组成。一是 "女神庙" 北丘顶平台建筑遗迹，遗迹南北长 175、东西宽 159 米，地表可见红烧土块、陶片类遗物。平台边沿有石墙，东侧较直，长 85 米，南侧只见东西两段，长度不详。平台北外侧，有一东西长 13、南北宽 5 米的红烧土块分布范围，出土遗物为一大型泥塑人耳。二

[1]　辽宁省文物考古研究所：《辽宁牛河梁红山文化 "女神庙" 与积石冢群发掘简报》，《文物》1986年第8期。

是平台南侧 18 米平缓的坡地上，原来地面以上有被称之为"女神庙"的建筑遗迹。
这是一个由多室和一个单室两组建筑构成的祭祀遗迹。多室在北，是"女神庙"的
主体建筑；单室在南，是"女神庙"的附属建筑。两者相距 2 米许，大致在一条中
轴线上，方向为北偏东 20°。多室建筑（编号牛 I J1B）南北总长 18.4、东西残存
最宽 6.9 米，结构复杂，包括一个主室和几个相连的侧室、前后室。单室建筑址（编
号牛 I J1A）横长 6、最宽 2.65 米[1]（图二）。

　　从牛河梁"女神庙"发掘简报[2] 和发掘者[3] 以及有关学者的一些研究文章可
知[4]，牛河梁"女神庙"北侧平台建筑遗迹、"女神庙"主体多室建筑遗迹（I J1B）
及南侧单室建筑遗迹（I J1A），都有人体、飞禽及动物类各不同部位泥塑部件发现。
前已提及，牛河梁丘顶平台建筑遗迹北侧在红烧土分布范围内，发现一特大型泥塑
人耳。平台建筑遗迹南侧是"女神庙"主体建筑遗迹的北室或后室，呈长方形，南
端与"女神庙"主室相通，是直接凿于基岩风化壳之上的建筑遗迹。就在此后室中
部，出土猛禽鹰一类泥塑爪趾残块 2 件，每趾三节，关节突出，趾尖锐利（图三，2）。
猪龙残体发现两件，一件发现于主体建筑主室北侧中间的部位，头向北，仅有头、耳、
吻及前后身、下肢部分。猪龙吻作扁圆体，有两个椭圆形鼻孔。蹄爪出土于猪龙前
身下部，比较完整（图三，1、3）。另一件发现于"女神庙"南单室，只有颌部残块。
泥质人物塑像，是"女神庙"内的主要发现，可分为两类。主室中心部位发现一特
大型的泥塑人耳和一残鼻，相当于真人大小的 3 倍，主室西侧室还发现泥塑特大型
人的手臂和腿部残件，其形体是真人手臂和腿部的两倍许。另一类泥塑人物是一些
女性，其形体与真人大小一致，主要部件多发现在主室北壁附近偏西的一侧，有手、
肩部、肩臂、乳房和最大的一个女性头像（图四，1～6；图五）。值得注意的是，
出土于主室北侧偏西一侧的泥塑女人像，至少有 6 个个体，形态互异，体量大小不
一。此又反映，这些体量或年龄大小不同的泥质女人塑像，并不是一次而为。还发
现有的人体女人塑像的肩臂中空，肩臂内还保留有灰白色骨骼残片的现象（图四，4、
6），或又反映，这些泥质女人塑像原来很有可能是以真人为"内模"而为[5]。

　　民俗资料告诉我们，古往今来我国人民在宗祠、寺院、道观类祭祀场所的主体
建筑主室北侧居中的位置，从来都是处置主神或放置祭主的地方；主神或祭主的左

　　[1]　辽宁省文物考古研究所：《辽宁牛河梁红山文化"女神庙"与积石冢群发掘简报》，《文物》1986年第
8期。

　　[2]　辽宁省文物考古研究所：《辽宁牛河梁红山文化"女神庙"与积石冢群发掘简报》，《文物》1986年第
8期。

　　[3]　郭大顺：《红山文化坛庙冢与中国礼制溯源》，《走近牛河梁》，世界知识出版社，2007年。

　　[4]　孟昭凯：《中华文明的曙光——红山文化概览》，《走近牛河梁》，世界知识出版社，2007年。

　　[5]　孙守道、郭大顺：《牛河梁红山文化女神头像的发现与研究》，《文物》1986年第8期。

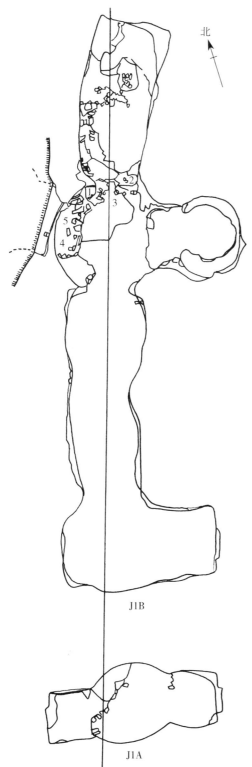

北

J1B

0　　　　　2米

J1A

图二　牛河梁 I J1总平面及部
分泥塑人像残件分布图

1.头　2.手　3.手　4.肩头　5.肩臂

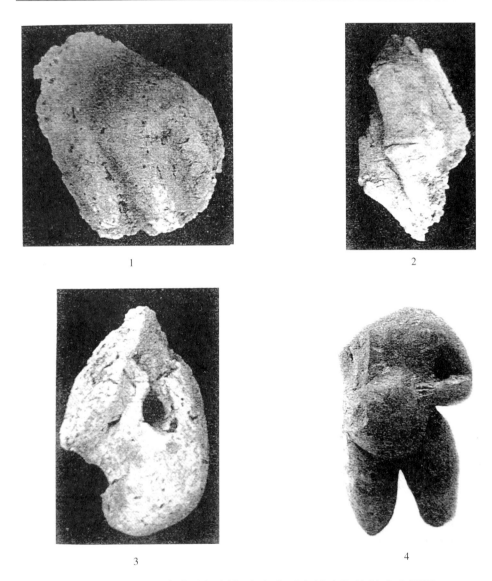

图三　辽宁省牛河梁红山文化"女神庙"遗址出土泥塑

1.猪龙爪（J1B∶8）（正面）　2.禽爪（J1B∶9之二）　3.猪龙吻（J1B∶7）　4.东山嘴遗址出土

右两侧，是放置陪祭者的所在；主体建筑祭主之南，约当主室中部的一带，是设置
几案、摆放祭品的地方。从猪龙在"女神庙"主体建筑北侧居中的部位看，所谓牛
河梁"女神庙"祭祀的主神，殆属猪龙之属，其西一侧发现的女人塑像，原是猪龙
的一些陪祭者。牛河梁"女神庙"与南侧 8 里诸山中的猪头状山峰相对，"女神庙"
主体建筑祭主猪龙，其南单室附属建筑的猪龙残块，此三者几成一线之势，说明
这一现象绝不是什么偶然或巧合。根据牛河梁周边的地理环境特点，"女神庙"遗

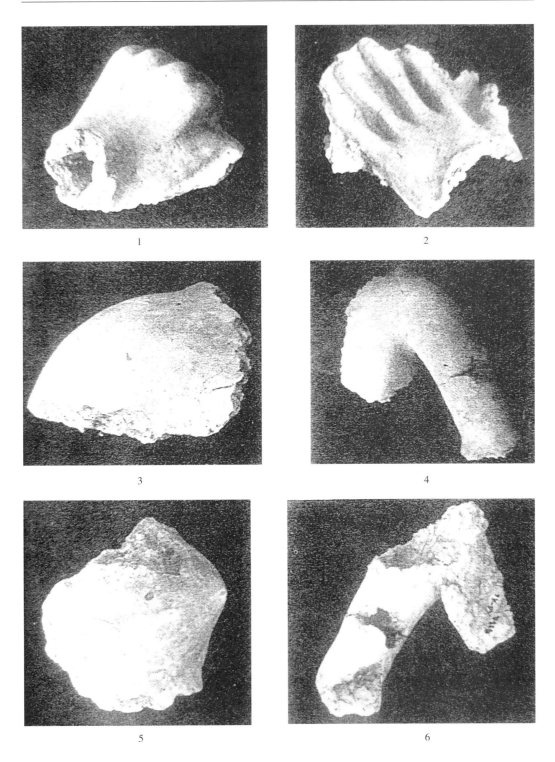

图四　辽宁省牛河梁红山文化"女神庙"遗址出土人头塑像残块

1.手（J1B：2）　2.手（J1B：4）　3.肩头（J1B：5）　4.肩头正面（J1B：3）　5.乳房（J1B：6）　6.肩臂反面（J1B：3）

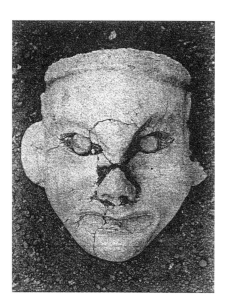

图五　辽宁省牛河梁"女神庙"遗址出土人头塑像

迹的分布，诸物类的处置方位，以及红山文化所处社会发展阶段，有理由推定，20世纪 80 年代初辽西红山文化发现的所谓"女神庙"遗迹，原属 5000 多年前居住在这一地带的红山人，在自然崇拜过程中崇拜山神，祭祀南部山区 8 里猪头山神的一些物质文化遗存。由上文分析可以推知，牛河梁第一地点发现猪龙颌部残块的南单室，是属红山人建设守护牛河梁所祀猪头山神主体建筑的门围类设施。

在牛河梁"女神庙"主室北侧居中的位置，置放猪龙或曰猪头山神为祀主，主室西侧偏北的位置，陪祭 6 个大小不同泥质女人塑像。个别泥塑肩臂内有白色骨质片沫现象，表明这些泥塑陪祭者很有可能是 5000 多年前居住在这一地带的红山人，因某种需求，将其选定的女性或致死后，再又泥塑而用作猪头山神祭主的陪祭者。如果是这样，那么辽西一带红山人，用什么名分将这些女性泥塑者陪祭于此，《史记·滑稽列传》有这样一段有趣的记述：

魏文侯时，西门豹为邺令。豹往到邺，会长老，问之民所疾苦。长老曰："苦为河伯娶妇，以故贫。"豹问其故，对曰："邺三老、廷掾常岁赋敛百姓，收取其钱数百万，用其二三十万为河伯娶妇，与祝巫共分其余钱持归……"俗语曰："即不为河伯娶妇，水来漂没，溺其人民云。"[1]

西门豹是战国时期魏国人，魏地邺邑今属河北地。今河北省北部张家口和河北省东北部一带地方，已进入红山文化的分布区域。文献资料与牛河梁主体建筑主室

---

[1] （汉）司马迁：《史记·滑稽列传》，中华书局，1959 年。

猪头山神祭主西侧发现泥塑女性陪祭者的有关情况互证，似可这样认为，过去"女神庙"中被称之为"生育神"或"女神"的一类泥塑者，是古代红山人在"女神庙"使用过程中，在不同时间或因不同需求而讨好山神，为猪头山神娶妇而留下的一些物质文化遗存。如果这一推测不是太谬，所谓牛河梁"女神庙"发现被称为"生育神"或"女神"的数量之所以如此之多，且大小不同又形态互异现象等，也就不难理解了。

在牛河梁第一地点的泥质人体塑像中，特大型人体泥塑是出土数男最多的一类，计有三处之多。耳、鼻两件特大型泥塑，出土于"女神庙"主体建筑主室中部一带，这一地点在庙宇类建筑中，是用以放置祭品的一个地方。特大型耳、鼻泥塑在这一地点出现，表明它们是红山人用其作为祭祀猪头山神的供品而置放于此的。特大型泥塑人耳，在牛河梁"女神庙"北侧平台建筑遗迹北外侧，红烧土块遗迹范围内也出土一件。此红烧土块遗迹的形成，无疑是人们在这里累次焚烧、举行祭祀活动所遗留。泥塑大型人耳在这里出现再而昭示，牛河梁发现特大型人体泥塑，是红山人作为祭祀用品使用的。考古发现与文献记载都表明，我国古代祭祀用火、燔柴祭天[1]。牛河梁"女神庙"长方形后室鹰类猛禽爪趾泥塑的发现，为研究"女神庙"北侧平台建筑遗迹的北外侧，以泥塑人耳为祭品所祀祭主，给以启迪。牛河梁"女神庙"北室与主体建筑主室相通，位于主体建筑稍北平台建筑遗迹间，鹰类猛禽泥塑爪趾在这里发现，应是思维观念质朴的红山人或认为，在冥冥中所祀猪头山神凭借鹰类飞禽能够上天，所谓平台建筑遗迹乃是红山人们心目中，猪头山神借助鹰类飞禽升降于天地之间的具体所在。倘若这一推演还可以暂备一说，平台建筑遗迹北外侧发现红烧块类祭祀遗迹、遗物，无疑是红山文化先民在这里举行礼送或礼接猪头山神升降于天地之间的节仪所遗留。可见平台建筑遗迹北外侧发现特大型泥塑人耳，也是用以祭祀猪头山神的祭品。至于"女神庙"主体建筑西侧室发现特大型手臂、腿一类泥塑，而无祭祀遗迹和猪头山神类祭主或陪祭者泥塑类物发现，似说明西侧室原是用以储存祭品和祭祀猪头山神相关物类的地方。

牛河梁第一地点祭祀遗迹，是红山人崇拜山神、祭祀猪头山神的地方。红山人祭祀猪头山神，或用"女活人"泥塑后送山神为妇，用特大型人体泥塑为祭品，以供猪头山神享用，反映出在红山文化先民的心目中，牛河梁第一地点所祀猪头山神，并不是造福于人民的族类，而是食人或为患于人民的凶恶之神。在牛河梁第一、二地点间的阳坡松林中，清理了几个被《简报》作者视为一般灰坑的遗迹，多呈椭圆形、圆形状。就其所在地点、出土遗物及其所在坑内摆放的情况看，这些被称之为灰坑的遗迹，原是红山文化先民为祭祀牛河梁第一地点猪头山神所遗留，是属于祭坑的

[1] 杨天宇：《周礼译注》，见《周礼·春官·宗伯》篇，上海古籍出版社，2004年。

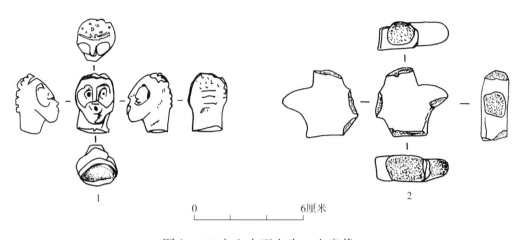

图六　H3出土小型人头、人身像
1.人头像（H3∶7）　2.人身像（H3∶8）　　（均为1/2）

一类。在坑内发现的祭祀用品中，H3 出土泥质小型人头塑像、人身塑像各一件（图六）。红山人用"瘗埋"的方法祭祀山神[1]，其所用祭品中，仿制人体泥塑的再发现，又为推证牛河梁第一地点所祭祀猪头山神有食人恶习属凶神的说法再添一佳证[2]。

牛河梁第二地点积石冢群是与第一地点猪头山遗迹密切相关的物质文化遗存。

牛河梁第二地点积石冢位于牛河梁主梁顶南端斜坡上，地势北高南低。冢群北侧是公路，南侧 43 米是铁路，呈东西向一字排开状，正北与主梁顶"女神庙"相对，总长 110 米（图一）。已知这一地点共发现的积石冢共有 5 座之多，《简报》介绍了1983 ～ 1985 年清理的 3 座（图七）。[3]

在牛河梁一带已清理过的积石冢上，都覆有堆积土，共分 3 层：第 1 层是表土层；第 2 层是黑土层；第 3 层是腐殖土层，夹杂一些红色筒形器碎片。第 3 层以下，为积石冢。冢体的顶部石块，因扰动向外滑落，使冢体外形呈浑圆状。因长期裸露，顶部积石风化较重。积石的共同特点是：以石垒墙、以石筑墙、以石封顶。各自有别的是：积石冢的形制、构造、性质，并不完全一致。下文就牛河梁第二地点发现5 座积石冢，拟做逐一述说。

二号积石冢（Z2），是牛河梁第二地点中心大墓所在地（图七，M1）。该墓在Z1、Z3 之间，西北角已破坏无存，主体建筑略呈方形，东西长 17.5、南北宽 18.7 米，冢中央中心大墓是一座大型正方形石椁墓（Z2M1）。墓平顶，似一石砌方台，每边

[1]　徐朝华：《尔雅今注》，见《尔雅·释天》篇，南开大学出版社，1994年。

[2]　辽宁省文物考古研究所：《辽宁牛河梁红山文化"女神庙"与积石冢群发掘简报》，《文物》1986年第8期。

[3]　辽宁省文物考古研究所：《辽宁牛河梁红山文化"女神庙"与积石冢群发掘简报》，《文物》1986年第8期。

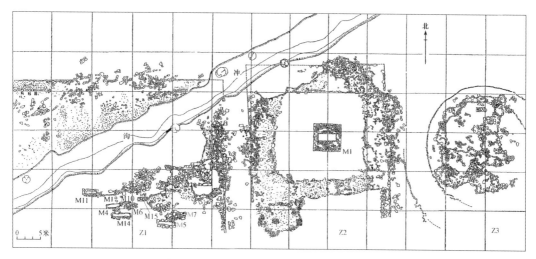

图七 牛河梁Ⅱ地点积石冢总平面图

长 3.6 米。方台四壁系用较规则石灰岩、花岗岩石块垒砌五六层，向上有收分，成覆斗状，内填不规则石块。方台的中部为长 2.21、宽 0.85、高 0.5 米一长方形椁室。室壁用 4～6 层较规则的石块、石板叠砌，室顶盖以薄石板。此中心大墓早年被盗（图七，Z2），只在扰土中发现一段人骨、红陶片、猪骨、人骨之类，不见其他遗物。这一大墓以南，还有一些规模较小的墓葬[1]。

中心大型石椁墓，东、北、西三面各有一道石墙，石墙之上、石墙之内都填以积石，现存积石最高点，都在各墙的中段，以北墙为最高。大型石椁以南未见石墙，椁南 3.3 米处，有 3 米宽碎石分布带，与东西积石相连。西南角有石屑堆积。

牛河梁遗址群已经清理过的积石冢，都设有中心大墓，一般每一地点只设一个。除第二地点外，其他诸地点清理的中心大墓，如牛河梁第三地点的中心大墓，墓主为男性。随葬玉器 3 件：头下枕一马蹄形玉器，胸部置一玉琮，右腕戴一玉镯。牛河梁第五地点的中心大墓，墓主为一老年男性，随葬玉器 7 件：有玉龟、玉璧各一对，勾云形玉佩、箍形玉、玉镯各一件（图八，4）。牛河梁第十六地点的中心大墓，墓主是单人仰身直肢葬，性别不详。随葬玉器为 6 件：头下枕一板状玉凤，右胯下一玉人（图八，1、3），右腕一玉镯，胸部一玉箍、绿松石坠一对。牛河梁第二地点中心大墓因早年被盗，无珍贵玉质物类随葬物件发现，但从其同类遗存出土玉质物类的种类数量中，足以看出，此牛河梁第二地点中心大墓的墓主，无疑是这一地点积石冢群中的显赫者[2]。

[1] 孟昭凯：《中华文明的曙光——红山文化概览》，《走近牛河梁》，世界知识出版社，2007年。
[2] 孟昭凯：《中华文明的曙光——红山文化概览》，《走近牛河梁》，世界知识出版社，2007年。

图八　牛河梁各地点出土玉器

1.第十六地点中心大墓出土玉凤　2.第二地点M4出土猪龙　3.第十六地点中心大墓出土玉人　4.第五地点中心大墓出土的玉龟

一号积石冢（Z1）与二号积石冢平行排列，在最西一侧。因铁路排水沟自冢中穿过而遭到破坏，只余东南、西北两角，面积只有原冢的1/3。

这一积石冢的东南角揭去顶层散乱石块，有内、外两道石墙。东侧外墙南北走向，残长15米左右，南段保存较好，尚存4层单行石块，高约1米。外墙北段为积石叠压，未做清理，其尽头露出一小段单层石块的墙体。东外墙以西1.8米为东侧内墙，与外墙平行，南端西折，呈曲尺状。内外墙之间为黑花土，土表层夹杂大

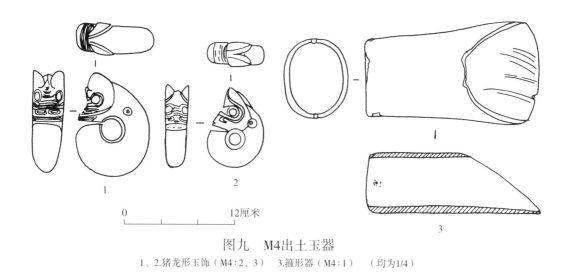

图九　M4出土玉器

1、2.猪龙形玉饰（M4∶2、3）　3.箍形器（M4∶1）　（均为1/4）

量无底红陶筒形罐类残片和小石块，近底部较纯。随内墙转折的方向由东而南，又一直向西延伸，形成一条黑花土带，内墙以里堆积大型石块，现存高度1米有余（图七，Z1）。

家西北角积石较东南角为薄，北侧积石叠压一道东西向石墙，为一层石块铺砌而成，石块平直的一面朝外，墙体甚规整。其内侧1.2米处有一排红陶无底筒形器，多亦残碎，遗留的筒形器物仍保持在原位，说明原是并排立置，筒形器彩绘纹饰的一面朝外。

从此家残存东南、西北两角有关情况可知，此一号积石家的地上主体建筑结构平面是长方"回"字形。现存东西长26.8、南北宽19.5米。因地势北高南低，北部墙体低、南部墙体高，使总体高度保持接近的水平。家内墙以里尚未发掘，情况不明。内墙外南侧，清理出成群排列的一些墓葬。较Z2M1中心大墓（2.21米×0.85米×0.5米）为小，其墓室最长者也未达2米，最宽者也只有0.65米。在牛河梁第二地点，属中等大小的墓葬。在已清理的这批中等大小的墓葬中也都以石板、石块为葬具，葬式、头向、葬品则互有不同。《简报》介绍的M4、M6、M7、M11、M14、M15六座墓葬中，除二次迁墓葬M6无随葬品外，其他各墓葬都有玉器随葬。已发现的玉器有猪龙、箍形器（图八，2；图九，1～3），方形玉饰、玉环、棒形玉饰（图一〇，1～3），玉璧、勾云形玉饰之类（图一一，1～4;图一二，1～3）。比较少见的玉器3件：玉猪龙2件，出土于M4；勾云形玉饰1件，出土于M14。在Z1内墙外发现这批中等大小墓葬的南侧，还有更小型石棺墓葬和一些零散墓葬发现，似有继续向南延伸的趋势[1]。

[1]　孟昭凯：《中华文明的曙光——红山文化概览》，《走近牛河梁》，世界知识出版社，2007年。

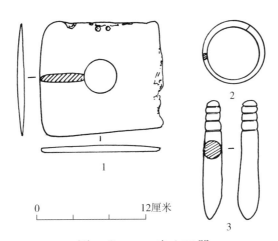

图一〇　M11出土玉器
1.方形饰（M11:2）　2.环（M11:1）　3.棒形器（M11:3）（均为1/4）

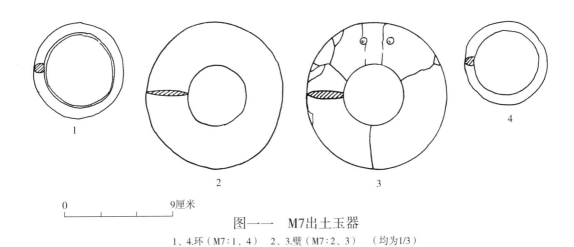

图一一　M7出土玉器
1、4.环（M7:1、4）　2、3.璧（M7:2、3）　（均为1/3）

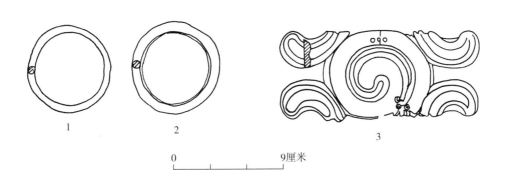

图一二　M14出土玉器
1、2.环（M14:2、3）　3.勾云形饰（M14:1）　（均为1/3）

　　牛河梁第二地点 Z2M1 与其他各地点中心大墓的归类研究，及第二地点南侧发现中等类型的石棺墓和再南侧发现小型石棺墓，无论是所在位置还是墓葬形制的大小，随葬玉器的多寡有无或种类的差别，都可以看出，这三者的等级差别，判然有别 [1]。还要提及的一点是，此一号积石冢西北角东西走向石墙内侧 1.2 米处，发现一排红陶筒形器物残片，多放置在原来的位置上。这无疑是一号积石冢在填压积石之前，在此实行祭祀活动所遗留。这一现象反映，牛河梁第二地点发现的积石冢，其形成并不是一次性的，很有可能是人们来此多次举行祭奠活动，逐渐填压积石而形成的。

　　三号积石冢（Z3）在二号积石冢（Z2）的东侧 2 米许，适当牛河梁第二地点积石冢群的中心部位，其东或又偏北的一侧，还有四号和五号积石冢。

　　三号积石冢西部外缘，被其顶部坍颓的积石所压。东部和东南部，积石结构已不复存在。西北部顶层石块也有缺失，此冢现存只有原冢的 1/2（图七，Z3）。

　　这一积石冢与左侧过去清理的 Z1、Z2 的形制、结构完全不同。此冢总体布局呈圆形，冢基底面是构成同心圆式的 3 个圆圈石桩。桩石是淡红色的花岗岩石块，呈长条形棱柱体状，并排竖插入土中。石桩的规格以外圈最大，一般高 35～40 厘米；中圈次之，一般高 30 厘米；内圈最小，一般高约 25 厘米。三圈石桩以中圈保存为最好，共 234 根，直径 15.6 米；外圈石桩仅存西南边缘一段，有 63 根，距中圈 3.15～3.4 米，可据以测知此冢外圈直径 22 米；冢内圈石柱大都叠压在塌落的积石下，只露出北边一小段计 17 根，距中圈 1.8～1.2 米，直径约 11 米。三圈石桩地面水平高度不一，外圈最低、中圈高于外圈 0.4 米，内圈又高于中圈。如此三圈递收，遂形成一个酷似后世祭坛的圆形积石冢（图七，Z3）[2]。

　　三号积石冢表层积石多已扰乱，未做清理发掘。内圈和中圈散布着积石和大量的红陶筒形器类残片，尤以内圈石桩西侧，中圈石桩北侧的分布最为密集。这表明，三号积石冢的内圈、内圈与二圈以及二圈与最外三圈间，原来都放置红陶筒形无底罐。我国考古学界多所认为，红山文化中的所谓无底筒形器类，原是红山人用为祭祀的一种礼器。我们认为，这一说法是比较可信的。在三号积石冢中，不同各圈各自使用石桩的形制、大小基本一致。但各圈之间相较则差异明显。似或表明，三号积石冢内外三圈的构筑时间有所不同。依上述诸端判断，牛河梁第二地点三号积石冢与一号积石冢一样，似也不是一蹴而就，很有可能也是红山人在此举行祭祀活动过程中逐渐形成的一处遗迹，认为这一遗迹是一次建成的又一次积石成冢，似不

　　[1]　郭大顺：《红山文化坛庙冢与中国礼制溯源》，《走近牛河梁》，世界知识出版社，2007年。
　　[2]　辽宁省文物考古研究所：《辽宁牛河梁红山文化"女神庙"与积石冢群发掘简报》，《文物》1986年第8期。

妥。在三号冢的清理过程中，发现表层积石中有一特别奇怪的现象：在积石内有三具没有任何随葬遗物的人骨架。因为无任何随葬遗物相伴，发掘者遂认为，这是三具时代不明的人骨遗存。这三具人骨架是发现在三号积石冢顶的积石中，此冢在第二地点积石冢群中居中，属祭坛一类，正北又恰与猪头山神的祭祀遗迹相对，而此猪头山神又被红山人们视为危害人民的凶神恶煞的一类，这就不能不引起我们这样的遐想，牛河梁第二地点中心部位祭坛冢顶积石中的三具人骨架，不能排除它们是5000多年前的红山人，在此对猪头山神祭主实行遥祀仪式时，而用作人牲的可能。

在三号积石冢或牛河梁第二地点中心祭坛东侧的四号、五号积石冢，笔者没有收集到这方面的原始资料，只能就有关学者研究文章的介绍，做一点扼要说明。

四号积石冢，位于三号冢祭坛东侧，平面呈前圆后方两部分，南北长26、东西宽20米，内有多冢，其主体为北半部的两个圆冢，东西排列，且东部一冢的西北部边缘为西部一冢所叠压。大冢的南半部分铺满碎石，其间形成石圈间筒形器圈为界，中央置石棺的若干小冢。五号积石冢，在四号积石冢偏东北的一侧，两者相距只有0.5米。此冢东西宽、南北长，中间砌出一道东西向石墙，也将此冢区分为南北两部分，使该冢整体形象呈"日"字形[1]。可以看出，在牛河梁第二地点除三号祭坛以外，其余四个大型积石冢，其具体构筑形制或各有所异，但将其大致区分为南北两部分使用，则是一致的。在第二地点四号积石冢北部主体建筑内两圆形冢，相互叠压。这从田野考古学的角度来说，说明这两座圆形石冢构筑的相对时间有早晚，不是一时之作。此四号积石冢与祭坛左侧一号积石冢有些一致的地方，也在主室或主体建筑南侧构筑许多石棺小墓。四号冢发现石棺小墓，以石圈和筒形器圈为界，石棺小墓置于中央。这一现象反映，四号积石冢偏南一侧的石棺小墓，是先构筑墓葬再用筒形器类礼具祭奠，继而又积石填压而逐渐形成四号积石冢。从以上对诸积石冢的解说中可以看出，牛河梁第二地点的五座大型积石冢坛，都不是历史上红山文化先民一次性构建的祭祀遗迹，而是使用过程中逐渐形成的一些物质文化遗存。

牛河梁第二地点五座积石冢坛的前（南）面，都有比较开阔的地带，有的冢前有大片红烧土或草拌泥土残块，还有的冢前有圆形石堆遗迹[2]。第二地点冢前发现红烧块遗迹，应与第一地点"女神庙"北侧平台建筑遗迹北外侧发现红烧土遗迹的性质是一致的，也是红山人在冢前举行火祭仪式所遗留。至于第二地点冢前发现的圆形石堆遗迹，很有可能是红山文化先民在一种特殊思想观念的支配下，携带石块来此实行祭祀活动时，堆积于是地而形成。1984年我在参加《泰山志》编写座谈会议期间，参观了岱庙，游览了泰山。在爬山过程中，发现游客中有在树枝间或

---

[1]　孟昭凯：《中华文明的曙光——红山文化概览》，《走近牛河梁》，世界知识出版社，2007年。

[2]　郭大顺：《红山文化坛庙冢与中国礼制溯源》，《走近牛河梁》，世界知识出版社，2007年。

山坡上压石块的现象，山坡上有不少因游客压石块而形成的小石堆。我们碰到一位60多岁从益都来爬山的老太太，她身背两块石块，一块压在树枝间，另一块又将其压在山坡的小石堆上。我好奇地问这位老人家，为什么要将石块压在树枝和小石堆上。老太太爽快地告诉我："压孙子。""求泰山老奶奶多叫我们有几个孙子。"我又问她，祈祷多子多孙为什么要到泰山来压石块。她又说："老辈子都这么做，可灵了。"至今流传于民间，希望多子多孙要祈祷泰山神，要到泰山来祈祷压石块的风习，对我们推证牛河梁第二地点冢前发现积石成堆的遗迹，是红山人来此祭祀猪头山神所为这一说法，是一个很好的证明。红山文化先民祭祀猪头山神为什么要压石块，或者积石成堆来镇压它，很可能与他们认为猪头山神属凶神恶煞之类有关。他们为避祸祛灾而祈祷它，继而又威胁它，用压石块的办法来镇压它。用今天的话说，这就是红山人使用软硬兼施的两手吧。红山文化先民对猪头山神一类凶神使用的这两种手法，一直为后世人们所因袭，只是随着时间的推移形式有所变化而已。

一个不容回避的问题是，到目前为止牛河梁遗址群发现唯玉而葬、身份高贵一类的石棺墓，都是在一些大型积石冢的下面发现的。而这些积石冢遗迹的形成，与牛河梁第二地点冢前大型圆形石堆遗迹的形成又基本一致。这就不能不引起人们的怀疑，难道这些唯玉而葬类石棺墓上积石为冢，对其墓主也寓有威慑、镇压的含义吗？要回答这一疑诘，还得从这些石棺墓中随葬的一些玉器说起。

《越绝书·越绝外传记宝剑第十三》曰："夫玉，亦神物也。"[1]《说文》"灵"下又谓："巫也，以玉事神。"在牛河梁一带积石冢下石棺墓内发现的一些随葬品，无论是中心大墓还是其稍南一侧一些小一点的中型石棺墓，无一例外，都属玉质器类。就依《越绝书》及《说文》"灵"下对"玉""巫"两者关系有关说法，牛河梁一带积石冢下中型以上石棺墓主，生前只能是巫祝一类神职人物。在牛河梁积石冢中心大墓发现玉质器类，有箍形器或束发器、玉琮、玉璧、板状玉凤、勾云形玉珮、玉环、坠饰一类，还发现一玉人；在牛河梁第二地点一号积石冢下中型石棺墓发现玉质器类，有猪龙、束发器、方形或棒形器、玉环，也有玉璧和勾云形玉佩类物。在大小不同两种类型的墓葬中，玉琮和玉璧是我国最为常见的礼仪用品，并不多见的是板状玉凤、玉龟、猪龙、勾云形玉佩等，还有一些是佩戴在身上的装饰品，等等。与兵事或农事有关的玉礼器，无或少见。这一现象表明，牛河梁一带红山文化时期巫祝一类神职人物中，所司神职与兵事、农事无或相干。在这批新出现的礼具中，玉猪龙的发现为探索牛河梁一带发现巫祝一类所司神职，提供了依据。牛河梁第二地点M4出土2件玉猪龙，皆兽首如猪头状，龙体，背上都有小穿孔（图八，2；图九，

---

[1] （东汉）袁康、吴平辑录：《越绝书》，上海古籍出版社，1985年，第81页。

1、2），出土时在墓主胸部附近。就玉猪龙的造型、出土位置观察，这一器类无疑是 M4 墓主生前履行神职时，佩挂并借以通神的信物。一号冢 M4 所在第二地点，正北与牛河梁第一地点泥塑猪头山神祭祀遗迹，正好相对。这两者的关系，可谓不言自明。可以认定，到目前为止牛河梁一带积石冢下发现的巫祝一类，殆属专司与猪头山神相关事宜的巫祝之属。可以想到，这类巫祝或巫师的意志就是猪头山神的意志，所谓猪头山神要"娶妇"、要"食人"等，都是这些巫师强加给猪头山神的。凡是读过《史记·滑稽列传》的人们都知道[1]，西门豹治邺邑为惩治邺地一带流行为河伯娶妇的恶俗，第一个扔于河中淹死的，就是为河伯指定新妇可否的女巫。这一记载，充分表达了古代人们对巫祝装神弄鬼是多么的痛恨。由此可推，牛河梁一带以积石冢职司沟通、祭祀猪头山神的巫祝，是红山人为防其继续为害多端而积石镇压他们的说法，不能不说是一种合乎情理的猜想。

通过对牛河梁第二地点积石冢坛的研究，易于看出，5000 多年以前红山文化先民实行祭祀猪头山神活动，只能在积石冢坛的前（南）面举行祭祀仪式，构筑猪头山神祭祀遗迹的第一地点，那是一般平民不能涉足的地方。由积石冢坛的所在位置分析，能够履迹于这一地点的恐怕只能是职司猪头山神事宜的巫祝之类。还可看出，长期以来困扰我们的在红山文化分布域内发现积石冢类墓葬或近似的文化堆积，可能都是红山文化先民或其遗裔，在不同地区或不同时期实行祭祀山神的活动中，留下的一些物质文化遗存。

三　东山嘴建筑群址并首猪头山神祭山遗迹

东山嘴村位于辽西喀左县驻地，大城子镇东南 8 里，在大凌河西岸（图一三）。村东、西、北三面为一长弧形黄土山梁所环抱，遗迹就在山梁正中一平缓的小山丘上。此台地或小山丘向南伸展的前端，全部为东山嘴建筑群址所占有，长约 60、宽约 40 米，高出于丘下河床 50 余米。东山嘴建筑群址的东南方向，与大凌河对岸喀左县名山马架子山正好相对，周边是一望无际的平川旷野[2]。

东山嘴建筑群址于 1979 年发现，经过两次发掘，已清理面积 2000 多平方米，至《简报》发表时，除遗址的北部边缘外，已大部分被揭露。在厚约 15 厘米的耕土下，即见遗址黄土堆积，再下就是黄土和基岩。建筑群址可大致区分为南北两部分：北部是大型方形基址及其两翼建筑遗迹；南部前端地段，是一些石圈和多圆形石砌基址（图一四）。

[1]　（汉）司马迁：《史记·滑稽列传》，中华书局，1959年。
[2]　郭大顺、张克举：《辽宁省喀左县东山嘴红山文化建筑群址发掘简报》，《文物》1984年第11期。

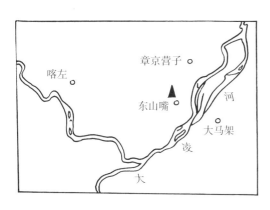

图一三　东山嘴遗址位置示意图　　　图一四　遗址局部（自南向北摄，近处多为圆形基址，中为石圈形台址，远处为方形基址）

大型方形基址（编号 g1），东西长 11.8、南北宽 9.5 米（图一五）。基址内最底层，是建筑基址平整的硬黄土面，间有大片红烧土面，在黄硬土面上有置石堆和零散石块的现象。方形基址四边均有石墙基，石料多经加工，一般除向内的一侧不规整外，上下两面、两端和向外的一面，都较平齐，有的还加工成规整的长方形。东墙基残存的部分在东墙中段，长约 3、高约 0.46 米，为 4 层石块（图一六）；南墙基残存的部分在南墙中段，长 3、高 0.15～0.4 米，保存 1～层不等；西墙基已不复存在，但西南角和西北角处都有墙基发现。西南角残高 45 厘米，有 5 层砌石，西北角与

图一五　东山嘴遗址

1.方形基址　2.东翼墙基　3.西翼墙基　4.东侧石堆　5.西侧石堆　6.东边铺石　7.西边铺石　8.石圈形台址　9.多圆形基址　10.人骨　11.房址　12.未发掘部分　13.方形基址内成组立石

图一六　方形基址东墙壁

北墙相连，北墙基残存长度 3.4 米，也保存了一二层。

方形基址内有大量石块，可明显分辨出 3 处石堆。其中，南侧中部的一处最大，由密排直立的长条石组成，略呈椭圆形状，东西直径 2.5 米。长条石多砂岩，也有灰岩。砂岩的一种多顶端尖、底部平，呈锥状，高约 0.85 米，一律向西北倾斜。其中有几块立石相聚成组的现象，一般 3～4 块为一组（图一七；图一五，13）。

方形基址底部的出土遗物有：正当中部的红绕土面上，出土玉璜、石弹丸各一件，西北角和东墙基北端各发现骨料一块。南墙中段内侧紧贴墙壁的地方，发现并首猪头玉璜一件（图一八，1；图一九），《简报》作者称其为双龙首玉璜。在基址内上部的堆积中，有不少粗泥质红陶筒形器类残片。在方形基址的东外侧黑土层中，发现鸮形绿松石饰一件，做展翅飞翔状，有穿孔（图一八，2；图二〇）。

方形建筑基址东西墙基的外侧，还有建筑遗迹和一些石堆遗存，《简报》称其为方形建筑基址的两翼，将其区分为南北两部分介绍。方形建筑基址北半部分的两翼，是两道南北走向、相互对称的石墙基（图一五，2、3）。东翼石墙基残存部分，在方形基址的东北一侧，西距方形基址的东墙基 6 米，墙基残存长度 8.4 米。砌筑的条石近于直线（图二一），有的条石上叠压石灰岩石板。在东翼墙基内侧有大块平卧的石块和红烧土面。西翼墙基建在方形建筑基址的正西一侧，东距方形建筑基址的西墙基 6 米。保存部分有间断，中部的一段较长，为 7.9 米，南部的一段残长1.2 米。墙基上也压有石灰岩石板（图二二）。与东翼墙基不同的是，西翼墙基之下有一房址（图一五，11；图二二）。

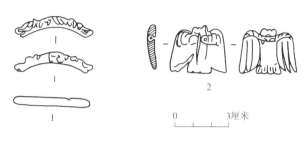

图一八

1.并首猪头玉璜（TE6②g1：1）　2.鸮形绿松石饰（TC6②：1）

图一七　方形基址内成组立石

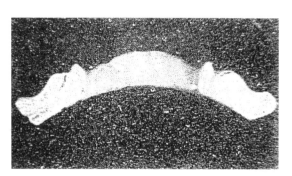

图一九　并首猪头玉璜

图二〇　鸮形绿松石饰

图二一　东翼石墙基
（自东南向西北摄）

图二二　西翼石墙基，外侧铺石面，
下压房址F1（自北向南摄）

　　以上方形建筑基址东西两翼墙基的外侧，都堆有大面积的石块，其范围直至东西边缘地带，并沿着边缘的斜坡一直向下伸延。石块都比较小，多是一些石灰岩质，一般在 15 ～ 20 厘米。

　　东山嘴方形建筑基址南半部分的左右两翼，都有石堆。东侧一翼石堆，以长条石平卧为主，形成长 11、宽 2 米的石条带，这一石条带西距方形建筑基址的东墙 0.5 米。石堆内多是一些平底、尖顶的锥状石，也有加工平整的砂岩长条石。由是可知，此东翼南部一带，原也有石墙和成组的锥状石。方形建筑基址西翼南部一带的石堆，比较零散，也是一些锥状石和长条石块。可以分辨出，原来也是锥状立石成组状态。南侧西翼内石堆遗迹，东距方形建筑基址南段西墙只有 0.2 米。东山嘴方形建筑基址南部东西两翼间发现石堆，使用石料与大型方形建筑基址内偏南部一侧石堆用料相近，所在东西两翼间的地点，互相对称。由是反映，红山文化先民在方形建筑左右两翼间，之所以设置此互相对称的两个石堆遗迹，原寓有特殊的含义。其与大型方形建筑基址内偏南一侧中部发现石堆遗迹用料、形制接近。或又说明，这三处石堆遗迹很有可能是他们在某一观念指导下的一时之作（图一五，4、5、13）。

　　东山嘴建筑群址北半部建筑基址的分析研究和相关遗迹遗物的出土显示，所谓东山嘴方形建筑基址，乃是喀左县东山嘴发现建筑基址的主体或曰中心建筑遗迹。这一方形主体建筑遗迹的两翼遗存，属于附属建筑物。由主体建筑遗迹中部和此主体建筑基址北部东翼西侧内的大片红烧土面看，辽西喀左县东山嘴发现这一建筑群址与牛河梁第一地点建筑遗迹一样，也是一处宗教性祭祀遗迹。而这处遗迹与牛河梁第一地点发现的猪头山神祭祀遗迹有所不同的是，东山嘴发现的祭祀性建筑遗迹，并无地面建筑，只是一处露天的祭祀性质的物质文化遗存。

　　东山嘴建筑群址的前端石圈形、多圆形石砌基址中，北距主体建筑方形基址南墙外 15 米的是石圈形台址（图一四；图一五，8）。台址为正圆形，直径 2.5 米，距地表 20 ～ 40 厘米，是在黄土堆积的上部铺砌而成，叠压在厚约 50 厘米的黄土层上。石圈的周边用小石片砌边，石片皆近长方形，向外的一边正齐，整个台址显得十分规整（图一五，8）。石圈内铺一层大小相近的鹅卵石。在此石圈形台址东北一侧，距地表 80 厘米的黄土层底部一层红烧土面上，有人骨架一具（图一五，10），已经石化，不见墓框，唯头和脚部两侧各置两块不规则形石板，并无其他随葬品。发现陶塑人像 20 余件，多是一些人体的肢干，不见头部。在石圈形台址东侧、东北一侧黄土层中，各一泥质孕妇塑像残件，皆裸体直立像，头部、右臂均残（图三，4）。东侧黄土层中的一件，涂有红衣。在石圈形台址东南一侧黄土中，发现过去在牛河梁第一地点也曾见到的大型泥质人物塑像，也无头，上、下身各一块，原属同一个体。东山嘴方形建筑基址南墙外圆圈形石砌基址的构筑形制，周边黄土层中的人骨架、泥塑人体残块和红烧土类遗迹发现表明，这一圆圈形石砌基址与稍北主体方形建筑基址一样，也是居住在东山嘴一带的红山文化先民举行祭祀活动的一个地方。

在石圈形台址又南 4 米，有残缺又不相连接的 3 个圆形基址，发掘者根据出土资料分析认为，这 3 个圆形基址的形成和使用时间早于稍北的石圈形台址（图一四；图一五，9）。在方形主体建筑西翼石墙基和铺石下面发现房址（编号 F1）（图一五，11），不少现象与祭祀有关。由两翼墙基和铺石下面发现房址的叠压关系看，这一房址无疑也是大型方形建筑基址构筑前使用过的与祭祀活动有关的物质文化遗存。因限于篇幅，这里不拟再做述说。

在东山嘴建筑群址北部大型方形基址及其两翼遗迹的分析推阐中，有一个特殊的现象：无论是方形主体建筑还是两翼内外，都有成堆的积石；至于一些零散的石块，在遗址内外并东山嘴建筑群址两侧坡崖上，可谓俯拾即得。依诸前文，东山嘴北部建筑遗迹一带，共有 5 个明显的石堆遗迹。最大的一个在中部红烧土面以南逼近南墙的一侧；方形建筑南半部东西两翼与主体建筑基址东西墙址间，也各有一处，共计两个石堆遗迹。这两处石堆遗迹与方形建筑基址内偏南一侧计凡 3 个石堆遗迹，使用石料的大小、形制基本一致；方形建筑基址北侧东西两翼外侧，也有石块堆积，两石块堆积遗存的范围一直延至遗址的东西边缘一带。就石堆遗迹的所在位置和石料的形制、大小，方形主体建筑基址内偏南一侧及其南部与东西两翼间石堆，与北部方形基址两翼外侧发现石堆遗迹的形成，似乎并不完全一致。前三者似是在很短的时间内形成的，或者说是一时之作。由至今流传于民间到泰山祈福要压石头块的习俗看，后述两者应与北翼东西两侧坡崖上发现零散石块堆积的性质归为一类，或属红山文化先民携石块来此实行祭祀活动时，弃置于此地而逐渐堆积形成的。

牛河梁遗址群与东山嘴建筑群址，文化属性相同、时代相近，都是红山文化先民使用过的一些祭祀性质的物质文化遗存。牛河梁第二地点积石冢坛及冢坛前面的石堆遗迹，与东山嘴遗址类似发现的形成过程，也基本上是一致的。这些现象充分说明，东山嘴建筑基址石堆遗迹和到处可见石块的现象，也是（距今）5000 多年前后居息在这一带的红山文化先民在崇拜山神、祭祀山神过程中，用压石块的方法来镇压山神邪恶行径而留下的一些物质文化遗存。牛河梁"女神庙"祭祀遗迹是一处祭祀猪头山神的文化遗迹，其主体建筑遗迹与正南 8 里猪头山正好相对。由地理形势观察，喀左县东山嘴方形主体建筑遗迹所祀山神，也必与遗址东南方向相对的马架子山息息相关。

从牛河梁第一、二地点和东山嘴建筑群址遗迹分布与周边地理环境可知，所谓东山嘴建筑群址方形主体建筑基址，就是红山人在此祭祀遗址东南方向马架子山神的一处文化遗存。在这一遗存的中部，有大面积红烧土面祭祀遗迹，在红烧土面祭祀遗迹之上有玉璜、石弹丸一类祭祀用品；在中部红烧土面以南，即方形建筑基址的偏南一侧，是红山文化先民着意用以震慑山神的大型石堆遗迹；在石堆遗迹又南一侧方形建筑基址的南墙中段、紧贴于南墙壁的地方，又置放并首猪头玉璜一件（图一八，1；图一九）。依民俗习惯推度，东山嘴建筑群址方形基址内，放置并首猪头玉璜出土的地方，正是宗教祭祀活动中供奉祀主的地方。并首猪头玉璜在这里发现表明，此璜就是5000多年以前东山嘴人祭祀东南方向马架子山神的一件玉制的祭主之象。

　　东山嘴方形主体建筑基址的玉制马架子山并首猪头山神之象，长约4厘米，淡绿色玉质，体上弧呈璜形；只一侧有雕饰纹，背部对穿一孔；上弧形玉璜两端各雕一猪头形，使玉璜呈并首猪头状。此玉制马架子山神背部有穿孔，仅一侧有装饰纹样，似这一玉雕神像或悬挂于某构架上，是供人们祈祷和拜谒的对象，是而面向祈祷者的一面雕有纹样，相背的一面则无需雕纹装饰。至于此马架子山神之像之所以将并首作成猪头状，很有可能因为在东山嘴人的心目中，牛河梁第一地点早些时候已经祀祭的猪头山神，是红山人崇拜诸山神的宗主或总长，故而在玉制的马架子山神像的两端，也各雕饰一猪头之像。还有一个需做些交代的疑诘是，牛河梁第二地点 M4 发现玉制猪头山神（图八，2），"龙"体呈蜷曲形，而东山嘴发现并首猪头山神之像，"龙"体呈上弧形。由"马架子"山一名的原始寓意、推究，颇疑东山嘴玉制马架子山神躯体之所以呈上弧状，很有可能与马架子山脊的形象有关。到过济南的人都知道，市南郊有座名叫马鞍（子）山的名山。这座山与东山嘴遗址马架子山只有"鞍""架"一字之差。济南南郊马鞍山的山脊呈下弧形"⌣"，以常理推之，东山嘴遗址东南一侧马架子山的山脊之形，应呈上弧形"⌢"状。假设这一猜测不属奇谈怪论，那么东山嘴所祀并首猪头山神躯体呈上弧形，无疑原是模拟马架子山的山脊之象。如果是这样，东山嘴方形主体建筑基址南墙中段的这件并首猪头玉璜，是东山嘴人祭祀东南一侧马架子山神祭主的这一说法，也就无可厚非了。

　　在东山嘴建筑群址南部前端的石圈形、多圆形石砌建筑基址中，北距方形建筑基址15米石圈形建筑基址与方形主体建筑基址两者间，关系一致。这一石圈建筑基址用料相当考究，构筑形制十分规整。发现时，基址的表面无任何其他遗物。只一大小一致、铺砌整齐的鹅卵石面而已。在这一特别规整的石圈形建筑基址近侧的东北至东南部的黄土地层中，发现泥质人体塑像20余件，有过去在牛河梁第一地点所见的特大型人体泥塑，也有一些小型的孕妇人体泥塑。令人不解的是，无论是哪一类人体泥塑，一律无头部。在东北一侧黄土层底部红烧土面上，还有人骨架一具，已经石化，无任何随葬品。由这一石圈形石砌建筑遗迹及其近侧的一些主要发现看，该遗迹无疑原有特殊的用途。从牛河梁第一地点和东山嘴建筑群址主体建筑遗迹的研究中，可以窥见，这两个主体建筑遗迹的北壁或南壁正中的地方，都是处置或供奉泥塑猪头山神或玉制并首猪头山神的地方。牛河梁第一地点主体建筑基址的背面即其北侧18米的地方，是一平台建筑遗迹。从出土遗物与遗迹现象分析判断，这一平台建筑遗迹原是牛河梁人礼送、礼接冥冥中猪头山神升降于天地之间的地方。东山嘴建筑群址主体方形建筑基址的背面即南面15米的地方，是一石圈形石砌建筑基址，就其所在位置而言，这一基址无疑也是东山嘴人礼送、礼接并首猪头山神升降于天地之间的所在。因为这一原因，这一石圈建筑基址用料如此考究，构筑工艺如此精细，就不难理解了。看来，在此石圈形石砌建筑基址近侧发现人体泥塑之所以一律无头，可能是专门用于祭祀而特制。至于石圈形基址近侧东北部发现人骨架，很有可能是东山嘴人因为迎送并首猪头山神往返于天地之间的牺牲品。当然也不能排除它是红山人因为构建这一建筑基址时使用的奠基者。东山嘴建筑群址南部前端石圈形石砌建筑基址诸现象的发现，为红山文化先民视猪头山神为凶神恶煞类说法又添新证。

四　民俗资料文献传说与猪头山神祭山遗迹

民俗志资料反映，在世界各民族的原始宗教中，都有崇拜山神、祭祀山神的习惯。至今生活在我国边远地区的人们仍保存了这种风俗。比如居住在我国内蒙古和黑龙江一带的鄂温克人，对山神的崇拜就特别突出[1]。他们认为高山峻岭悬崖绝壁处，都是山神栖居的地方。山上的一切野兽都是山神所饲养，他们在游猎活动中所捕获的一切，都是山神恩赐的结果。又比如，至今生活在我国东北地区大兴安岭一带的鄂伦春人，他们最崇拜的也是山神——白那查，逢年过节实行家宴，长辈必须先用手蘸酒向上三弹，以敬献给山神白那查。与鄂温克人一样，鄂伦春人也认为悬崖峭壁、深洞怪石或者有参天大树的地方，就是山神居息的所在。他们因袭了5000多年以前红山文化先民积石祭山的古老习惯，为求得山神的庇佑，要在山端路旁积石成堆（俗称敖包）为祭坛，还有的在山间剥去一块树皮的根部，画上一老汉像，以作为敬畏的山神之像[2]。相关民俗资料中，山峰的奇特形状往往成为人们崇拜某山所属某神的一个重要依据。比如某山的形象与虎头的形象有些相像，人们就迷信它与虎的神灵有关[3]；某山峰的形状与狮子头的形状相似，又迷信它与狮

[1]　秋浦等：《鄂温克人的原始社会形态》，中华书局，1962年，第90、91页。

[2]　孟志东、瓦伦台布、尼伦勒克：《鄂伦春族宗教信仰简介》，《萨满教文化研究》第一辑，吉林人民出版社，1988年，第247～254页。

[3]　朱天顺：《中国古代宗教初探》，上海人民出版社，1982年，第71～74页。

子的神灵相关 [1]，诸如此类不胜枚举。在我国古代典籍中，山神原以"离"字为名，谓其形如兽类，属于危害人民的猛兽一族。《广雅疏证·释天》曰："山神谓之离。" [2]

《说文》曰："离，山神也，兽形……欧阳乔说：'离，猛兽也。'"

又《春秋经传集解·宣公三年》曰：

"昔夏之方有德也，远方图物，贡金九牧，铸鼎象物，百物而为之备，使民知神、奸。故民入川泽山林，不逢不若，螭魅罔两，莫能逢之。"

杜注曰："螭，山神，兽形；魅，怪物；罔两，水神。"

依于杜注，"螭"乃山神本名"离"字的增繁，"螭""离"两字互通。"螭魅罔两"在我国古代人民的心目中，是"凶恶残忍""凶神恶煞"类用语的同义词。在先秦经籍中，人们视"螭"（离）或山神类物为洪水猛兽，将其与魅、罔两一类妖魔鬼怪归为一类。这告诉我们，在我国古代人民的心目中，山神一类神祇，原是为患于人民的穷凶极恶的丑类。民俗资料与文献资料"螭"（离）字寓义等，从侧面证明了牛河梁与东山嘴考古发现原是一些山神类祭祀遗迹的判断。

牛河梁与东山嘴祭山遗迹，以泥塑猪龙和玉制并首猪头玉璜为祭主。关于我国古代人民崇拜和祭祀山神的一些古老习惯，在《山海经》一书中有过不少的记述。其中，记说彘、豕即以猪类动物为山神者，计有三处之多。《中山经》中的《中次七经》《中次十一经》各一见。《中山经》涉及的地域范围属中原地区，有的或外延至河南又南的一些地方。就地望而言，《中山经》记述这一地带崇拜猪头山神的有关记载，与辽西红山文化发现猪头山神类祀祭，应无或相干。以猪类动物为山神，在《山海经·北山经》一文，也有一见。《北次三经》曰：

"凡《北次三经》之首，自太行之山以至于无逢之山，凡四十六山，万二千三百五十里。其神状皆马身而人面者廿神。其祠之，皆用一藻茝（chai）瘗之。其十四神状皆彘身而载玉。其祠之，皆玉，不瘗。其十神状皆彘身而八足蛇尾。其祠之，皆用一璧瘗之。大凡四十四神，皆用稌糈米祠之，此皆不火食。"

《北次三经》所记四十四山神，以猪为山神者有廿四神之多。《山海经·北山经》涉及的地域，当今山西、河北北部又或以远的一些地方。《北次三经》[3] 告诉我们，它的记述路线是，自太行山而东进入河北省后，又折西向北至燕山、碣石、雁门诸山。最后所至三山的具体所在今或无法确指。但依此三山得名声类求之，其大致方位在今山西的东北至河北省的东部、东北方向，当是可信的。若依《北次三经》记述马与彘类山神的先后次第推求，文籍中猪一类山神的崇拜者，大致也或活动在今河北

[1] 詹承绪等：《永宁纳西族的阿注婚姻和母系家庭》，上海人民出版社，1980年，第256页。

[2] （清）王念孙：《广雅疏证》，中华书局，1983年，第284页。

[3] 袁珂：《山海经校注》，上海古籍出版社，1980年，第85～99页。

省的北偏东一带。这一地带又适与辽西红山文化分布的地域相接。是而反映，《山海经·北次三经》以猪为山神一族的活动地望，应与今辽西牛河梁东山嘴发现崇拜祭祀猪头山神的历史，密切相关。这又再从侧面证明了，辽西牛河梁与东山嘴考古发现是红山文化先民猪头山神祭山遗迹一说。《山海经·海内北经》曰：

"袜，其为物人身黑首从目"。[1]

晋人郭璞注曰"袜即魅也。"清代学者郝懿行以"魑魅汉碑作襦袜"为依据，也认为是"袜即鬼魅"之"魅"字。他又进而推论此"袜"或"魅"，就是《楚辞·大招》一文中"豕首从目，被发鬤只"的彘、豕之类[2]。"袜"（魅）、"魑"二字在古语"魑魅罔两"一语中为一类物，同为猛兽怪物之属，"魑"又为山神本字"离"字之衍，可证所谓"袜"也者，也是先民对山神的一种别称。这是一个令人振奋的发现。依郝氏所论袜又彘、豕类物一说，我们也可以这样认为，《山海经·北次三经》一文所记彘、豕为山神，就是以袜为山神之谓。此又表明，由考古发现资料推论的在红山先民心目中牛河梁与东山嘴所祀猪头山神属凶神恶煞类说法，在我国古代语言文字资料中也有踪迹可寻。

我们在试说牛河梁与东山嘴猪头山神祭山遗迹过程中，引用了不少民俗资料、文献资料以及《山海经》一书中的一些传说资料。众所周知，我国古籍中收集神话传说资料为多者，莫过于古代流传下来、之后又经秦汉人增补过的《山海经》一书。其中，最为大家所乐道又常被引为故事者，是书中关于西王母与昆仑山的一些记叙[3]。关于西王母的故事，多见于《西山经》《海内北经》《大荒西经》。《西山经·西次三经》曰：

"玉山，是西王母所居也。西王母其状如人，豹尾虎齿而善啸，蓬发戴胜，是司天之厉及五残。"

郭璞注曰："蓬头乱发；胜，玉胜也。"又注曰"主知灾厉五刑残杀之气也。"[4]

《海内北经》曰：

"西王母梯几而戴胜杖，其南有三青鸟，为西王母取食，在昆仑虚北。"

郭璞注曰："梯谓凭（ping）也。"郝懿行认为："胜后无杖字。"袁珂认为："无杖字是也。"他依《大荒西经》中关于"三青鸟，赤首黑目，一名大鵹，一名曰少鵹，一名曰青鸟"[5]又认为，此"为西王母取食"的"三青鸟者，非宛转依人之小鸟，乃多力善飞之猛禽也"。

[1] 袁珂：《山海经校注》，上海古籍出版社，1980年，第314页。
[2] 袁珂：《山海经校注》，上海古籍出版社，1980年，第314页。
[3] 鲁迅：《中国小说史略》，《鲁迅全集》（九），人民文学出版社，1981年，第18～19页。
[4] 袁珂：《山海经校注》，上海古籍出版社，1980年，第50～51页。
[5] 袁珂：《山海经校注》，上海古籍出版社，1980年，第306页。

《大荒西经》曰：

"西海之南，流沙之滨，赤水之后，黑水之前，有大山，名曰昆仑之丘。有神——人面虎身，有文有尾，皆白——处之。其下有弱水之渊环之，其外有炎火之山，投物辄然。有人，戴胜，虎齿，有豹尾，穴处，名曰西王母。此山万物尽有。"[1]

《山海经·大荒西经》还有一处提到"有西王母之山"的文字[2]，但文中并无与西王母状貌类有关的记说。前所揭引三段文字中可以清楚地看出，我国神话传说中的西王母原是人面、体若虎类猛兽状，她居息于大山或昆仑丘类岩穴之中，有猛禽三青鸟为伴。民族志材料告诉人们，迄今为止还有崇拜山神习俗的一些后进民族，仍然认为山神栖居的地方，就在大山的悬崖峭壁或崖穴之中；文献资料告诉人们，我国古代人们崇拜山神，形貌类兽，族属猛兽类。依是可知，自古流传下来有关西王母的一些神话传说，殆属先民崇拜山神风习的演变和升华。山神西王母有猛禽相伴，这一传说的由来无疑与牛河梁人认为猪头山神凭借鹰类猛禽能往返于天地之间的原始思维相关联。依这一传说又可进而推知，在牛河梁第十六地点以及东山嘴方形建筑基址东外侧发现的所谓板状玉凤（图八，1）、鸮形绿松石饰（图一八，2；图二〇）类物绝不是一般的随葬物品，而是朴拙的红山文化先民在祭祀山神过程中，礼送或礼接猪头山神往返于天地之间而使用的一些不可或缺的礼具。至于我国古代人民崇拜的山神为什么是一个女性，这应与我国古代山神崇拜习俗产生（与世界其他兄弟民族一样），于发展的母权制度之下的原因有关[3]。

在《山海经》一书中，关于昆仑山或昆仑丘的记载，以《西山经》和《海内西经》两文最具代表性。《山海经·西次三经》曰：

"西南四百里，曰昆仑之丘，是实惟帝之下都，神陆吾司之。其神状虎身而九尾，人面而虎爪；是神也，司天之九部及帝之囿时……有鸟焉，其名曰鹑鸟，是司帝之百服……河水出焉，而南流东注于无达。赤水出焉，而东南流注于氾天之水。洋水出焉，而西南流注于丑涂之水。黑水出焉，而西流于大杆。"

关于经文中的"昆仑之丘"，《说文》"昆"下段注曰："昆者，众也。"由此可知，所谓"昆仑之丘"的原始含义，就是众多的山丘的意思。经文"帝之下都"，郭璞注曰："天帝都邑之在下者。"袁珂认为："郭注天帝，即黄帝。"经文"神陆吾"者，郭璞注曰："即肩吾也。庄周曰，'肩吾得之，以处大山'也。"郝懿行曰："郭说见《庄子·大宗师篇》，《释文》引司马彪云，'山神不死，至孔子时'。"是所谓神陆吾者，就是我们现在所说的山神之谓。经文"司天之九部及帝之囿时"，郭璞又注曰："主

[1]　袁珂：《山海经校注》，上海古籍出版社，1980年，第407页。

[2]　袁珂：《山海经校注》，上海古籍出版社，1980年，第397页。

[3]　柯斯文著，张锡彤译，张广达校：《原始文化》，生活·读书·新知三联书店，1962年，第181页。

九域之部界,天帝苑囿之时节也。"经文"鹓鸟",郝懿行认为就是凤凰鸟。经文"司帝之百服",郭璞认为:"服,器服也;一曰服,事也。或作藏。"郝懿行曰:"或作藏者,百藏,言百物之所聚。"这段经文最后告诉我们,《西次三经》所记这一昆仑之丘,为河水、赤水、洋水、黑水所自出[1]。《海内西经》曰:

"海内昆仑之虚,在西北,帝之下都。昆仑之虚,方八百里,高万仞。上有木禾,长五寻,大五围。面有九井,以玉为槛。面有九门,门有开明兽守之,百神之所在。在八隅之岩,赤水之际,非仁羿莫能上冈之岩。"

这段经文中的"海内昆仑之虚",《说文》"丘"下曰:"丘,土之高也,非人所为也。"《说文》"虚"下又曰:"虚,大丘也。"是证,"昆仑之虚"就是"昆仑之丘"。郭璞注云:"言海内者,明海外复有昆仑山。"郝懿行云:"海内昆仑即《西次三经》昆仑之丘也。《禹贡》昆仑亦当指此。《海内东经》云,'昆仑山在西湖西'。盖别一昆仑也……又荒外之山,以昆仑名者盖多焉……郭云海外复有昆仑,岂不信哉。"关于"木禾",郭璞云:"木禾,谷类也,生黑水之阿,可食,见《穆天子传》。"余案"寻"者,乃长度单位,古代以八尺为寻。"槛",郭璞注谓:"槛,栏也。"即今所谓栅栏也。经文最后一句,"非仁羿莫能上冈之岩"。郭璞认为:"言非仁人及有才艺如羿者,不能得登此山之冈岭巉岩也。羿尝请药西王母,亦言其得道也。羿一或作圣。"[2]郭氏的这一解读实属迂腐之甚,但其所言羿与山神西王母有直接交往一端,亦足可证明,这里所说的仁羿,原是一个能沟通人神关系的巫祝一类人物。从以上所引经文对天帝下都的一些描述中可以得知,所谓"帝之下都"即山神主管和栖居的地方,就在以"昆仑之丘"(虚)为名的一些山丘上。在山神息居的山丘上或"都邑"里,有帮他管理事物名曰鹓鸟的神鸟,有为其守门的开明神兽,有非常高大的名叫木禾的谷物,有九门、九井,还围以用玉石做成的栅栏。此山神主管和息居的地方,也是百神所聚居的地方,一般人是不能涉足的,只有那些能够沟通人神关系像仁羿那样的巫祝一类人物,才有资格"上冈之岩"或者靠近他的边缘地带。

牛河梁与东山嘴发现猪头山神祭山遗迹,都发现在一些山丘上,所祀山神属猪类野兽,这和古代传说山神"兽形"属"猛兽"类,其司理和栖居的地方,在以"昆仑丘(虚)"为名的山丘上的说法一致;牛河梁第一地点主体建筑北室,发现泥塑鹰一类爪趾,十六地点中心大墓发现板状玉凤及东山嘴遗址发现展翅飞翔状鹓形石饰,无疑与传说古代山神司理和居息的地方有神鸟相伴类说法相关;牛河梁第一地点红山人为猪头山神主体建筑构建南单室门围设施及猪龙残块的发现,又与古代传

---

[1] 袁珂:《山海经校注》,上海古籍出版社,1980年,第47~49页。
[2] 袁珂:《山海经校注》,上海古籍出版社,1980年,第294~297页

说山神司理和居息的地方有开明神兽为其守门的说法近似；牛河梁第一地点丘顶最北侧石砌平台遗迹、东山嘴大形方形建筑遗迹、两翼及其南部前端圆圈和一些圆形石砌建筑基址，实属古代山神所居"昆仑之丘（虚）"，有"以玉为槛"类说法的历史真相。牛河梁第二地点五座积石冢墓中，除三号冢属圆形祭坛类遗迹外，所余四冢内都有中心大墓和一些中等类型的墓葬。从第二地点 M4 猪龙类随葬遗物的推说中，已知牛河梁第二地点积石冢中等以上墓主的身份，乃是一些巫祝类人物。牛河梁第二地点在北距第一地点 110 余米的南侧斜坡上，这些巫祝类人物的冢墓在第一地点南坡边缘地带发现，又恰如我国古代传说中山神居息的地方只有仁羿一类巫祝者才能"上冈之岩"类说法。可见，牛河梁与东山嘴的考古发现，是红山文化先民崇拜山神、祭祀猪头山神遗迹的说法，确有真实的历史背景为根据。发掘者在有关文章中曾经提及，牛河梁与东山嘴祭祀遗址群，在 50 多万平方公里范围内有十数余处之多，但未曾一见聚落类遗迹，是而认为，辽宁省红山文化中心区域内发现的这类祭祀遗存，原是远离人们居住地点而独立存在的一些祭祀场所[1]。我们同意发掘者的这一看法。关于这一独立祭祀场所，《庄子集释·大宗师》曰："堪坏得之，以袭昆仑。"

疏云："昆仑，山名也，在北海之北。堪坏，昆仑山神名也。袭，入也。堪坏，人面兽身，得道入昆仑山为神也。"

释文云：

"'堪坏'，徐扶眉反，郭孚杯反，崔作邳。司马云：堪坏，神名，人面兽形。《淮南》作钦负。"

又《山海经·海内北经》曰：

"昆仑虚南所，有氾林方三百里。"[2]

牛河梁"女神庙"、东山嘴考古资料与文献资料和传说资料互证，我们认为发掘者所说的这一远离居住地点而独立存在的祭祀场所或曰牛河梁与东山嘴发现的祭祀群址，很有可能就是《庄子·大宗师》一文所说"北海之北"的昆仑山或者《山海经·海内北经》所谓"昆仑虚"的具体所在。

综以前文所论，牛河梁"女神庙"与东山嘴建筑群址所祀猪头山神，并首猪头山神类神祇，在历史演进的长河中，或因时间不同也或因出发角度有别，在载籍或传说资料中，又有诸多不同的称谓：在《山海经·北次三经》一文中，猪头山神以"彘"字为名；在《山海经·海内北经》一文中，又以"袜"即以"魑魅魍魉"一语中的"魅"字为名；在《庄子集释·大宗师》一文中猪头山神又有"人面兽身"的"堪坏（pei）"

[1]　郭大顺：《红山文化坛庙冢与中国礼制溯源》，《走近牛河梁》，世界知识出版社，2007年。
[2]　袁珂：《山海经校注》，上海古籍出版社，1980年，第316页。

一名，等等。上述诸名称谓不同，但在诸载籍中的地望所指则无一例外，都指向了山东以北、河北北部偏东。这说明，文献资料与传说资料中山神夔、袜（魅）或堪坏诸名，是红山文化中心区域牛河梁与东山嘴猪头山神类神祇别名这一说法，与历史真相相符。

五 余论

前所述及，牛河梁"女神庙"积石冢内墓葬，是一些唯玉而葬的墓葬。在这些墓葬出土玉制器类中，第五地点中心大墓的玉龟最为引人所注目。考古资料、文献资料、传说资料多方面证明，这些冢内的唯玉而葬者，原是一些职司祭祀猪头山神的巫祝者的墓葬。可见，牛河梁第五地点中心大墓发现的玉龟是墓主在祭祀猪头山神活动中使用礼具的说法，是没有问题的。与牛河梁其他各地点发现玉猪龙、板状玉凤、玉（石）鸮鸟类礼仪用品不同的是，在牛河梁与东山嘴考古材料和红山文化的一些考古发现中，尚难找到红山人在祭山活动中使用玉龟一类礼仪用品产生的历史渊源。熟悉新石器时代考古材料的学者都知道，河南舞阳贾湖裴李岗文化和泰沂山系迄南至江苏北部一带的大汶口文化先民，都有崇拜龟鸟的习俗，在5000多年前大汶口人有在腰间佩挂乌龟壳借以辟邪厌胜的习惯[1]。古文字资料中，商奄的"奄"字原是龟形的原始摹写[2]。这一殷商旧国的故址，就在鲁中南蒙山以西不远的曲阜境内。说明在大汶口文化以后，藩息在泰沂山系迄南至江苏北部一带的先民，有以乌龟为图腾的风习。文献资料与考古资料疏证，周代以前所谓的泰山，并不是现在泰安境内的泰山，而是位居平邑、费县、蒙阴三县交界地带的蒙山[3]。蒙山主峰高约1156米，名曰龟蒙顶。查以载籍，蒙山极顶之所以由"龟蒙"二字为名，原因其山巅有形似乌龟的巨石[4]。史前渔猎经济时代鲁中南蒙山周边的人们有崇拜山神、祭祀龟蒙顶形似乌龟巨石的古老习惯。20世纪80年代末至2000年间，安徽省发掘的凌家滩遗址是一处祭山遗址[5]。在87M4号特大型墓葬中，有玉制的龟背腹甲发现。其所祀太湖山主峰东北的乌龟山上也有一形似乌龟的巨大石块[6]。我们非常怀疑，红山文化先民崇拜山神、祭祀猪头山神使用玉龟为礼器，很有可能与古代中原

[1] 王树明：《大汶口文化墓葬中龟甲用途的推测》，《中原文物》1991年第2期。

[2] 闻一多：《释奄》，《闻一多全集》，开明书店，1948年，第507页。

[3] 王树明：《东岳泰山新诠》，《故宫学术季刊》，1995年15卷第3期。

[4] 高亨：《诗经今注》，见《诗经·鲁颂·閟宫》篇，上海古籍出版社，1980年。

[5] 安徽省文物考古研究所：《凌家滩——田野考古发掘报告之一》，文物出版社，2006年。

[6] 王树明：《安徽含山凌家滩脩蛇山神祭山遗迹寻绎》，《李下蹊华——庆祝李伯谦先生八十华诞论文集》，科学出版社，2017年。

山东地区先民崇拜乌龟和安徽、山东一带先民崇拜山神、祭祀山神的一些古老风习有关。

　　这篇文字在形成过程中，引用了许多文献资料与传说资料。对史前时期的一些考古材料，使用这类资料进行研究，就目前而言，虽然不能说是一个禁区，但还是比较容易引起非议的。从对牛河梁"女神庙"与东山嘴猪头山神祭山遗迹的研讨中，不难看出，文献资料与古代流传下来的一些常被视为神话的传说资料，的确不能将其完全据为信史，但这些资料有的确实暗示抑或歪曲地反映了一些，在中国历史上确乎存在的事实。对其完全排斥抑或将其一律视为悠谬，我们认为是不够妥当的。

　　　　　　　　　　　　　　　　　　　　　　　2012 年 4 月 26 日于济南

（原载《海岱考古（第六辑）》，科学出版社，2013 年）

安徽含山凌家滩脩蛇山神祭山遗迹寻绎

一　引言

　　1985年至2000年12月，安徽含山凌家滩遗址进行过四次考古发掘，清理凌家滩时期墓葬44座，祭坛和一个大型活动广场。出土玉器中，刻画玉版、玉龟、玉鹰及龙蛇类玉器造像的出土，引起我国学术界极大关注，纷纷发表文章进行探讨[1]。不少学者认为，凌家滩墓地刻画玉版或玉片，是我国古代人民从事天文历法活动中，使用的一种礼器，即后世人们称之为式盘的原始用具[2]。玉制乌龟壳，是凌家滩人在卜筮活动中使用的盛储器[3]。也有学者认为，凌家滩墓地发现玉鹰与我国古代东方夷人以鸟为图腾崇拜的风习有关[4]。我们根据凌家滩遗址发现的文化资料、地理环境状况，并与过去在辽西牛河梁与东山嘴发现的猪头山神祭山遗迹，做了一点比较研究，认为凌家滩一带发现的遗迹、遗存，是藩息在安徽含山一带先民崇拜山神、祭祀山神，对遗址正北10里太湖山，诸峰走势似龙蛇状诸山，实行祭祀活动而留下的文化遗存。下文就这方面一些有关情况，谈点浅见。

二　安徽含山凌家滩脩蛇山神祭山遗迹寻绎

　　安徽含山凌家滩遗址，地处安徽境内长江北岸巢湖市以东，含山县铜闸镇西南，在太湖山南山脚下向南伸展一土岗上。正北距太湖山10里，遗址之南是自西而东经遗址南沿后，再东流又注入长江的裕溪河，凌家滩遗址就在这一背山面水的岗丘上，地理位置相当优越（图一）[5]。

　　凌家滩遗址由南区、中区、北区三个部分组成，总面积160余万平方米。1985

　　[1]　安徽省文物考古研究所：《凌家滩——田野考古发掘报告之一》，文物出版社，2006年。
　　[2]　陈久金、张敬国：《含山出土玉片图形试考》，《文物》1989年第4期。
　　[3]　俞伟超：《含山凌家滩玉器反映的信仰状况》，《凌家滩文化研究》，文物出版社，2006年。
　　[4]　李修松：《试论凌家滩玉龙、玉鹰、玉龟、玉版的文化内涵（代序）》，《凌家滩文化研究》，文物出版社，2006年。
　　[5]　安徽省文物考古研究所：《凌家滩——田野考古发掘报告之一》，文物出版社，2006年，第1~5页。

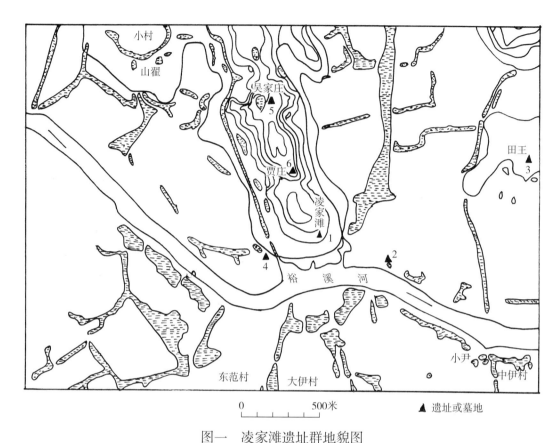

图一　凌家滩遗址群地貌图
1.凌家滩遗址　2.石头圩遗址　3.田王村遗址　4.南半坎遗址　5.吴家庄遗址　6.凌家滩墓地

年发现后，先后进行过四次调查和发掘，清理面积 2200 余平方米，出土器物 1500 余件。1987 年至 1998 年三次发掘的，都是遗址中区的墓葬和祭坛，这是凌家滩遗址的中心区[1]。

凌家滩遗址中区的墓地，在凌家滩村北高岗平台上。平台北高南低，呈长方形。南北长 175 米，东西宽 80 米，总面积 14000 平方米。墓地偏东处，被村民呼为姜家坟的大土堆，是一些无主墓地和几座现代坟，再南是凌家滩自然村。墓地北部高，南部较为平坦。最北边墓地最高处，海拔 26 米。这一最高点原为占地几百平方米的圆形高土堆，从剖面看，高土堆地层内含凌家滩时期的陶片、红烧土层，似有夯筑的迹象。据村民讲，20 世纪 70 年代以前，土堆周围散落有数十块大型巨石，有的长达 7～8、宽或 1 米许，有竖着的，也有斜躺着的，人们称其为扁担石或磨盘石。后来被村民盖房所取用，现在只有几块大方石，每块得有几吨重。1993 年村民为修桥垫土，将高土堆夷为平地。墓地中部有一东西走向沟渠，将墓地分为南北两部

[1]　张敬国：《朝拜圣地——凌家滩》，《凌家滩文化研究》，文物出版社，2006年。

分，沟渠南北宽 3 米、东西长有 75 米余。墓地以西和以东都是平缓的坡埕，墓地与周边农田的落差约有 10 米许。铲探发现墓地以西有许多曾经加工过的石块、石料，还有用石块铺砌整齐的地面遗迹。发掘者认为这一地带是凌家滩时期的手工业作坊遗迹（图二）[1]。

凌家滩遗址中区的墓葬，主要分布在墓地南部、中部和西部，重要墓葬都在墓地南部的边缘一带，共有凌家滩时期墓葬 44 座：第一次发掘 4 座[2]，第二次发掘 11 座[3]，第三次发掘 29 座[4]。已经清理的墓葬，都是一些长方形竖穴土坑墓，除 87M7、98M8、98M26、98M32 为东西向坑穴外（图二），其余墓葬多为南北方向。墓葬中人骨架保存极差，无葬具。随葬遗物以玉器和石制兵器为主。陶器数量少，火候偏低，基本无法复原，或多属明器的一类。

凌家滩遗址中区的祭坛，在墓地最高地带稍偏东地段[5]，为东西宽 30、南北长40 米的一不规则长方形，原面积 1200 平方米，经历年破坏，现存只有 600 余平方米（图二）。祭坛建筑分三层：最下面的一层，用纯净黄斑土铺垫；中间的一层，用灰白色胶泥掺合石块、石英碎块、大粒黄沙和石子搅拌夯筑；最上面的一层，用类似现代三合土样物铺垫，表面平整[6]。祭坛上发现四个被称之为积石圈的石堆遗迹，还发现三个与祭坛连为一体的祭坑（图二）。发现石堆遗迹的编号为 4 ~ 7，这四个石堆遗迹，都由大小不等的石块堆积成形，凡两种：圆形的一种，直径50 ~ 110 厘米；长方形的一种，直径 140 ~ 166 厘米。祭坛上三个祭坑的编号为98YJ1、98YJ2、98YJ3（图二）。坑多长方形，坑口尺寸不大，坑内多有数量不等的小石块。98YJ1 祭坑，位于 T1510 中部偏西，南北向，坑面呈长方形，坑壁旁有数块石头块，坑壁与坑底嵌有小石子，坑内与祭坛表面连为一体。说明凌家滩祭坑与祭坛，是同时建成的。坑内有盆、豆、罐一类陶器，器形皆较薄，火候也低，无法复原(图二)[7]。祭坛东南角外有用火遗迹一处，面积 40 余平方米，揭露时颜色灰暗，似是经长期燔燎而留下的一些灰烬堆积，堆积内有陶片和经火烧烤产生裂缝的龟裂

[1] 安徽省文物考古研究所：《凌家滩——田野考古发掘报告之一》，文物出版社，2006年，第35、36页。

[2] 安徽省文物考古研究所：《安徽含山凌家滩新石器时代墓地发掘简报》，《文物》1989年第4期。

[3] 张敬国：《安徽含山凌家滩新石器时代墓地第二次发掘的主要收获》，《文物研究（第七辑）》，黄山书社，1991年。

[4] 安徽省文物考古研究所、含山县文物管理所：《安徽含山县凌家滩遗址第三次发掘简报》，《考古》1999年第11期。

[5] 安徽省文物考古研究所、含山县文物管理所：《安徽含山县凌家滩遗址第三次发掘简报》，《考古》1999年第11期。

[6] 安徽省文物考古研究所：《凌家滩——田野考古发掘报告之一》，文物出版社，2006年，第29~31页。

[7] 安徽省文物考古研究所：《凌家滩——田野考古发掘报告之一》，文物出版社，2006年，第33、34页。

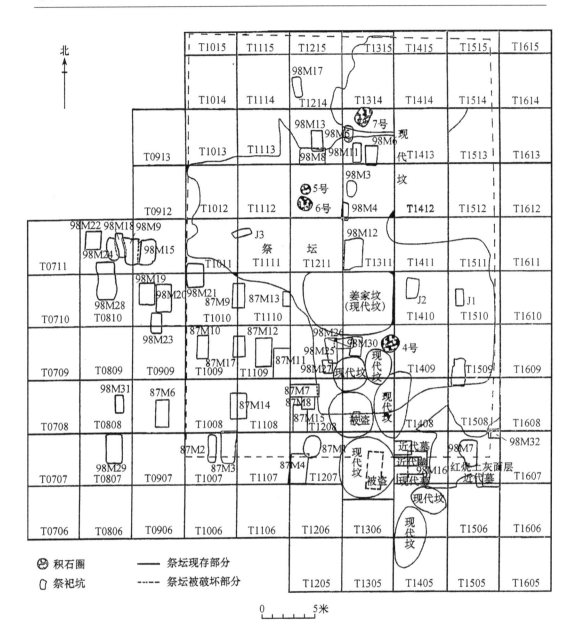

图二　凌家滩墓地1987、1998年发掘墓葬、祭坛、祭祀坑及积石圈总平面分布图

纹石块^[1]。与这一燔燎遗迹相连接的 T1407 东隔梁处，有数十余块大石块堆积，为一 4 平方米、略呈三角形的石堆遗迹^[2]。

[1]　安徽省文物考古研究所、含山县文物管理所：《安徽含山县凌家滩遗址第三次发掘简报》，《考古》1999年第11期。

[2]　朔知：《凌家滩祭坛遗迹试论》，《凌家滩文化研究》，文物出版社，2006年。

凌家滩遗址南区，在凌家滩墓地东偏南位置，是一用稻壳、稻草秆搅拌捶打成不同形状，又再烧制成红烧土块而垫筑的一个广场遗迹[1]。广场平面呈长方形，长90、宽30米，总面积凡2700余平方米。这是凌家滩遗址第四次考古调查与发掘时发现的。对于这一遗迹的性质，有的学者认为，这是凌家滩遗址群的一个神庙或宫殿建筑遗迹。就其所在位置与有关现象，及与过去牛河梁第二地点相关发现推寻[2]，这一大型遗迹，似是繁衍生息在这一地带的凌家滩人，因宗教信仰或因某种特殊需求而使用的一个活动广场。

凌家滩遗址北区，在墓葬和祭坛所在中区以北（图二）。2000年10月至12月第四次发掘，在中区祭坛和墓葬北侧[3]，揭露一人工建筑东西走向的壕沟，宽5米，东西长100米。壕沟虽已基本淤塞，但总体形状仍清楚可辨。沟两壁较直，沟底原来经夯筑。壕沟南壁尚残存2米余许一用石块砌筑整齐坚固的石墙，高度在30～40厘米间。壕沟两端向东西方向延伸。就在这道人工精心构筑的壕沟之北，也有一块似是祭坛的地层堆积和墓葬的区域。其墓葬与祭坛之间的布局，与凌家滩遗址中区墓葬和祭坛的布局相似，此即凌家滩遗址的北区。

综以前文，安徽含山凌家滩遗址，原是由南区、中区、北区三个部分组成的一个群体。遗址南区是一个大型活动广场；中区是墓葬和祭坛；北区也是一些被称之为墓葬和祭坛的遗迹。这一由三个部分组成的群址，是一坐南朝北方向，与宗教信仰活动有关的一个遗址群。中区墓葬和祭坛，是这一群址的中心和主体。在中区祭坛东南角外，有一面积40多平方米的用火遗迹。我国古代祭祀用火，由凌家滩遗址中区用火遗迹及其与北侧坛顶祭坑的相对位置看，凌家滩遗址群所祀祭主，就在这一遗址群体的正北方向（图二）。前所提及，在中区祭坛或其南北两端间，计有6个大小不等的石块和巨石堆积。民族志资料反映，这些石块和巨石堆积，与古代人们崇拜山神、祭祀山神的活动有关。20世纪50年代初，我国东北地区大兴安岭一带的鄂伦春人，在祭祀山神活动中，有堆积石块的习惯[4]。截至目前，在我国北方一带农村有迷信思想的人，也还认为山有神灵，为求得山神的福佑，有在祈祷山神过程中，堆积石块、在树枝间压石块或在树枝上系结彩带的习俗。传统是历史发展的一种惰性力量，至今流传于民间的这些古老习俗，无疑是我国古代人民崇拜山神、祭祀山神习俗的因袭。依此而论，含山凌家滩群址中发现石块和巨石堆积现象，

[1] 安徽省文物考古研究所：《凌家滩——田野考古发掘报告之一》，文物出版社，2006年，第35、36页并注1。

[2] 郭大顺：《红山文化坛庙冢与中国礼制溯源》，《走近牛河梁》，世界知识出版社，2007年。

[3] 张敬国：《凌家滩聚落与玉器文明》，《凌家滩文化研究》，文物出版社，2006年。

[4] 孟志东等：《鄂伦春宗教信仰简介》，《萨满教文化研究（第一辑）》，吉林人民出版社，1988年，第247～254页。

也应是生活在凌家滩一带先民对遗址正北太湖山实行祭祀活动所遗留。

含山凌家滩先民所祭祀的太湖山，南距凌家滩遗址 10 里，最高峰 448 米，是今山东境内东岳泰山至长江北岸间海拔最高的一座大山 [1]。安徽省有关旅游资料介绍，太湖山有 20 多座山峰相连，主峰周围拥立九座山峰，山峰壁立挺秀，逶迤曲折，有如龙蛇腾飞之象，自古以来就有"九龙戏珠"的美誉。太湖山又怪石林立，山峰形状诸多奇特诡异，尤为引人入胜的是，太湖山主峰东北乌龟山的山腰上，有一形似乌龟的巨大石块。远眺是石，酷似一正在昂头翘首山顶，向山峰处缓缓爬行的一个大乌龟。我国古代人民崇拜山神，往往与其所祀山峰的特殊形状有关 [2]。山峰如虎头状，就认为它与虎的神灵有关，山峰形似狮子头的形状，又认为它与狮子的神灵有关 [3]。太湖山山峰走势如龙蛇状或如龙蛇腾飞的形象，凌家滩人之所以崇拜它、祭祀它，很有可能认为它与龙蛇类动物的神灵有关。也可以这么说，在凌家滩人们的心目中，他们对太湖山举行祭祀典礼，就是对他们心目中的龙蛇类动物的神灵实行祈祷祭祀。

我们在推论凌家滩发现祭山遗迹过程中，遗址中区祭坛内极北最高处，周边有巨大石块耸立的高土堆和遗址北区被称之为祭坛和墓葬的遗迹，是两个笔墨尚未涉及的地方，要诠释这两个疑诘，得从 20 世纪 80 年代辽西牛河梁与东山嘴一带祭山遗迹的发现中，探索寻绎（图三、四）。

牛河梁祭山遗迹 [4]，位于辽西凌源与建平交界地带一南北走向的山梁上，南与 8 里猪头状山峰相对（图四）。遗迹有两个地点，最北第一地点，在山梁北山丘顶，由两部分组成。北侧是一周边砌有石墙的平台，平台北外侧有红烧土块和一大型泥塑人耳。平台南侧坡地上，是一由多室和单室构成的建筑遗迹（图五），多室在北，是主体建筑，单室在南，是附属建筑。主体建筑有侧室，主室北侧有后室。后室南与主室相通，北与丘顶平台相对，室内遗物有猛禽鹰类泥塑残块。主体建筑主室北侧居中的位置，有泥塑猪龙残块，猪头朝北。主室北壁偏西的一侧，有六个女性人体泥塑残块，女性泥塑臂腔内有骨骼残片。西侧耳室和主室的中心部位，有大型人体泥塑残块。南单室有猪龙颚部残块。牛河梁第一地点祭山遗迹，是对遗址以南 8 里猪头山神实行祭祀活动时，留下的一些遗存。主体建筑主室北侧泥塑的猪龙是祭主，主室北侧偏西一侧女性人体泥塑，以女活人为"内模"，是牛河梁人在不同时间、因不同需求，为讨好猪头山神，为猪头山神娶妇而陪祭于是。北后室猛禽鹰类泥塑，

[1] 安徽省文物考古研究所：《凌家滩——田野考古发掘报告之一》，文物出版社，2006年，第271页。

[2] 朱天顺：《中国古代宗教研究》，上海人民出版社，1982年，第71～98页。

[3] 詹承绪：《永宁纳西族的阿注婚姻和母系家庭》，上海人民出版社，1980年，第256页。

[4] 王树明：《牛河梁与东山嘴猪头山神祭山遗迹释疑》，《海岱考古（第六辑）》，科学出版社，2013年。

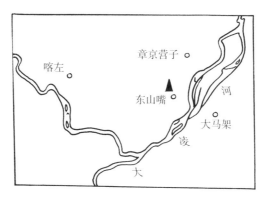

图三　东山嘴遗址位置示意图

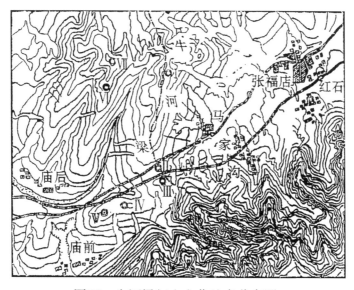

图四　牛河梁红山文化地点分布图

是猪头山神借以升降于天地之间的"座驾"，最北丘顶平台，是猪头山神升降于天地之间的着脚地。丘顶平台北外侧与主体建筑主室中心一带发现大型人体泥塑，是牛河梁人用为供猪头山神享用的祭品。西侧室大型人体泥塑发现说明，此侧室原是用以储存祭祀用品的一个地方。南单室在第一地点建筑群址中，属门卫设施的一类。牛河梁人所祀猪头山神，能升降于天地之间，娶活人为妇，有食人恶俗，说明牛河梁人祭祀此能遨游于天地之间的猪头山神，并不是造福于人民的族类，而是为患于人民的凶神恶煞之属。牛河梁第一地点祭山遗迹，是属为猪头山神构筑的庙宇之类，与安徽含山凌家滩祭山遗迹不属一类遗存。

　　牛河梁第二地点在第一地点南端斜坡上，有五个积石冢，呈东西向一字排开，北与第一地点猪头山神建筑遗迹相对[1]。其特点是，以石垒墙、以石筑墙、以石封顶。各自有别的是，各冢的形制、构造、性质，并不完全相同。《简报》介绍了三个积石冢。二号冢（Z2）是第二地点中心大墓的所在（M1）（图六，M1），M1 中心大墓东、北、西三面都有石墙，墙内填以积石。因早期被盗无玉质器物发现，只有人骨、红陶筒形罐和猪头骨类残片。在中心大墓以南，还有一些小型墓葬。孟昭凯先生介绍[2]，牛河梁一带第三地点中心大墓随葬玉器 3 件，有玉琮、玉镯及马蹄形玉器；第五地点中心大墓随葬玉器 7 件，有 2 件玉龟，2 件玉璧、勾云形玉佩和玉镯之类；第十六地点中心大墓随葬玉器 6 件，有板状玉凤（图七）、玉人之类。以诸地点中心大墓发现玉质器物的数量与类别，牛河梁第二地点中心大墓 Z2M1 在这一地点积石冢群中，也是显赫者。二号又西一号冢（图六，Z1），因遭破坏，现存只有原冢的三分之一。此冢原来的结构是长方"同"字形，内墙以里未清理，内墙南外侧，清理成排小型墓葬，也以石板、石块为葬具，除 M6 二次迁葬墓外，各墓都有玉质器物随葬。出土玉质器物中，专职巫师类人物使用的玉猪龙（图八，1），方形玉饰（图八，2）、玉棒（图八，3），勾云形玉佩类遗物（图九，1）表明，这是以玉示神的一些巫祝者的墓葬，他们生前的社会地位是很高的。但墓葬的大小和其所在位置又反映，这些专职巫祝者的地位，较 Z2M1 中心大墓为低。

二号冢东二米，是三号积石冢（Z3）。这是牛河梁第二地点的中心部位，其东或又稍偏北一侧是四号和五号积石冢。

三号冢已多所缺失，只有原冢的二分之一（图六，Z3）。冢呈圆形，基底面是插入土中、构成同心圆式的三圈石桩，各圈石桩间散布着大量积石和红陶筒形罐类残片，三圈石桩由外而内依次递收，形成一坛台式建筑，当称之为祭坛。在三号冢或坛顶积石内，有三具牛河梁人在实行祭山活动中，用为人牲的遗骨。第二地点四号、五号积石冢，都在三号冢坛偏东一侧。四号冢与三号坛毗邻，呈前圆后方两部分，主体在北，是一东西向并排的两个圆冢，南半部分或大冢的南面，是若干小型石棺墓。五号冢在四号冢又东偏北的一侧，整体呈"日"字形，也是由两部分构成的。

牛河梁第二地点五冢，三号冢居中，是祭坛，坛顶积石中有三具人牲遗骨。其左右四冢，都由两部分组成，北面是中心大墓或大型墓葬，偏南的一侧，是一些石棺小墓，墓主或属巫祝者类。依郭大顺介绍[3]，第二地点五座积石冢坛南侧和南侧以远的地方，也有一红烧土面样燔燎遗迹、石堆遗迹，及用红烧土块、草拌泥块材料垫筑，被称之为"开阔地带"的广场遗迹。除使用的材料、构筑形制不同外，牛

[1] 王树明：《牛河梁与东山嘴猪头山神祭山遗迹释疑》，《海岱考古（第六辑）》，科学出版社，2013年。
[2] 孟昭凯：《中华文明的曙光——红山文化概览》，《走近牛河梁》，世界知识出版社，2007年。
[3] 郭大顺：《红山文化坛庙冢与中国礼制溯源》，《走近牛河梁》，世界知识出版社，2007年。

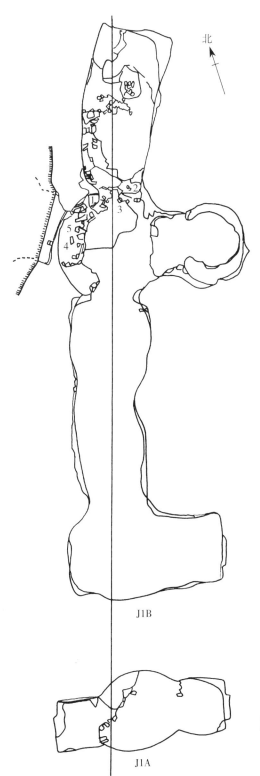

北

J1B

0　　　2米

J1A

图五　牛河梁ⅠJ1总平面及
部分泥塑人像残件分布图
1.头　2.手　3.手　4.肩头　5.肩臂

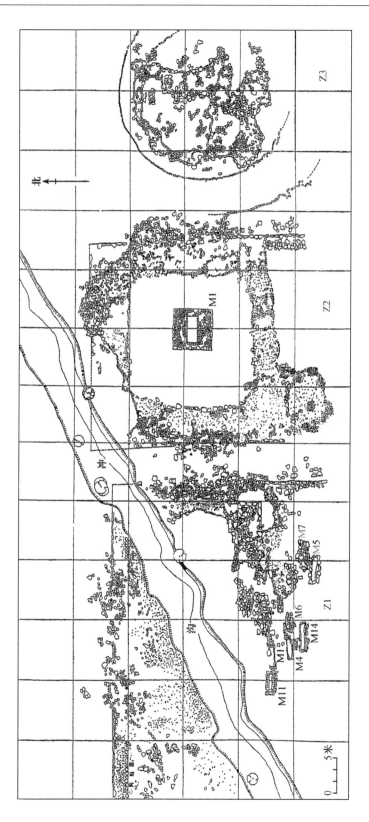

图六　牛河梁Ⅱ地点积石冢总平面图

图七　牛河梁第十六地点中心大墓出土玉凤

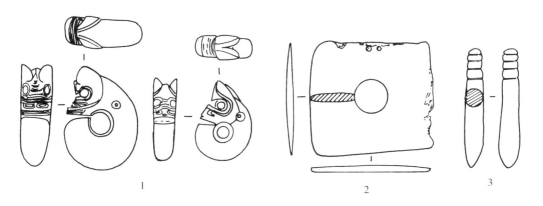

1　　　　　　　　　　　　　　　2　　　　　　　3

图八　牛河梁第二地点一号冢（Z1）出土遗物
1.玉猪龙（M4∶2、3）　2.方形饰（M11∶2）　3.棒形器（M11∶3）

河梁第二地点积石冢坛及其又南被称之为"开阔地带"的遗物遗迹，与含山凌家滩遗址中区、南区相关发现，有不少接近或者相同的地方，这对我们推寻含山凌家滩发现遗迹，属祀祭太湖山龙蛇山神遗迹说法，不能不说是一个旁证。

东山嘴建筑群址祭山遗迹，在辽西喀左县驻地大城子镇东南8里，大凌河西岸东山嘴村山梁正中台地上。遗迹呈坐北朝南向，东南与喀左名山马架子相对，周边是一望无际的平川旷野（图三）[1]。已经清理的部分，由中心和前端两部分组成（图一〇）。中心部分在北，是一大型方形石砌基址，基址内有红烧土面和许多石块。中心部分偏南处，有一大型石堆遗迹。这是东山嘴建筑群址中发现最大的一个石堆遗迹。在此大型石块堆积之南的南墙中段，紧贴墙壁处，有并首猪头玉璜一件，玉璜的一侧有纹饰，另一侧面为素面（图九，2）。基址中部红烧土遗迹内，有玉璜、

[1]　郭大顺、张克举：《辽宁省喀左县东山嘴红山文化建筑群址发掘简报》，《文物》1984年第11期。

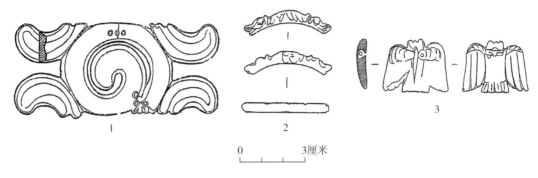

图九　牛河梁与东山嘴出土遗物

1.牛河梁第二地点一号冢出土勾云形玉佩（M14）　2.东山嘴遗址出土双龙首玉璜（TE6②g1∶1）　3.东山嘴遗址出土鸮形松石饰（TC6②∶1）

石弹丸类物。方形基址东外侧地层中，出土鸮形玉饰一件（图九，3；图一一）。在中心大型方型基址东西两侧外，有南北走向、互相对称的两道被称之为两翼的石墙。南侧两翼间有石堆遗迹，北侧两翼外，也有大面积石块堆积。方形基址两翼又南的前端部分，在北距基址15米的地方，有一正圆形以石砌边的圆形台址，台址内用小河卵石铺筑（图一〇，8）。台址东北至东南一侧地层中，有人骨架一具（图一〇，10），无头人体泥塑20余件，有不少大型人体泥塑残块。在这一台址又南4米处，还有三个互相连接或被废弃了的几个圆形残址（图一〇，9）。

　　牛河梁第一、第二地点祭山遗迹的发现可为证知，东山嘴建筑基址内最大型石堆遗迹南，南墙中段发现并首猪头玉璜，是东山嘴人对马架子山实行祭山活动中使用的祭主，中部红烧土面燔燎遗迹中的玉璜、石弹丸，是东山嘴人在火祭山神活动中，弃置的祭品。方型建筑基址南墙外15米处圆圈形石砌基址，是东山嘴人礼送、礼接并首猪头山神升降于天地之间的地方。至于圆圈基址东北至东南部一侧黄土地层中，人骨架、无头人体和大型人体泥塑残块，是属东山嘴人使用的人牲之类或人牲之类替代物，用以供马架子山神享用的祭品。凌家滩遗址中区北部最高处，周边散落着巨石的高土堆及其再北被视为祭坛与墓葬的北区遗迹，与东山嘴遗址中心部分南侧并首猪头玉璜及其南端圆形石砌基址的位置，恰相一致。可以论定，凌家滩遗址中区北部散落巨石堆积的地方，也是凌家滩人对太湖山实行祭山活动中处置祭主的地方，凌家滩遗址北区的所谓墓葬与祭坛遗迹，殆属凌家滩人为太湖山神构筑供其升降于天地之间的落脚地，或埋葬人牲类祭祀用品的所在。从东山嘴与凌家滩祭山遗迹的比较研究中可知，凌家滩人所祭太湖山神与辽西牛河梁一带所祀猪头山神一样，也有升降于天地之间的本领，也是一些为患于人民的丑类[1]。

　　[1]　王树明：《牛河梁与东山嘴猪头山神祭山遗迹释疑》，《海岱考古（第六辑）》，科学出版社，2013年。

在凌家滩遗址的考古发现中，除祭坛类遗迹外，中区墓葬的清理发掘，也获得一批十分珍贵的墓葬资料和物质文化资料。这批资料的获得，为安徽含山凌家滩人对太湖山实行祭山活动及其有关问题的研究，提供了不少证据。我们根据墓葬的所在位置、出土遗物的多寡、类别差异，将凌家滩遗址中区发现墓葬，区分为墓地北区、墓地西区、墓地南区三个不同区域，下文先从墓地北区发现墓葬说起。

凌家滩墓地北区，在五排中部中轴线（以 T1106 和 T1206 间隔梁延伸线为墓地中部中轴线或中心线）东侧偏南至现代姜家坟南沿，又再至三排 T1409、T1509 两方中部的以北地段，发现 98M3 ～ 98M6、98M8、98M11 ～ 98M13、98M17 九座墓葬。除 98M17 一墓外，其余八座墓葬都在坛顶 2 ～ 3 号祭坑与 5 ～ 7 号石块堆积之间（见图二），98M8 为东西向，其余皆南北向。出土遗物无玉璜一类重礼器，数量少，极个别墓葬有 1 ～ 2 件小件玉器或几件石器。其总体情况是，多以数量不等的陶器为主要随葬品（附表一）。在凌家滩墓地三区墓葬中，北区墓葬是小墓、贫墓一类，是一些位卑者的墓葬。凌家滩遗址中区极北周边散落巨大石块堆积的高土堆，是凌家滩人为祭祀太湖山神设置祭主的地方，其南侧祭坑、积石圈或石块堆积分布的地带，是凌家滩墓地北区墓葬的中心地段。按民俗习惯论，这一地段正是为山神祭主摆放贡品的地方。以凌家滩墓地北区发现穷人墓或位卑者墓葬的所在位置，这一地带的一些所谓墓葬，有可能原是一些祭坑之类，有的也不无可能是凌家滩人对太湖山实行祭山活动中，用于掩埋人牲的一些坑穴。辽西牛河梁第二地点祭山遗迹石砌祭坛积石中，有三具人牲遗骨，东山嘴祭山遗迹前端石砌圆形台址东北一侧地层中，也有一具人牲遗骨。是类人牲遗骨的发现对上述假说，应当是一个有力的侧证[1]。看来墓地北区最北偏西一侧 98M17，虽然也有一件玉璜发现，就所在位置和墓坑的形制论，似也应与其他 8 座墓葬归于一类考虑。

凌家滩墓地西区，在凌家滩遗址中区三排的以北、祭坛遗迹的西外侧，当太湖山向南延伸山陇的偏西一侧。发现 98M9、98M15、98M18、98M22、98M24、98M28 和 98M19、98M20、98M23 两组，也是 9 座墓葬（见图二）。这两组墓葬都是二期墓，出土玉璜类重礼器，全是独体使用的一类，计有 14 件之多。素面没有装潢的一种 7 件，98M9、98M15、98M19、98M24、98M28 各一件，98M20 两件。璜外侧有齿牙装潢的一种也是 7 件，98M15、98M19、98M20 各两件，98M28 一件[2]。这两组墓葬中的 98M20 是出土玉璜最多的一墓，素面的与璜背有齿牙装潢的

[1] 辽宁省文物考古研究所：《辽宁牛河梁红山文化"女神庙"与积石冢群发掘简报》，《文物》1986年第8期。

[2] 安徽省文物考古研究所：《凌家滩——田野考古发掘报告之一》，文物出版社，2006年，第192页（图一四六，1、3）；第208页（图一六一，7、8）；第214页（图一六六，9、11）；第242页（图一九七，2）。

图一〇　东山嘴遗址

1.方形基址　2.东翼墙基　3.西翼墙基　4.东侧石堆　5.西侧石堆　6.东边铺石　7.西边铺石　8.石圈形台址　9.多圆形基址
10.人骨　11.房址　12.未发掘部分　13.方形基址内成组立石

各两件（图一二），共有四件之多。凌家滩墓地西区出土玉璧 7 件，玉钺 9 件，还有石钺 52 件，石锛 27 件。在石制兵器出土墓葬中，98M20 也是出土兵器最多的一墓（附表二）。98M20 出土遗物的另一个最大特点，是随葬玉料和用为玉石器制作的工具多。出土遗物中：玉芯 111 件，玉料 1 件，石板 4 件，石块 1 件。与 98M20 随葬类似遗物的，也见于其他墓葬：98M9 玉芯 1 件，玉料 1 件；98M15 玉料 2 件，石料 1 件；98M18 玉芯 9 件，玉料 1 件；98M23 石芯 2 件，石钻 1 件（图一三，2），砺石 2 件（附表二）。凌家滩墓地西区两组墓葬，随葬遗物诸多相似，其西又与凌家滩时期手工业作坊故址相邻。从图二和附表二中可以看出，98M20 和 98M28 是这两组墓葬中最大的两座墓葬。严文明先生认为，凌家滩墓地西区是这一地带先民从事玉石器制作的一些工匠者的墓葬[1]。这是可信的。依严先生所论，98M20 和 98M28 两墓所葬，很有可能是这两组工匠者的首领或尊长者一类人物。

　　凌家滩墓地南区，在西区墓地以东，北区墓地以南，包括祭坛西南角外的 3 座墓葬，共 26 座。在南区墓地中部中轴线以东 87M1、87M7、98M26、98M32 四座墓葬，与南区和西区其他墓葬的形制、方向、随葬遗物，有诸多不同的地方。87M1 是一椭圆形墓圹、方向有点北偏东。87M7、98M26、98M32 为长方形墓圹，呈东西向（见图二）。87M1 随葬玉人三件，无一完整（图一四，2），都有人为致残的现

---

[1]　安徽省文物考古研究所：《凌家滩——田野考古发掘报告之一》，文物出版社，2006年，第1～3页。

图一一　　东山嘴遗址出土鹗形玉饰

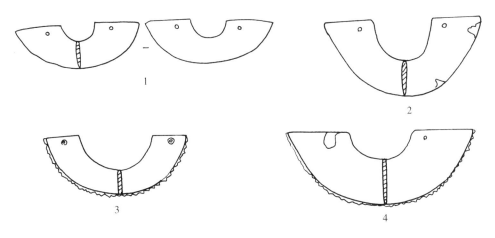

图一二　　凌家滩墓地西区98M20出土玉璜

1、2.素面玉璜（98M20：33、34）　　3、4.齿牙玉璜（98M20：50、57）

象，与过去安徽蒙城尉迟寺[1]、湖北天门邓家湾与肖家屋脊发现祭坑中，对埋葬祭品的一些处置方法，基本一致[2]。98M26、98M32两墓几近空穴，出土遗物很少，只有几件陶器残片（附表三）。上述现象反映，这四个"墓穴"并不是什么墓葬之类，很有可能是凌家滩人对太湖山实行祭山活动中，用为掩埋祭祀用品的一些祭坑。将这四个坑位去掉，凌家滩墓地南区就只有87M2～87M4、87M6、87M8～87M15、87M17、98M7、98M14、98M16、98M21、98M25、98M27、98M29～98M31，共22座墓葬（见图二，附表三）。

---

[1]　王树明、刘红英：《蒙城尉迟寺发现图像文字及其相关问题研究》，《华夏考古》2012年第4期。

[2]　王树明、刘红英：《从邓家湾与肖家屋脊发现图像文字说起》，《古代文明（第七卷）》，文物出版社，2008年。

凌家滩墓地南区 22 座墓葬，出土玉璜、玉璧、玉钺类礼器中：玉璜 97 件，玉璧 22 件，玉钺 16 件（附表三）。以数量论，在这三种重礼器中，玉璜是最多的一种，除少数几座墓葬外，几乎每座墓葬都有数量不等的玉璜。以有无装潢而论，这批玉璜又分素面和有装饰的两种型式。这两种型式中，素面无任何装饰的一类数量最多，是一种普遍存在的型式。有半圆形、弧形、桥形等不同造型（图一五）。有装饰的一类，分独体使用和可分合使用的两种型式。独体使用的一种，墓地南区发现 13 件：87M8、87M11、87M12、98M30 四墓 8 件玉璜，璜体弧外侧有齿牙装饰（图一六，3、4、5）[1]，87M10 的一件，璜体弧外侧有四个牙齿形装饰（图一七，2）；87M11、87M12 两墓各一件玉璜的体外侧，在顶部处有伞形装饰（图一六，1、2）[2]；87M8 二件，璜两端皆琢磨成虎头纹样的并首虎头玉璜（图一七，3）[3]。可以分合使用的一种，墓地南区发现 6 件：98M31 的一件，原来是两个组合器，现在只有一件，一端较宽，一端有凹槽（图一八，1）；87M15 三件组合器，二件一组的，一端为鸟首，另一端斜直，结合部有凹槽（图一八，2），另有虎头装饰的一件，一端为虎头，一端有凹槽，这件玉璜原来也是两件组合器，现在只有一件（图一八，3）；98M9 两件被称之为"龙凤"玉璜的组合器，一端雕琢成猪头像，一端雕琢成猛禽鹰首状（图一八，4）。俞伟超先生对凌家滩墓地用虎头装潢的一类玉璜作过研究，他认为，这种玉璜应是军事统帅手中掌握的军械物，可以分合体用的虎头玉璜，是后世人们在军旅活动中，使用虎符类物的滥觞[4]。俞伟超先生的这一说法，灼有见地。就总体而论，凌家滩墓地南区已发现诸多特殊装饰一类玉璜，数量很少，有的才一二件。以常理推之，这种进行过特殊装潢、独体使用的和可分合使用的一类玉璜，是一些有特殊含义和特殊用途的一类。它应是出土墓葬特殊身份的标志。凌家滩墓地南区墓葬出土兵具，包括石钺、石锛两种，其数量之多，可堪称夥。石钺属砍杀之具，甲骨文"兵"字"𠬞"，呈两手执斤之象，"斤"即锛一类工具的原始摹写，也是古代的一种兵器。墓地南区 22 座墓葬中，出土石钺 128 件、石锛 111 件，平均每墓多达四五件以上（附表三）。玉璜是凌家滩人在宗教信仰活动中使用的一种礼具，对这种礼具或神器的掌握和使用，当然是一种权力的象征。从墓地南区发现礼器和兵具的分类统计中可以看出，所谓凌家滩墓地南区，实际上是一些握有神权又同时

[1] 安徽省文物考古研究所：《凌家滩——田野考古发掘报告之一》，文物出版社，2006年，第91页（图五六，2）；第116页（图七六，15）；第124页（图八三，7、9、10）；第260页（图二一一，2~4）。

[2] 安徽省文物考古研究所：《凌家滩——田野考古发掘报告之一》，文物出版社，2006年，第116页（图七六，14）；第124页（图八三，8）。

[3] 安徽省文物考古研究所：《凌家滩——田野考古发掘报告之一》，文物出版社，2006年，第91页（图五六，1）。

[4] 俞伟超：《凌家滩璜形玉器是结盟、联姻的信物》，《凌家滩文化研究》，文物出版社，2006年。

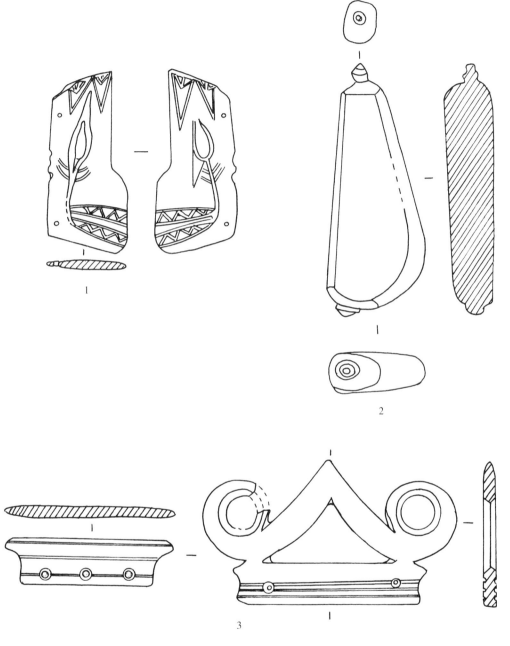

图一三　凌家滩墓地出土器物

1、3.南区出土玉冠饰（87M4：40、87M15：35）　2.西区出土石钻（98M23：6）

掌握军权的一些上层人物的墓葬。《周礼·春官·大宗伯》一文记载，我国古代人民对北方的神祇实行祭祀活动，在农历立冬的一天举行，以玉璜为礼具。在安徽含山凌家滩这一特定的地理环境中，北方的神祇，就是其正北方向的太湖山龙蛇山神之谓。埋葬在凌家滩墓地南区手中据有军权的这些神权者，所以如此倚重于玉璜这类重礼具，原因它有通神的作用，它是对太湖山实行祭祀活动中必须使用的一种礼具。由上文推测可以得知，这种对太湖山实行祭祀活动中使用的那种玉璜，是指那种独体的、数量最多的又没有任何装饰的一类。凌家滩遗址发现素面玉璜，是凌家滩人对太湖山实行祭山活动中用为专用礼具的确认，对推定凌家滩群址是太湖山龙蛇山神祭山遗迹说法，是一个有力的内证。

安徽含山凌家滩中区墓地，自南而北共分8排，墓地发现重礼器和一些握有军权和神权的大型墓葬，都在墓地南区中部中轴线偏南的第一、第二排，及其左右两翼接近祭坛南沿的地方。在这一地段正当中部的三座墓葬，是一期墓的87M15和二期墓的87M4与87M8（见图二）。

87M15与87M4两墓属特大型墓葬，87M4是凌家滩墓地南区之冠（附表三）[1]。这两座大型墓葬的随葬礼器中，玉璜是最多的一种。87M15玉璜30件，除3件可以分合使用的一类外（图一八，2、3），另有27件为素面独体使用的一种。87M4玉璜19件，全是独体素面的一种。这两墓独体素面玉璜计有46件多，几乎是墓地南区出土玉璜总数的一半。素面独体玉璜，是凌家滩人用为祭祀太湖山神的一种专用礼具。87M15和87M4发现可证，凌家滩墓地一、二期对太湖山实行祭祀活动的大权，就掌握在他们的手中。87M15玉钺一件，石钺7件，石锛8件，被认为是虎符远祖的虎头玉璜，也出土在这座大型墓葬（图一八，3）。87M4玉钺3件，玉斧5件，石钺18件，石锛6件，玉石类兵器有32件之多。从这两墓出土兵械物类的种类和数量可以看出，87M15、87M4两墓也是握有军事大权的最高统帅。一个有趣的现象是，这两墓随葬玉器饰品类小件器物，数量种类颇为繁多（附表三）。凌家滩墓地玉龟（图一九，2、3），玉版（图一九，1）、玉冠类稀世珍品（图一三，1、3），也都出土在这两座大型墓葬。这两个握有神权和军权的最高统帅，全身披挂其所有饰品类小件器物，活脱一个巫祝者的形象显现在我们面前。可以毫不勉强地说，安徽含山凌家滩握有神权的最高统帅，就是一个大巫师。报告介绍这两座墓葬出土遗物，有砺石一类玉石器制作工具和砭石之类医疗用具。这类器物在这两座墓葬的出现，还说明，这两个握有军权和神权的大巫师，不仅躬亲玉石器制作方面的事物，也是一个祛病消灾的医者。

凌家滩墓地发现方形玉版和玉龟（图一九），都出自87M4，玉版放在玉龟的背甲和腹甲之间，摆放在死者胸部。玉龟的背甲和腹甲都有钻孔，可用绳索将其连缀在一起。玉版长11、宽8.2厘米，两面都经过精细的加工，正面琢磨三道凹边。玉

---

[1]　安徽省文物考古研究所：《凌家滩——田野考古发掘报告之一》，文物出版社，2006年，第46~70、138~154页。

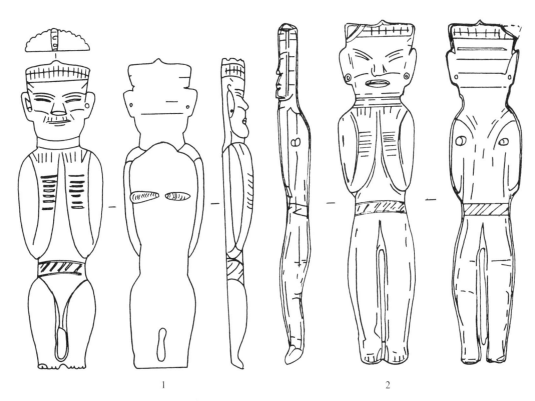

图一四　凌家滩墓地南区出土玉人
1.98M29：16　2.87M1：1

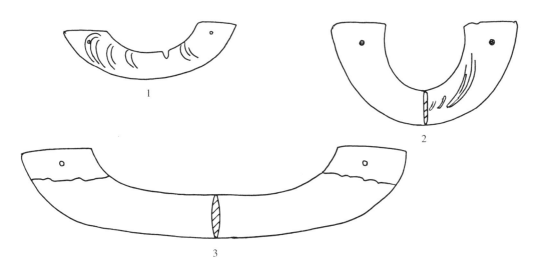

图一五　凌家滩墓地南区出土独体素面玉璜
1.87M4：28　2.87M4：37　3.87M4：80

版正面围绕中心，刻划两个大小相套的圆圈。内圆刻一方心八角星图案，内外两圈间，有八条直线，将其分为八个等分，每一等分又各刻一箭头形。在外圈和长方形四角间，也各刻了一箭头形。在玉版两短边的边沿，各钻五个圆孔，无凹边的长边钻四个圆孔，有凹边的长边钻九个圆孔（图一九，1）[1]。考古学界学者多所认为，玉版最中间刻划的那个八角星图案，是我国史前时期人们用以代表太阳的一个图形。易于理解，玉版图案大圆和小圆间八个、四角间四个箭头指向的那个方位，必与太阳出没的方向或时令季节有关。《淮南子·天文训》有这样一段记述："日冬至，日出东南维，入西南维；至春秋分，日出东中，入西中；夏至，日出东北维，入西北维。"熟悉中国古代典籍的学者都知道，《淮南子》一书中的许多内容，往往反映的是淮河流域的一些民情风俗。含山凌家滩遗址正当淮河流域地带[2]。从《淮南子·天文训》这段有关记载中，我们有理由认为，凌家滩87M4发现的这块刻划玉版，就是他们用为测定时令季节的一件原始的历法工具。《周礼》一书记载，我国古代人民对北方的神祇实行祭祀活动，在立冬的一天。在含山凌家滩遗址，所谓北方的神，就是其正北方向的太湖山神。以《周礼》相关记说推论，安徽含山凌家滩人对太湖山龙蛇山神实行祭祀大典活动，可能也大致在农历立冬的前后。刻划玉版所以发现于87M4一墓，殆因凌家滩人什么时间对太湖山实行祭祀大典的决定权，就掌握在他的手中。至于这一历法工具之所以被置于用玉石琢磨的龟甲间，颇疑与凌家滩人对太湖山主峰东北乌龟山上，形似乌龟巨大石块的崇拜信仰有关。因为时代久远，在我国历史上这一地带曾经有过那些神话和传说，5000多年后的今天，我们已无从说起了。

　　87M8在87M4北二排，中部中轴线东侧（见图二）。它打破87M15，又被祭坑87M7所打破。在墓地南区中部中轴线南端三墓中，稍是偏北。这墓虽残，仍有64件随葬器物，仅玉器即有43件之多。在凌家滩墓地南区，仍属一座大型墓葬（附表三）。87M8出土玉石器物,有两个值得注意的现象。一是没有独体素面一类玉璜，发现3件玉璜中，2件并首虎头玉璜、1件齿牙玉璜，都经着意装潢（图一七，3）[3]。二是玉石兵器遗物中，玉钺3件、石钺9件、石锛7件，共有19件之多（附表三）。就这么一个残墓，随葬玉石兵器竟有19件之多，着实令人震惊。虎是猛兽，在中国人民的传统观念中，它是战神的象征，也是威武、勇猛、善战的同义词。人们往往用它与武士、猛将相比拟。并首虎头玉璜和这么多玉石类兵器共处一墓，是在指

[1] 陈久金、张敬国：《含山出土玉片图形试考》，《文物》1989年第4期。

[2] 俞伟超：《含山凌家滩玉器反映的信仰状况》，《凌家滩文化研究》，文物出版社，2006年。

[3] 安徽省文物考古研究所：《凌家滩——田野考古发掘报告之一》，文物出版社，2006年，第91页（图五六，1、2）。

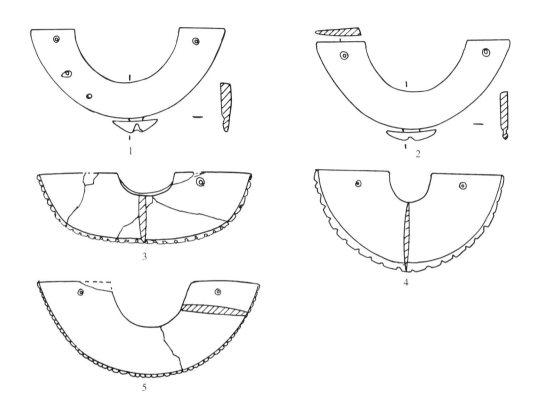

图一六　凌家滩墓地南区出土伞状与齿牙装饰独体玉璜

1.87M11：4　2.87M12：11　3.98M30：29　4.87M11：7　5.87M12：10

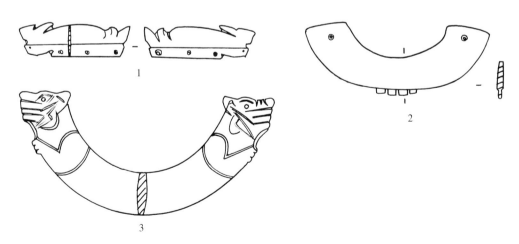

图一七　凌家滩墓地南区出土玉璜

1、2.玉兔饰四齿玉璜（87M10：7、87M10：8）　3.并首虎头玉璜（87M8：26）

示人们，这是一个与兵事有关，是一个用并首虎头玉璜为徽帜，用"虎"字冠名的一个武职一类人物的墓葬。《尚书·顾命》《周礼·夏官司马》，把保护和守卫在周天子身边的武士叫"虎贲""虎士"，把他们的首领叫"虎贲氏"[1]。87M8 在 87M4 近侧偏北，所在位置和随葬兵械物类展示，这墓当属后世典籍记载中为王者驱使的亲兵首领一类人物的墓葬。它在这一地段的发现，为推证 87M4 及 87M15 类大巫，也是安徽含山凌家滩一带，握有至高无上大权的一些王者的说法，给以佐证。

　　87M8 北三排中部中轴线东侧 98M25、98M27、98M30 三座墓葬，与 87M8 时代相同，都是二期墓（见图二）。98M25 随葬玉石器物，玉璜 1 件、玉钺 1 件、玉璧 4 件、石钺 4 件，共 17 件代表性器物中，玉璜因残碎严重无法复原，其他类器物以兵器为多（附表三）。98M27 出土器物贫乏，只有 4 个小玉环和几件残豆（附表三）。98M30，是这组墓葬出土器物最多的一墓。玉镯、玉钺各 1 件，石钺 2 件，石锛 39 件，弧外侧有齿牙装饰的玉璜 3 件（图一六，3）。这墓与 87M8 一样，以玉石兵器为主要随葬品，也没有独体使用的素面玉璜发现（附表三）[2]。就所在位置和随葬遗物的性质，98M25 与 98M30 应与 87M8 归于一类，或为 87M8 属下武士一类人物的墓葬。

　　87M14 在 87M4 北二排中部中轴线以西，与 87M4 及其同排中部中轴线东 87M8，都是二期墓，时代相同（见图二）。随葬器物 53 件，在凌家滩墓地南区是位列第七的一座大墓（附表三）。玉器 23 件，3 件玉璜都是素面独体使用的一种，另有不少小件玉器、玉石料和石钺、石锛类兵器。发掘者认为，这是一个巫师的墓葬[3]。出土遗物中，5 件玉石料的发现是一个亮点。料石都有磨制、打击的疤痕，材角十分清楚。安徽省的中医学者认为，这是古先民在祛病消灾过程中，使用的砭石类医具。在凌家滩墓地 87M4 之外，这是又一出土砭石最多的一座墓葬。它的发现表明，87M14 不单单是一个巫师，还是一个祛病消灾的医者。87M14 出土遗物的另一个亮点，是出土的 27 件陶器中，发现一件夹砂粗陶缸（图二〇，2）（附表三）。这是一件实用器，是过去在山东地区的泰沂山系迤南及江苏、安徽北部一带大汶口文化中，率有所见的一种器物。不少学者的研究文章中，常被提及。有名其为陶尊的，也有叫它陶缸的，还有称其为大口尊的。关于它的原始用途，也有诸多不同说法。有陶缸陶臼说，有陶缸礼器说，也有陶缸炊器说，等等[4]。20 世纪 70 年代末山东莒县陵阳河墓地发掘，夹砂粗陶缸类遗物在 79M6、79M17 两座特大型墓葬中，

　[1]　俞伟超：《凌家滩璜形玉器是结盟、联姻的信物》，《凌家滩文化研究》，文物出版社，2006年。
　[2]　安徽省文物考古研究所：《凌家滩——田野考古发掘报告之一》，文物出版社，2006年，第259～265页。
　[3]　安徽省文物考古研究所：《凌家滩——田野考古发掘报告之一》，文物出版社，2006年，第137页。
　[4]　王树明：《考古发现中的陶缸与我国古代的酿酒》，《海岱考古（第一辑）》，齐鲁书社，1989年。

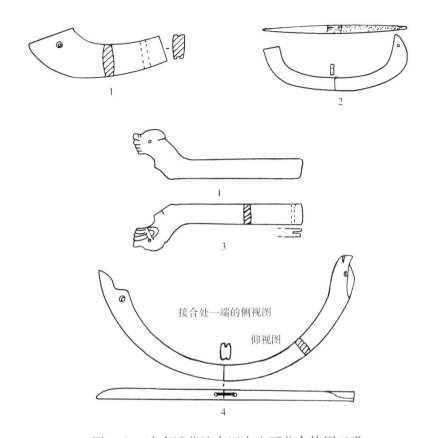

图一八　凌家滩墓地南区出土可分合使用玉璜

1.平首璜（87M31∶1）　2.鸟首璜（87M15∶40、106）　3.虎头璜（87M15∶109）　4.龙凤璜（87M9∶17、18）

都与滤酒漏缸放在一起[1]，置于墓室西北角处。由器物的造型、组合及其在墓葬中的摆放顺序，所谓夹砂粗陶缸类器物，原是一种在酿酒过程中，用以盛储谷物发酵的一种酿酒用具。陶缸在 87M14 出土证明，在含山凌家滩一带，我国古代的酿酒大权乃为巫医一类人物所掌握。我国古代"医"字从"巫"（毉），也从"酉"（醫），"酉"即"酒"本字。古代"医"字所以有此两种不同写法，陶缸在 87M14 一墓出现，应当是一个很好的说明。

　　安徽省的考古工作者依墓葬材料认为，87M14 北三排中部中轴线西侧四墓（见图二），是一组由血缘关系的家族墓葬[2]。87M17 是族长一类人物，87M12 为这一血缘家族中的女性长者（附表三）。87M10、87M11 两墓在 87M17 和 87M12 两墓左右

　　[1]　山东省文物考古研究所、山东省博物馆、莒县文管所：《山东莒县陵阳河大汶口文化墓葬发掘简报》，《史前研究》1987年第3期。
　　[2]　安徽省文物考古研究所：《凌家滩——田野考古发掘报告之一》，文物出版社，2006年，第154～163、118～128、109～113、113～119页。

两边，随葬遗物也少，在这组墓葬中的地位，或较87M17和87M12为低。

87M17在这组墓葬中，是地位最高的一座墓葬。随葬器物56件，素面玉璜6件，随葬器物最多又是唯一出土素面玉璜的一墓。独体素面玉璜，是祭祀山神活动的一种专用礼具，素面玉璜只在这墓的存在，说明此墓对太湖山实行祭祀特权，就掌握在他的手中。也表明，87M17不仅是这一血缘家族中的族长，也是这一血缘家庭中的专职巫师。87M17出土22件玉玦，是凌家滩墓地唯一随葬玉玦的一墓。玉玦在我国古代玉制礼器中，是玉佩上的横玉，是一种装饰品（图二〇，1）。这墓出土玉玦如此之多昭示，他与凌家滩墓地其他所有巫师有别的，就是其佩戴于身上的玉玦。似可这样认为，凌家滩墓地的87M17，本是一个佩挂玉玦或者以玉玦为名，职主与太湖山沟通人神关系的巫者。另外三座墓葬出土玉璜类重礼器，齿牙玉璜4件（图一六，4、5），伞状饰玉璜2件（图一六，1、2），四牙饰玉璜1件，共7件（图一七，2），都经特殊装饰[1]，无一独体素面玉璜。侧证这三座墓葬，并不掌握对太湖山实行祭祀的特权。以其发现玉璜的形式而论，这三座墓葬祀祭的应当是其随葬不同装饰类玉璜所代表的事和物。87M11和87M12都有齿牙与伞状玉璜发现，从其共存遗物中，尚难以釐清这两种玉璜所代表的客观事物。与这两座墓葬不同的是，87M10出土1件四牙饰玉璜，与其共存的遗物有玉兔形构件1件（图一七，1）。这一发现为解答上述疑问，给以启迪。大家知道，兔子是一种野生的动物，兔唇腭裂、门齿外露，四牙玉璜与玉兔形构件共存于一墓，明明白白的告诉我们，所谓四牙玉璜，是凌家滩先民对兔崇拜、视兔为神，并用以对其实行祭祀的一种礼具。我国古代人民认为，兔子是一种寿命很长的动物，红色的一种是瑞兽。兔子还是明月之精，是月亮神，是月亮的代表和代称。《抱朴子》曰："兔寿千岁，五百岁其色白。"孙氏《瑞应图》曰："赤兔者，瑞兽，王者盛德则至。"《典略》又曰："兔者，明月之精。"在晋人傅玄和《乐府》的诗词中，有不少玉兔在月亮上捣药和制造蛤蟆药丸的传说[2]。以是类传说和其所在位置推溯，87M10及这组墓葬，应是凌家滩人奉玉兔为药神的一些采药者和制药者的墓葬。《淮南子·览冥训》一文有这样一段有意思的记载，谓"羿请不死之药于西王母，姮娥窃以奔月"。汉代人为避文帝刘桓讳，将"姮娥"又写作"常娥"。《初学记》引《淮南子》认为，姮娥就是羿的妻子，其奔月之后又化为蟾蜍[3]。在山东地区的汉代画像石中，玉兔与蟾蜍捣药类摹刻，在嘉祥宋山的汉墓中曾有所见[4]。我们从《山海经》一书的有关记载中知道，传说中

---

[1] 安徽省文物考古研究所：《凌家滩——田野考古发掘报告之一》，文物出版社，2006年，第105、113、119页。

[2] ［宋］李昉等：《太平御览·卷九〇七·兽部一九》，中华书局，2000年。

[3] （唐）徐坚撰：《初学记》第一册，中华书局，1962年，第4页。

[4] 嘉祥县武氏祠文管所：《山东嘉祥宋山发现汉画石》，《文物》1979年第9期。

的西王母就是我国古代人民崇拜山神、祭祀山神的演变和升华，羿或又名后羿者，本是一个能与山神沟通人神关系的巫祝者[1]。87M14 北三排的这组墓葬，87M17 是一拥有对太湖山祭祀权力的巫祝者，他以佩挂玉珩为标识，与 87M12 为夫妻，传说羿妻姮娥的"姮"字读音，与 87M17 巫师所佩玉珩的"珩"字音读又完全相同，都由"衡"字取声。87M10 一墓还有一为先民视若神明的玉兔饰构件发现，种种迹象都反映，87M14 北三排的这组墓葬，当与我国古代神话传说中的姮娥或常娥，窃药奔月故事的缘起有关。

在中部中轴线以西祭坛内北四排 98M21、87M9、87M13 三座墓葬，似也是与北二排 87M14 有从属关系的一组墓葬（见图二）。这三座墓葬出土遗物中有几件造型特殊的器物，87M13 的玉猪（图二一，3）和 87M9 的猪头与鹰头装饰可以分合使用的 2 件玉璜（图一八，4）。87M13 的墓坑与墓地北区相连，坑穴短窄，出土遗物少，只有 2 件玉器、2 件石钺和几件残陶器（附表三）。有学者认为，87M13 出土玉猪，是凌家滩人对猪崇拜、视猪为神的产物[2]。如果这一说法可为一说，87M13 发现玉猪就不应该是一般的随葬品，而应是居住在这一地带的先民，对太湖山实行祭山活动中使用的一种礼具。从凌家滩群址祭祀山神的性质考虑，87M13 以玉猪为礼器，当也与辽西红山文化牛河梁人，崇拜山神、祭祀猪头山神的风习有关联。87M9 随葬器物 82 件，独体素面和可分合使用玉璜计 4 件，是这组墓葬最大的一座墓葬（附表三）[3]。这墓出土可分合使用的两件玉璜中，俞伟超先生认为，用鹰头装饰的一件，是东方夷人以鸟为图腾的标识，用猪头装饰的一件，也是图腾徽帜。又是推说，这一遗物是两个不同氏族或部族间，用为通婚联姻的信物[4]。20 世纪 80 年代后，辽西牛河梁与东山嘴红山文化祭山遗存，猪头龙类遗物造像的头像都是猪头状，在遗迹或出土遗物中，与山神祭主或与猪头玉龙相伴的，都是泥塑或玉雕的鹰一类猛禽的造像[5]。以辽西牛河梁一带红山文化发现祭山遗迹资料为征，87M13 与 87M9 两墓相关发现，很有可能都是受辽西牛河梁一带红山文化祭山风俗影响的产物。根据这一判断或可这样认为，87M9 出土由猪头、鹰头装饰两件玉璜，可能也是含山凌家滩一带先民与辽西牛河梁人，相互交往过程中使用的一种礼具。

---

[1] 王树明：《牛河梁与东山嘴猪头山神祭山遗迹释疑》，《海岱考古（第六辑）》，科学出版社，2013年。

[2] 李修松：《试论凌家滩玉龙、玉鹰、玉龟、玉版的文化内涵（代序）》，《凌家滩文化研究》，文物出版社，2006年。

[3] 安徽省文物考古研究所：《凌家滩——田野考古发掘报告之一》，文物出版社，2006年，第98～109页。

[4] 俞伟超：《凌家滩璜形玉器是结盟、联姻的信物》，《凌家滩文化研究》，文物出版社，2006年。

[5] 王树明：《牛河梁与东山嘴猪头山神祭山遗迹释疑》，《海岱考古（第六辑）》，科学出版社，2013年。

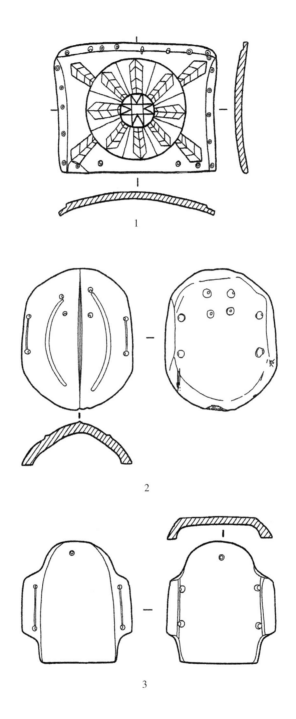

图一九　凌家滩墓地南区87M4出土玉版、龟

1.玉版（87M4：30）　2.龟背甲（87M4：35）　3.龟腹甲（87M4：29）

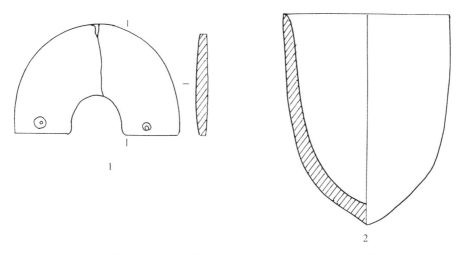

图二〇　凌家滩墓地南区出土玉珩与夹砂红陶缸
1.87M17：16-1　2.87M14：34

　　我们已就 87M4 北二排中部中轴线两侧、87M8、87M14 为代表的两组墓葬，作了一些初步探索。在 87M4 所在一排中部中轴线左右两翼，也各有一大型墓葬为代表的两组墓葬。下文就这两组墓葬，也再谈点想法。

　　87M4 左翼的一组，是一排祭坛外以 98M29 为代表，包括 98M31、87M6 三座墓葬（见图二）。98M29 随葬器物 86 件，在凌家滩墓地南区，是位列第三的一座大型墓葬（附表三）。这墓出土重礼器，独体素面玉璜 5 件，玉璧 4 件，还有玉版、玉人、玉鹰一类特殊礼器。3 件玉人，皆完好无损（图一四，1）。玉鹰胸部刻一代表太阳的八角星形图形，张开的两翼雕成猪头像（图二二，2），造型颇为奇特。锛、钺类石兵器 14 件。截至目前，我国时代最早的两件石戈（图二一，2），就出在这座墓葬（附表三）。98M31 随葬器物只有 9 件，独体素面玉璜 1 件，可分合使用的玉璜 1 件（图一八，1），共两件玉器。石器 1 件，另 6 件都是陶器（附表三）。可分合使用玉璜在这座墓葬的出现说明，98M31 墓主身份特殊。以其所在位置、出土器物的数量、礼具的类别，这座墓葬很可能也是与 98M29 有隶属关系的一墓。87M6 随葬器物 70 件，独体素面玉璜 1 件，锛、钺类石兵 54 件。凌家滩墓地唯一的一件玉锛，我国新石器时代最大的两件石锛，也都出在这座墓葬（附表三）[1]。这是一座晚期墓，所在位置十分重要。出土兵器虽多，但玉一类重礼器却少得可怜，也没有一件可为其身份作标识的重礼器发现。这一反常现象或暗示，凌家滩墓地晚期可能发生变化。在此三座墓葬中，握有神权和军权的领袖人物，是 98M29。研究

[1]　安徽省文物考古研究所：《凌家滩——田野考古发掘报告之一》，文物出版社，2006年，第71~82页（图四三，3；图四七，11）。

玉器的学者认为，这墓出土三件完好无损的玉人，是专职巫师作法时，用为"以玉示神"的礼具[1]，也有学者认为是墓发现玉板，是巫师作法时不可或缺的一种法器。沿上述说法推求，这一握有神权和军权的人物，也是一个巫师，他墓葬中的玉人、玉鹰，就是这一巫师特有身份的徽帜。

孟昭凯先生介绍[2]，辽西牛河梁祭山遗迹 16 地点中心大墓随葬 6 件玉器，人骨架头下枕一板状玉凤（图七），右胯下放一玉人，右臂手腕处套一玉镯，胸部放一玉箍，还有绿石坠一对。牛河梁 16 地点中心大墓，是祭祀猪头山神的一个大巫的墓葬，这墓用玉人、板状玉凤类礼器随葬，与凌家滩 98M29 用玉人、玉鹰类葬品组合相似。就形态看，这墓板状玉凤与 98M29 玉鹰为一类物，都属鹰类猛禽造像。辽西红山文化先民认为，他们所祭祀的猪头山神，凭借鹰类猛禽的力量，能把猪头山神带上高空蓝天[3]。碳 -14 年代测定，辽西牛河梁女神庙祭山遗迹，较安徽含山凌家滩祭山群址稍是偏早。就两地的测试年代与玉鹰的造型而论，凌家滩 98M29 玉鹰造像，当是他们受红山文化影响，在牛河梁人那种质拙观念的支配下，创造的一个藉以腾飞升天的神器。玉鹰造像在 98M29 的发现，为安徽含山凌家滩遗址群是凌家滩人祭山遗迹的推论，无疑也是一个证据。

87M4 右翼的一组，在一排东部、祭坛东南，以 98M16 为代表，包括 98M14 和 98M7 的三座墓葬（图二）。98M16 被三座现代墓葬打破，98M14 位于 98M16 北偏东 T1509 西南与 T1508（此方标号也是 1509，无墓号）西北，都是二期墓。98M7 在一排东、祭坛东南红烧土范围之内，墓坑北偏西有"二层台"，是一座大型三期墓。98M16，残存重要礼器三种，玉璜、玉龙、"石钺"各一件。玉璜是独体素面的一种。玉龙或龙蛇类玉器造像，体呈椭圆形，首尾相接，头上有角，有眼、有鼻、有鳞片，尾部还有穿孔（图二三，1），原是 1 件佩挂在身上的器物。这是继凌家滩墓地玉龟、玉版、玉鹰之后的又一重要发现。"石钺" 1 件，体呈圆角方形，背部有疤痕，残（图二一，1）。是墓曾被多次扰乱破坏，残留遗物 42 件，在凌家滩墓地南区，仍属大型墓葬的一类（附表三）。98M14 玉器较少，只有 5 件玉璜和几件小件器物，无石器随葬（附表三）。这墓出土器物虽然不多，凭其随葬 5 件独体玉璜亦足可证明，它不是一般平民的墓葬。它与 98M16 时代相同，都是二期墓，以两墓出土遗物的性质及其所在地望考虑，98M14 一墓，可能也是为 98M16 所节制的一座墓葬。98M7 出土器物中，独体素面玉璜 5 件，玉斧 2 件，其中长 26.3 厘米的一件，是凌

[1] 杨伯达：《关于凌家滩出土史前古玉的管见》，《凌家滩文化研究》，文物出版社，2006年。
[2] 孟昭凯：《中华文明的曙光——红山文化概览》，《走近牛河梁》，世界知识出版社，2007年。
[3] 王树明：《牛河梁与东山嘴猪头山神祭山遗迹释疑》，《海岱考古（第六辑）》，科学出版社，2013年。

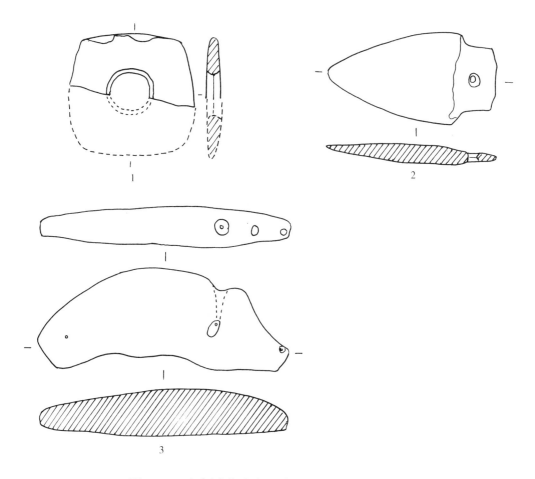

图二一　凌家滩墓地南区出土石钺、石戈、玉猪
1.98M16:28　2.98M29:80　3.87M13:1

家滩遗址出土玉斧最长的一件(附表三)[11]。98M7 也是凌家滩墓地的一座大型墓葬,
是南区唯一有"二层台"的一座大墓。它是三期墓,在一排东侧,所在位置极为重要。
但它与西侧 98M16 及其又西 98M29 两座中期大墓有所不同的是,墓葬中并没有随
葬什么特殊礼器。此又再而提示人们,安徽含山凌家滩晚期,确已发生变化,文化
重心已经转移。凡上述三座墓葬中,属氏族社会上层显贵或执掌大权的领袖人物,
只能是随葬玉质龙蛇造像的 98M16。98M16 随葬"石钺",背部有迭经敲打的疤痕(图
二一,1),与其类似的有关遗物,在辽西牛河梁女神庙第二地点 M11 也有所见(图九,
2、3)。民俗志资料与考古发现互证,这类遗物与一排西翼 98M29 随葬玉板为一类物,

[1]　安徽省文物考古研究所:《凌家滩——田野考古发掘报告之一》,文物出版社,2006年,第168～174页
(图一二三,6)。

图二二　肖家屋脊与凌家滩墓地南区出土玉鹰

1.肖家屋脊晚期瓮棺葬W6玉鹰　2.凌家滩墓地南区M29：6玉鹰

都是古代巫祝一类人物在祈福降神过程中,用以敲打的法器[1]。"石钺"与龙蛇造像为伍,在98M16一墓同时出土,证明98M16也是一握有神权和军权的一个巫祝者,这墓随葬龙蛇造像,就是他借以通神和有别于其他巫师及其职主有关事务的徽帜。

　　98M16龙蛇造像(图二三,1)与牛河梁第二地点猪头玉龙的形象,有不少相似的地方(图八,1)。比如:98M16玉龙造像呈扁平形状,头上有角,首尾相接,吻部前突,器身有中孔、穿孔,等等[2]。就器物的总体形象而论,98M16龙蛇造像,也应是牛河梁红山文化猪头玉龙造像影响的产物。牛河梁第一、第二地点与含山凌家滩群址时代接近,性质完全相同,都是我国古代人民崇拜山神、对山神进行祈

[1]　周晓晶:《红山文化几何形玉器研究》,《走近牛河梁》,世界知识出版社,2007年。

[2]　田名利:《凌家滩墓地玉器渊源探寻》,《凌家滩文化研究》,文物出版社,2006年。

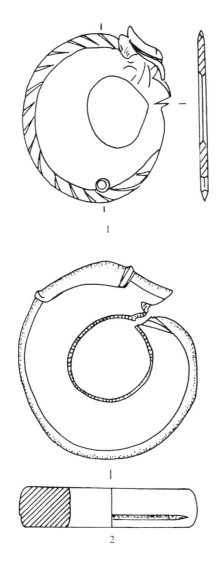

图二三 凌家滩墓地南区与肖家屋脊发现玉龙造像
1.凌家滩墓地南区98M16:2 2.肖家屋脊晚期瓮棺葬W6

祷祭祀活动时，留下的一些文化遗存。牛河梁猪头玉龙，头形呈猪头状，原因藩息在这一地带的红山文化先民所祀山神，是其正南八里山峰酷似一猪头状的大山。98M16以龙蛇造像为徽帜，龙在中国人民的心目中，是一种身长如蛇，能腾空驾雾、兴云致雨的一种神奇的动物。我国旧时代一些从事堪舆的人们，龙也是他们对山脉和山峰走势的一种固有称谓。使用凌家滩遗址的人们，祭祀正北太湖山，山峰走势自古以来就有"九龙戏珠""九龙腾飞"的美誉。沿此而推之，凌家滩人之所以用龙蛇造像为徽帜，殆即导源于此。含山凌家滩墓地98M16玉龙或龙蛇造像，是继一排西翼98M29玉鹰造像之后的又一重大发现，它的破土面世使含山凌家滩群址是太湖山祭山遗迹的推论，可谓天衣无缝。

根据上文分析研究，凌家滩墓地南区埋葬的，原是5000余年前安徽含山凌家滩一带，拥有对太湖山实行祭祀大权的一些神权集团成员的墓葬。凌家滩墓地二期，是凌家滩遗址的鼎盛时期。一排中部中轴线87M4，是这一时期握有神权和军权的王者；二排中部中轴线东侧87M8，是以并首虎头玉璜为徽帜，守卫在王者身边的一个武职；二排中部中轴线西侧87M14，是一供职于"王室"的职主酿酒者，是巫医之长。一排中部中轴线右侧98M16、左侧98M29，以玉制龙蛇、玉鹰为徽帜两墓，当是87M4王者麾下的军事领袖之类人物的墓葬。

安徽含山凌家滩发现遗迹资料与墓葬资料多方面透露，这一群址是凌家滩人对其遗址正北十里太湖山，实行祭山活动时所留下的一些文化遗存。大家知道在我国古代典籍中，《山海经》一书是一部经过秦汉人增补过的著作，我们在翻检这部著作的有关章节中发现，含山凌家滩遗址正北十里太湖山，古代叫蛇山。《山海经·海内经》曰："北海之内，有蛇山者，蛇水出焉，东入于海。有五彩之鸟，飞蔽一乡，名曰翳鸟。又有不距之山，巧倕葬其西。"郭璞注曰："倕，尧巧工也；音瑞。"[1]就所在篇章而论，《山海经·海内经》提到的这座以"蛇"字为名的大山，并不在我国边境以外或靠近边境的边远地区，而是在我国内地某地。若以经文的行文次第而论，是蛇山在这组山名、水名中，又在最北的一端，其所谓蛇水和不距之山，乃在蛇山之南。安徽含山凌家滩遗址正北十里太湖山，山峰走势有如龙蛇腾飞象，遗址南外侧是自西而东流的裕溪河，与《山海经·海内经》所论蛇山在我国内地某一有山有水地段最北一侧的所在位置、地理环境及其用"蛇"字命名是山的含义完全相符；凌家滩遗址南沿外侧裕溪河（见图一），由西而东注入长江又直奔大海，又与蛇山以南有蛇水"东入于海"的说法一致；太湖山南凌家滩遗址中区岗丘西侧，史前时期凌家滩人的手工作坊及其工匠者墓葬的发现，又恰与蛇山以南的不距山西，是埋葬尧时"巧工"的说法相吻合。凡上述种种说法都反映，安徽含山凌家滩遗址正北十里太湖山，很有可能就是我国秦汉时期人们，在《山海经·海内经》一文中所说的蛇山。含山凌家滩遗址正北十里太湖山，古本蛇山一名的被认定，说明凌家滩人面对北方祭祀太湖山，就是对蛇神也或大蛇山神祈祷祭祀之谓。《淮南子·本经训》曰："逮至尧之时，十日并出，焦禾稼、杀草木，而民无所食。猰貐、凿齿、九婴、大风、封豨、修蛇，皆为民害。尧乃使羿诛凿齿于畴华之野，杀九婴于凶水之上，缴大风于青邱之泽。上射十日而下杀猰貐，断修蛇于洞庭，禽封豨于桑林，

[1]　袁珂校注：《山海经校注》，上海古籍出版社，1980年，第461页。

万民皆喜。置尧以为天子，于是天下广狭险易远近，始有道理。"高诱注曰："脩蛇，大蛇也；洞庭，南方泽名。"[1] 因为《淮南子》一书有不少内容，往往反映的是淮河流域的一些民情风习。是依《淮南子·本经训》这段记说又可再而推知，安徽含山凌家滩人崇拜蛇山、祭祀的所谓大蛇山神，就是《淮南子·本经训》一文所言，为恶多端的脩蛇氏。此或诘之，帝尧剿灭的脩蛇氏一族，在洞庭湖一带，地当今湖南境内，就其地望而言，此说与脩蛇一族祖籍安徽含山一带说法不合。其实这是不足为疑的。含山凌家滩遗址所在地望，是古代连接长江中下游地区的中心地带，帝尧在洞庭湖一带剿除的脩蛇氏，是凌家滩遗址晚期文化重心转移之后，又溯江而上西徙南进的一支，其与脩蛇一族原发迹今安徽含山凌家滩一带说法，并不矛盾。

三　余语

这篇文章在形成文字的过程中，我们对夏民族以龙为图腾徽帜、鲧禹为父子及其治水传说，产生了不少想法，姑也将这些有关想法抄记于是作为结语。

1. 为我国考古学界所公认，20 世纪 80 年代末、90 年代初，湖北天门肖家屋脊石家河文化晚期发现，是我国古史传说中，夏人南进、禹征三苗时期的一些文化遗存。这一遗存发现墓葬资料与安徽含山凌家滩遗址中区墓地一样，也是一些唯玉而葬的墓葬。与其有所不同的是，肖家屋脊发现禹征三苗时期的墓葬，都是一些瓮棺葬，没有土坑竖穴墓，时代较凌家滩中区墓地要晚 1000 多年。肖家屋脊晚期墓葬资料中，M6 是出土玉器最多的一座墓葬。它与凌家滩 98M16、98M29 两墓时代有别，墓葬的形制也并不相同，但出土遗物的性质却告诉人们，这三座墓葬都是一些不同历史时期的军事领袖之类人物的墓葬。肖家屋脊 W6 出土人头造像 7 件、虎头造像 9 件、玉鹰造像 1 件、玉龙造像 1 件，还有旌旗类器物的柄饰及锛一类兵具发现（图二二，2；图二三，1）[2]。这墓随葬军械物类中的玉鹰，是掌握在墓六军事统帅手中的旌旗之属，从造型特征看，这一遗物与凌家滩 98M29 玉鹰为一类物（图二二，2），也是猛禽一类。玉龙是佩挂在 M6 军事统帅身上的图腾徽帜之类，造型与凌家滩 98M16 龙蛇造像形制相似。这墓发现人头造像、虎头造像的祖源，从凌家滩 98M29、87M8 的有关发现中，也有踪影可寻。肖家屋脊晚期墓葬与 W6 玉龙类遗物的发现，传达了这样的信息，我国古代人民崇拜龙、以龙为图腾徽帜的传统，

[1] 张双棣注：《淮南子校释》，北京大学出版社，1997 年。

[2] 王树明：《肖家屋脊发现图像文字与楚祖颛顼高阳氏——兼论有夏大禹一族的图腾徽帜》，《海岱考古（第七辑）》，科学出版社，2014 年。

确实肇始于夏代。《论衡·乱龙篇》曰，"夏后之庭，二龙常在；季年夏衰，二龙低伏。"《列子·黄帝篇》曰："夏后氏，蛇身人面。"《论衡·讲瑞篇》曰："龙或时似蛇，蛇或时似龙，瑞物皆和气而生，生于常类之中。"由肖家屋脊墓地晚期发现，W6出土遗物质料、组合及玉鹰、玉龙的形制并上述有关说法，我们认为，被夏民族尊为图腾徽帜的所谓龙，是蛇的衍变和升华，夏人以龙为图腾徽帜的这种习惯，就是我国古代人民——安徽含山凌家滩一带先民，视蛇为神，以蛇为太湖山大蛇山神风习的传承。又，含山凌家滩遗址考古发现证实，我国古代脩蛇一族的发迹之地，今属巢湖地区，约当古巢国域内或其不远的地方。《路史·国名纪·夏后氏条》曰："巢，南巢氏，桀之封。"；《尚书·仲虺之诰》曰："成汤放桀于南巢。"；《国语·鲁语上》曰："桀奔南巢。"桀本夏代一亡国之君，他受封于南巢，灭国之后，又退保于南巢，与古代脩蛇一族居有同一域内。诸上述现象的所以出现，我们只能这样理解，原因有夏王室与古代脩蛇所部，宗教信仰相同，族系同源。这里需要做点说明的是，夏民族的缘起阶段，主要活动在豫西或晋南与河南西北搭界的一带地方，他们崇拜龙和以龙为图腾徽帜的习惯，很有可能，也是含山凌家滩遗址文化重心转移之后，脩蛇所部或有西上北进的一支，曾经足迹于豫西或至晋南与河南交界地带有关。

2. 中国人民自古以来，有崇拜苍龙、朱雀、白虎、玄武为四方天地神祇的习惯。我们从《周礼·春官·大宗伯》一文中知道，这种习惯的由来，或与我国古代先民为迎接四时季节的到来，实行祭祀活动有关。玄武一神为龟蛇合体，在古代四方天地神祇中，它是一职主北方、主管冬天的神。按照《周礼·春官·大宗伯》一文说法，迎接它的到来，是在立冬的一天，以玉璜为礼具、面朝北方实行祭祀典礼。安徽含山凌家滩遗址的地理环境与考古发现资料显示，这一地带先民崇拜脩蛇山神，也大致在冬季到来或农历立冬的前后，用素面玉璜为礼具、面对北方的太湖山实行祭祀大典。它与我国古代实行冬祭典礼、迎接冬季到来的时间，使用的礼具、朝向，无一不合。凌家滩人祭祀太湖山，其主峰走势有如龙蛇腾飞状，其主峰东北一侧的乌龟山上，还有一形似乌龟的巨大石块。不难看出，我国古代人民以玄武造像为北方的神，冬天的神，其造型以龟蛇合体为神像，与安徽含山凌家滩人祭祀太湖山、视太湖山为神习俗，密切相关。近代学者研究，"禹"是一种有足的虫类动物，为龙螭之类，是龙[1]。童书业先生考证，传说中的鲧即大禹的父亲是"鱼类"物[2]。闻一多先生推证是"鱼类"动物，乃龟鳖之属[3]。东汉学者王充认为，我国古代龙蛇原

[1] 童书业：《春秋左传研究》，上海人民出版社，1980年，第15页。

[2] 童书业：《春秋左传研究》，上海人民出版社，1980年，第294页。

[3] 闻一多：《天问疏证》，生活·读书·新知三联书店，1980年，第22、23页。

本为一物，蛇就是龙[1]。《后汉书·王梁传》谓："玄武，水神之名也。"等等。根据上述种种说法，我们还可进一步推想，中国人民崇拜的所谓玄武之神，很有可能也与我国古代神话传说中，鲧禹为父子及鲧禹父子治水的一些说法有关。

3. 对史前时期发现考古材料进行研究，使用文献资料，尤其使用历史上流传下来带有神话传说性质的资料，往往为考古学者所不取。继辽西牛河梁与东山嘴猪头山神祭山遗迹之后，安徽含山凌家滩脩蛇山神祭山遗迹的发现与研究又一次证明，我国古代文献传说或者一些带有神话色彩性质的说法，虽然有诸多虚妄的地方，但有的确实也反映了一些在中国历史上确实存在的事实。如果我们一味的否认它、排斥它，那么用考古发现资料对我国古代历史和史前时期意识形态领域方面的一些问题进行研究，不能不说是一个很大的缺憾。

2014 年 8 月 25 日　撰讫

（原载《李下蹊华——庆祝李伯谦先生八十华诞论文集》, 科学出版社, 2017 年）

---

[1]　（东汉）王充：《论衡·讲瑞》，上海人民出版社，1974年，第255～262页。

附表一　凌家滩墓地北区墓葬

墓号	层位	打破关系	方向	墓坑位置	形状	数量	玉器								
							璜	镯	环	玦	管	钺	斧	璧	其
98M3	①层下	→②→③	南北	第6排中轴线东侧	长方形			1							
98M4	①层下	→②	南北	第6排中轴线东侧	长方形										
98M5	②层下	→③	南北	第7排中轴线东侧	长方形										
98M6	②层下	→③	南北	第7排中轴线东侧	长方形								1		
98M8	②层下	→③	东西	第7排中轴线东侧	长方形			3							
98M11	①层下	→②	南北		长方形										
98M12	①层下	→②	南北	第5排中轴线东侧	长方形				1						
98M13	②层下	→③	南北	第7排中轴线上	长方形										
98M17	①层下	→②	南北	第8排中轴线西侧	长方形		1								

附表二　凌家滩墓地西区墓葬

墓号	层位	打破关系	方向	墓坑位置	形状	数量	玉器								其他	小计
							璜	镯	环	玦	管	钺	斧	璧		
98M9	②层下	→③	南北		长方形		1		1					2	芯1，玉饰1，玉料1	7
98M15	②层下	→③	南北	第5排中轴线以西	长方形		3								玉料2	5
98M18	②层下	→③	南北	第5排中轴线偏西	长方形									1	芯9，牙形饰1，玉料1	12
98M19	②层下	→③	南北	第4排中轴线西侧	长方形		3	5						1		9
98M20	②层下	→③	南北	第4排中轴线以西	长方形		4	1				6			芯111，玉料1	123
98M22	②层下	→③	南北	第5排中轴线最西	长方形											
98M23	②层下	→③	南北	第4排中轴线以西	长方形					1						1
98M24	②层下	→③	南北	第5排中轴线以西	长方形		1	1	1					1		4
98M28	②层下	→③	南北	第4排中轴线最西	长方形		2	1	2			3		2		10

计	钺	斧	铲	锛	凿	其他	小计	鼎	豆	壶	罐	杯	鬹	其他	小计	合计	备注
1								1							1	2	
								1			1				2	2	
			3	1			4							2件陶器残碎	2	6	
1			1				1							盆1	1	3	
3	1		3	1			5	1	1	4					6	14	被98M13打破
	2		1				3		6			1		器盖1，豆柄1	9	12	
1	1						1	2	8	3	3	1		豆柄1	17	19	
			1				1		1	2	1	1			6	7	打破98M8
1	2						2	1			1			器盖1	2	5	

钺	斧	铲	锛	凿	其他	小计	鼎	豆	壶	罐	杯	鬹	其他	小计	合计	备注
3				1		14			1				鼎足2，器把1，1件陶器无法识别器形	5	26	打破98M15、98M18
9					石料1	10	2			2			盆2，钵3，瓶1	4	19	被98M9打破
2						2		1	5				纺纶2，器盖1	7	21	被98M9、98M24打破
								1	3	2				9	18	
6		24			石板4，石块1	45	3					1		4	172	
1						1		2	3		1		盘1	7	8	
					石钻1，芯2，砺石2	5	1	1			1		钵1	4	10	
4						4			1	1				2	10	打破98M18
7	2	3				12	3			1			盘1，器盖1	6	28	

附表三　凌家滩墓地南区墓葬

墓号	层位	打破关系	方向	墓坑位置	形状	玉器								
						璜	镯	环	玦	管	钺	斧	璧	其他
87M1	②层下	→③		第1排中轴线西侧	圆形	2		1	2					玉人3，玉板1，扁方扣1，绿松石1
87M2	①层下	→②	南北	第1排中轴线西侧	长方形		4	2	2					芯3，护腕1，玉饰1
87M3	①层下	→②	南北	第1排中轴线西侧	长方形	2								
87M4	③层下	→④→生土	南北	第1排中轴线上	长方形	19	4	3	14	9	3	5	3	玉版1，玉龟1，扁方圆形饰8，纽扣形饰5，玉石9，三角形饰1，人头饰1，圆形饰11，勺1，玉饰1，菌状饰2，圆饼饰1，簪1
87M6	①层下	→②	南北	第2排偏西	长方形	1	2	7						锛1
87M7	①层下	→②→③	东西	第2排中轴线上	长方形	1		19	4				3	盾1
87M8	②层下	→③	南北	第2排中轴线上	长方形	3	7	11	6		3			玉饰2，玉料1
87M9	②层下	→③→④	南北	第4排中轴线西侧	长方形	4	7	1	2	34				纽扣形饰4，Y形器1，坠饰6，盖纽1
87M10	②层下	→③→④	南北	第3排中轴线西侧	长方形	1	2	3						兔饰1
87M11	②层下	→③→④	南北	第3排中轴线上	长方形	2	11	8			2			
87M12	②层下	→③→④	南北	第3排中轴线西侧	长方形	4	4	15			2		9	
87M13	②层下	→③→④	南北	第4排中轴线上	长方形				1					冢1
87M14	②层下	→③→④	南北	第2排中轴线西侧	长方形	3	5		4					玉石5，玉饰3

计	石器							小计	陶器							小计	合计	备注
	钺	斧	铲	锛	凿	其他			鼎	豆	壶	罐	杯	鬶	其他			
11							璧1	1				1			器盖1，1件陶器无法识别器形	3	15	
13	3		1	2				6	1		1	3				5	24	
2												1				1	3	
103	18	1		6	5			30			3	1			器盖1，7件陶器无法识别器形	12	145	
11	32			22				54		3	1				钵1	5	70	
28		1		6	1			11	2	2		1				5	44	
43	9			7	2			18	1	2						3	64	被87M7打破
60	1							1		2	1	9	4	1	盆1，鸡形壶1，纺纶1，器盖1	21	82	
7	8			8				16	1	1	1	1			纺纶1，1件陶器无法识别器形	6	29	
23	1			1				2				1		2	盆1，纺纶1	5	30	
34	5			4				9	1		1	1	2	1	2件陶器残碎，形制不辨	8	51	
2	2							2		1	1			1	纺纶1	4	8	
23	4			3				7	1	4	1	7			盆1，尊1，器盖2，6件陶器无法识别器形	23	53	

墓号	层位	打破关系	方向	墓坑位置	形状	玉器								
					数量	璜	镯	环	玦	管	钺	斧	璧	其他
87M15	④层下	→生土	南北	第2排中轴线上	长方形	30	2		1	49	1			冠饰4，耳珰1，玉饰4，圆形饰1，双连环1
87M17	③层下	→④	南北	第3排中轴线西侧	长方形	6	7							珩22
98M7	①层下	→②→③	南北	第1排中轴线最东	长方形	5	8	2	4			2		
98M14	②层下	→③	南北	第3排中轴线最东	长方形	5	2	4						
98M16	③层下	→④	南北	第1排中轴线东侧	长方形	1	2		2	5				龙1，芯1，喇叭1，耳珰2，坠饰3，直孔件1
98M21	②层下	→③	南北	第4排中轴线以西	长方形			1		3			2	
98M25	②层下	→③	南北	第3排中轴线东侧	长方形	1	8	1		1			4	瑗2
98M26	②层下	→③	东西	第3排中轴线东侧	长方形									
98M27	②层下	→③	南北	第3排中轴线东侧	长方形				4					
98M29	②层下	→③	南北	第1排中轴线最西	长方形	5	6	6	4	5			4	玉人3，鹰1，珠11，芯2，版1，蝉1，圭形器1，玉料2
98M30	②层下	→③	南北	第3排中轴线以东	长方形	3	1			1				
98M31	③层下	→④	南北	第2排中轴线最西	长方形	2								
98M32	③层下	→④	东西	第1排中轴线最东	长方形									

石器								陶器									备注
小计	钺	斧	铲	锛	凿	其他	小计	鼎	豆	壶	罐	杯	鬹	其他	小计	合计	
94	7			8		砺石2	17		4	2	5			豆壶4，纺纶1，三足盘1	17	128	被87M8叠压
35	7			3			10		2	2				7件陶器无法识别器形	11	56	
21	3			2	1		6	1	3	5	1			器底4，圈足2，器把1，5件陶器无法识别器形	22	49	
11								2	4	4	3				13	24	
19	1						1	4	8	2	1	1			22	42	
6	8			4			12		1						1	19	
17	4					纺纶1	5		1				1		2	24	打破98M26、98M27
														钵1，另在填土中发现一件豆柄	1	1	打破98M30
4										2					2	6	被98M25打破
52	12				2	戈2，环1，石块1	18	2	8		4			三足盘1，1件陶器残碎	16	86	
5	2			39			41									46	被98M26、汉M4打破
2	1						1	2	3					鋬手1	6	9	
									2	5				豆壶1，纺纶1	9	9	

论著索引

1.《谈陶尊文字"炟"与"炅"》,《古文字论集（一）》,考古与文物丛刊第二号,《考古与文物》编辑部编辑,1983 年。

2.《泰山缘起》（论文）,《泰山志资料选编（第二辑）》,1984 年（内刊）;1985 年《东岳论丛》第三期再次发表（公开发表）。

3.《山东莒县陵阳河大汶口文化墓葬中发现笛柄杯简说》,《齐鲁艺苑》总第五期,山东艺术学院学报 1986 年 5 月出版;《中国研究动态（上）》1991 年;《山东社会科学情况》1999 年第 10 期。

4.《谈陵阳河与大朱村出土的陶尊"文字"》,《山东史前文化论文集》,齐鲁书社,1986 年。

5.《山东长岛王沟东周墓地发掘》,《中国考古学年鉴·1986》（未刊）。

6.《大汶口文化晚期的酿酒》,《中国烹饪》1987 年第 9 期。

7.《山东临沂凤凰岭东周墓墓主身份的推定》,《临沂凤凰岭东周墓》"结语",齐鲁书社,1988 年。

8.《陵阳河墓地刍议》,《史前研究》1987 年第 3 期。

9.《山东莒县陵阳河大汶口文化墓葬发掘简报》,《史前研究》1987 年第 3 期。

10.《临沂凤凰岭发现暗纹矛凤头斧》,《考古学简讯二则》。

11.《山东乳山刁虎山莱夷祭山遗迹的推定》,《北方文物》1988 年第 2 期。

12.《齐地得名推阐》,《东夷古国史研究（第一辑）》,三秦出版社,1988 年;《刘敦愿先生纪念文集》,山东大学出版社,2008 年。

13.《大汶口文化陶尊与陶尊文字》一节,凡 18 页约 5400 余字,1988 年 7 月 25 日为《山东文物志》撰写《馆藏文物》。

14.《临沂凤凰岭东周墓》,齐鲁书社,1988 年。

15.《"亚醜"推论》,《东夷古国史研究（第二辑）》,三秦出版社,1990 年（1988 年 10 月 17 ~ 22 日在蓬莱县城蓬泉宾馆参加"山东古国史第四次学术讨论会"撰写论文）;《华夏考古》1989 年第 1 期。

16.《山东古代文化的分区研究》（王树明、常兴照）,《中国文物报》1989 年 3

月 17 日第三版。

17.《考古发现中的陶缸与我国古代的酿酒》，《海岱考古（第一辑）》，山东大学出版社，1989 年。

18.《海岱考古（第一辑）》，执行副主编，山东大学出版社，1989 年。

19.《颛祖夷羿新解》，本文原以《颛祖夷羿疏证》一名收入《管子与齐文化》一书（北京经济出版社，1990 年），因印刷条件限制，文中使用古文字全部删除，难以卒读，修改充实后又以《颛祖夷羿新解》刊发于《华夏考古》2004 年第 2 期，恢复了本文的原貌。

20.《大汶口文化发现陶尊与陶尊文字综述》，《故宫文物月刊》总 94 期，1991 年 1 月。

21.《大汶口文化中骨牙雕筒用途的推测》，《考古与文物》1991 年第 3 期。

22.《大汶口文化墓葬中龟甲用途的推测》，《中原文物》1991 年第 2 期。

23.《大汶口文化中发现的骨牙雕筒》，《故宫文物月刊》总 101 期，1991 年 8 月。

24.《帝舜传说与考古发现诠释》，《故宫学术季刊》第九卷第四期，1992 年夏季号。

25.《陶尊文字——古代文明的火花》，《山东文物纵横谈》，中国广播电视出版社，1992 年。

26.《蚩尤辨证》，《中原文物》1993 年第 1 期。

27.《纪念城子崖遗址发掘 60 周年国际学术讨论会文集》，执行主编，齐鲁书社，1993 年。

28.《仓颉作书与大汶口文化发现陶文字》，《中国文物世界》（香港）102 期 1994 年 2 月。2001 年 4 月二零二期。

29.《中国酒文化发祥地——大汶口》，《泰山酒都赋》，山东人民出版社，1994 年。

30.《东岳泰山新诠》，《故宫学术季刊》1995 年第十五卷第三期。

31.《先莒文化及其族系源流谈略》，本文为莒县政协文史资料组撰写，1998 年 11 月 3 日撰讫。

32.《莒县陵阳河 M25 发现社树文字》，《故宫学术季刊》第十八卷第四期，2001 年夏季号。

33.《禹城市大禹治水传说与考古发现寻绎》，2002 年 4 月"禹城大禹文化讨论会"提交论文。

34.《从陵阳河与大朱村发现陶尊文字谈起》，《东方考古（第 1 集）》，科学出版社，2004 年。

35.《邾史二题》，《小邾国文化》，中国文史出版社，2006 年。

36.《双墩碗底刻文与大汶口陶尊文字》,《中原文物》2006 年第 2 期。

37.《莱夷索隐》,《高明先生纪念文集》,科学出版社,2006 年。

38.《鲁北地区发现龙山文化古城与古史传说中的夷夏交争》,《华夏考古》2007 年第 2 期。

39.《从邓家湾与肖家屋脊发现图像文字说起》,《古代文明(第 7 卷)》,文物出版社,2008 年。

40.《山东高青县陈庄西周城址周人设防薄姑说——也谈齐都营丘的地望与姜姓封国》,《管子学刊》2010 年第 4 期。

41.《谈高青陈庄遗址的考古发现及其相关问题》,参加高青陈庄遗址考古发现鉴定会、新闻发布会撰文,2010 年 4 月 19 日初稿;《海岱考古(第四辑)》,科学出版社,2011 年。

42.《齐乘集释》,校对(为刘敦愿校)2010 年 6 ~ 9 月。

43.《文献记载与考古发现中的帝舜》,《诸城大舜研究》,人民出版社,2010 年。

44.《山东省桓台县史家商代箕(彝)国都址东夷旧部薄姑说》,《管子学刊》2011 年第 2 期。

45.《山东高青陈庄西周遗址笔谈》,《考古》2011 年第 2 期。

46.《我国古代的大舜》,2011 年 6 月 14 日为安丘景芝酒厂所建广场塑像——大舜铜像撰写文字说明。

47.《蒙城尉迟寺发现图像文字及其相关问题研究》,《华夏考古》2012 年第 4 期。

48.《牛河梁与东山嘴猪头山神祭山遗迹释疑》,《海岱考古(第六辑)》,科学出版社,2013 年。

49.《肖家屋脊发现图像文字与楚祖颛顼帝高阳氏——兼论有夏大禹一族的图腾徽帜》,《海岱考古(第七辑)》,科学出版社,2014 年。

50.《安徽含山凌家滩脩蛇山神祭山遗迹寻绎》,《李下蹊华——庆祝李伯谦先生八十华诞论文集》,科学出版社,2017 年。

51《大汶口文化发现陶尊与陶尊文字综述》,《故宫文物》第八卷第十期,总 90 期。

后 记

　　海岱之学，肇彼先秦，儒墨百家，于斯为盛。泱泱大观，齐鲁双峰，烛秉千载，斯文遂行。比及近代，金石志业，甲骨破题，此道复兴。旋有孟真，大纛是擎，夷夏东西，考古先行。

　　1928 年吴金鼎先生的龙山之行，打开了海岱地区现代考古的学术之门，迄今已近百年，山东省文物考古研究院建于 1980 年，亦将历 40 年矣。海岱考古今日垂成之局面离不开历代考古人的艰辛努力，尤其是先辈们的筚路蓝缕之功。为表彰学术、褒举先进、激励后学，故设立此"海岱考古人文集"系列，实望先行者观此文集，心有所慰，后学者观此文集，不徒钦羡，更复于思想上有所启迪，继往昔之传统，开来日之研究，昌盛学术，共建文明。

　　是为记。

山东省文物考古研究院